中國近代期刊彙刊·第二輯

新民叢報

九（伍拾肆—陸拾號）

中華書局

新民叢報

第參年第陸號

（原第五十四號）

明治三十一年十二月廿七日（第三種郵便物認可）

本號要目

光緒三十年九月一日　明治三十七年十月九日

每月二回朔望日發行

新民叢報第參年第陸號目錄（原第五十四號）

目錄

報資及郵費價目表	全年廿四冊	半年十二冊	零售
報資	五元	二元六角	二角五分
日本來申郵費	二角四分	一角二分	一分
瀛輪已通之地郵費	四角八分	二角四分	二分
內地郵費	一元四角四分	七角二分	六分
四川、雲南、陝西、貴州、山西、甘肅等省郵費	二元八角八分	一元四角四分	一角二分

洋裝一頁	洋裝半頁
十元	六元

惠登廣告至少以半頁起算刋資先惠論前加倍欲登長年半年者價當面議從減

編輯兼發行者 馮紫珊 横濱山下町百六十番
印刷者 陳侶笙
發行所 新民叢報社
上海發行所 新民叢報支店 四馬路老巡捕房對面
印刷所 新民叢報活版部 横濱山下町百六十番

匈牙利愛國者噶蘇士

Louis Kossuth

意大利前宰相 格里士比

M. Francois Crispi.

外資輸入問題

（續第五十三號）

中國之新民

第六節　論外資影響於我國將來生計界之全體

吾論中國前途最危險之問題。不在「不生產的」之外債。而在「生產的」之外資。（專指外人投資本於內地以經營鐵路礦務及其他大工商業者）此非吾一人私言。國中達識之士。同茲感慨者。固不乏人也。然論者率皆眦於政治的方面。而忽於生計的方面。謂外資所到之地。即爲他國權力所到之地。外資之可怖。專在於此。斯固然矣。但緣此而第二之疑問起焉。且使商權自商權。政權自政權。外資所到之地。非必爲他國權力所及之地。如是則外資遂福我乎。將禍我乎。此又不可不深察也。吾見夫年來有一種詖說。謂「引商力以禦兵力」。其持論頗辯。且於粗淺之學理。影響之事勢。微有所見。其書彌近理而大亂眞。深足熒當局之聽。

而攻難之之說。又似未足以服其心也。（參觀「浙江潮」第十期社說門）今請先以極端之說。窮極其利害。然後按時勢以折衷之。

一外資與中國勢力者之關係　論者曰。中國人口過多。國民太半無所得業。號寒啼飢。轉死狼籍。揆厥所由。皆緣母財不足以爲養。得外資以灌輸之。乃將如病渴獲酒。氣象昭蘇矣。夫外資所以來。將利用吾天產利用吾職工也。利用天產則農食其賜。利用職工則工食其賜。直接以食其賜者一。則間接以食其賜者必三。斯一擧而三善備也。此歡迎外資者最有力之持論也。若此說者。吾亦未敢盡謂其非然。然惜夫睹其一未睹其二也。當外資初入之數年或十數年間。此等曇花泡幻之良現象誠哉其所必有。雖然。爲吾福與爲吾禍。則將視吾後盾之實力所以應付之者如何。抑論者甯不聞現今歐美政界學界有至劇烈至危險至困難之一問題。曰社會問題者乎。社會問題者何。自十九世紀初元產業革命以來。富殖之分配。愈失平衡。前此貴賤之階級方除。而後此貧富之階級旋起。擧全社會之人。劃然分爲兩等。其一曰資本家。居極少數。而日以富。其一爲勞力者。居大多數。而日以貧。此近日稍知時局者所能道矣。據著名統計家所調查英國國富總額。約一萬兆磅。而其分配之階級如下。

富者	一百萬人	所有富額五千兆磅	每人平均五千磅
次富者	七百萬人	〃　四千八百二十兆磅	〃　六百九十磅
貧者	三千萬人	〃　一百二十兆磅	〃　六磅

（按）所謂富者實不過二十五萬人此稱百萬者乃並其家族計之云

據此則最下級人民所有財產。比諸第二級之所有。不及其百分之一。比諸第一級之所有。僅及其千分之一。而所謂最下級者。居全人口卅八分之卅其第二級者卅八分之七。其第一級者。僅卅八分之一耳。生計分配之不均衡。至於如此。自餘他國。大都類是。於最大多數最大幸福之一主義。爲正反對。此社會問題之所由起也。於是憂世之士。持極端詭激之論。謂近兩世紀間物質文明之發達。非社會之幸福。而社會之蟊賊也。何以故。以利最大少數人而病最大多數人故。此其說之果通眞理與否。姑勿具論。要之現今歐美各大國勞力者困迫可憐之情狀。昭昭不能掩也。推其原因。則(一)由以人類爲機器之奴隷。前此恃巧練之手工。可以獲職業以餬口者。今則無所用之。雖有巧工其所製產萬不能與巨廠爭利非棄其舊業以求雇傭於廠主勢將不能自存質而言之則勞力者一與機器相離遂全失其獨立性也以是之故資本家得有所挾持以制其短長彼等雖屢爲同盟罷工以圖抵制然工一罷則徒手坐食更無他途以得職業其勢固不能支一月以外呼籲無所皆此之由(二)以機器所用工人不須熟練之故前此職工往往須多年學習者今皆不用（中國至今各行職工。皆有所謂徒弟者。須學師若干年。乃能操工。泰西前此亦如是。）資本家欲得職工咄嗟可集勞傭者之資格至純與尋常物品同惟應於供求之比較以爲庸率之漲落一旦供過於求（即工人欲得職業者太多）庸率即隨而暴落而現在機器以無須練習故婦女兒童競以廉價求傭壯者失業滋衆民以益困(三)由工業組織集中於少數之要地故人民不得不競去野業以就邑業而都會衣食住一切日用品其價率日昂勞力者以所得區區之庸錢勢不能給(四)由機器之製產物品過易往往生產過度而消費遞增之速率不足以應之於是倒閉踵接資本家直接受其害而害猶輕勞力者間接受其害而害滋重凡此諸端。皆歐美各國社會不平之公共現象也而其故皆緣工業組織法經一度大革命後。與百年前劃然如隔世。是以致此。質言之則其原動力實起於資本資本之合同也鉅故兼幷得行本資之移轉也捷故投機癒盛當代社會主義家言必以資本歸公爲救時儆第一着手者凡以現今之社會組織法資本所在即幸福所在而彼以乏資本而喪幸福之小民至可憫也玆義而信也則試默揣將來外資大輸入中國之後吾國中勞力者之地位將何如前此吾中國苟非遇意外之旱乾水溢刀兵癘疫。則凡小民之勤儉自愛者。無或不可以得一職業。雖所入至微。而猶不至飢凍以死。民之失業者大率由其自取者也若泰西之民之失業者則大率非由其自取而大勢迫之資本家操縱之也同爲貧困而貧困之起原一由自動一由被動自動者可還自救之被動者無所逃避此其所以爲異也此種之社會組織法。今雖滔滔徧於歐美。而猶未侵入中國。外資之來則與之俱生必矣夫彼歐美者分極富極貧爲懸絕之兩階級而此兩階級之人皆屬於其本國國民也識者猶以爲國家一大病態若外資入中國後而此兩懸絕階級緣而發生也則其最少數之極富一階級全屬外國人而吾國民則皆屬於最大多數之極貧一階級者也何也。此階級以資本家與勞力者爲界線也幸福既與資本相隨則無資本者必無幸福葢可以論理學上否定斷案

而決之者而今也國中一切生利事業皆仰成於外資則彼外資者其無異紾吾臂取吾民固有之幸福而橫奪之也是外資之可怖者一也

一外資與中國資本家之關係　資本家與勞力者之利害往往相反然則勞力者之所害殆將爲資本家之所利此徵諸歐美現象而皆然者也雖然使中國人而能結合其資本以成大資本也則固可以抵制外資勿使輸入即輸入矣亦能使爲螟蛉之果贏無致有喧賓奪主之患若是者則已軼出外資問題之範圍吾無復斷斷焉矣而不然者以吾現有之少且散之資本與外人輸入之多且聚之資本相競其勝敗豈俟交綏而決也綜觀泰西產業革命之歷史自株式會社（中國所謂有限公司）興而中產之商廛不足以自存自托辣斯興而孤立之會社亦不足以自存不足以自存則經幾度逼摎淘汰之後前此所謂薄有資本者不得不墮落於勞力者之地位泰西近年來勞力者之一級其數歲進資本家之一級其數歲減馴至只有極富極貧之兩級而無復中人產存立之餘地皆此之由今後外資之入中國殆非復以濺濺涓滴而漸致也其必挾長江大河暴風迅雨之勢取其最新最劇之托辣斯制度一舉而布溢於此舊大陸五十年後

吾恐今日中國所謂資本家者無一存矣是外資之可怖者二也

一外資與中國地主之關係　論者曰彼外資之入勢不能不以吾之土地爲業場。土地之用既增則其報亦增。如是食其利者將在地主斯固然也。雖然亦有當分別言之者。礦地皆在山野其購之也恒非以重價若鐵路線所經之地又大率定一中率之平價以法律之力强迫購買是路礦兩大業於現在地主之利害影響甚微薄也故使外資而爲利於地主必普通之土地租率皆歲進然後結果可期然以近年來歐美產業界之趨勢邑業日以盛而野業日以微（與前此之野業比較。固見其進。然以邑野兩者之進步差率比較。則野業瞠乎後也。）地租騰者率在於數十大都會其他固無有也此等現象雖在幼稚之社會莫不有然愈文明則愈甚。將來外資入中國則此現象必隨而俱入勢使然矣（今者其象已漸著。一國之富力。幾全集於通商口岸矣。）然以外人審機之早趨利之敏恐將來所謂數十大都會者當租率未漲以前而土地所有權已强半入彼族之手矣謂余不信試觀今日上海黃浦灘岸除招商局一段地外尙有寸土爲我國人執業否也然則外資之於地主雖未必大蒙其害而亦未見能食其利也夫即使地主果利而以一國總殖計之已不能與勞力者與資本家之所損相償而況乎所謂利者又渺小不足算也其可怖者三也析富之質不外三物曰租曰庸曰贏而地主、資本家、勞力者、三分之以今所逆揣則外資與三者之關係其幾如此然則外資之可畏必不徒在政權之間接侵蝕也昭昭明矣一言蔽之則外資之來而十九世紀上半期歐洲產業革命之現象必隨以俱來而我國生計界必起一次大擾亂其始甚微其後乃著窮其惡結果之所極可以至於吾上所云云我國民前途最險惡之氣運孰有過此者耶孰有過此者耶此極端說也。

雖然、更業有一義焉吾國產界果能不經一次革命長此以終古乎且使不藉外資而吾國民能以自力變更其產業之組織以與歐美列強競則其因緣而起之現象亦固不得不如前此所云云若是者固與外資無擇也然則吾其將因噎廢食並此而不敢從事乎雖至愚固知其不可吾於是更欲陳按勢折衷之說

（未完）

政治

國家倫理論（續第五十三號）

春水

第一章之續

第二節　人民政府之根基

前節既已解明人民政府之起源及志向。今於此節論其根基。試設問曰。人民政府之建置。憑何者爲根基乎。其權由何處而來乎。如何而政府託爲行政立法司法之人。託於成文不成文之法律。以有權管理禁制衆人之行爲且擴張其權以理人民財產及生命乎。政府有何權以爲是其權得自何處乎。如我不認其權。不受其治。又如何乎。

神權之理論 Theory of Divine Right　有多人主此論。以爲人民政府者。神意也。其根基憑於神權。此理論以爲人民政府即神之章程。神權之說最古。其獘甚多。巴壘氏 Paley 之論神權其說頗善。巴氏曰。神之志願。必欲人生之快樂日益增高。而人民政府者即達此目的者也若政府不圖全羣人人之利益即神所指定者則政府不能存故政府之生滅以圖全羣人之利益與否爲斷故本衆人之意能反敵政府或改移之故神意教人順政府順其能謀公衆之利益也。

交接自然之理論 Theory of Social Nature 主此論者以爲政府之基址乃由人類交接自然之理及道德而成非由神意無神意以看顧而望人類之利益惟由人自然造成而已此即人民政府根基之所在也。因此自然之宜立爲章程是章程者乃人民自己之建置自己之選擇自己天性自然之所愛也由是而立法律建官司且屈己以受此法律此官司之管轄以同一原理觀之。蜜蜂及他蟲類。亦有一定之秩序。以辦理其交接之事。亦據有一定之政府。從服其王之指示。此無他故。自然而已。惟人亦然。人類以己爲家族合宜之一人。亦以己爲國家及社會合宜之一人。此乃自然之性此性秉於有生之初以爲必於是乃爲合宜此理論在古時哲學家多持之。希臘哲學家如柏拉圖。Plato 亞里士多德。Aristotle 力據此說。亞里士多德以爲人者政治之動物也 A Political Animal

人民契約之理論 Theory of Social Compact 此爲特別不同之政府論。大昌於今日。多數大著作家主張之。盧梭侯伯司 Hobbes 倡之。沙夫退司伯累 Shaftesbury 陸克 Locke 及其弟子皆發明之。英美兩國。其說尤通行。法律家皆祖述之。以爲是眞人民政府之所憑倚矣。此理論之大旨。以爲人民政府者。乃由有天然之契約在人與人之間。如是每一人自束之以遵一定之章程。守一定之法則。互相輯和此章程法則之約束力。而與此天然之契約而俱永。此章程者。乃合全社會各箇人之義務而作成之。人人之行爲。當以此契約界制之。而各盡其義務。

一切人民。皆在此契約之內。且凡任一人。居於社會之中。必樂社會之福益而同心固守其章程。互相睦和。棄除己私。以徇全羣。圖全羣之公益。各愛權利而防戒其廢隳。其立法則也。乃以圖人人之利益。衆共守之。永久勿替。

然反對政府基於契約之論不少。或難曰。如謂此互益之契約。立於人間。夫此契約之興。自何時乎。在何處乎。由何人乎。巴壘氏 Paley 曰。人民契約之說不實也。此契約者。於何國何法院立之乎。試溯最古之歷史。野蠻民族。穴居野處。彼知契約爲何事而商量定度之平。故世界無一政府乃起始於契約者也。

應之曰。人民契約之說非謂即爲人民政府之始乃爲人民政府之根基也此人民政府所倚賴而建立也國民及國家賴此爲基乃能連合受治及施治者亦賴此爲基乃能聯合此乃政府根基之謂非初始之謂也故難者不可問此契約起於何時因於何事是乃無始亦無實非如一人爲之實事然其作不作待衆人之協商而後成也此非人民契約之天性也

故可斷言曰。契約非實存亦非有人眞作爲之無一政府眞與人民立此契約此乃人民政府憑借而立之道德根基不可指出其事實不可以文字宣之定其何時何地此道德者。一種自然之性聚束社會使爲活物人人互服此約乃能相安非如難者所云必實指出其在政界中之職權實形乃爲契約也

且更可應之曰。吾既謂人民契約非實存。非人爲之實事矣。然此論尙嫌不全。今更以歷史之實事證之。凡一文明之民族其法律必有原理焉其民政亦必有原理焉其原理或成文或不成文 Whether Written or Unwritten 然必衆知之衆行之而爲行政之始

基此原理者。逐時變化。及其終也。聚而爲完全之構造。即成爲其國之憲法。此憲法者。爲歷史上實存之事實。而其原理則存於公衆之心。憲法體未成。聚之先民之默識固已久矣。引而成之。嗣而續之。爲一憲法。此其原理或成文或不成文。其名詞即人民契約是也。時之既來。原理發出。推而遠之。寫爲憲法。爲明白彰著之契約。此契約由政治學家法律學家行政學家刑法學家。看顧保持之。或以理論。或以實行。視爲國家重事焉。

在北美洲合衆國中。有數聯邦之憲法。即天然人民之契約。如馬沙查碎遲邦 Massachusetts 之憲法有曰。政體以個人之羣願組織。爲人民之契約。此契約以全羣與各個人及各個人與全羣。定之共受治於一定法律之下。而保公衆安寧。又如口內克體卡邦 Connecticut 之憲法亦曰。全羣人定一交接之契約。以平公衆之權。又如紐遮碎邦 New Jersey 之憲法曰。一切憲法權爲大英王治其屬地所有者。乃由人民發出之一契約。執此契約以圖全社會之公衆利益。其用此言者。因英王展姆司第二 James the Second 破碎在王與人民間之初始契約也。

各國之憲法。無論完全與否。皆爲立條約以圖互相和輯之一物。其原理之成形。久在憲法未立之先。存於公衆意中而不發出。是爲一道德之契約。其目的乃在保固箇箇人之主權也。

又有駁此論者。巴壘氏之言曰。人人不能向所屬之政府認可。政府亦不能執人人詢之曰。汝已滿意於現今之行事乎。抑將改易之乎。故曰契約者僞也。無用也。如謂先人遺有契約。以釀成憲法。夫先人以何事束我嗣之。且使同地無數居民合力以爲此事乎。且無我之認可。先人以何力束我以此理乎。

此等非難。無力以阻契約之理。可釋之曰。契約之理。人人得於生初。人生而爲本社會之一人。居某政府之下。感於四週之現象。自能承其先人契約之習。吾已言國家似一家族矣。夫人生而爲家族中之一人。必服其父母之法。則人亦生而爲社會中之一人。則亦必感取其中之現象。無可疑也。

此契約者。所以圖人生最善之幸福也。或又問曰。無論此契約爲智益與否。然有何力束人從之。且立於何地。契約雖善。吾自不取之。又何如。雖於我有益。我自不服之。又何如。

應之曰。此為人族社會自然之理。其契約以公衆持護之。以束後來之人。使之不能廢棄。勢必使之自然默許此等契約。巴壘氏 Paley 之論行政法律曰。「此為天然之法律。存於人族社會之任一處。歷代常在。此公正之契約。其力最大。能使人必從之。人之私權賴之以存。其權傳自遠祖而後人嗣之。」此即人民契約之善解也。

惠威爾 Whewell 之言最善。指明眞理。其言曰。私權不若公權之實。人與人之契約不能若人與國契約之實。公權者。為我無數先人遺傳至今者也。

余於此更有一明白之哲學論。以解人民政府基於契約之理。夫現今實存之憲法及政府。為人民契約之本性。無可疑也。觀夫一國之中。人人自束以遵定則。其故無他。為保守一定之利益而已。無論王及民。或王及貴族平民。或人民及他人。在英國美國內。凡一箇人與全羣。及全羣與一箇人。其交接皆守其先代一定之契約。無或逾焉。進而言之。人民政府之根基為何。即契約是。契約之根基為何。即人類之交接本性是。又進而言之。此本性從何而來。此不能不歸之於神意。蓋自人初生。即賦有人民之公權。此爲一切事之根基也。故人權（或曰神意）爲契約之本。契約爲政府之本。以人類之本性言之。凡人族聚居。不可無政府。彼極野蠻不法之種族。其聚集也。亦有數王及數條命令以號召其羣焉。

第三節　小史論人民政府之本性不同意見者數家

前二節論政府之本性及根基。定其原理。皆以已意詳明解之。今此節所論。乃多數著作家論政府本性之理。意多不同。故錄存於玆。以備參考。

古代之意　以爲國家者。自然必須之建置。其根基緣於人之自然性。亞里士多德曰。國家者。天然生存之一物。而人爲天然生成之政治動物。若人而無國家。必非人而後可。未有人無國家者也。

其論人民政府之見亦同。以爲政府之建置。乃由神意。柏拉圖曰。一切法律。皆由神來。未有凡胎人類能作法律者。亞里士多德之見亦同。西砰路 Cicero 曰。法律者。乃人性之自然。由神而來。政府者。亦由神意發出之一物。古昔之說。無非如是。學者可不須詳記博考也。

神意起源之說。有一弊焉。管治者以爲據自然之權。不受協議。故陸克 Locke 之政府論反對此說。神意起源之說。惟古昔政論哲學家主張之。至今人民契約之說。通行於全世界矣。

柏拉圖論國家根基之說甚是。以爲有一默許之契約存於各箇人之中。且存於全羣之中。是爲國基。且曰。任一人干犯法律。即是干犯此契約也。亞里士多德曰。人民之法律。乃自由人之地位也。凡羣中之一箇人。莫不居住於平等之地位。

西碎路曰。國者。非任一羣人聚集之謂。是羣人必須居集。用公衆法律。圖公衆利益。取公衆協議。乃謂爲國。李尉 Livy 之見亦同。以爲極高之命令力。乃基於服從此命令人之協議也。

今代之意　神意起源之理。在今日英國多數政論家主持之。而駁人權之說。侯失勒曰。Horsley 當服從神意。把特勒曰。Butler 人民政府者。乃神治世界政府之一分。而以人助掌之。一切權皆神權。而指示人以交付之而已。巴壘氏之見。上已論之。以政府權屬於神意。由利人而設之。伯克曰。Edmund Burke 「一切管治人類之權。皆由神力。有一永遠之法律爲之界限。非人權可息兗之。吾儕生而服屬於此權力之下。生而平等。無論受治或施治者。皆不能不服從此廣大不變常存之法律。是先萬有而生。生人不能自外其範圍。此法律非起於人之契約。非本於人之會議。反言之。凡人一切會議契約。皆由此而後有焉。卡爾雲 Calvin 曰。人何以當服從行政權。因是乃神示。神命世界植政府以利人民。若何人犯此權。是敵神也。

主人族政府基於神權之說。人人亦有同等之神權。然反對者不少。以爲是乃人類之所創造。如人民契約之說。即與此理大反對者也。侯失勒之論前已載之。彼固執一說、「以爲政府爲神建。可任意造成 一特別之政府。箇人之服從。乃服從宗教權之一支。神以精神遙攝之。而仍以人類理其政策」。帕分斗夫 Puffendorf 以國民自然法律之說駁之曰主權者由間接之契約而來而非由人民政府之聖性來也且以人權之理限制君王已足不必牽及渺杳之神意也

人民契約之說。執守者不乏其人。大著作家如帕分斗夫見上格斐杇司 Grotius 孟德斯鳩 Montesquien 不賴克司統 Blackstone 米爾頓 Milton 倍根 Bacon 洗得壘 Sidney 陸克

Locke 巴貝拉克 Barbeyrac 伯倫馬起 Burlamaqui 亞當司 John & Adams 遮非孫 Jerfferson 皆是。其中猶以格斐杤司及不賴克司統之理爲足。格氏曰。人無權以代表神意。其所謂神意者己意耳。人民社會聚集之人。莫不有人民權。孰當代表神意。孰不當代表神意乎。不賴氏之言曰。社會之初始契約雖非建於國家置設之始。但此必爲國所包有之本性。社會由此而聚。人各保持此約。社會中之一分。必順其全分之志願。而全羣又須各護顧各箇人之利權。因護各人利權之故。各箇人又當順從全羣之法律焉。英國王登位之初。必先發誓。即表此最初之契約也。合衆國之憲法。以人民契約之原理爲其基焉。

政治

朝鮮亡國史略（外交上之經過）（續）

中國之新民

第三期　朝鮮爲日本之朝鮮（續）

二　實行時代

日俄開戰後數月。日本之在朝鮮。除軍事外。未有特別之舉動。韓人坦然安之。而日本國中輿論頗有以對韓政略之遲緩責備政府者。至最近兩月而霹靂手段遂迭見。

長森案　長森案亦名韓國荒蕪地開墾問題。蓋日人長森藤吉氏以私人之資格。欲壟斷朝鮮全國荒蕪地以從事開墾也。其契約之要點如下。

（一）韓國內府所屬土地及官業民業土地未經開墾者。悉歸長森氏集資本從事開墾。

（二）長森氏開墾以上之土地而改良之。以後種植牧畜漁獵等有利事業。悉歸長森氏全權辦理。且有完全

(三)開辦五年不納租稅五年以後。若所經營事業既有利則與現在已開闢之土地。納同率之稅於朝鮮政府使用之權

(但遇天災地變水旱之類。收穫不足。則其租稅或減或免)

(四)本約由所經營各部分經已完成之後起算凡五十年為滿期滿期之後商議再續

此等契約。吾無以評之。若欲強評者。則如漢武之語田蚡曰君何不遂取武庫而已。而日本政府乃為之代表。將全案提出於韓廷。而韓廷怵於其勢。亦殆將應之。實陽曆　月　日也。是為日本實行日韓議定書所得權利之第一著

韓人之激昂及其運動　此案既提出於韓廷。舉國嘩然。於是朴箕陽李宗說等首倡異議。聯合縉紳士夫抗疏爭之。以宗灊李乾夏首署。其疏略曰。

(前略)韓國地形。山多野少。環海三千里。山澤居三之二。凡此山澤。皆荒蕪地也。今乃一舉而御國土三分之二予諸外人。天下可駭之事。孰有過此。(中略)且以日本人言之。二十年來號稱扶我國家之獨立。證我領土之保全。今茲憤強俄之侵略。動全國之師團以爭之。其以信義自暴於東洋。非一日也。今以義始而以利終。名實相悖。情僞互眩。臣等以為此殆不過起於一二商民私利之見。在日本政府之老成謀國者。未必弁髦信義。至於如是也。今若束手聽從。則割肉飼虎。肉有盡時。而虎無饜期。臣等誠不忍見祖宗之疆土日蹙。不忍與

賣國之徒同立於陛下之本朝也云云。

其言慷慨激昂。聲淚俱下。韓廷亦大有所感悟。而諸人者。又非徒抗疏而已。一面傳檄四方。激動全國公憤。一面倡立所謂農礦會社者。以相抵制。以宮內省大臣朴陽圭尙禮院卿金相煥中樞院副議長李道宰等爲首領。號稱集資本一千萬元。分爲二十萬股。每股五十元。其股東惟朝鮮人乃得充之。其經營事業之第一著。即從事於荒蕪地之開墾。而全國荒地之先占權。皆歸該會社所獨有。此其手段與吾湘人創礦務總公司。以圖挽將失之礦權者。何其相類也。韓人以是爲抵禦外力之不二法門也。官紳倡之。政府贊之。雖然。以韓人之能力與其資力。豈能組織此龐大之會社者。當其會社章程之發布也。日人譁然笑之。曰是滑稽的政策也。是俳優之舉動也。果也倡之月餘。所集資本不能及千分之一。不旋踵而解散。

然自是以往。排日之運動大起。漢城西門外鐘路天洞一帶。日日集會。處處演說。以培方學堂。漢語學校兩處生徒爲中心點。於是有所謂保安會。獨立協會。興國協會。一心會等。所至號召會員。切齒裂眦。喘汗奔走。其他有散在全國之負褓商者。出沒於平安咸鏡兩道。或切電線。或毀鐵道。或以日本軍情諜洩於俄國。而種種舉動。實韓廷有力諸大臣陰主之。在日本各報。則目之曰亂暴之徒也。陰險之輩也。以旁觀公平之眼論之。使韓人並此區區之敵愾心而無之也。則禽畜之不如也。雖然。此區區之敵愾心。其終必無救於亡韓。又稍達時局者所能預斷也。

日人專制政治之發端　此長森案之交涉。韓廷一面拒絕。韓之人民。復一面運動反對。日本則一面使其公使威逼要求。一面使其駐紮軍隊。實行軍事警察。委其司令官原口氏以全權。使處置韓境內回復秩序之事。其手段如下。

(一)捕縛會黨首領　保安會長元世性等三名。又負褓商首領吉泳洙內官姜錫鎬先後被逮。

(二)禁止集會自由　以妨害治安名義。一切新立之會皆被解散。不許人在韓京聚集演說。

(三)束縛出版自由　韓人所發行之皇城新聞帝國新聞。皆須呈日本警官檢閱後。乃得發行。

以脆蒲弱柳之韓人。當此嚴霜烈日之處置。不轉瞬間。而其指天畫地踸跳狂擲之氣象。全歇滅矣。嗚呼。無能力以盾其後。則客氣之不足恃也如此嗚呼。

此案之結局　自長森案提出以來。韓國朝野上下。皆激烈抵抗。而日本輿論。亦大不直其政府不直之者。非謂其對韓手段失於嚴厲也。一則長森氏之在本國。本非知名士。以此不足輕重之私人。畀以全韓土地之大權。謂其政府之輕重失當也。一則以對韓政策。大綱未立。諸事曾未一著手。而以此區區者害韓人之感情。謂其政府之先後失宜也。於是政府幾度商議。乃於實際上撤回長森案。於名義上改爲無期限之延期。而別提出所謂韓國內政改革案者。以爲此權利之代償。自茲以往。而朝鮮乃眞爲日本人之朝鮮矣。

內政改革案　陽歷八月十二日。日本駐韓公使林權助。謁見韓皇。將改革案提出。未幾遂畫諾。今將原案全文譯出。次乃略評之。

(一)韓國因欲整理財政。特於度支部內設財政監督。聘日本人目賀田種太郎氏充之。

(二)因整理財政之故。日本許貸與欵項於韓國。其第一期貸欵三百萬圓。

(三)略

(四)將韓國舊有之典圜局廢去。別爲白銅貨幣之處置。以確立幣制。

(五)結日韓幣制同盟。凡日本政府所鑄造之貨幣及鈔幣。在韓國一律通行

時局

(六)特設中央銀行司理徵收租稅及其他公金各事務。

(七)略

(八)因向來外交事務。辦理失宜。故特設外部顧問。永由日本政府推薦。而現薦美國人田尼遜氏充之。

(九)韓廷將所有一切外交事務及保護海韓人之事務。皆託諸日本政府。俟此約實施後。即將前此派出駐劄各國之公使領事盡行召還。

(十)韓國召還各國公使之時。各國派來駐韓公使。亦同時撤退。惟留外國領事駐紮境內。

(十一)因欲整理財政之故。將韓國軍備縮小。以節糜費。前此全國二萬之兵額。當減爲一千。內外除守備京城之外。各地方兵丁。一切撤退。

(十二)結日韓兵器同盟。整理現在之軍器。

(十三)整肅宮禁。除君側之惡。禁巫女卜覡。凡一切雜輩。不許出入宮廷。

(十四至二十三)略

(二十四)除現定度支外交兩顧問官外。不復置總顧問官。前此所聘外國顧問皆黜免。

(二十五)略

右二十四條。則日本公使提出於韓廷改革案之內容也。其後經屢次協議。雖稍有修改。然大體皆經許諾。至二十二日。先行發布三條。則其一爲原案第一條設財政顧問原提議名爲監督後經磋磨改稱顧問云之事。其二爲原案第八條。設外交顧問之事。其三乃另加特詳者。文曰。

韓國政府若欲與外國人締結條約及其他重要之外交案件如對於外國人許與特權等事一切皆須先經日本政府協議

同日又別訂一約云。

前此各國公使謁見韓皇例須經外部請於宮內省。待其指定時日。乃許召見。自今以往因內政改革之故韓皇之下問於日本公使者與日使之忠告於韓皇者皆當甚多特廢此例除捧呈國書仍循故事外其餘不拘何時得以任意入謁

合觀以上諸約。則韓之爲韓。從可知矣。國家行政機關最要者三事曰財政權曰軍政權曰外交權三者亡則國非其國也今改革案之第一著。即以設財政監督爲綱領。厥後雖改稱顧問。猶朝四暮三之長技也、其充此顧問者曰目賀田氏其人曾任大藏省主稅局長者十數年日本第一流財政家也今還此職日本之輿論皆爲得人慶也其中央銀行握全國貨幣之權。約中雖未明言辦理細章。然必在日本人支配之下豈待

論也今以彼中道路所傳說或謂將使「日本銀行」開支店以充之或謂以韓京現有之「第一銀行」支店充之（第一銀行者。日本民立諸大銀行之一也。現有支店在韓京。此次戰事發行軍用鈔幣等。皆經其手。）雖或未必然然即以韓國皇室之名義新創立其支配權亦豈復韓人所能過問也至其借款之約或謂是即英國之所以待埃及顧吾猶以爲不類也何則埃及以借款而失財政權朝鮮則既失財政權而後借欵然則日人今後之借欵與韓其猶前此之借欵與臺灣行政聽也（日人得臺灣後。極力經營。凡十年間。皆由東京政府特別借欵與臺灣政廳。蓋臺灣政廳。也頗有半獨立的性質。其豫算決算。皆不與中央政府混也。至今年而臺灣不必資助矣。）至如貨幣同盟名則同盟實則主屬不俟論也朝鮮今後之財政權有如此者吾儕驟覩其外交顧問之條約見所聘者爲一美國人吾滋惑焉謂日人乃肯割其權利之一部分讓諸他國咄咄怪事也徐乃知田尼遜其人者在華盛頓之日本公使館數十年（約如科士達之在中國公使館。而關係之深切尤過之。）美人其名而日人其實也顧日本本國之外交家固自不乏而必假美籍之田尼遜爲傀儡者其深意殆別有所存非吾人之所能測也抑此外交顧問者不過在漢城耳自今以往朝鮮外交之主動不復在漢城而在東京之霞關也（日本外務省所在地）故區區顧問非其所最注意者也夫寗不見公布協約之第三條將締結條約之權盡收攬於日本政府乎而漢城所餘者更何有也朝鮮與列國不復互派公使而列國派駐朝鮮者惟餘領事也是國際法上保護國之地位則然吾昔者斷斷自號曰「朝鮮爲大清藩屬二百餘年」而顧聽其自與外國立約今請觀他人之所以待其保護者果何若也（此次之西藏。一如前者朝鮮之覆轍矣。）噫朝鮮今後之外交權有如此者普之初敗於法也法人限其常備兵額今者日本限制朝鮮之兵由二萬而減至一千使朝鮮永無死灰復然之望也雖然即使朝人有兵二萬其亦何能爲日本於此未免過慮也或曰彼所重者固不在是彼誠見夫糜費之無謂以整理財政之目的故省之非有他念吾蓋亦信之也朝鮮今後之軍政權有如此者三權既去然則朝鮮政府所餘者能幾乎吾以爲舍伴食外眞無有也若乃宮禁之事君側之惡而亦干預及之嗚呼三千年來箕子之血食其遂已矣夫其遂已矣夫吾今乃知夫扶助云保全云者其結果乃如是也

兩月以來日本輿論研究對韓政略者更僕難數就中柴四郎氏（進步黨一名士著佳人奇遇者也）新著一論名曰「韓國之將來」登諸本月太陽報中綜羣說而徧評之其所舉者得九說

甲、韓皇半面論（主仍扶持朝鮮之獨立者也。）

乙、日韓大帝國合併論、略如奧匈之双立君主國云。

丙、顧問政治論 派一總顧問官。其餘各署及各地方。皆派顧問。

丁、保護國論

戊、韓國永久中立論 使之如瑞士如比利時云。

己、總督政治論 謂收之爲郡縣如琉球臺灣故事

庚、放棄政治獲取實業論

辛、韓皇讓位論

壬、亡命客利用論

柴氏原著凡二萬餘言。臚舉此諸說者之論據。而疏通證明之。日本之輿論。略具於是矣。今避繁不復博引。要之日之視韓從可知也而現在所實行者則丁說也丁說者亦實日本今後對韓政略之不二法門也

嗟夫嗟夫。風景不殊舉目有山河之異昔人所歎今乃見之吾於三年前所著滅國新法論一篇於近百年來已墟之社憑弔陳跡而追想其馴致之由未嘗不汗浹背而涕

交頤也。今。朝。鮮。又。弱。一。個。矣。昔。人。詩。云。日。出。狐。狸。眠。冢。上。夜。歸。兒。女。笑。燈。前。吾。恐。吾。之。哀。朝。鮮。者。其。又。將。見。哀。於。朝。鮮。爾。嗟。夫。

（完）

英法兩國與埃及訂派財政監督條約（一千八百七十九年）

（第一條）財政監督官凡一切公債事務歸其經理固無待言乃至政府一切之職務皆有全權調査之內閣諸大臣及一切官吏若遇財政監督官調取公牘舊案等項必須立刻交出大藏大臣必須將其支出收入之統計表呈出於財政監督每禮拜一次其餘各部每月一次

（第二條）財政監督官之任免必經其所派出之本國政府之手埃及政府不能容喙

（第三條）略

（第四條）財政監督官其位置與大臣等於內閣會議時得自發表其意見但無投票權耳

（第五、六條）略

（第七條）財政監督官於其所屬之官吏得以全權任免之（下略）

中國人種攷（續第五十三號）

觀雲

中國人種之諸說　丙說之續

我國古書所記最荒幻奇誕而不可究詰者。莫如言西王母。然未可一概抹煞以爲子虛附會。而與我人種西來之關鍵。尤有可印證者。今攷古來言西王母之說。有若指爲神者。有若指爲人者。有若指爲國與地者。博物記。萬民皆付西王母。惟王、聖人、仙人、道人之命。上屬九天君。山海經。西王母司天之厲及五殘。又云。有三青鳥。爲西王母取食。淮南子。羿請不死之藥於西王母。是皆若指爲神之詞也。山海經。西王母豹尾虎齒而善嘯蓬髮。又云。西王母梯几。（梯謂憑也）戴勝杖。（勝婦人首飾荊楚歲時記人日翦綵爲花勝以相遺或鏤金箔爲人勝杜甫人日詩有勝裏金花巧耐寒之句○按此又以王母字面解爲女體故淵明詩云王母怡妙顏鬖然啓玉齒）穆天子傳。天子觴西王母。西王母爲天子謠。爲天子吟。有白雲在天。徂彼西土之詩。是皆若指爲人之詞也。瑞應圖。黃帝時。西王母來獻。珮雒書靈淮聽。舜時西王母獻益地圖。世本。尚書大傳。大戴記。皆言舜時西王母獻玉。荀子。禹學於西王國。淮南子。西王母在流沙之瀕。爾雅。四荒有西王母。是皆若指爲國與地之詞也。而各書之中。亦或有若指爲神若指爲人若指爲國與地雜然並列而不可分別者。然則欲論西王母者當何道之從乎。曰古書中言西王母者多連言玉。故欲攷西王母之所在。不能不兼攷產玉之所。今畧舉古書中言西王母之連言玉事者。瑞應圖。黃帝時。西王母獻白環。尚書大傳。西王母來獻白玉琯。世本。舜時。西王母獻白環及珮。竹書紀年。舜九年。西王母來朝。獻白環玉玦。大戴記。舜以天德嗣堯。西王母獻其白琯。晉志。舜時。西王母獻朝華之琯。以玉爲之。漢章帝時。零陵文學奚景於冷道舜祠下。得白玉琯一枚。咸以爲舜時西王母所獻云。意是時。王母以玉琯獻舜。舜或賜象。鼻亭去冷道不遠。故於舜祠下得此。穆天子傳言西王母宴瑤池。山海經云西王母居玉山。而杜甫詩亦有王母晝降靈旗翻。芝草琅玕日應長之歌。是皆言西王母之與玉相連屬者。而出玉最著之地。莫如崑崙及其附近之地。爾雅。淮南子。皆言西北之美者。有崑崙之璆琳琅玕焉。管子輕重甲篇。崑崙之虛不朝。請以璆琳琅玕爲幣乎。淮南子。崑崙珠樹玉樹璇樹在其西。琅玕在其東。碧樹瑤樹在其北。旁有九井玉橫維其西北之隅。又有玉樹在赤水之上。崑崙華邱在其東南方。爰有遺玉。山海經稱崑崙以玉爲檻。而下亦連言珠樹文玉樹玗琪樹琅玕樹。又言崇吾之山南望瑤之澤。又云鍾山之東曰瑤崖。瑤澤瑤崖瑤谿。皆在鍾山。張衡思元賦云。過鍾山而中休。瞰瑤谿之赤岸。高誘淮南子云。鍾山崑崙也。禹貢雍州厥貢惟球琳琅玕。禹貢雍州包含西域。故下即兼言崑崙。史記大宛傳。于闐其山多玉石。于闐即崑崙所在之地。漢說多以崑崙爲在于闐。楚詞。登崑崙而食玉英。大人賦。咀噍芝英兮嘰瓊華。張揖云。瓊華。生崑崙西流沙中。今西域見聞錄云。葉爾羌回疆一大城也。其地有河產玉石子。大者如盤如斗。小生如拳如栗。有重三四百斤者。各色不同。如雪之白。翠之青。蠟之黃。丹之赤。墨之黑者。皆上品。一種羊脂朱斑。一種碧如波斯菜。而金片透溼者尤難得。河底大小石。錯落平鋪。玉子雜生其間。採之之法。遠岸官一員守之。近河岸營官一員守之。派熟練回子。或三十人一行。或二十人一行。截河竝肩。赤脚踏石而步。遇有玉子。回子即脚踏知之。鞠躬拾起。岸上兵擊鑼一棒。官即過硃一點。回子出水。按點索其石子。去葉爾羌二百三十里。有山曰米爾臺搭班。徧山皆玉。五色不同。然石夾玉。玉夾石。欲求純玉無瑕。大至千萬斤者。則在絕高峻峰之上。人不能到。土產犛牛。慣於登陟。回子攜具乘牛。攀援鎚鑿。任其自落而收取焉。俗謂之礫子石。又曰山石。每歲春秋。葉爾羌貢玉七八千斤至萬斤不等。和闐所屬城六。曰曰和闐。曰玉瓏哈什。曰噶拉噶什。曰齊喇。曰噶爾雅。曰他賀卜伊。稱之曰和闐。總名也。皆出玉子。多於葉爾羌云。葉爾羌爲崑崙附近之地。米爾臺搭班山或即密爾岱山。當山海經之崈（音密）山。姚元之云。和闐之西南曰密爾岱者。其山緜亘不知其終。其山產玉。鑿之不盡。是曰玉山。恒雪。回民挾大釘巨繩以上。鑿得玉。繫以巨繩縋下。其玉色青。今密爾岱即崑崙也。此玉青色。即璆琳也云云。山海經崈山。其中多白玉。是有玉膏。其原沸沸湯湯。黃帝是食是饗。是生元玉。黃帝乃取崈山之玉榮。而投之鍾山之陽。瑾瑜之玉爲良。堅栗精密。濁澤（謂潤厚）而有光。五色發作。而穆天子傳注及文選李善注。引此直作密山。合之。其爲密爾岱山。即米爾臺搭班山歟。未可知也。何其言山多產玉。古今之書皆相同也。其曰玉山者。殆以其多玉而名之。穆天子傳羣玉之山。先王之所謂策府。穆王於是攻其玉石。取玉石版三乘。玉器服物。載玉萬隻以歸。雙玉爲瑴。半殼爲隻。曰玉山。曰羣玉之山。其取義皆同。而姚元之以密爾岱山即玉山者。謂爲崑崙。蓋崑崙爲一方羣山之總名。其系屬之山皆可謂之崑崙。然則言西王母必聯言玉。而言玉必聯言崑崙。則西王母之與玉與崑崙三者實不能相離。而按其地望徵之。後世史冊所記之國有甚與西王母近者。漢書西夜國王號子合王。治呼犍谷。去長安萬二百五十里。戶三百五十。口四千。勝兵千人。東與皮山。（當即禹貢之織皮）西南與烏秅。北與莎車。西與蒲犂接。蒲犂及依耐無雷國皆西夜類也。西夜與胡異。其種類羌氏行國。隨畜逐水草往來。而子合土地出玉石。後漢書分西夜子合爲兩國。云西夜國。一名漂沙。漢書中誤云西夜子合是一國。今各自有王。子合國。居呼犍谷。去疏勒千里。領戶三百五十。口四千。勝兵千人。魏書又以爲一國。而作悉居半。云悉居半國。故西夜國也。一名子合。其王號子合王。治呼犍。在于闐西。唐書。朱俱波。一名朱俱槃。漢子合國也。地直于闐西。葱嶺北。西距羯盤陀。北九百里屬疏勒。宋雲紀行。朱駒波國。人民山居。五果甚豐。風俗言音與于闐相似。夫西夜子合也。悉居半也。朱俱波也。朱俱盤也。朱駒波也。與西王母皆一音之轉耳。子合治呼犍谷。即爲其地山間谿谷。而當屬今之庫克雅爾羯盤陀亦作漢盤陀即無雷在葱嶺山中爲入粕米爾之要道宋雲當日蓋由朱駒波入漢盤陀者漢盤陀國正在山頂由是峰巒重疊益進益高縣度頭痛之山在焉古者以是爲日月所入故云孤竹北戸日下西王母謂之四荒盛自西王母以西有葱嶺粕米爾之高山故以西王母爲極西之境矣由粕米爾葱嶺東出高峯連延即爲崑崙山其間曠野多沙漠而近山多沃野國其間者多依山麓而宋雲紀事亦以朱駒波爲山居之民穴居山居古今異言要之皆山國耳而其山則爲崑崙山之系體故古書亦言西王母在崑崙山河圖玉版西王母居於崑崙之丘竹書紀年周穆王西征崑崙丘見西王母列子周穆王別日升崑崙之邱以觀黃帝之行宮而封之以貽後世遂賓於西王母以此見西王母之距崑崙蓋不遠山海經西王母在崑崙虛北又云崑崙之丘穴處名西王母又云玉山西王母所居而裴松之注三國志亦曰赤水西有白玉山白玉山西有西王母白玉山或即山海經之玉山而屬崑崙山系中之一山皆可謂之崑崙又山海經云崑崙八隅之巖非仁羿莫能上而淮南子亦言羿請不死之藥於西王母又禹本紀（當是古書今不傳史記大宛列傳引之王應麟曰三禮義宗引禹受地記王逸注離騷引禹大傳豈即太史公所謂禹本紀者歟）言崑崙上有瑤

池而穆天子傳亦言觴西王母於瑤池。是皆西王母當在崑崙之證。而按西夜子合亦當崑崙。其地在于闐西疏勒莎車之南。于闐今和闐。疏勒今喀什噶爾。莎車今葉爾羌。則是西王母之地。當在今和闐喀什噶爾葉爾羌之間。惟古代西王母疆域之所至。難以確定。或者參錯兼有今和闐葉爾羌喀什噶爾之地。亦未可知。要之崑崙產玉之所。此爲最著。而古代言西王母。必兼言玉。則玉必爲西王母國特產之物。而西王母所在之處。不能不以此斷定。惟指爲人名國名地名。不如指爲民種之名。若大夏月氏康居安息。實皆係民族之名。蓋古時民族多聚處於一地。經久發達。漸成部落。遂冠以種族之名。而稱之。西王母亦當同是例者。如是則於古人之或指西王母爲人爲國爲地。其說皆無不可通矣。或曰言西王母。必以玉與崑崙爲據。其立說固當。而山海經言西王母所在。曰西海之南。流沙之濱。赤水之後。黑水之前。有大山名曰崑崙之丘。其下有弱水之淵環之。其外有炎火之山。投物輒然。有人穴處。名曰西王母。而史記亦言弱水西王母。淮南子亦言西王母在流沙之瀕。是則弱水流沙炎山亦皆與西王母有關涉者。更當以何說處之。曰產玉之名所。與夫崑崙之所在。其地不能移易。故可因是以求西王母之處。若弱水流沙炎山。其可指之地甚寬。弱水決非限爲一處之水之專名。其散見於各書者甚多。尙書禹貢言弱水。其弱水蓋在中國之西方。而後漢書扶餘國傳。扶餘國在玄菟北千里。南與高句驪。東與挹婁。西與鮮卑接。北有弱水。又晉書肅愼傳。肅愼一名挹婁。在不咸山北。東濱大海。西接冦漫國。北極弱水。又讀史方輿紀要。弱水在漠北。晉義熙十四年。魏主嗣命護高車中郎將薛繁。帥高車丁令。北略弱水而還。又魏主燾神䴥三年。追擊柔然至菟園水。又循弱水西行。至涿邪山而還。魏書蠕蠕傳。孝莊之詔。陰山息警。弱水無塵。北史奚傳。登國三年。道武自出討。至弱水南大破之。唐書奚傳。以阿會爲弱水州。史記大宛傳與漢書烏弋山離國傳。皆言條支有弱水西王母。魏畧。前世又謬以爲弱水在條支西。今弱水在大秦西。後漢書大秦國西有弱水近西王母處。景敎流行中國碑。大秦國東接長風弱水。今學者以扶餘肅愼之弱水。爲即黑龍江。漠北之弱水。爲即弱洛水。而條支大秦之弱水。今無確論。或實因弱水西王母之言而附會之。而所謂弱水西王母者。實當指爲崑崙之弱水。故其地仍當以崑崙爲斷。惟其流傳之言。蓋多怪說。與地圖云。崑崙弱水。非乘龍不至。有三足神鳥。爲王母取食。云中記云。天下之弱者。有崑崙之弱水。鴻毛不能載。以今學理攷之必無此水性者惟旣有崑崙之弱水果當以何水當之乎。曰是殆所謂泑澤者是已。山海經云。泑澤河水所潛也。其原渾渾泡泡。說文泑澤在崑崙下。讀與妳同。地理志謂之蒲昌海。括地志云。蒲昌海一名泑澤。一名鹽澤。一名輔日海。亦名牢蘭。亦名臨海。史記亦作鹽澤。又作鹽水。大宛傳云。于闐之東。水東流。注鹽澤。鹽澤潛行地下。又云。宛國相與謀曰。漢去我遠。而鹽水中數敗。正義以鹽水爲即鹽澤。又條支下正義云。弱水有二源。俱出女國北阿耨達山。阿耨達山即崑崙山也。而山海經亦有泚水杠水敦薨之水等。注於泑澤之說。今其水未能確攷。按今之水道。則若喀什噶爾河（即葱嶺水）和闐河等數水。皆會於塔里木河而注於塔里木盆地博斯騰泊及羅布泊。羅布泊即泑澤。周圍皆繞沙磧。水流至此停泊。緩漫其力甚弱。弱水之義或由此出。其西爲達固拉馬干砂漠。其東即希爾哈沙漠瀚海由此而起。漢志有白龍堆沙。有蒲昌海。史記大宛傳正義裴矩西域記云。鹽澤並沙磧之地。水草難行。四面危險。道路不可准記。行人唯以人畜骸骨及駞馬糞爲標識。以其地道路惡。人畜即不約行。曾有人於磧內時聞人喚聲。不見形。亦有歌哭聲。數失人。

瞬息之間。不知所在。此即弱水流沙之說也。炎山即今之噴火山。於崑崙附近天山等處。多噴火山。所謂博山香爐者。即爲噴火山形。陳敬香譜。漢武有博山爐。西王母所遣者。是尤可爲西王母與炎山之一確證。而其地皆近崑崙。故古書之言西王母多連及之歟。至今學者言西王母。尚有數說。玆畧舉之。其一以爲橫亘漢武威張掖酒泉敦煌四郡。迄其南小積石山。即南山山脉。古時皆屬崑崙。而即當爲西王母疆域之所在。據漢書地理志金城臨羌縣西北至塞外有西王母石室。僊海鹽池。北出湟至允吾入河西有須抵池。有弱水崑崙祠。又崔鴻十六國春秋。酒泉太守馬岌上言。酒泉南山即崑崙之體也。周穆王見西王母樂而忘歸。即在此山。山上有石室王母堂。璣珠瑤飾。煥若神宮云云。（日本久米邦武氏主此說依田雄甫氏之世界讀史地圖亦置西王母於小積石山青海之間）又以條支有弱水西王母而後漢書云。桓帝時大秦國王安敦遣使自日南徼外來獻。或曰其國西有弱水流沙。近西王母處。遂以爲西王母原居之地。爲犬戎所併。西王母東西回散。移住條支。大秦即羅馬。而條支爲如德亞之名。今亞細亞土耳其之地。按是說也。所謂漢之武威即凉州。張掖即甘州。酒泉即肅州。敦煌即沙州。皆在玉門關以內。其南山脉。與祈連山連接。南有小積石山。

元和志名唐述山。胡渭云。河北有層山。山甚靈秀。有石室。曰積書巖。時見神人往還。俗不悟其仙。乃謂之鬼。彼羌目鬼曰唐述。夫以南山山脉至小積石山與崑崙山同屬一幹。蜿蜒而來。稱爲崑崙。自無不可。惟產玉名地。當屬于闐之崑崙。而以與西王母相聯屬。而不可離者。惟玉之一事。則以小積石之崑崙指爲西王母之地。毋寧以于闐之崑崙指爲西王母之地爲較合。且所謂金城酒泉有西王母之石室。安知非後世好事者附會西王母之故事而爲之乎。豈眞西王母之古蹟留至後世。乃能確鑿可攷如是乎。至以西王母移居。乃至今之亞細亞土耳其地。又徒爲大秦。西有西王母之一語。牽連以成其事。且果以大秦爲羅馬。則亞細亞土耳其之地。亦在其國之東。而不在西。是固未可爲確證也。其一近人有著思祖國篇云。「西王母邦者。即西人所謂亞西利亞國也。當周穆王時。國最富强。爲西方統一之國。穆王賓於西王母。蓋即至亞西利亞都城尼尼微耳。」按是說也。所謂亞西利亞國者。亦作亞述。與迦勒底巴比崙前後代興。而亞述之興。約當西紀前千三百頃。已在中國殷之中世。然西王母之名。已見於中國黄帝與舜之時。且當亞述之時代。其時西方史事記載已詳。若果有中華天子駕八駿而親至其邦而據中國史所載又有西王母來朝之事則當日亞述國史必有特筆而記述其事者固非若中亞洲一帶之山國於古事茫無記錄者比。而以今日學者多研究西亞古史何以獨未發見其事而僅見之中國之傳記乎。且於地名其音亦遠。而云穆王所至即尼尼微。固有不免失之擅斷者。其一以爲西王母蓋即蘇都沙那。或作率都沙那。又作蘇對沙那。（括地志率都沙那國亦名蘇對沙那國）又劫布咀那。又蘇都識匿。（見唐書）又窣堵利瑟那。（見西域記）諸名。其音皆近西王母。夫史記不云乎。條支臨西海。長老傳聞有弱水西王母。又淮南子以西王母在流沙之瀕。又山海經以西王母爲穴居。據是則西王母國必臨西海。又其間有沙磧環以險惡之川。而居近高山可知。今致蘇對沙那居波悉山之陰。臨葉河。其西北亘大沙漠。直至阿拉爾海。漢西海。今諸家之說。皆以爲即阿拉爾海。其間砂磧。即今所謂噶爾孔之大沙漠。阿拉爾海。其東南方皆沙漠地。近海多沙島。西域記云。窣堵利瑟那西北入大沙磧。絕無水草。途路彌漫。疆境難測。蓋玄奘當日曾由窣堵利瑟那至颯秣建國。故記其途中之所見如是。又云窣堵利瑟那臨葉河。葉河出葱嶺北原。西北而流。浩汗渾濁。汩淴漂急。葉河蓋即藥殺水。其下流入阿拉爾海。阿拉爾海大風起時波濤險怪。航行者甚危險。按此在古人形容其險惡。則云不可舟楫。而指爲弱水者是也。波悉山爲阿拉伊山脈中之高山。蘇都沙那國於其陰。故古代有穴居之說云。按是說也蓋取與西王母音近之國。而以西海爲據。至所謂高山弱水。皆可移指。又所謂流沙。則西域本多沙漠。不能以一處爲斷。然所謂西海者今亦尙無一定之論。雖有多人以爲漢西海即阿拉爾海而亦有以爲指黑海者且古書言西王母多主崑崙又非可當以波悉山而於玉事亦無所證其論據有不免失之薄弱者是三說者雖竝舉其言要未敢以爲討論之較得其眞者也至禹貢述西域而以崑崙與織皮析支渠搜竝稱。織皮與子合相近。而析支渠搜約當漢之大宛康居雖古今異時疆域不無出入要不離乎其地。織皮當即皮山。在于闐西三百八十里。國王治皮山城。西南至烏秏西北至莎車三百八十里。魏書蒲山國。故皮山國也。居皮城。析支作柘支。亦曰石國土語柘支爲石。又作者石。作赭時。魏書者古。故康居國。在破洛那西。唐書石國漢大宛北鄙。史記大宛傳。其北康居與此合。故康居小王窳匿城地西南有藥殺水。西域記赭時西臨葉河東西狹南北長。此則略可推古代析支之所在而漢之康居蓋其地也渠搜即鏺汗。又作怖捍。

又作拔汗那。又作破洛那。亦作洛那。隋書。鏺汗。都葱嶺之西。五百餘里古渠搜國東去疏勒千里。西北石國唐時爲寧遠唐書。寧遠本拔汗那。或曰鏺汗。元魏時謂破洛那。在眞珠河北。又怖捍。石國之東南。四環皆山地膏腴。多馬羊。而魏書謂洛那。故大宛國也涼土異物志古渠搜國。在大宛北界此則以古代渠搜之國其疆宇不及大宛之大故但云在大宛北界要之當漢大宛之地而織皮崑崙爲葱嶺以東之國渠搜析支爲葱嶺以西之國眞珠河即納林河亦名質河下流爲藥殺水亦名葉河今西耳江發源葱嶺入阿拉爾海所謂葱嶺以西水皆西流突而禹貢之言西域也獨不舉西王母西王母之地蓋當包於崑崙之中而以織皮析支渠搜皆在崑崙東西其地勢適邇相屬而禹貢玆納爲雍州之地此又見我上世祖國當在崑崙故與崑崙一衡線所綴屬諸國乃能連類而舉之也

今歐洲人種學博物館中有所謂斤之一物者其製在斧與鑿之間而爲古代人類所使用之武器此武器所散布遍於北亞細亞中國西伯利及歐洲中央北部諸國其形質狀態莫不同一爲一處所出之物無疑歐洲人種學者謂此器輸入之逕路由裏海

與烏拉嶺之間非由平和之貿易所得實當日闖入歐洲之種族携此武器以征服歐洲之舊種族者也而中國古代亦同有此物攷汲冢周書言神農作斧斤或者即爲古代中亞洲所使用之物而西則伴阿安利人種以傳入於歐洲東則隨我人種以傳入於中國夫今日論人種者多謂中國人種及歐洲人種在古代當同居于中亞洲而其後乃東西遷徙觀於同有斤之一物即可爲此說之證而我人種之與中亞洲有關繫者當日或卜居崑崙而由黃河發源之地循黃河而展布其種族者也

中亞洲高原居全地球之高點當日地球全面俱爲海水所包涵而首現陸地者惟此故論者遂以爲萬國人類始祖發生之所此其說之當否姑置別論而言人種始祖多必指一高山以爲從出之地若巴比崙猶太希臘印度（印度刹陀婆多婆羅門書婆伽婆多富蘭那書大戰書言之）古史皆記大洪水後舟泊高山由此始生人類之事而其所指之山不一猶太人所指者爲亞美尼山希臘人所指者爲巴奈斯山印度人所指者爲喜馬拉亞山而日本言人種者亦必指高天原之所在於各國古書凡言祖居皆屬高山直發見有同一之例良以太古之俗多事獵捕故以山林爲便其後本派之子孫日益繁昌而族居之地亦漸開

拓遂由山谷而移居於平陸此非獨太古之事然也即後世亦多帶有此性質者如亞述始居巴比崙北方之山間而其後乃繁盛於美索不達尼亞之原中國於周代剏業亦言岐山而以高山爲天作焉然則我種族當古昔獵捕支派簡單之時此岧嶢崑崙之山實同於猶太人之言亞美尼希臘人之言巴奈斯印度人之言喜馬拉亞而亦同於日本人之言高天原焉此可即各國古書言人種之例而援以爲我種人祖居崑崙之適證也

（未完）

傳記

新英國巨人克林威爾傳（續第二十六號）

中國之新民

第四章　查里士與國會之初衝突

僞改革者革命之媒也求諸萬國往史不乏成例而查里士第一其最著明之龜鑑也。初查里士之父占士第一與國會既屢衝突。其最後之國會實惟千六百二十三年。議員激昂。殆如疇昔。時則皇子查里士與其近臣赫京罕。乃陰揆下議院。主張與西班牙開戰。且煽動議員。使以納賄案彈劾戶部尚書蔑德錫氏。蔑氏者實主張英西同盟策者也。查理士故有憾於蔑氏特假公義以復私仇。國民不察謂儲君之右我也。輿情驩虞。澤腹泮解。顧作法自斃後此卒還入甕以覆其宗。占士知之矣。謂查里士曰吾兒毋爾。行見赫京罕爲蔑德錫之續。而彈劾之案不久將山積於兒案也。查里士不悟。既乃卒如其言。（附注）英國議會彈劾大臣之案。久廢不用。前次議會。雖用之以劾倍根。然其權利猶未確定也。自查里士慫恿國民行之。後乃以爲成例矣。

翌年。占士崩查里士嗣立國民督於前議會之同情也則大意奔走相告語曰。天賜我賢王天賜我賢王。於其加冕之典舉國中歌者舞者醉者躍者張綵者獻花者。閭衢溢巷。懽聲動天地雖與王室爲世仇之清敎徒亦瀝誠獻頌以表歡心謂積旬之陰霧。今殆一掃也惘哉。天未厭亂失望與希望爲緣而其程度相爲比例舉國顒顒惟新王之初政具瞻。豈意其第一著乃以特權與舊敎徒又不經議會協贊而私與世仇之法國結婚（英例國王結婚。必先經議院許諾。其限制君權。可謂至矣。實則外交政策所關。有不得不爾者。非無理之干涉也。）國民覩其專恣情狀舉如冷水澆背。懍然於我王之將賣我也怨憤之情乃十倍疇昔一千六百二十五年開第一次國會君民之間始杌隉矣。

以納稅義務易參政權利此泰西各國爭民權之不二法門也而其成例之最顯著者莫如英之查里士時代查里士藉口於西班牙國交之將破裂也乃召集國會求國用供給之增加。（即增稅）顧其豫算表既不發布其新稅之用途疑莫能明國民知所可持以要挾者惟茲一事也乃毅然靳之其所謂噸稅斤稅者只許供給一年其他稅則非俟弊政悉除之後決不奉詔茲議既決適以避疫故。其年倫敦患疫。爲全世界空前之大疫云。停會。其間查里士復擅貸軍艦於法政府爲其撲滅新教之後援。及八月再開會。衆怒益不可遏。議員腓立布突然開攻擊王室之端緒。侯詛侯咒相率響應。議員西摩乃代表全院之意見厲聲曰『負其責者不可以不任其咎。公爵赫京罕王之重臣也。今日之罪惟赫氏實尸之』於是悉置他事。惟以彈劾赫京罕案提出上奏。王大怒遽命閉會。是爲查里士第一次解散國會

王欲洩民氣於域外。乃爲卡的島之遠征。未幾敗歸。復以國費問題不得不再集國會。英例。凡有職於行政部者不得復占席於立法部政府大臣例外也王乃利用此例。舉民黨中最有力者遏活曲西摩腓立布溫得倭士及其他二人。強授以官。使不得立於議塲。雖然民黨之勢不緣茲而殺。老名士伊里阿德崛起爲平民黨首領。反對滋益烈。伊氏本屬溫和派。前議會且嘗爲赫京罕辯護者也。使查里士於改革之業有一線可期。則伊氏必非王之敵而王之友也。徒以王之信用全已墜地。乃自樹敵而壞其長城。開會之始。伊氏大聲疾呼曰。『國亡在旦夕而嘵嘵奚爲。爲今之計。速設調查弊政會。弊政不悉革

則吾民之血汗。雖銖黍不得以畀獨夫也」全院一致贊成。恐後乃設三大委員。一曰調查宗教施政。二曰調查民間疾苦。三曰調查弊政來源及其救濟之法。調查之結果。乃更決認赫京罕爲罪惡之府。（實則謂王也。王不可指名。乃蔽罪赫氏。抗世子法於伯禽之意也。）於是下議院以正式復提出彈劾赫京罕案。謂玆案不決。則金錢案不得置議。以此意要求於王。英例。行政裁判權在上議院。王與赫京罕。初希冀上院之否決此彈劾案也。既而知上院之不爲已援也。（其理由亦頗繁。今避贅不引。）運全力以阻止彼案之提出。終不克。遂以五月八日提案於法廷。議員的奇士先極論責任大臣之原理。錫爾丁次說赫京罕政府海軍失政之情形。格蘭威里極言政府待東印度公司之苛虐。與貸軍艦於法國之非宜。哈拔復論赫氏以一身兼數職之叢脞誤國。其餘激昂怒罵。四座闐然。不可嚮邇。赫氏乃夷然盛服華飾。坐於大臣席。微笑以睥睨議場。一議員憤然指之以語於衆曰『諸君諦看彼何人斯。彼何爲者』萬喙齊和。萬掌如雷。最後伊里阿德及的奇士更昌言先王占士之崩逝。疑莫能明。聞諸道路。謂遭毒弒。而直接或間接行玆逆謀者。則赫京罕其人也。此語一出。如暗電刺激。全院俱默。赫氏面無復人色。王大怒。直命逮伊的二氏下諸獄。下議院以二氏不在則諸務不能執行強迫於王王不得已免之而彈劾案日益進。不數日得旨閉會。是爲查里士第二次解散國會實千六百二十六年六月十五日也

第五章　查里士與國會之再衝突及克林威爾之初爲議員

查里士之屢解散國會苟以避困狀於一時此無異飲鴆以療渴病也何也解散之後不再集則已苟再集則其得選者必強半仍爲前會之人物而以倍蓰之敵愾心對於政府未有不瘉接而癒厲者也故後此格拉蘭頓氏著英國革命史謂查里士之失策不一端而解散國會之頻數實爲其尤知言哉知言哉抑查里士每經一度解散之後其專制之燄愈增一度而喚起衆怒亦愈高一度此其所以不至自戕而不止也蓋自第二次解散而英國國民參政權全被褫者二十一月而強此二十一月中實查里士實行「朕即國家」主義之時代也未幾以黎島遠征之大失敗。司農仰屋。不得已復俯首以與民庶交涉。遂有千六百二十八年三月之國會

查里士至是謂國民終非吾敵也。悍然復無所於憚直以政費增給之名目。命令於議員。顧民黨領袖於閉會前數日已集議於羅拔噶頓之家。定此次之方針。將彈劾赫京罕

之案暫置之。而先以剝奪臣民權利之一問題問罪於政府開會之日朝士方提出要求案。溫得倭士遽起抗言曰『公等何更不憚煩以商權於吾儕小人爲公等實行盜賊主義將及兩年一國之脂膏掠奪罄矣吾儕小人其奈公等今且凍餓委溝壑所餘更何長物之與有予取予携公等自爲之何勞更嘵嘵相慁爲也必不獲已者政府其先償吾儕前此之所失吾儕乃徐應政府後此之所求』自是爭鬨之聲。忽沸騰全院。競起以鳴政府之不法。其條件不下百數十。而爭論殆逾浹旬。卒乃提出弊政匡救案。上奏於王。一曰政府視成文法若無物不經國會協贊而擅徵租稅二曰政府違反法律妄逮捕無罪者三曰政府不問人民之願否而擅屯兵隊於民宅四曰。政府非有內憂外患而妄行軍政於國中凡此諸端皆對於神聖之國民而犯大不敬之條者也自今以往以國王之誓勿復蹈之此卽所謂有名之「權利請願」The Pelitions of Right 而後此英國憲法之源泉也

此權利請願之旣奉稟。國會私謂王之殆將悔禍。而有以慰民望也。喁喁以待好音。翌日詔下。而所要求者全被拒絕於是國會失望落胆之狀。不可思議。三百餘名之鬚眉

丈夫潸潸咽暗淚作兒女子態議院寂然無聲者殆半時最後腓立布乃悄然起立曰。『吾輩贅疣於此間復奚爲者諸君諸君歸去歟休歸去歟休』其聲洸顫殆不堪聽。於是伊里阿德欲起立有所陳說議長芬儲氏遽揮淚禁止之曰。『余新受命於王。凡議員中有攻難政府者其禁止之』伊氏不獲已悄然歸坐蓋發言權之自由既喪滅也良久的奇士乃申腓立布之言曰。『吾輩贅疣於此間復奚爲者諸君諸君歸去歟休歸去歟休』此實國會最哀痛之言而亦國會最得意之言也。何也王非有求於國會則擾擾焉旋解散旋召集何爲也

芬儲氏伺隙趨朝面奏現狀。議院遽開委員會。再提彈劾赫京罕案。議員遏活曲直引前此彈劾蔑德錫故事。經查里士所贊成以爲議院應有此權利之實據查里士乃悟自繩自縛之孽報。大驚失措不得已乃裁可其所謂「權利請願」者實千六百二十八年六月九日英國民一大紀念之日也。至是議院乃承認五種之新賦。以爲王報酬。雖然彼之裁可權利請願。非其本心也。意欲既得所欲。而棄其要盟。國會察其然也。以風行雷厲之勢。要求實行。王不應。爭論復起。查里士復行其所慣用之自殺政略。突然

命停會。停會與解散異。停會延期。而解散再選也。

此停會期中種種大事件相繼發生。(第一)則赫京乘罕衆怒之最高潮忽被刺殺自茲以往王與民之間障壁全撤國民知種種虐政全出於王之一身非關執政者之煬竈其間也(第二)民黨中溫德倭士及其他有力之三人爲王所賣投於王黨倒戈以爲民敵也於是王於權利請願中所禁絕諸弊政繼續不衰明年一六二九年正月二十日。停會期盡再開會而新問題之起者逾夥。

此際王室與國會之衝突無日無之而停會亦復經兩次今避繁不復徧述惟記其最後之一事即永世紀念之國會笑柄所謂拘留議長事件者是也查里士之第三次命停會也議長芬儲傳旨於院中一議員突起立曰「國會非王之國會王停我不停也」於是「不停」「不停」之聲和之者起於四座向例凡議長去席則不得復議事芬儲既傳王命旋去其席伊里阿德方欲起言以是中止何圖有何禮士威遜頓兩議員者突起摟芬儲一扼其腕一捺其胸舁而置之於其席樞密顧問官之王黨數輩起而救之遂相搏於議院兩議員以格鬥故無力以守芬儲芬儲覗隙狼狽思遁羣議員圍之復

致之其座議院之外戶遽閉伊里阿德始起立求演說許可於議長議長以王命拒絕之他議員有繼請者亦然於是大紛擾起全院騷然日議長黨於王當科以極刑執行即在今日芬儲垂淚曰「余寧好爲是余之職權不得不爾抑余更爲諸君一言余懼英國國會以今日强迫余之故而遂亡滅也」最後以錫爾丁之提議謂議長放棄責任舉伊里阿德爲臨時代理議長且使朗讀其動議案之原文

事機銜接間不容髮伊里阿德方就議長席王已遣憲兵麕集巴力門門外見其嚴扃剝啄殊厲伊里阿德以嘈嘈急雨之聲誦議案始畢贊成贊成一語錯落起四座國會以自身之決議停延即此剎那間憲兵破戶入遽以王命命解散而別逮伊里阿德錫爾丁等六人下詔獄伊氏遂瘐死其餘皆在獄中以迄千六百四十年是爲查里士第三次解散國會

此次之國會彼巨人克林威爾者始出於恒兢頓之沼澤以其野愿之道貌出現於巴力門其初次演說實爲宗教問題蓋克林威爾始終舉其身以獻於上帝者也故於內政外交軍事上懷抱雖多以爲末節不屑厝意而獨探本於宗教彼之初演說則二十

八年之二月二十一日也。其演說之筆記。至今猶寶存於倫敦博物館中。蓋極幼稚極粗野云。然幼稚粗野之中。自有一片沈毅誠懇之氣。使聞者生感。一議員指克林威爾以問哈布丁曰。彼何人者。哈布丁曰。吾甥也。君子曰。克林威爾有舅哈布丁有甥也。（哈布丁之事蹟詳次章。）

第三次國會既解散。克林威爾亦飄然歸故里。以牧其羊。自茲以往。英國無國會者且十一年。於是克林威爾乃起。於是克林威爾乃不得不起。（未完）

（附言）所據諸家克氏傳。於此三次國會記載皆甚簡略。今雜采諸史補述之。自知失於枝蔓。但非此無以見國會勢力之漸進。吾國人得他史參考蓋不易。故寧詳毋略也。讀者亮之

論中國學術思想變遷之大勢（續第五十三號）

中國之新民

第八章之續

第一節之續

言泰西近世文明進步之原動力者必推倍根以其創歸納論理學掃武斷之弊凡論一事闡一理必經積累試驗然後下斷案也（前此亞里士多德所傳之論理學。謂之演繹法。以必中所懸擬之理。命爲前提。而因以下斷案。至倍根起。謂尋常智慧。易有所蔽。所懸擬之前提。未必正確也。前提不正確。則斷案亦隨而俱繆矣。因用積累試驗之法。既懸擬一理矣。不遽命爲前提也。參伍錯綜。向種種方面以試驗之。求其眞是。乃始命爲前提。是即所謂歸納法論理學也。）審如是也則吾中國三百年來所謂考證之學其價値固自有不可誣者何也。以其由演繹的而進於歸納的也泰西自十五世紀文學復興以後學者猶不免涉於詭辯。陷於空想。自倍根興而始一矯之。有明末葉正中國之詭辯空想時代也及明之亡。顧黃王顏劉諸子倡實踐實用之學。得其大者閻胡二萬王梅諸君同時蔚起。各明其一體。其時代與倍根同。（倍根生於明嘉靖四十年。卒於天啓六年。）其學統組織之變更亦頗相類。顧泰西以有歸納派而思想日以勃興。中國以有歸納派而思想日以銷沈。非歸納派之罪。而所以用之者誤其塗徑也。

本朝學者以實事求是爲學鵠。頗饒有科學的精神。而更輔以分業的組織。惜乎其用不廣。而僅寄諸瑣瑣之考據。所謂科學的精神何也。善懷疑。善尋問。不肯妄徇古人之成說與一已之臆見。而必力求眞是眞非之所存。一也。既治一科。則原始要終。縱說橫說。務盡其條理。而備其左證。二也。其學之發達。如一有機體。善能增高繼長。前人之發明者。啓其端緒。雖或有未盡。而能使後人因其所啓者而竟其業。三也。善用比較法。臚舉多數之異說。而下正確之折衷。四也。凡此諸端。皆近世各種科學所以成立之由。而本朝之漢學家皆備之。故曰其精神近於科學。所謂分業的組織何也。生計家言。謂社會愈進於文明。則分業愈趨於細密。此不徒生計界爲然也。學界亦然。輓近實學益昌。而學者亦益以專門爲貴。分科之中。又分科焉。碩儒大師。往往終身專執一科以名其家。蓋昔之學者。其所研究博而淺。今之學者。其所研究狹而深。如法律學一科學也。而國法國際法民法刑法商法等。各爲分科。分科中。復有分科。如國法中。治憲法者。治行政法者。不相雜厠也。國際法中。治公法者。治私法者。不相雜厠也　凡諸學科。莫不皆然。學愈進則剖析愈精。而學者之分業愈行。本朝漢學家之治經亦有類於是。乾嘉以後學者。皆各專一書以終身　如段氏之說文　陳氏之毛詩。胡氏之儀禮。孔氏陳氏之公羊。乃至或專事校勘。或專明金石。或專釋地理。或專研聲律。或專考曆算。其分業愈精。其發明愈深。百年前之經學。其組織殆可稱完備　故曰其組織近於分業夫本朝考據學之支離破碎。汩沒性靈。此吾儕十年來所排斥不遺餘力者也。雖然。平心論之。其研究之方法實有不能不指爲學界進化之一徵兆者。至其方法何以不用諸開而用諸閉。不用諸實而用諸虛。不用諸新而用諸陳。則別有種種原因焉。若民性之遺傳。若時主之操縱。皆其最鉅者也。蓋未可盡以爲諸儒病也。

本朝學派。以經學考據爲中堅。以爲欲求經義。必當假途於文字也。於是訓詁一派出。以文字與語言相聯屬也。於是音韻古音一派出。又以今所傳本之文字。或未可信據也。於是校勘一派出。以古經與地理多有關係也。於是地理一派出。以古經與天算多有關係也。於是天算一派出。以古代之名物制度與今殊異也。於是名物制度一派出。是爲乾嘉時代最盛之支派。

言聲音訓詁學而以漢以後字書爲未足也於是金石一派出言地理而以域內爲有限也於是西北地理一派出以今傳之經籍爲未完備也於是輯佚一派出崇古尊漢之極點而以東漢之學術其導源更自西漢也於是今文經說一派出是爲乾嘉以後續興之學派

推其考據經學者以及羣史於是錢（辛楣）王（西莊）一派之史學出推其考據經學者以及諸子於是畢氏（秋帆）一派之子學出彼非誠欲治子史也以經學之席位已悉爲前輩所占不得已而思其次也故謂之爲經學之支流可也若此者是爲淸代學術之正派

此正派之初祖誰氏乎曰閻百詩（若璩）曰胡東樵（渭）閻氏著古文尙書疏證定東晉晚出二十五篇之僞批卻導窾霍然以解胡氏著禹貢錐指謂漢唐二孔（僞孔安國注及孔穎達疏）宋蔡氏（蔡沈集傳）於地理多疏舛乃博引羣書以辨九州山川形勢及古今郡國分合異同此二書出乃爲經學界開一新紀元夫二書者各明一義至爲區區而經學新紀元之名譽不得不歸之者何也蓋三百年來學者以晉唐以後之經說爲不足倚賴而必求徵信於兩漢此種觀念實自彼二書啓之而其引證之詳博周密斷案之確實犀利尤足使讀

者。吾儕心折而喚起其尊漢蔑宋之感情（閻書專據康成以折僞孔。胡書多引鄭注及說文以正孔疏蔡傳。清儒之崇拜許鄭。其感情實自此二書始。）蓋二書直接之發明雖局於一節而間接之影響則偏於全體也故清學正派之初祖。必推二氏。

同時經學別派有二大師曰鄞縣萬充宗（斯大）季野（斯同）兄弟充宗爲禮書三百卷春秋說二百四十卷。（燬於火）季野爲讀禮通考百二十卷（此書冒徐乾學名實皆出季野手）二萬之學不標漢宋門戶其感化所及於清代學界者不如閻胡之鉅然言三禮者必祖之（尋秦蕙田有五禮通考之作）二萬皆梨洲高弟。其學之大體受自梨洲而顓門覃精更有所進。季野之史學尤吸納萬流。推倒一世。雖然萬氏派之史學不盛於清代。

經學與萬氏派略相近者有馬宛斯。（驌）著左傳事緯及繹史。顧甯人亟贊之。乾嘉後學者病其家法不嚴。與五禮通考同譏焉。實則二書皆三百年來傑構也。雍乾間有顧震滄。（棟高）著春秋大事表。其學統亦略近萬氏。

中國於應用科學無一足稱者其最發達莫如算聖祖嗜此蓁蔫。復有西儒南懷仁輩備顧問內廷。高髻廣頟。流風寖被於後。於三百年來玆學之進步頗有力焉。而開其先者。曰王寅旭（錫闡）曰梅定九（文鼎）王氏當前明徐文定（光啓）修歷之時。已潛心茲業。著曉庵新法六卷。梅氏致心折焉。顧亭林品評時彥。獨首先生。曰學究天人。確乎不拔。吾不如王寅旭。其所造可知也。梅氏則三百年言算者所宗矣。所著算書凡二十五種六十卷。（實二十九種其孫瑴成編校時刪併為今數即所傳梅氏叢書是也）此後官書。如律呂正義歷象考成等。多本之。若算學於本朝學界上有價值者。則開宗之名譽。舍兩先生無屬也。

故吾以閻胡二萬王梅為新學派之開祖。就中閻胡影響最鉅。諸人次焉。

孫李陸呂二張顧黃二王顏劉二萬。皆明遺民。於新朝不肯受一絲一粟之豢養。非直其學之高。抑其節行又足以砥所學也。閻氏雖一應徵。然未嘗立其本朝。胡氏蚤歲力拒徵辟。晚節聖祖南巡。獻頌賜對。士論稍惜之。梅氏亦於南巡時强起召見。雖然。三先生者皆以處士終也。（萬充宗就明史館席然不肯受官自言欲握國史權以報故國云其志可敬也）故吾輩語諸先生。皆當號曰明儒。不當曰清儒。若夫語於學統。則固劃然為一新時代。以明學目之。焉又不得也。

自有所謂以名臣兼名儒者。而清學始不競矣。其最初有聞於時者。曰魏環極（象樞）魏石生（裔介）陸稼書（隴其）張伯行（孝先）二魏以鯁介聞。新朝創法立制。多出其手。而於學界關係蓋鮮。稼書朏萬叫綜。循吏之才。伯行敬愼廉介。硜硜自守。其行節無可議。然學太隘陋。稼書之言曰。「今之論學者無他。亦宗朱子而已。宗朱子爲正學。不宗朱子即非正學。董子云。諸不在六藝之科。孔子之術者。皆絕其道。勿使並進。然後統紀可一。法度可明。今有不宗朱子者。亦當絕其道。勿使並進」。伯行纂性理正宗。排斥陸王不遺餘力。王學之絕。陸張最有力焉。其人既見稱於時主。其學益見重於流俗。思想自由乃銷蝕於無形之間。二氏箇人之私德不足贖其對於社會之公罪也。其純然爲學界蟊賊。煽三百年來惡風而流毒及於今日者。莫如徐乾學湯斌李光地毛奇齡。

近儒或以歐陽修蘇軾爲宋學界之蟊。其論稍過。若淸之有徐乾學。其又下於歐蘇數等者也。淸興。首開鴻博。以網羅知名士。不足。則更徵山林隱逸。以禮相招。不足。則復大開明史館。使夫懷故國之思者。或將集焉。上下四方。皆入其網矣。除吾所陳諸先生外。其倖免者寡也。而當時汲引最盛者曰崑山徐。彼以南人處文學最盛之區。一時魁儒大師。皆所素往還。既緣倖幸。驟獲寵貴。則以利祿相歆。以威勢相脅。而屢主文衡。久尸史職。務欲盡羅名宿。致諸門下。彼固不知學。而藉門下食客。以爲之緣飾。既博禮士之名。復徵績學之譽。侈然以稽古之榮爲餌。而使一世廉恥浸潤以銷滅。士之弁髦氣節以奔競諂諛爲尙。其受徐氏之影響者最多焉。不然。有明三百年之所養。何一旦掃地以盡若是速也。

湯斌李光地皆以大儒聞於清初。而斌以計斬明舊將李玉庭。光地賣其友陳夢雷。而主謀滅耿鄭。皆坐是致貴顯。然斌之欺君。聖祖察之。光地之忘親貪位。彭鵬（閩人給事中與光地同鄉）劾之。即微論大節。其私德已不足表率流俗矣。而皆竊附程朱陸王。以一代儒宗相扇耀。天下莫或非之。質而言之。彼二氏者。學術之醇。不及許衡。而躁棄名節與之相類。階進之正。不及公孫弘。而作僞日拙與之相類。程朱陸王之學統。不幸而見篡於豎子。自茲以往。而宋明理學之末日至矣。

毛奇齡乘時得位。不及崑山睢州安谿。而挾其雕蟲炙輠之才。行以狂悖恣肆之態。其戕賊學界。亦頗有力。全謝山著毛檢討別傳。於其生平行誼。魑魅罔兩。無遁形矣。（毛自謂書江之役曾預義師。實則以鼓琴階進於保定伯毛有倫。事敗逐亡匿。毛嘗亡命爲僧。自謂以選詩獲罪。其實即殺人罪也。嘗聞緒論於閻百詩及施愚山。竊其唾餘以自炫。及夤緣預詞科得檢討。乃仇閻施。其著古文尙書寃辭。專以强辭排百詩也。昔嘗恩彼者。皆怨報之。既貴。棄其糟糠婦。婦嘗對其門生張希良。盡發奇齡平生醜行。至不堪入耳云。此皆全氏鮚埼亭集外編所記也。論者或謂奇齡爲兩橛人。）

猶未知其眞相耳。彼其辯才既便給。記載既雜博。乃徧仇前哲。以文其小人無忌憚之行。肆口嫚罵漢以後人無一得免而其所最切齒爲宋人宋人之中所最切齒者爲朱子跡其所抨擊純然市井無賴叫囂者之所爲。稍有學養者未必爲動。但承其時學風尊漢蔑宋之機已動而遵毛氏之教可以悉舉名節閑檢而蕩棄之而不失爲大儒其便學者之私圖孰有過是上既有湯李輩以僞君子相率下復有奇齡等以眞小人自豪而皆負一世重名以左右學界清學之每下愈況也復何怪焉復何怪焉後此袁枚俞樾輩皆直接汲毛氏之流。而間接受影響者。尙不可指數也。

自此以往。宋明學全絕。惟餘經學考據。獨專學界爛然光華。遂入於近世第二期

（未完）

國聞雜評

英國之西藏（飲冰）

數月以來。世界之大事。除日俄戰爭以外。最令人注目者。曰英藏交涉。自六月廿三日。（陽曆八月三日）英軍入西藏之首都拉薩。英藏交涉遂告終局。七月廿二日。（陽曆九月二日）十條之英藏條約成。自茲以往。西藏遂將爲英國人之西藏。今譯其條約全文如下。

第一條　照依光緒十六年所訂立國界條約第一款。在哲孟雄界邊重建界碑。

第二條　除雅頓一埠以外。再將江孜及哥達克兩地爲通商口岸。供英藏兩國民往來貿易。將來或再査確何處應爲通商口岸者。仍得隨時議開。

第三條　英藏之通商稅則。一經議定後。毋得將稅率任意增加。

第四條　前此光緒十九年所訂條約。有應修改者。統由西藏政府派專員與英國

國聞雜評

全權大臣商訂

第五條　自印度邊界直通雅頓、江孜、哥達克一帶所經道路。不得設立局卡。其道路有險惡不宜行旅者。由西藏自行修築務使便於商民。又該三地須由西藏政府特派一官員駐紮。凡英國領事官所有與駐藏大臣及其餘藏官之交涉文書皆經此官員之手。將來若增開通商口岸。亦援此爲例。

第六條　因西藏政府不依條約。妄啓兵端。應賠償英國兵費七十五萬磅。限西曆千九百六年一月一日交訖。其交收之地。臨時由英國政府指定。

第七條　英國暫時派戍兵駐於焦黎志地方。待通商口岸開定賠欵交淸時。方行撤還。

第八條　由印度邊界至江孜一帶所有堡寨皆平毀之。

第九條　西藏政府若不經英國政府之許諾。不得將西藏之地割讓或租借於他國。又西藏之政治不得受他國之干涉。又不得擅許他國在藏地修築馬路鐵路建設電線開採礦產

第十條　此條約以千九百四年九月二日。由英國邊務大臣張伯士林。與西藏達賴喇嘛。在齊耶阿地方公同畫押。備英文藏文各一份。但以英文爲正本。

（附注一）光緒十六年條約者由中國駐藏大臣升泰與英國印度總督麥凱士所訂所謂藏哲（哲孟雄）界約是也其第一欵云藏哲之界以自布坦之交界支莫摯山起至廓爾喀邊界止（下略）

哲孟雄即介於布坦與廓爾喀之間者也

（附注二）雅頓在藏哲交界處舊有稅關爲西藏與印度通商獨一之關門江孜在尼揚楚河與章魯河合流處一路通拉薩一路通西卡孜全藏之要衝也哥達克湖名其都會在湖旁距拉薩二百餘里

右條約所最宜注意者則第九條也所謂勢力範圍之一語者前此各國競施諸中國本部今則英國獨施諸西藏也土地不許割讓不許租借路權礦權不許讓與英國以外諸國皆勢力範圍之成例也西藏者第二之哲孟雄也

次宜注意者則第四條也前此中國之待屬國皆不干涉其政權惟於西藏則駐大臣以握之西藏爲中國完全屬國天下所同認也故前此一切外交事件皆駐藏大臣主持實對於保護國應享之權利也今訂約全以英藏兩政府直接交涉並前此中國經手訂定之約其修改權亦不許我過問中國與西藏從此義斷恩絕也西藏者第二之

朝鮮也。

聞中國政府於此約文公佈後。近乃提抗議於英政府云。雖然。天下惟有義務者爲有權利。又惟有權力者爲有權利。中國於西藏放棄其義務久矣。而英藏紛爭以來。復無一毫權力以盾其後。甑已破矣。而乃顧之。噫、果何爲者。果何爲者。

俄皇尼古剌士二世（續第五十三號）（觀雲）

尼古剌士二世皇帝結婚不久。而於宮中婦人喫煙問題之紛爭起。當亞歷山大三世之朝。今之皇太后者。於宮廷內禁婦人之喫煙。而至現代之皇帝。尚嚴守此習慣。無女官一人之喫煙。然至有勢力之今皇后來也。不置此慣例於目中。而苦閑散之侍女。許其喫煙。茲紛雜之大問題起。而皇太后之黨派。與皇后之黨派。遂各逞其軋轢。至於今未熄。而其軋轢中最大之事柄。則以皇后之無皇太子是也。

皇后不幸。舉皇女而無皇子。不以有皇子之故。而帝位繼承之一大問題起。從羅摩諾甫家之慣例。今皇后若不舉皇子。以順序而彌加威爾太公當爲皇帝。雖然。今皇帝或不肯從此慣例而以帝位傳於其皇女。於是俄國宮廷於帝位繼承之問題分二黨派。而若皇帝必欲立皇女乎則俄國臣民肯默而從之而相安於無事者蓋不能無疑是開俄國將來一大紛擾之張本也。

尼古剌士二世皇帝於春秋多住額齊訥宮殿。夏時住海得爾霍甫及吉里米亞之林湖阿住宮。於歷山二世被暗殺之各宮。皇帝不好一日居而亦不欲稍留者也。在莫斯科好沛德羅夫斯克之小宮殿而留之。蓋嫌儀式而樂質素以送生活者。固今皇帝之性格也。

尼古剌士二世皇帝。於在額齊訥或在海得爾霍甫宮殿之時。以每日接見大臣一人外務大臣之接見日。定禮拜二。然蘭摩斯度夫於有必要之事屢屢謁見。又一週間以二日爲一般之謁見日。於此日海陸軍居重職之將校。及召見之人許謁見。於一般謁見日。警戒森嚴以防或有危險之事。而宮殿內探偵之嚴密。又多出人之意外。然尙時有不及察之事。於昨年五月。額齊訥宮之食堂從柱時辰錶中發見有爆裂彈之事是也

尼古剌士二世皇帝。寄其生命於危險之中。而四周包圍以疑惑陰欝之空氣。虛無黨

人遍滿於社會上下。而其人之爲友爲仇。常苦不能判明。故皇帝幾在無人不疑之境。以是之故。而眞愛之情。益惟集於皇后之一身。若皇后者。固爲此暗澹之皇帝。輝其生命惟一之明星也

尼古剌士二世皇帝。當在海得爾霍甫宮之時。從聖彼得送來之政務。常爲接見臣下。致無閒覽之時。狡猾之諸大臣。又欲使皇帝無暇注意於俄國政策之大問題。而常以細故末節之政務苦之。入夜於燈火之下。機上堆積之書類如山。而皇帝遂爲此檢閱之勞。疲於奔命而不暇給也

尼古剌士二世皇帝者。悲哀疲勞不幸之君主也。以彼忠實於義務之故。終被困於不可葺之事。而雖有多少之手腕。爲大臣與皇太后所制馭。於國政終不能如其意。夫以如彼要剛骨之地位。而出之以柔弱。要獨立之性質。而出之以倚賴。故常不能發展其勢力以駕馭他人。而常爲有勢力者之所駕馭。而又易爲婦人之所得而駕馭。大占權柄於彼之上。彼者蓋終生理虛虧之人也。神經衰弱之人也。意志怯薄之人也

右所論俄皇之性格。而以遺傳與境遇爲據。固大可想見俄皇之爲人矣。抑予聞之軼

事。俄國希臘教中。有約哈者。俄國人信之爲神父。約哈本起自微賤。以爲曾得奇術。能治人奇難之疾病。俄人咸信其法力。俄先帝亞歷山大三世。亦歸依焉。約哈嘗爲先帝亞歷山大三世祈病而大言病即治愈。既而其言不驗。以是失宮中之信用。現帝尼古剌士二世。頗爲有新思想之人。故痛嫌約哈而遠之。其後約哈於公衆之前。喝一多年跛足之農婦。命之立起。農婦曰。噫、神父。我不能立。約哈更大聲喝曰。爾不知有使爾起立之命乎。速起立。跛婦忽起。欣然步出。由是世間益以約哈爲神。而約哈再得恢復其信用。以意思薄弱之俄皇尼古剌士二世。聞此事亦信焉。而國之大事。與帝一身之禍福。多問於約哈。而信用其說。由是言之。以頭上眺一片黑雲。即以爲有不祥之事之亞歷山大三世之子。今俄皇尼古剌士二世者。雖或噓吸文明之空氣。與其先帝多性質殊異之處。要不能盡脫其遺傳之固有性。觀於此迷信約哈之事。而可見焉。抑美國一新聞之所載曰。羅摩諾甫之系統。達老年之人極少。亦無壯健之人。近若俄先帝亞歷山大三世。以四十二歲死。皇子三人中。其一人以羅肺病死。現俄皇及皇弟。皆屬身體虛弱之人。然則俄皇前途。雖不斷其成敗若之何。如而其弱於體而孱於志。固已具於其禀性矣。

一國之帝王每與世界之帝王各以其才略互角雄雌於一世之中而欲評論其價值亦可以同生此時代同立此地位之人以爲參觀互證之資今世界之所稱爲雄才大略之主者美國之大統領與德意志之皇帝是也而英國皇帝愛德華多近時亦大嶄露其頭角若定英法協商之局歐洲之外交界特開一新局面而實以英皇爲中心之主動力故今日欲觀英國之政治不當僅觀其內閣而尤當先知英皇之爲人論者謂今時帝國主義發展故世界之威權又有漸歸於君主之勢要亦同時諸帝王其才質殆皆屬非凡故能漸自張其勢力故也又若日本之明治天皇伴近日日本國運之發達亦著赫赫之休稱於全地球以此數大國之帝王相提而衡量之則若俄皇尼古剌士二世者不能不次其席即不然而亦以數國之帝王爲剛而俄皇爲柔數國之帝王爲陽而俄皇爲陰者其言爲稍當夫以俄皇生於好戰之國彼其歷代之君主無一非重武力主義之人雖以亞歷山大三世之庸而讀託爾斯泰伯所著之書一日召伯而謂之曰朕甚服卿之言惟其中有非戰二三頁者卿其刪除之以伯之爲正直剛毅之

人也。即答曰。臣此書。若删其一頁者。寧燒其全部。且假使陛下脫龍袞之衣。而爲平民。其讀臣之書而猶有不快於心。則請斷臣之雙腕以謝。惟陛下幸察之。託爾斯泰此書日本有譯本其書名我宗教然則歷世三世。雖怯懦。而戰爭猶爲其所不能廢。惟今俄皇。獨以厭戰著聞。此雖爲今皇之一美德。然而若美國統領羅斯福。生於素尚和平之美國。猶活用其孟魯主義以恢張美國之國勢。而羅斯福之爲人。即所謂以奮鬬爲生活者。羅斯福所著之書日本有譯本名曰奮鬬之生活何其與俄皇之迥不相類也。抑俄皇雖名爲不好戰。然而滿洲之事。卒以不肯讓步。致與日本以砲火相見。是則俄皇果有弭兵之意與否。世人尚未能遽信。即曰俄皇實不欲戰。以受他人牽掣之故而戰。是則俄皇懷抱一非戰之主義。而不能實行。即其人之無能。已不啻自供而表著於世。而人。果有以知俄皇才力之强弱矣。抑又聞之。德意志皇帝之每臨演說壇也。振其滔滔不窮辯才無礙之舌。而常有推倒一世之豪傑開拓萬古之心胸之概。而俄皇尼古剌士二世之臨演說壇也。嚅嚅囁囁。若不能出諸其口。或更苦於機絕。而無辭以繼續之。相對無言。而其事又不可以已。則大臣代起而爲之演說。使不至有不終局之憂。而於平日之間。亦多鬱鬱。寡言語。德皇之活潑。與俄皇之幽閱。世所稱爲絕妙兩對照之人物也。夫論人之法。專就一人而觀。每不易定其賢否高下之標準。而一舉相當之人以爲比例。則品量之軒輊自呈。而余亦欲用是例以略揣俄皇之爲人也。

（未完）

譯叢

日俄戰爭與中日戰爭之比較（譯東洋經濟新報）

立人

日俄之役。俄軍海陸。所至敗衂。彼歐洲老大帝國之名譽。遂掃地以盡。東西論客。咸動色相語謂與十年前之中國。何其相似也。嗚呼。以優勝劣敗之公理。繩之專制國不能免淘汰之慘。於今日洞若觀火矣。豈其事後而乃察之。但經幾度實驗。其鐵案之不可動。愈確然耳。東洋經濟新報。此間著名經濟學者天野博士所組織也。頃有一文題曰「日俄戰爭與中日戰爭之比較」其於三國軍事上强弱之點。剖析無餘蘊矣。抑一戰之勝敗。其原因固在軍事上之强弱。而軍事上之强弱。其原因復別有所在。讀者更由是以推見至隱焉。則所得者。豈惟軍事智識而已　譯者識

（又）譯語於中國皆稱我從譯者之地位也其餘皆照原文不妄刪改讀者諒之

中日戰爭前兩國之海軍　白光緒十年。朝鮮事件發生。而中日間之交涉以起。至

年西曆四月十八日。締結所謂天津條約。爾後中日兩國間。迄暗雲消合。彼此日汲汲、、、、以擴張軍備爲事。如日本之軍備。其陸軍初自英式而改法式。更由法式而再變德式。一切銃砲彈藥。亦採用歐洲之最新式者。惟恐不足。我國則於固有之八旗綠旗及練勇外。更養歐式之練軍。又增修旅順威海衛之要塞以備有事。而更有惹人注目之一事。則彼此海軍之擴張是也。今將日本之用意於其海軍者表列如左。

(建造年)	(海防艦)隻	噸	(巡洋艦)隻	噸	(士盧布艦)隻	噸	(通報艦)隻	噸	(砲艦)隻	噸	(水雷艦)隻	噸	(合計)隻	噸
明治十八年					一	一五四七							一	一五四七
十九年			二	七四一八									二	七四一八
二十年					二	三〇〇四							二	三〇〇四
二一年					一	一五〇二			二	一二四四			二	二七四六
二二年			一	一七七八			一	一六〇九	一	六二二			五	四〇〇九
二三年									一	六二二			一	六二二
二四年	一	四二七八	一	一四三九									二	五七一七

二五年	二	八五五六	…	…	…	…	…	…	一	六四〇	…	…	三	九一九六
二六年	…	…	一	四二一六	…	…	…	…	…	…	…	…	一	四二一六
二七年	…	…	一	三一五〇	…	…	…	…	…	…	一	八四六	二	三九九六
合計	三	一三八三四	六	一九〇〇三	四	六〇五三	一	一六〇九	五	三三二六	一	八四六	十九	四三四七一

彼日本自明治十三年新造砲艦巡洋艦各一隻十五年士盧布艦一隻後至十八年尚依然如昨未有擴張自朝鮮事件起後即年年增造固可想見其用意之所存及廿七八年中日戰役後其海軍擴張更新建戰鬭艦六隻八萬六千二百九十九噸裝甲巡洋艦八隻七萬四千一百七十八噸三等巡洋艦三隻一萬四千〇四十一噸此外尚數艦亦如豫爲今日之日俄戰爭而準備者此其與前次之擴張固同出一轍深有意於其間者也

當光緒十一年頃我國海軍有裝甲砲塔艦鎭遠定遠二巨艦乃光緒七八年所新造者實以東洋最優之軍艦聞別有自光緒初年以來所建造之新式艦十一隻更合前所固有者算之其數實三十餘隻五萬餘噸比之日本彼時所有之十一隻一萬八千

餘噸吾海軍力實過彼三倍故朝鮮問題之交涉我國得屢屢威壓日本日本深有鑑于是也又見夫歐洲列國之東方艦隊逐年增加也遂急於十九年新造巡洋艦二隻水雷艇六隻砲艦七隻二十年復造裝甲巡洋艦一隻巡洋艦一隻及水雷艇一隻二十二三四年更造裝甲巡洋艦一隻砲艦三隻水雷砲艦三隻故其數亦逐漸增加。

今將中日戰爭時我國軍艦之實數表列如左

	(北洋艦隊)		(南洋艦隊)		(福建艦隊)		(廣東艦隊)		(合計)	
	隻	噸	隻	噸	隻	噸	隻	噸	隻	噸
裝甲砲塔艦	二	一四、六七〇	…	……	…	……	…	……	二	一四、六七〇
甲巡洋艦	三	七、八〇〇	…	……	…	……	…	……	三	七、八〇〇
巡洋艦	八	三、四六八	八	一五、七三五	三	三、九一七	二	二、七四六	二一	二五、八六六
砲艦	九	五、二一八	八	三、二六八	二	四三五	五	五、二〇〇	二四	二四、〇〇〇
水雷砲艦	…	……	…	……	一	一、〇〇〇	二	二、〇〇〇	三	三、〇〇〇
合計	二二	四一、〇四六	一六	一九、〇〇三	六	五、三五二	九	九、九四六	五三	七五、三四七

外水雷艇二十五隻

而日本海軍。合以明治十八年以後所擴張者。其數僅如左。

(艦種)	(隻數)	(噸數)
海防艦	三	一二八三四
巡洋艦	七	二〇三七三
哥拔艦	四	一〇三二三
通報艦	一	一六〇九
士盧布艦	六	八三四六
砲艦	七	四一一六
合計	二八	五七六〇一

外水雷艇二十四隻

兩國海軍之比較如此。若自表面上觀之。則當時日本海軍。固遠不逮我。即以日俄開戰時。日本之海軍與俄國相較。其表面優劣之差。亦猶十年前之比於我國也。惟俄國則有波羅的海及黑海以分其力。使不能赴遠東救援之途。我國當時則諸艦有老朽已甚。不能參加戰列者。祇此畧爲差異而已。故自形式上及數字上觀之。則日本之

以少數軍艦而與我國及俄國之優勢者相對於十年前之中日戰爭也有然於今日之日俄戰爭也亦有然

中日及日俄戰爭日本海軍之地位　夫中日戰爭時。日本之海軍。自艦數噸數之數字上觀之。固不逮我。然於實戰上則反遠淩我者。非必其將卒之行動有以遠出我右也蓋彼我艦隊之實力大有優劣之別于其間焉何以言之。曰彼我艦隊之艦質艦材噸數馬力速力砲種砲數之差異是也然若於以上種種細詳解釋。則累贅不堪。只令讀者煩厭欲睡。故不得不別求一最簡易明瞭之法以判別兩者艦隊之實力。所謂最簡易明瞭之法爲何。則較兩者艦隊之年齡是也

今較兩國主力軍艦之年齡爲表如左。

中

艦名	艦種	噸數	年齡	艦名	艦種	噸數	年齡
鎮遠	裝甲砲塔艦	七三一〇	十四	靖遠	巡洋艦	二三〇〇	九
揚威	巡洋艦	一三五〇	十四	寰泰	仝上	二七〇〇	九
超勇	巡洋艦	一三五〇	十四	鏡清	仝上	二七〇〇	九
定遠	裝甲砲塔艦	七三一四	十三	致遠	仝上	二三〇〇	九

國	濟遠	巡洋艦	二三〇〇	十二	經遠	裝甲砲塔艦	二九〇〇	八
	南琛	仝上	二二〇〇	十二	來遠	仝上	二九〇〇	八
	南瑞	仝上	二二〇〇	十二	廣甲	巡洋艦	一二九六	八
	開濟	仝上	二二〇〇	十二	廣乙	水雷砲艦	一〇〇〇	三
	保民	仝上	一四七七	十一	廣丙	仝上	一〇〇〇	三
日本	金剛	[illegible]援艦	二二八四	一八	八重山	通報艦	一六〇九	六
	比叡	仝上	二二八四	一八	嚴島	海防艦	四二七八	六
	扶桑	仝上	三七七七	一七	松島	仝上	四二七八	五
	大和	士廬布艦	一五〇二	一〇	千代田	巡洋艦	二四三九	五
	浪速	巡洋艦	三七〇九	一〇	橋立	海防艦	四二七八	四
	高千穗	仝上	三七〇九	一〇	吉野	巡洋艦	四二二五	三
	武藏	士廬布艦	一五〇二	九	秋津洲	仝上	三一七二	三
	高雄	巡洋艦	一七七八	七				

觀上列兩表。日本之海軍中。如金剛比叡扶桑等艦。雖既達十七八年之老齡。然其他

諸艦。無非十年以下者。且多爲五六年之壯齡。而我軍之半數。俱爲十年以上。餘半亦俱已達八九年。其三年壯齡者。僅得水雷砲艦二隻而已。彼號稱東洋最優之軍艦定遠鎭遠者。既老至十三四年。比之于日本軍主力之嚴島松島橋立吉野等艦。實已有七八年乃至十一二年老壯之差。

夫徒觀艦齡之老壯。究何能知彼此之優劣耶。則又有故。蓋較其年齡則艦體之健全與否。武裝之新式與否。行動之敏捷與否。概可推知也。艦質之進步。武器之發達。殆月異而歲不同。則舊者不如新。固可不言而喻。至船艦之體質。雖如何堅牢。然隨星霜之屢移。其自然之損傷。例所不免。行動亦因之大減其敏捷。故一較船艦之年齡。則孰優孰劣。因卽洞若觀火者也。當時我國軍艦。比之日本。其艦齡之相異。既如上表。則彼優我劣。固已歷然。彼之終收戰勝之果者。良有由也。

（未完）

文苑

詩界潮音集

櫻花歌

人境廬主人

鵮金寶鞍裝盤陀。螺鈿漆盒攜叵羅。繖張胡蝶衣哆囉。此呼奧姑彼檀那。一花一樹來婆娑。坐者行者口吟哦。攀者折者手挼莎。來者去者肩相摩。墨江潑綠水微波。萬花掩映江之沱。傾城看花奈花何。人人同唱櫻花歌。道旁老人三嗟咨。菊花雖好不如葵。即今遊客多於鯽。未及將軍全盛時。將軍主政國尚武。源蹶平顛紛鬥虎。德川累世柔服人。漸變戰場成樂土。將軍好花兼好遊。每歲看花載簫鼓。三百諸侯各質拏。爭費黃金致歌舞。千金萬金營香巢。花光照海影如潮。遊俠聚作萃淵藪。眞仙亦迷脂夜妖。合歡萬葉寫白紵。纏頭每樹懸紅綃。七月張燈九月舞。一年最好推花朝。噴雲吹霧花無數。一條錦繡遊人路。明明樓閣倚空虛。玲瓏忽見千花樹。花開別縣移花來。花落千丁載花去十日之遊舉國狂歲歲驩虞朝復暮承平以來二百年不聞鼙鼓聞管絃呼作花王齊下拜自誇神國尊如天當時海外波濤湧龍鬼佛天齊震恐歐西諸大日逞强漸剪黑奴及黃種芙蓉毒霧海漫漫我尙閉關眠不動一朝輪船礮聲來驚破看花衆人夢我聞桃花源洞口雲迷離人間漢魏了不知又聞淨土落花深四寸每讀華嚴經卷神爲癡拈花再拜開耶姬上告豐葦原國天尊人皇百神祇仍願丸泥封關再閉一千載天雨新好花長是看花時

俠客行

忽而大笑冠纓絕忽而大哭繼以血大笑者何爲笑我鼎鑊甘如飴大哭者何爲哭爾衆生長沉苦海無已時吁嗟笑亦何奇哭亦何奇胷中塊壘當告誰平生胸吞路易十四十八九挾山手段要爲荊軻匕首張良椎仗劍報仇不惜死千辛萬挫終不移致命何從容寧作可憐蟲歲寒知松柏勁草扶頹風君不見當今老學狂濤何轟轟國魂消盡兵魂空安得人人誓灑鐵血紅拔出四億同胞黑暗地獄中

辛丑二月聞與某國訂東三省私約各國譁然和議中梗走筆成四章

宴 一

磨牙涎舌肆狠貪高屋建瓴勢漸南鶉首賜秦天豈醉虎牢爭鄭戰方酣舊讎憤雪無曾妹他族潛滋偪許男璧上諸侯紛鶚視中原靡爛更何堪

雲蟠遼瀋本龍興謀國諸臣貧股肱剜肉豈堪頻飼虎依人空歎飽颺鷹怎教臥榻容鼾睡慣見強鄰借隙乘祗恐葫蘆依樣畫（聞日本擬索福建相抵）瓜分定局肆憑陵

聞道神京久駐軍行成撤戍已紛紛誅奸詔下要周質甚惡誰教迫楚氛拱手金湯險悍敵何顏玉帛仗元勳可憐直北驚弓鳥怕看天邊起墨雲

猛士何須賦大風侒頭不斬劍無功曳戈枉悔成鄒鬨滅國陰謀笑宋聾一局殘棊爭此著五洲始禍戰羣雄天南電訊知眞否日下愁聞貫白虹

讀仁學

雪 如

諸天龍象一彈指支那有人正如此咀冰嚼雪吐泥滓蓮花粲然佛不死夜光爲顱玉爲齒醉驅漆園作奴婢大聲如雷發充耳

與王銘三同年贈別 壬寅八月

出雲館主人

三

文苑

前塵遺躅厭留轔琴鶴脩然宦海波賢宰清裁無緣飾儒生眞氣未銷磨愛人政蹟循

良傳覺世精神敎育科假我使君三載後武城何處不絃歌

肝膽照人明若鏡制裁斷物法如弦行看周道馳驅易不擾閭閻算斂蠲宓子自能辦

陽鱎季陵何敢效寒蟬忽忽又作棠陰別我爲斯民一悵然

萬慮紛紜孰折衷。如公談理萬夫雄。舊儒壁壘誠難化新學波瀾豈易沖渾渾和融眞

大道斷斷持辨即羣蒙一言準盡東西海只覺心同理亦同（銘公論中西政學常發揮人同此心心同此理之說）

勛瘁從公不告勞。尙憂民瘼有纖毫。餘杭范令徽猷遠蜀郡文翁治化高僻壤焉能留

驥足順風還願送鴻毛何時重話珠崖月珍重離絃手自操

與趙伏齋丈觀海亭贈別 庚子五月 同

三十年前烽火地與公攜手一凭欄身經險處心逾壯道入微時眼更寬香象縱橫無

鐵鎖冥鴻迢遞有金丸安危兩樣難憑據莫把元潛子細看

北遊三首 壬辰 同

如此長江與大河沿邊容易已蹉跎感懷我亦非王謝自是英雄哭淚多

悠悠天外滄桑影。浩刼無邊奈爾何。五十年前君莫問。當時猶恐是微波。

長城宮闕鬱嵯峨。不是遊人夢裏過。十里垂楊三里霧。最無人惜是山河。

感春八章

劍公

雨雨風風夜。春來欲斷腸。香花滿懷抱。顑頷亦何傷。

紅闌干畔路。日暮鎖空煙。東風吹夢魂。飛在何處邊。

小姑本無郎。閉戶好獨處。曖曖結幽蘭。臨風悵延佇。

交交枝頭鳥。栩栩花間蝶。百草何芬芳。愛我來相襲。

野徑少人行。荆棘手自刈。紅淚濕桃花。九死心未悔。

寄情千里書。定情一杯酒。何以慰相思。攀折道旁柳。

一望綠陰多。飛花逐逝波。寤懷惟極浦。公子竟如何。

遊絲蕩百尺。代爾寫愁緒。日暮儈忘歸。心肝把誰語。

蘭

同

淨土生依俗慮忘。是何功德不思量。小齋默坐無人到。盡日空中聞慧香。

芳馨惻惻了無痕一陣薰風道意存爲覓凈因參妙諦對花我竟淡忘言溫和簡雅此奇葩寂寞空山芳信賒好試菩提清凈手種將世界大同花

癸夘正月初二日對雪寫感　同

天女散花靡有涯。繽紛花落恆河沙。寧爲多否花如許。似花非花非非花。喚取氷心住玉壺。胷襟皎潔片塵無。開門指點道在是一幅靈魂活潑圖。

一語千金

（關於戰事的）

眞實之平和非在墳墓之下不能見（利有義博士）

戰爭者實不異列國之大訴訟也。（灰利毛爾）

吾人決無閑座安眠而不戰爭之時機也。（斯哥倬利夫）

朕雖好軍事然最忌戰爭者也。（俄皇波羅第一世）

雖有最精良嶄新完備之武器亦須要軍紀嚴肅將士忠勇用命始得對於敵軍可無恐怖亦不辜負此等武器。（俄皇大彼得）

既云戰爭即賭生命之意若無戰爭則吾人之生活機能亦於是終矣。（多剌哥迷羅夫將軍）

戰爭者乃必要且有益者也。（法國造拉）

戰爭者實不異甲乙之大訴訟也敗者且不待論而勝者亦已蕩盡其家產矣。（巴士）

人類者常愛其所親而惡其敵對者實其本性使然也。（拿破崙第三）

戰爭者如諸種之職業廉潔公明之所爲也。（倬尼克星）

戰爭者暗愚之極也。（佛蘭克）

戰爭如雷雨之加惠澤於人類是猶夏期雷雨之一掃汚垢空氣而潤萬物也。（尼布爾）

長期之無事恬晏則必使人心墮落如犬豕者也。（俄國多士德耶夫士基）

平時所以習戰者爲戰時而用者也。（厭羅波爾）

雜俎

欲以統一邦土民衆。必非血不得。而吾人之權利。唯有以銃劒而得持之而已（俾士麥）

當締結有利益之條約。其最良之筆即銃劒也（夫剌哥利夫）

戰爭者。破壞人類法度。其大災害之一也。（德國根圖博士）

法律亦於戰時行動之前。守沈默者也。（超雲）

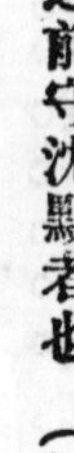

南非洲第二通信

南非洲金礦招華工事。本社曾接該地華人來書。極陳慘狀。經登報端。內地各報館亦奮筆鳴其苛法。若不少顧。頃見廣東大吏所出告示。猶據外務部咨行中英新條約。諭招粵民前往。（按粵吏前曾出示勸民暫勿往。當具有深意。此次或迫於外部之命。不能不勉強敷衍耶。若非爾者。吾不能為粵吏寬其責。或曰此為安插廣西亂民而設。盖知西亂無可平靖之理。而借此遣散於外。是亦一法也。然而忍矣）吾民何知。則謂猶美洲澳洲故事去汝而適樂郊也。而天津復有設保工局抽收人稅之事。據道路所傳聞。則索規於該礦務公司。而以其十之四充局費。以十之六為中央政府之歲入正供也。嗚呼。此與直接賣其民為奴。則何以異。自奴之不足。而復忍出此毒手。投諸魑魅窟穴。使永無返家山見天日之望耶。前此南洋羣島及南美洲所謂「猪仔」者。酷矣。然被其禍者。猶不過閩粵瀕海數郡。今此次乃設立招工總公司於中國。擬招數十萬人。而分派代理人徧入內地。設無量陷阱以誘之。而我有司復為之推波助瀾。嗚呼。此猶人理耶。此猶人理耶。本社頃復接坡霍士碧埠中華會館第二次公函。讀之手顫膚栗。而幾於不能終也。彼為虎作倀者。觀此當起如何之感想乎。即非我所能知也。　本社識

新民叢報大主筆鑒　頃者南非洲招到之華工。業已登岸矣。其中詳細。不惜縷縷陳之。伏望登諸報端。俾應募者有所决擇焉。

寄書

嗚呼慘矣何我華人傭役之賤竟至騾馬之不若耶乃者「賛士哇」招到首郡之華工約一千零六十人於西歷六月十八號（華歷五月初五日）到「那他」登岸由該處之醫生驗過其無病者一行放上惟用一種藥水塗染手指以爲區別自塗染之後終身不脫又各映一相各掛一牌以警察押解此與辦新騾馬刺刻之法又何以異而華人已入牢籠惟有低首下心任伊爲所欲爲而已矣如法泡製後如驅羊一般逐入火車載入「賛士哇」之境分發于各金鑛爲役其金鑛鐵柵四週圍繞不許越雷池一步比之囚牢有過之而無不及矣至於該華工日用之需止許在園內購買雖親朋亦不許過問至於西人管束之嚴與夫謀奪工人之利益尤覺獨一無二務使做滿三年無分毫積貯不得不再充騾馬之役至死而後已而華工之甘爲騾馬者可以[illegible]試觀美國近日苛待華工之例其攫奪工人之利源比之非洲之黑人不啻慘逾數倍昔日之黑人猶任其出入自由今之華工則同爲一邱之貉矣昔日之黑人係用金錢支工今之華工則限支白鐵之幣矣昔日之黑人將此金錢隨意到各商店買物今之華工卽拈此鐵幣亦無由購買物件逼得在該金鑛裏頭使用凡一物也微論精粗美惡其價之昂貴十倍於商店以此區區數十先令尙不足以敷一人之用度安能事父母畜妻子耶是以決其不特做滿三年毫無積蓄假令三十年後亦祗剩得兩莖白髮耳嗟乎以我中國地大物博謀食無方卒至爲西人之賤役騾馬之不如比之非洲之急鬼尙遜數倍以此堂堂七尺之軀立於天地之間寧不愧死無如應募者不辨好歹惟口腹之是務以免塡於溝壑此無足怪其最可恨者惟腐敗之政府不理民間之疾苦以諂媚西人爲

宗旨。今已立約。准其招工。又不爲之保護。從無一介之使。以查察工人之苦況。立約則一味糊塗。視民如草芥。自魚肉其子民。猶以爲未足。而必令西人多方魚肉之。然後快于心歟。嗚呼。以我華人何貴有此政府。誠無怪擢翻政府之心。有亟亟不能緩者也。

西六月二十號(即華歷五月初七日)本埠新聞紙所載。有指我華工之藍縷不堪者。有指我華工爲瘦騾者。有斥華工之形狀甚于非洲之急鬼者。總之種種不堪入耳之言。塡滿報中。嘲笑華人之穢語。盈千累萬。此無他。亦由政府視民如草芥之過耳。倘能於立約之先。訂妥薪水。並出入優待。而先命一領事到「那他」。關顧其登岸。照條約欵待。隨後到「贊士哇」常川駐紮。以備查察金鑛苛待與否。盡政府之義務。以挽回人心。庶幾彌縫其瓦解氷消之漸。苟不至盡無心肝。未有不爲民請命者。今也則不然。罔民以應募。其立約之美惡。除西人與腐敗政府外。無一人知其端倪。假令立約盡善。然無政府之專差保護。試問伊等救死不暇之華工。曾有權力與西人爭訟耶。是則無論立約之善惡。一意以牛馬相待矣。此理有固然。勢所必至。日前聞說以載牛馬之火車運往「贊士哇」。此其明證之一端也。日後種種苛虐。現未查察確鑿。而殘酷之施。勢有必至。何則。試問伊等入於鐵限之囚籠。如無國之民。縱萬分不能忍受。亦何從告訴哉。且生死之際。間不容髮。就令死於地窖之內。外人何由知之。日前之急鬼有屍葬石底。炸藥轟死者。時有所聞。因急鬼有出入自由之權。是以外人頗知一二。如我華工。除洋鐵圍之內。寸步不能自由。外人亦不許混入。縱有酷虐轟斃之事。不特妻子無知。即梓里近在咫尺。亦無由知其致斃之由。豈不痛哉。

西六月二十五號(即華歷五月十二日)據本埠之

新聞紙所登載大約論華工新到「費士哇」初次試其做工之能方係着三百名下地窖爆裂金石而華工頗爲可用該金鑛自認支工如此之廉亦可以當慰同人心滿意足云云然則華人做工之勤敏不讓急鬼可想而知何以工價反出急鬼數倍之下言念及此愈覺令人不平之氣直衝三千丈

頃聞有多數西人向金鑛內邊鑽營其買賣或衣服或食物不等以重賄啖其司事人而取償於華工其用意之所在有不言而喻者矣蓋此種西人專以販賣舊衣服及夜冷貨爲一生之生涯如果弄得此宗生意可決其獲利十倍譬如舊衣服及夜冷貨食物等成本甚輕而於裡邊沽去作爲上等之貨假如價值一元伊必取至六七元不等然華工以饑寒交逼捨此外更無處購買雖勒索數倍之價仍不得不低首下心向伊購買矣然以此區區數十個先令除衣食之外尙有餘貲以爲積蓄乎此萬萬不能也故前所云云即做滿三十年祇剩得數條白髮非誑語也

今將鑛中之苦況略言之金鑛之地窖深淺不一有穴至一二百尺深者有五六百尺深者其上落以機器扯人倘一失脚則變爲齏粉殆至做工之場四週安置小車路若棋盤然由小路運石至窖口卸落大鐵兜然後用機軸扯鐵纜輪迴上落而工人無論爆石鑿石眼及扛石上車每人戴一帽帽上插一洋燭以得光方能做工也蓋地窖黑暗非燃燭不能窖之內四邊有水滴下凡做工者無一處不濕惟下邊地氣頗暖云每日限做十打鐘支工以鐵片爲幣即令拈去外邊亦不能找換倘有存蓄俟期滿之後計鐵片多寡照給金幣此今日華工之在「費士哇」天容情形也嗟乎我華人嗟乎我華人有欲應「費士哇」之工役者尙其鑒諸

中國大事月表

甲辰五月（補錄）

●一日 各國駐天津領事議設會審公堂

日本公使責問北洋大臣不應監禁代招馬賊之華人

招商局輪船海琛號在距福州七十五英里之洋面觸石沈溺死三十人

●二日 皇太后購中國魂一部

江南製造局解巨礮往北洋

●六日 商部奏設商標局

廣東製造局定議遷於清遠

練兵處奏請改定各省兵制所有武官一律騎馬短衣幷習鎗礮

●八日 安徽巨紳稟請設立安徽全省礦務總局以挽回利權

下詔嗣後宮內一切用款工程著儘內務府立定經費量入爲出不准再撥戶部款項

下恩詔解戊戌黨禁

●十二日 袁督下札不准敎士干涉案件

江西開辦磁土公司

●十四日 王照蒙恩釋放

練兵處電催各省速籌練兵經費電匯來京

漢口楊家河南岸大火延燒幾二百家

●十五日 由北京開往順德府之火車行至蒲塘

紀事 二

橋河因遇暴風橋被壓斷鐵軌陷落灤車隨而墜水淹死司機人王某及火夫二人搭客亦多死傷

上諭自本年為始年終該督撫將各州縣臚列銜名年歲籍貫清單注明何年何月日補署到任經征錢糧完欠分數及有無命盜各案詞訟已結未結若干起監禁覊押各若干名均令據實開報其尋常公罪處分准予寬免不准諱飾任內興建學堂設所種植工藝巡警諸要政是否舉辦一併分別優劣開列簡明事實不准出籠統寬泛考語

●十六日 練兵處議在新疆伊犂陝甘各省添練新軍以重防務

魏午帥電請政務處添魚雷艇十艘以守長江一帶

政府擬將崇文門稅務歸商部兼辦

山東聘德人斯曲爾門氏為稅關顧問官

●十七日 江鄂兩督會議咨請政府將全國鎗砲改歸一律

●十八日 軍機處所有西文電報向由譯署譯出經軍機大臣閱過然後進呈今因宮內之人稍習西文太后命嗣後有西文電報皆要將原電進呈令宮人繙譯

●廿二日 英使照會外務部請開惠州為通商口岸

日使照會外務部謂旅順若陷其防守之任當由中國派兵抑由日本派兵請即奪覆云云

●廿四日 商部議行印花稅又議行間架稅

●廿五日 刑部律例館擬設罰鍰贖罪專條又議添入報律一門

●廿七日 上諭所有粵海關淮安關兩監督着即行裁撤其粵海關一切事務着歸兩廣總督管理切實整頓江甯蘇州兩織造局同在一省着即將江甯織造局裁撤

日使照會外務部謂現已奪獲蓋平金州一帶地方雖爲戰地所必需然中國須派兵接管以免鬍匪騷擾商民云云

●廿九日 有某侍御奏請規復海軍設立海部專管南北洋各水師及船政事務

政府擬將九卿衙門酌量歸併六部

甲辰六月

中國大事月表

●一日 河南省城開工築馬路

江西郵政局開辦包裹匯金

因柳州失守湘防吃緊電催湘撫赴任

●二日 金陵創設煤礦官局

美領事在南京下關租設煤棧以供兵船之用

丹陽奔牛鎮新設教堂

開平船被日艦捕去

甯滬鐵路借欵二百二十五萬磅從倫敦匯來兌交

●四日 岑雲帥命駕西征

怡和洋行協生號在膠灣被俄艦用水雷轟沈

五 江甯織造局自奉旨裁撤至是日始第

紀事

●五日　練兵處電駐德欽使將德國陸軍新制擇要譯寄
天津爲南非招工事新設保工局
山東巡撫奏請准免報捐用金幣
江南水師學堂復設魚雷工課

●六日　駐藏大臣電請派員襄辦藏事
兵部添設韜論處機密處
面諭軍機大臣令速議改正幣制之事
擬設奉天督撫

●七日　吏部裁撤科房
岑雲帥到梧州
電旨飭兩江兩湖雲貴廣東四川各督撫嚴防西匪

●八日　新進士授職
德國戍兵八百餘名武官二十餘員到京津駐紮

四

●九日　命戶部侍郎鐵良赴南部各省清查藩庫及各局廠又赴萍鄉查勘製造地基

●十日　加稅裁釐之舉擬於西歷明年正月一號始實行

●十一日　商部議聘日本敎習講求農業

●十二日　議改練兵處爲練兵府將兵部裁併之
某國在庫倫等處私設關卡徵收口稅
日人已允停辦福建樟腦

●十三日　西匪陷永福縣
廈門創設工藝自新局
整頓各省地方錢糧

●十四日　某邸跪請起用戊戌案內人員
西撫電請援兵
廣東常備中軍統領崔祥奎由雲帥調

往廣西援剿

湖北施南府屬又鬧教殺洋教士三人教民三人

●十五日 吏部定議將承發科裁去戶部將井田科現審處督催所裁撤又將十四司中滿員多設之郎中員外主事等缺裁減筆帖式原設百二十員議定裁去一半

●十六日 奏設大清官報

美國人在山東擬立各國僑民公約

祖繩武因柳變自行鎗斃其柩以是日到廣東省城

江督飭勘沿江瀕海各砲台之火藥庫

●十七日 江督擬設水雷局於江陰

鄂督向江督籌借軍餉

杜俞率常備左軍前赴湘省邊界以防西匪侵入

●十八日 廣東提州縣公欵以助西省軍費

●十九日 西匪陷慶遠飭兩廣雲貴湖南各督撫調兵合剿

●二十日 廷議定派趙次帥接收東三省日本未允。

江督札將江楚編譯官書局歸併官報局派辦處歸併寧藩司馬路工程歸併保甲局彙辦

湖北創設利運公司在鐵路附近代客運送貨物

岑督至桂林

鎮江創建電燈公司

●廿一日 湖北匯交廣西協餉

直督奏派武員赴法國閱操

紀事

江西樂平縣鬧教毀教堂一所

江督委員查勘烏龍山火藥庫

電召史念祖入京

江鄂因常備左軍赴湘特調護軍副四旗駐守清江

鐵良由京西外八旗挑選旗兵身材合格者二千四百名開往保定以資訓練

英兵在新安縣屬測量沙頭角

●廿二日 薩保將軍面奏俄人在東三省有犯我中立之舉動

日本公使與某邸密談三小時想為預商奉天善後事宜

練兵處擬改全國軍人服製使倣效日本。

●廿三日 某部郎由滬回京所報銀行商股毫無成效

●廿三日 聞福公司鐵路已由道口築至大王庄再自大王庄築至北山至北山澤州與辦之期現尚未定聞此路已買歸中國為盧漢鐵路支線計銀一千三百萬兩

刑部議增編書新律

英人擬將廣東黃埔開作商場

京師整頓各門稅局

廣東順德有匪徒聯盟拜會將謀作亂

裴景福由澳官交出即已提解廣東省城

六月初有遊匪數百身攜快鎗由江蘇徐州府邊境竄入安徽宿州旋被官軍撲散

請撤各驛站

●廿四日 中牟縣聯庄會聚衆抗官

太后頒給內帑萬金於法國醫學堂

魏督委崇安官輪運送軍裝多箱赴湘接濟

施南府屬天主教民與耶穌教民爭鬥洋教士三人被殺

湖南改定營制

●廿五日 愼越鐵路已集股十萬金

山西土匪嘯聚

岑督招募獵戶

陳小帥擬將道口周口自開商埠

●廿六日 俄國駐滬領事照會袁道請將滿洲號軍械由製造局起回袁道已電稟督撫候示

鄂督命開往陝西之忠毅營改赴廣西

●廿七日 兩廣鹽務由淸釐局條陳章程改爲官督商辦

●廿八日 調駐續備軍於新昌

由廣東運解軍裝赴廣西

廣東潮嘉各屬會匪均形蠢

●廿九日 戶部支用改造金幣之存金三萬兩

擬派親王留學日本歐美各國

日本公使推薦陳璧可以接辦奉天善後事宜

大淸官報局勘丈地址

牛莊稅務司已改用日本人

擬派使館於葡萄牙

擬派武員分赴各國駐紮公使館內

新昌教案索賠欵八萬圓

瓊州海盜橫行

紀事

日俄戰紀

遼陽一役。爲日俄戰爭上半期一結束。自今以往。戰局日進於北而氣候亦漸加寒。今年以內。或惟奉天方面有一次决戰。其餘則待至來春氷泮後。未可知也。本報於遼陽之役。已將公報原文全譯。至其戰地實況。尙未詳悉。今欲待此間日人記載材料悉集。乃精加抉擇而下。以批評。今復將遼陽前諸大戰若摩天嶺若大石橋兩役。先記述焉。

摩天嶺之役一

一 地勢之險要

自鳳凰城以達遼陽之道上。有一高山。巍巍矗立。是曰摩天嶺。實爲遼陽奉天左邊最重要之防禦線。其形勢眞有一夫當關萬夫莫開之概。連山關草河口等小驛。亦在此山麓。往年中日之役。依克唐阿以三千餘兵堅守此地。以當日本立見之軍。屢次逆襲。不至如他軍之望風先逃者。非必其胆略過人。實地勢險要有以使之也。夫以我國腐敗之兵扼守此地。尙足阻日軍之進路。而況以勇敢之俄兵守之。其攻取之不易。固人人所預料也。乃日本第一軍竟能以神速之兵略。不及數日而即盡占各要地。

二 日軍之占領

俄兵旣於廿七日從分水嶺著著退步。二十八日。其占守李舖嶺之一小部隊。復爲日本斥候擊退。二十九日。其進至鳳凰城海城街道之小部隊。又退至黃花甸方向。至三十日。其出沒于賽馬集附近之一支隊。(步騎兵約五千)其主力退至本溪湖。其一部則退至四方砬子。在山阻子之俄兵。亦退至橋頭方面。又出沒于北分水嶺附近之俄國騎兵在北分水嶺之北約四十米達之地點。爲日本鐵騎所追擊。遂亂隊伍而潰走。日軍乃派遣健兒一小部隊。使趨摩天嶺。在摩天嶺附近。與俄兵相值。接戰約一時之久。遂占領該地之北方高地。將其一部全行逐去。又有俄兵一部隊。尚據四方高地之散兵壕。以與日兵相抗。日兵小部隊之向于小高嶺者。卒能破其防禦而占領之。至于北分水嶺之俄兵。則直不抵抗。舍之而去。日軍左翼支隊之一部。以步兵□□大隊攻退李舖嶺之俄兵而占領之。於是遼陽街道所稱天險之摩天嶺山脈。遂使日軍唾手而得之。是爲日本大占戰略上之利益。

二

三　俄軍之逆襲

摩天嶺未到絕頂之處。有一廟。距該廟約七八百米達有一關帝廟。甲午之役。我軍能守摩天嶺以拒日軍。國人以爲全由關帝之英靈。因於山上立一大石碑。又別立一廟以崇祀之。其廟之左有一森林。鬱鬱葱葱。其前有一散兵壕。可得容□□□之兵在此立射。其前相距約八百米達。有茅屋四五家。是爲李家堡子。是即吉井少尉在此布置以與俄兵陣地塔案相對者也。日軍占領摩天嶺之後三日。即七月四日上午三點鐘。正當曉霧深鎖。東方未白時。忽見有二三人影自塔案方面向李家堡子而來。將欲超過日軍□□□。而以夜色沈黑。不辨爲誰。因命步哨追探之。見其直向來路走去。知爲俄兵無疑。步哨正欲急報於小哨所。忽有俄兵約一中隊。大喊突進。步哨以全速力達於小哨所之時。該俄兵已追及。直以銳劍突襲小哨。於是彼此肉薄血戰。而大摩天嶺之大格鬥遂於是乎開始。

四　格鬥之實況

於時小哨長吉井靜吾少尉。急命部下自哨所之左方小丘。迂廻以合於前哨中隊。自率手兵五六人。迂廻左方小丘以合於中隊。此時俄兵向日軍遼陽賽馬集之右翼小哨。奮前來襲。以全速力尾追突進。以二中隊之兵力。迫日軍前哨中隊。包圍而亂擊之。日兵應戰。與之奮鬭。各兵身上。均受銃創四處以上。特務曹長吉原仲次。捕一俄兵。急揮軍刀斬之。首尚未斷。忽有敵刃自橫邊插來。不幸中腹。遂即立斃。而軍刀尚在俄兵頸上。河野治一少尉。力戰奮鬭。身受六七傷。小林幾四郎少尉。亦因防戰受傷。吉井少尉。縱橫馳驟。斬殺俄兵四五人。斫十二三人。有中隊一部。於酣戰之時。驟見有機可乘。因即向俄軍側面突擊而入。俄軍稍爲搖動。乃益猛進。時豫備隊長高草木少佐。亦因聞前方有喊聲。先遣一中隊馳援前哨。於是突擊又突擊。卒將俄兵擊退。於是馬場大佐自率手兵□中隊爲追擊隊。直追至金家堡子。此時霧雖未散。東方漸白。俄之殿軍。歷歷可見。有一兵係屬吉井小隊者。當退却之際。忽與本隊相失。正隨後追行。忽逢俄兵一名。牽其衣而與之語。若不識其爲敵人也者。日兵不答。而止於其處。繼見背後崖下。有一小洞。乃潛身其中。以待俄兵之至。無幾果見俄兵散退。步過其旁。乃即狙擊之。連斃三人。馬場隊長率其手兵再行追擊。約進二里半。而偪近塔灣。塔灣、俄軍防禦地也。當在摩天嶺接戰之時。俄兵又有向新開嶺逆襲者。亦被日軍擊退。敗回塔灣方面。不幸於三叉路附近。被日軍追擊隊。從兩道夾射之。使受非常之傷害。日軍追擊隊。見其退入隘路之內。乃復前進。直至金家堡子前方。見塔灣西南方。似有有力之俄兵。在彼駐守。日軍乃不復追。此次大摩天嶺之格鬥。實爲最近數十年間世界戰史上稀有之大格鬥。始終只用白兵相戰。未發一砲。惟至相迫之時。始用火戰耳。

摩天嶺之役二

自摩天嶺一帶天險之地。既入於日軍之手。遼陽俄軍。深慮其側面爲所壓迫。而無以自守。於是急講恢復之策。既以西七月四日。乘暗夜逆襲日軍。不幸卒被擊退。而其恢復之志。猶不少衰。此所以有十七日之再舉也。今詳敘之如左。

一 日軍防禦線

摩天嶺之正北。有一高丘。拔地約二千米達。日軍之口口口口。即據此處以爲守。此山脈蜿蜒起伏而走西南。其形勢若長蛇然。日軍沿此山脈。或於山頂。或於山腹。均設有散兵壕。又夾街道而延長之。約踰三千米達。是爲日軍之防禦線。從山頂下來。越散兵壕而向左。約有五六千米達之處。復有一丘。林木蒼翠。鬱鬱森森。是即今村太田二中隊在此鏖戰之地。其北約五六百米達。有一大關帝廟。在於隔溪。是日軍配置前哨口隊之地位也。其正西約七百米達。復有一小關帝廟。是日軍之中隊口口也。其小哨線則在於距此約七百米達之口口口口。

二 日軍之部署

西七月十六日下午六點鐘。日軍之斥候。見在於塔灣附近之俄軍。稍有動搖之象。乃益留意偵察。而尙不見有異狀。至十七日上午三點鐘二十分。日軍左翼隊前哨之在於新開嶺著。（某聯隊第四中隊熊太尉指揮之）忽見俄軍約一中隊。前來掩襲。乃急警報於中央隊。此時大摩天嶺之前哨。爲中村小隊。而吉井少尉之小隊。則當小哨之任。于時俄軍使其騎兵分作三枝。其一直迫日軍散兵之在於小關帝廟左側約三百米達者。其他二隊。則並向前方之通路。突進而來。日軍因預有布置。及俄兵以下午三點鐘。達於其小哨線上。則早已歸至本防禦線。本防禦線由岡崎少將指揮之。使高草木大隊。收容前哨中隊。夾於摩天嶺頂界線之道路而占陣地。使高松大隊復就右翼防線。又使姬田大尉所指揮之砲兵。仍陣於頂界線右翼之放列。又使宮川大隊與豫備隊。集合於大摩天嶺東麓之五峰觀下。至午前四點鐘。而日軍之戰鬥準備遂全整。

三　激戰之實況

先是俄軍豫想日軍之第一防禦線。以爲必在某地。而急趨之。不料既至其處。則日軍已盡退去。不見一兵。俄軍大驚失望。不得已。沿大小關帝廟中間之道路而密集焉。於時日軍高草木少佐。既命鈴木中隊。今村中隊。分頭守備。又使太田中隊。向前偵察。該中隊乃潛行出於該丘之前面。發銃數回。即退至後方之散兵壕。而俄軍於此時。漸從金家堡子高地及廟溝方面。連續增加勢力。至午前五點鐘。殆與日軍防禦線並行。而現於向小摩天嶺漸次低下之山尾之頂界線。日軍高草木大隊。與之相迎。遂始發射。彼此相距約一千米達。以其間隔一溪谷。倘各據頂界線。而不暴進。以待戰機之熟。此頂界線實與日軍防禦線之左方最高點。合而成一險峯。實爲摩天嶺之第

日俄戰紀

一峯。然則此最高地點之能占領與否。實勝敗之數之所由決也。於時高草木大隊長。大聲疾呼。以勵士卒曰。苟有一人尚存。日軍之陣地。必不可撤。正在竭力防戰之時。忽遇高松大隊率兵來援。當時俄兵大增。其左右翼。自對於摩天嶺第一峯前面之高地樹林。直亘第二關帝廟背後之高地。其西方谷地。尚置有豫備隊。以待乘機增加。當銃聲震谷。戰與漸酣之時。俄兵陸續增援。卒以兩中隊之兵。占領對於第一峯之高地。欲從左翼包圍日軍。屢向日軍防禦線之中央。俯視猛射。當此苦戰之時。日軍士氣不少衰。益鼓勇防禦。無何馬塲隊中之宮川少佐。復來援助。而以其一隊。增加於散兵壕之左翼。又使牛島隊。與橫田及竹兩隊。共當□□□□之任。少佐親自與馬目隊。共爲□□之□□。於是馬塲隊。乃悉集於散兵壕。至午前六點鐘二十分。日軍砲兵在於摩天嶺□□□之陣地。爲俄軍所擊。而日軍亦向俄軍陣地發礮相攻。彈如雨注。然俄軍尚取攻勢。屹立不動。且更遣一大隊中之密集隊。繞遼陽街道之左側。突進小高嶺之谷中。以欲突入日軍之□□□□。於是日軍之砲兵。向之猛射。俄軍中彈而死者。不可勝數。

當時神戶副官。見俄兵稍狼狽。既而陣勢漸動。乃更不待上官之命。急命坂川隊突進。以占前面高地。坂川隊方發而突進之命適下。卒能占此高地。與礮兵併力猛擊小摩天嶺大關帝廟前之俄兵。至午前九點鐘。俄兵之左翼。漸漸退却。而展開於丘上林間之俄兵。猶抵抗不屈。雖經今村太田小澤川瀨各隊。全向此處猛加射擊。而俄兵仍不肯退。於是高草木少佐決意使今村太田兩隊突貫之。宮川少佐。又使小澤川瀨兩隊。向前猛擊。方川瀨隊之出散兵壕也。嘗原少尉雖受傷。而各隊冒礮火而猛進。突入敵陣。以

六

短兵相撲格鬥。有十分鐘之久。卒能將俄兵驅至丘下。俄兵知勢不敵。急欲退去。而戰局遂一變。日軍乃反守為攻。高松隊則向俄軍之□□。高草木隊則向□□。宮川隊則向□□。節節進擊。其行動甚為神疾。使敵軍無停足之暇。然俄軍雖已潰敗。而其一部隊。仍死守三山角。其他大部隊則止于小關帝廟之後方。以欲重整旗鼓。再行交戰。而卒不能敵日軍之猛烈追擊。遂不得已而退至于樣子嶺塔灣各地。時正午前十點三十分也。先是俄兵方退至小關帝廟後方。再開砲火之時。□□疾足奔馳。自踰大摩天嶺之峻險而參入於戰線。即部署各隊之所向。朝長中隊加于馬塲隊之横田中隊。宮野小野宇津江各隊。則猛進而出于高草木隊之左翼。以射擊自谷中敗走之俄兵。更進而為激烈之射擊。此時俄軍始全退至自巳之防禦線。彼此交換射擊。且以四五門之野砲。亂射日軍。因此島田隊之死傷獨多。又俄之後續部隊。非常衆多。且據有堅固陣地。於是再開激戰。俄軍在塔灣二千五百米達若三千米達之方向。處處有重複縱隊之密集。且有野砲以為之助。然不知何故。其砲兵不向日軍猛擊。又其向日軍所發射之砲彈。亦不為特別之損害。至午後四時五十分。兩軍之銃聲漸衰。至五點鐘而戰事遂畢。

四　本役之結果

是役也。俄軍之預於戰鬥者。約七聯隊。而日軍猶能以寡勝衆。非善戰不能如此。雖然。俄軍亦非儒怯者也。其戰敗殘兵。尚分竄于此處彼處。潛伏林叢中。以待日軍經過。即行狙擊。且有身為俘虜。而仍悍然不肯相下者。其勇烈固甚可稱也。而彼等尤有射人先射馬。殺賊先擒王之手段。故日本士官之被害者。甚為衆多。是役日軍死十九人。傷百六十五人。俄軍死傷約五百人。又失小銃彈藥無算。

大石橋之役詳報 據某報從軍記者所記原文

一 日軍之準備攻擊

俄軍自敗戰於蓋平。巳閱兩禮拜。日軍中有謂其既退至大石橋者。有謂其全力悉集大石橋。格魯巴將軍率師南下。駐營於此者。流說紛紛。莫衷一是。雖然日軍偵察之敏活。巧觀敵狀。夙為吾人所同認者也。於是日軍靜作計畫。暫養軍銳。六月初十日。策畫全成。乃始令全軍北上。記者此夜發自蓋平。欲追隨日軍最右翼之甲大部。而此時甲大部在千家屯。距余處約有四里。巳定於十一日黎明四點鐘起程進發。故非徹夜趕上。則不能及。乃於初十日夜十點號。然出發。惟是連日陰雨之後。道路泥濘。步行甚艱。途過一長橋。是日本工兵架設者。巡兵徹宵把守。過橋後經松林。更沿河而進。偶遇日兵約二大隊進發。如甚忙迫。自此之後。山岳重疊。道途益險。余等以夢裏飛行之感。越行數十里。此間野無一物。惟見有處處楊李茂生而巳。再迂回老廟山。達小區嶺之險。時正十二點鐘也。月既下西山。而朝暾未起。再鼓勇邁進。攀峻阪。登斷崖。匍匐魚串。踰小區嶺一里餘。始達關家溝村落。而四顧暗淡。欲憩無家。問道無人。惟有展地圖。賴指南針。作盲人之杖而巳。幸而遇日軍第某聯隊第三大隊在於斯地也。余得口口大隊之許可。即復前進。豈圖是處。乃日軍前哨兵不在之地。疾驅而前。頗屬危險。故欲轉路迂回。然以山岳重疊。道路多歧。且恐迷途之虞。乃至某地點。受前軍隊之保護。行崄山深溪之間者數里。天明。渡過蓋州河之一端。

而達紅其堡時。已十一日早五點鐘。甲大部隊已出發前進。追隨不及。不得已至紅鋪子畑地。啓囊就炊。時已過六點二十分矣。

二　兩軍砲擊之開始

此地雖稍廣濶。而北方山脉連亘。如立屏風。其中間則蜒蜿而下。於東西之蓋州支流也。余前行約有一里之處。砲聲四起。細察之。知爲日兵乙大部隊某砲兵聯隊所發者。無幾銃聲盛烈。而前山則旭日兵。如蟻攀登。余進渡河時。俄兵久已退嬰。其前面一帶之高地。全爲日軍所占領。余於是尾銃聲所在。更欲東進。而追隨甲大部隊。蓋以爲甲大部隊尚在東方匪遙者也。於是極力馳追。途中惟見日軍各隊。肅然含枚。急履戰線。斯時其景况之壯烈。誠有骨動肉躍之感者。是日軍乙大部隊丙大部隊。擊退俄軍而陸續前進之光景也。余再馳行東方。此時始確知甲大部隊在五家溝。於是午後兩點鐘。發沈家屯。約行二十里。徒涉河流者五回。至五點餘鐘。始得與甲大部隊隨行。而各方面之砲聲尚盛。適若履行戰線者然。自昨夜以來。艱行百里。其疲勞徹骨。不得已在俄軍前一里之馬家溝露營一宿。

三　甲大部隊之戰鬥

十二日拂曉。即起待至七點鐘。甲大部隊始行前進。余乃隨之。由馬家溝出發。越北方高地。更至西進洋草附近高地之時。砲聲盛聞。余乃登洋草溝北方高地之無名山。觀之砲聲益烈。適若南山激戰追擊之際。當時以丙大部隊及乙大部隊之砲戰。最爲激烈。甲大部隊乃由敵之三面前進。而俄之礮兵陣地。距余處約有三千五百米達。據砲六七門。其後方太平嶺。西方高地。約配二十門。太平嶺。及其右方之山嶺。太平嶺之西方高地等。亦各備野礮若干。一齊發射。其主力如在太平嶺砲台者。於是日軍乃擊其最近左翼之砲台。移置山炮於洋草溝北方最高地。二十點鐘。乃以砲擊試之。而太平嶺之俄軍。以野砲廿門一時發射。其聲之響。有若萬雷齊轟。其彈丸悉集中。於日軍山礮陣地。余適在一千米達以外之後方高地。遙見日軍山礮陣地。幾為俄彈所滅。其淒慘之狀蓋可想見。於是日之山砲。不得已轉換陣地。其步兵亦以烈彈如霰飛來。不能前進。惟有扼腕以待時機。而已。

四　俄軍砲彈之猛

於是日之山砲。再轉陣地於左方深林高處。欲自左側砲擊。而榴彈之爆烈無數。悉集於此。不得已三換陣地。是時俄砲之所及者。野戰衛生隊。及某某司令部之周圍。榴彈爆散。急如雨注。某某司令部。亦因此而三易其地。余之前後左右。皆吐火焰。如浴彈渦。余之不至受傷者。抑亦幸矣。遙望前方。砲烟蔽天。轟轟如裂坤軸。是正午後二點乃至三點鐘之景況也。雖然。其慘憺之如何。日軍所不暇問。仍然不屈前進。且豫料俄兵之襲其後也。故於陣地之前面豫伏步兵。三中隊而待。既而俄軍騎兵約六中隊。及步兵二中隊。果由太平嶺潛行。來襲擊其山砲陣地。於是日兵起而擊之。於是俄兵愕然出於意外。其狼狽潰亂如鳥獸散。日兵急追擊之。立斃六七十名。於是太平嶺俄軍所占之砲臺。遂以是夜十時。為甲大部隊所占領。

◎日軍乙大部隊第某聯隊第三大隊之勇戰　第某聯隊第三大隊。於二十三日曉。三點鐘。拔營經高家屯而進。由二道房而達禿老婆店。知其北方高地。及花兒山方面有若干俄兵。乃以砲兵第某聯隊。在二道房畑地、架設巨礮、至六點二十分試擊之、而禿老婆店北方之俄兵。始行退却。於是隊長某派一中隊。使擊退花兒山東方高地之俄兵。終占領之。是時。其本隊亦占領北方高地。至十一點鐘。第某聯隊由花兒山高地。而經鞍部。亘距東方百五十二米達之石灰窰子高地。皆占領之。乃暫舍營休憩。至廿四日朝三點鐘。再拔營到苅宿店。而進孫北大房身北方高地。然此時孫家屯已爲乙大部隊第某聯隊所占領矣。

◎邊汗溝之激戰　於是以占領之目的。由邊汗溝前進山西頭附近。午後五點鐘。遂自東部邊汗溝北方高地。亘山西頭。而其宗旨在擊北方之高地。乃俄兵盛爲防禦。砲火大加。日軍仍然不屈。陸續前進至兵七點半鐘。展開於山西頭東方畑地。與敵衝突。分左右中三翼。再以一隊爲後方豫備。猛然前進。而俄兵在邊汗溝西方高地。約有二中隊。即自居塞北東高地側面射擊日軍。然日兵冒彈肉薄於敵前。以某大隊在後方掩護。砲兵某聯隊亦盛砲擊而掩護之。既而俄兵有所搖動。於是日軍即以有機可乘。驀地突進。至八點四十分。其右翼隊奪取西方高地南方斜面之東部角。其中央及後方豫備隊。奪取西部斜面。其左翼亦占南方斜面。是時俄兵在絕頂中。向下瞰射。彈丸如霰而下。而日兵尚不屈。右翼隊長持旭旗。奮勇先登。且戰且進。雖將達頂上。猶勝負未決。誠兩雄相遇。匪易得一時即決者也。終在山巔月光相映之下。肉薄相鬥。

◎月夜山巔之大格鬥　是時適黃昏後。空無一點烏雲。晴月初出。雖然因終日戰鬥。尚未決定。故殺氣

日俄戰紀

陰陰。風物凄慘。又適俄兵一隊。揮及前來突擊。其勢極驍。殆不可御。然刃戰亦日軍古昔以來所自豪者也。故刃戰開始。死傷盈野。此時俄兵後援大增。射擊倍加。日之左翼。及中央後備三隊之既達頂上也。俄軍又以他部迎之。再不大格鬭於此矣。然其實俄兵不過二千以上。亂入格鬭而已。劍光映月。恍若冬野。寒霜。鮮血染崔嵬。其亦也過於五月之花。而其被斬腕者。劈頰者。倒者。匍者。纍纍徧地。其悽絕。慘絕。而亦壯絕。烈絕者也。如此混戰片時。兩軍在山頂上。相對僅隔四五間。互隱其身。各不得上。（即正山頂）立待更漏。然俄兵不絕。以石片及火藥箱等。投於日兵。一面盡力收死傷者。鬭至是夜十二點鐘。始逐次退却。至翌早未明。已盡退竄。惟留有五重傷而死之屍。於是山頂全爲日軍所占領。

十二

日俄戰役大事日記表

記載皆用陽歷

六月

◎一日 日本第二軍擊退俄軍於曲家屯

◎二日 俄國詔免黑龍江一帶關稅

◎三日 日本第二軍騎兵隊與俄軍交綏于李家屯

● 奉天之俄軍取攻勢南下

● 日本大孤山上陸軍擊敗俄兵七百

● 日本第一軍與俄軍衝突于賽馬集

● 實行大連灣掃海

◎四日 俄艦格里迷亞號該達墨號觸日本水雷爆沈

◎五日 日本大孤山上陸軍掩襲俄騎於千家

屯

◎六　日　日本兒玉、乃木、東鄉、岡澤、長谷川、西、諸中將升任大將其餘各將校昇進有差

大連灣掃海艦隊搜出俄人所置水雷共四十一

◎七　日　日本第一軍之一部隊占領賽馬集又一部隊占領張家石

旅順口第三回强行偵察

◎八　日　法國大集兵於安南境上

旅順口第四回强行偵察

日本第一軍與大孤山上陸軍協力占領岫巖

大連灣掃海續搜出水雷六十二

◎十一日　日本對於俄國烟臺領事館之無線電信抗議

日本第一軍占領懷仁縣

◎十三日　日本大連灣第一期掃海功成

旅順口第五次强行偵察

◎十四日　日艦砲擊平島西岸俄艦十六隻出港

俄國召集六十一軍區之豫備兵

◎十五日　俄國海參威艦隊襲日本對馬海峽擊沈運通船常陸丸佐渡丸

日本第二軍與俄軍大戰于瓦房店附近

日本第二軍大捷于得利寺

俄國第十七軍團長彼得靈將軍發于墨斯科

◎十六日　日本第二次國債募集期滿應募者三倍有奇

◎十八日　俄艦隊襲日本北海道

日俄戰紀

◎十九日 日本第九次大本營會議

日本上村艦隊搜索來襲之俄艦凡四晝夜無寸功

◎廿一日 日本軍占領熊岳城

日軍在旅順口外捕獲中國人二名該云三四日前俄國驅逐艦二隻及瀛船有沈沒之事

◎廿二日 俄軍逆襲靉陽河邊

◎廿三日 旅順俄艦全隊出港爲日本艦隊直接攻擊擊沈俄艦卑尼士域型號一隻損傷二艘

俄軍奇襲大石橋街道

命大山巖爲滿洲軍總司令官兒玉源太郎爲參謀總長

◎廿六日 日本第十次大本營會議

日本艦隊夜襲俄國哨艦之在于旅順港外者擊沈二隻

◎廿七日 日軍占分水嶺俄軍退至析木城

日本公布海軍豫備員條例

◎廿八日 日本貞愛親王進陸軍大將威仁親王進海軍大將

◎廿九日 日軍占領摩天嶺。

俄艦竄入遼河

◎三十日 日本以勅令第百八十四號公布臨時海陸軍檢疫部條例

俄國海參威艦隊砲擊元山

第參年第柒號

（原第五十五號）

本號要目

光緒三十年九月十五日　[illegible]三十七年十月廿三日

每月二回[illegible]發行

洋裝一冊

定價四角

此書爲美國魏禮森君所著魏君遊中國最久於**吾國內情**考之**極詳**知之**極確**書中所記盖如入家室而數米塩也書成於千九百零一年適當**拳匪亂後**其末編於**各國對支那之政策**危言聳論深切著明凡**俄法之陰謀英德日本之現狀**闡抉靡遺誠我國人所不可不讀之書也**吳君斌范君禕**就原書譯成漢文**文詞諧暢能達作者之指**非尋常譯本所可同日語也書印無多愛讀者請速購取

發行所 上海棋盤街中市 **廣智書局**

新民叢報第參年第柒號目錄（原第五十五號）

報資及郵費價目表

	全年廿四冊	半年十二冊	零售
報資	五元	二元六角	二角五分
日本來申郵費	二角四分	一角二分	一分
瀛輪已通之地郵費	四角八分	二角四分	二分
內地郵費	一元四角四分	七角二分	六分
四川、雲南、陝西、貴州、山西、甘肅等省郵費	二元八角八分	一元四角四分	一角二分
日本各地每冊郵費	一仙		

編輯兼發行者 馮紫珊
印刷者 陳侶笙
發行所 橫濱山下町百六十番 新民叢報社
上海發行所 四馬路老巡捕房對面 新民叢報支店
印刷所 橫濱山下町百六十番 新民叢報活版部

大探險家伋頓廓

開闢澳洲紐西崙檀島諸地

Captain James Cook.

大探險家立溫斯敦

開闢亞非利加洲

David Livingstone.

哀西藏

中國之新民

數百年藩屬中國之西藏而今已矣。國中關心時局者。其視線全注於日俄戰役。而於英藏交涉往往若無覩焉。嗚呼。滿洲西藏兩者之關係輕重未易軒輊也。作哀西藏。

一　西藏與中國之交涉

西藏古吐蕃國也。元明稱烏斯藏。自唐太宗以文成公主下嫁吐蕃贊普始通中國。唐宋時頗爲邊患。元世祖封八思巴爲帝師大寶法王。以領其地。西藏始爲宗教政治。明太祖以其地曠人悍。欲殺其勢而分其力。凡元代法王國師後人來朝貢者。輒封之。成祖沿此政策。凡封法王者五。封西天佛子者二。灌頂大國師者九。灌頂國師者十有八。皆世襲焉。若土司。自是西藏益弱。終明世不爲西鄙患。歲朝貢惟謹。蓋宗教政治實西藏所以自取滅。而中國之御之也亦以此。嚮昔之受法號者。皆紅教也。永樂中有宗喀巴者起。倡黃教。明中葉宗派益大。凡紅教諸法王。亦俯首稱弟子。漸有統一全藏之勢。今所謂達賴剌麻班禪剌麻者。即宗喀巴二大弟子之正統。彼中稱其以呼畢勒罕（譯言化身）世世轉生者也。本朝太宗崇德七年。達賴剌麻遣使至盛京通好。且獻符命。是爲西藏通滿洲之始。順治九年。達賴朝京師。受封焉。未幾其臣有第巴者。梟雄有遠略。思統一全藏及附屬諸佛教國。乃乘達賴之卒（康熙二十五年）祕不發喪。自專國事。既祖準噶爾以殘喀爾喀蒙古。復唆準噶爾以鬥中國。又外搆策妄。內鬩拉藏汗。於是西北擾攘者凡數十年。聖祖既服準噶爾。至康熙五十七年。復乘餘威率大兵由巴里坤青海四川三路並進以臨藏。藏人請和。乃冊立其第六世達賴剌麻以鎮撫之。是爲西藏交涉之第一期。

中國之有駐藏大臣也。昉於雍正之初。而定於乾隆之中葉。雍正二年。羅卜藏丹津之叛。青海剌麻助焉。其年冬。藏中噶布倫等三人。煽惑其民。欲投準噶爾以敵中國。北京政府竭全力。乃僅討平之。卒收巴塘以入川。而派蒙古台吉頗羅鼐爲貝子。總藏事。留正副大臣二人領川陝兵二千分駐前後藏鎭撫之。是爲大臣駐藏之始。未幾頗羅鼐死。其子朱爾墨特襲封。以駐藏大臣不便於己。先奏罷駐防兵。陰通準噶爾謀變。時乾隆十五年也。駐藏都統傅清等爲所戕。事旋平。自是西藏始不封汗王貝子。以四噶布倫分其權。而總於達賴刺麻。增駐藏大臣兵千五百使戍藏。然猶未盡干涉其內政也。其後班禪刺麻舍瑪爾巴欲與達賴爭權。憤唆廓爾喀入寇。達賴敗。廓人飽颺而去。五十六年。復深入。福康安海蘭察大舉平之。留土番兵三千漢蒙古兵各千戍藏。自是駐藏二大臣行事儀注始與達賴班禪平等。其四噶布倫及番目缺均大臣與達賴會同選授。事權始歸一。衞藏等郡縣矣。自第巴以後凡百年間。以達賴轉生眞贋錯出。紛爭屢起。至是特頒一瓶。供於中藏之大招寺。遇有呼畢勒罕出世。互報差異者。探籌決之。未幾復移其瓶於京師之雍和宮。自是全藏之主權者竟由北京政府所指命。至今不改。

中國之待諸屬國。若高麗若緬甸若暹羅若安南。其所施政策皆取羈縻勿絕而已。於其內政絕不干涉。惟在西藏則兵權全握之。政治權（命官權）全握之。商權全握之。英人羅廉卡黎所著西藏探險記第六章。言西藏之閉關。全由中國人指使之。中國人所以必令西藏閉關者。全為獨占商權起見。因歷言華藏商業之利益。就中論華茶以西藏為一大市場。若西藏與他國通商。則華茶利權。必盡為印度茶所奪。故華人必竭全力以拒外商云云。其言未免太高視中國政府。蓋中國政府。從未聞有以保護商民利益為行政之方針者也。雖然。其所述現狀。固自不誣。但十年來。印茶入藏者已歲三十餘萬石。前此政策。失之久矣。故國初有以茶與大黃制西人之語。西藏商權。前此實全為中國所壟斷也。

故笛羅女史（英人。以千八百九十二年子身由甘肅入藏翌年由打箭爐歸。近世有名之探險家也。）謂中國之對西藏純用歐人待殖民地之法（如百年前英國之待亞美利加。）謂此種之屬國政治。乃「西洋的」而非「東洋的」也其言殆不為過準此以談中國與西藏關係之切密。蓋可知矣。

二　歐美人之探險於西藏（附日本人）

西藏者所稱世界秘密國也十九世紀以還「世界者全世界人之世界」一語。既已實行凡凸出於五大洋上之陸地。無一不互交他國之足跡。其曀層雲障濃霧。不可思議者惟餘一西藏。其首都拉薩。號稱神靈不可侵犯。除中國人以外。無得窺其奧者。據西史所記述白種人曾至其地者前後不及二十人大半為天主教教徒。其最初之一人。曰阿德歷。以千三百二十五年始至其地。時尚未有所謂達賴班禪剌麻諸名稱者。後越三百年。有西士德者。（亦天主教徒）再至拉薩。正第五世達賴剌麻在位時。我順治康熙間也。十九世紀以來。有英人德麻滿甯。(以千八百十一年至)法人約克及加卑。(以千八百四十六年至)皆至拉薩謁刺麻。約克著旅行日記。公諸世。開西藏研究之端緒者。自約克也。

十九世紀下半紀以來。歐美人入藏者不尠。然率皆不得至拉薩。今列舉之。(以下照譯日本外交時報第七十九號「西藏遠征篇」)

俄羅斯大探險家布里華士奇。為數度之大旅行。其第三度旅行。欲尋河源。(黃河)以一八七九年三月往。一八八〇年十月返。其第四度乃探險於西藏北部。以一八八三年十一月往。一八八五年十月返。其死後。俄人羅波羅士奇。復經崑崙山之西入西藏。是為俄人入藏之始。

美國人洛奇爾。凡兩度入藏。第一次在千八百八十八九兩年。第二次在千八百九十一二兩年。著有蒙古西藏日記。一八九四年。在華盛頓出版。是為美人入藏之始。

又千八百八十九年至九十年。比利時天主教徒之一團體入藏。

又千八百九十一年至九十二年。英人巴華士尉與梭羅德博士同入藏。

千八百九十二年。英人笛羅女史。孑身孤往。率亞細亞人五名。由甘肅入西藏。九十三年。經四川之打箭炉。返於中國。所歷艱苦。不可名狀。但以比諸立溫斯敦之探非洲云。其旅行日記。以前年(一九〇二年)在倫敦出版。西籍中言藏事者。推此書最奧云。

又法人焦德羅氏格黎拿爾氏以千八百九十三四兩年入藏。

英人列德的兒以千八百九十五年偕其妻入藏。

千八百九十六年英人維廉卡黎入藏。著有探險記。(日本東邦協會會報有譯本)

同年英人笛志大尉入藏亦著有旅行記。

又瑞典著名探險家士比海津以一八九六年及一九〇一年兩度入藏其旅行記。今最歡迎於時。

又俄羅斯人哥士羅夫自千九百年至千九百〇一年入藏所探秘密頗多云。

日本人則近三四年來漸有探險於西藏者。曰河口慧海曰成田安輝曰能海寛河口成田今已返國。能海氏則消息杳沈疑其被害也(譯者案河口氏有西藏旅行記二大冊)今年出版頗饒趣味。又日本近立一西藏研究會新出一書題曰「西藏」亦頗簡明。

(附言)中國書言藏事者除西藏圖考外有杜昌丁之藏行紀程。王世睿之進藏紀程。徐瀛之西征日記。旃林紀略。盛繩祖之衛藏識略入藏程站等書皆可供參考而以姚瑩之康輶紀行爲最佳本。於其政俗。多可考見焉。

以百年以來而西人足跡履藏境者可屈指數也。若彼讀其所紀載。則又皆冒萬險瀕九死。視前此哥侖布之於美。伋頓廓之於澳。立溫斯敦之於非。其艱困猶將過之。使西

藏而長此終古也則西藏眞世界之不可思議國也而不意物競天擇之公例固不許爾爾曾幾何時西藏遂有今日嗚呼西藏竟有今日

三　西藏與英國之交涉（附俄國交涉）

條頓民族之所以優勝於世界者不一端其最可畏者曰政策之遠大堅忍進步之沈着秩序是也彼其國是一定則孳孳行之不計近功而常責效於數百年以後若[illegible]於極東交涉之西藏問題亦其一端也今請略述其歷史

英人既併有印度刻意欲建一大帝國於中亞西亞使東接揚子江流域西達波斯灣阿剌伯海其遠略雄圖懷抱之者已非一日其進取之法亦向各方面次第進行而東南端一方面則務先舉喜馬拉耶山麓諸國置諸勢力範圍以內其所最注意者爲西藏而欲圖西藏不可不先圖布丹（官書或作布坦）圖廓爾喀（譯音爲尼泊爾今從官書）圖哲孟雄（譯音爲西金今從官書）故欲語英藏交涉不可不先語英國與彼三國之交涉

（一）哲孟雄隸英始末　哲孟雄國於喜馬拉耶山上其國王與西藏貴族世爲婚媾嘗西藏一附庸也嘉慶十九年爲廓爾喀所攻幾亡英人助之王復位且奪廓之台萊陸

蘭兩地與哲。許有事爲之防護。是爲英哲交涉之始。道光十五年。廓哲復交鬨。英爲和解之。遂割哲之大吉嶺及毗連印度之平原隸英而英政府歲酬哲王俸三百磅爲報酬。旋增至六百鎊。（視哲王固有之歲入已較多云）自是大吉嶺附近日發達。而哲王亦相安者十餘年。其後以販奴事（販哲人入藏爲藏貴族奴）與英屢衝突。道光廿九年。大吉嶺知事某謁哲王。商善後。哲人囚之。英乃遣兵復仇。割其下台萊全境。停其王歲俸者數年。然哲人仇英之心益甚。販奴業亦卒不悛。咸豐十年。英將葛刺率兵一小隊。竟據哲爲城下盟約四事。一許英通商。二保護游歷外人。三改治道路。四與西藏謀互市之利。哲王從之。歲俸亦增至千二百鎊。顧哲王終怏怏於通商築路之約。置不問。光緒十年。王遂孫於西藏。十三年。藏兵入哲。敗於英。（語詳下）王懼乃歸國。英人設官監督之。始與印度諸藩伍矣。十八年。哲王不堪挾制。復思孫於印度。中途爲藏兵所禁。送印度政府。乃被錮於大吉嶺。獄越三年見赦。復藩王位。哲孟雄之地位。乃純與印度內地等。至今不變。自是印度入藏之中路通。

（二）布丹廓爾喀與英國之關係　布丹廓爾喀。皆爲半獨立國。在英政府保護之下。印藏間之甌脫。凡三國。哲在中央。布宅其東。而廓鄰其西。英之對哲。則用侵略。其對布與廓則用懷柔未知其果欲是歟抑將有待也布丹民俗略同西藏宗教亦尊喇嘛自大吉嶺東北行一日而抵噶倫綳實爲布藏互市地更東北行一日而抵培頓二地者昔皆屬布丹同治四年布人襲印度敗於英遂割第司泰河以東與培頓平原一帶地方迄亞山上部歸英以講其東之巴克薩英防軍駐焉自是印度入藏之東路通廓爾喀故蒙古族而與印度同俗其人驍悍屢與英爲仇道光二十年攻印度陷哲孟雄爲英人所擊退時英人攻我浙粵廓爾喀遣人告駐藏大臣曰『小國與里底所屬之披楞地相隣每受其侮今聞里底與京屬構兵京屬獲勝臣願率所部往攻里底屬地以助天討』我政府答以遠夷相攻天朝向不過問云云不知彼所謂里底者即英國（殆不列顛之譯音）京屬者指中國（意言北京直轄地也）披楞者即印度之孟加拉也此亦吾外交史上一笑柄附記於此此後廓哲屢擾釁然每經一次則英人之權力在彼兩國中者愈進一步自英人據大吉嶺噶倫綳培頓後廓人紛紛來集奉景教者爲英人充兵役者大不乏人廓之地位雖稍優於彼兩國然亦爲英用而已

（三）中國與英國關於藏緬之交涉　緬甸爲我藩屬而以二十年前入於英盡人所能知矣而其地位實由英藏之交涉定之初乾隆三十八年英人始遣濮克爾者持節入藏班禪剌麻待之良厚然未抵拉薩不得要領四十九年再遣搭納者使藏亦如之是

爲印藏交通之始蓋其時印度總督海士廷格雄才大略謀闢印藏互市之途孜孜從事者殆十年今者英人對西藏政策皆祖海氏也迨海氏去印度而西藏使節不通者垂百餘年光緒二年英國與我結芝罘條約始特提英國使節得入西藏一事十年印度民政廳書記官馬考烈者自請爲商務使入藏察商務英政府許之與我政府展轉交涉由總理衙門發護照俾前往使馬氏得照即行而取道於川爐當無障礙而乃遷延至半年之久復挈多數之學者由哲孟雄往沿途探察礦脉於是藏人滋惑羣起拒使節勢至洶洶殆將用武中國於此將踐約而以兵力鎭壓藏人耶抑食言而撤回英使護照耶二者必居一於是政府乃取後策竟婉勸馬氏離藏境馬氏怏怏歸於是更結所謂北京條約者五條中國對於緬甸全放棄上國之權利而割毘鄰緬甸之一地以爲報酬緬甸主權遂全歸英該條約第四節更申言印藏通商之事自是英藏間關係日趨複雜

(四英藏第一次搆釁及藏哲界約　馬考烈既罷歸藏人不知以彼之故而我上國所損權利若玆其鉅也謂其反抗之力足使英人懼也自是藐英益甚乃欲燿威於舊屬

之哲孟雄。遂勸哲王棄國入西藏。王應其召。去國二年有奇。英人忠告不聽。且答書辱之。光緒十四年。藏人遂遣兵入哲築堡寨於龍洞。嚴陳兵備阻絕商旅。十五年三月。英人出兵擊之。藏兵遂不支。然英軍以轉運困難之故。所縻亦至巨。事既定。遂與我駐藏大臣重結所謂藏哲界約者八條。(一)訂定藏哲之界 原約第一第三款 (二)中國認哲孟雄爲英國屬地 原約第二款 (三)開印藏通商之路及外交交涉 原約第四第六款 此其內容之最要者。而(一)(三)兩項遂爲今日藏事之伏線矣。該約以光緒十六年二月十七日。我駐藏大臣升泰 即今大臣有泰之從兄 與英印度總督麥凱士畫押於大吉嶺。其年七月十二日。換正約於倫敦。越三年。光緒十九年 復遣使會商於印度之加拉吉打。遵十六年之約。妥議界務商務詳細章程。約開雅頓爲通商口岸。以光緒廿一年開市設稅關。以總稅務司赫德轄之。限五年以內不徵稅。原約如是。惟五年期滿後至今仍未徵稅云 惟英人請於藏哲交界處立界碑。中國不許。而英人入藏自由之權利。亦不完全。英人怏怏。越十年。遂有今日之事。

(附)俄藏之交涉 英人欲建大帝國於中亞而以南亞爲根據地。俄人亦欲建大帝國於中亞而以北亞爲根據地。兩國者各以百年之成算。向於其目的汲汲進行。而短兵

時局

相接之點在於西藏俄英之爭藏事勢之不可逃避者也二十年來英人對藏政策多用威逼俄人對藏政策純用懷柔故俄人着着成功英人着着失敗俄既征服青海以北之蒙古種族乃用宗教政策馴其士民而盪影響於西藏。俄人在本國。以希臘教爲國教其國民幾無信仰自由之權乃其對於東方之佛教徒。則專取寬大主義。且極力保護佛寺。獎厲佛宗。以買其歡心。蒙古等處之喇嘛。悉以西藏爲宗主。故蒙古人信賴俄國之心。間接以傳於西藏也。三十年來圖藏之志日銳有德爾遮其人者俄政府所派秘密運動員也由其機敏之伎倆得夤緣爲今達賴之教師。或謂其在本國政府領出之機密費。每歲實逾百萬云。又廣植徒黨於藏中籠絡其僧侶及其人民數年前俄皇曾贈達賴以希臘教主教之法服由德爾遮轉達達賴喜不自勝日服之以登壇。以佛教法王而受希臘主教之號。實可駭可笑。蓋達賴以佛教爲世界唯一之教。謂俄皇亦緇門中人。故貪其金色法服之焜耀。而沾沾自喜也。俄藏之交日益親矣而藏之相臣有查達者。次於喇嘛之第二等僧正也復極持聯俄主義蓋查氏在藏人中實以最通外事聞彼嘗居印二十餘年熟覩英人蠶食印度之現狀既憤且懼謂西藏非得一大國爲援不足以禦英此主義持之有年今達賴即位查氏旋爲首相猶遲疑於倚中倚俄兩者之間甲午一役以後知中國不可恃乃全嚮俄庚子之冬聯軍陷京師之報既達拉薩中國威信益墜地俄乃誘藏以結密約據歐美各報所述其事確不誣然約文至秘局外莫能見也。自庚子至今。西藏幾為俄羅斯之西藏。

四 今次之事變

英兵此次之入藏。其所藉口者曰。藏人於光緒十六年十九年之條約。不能履行也。平心論之。則禍機所自發。我政府實有不能諉其咎者。三百年來。禁絕西藏之外交。其於對待屬國之法。既得之矣。然哲孟雄等為西藏屬國。實我陪臣。而乃不禁其外交。展轉而來。遂與不禁西藏外交無異。故區區之哲。遂為印藏兵端之導火線。其失策者一也。我之干預西藏內政。雖頗周密。然藏兵執照。由達賴刺嘛蓋印。駐藏大臣不能實行指揮。故挑釁暴動。得以自由。中央政府末從彈壓。其失策者二也。我國外交。向以顢頇延宕為法門。莫或逼之。則模棱以終古也。十六年十九年兩次之約。於印藏通商英人入藏。及建立界碑之事。既經兩國全權之莅盟。而乃遷延遷延。不訂細章。復不在藏地為實施之豫備。在我政府固久已忘之。而以為英人亦既相忘也。而豈識夫彼於已得之權。萬不肯放棄也。坐是之故。令英有辭。其失策者三也。故今日之禍。吾無懟夫英焉。吾無嗔夫藏焉。其責任實在我政府。

雖然英之欲逞於藏也既久顧持滿不發者非有愛於藏有憚於我也慮俄人之議其後也故乘日俄之交鬨乃今擧其十二年來懷抱之宿志而實行之故英藏條約謂之曰日俄戰爭之結果可也今檢查去年以來各報之紀事以極簡單之筆記今次英藏交涉如下。

去年陽歷十一月六日　英政府始下訓令於印度總督命派兵入藏蓋恐國論之或有反對乃乘議院未開以前定此方針亦深察日俄戰機之已熟料俄人無餘力以相抵抗也。

十二月廿四日　張伯士彬大佐率遠征隊達於藏境之拖槑其地距大吉嶺百四十吉羅米突。

今年三月廿七日　張大佐之兵駐於花槑者三月有奇俟麥都那將軍大兵之至會齊以是日指江孜進發。

英軍共步兵八百五十人馬兵百五十人礮六尊

卅一日　英軍抵緇納西藏軍衛戍地也是日拉薩政府派一將官來止英軍勿進發張大佐告以此次之來帶平和的使命而已强進不止藏軍千五百拒之遂開戰麥將軍幾負傷藏軍旋大敗死傷五百捕虜二百

四月三日　駐藏大臣遣使於英軍止其前進不聽。

五日　麥將軍進至巴謨阿湖藏兵八百人爲英軍擊退傷亡甚衆。

六日　英軍之格爾卡斯兵一中隊印度兵一中隊在嘉羅山峽下與藏兵鏖戰六小時英軍傷亡二十五人。

藏軍二百人。

二十八日　英軍至江孜迻東四十英里之峽路藏軍千五百人守焉。以彈丸不能命中。英軍安然前進。

五月廿六日　外務部得駐英公使張德彝電。言已商英藩部。請電印度總督停止進兵。所議各條。請與駐華英使商定電藏速辦

廿七日　英人襲據巴拉村以次掃蕩各村落。

六月一日　張大佐牒告駐藏大臣限以本月二十五日至江孜會議

七日　藏軍襲坎馬之英軍砲臺。不利百六十四人死之。　時英國兵力總數凡四千六百人。

二十六日　英軍占領江孜

二十九日　藏人乞休戰、以待使節之至。英人許之。約以三十日。

七月一日　休戰期滿。

二日　拉薩政府代表人至江孜。與張大佐會議。不得要領。復展休戰期限三日。

五日　張大佐復下命攻擊。破我砲壘。

十三日　張大佐傳檄遠近、布告入拉薩議和之事。翌日拔隊進行。

十九日　英軍至傘亞孜。拉薩政府代表人來言拉薩爲宗教聖地。非商議國事之所。請回使節。返於江孜。英人不許。

八月九日　英兵入拉薩達賴剌麻逃寶華歷六月廿八日也。

十六日　張大佐始往見我駐藏大臣告以中國之責任

同日　我駐藏大臣電外務部請派專員與英訂約

九月九日　英國大佐張伯士彬與達賴剌麻訂約十條簽押定議寶華歷八月初一日也。

十日　駐藏大臣有泰以英藏約文大意電告政府。

十五日　英兵退出拉薩。

此一年來英藏交涉始末之大略也。嗚呼以數千年世外桃源之西藏今竟若是以三百年來我卵我翼之西藏今竟若是夫吾所謂前此三大失策者爲直接間接釀成藏禍之根原往事不可追矣而此次英兵入花梨入江孜以來事亘八九月夫孰不知英兵至拉薩後要盟之下有必非吾所能堪者而竟無一介之使先發以制錙黍之勝讀此次英藏新約稍有血氣者不能不拊膺而長慟也其條約全文既譯登本報前號。今據上海時報特電原文再錄資參考焉。前號所載由日本報重譯。詞句之間。互有詳略。故複錄此文。

(一)西藏番人現允遵照庚寅約章之第一欵將哲孟雄邊界重立界碑。

(二)西藏番人應允除亞東關外幷在「江孜」「噶大克」二處開埠通商英藏商民均可聽便往來其癸巳年所

立商約。所有不妥處。須與藏番商改。改定後。以上所開之三地。均須遵辦。其商民前往印度。應就現行道路轉運。如另有商務興旺之地。再行商酌添設商埠。

（三）癸巳約章。甚不妥協。應另案由西藏派番官。與英國商改。

（四）稅則一經訂妥後。不得再加。

（五）由印度邊界至「亞東」「江孜」「噶大克」三處邊界沿途不得設立關卡等。如各該處道路險峻難行。仍須由藏修理。又該三處應由西藏設立番官。所有駐紮該處之英官。如有文件致駐藏大臣及漢番各官。均應由該官接遞。將來他處如添設商埠。亦應倣此辦理。

（六）因藏番不遵約章。開罪英國邊務大臣。妄動兵釁。應由藏賠給兵費五十萬磅。合盧布七百五十萬元。勻作三年付給。以西歷一千九百零五年元旦爲首期。至該款定於何地交收。應由英國先行咨會。或即在大吉嶺交收。

（七）因欲將前六款實力辦到。故印兵英兵仍行留駐春丕（按即城備）俟三年後商埠已開。賠款已清。方行撤退。否則仍駐該處。

（八）由印度邊界至江孜及前藏地方。凡阨塞之區。均須由藏番修改平易。

（九）此後如不經英國允許。則無論何國人。不得典賣租給西藏土地。又不得預聞一切應辦事宜。又無論何國。不得派遣官民到藏。協同藏番辦理各事。又不得干預修道。並築路開鑛等事。又各樣恆產及一切值錢產業不得自與外人抵押對換租賣。

（十）此約由英國邊務大臣榮與達賴喇嘛於七月二十三日在西招畫押蓋印。約文用英文及番文繕寫。以英文爲准。

約既畫押。環球聳目。俄德美意公使相繼抗議。而俄尤劇。於是我政府始照例電責駐藏大臣有泰使廢約云。見兎顧犬。何嗟及矣。而況乎犬之復不競也。近數日日本報紙載北京電。有派唐紹儀爲全權議改約之事。唐氏頗嫻英語。然以當此既壞之局。能有濟乎。是又不待著卜爾。嗚呼西藏。

茲約之影響。本報前號既略爲短評。今復載內地最有力兩大新聞之意見。資參考焉。

中外日報「論英藏新約」八月初九日云。

（前略）按此約所行當注意者有三端。一爲逕由英國邊務大臣與達賴喇嘛自行立約。置中國駐藏大臣於不顧。是英國已不認西藏爲中國之屬地。並忘駐藏大臣有管理全藏之權。直視之與寄居官等。其當注意者一也。一爲約中兩載無論何國之語。按此語中。實含有中國在內。直視中國與諸國等。約中明言不得預聞一切應辦事宜。又言不得派遣官民到藏。協同藏番辦理各事。蓋即指駐藏大臣之職掌而言。是中國此後不能復有政權於西藏。而駐藏大臣直同虛設。已不言可知。其當注意者二也。一爲約中明言如不經英國允許即不得如何如何云云是英國已明認西藏爲英之屬地一切外交政策當惟英國之命是聽即與日本之待高麗無異而西藏此後當脫離中國之羈絆而受英國之約束其當注意者三也本館竊謂英俄兩國注意西藏爲日已久英人欲鞏固其印度之勢力而杜俄人之覬覦自不能不取西藏爲已屬使中國能見及此急派重臣以鎭之遣大兵以守之或猶不致激成此舉而中國又不能於是英人乘日俄正在交戰俄人不暇西顧之時急從印度守臣之議派兵入藏以收此鷸蚌相爭漁翁得利之明效此則英人之深謀可考而知者也最可怪者中國政府當英兵入藏之始旣不急遣專使前往戰地以與英熟商以阻英兵之前進又不遣精銳之兵爲西藏之保衛遂致釀成此禍（中略）惟當英兵大舉進藏之時英之與藏必有另訂新約之舉已在人人意中則補救之策更不能不講乃又遣一不諳外交素無名望而又遲遲不欲往之有泰當之遂致一誤再誤無可救藥政府之咎可勝道哉嗚呼西藏已矣不必言矣俄人於東三省旣爲日本所困阨而西藏一區又被英人捷足先登則失利之餘豈能無所取償而取償之地殆不出於蒙疆回疆之間政府諸公若爲亡羊補牢之計其急留意於回疆蒙疆可也

時報論中國棄讓西藏八月初八初九日云

（前略）猶記咸豐八年十年之間俄人於英國肆擾沿海進薄都門之際而乘中國之不覺且欺英國之不知略施恫喝安坐以割我黑龍江北數千里膏腴之地當時中國不甚愛惜而英則以受俄之紿茹恨至今曾越幾時而今日之英人亦藉俄日相持之時諗俄之無力與聞以數千之印兵冒酷暑度奇險不折一矢而入

於拉薩之首府全藏六千里之天壤一舉手而措諸要盟之下焉而有泰電致政府之辭猶與當日黑龍江將軍奕山從權辦理之奏無異此豈所謂循環往復者耶西人謂俄國於此不曾受一當頭之擊良不誣矣而吾於此乃有不勝其悲且聘者則以英俄之自爲得喪不必言惟藏地之利害關繫於我中國之安危者至深且鉅凡彼一出一入之間皆足以遺其不利於我今請一抉此事之害而歷歷陳之夫我國人於西藏之事多數之庸衆或未之聞即少數之賢哲者流亦聞之而不甚措意則豈不以西藏之地不及東三省之要英人之政策不逮俄人之狡而世界列國於英人侵藏之舉動其注視亦不若滿洲問題之殷遂因此而疑他日之禍患未來之糾葛亦不至如東三省之甚乎雖然此數端者吾固有以明其不然也何以証之西藏者地學家所推爲全世界第一之高原者也而其形勢之在中國猶有高屋建瓴之勢幾若全部之首領然故東三省地居東北其地理之利害專在京師而西藏一隅之地形實足以扼中國之吭而拊其背以制我全國之生命形勝若此固不當與東三省軒輕而異視矣且西藏之通蒙古防自元時而本朝尤利用其黃教以制蒙古此固乾隆御撰碑文所宣言而不諱者也今者青海賀蘭伊犁內二部以迄內六盟外四盟之蒙古其所奉宗教莫不出於西藏而以藏地爲教門之宗則藏之影響於西北藩部者又豈淺鮮耶今此約遂行而西藏果入英之勢力範圍則英因此旁睨新疆而新疆危俯瞰滇蜀而滇蜀危據江河兩源所發流之山脈以遙握其全權而黃河長江所經過之流域皆苦不安至於平日黃教流行之蒙古藩部其震懾聲勢更不待言然則謂西藏不繫要害者非也英人此次之伐藏實爲擴充印度之防禦線起見此微獨他人有以窺之而英皇遊歷歸國親蒞議會亦既

明白宣示此意者也。夫今日以擴充印度之防禦進兵西藏。而西藏已入其掌中。則安知異日者不又以擴充西藏之防禦而復染指於他處乎。且英國於非洲之縱貫橫貫兩大鐵路。垂見成功。而越海以遙連印度之脈絡。今者更藉印度之聲威。乘機以略得全藏。此正其帝國主義瞬息千里之日也。而謂英人之用心。必非俄比得隴不復望蜀。有是理乎。吾料英人撫全藏而經營之。以利用盎格魯撒遜人種所最擅長之殖民政略。重以布達拉城之沃野。大金沙江之遄流。不出十年。必將建一第二之英國於此邦。無異其在澳洲之例。有斷然者。而此時之中國將復奈何。然則謂英人必無他意者非也。(中畧)俄人於英國之所爲。則固寤寐不忘而較日本之於滿洲問題無異者也。頗聞駐京俄使因英人之入藏。已於我外務部有所責言。若使與以藏地主權。畀之於英。則俄人之逞辭相責者。又將惟我是詰。一旦涉及各國均勢之說。豈非又一東三省俄約之往事。而惴栗可憂者耶。(下略)

又時報「英藏新約書後」八月十三日云。

西藏已矣。中國自來以棄地之風。高於天下。而不出一辭。不措一策。安坐而去六十萬里之地。蓋莫此次之尊藏地若藏地固明明內屬也。而英藏相持。中國之應之者。乃純取中立態度。以調停於其間。遂至新約已成。而政府初猶不知其事。以今日失之之易如此。則迴溯當日孫士毅和琳諸人之先後獻策籌畫。乾隆一朝大兵兩次之所勘定者。正不知其何謂也。雖然。約既定矣。成事不說。今所論者。則新約所載各條。遺義頗多。猶不能不有望於後來之補苴也。按此約言及交涉之事。僅有英人如何如何云云。藏番如何如何云云。幾無一語涉及中國又祗用英番文兩則而不用中文說者以此爲英人不認中國有主權於西藏之證是固昭晳無疑矣猶幸前此藏印交界之約不盡滿望於英人故英人欲藉今日城下之盟以追悔前日互訂之約遂不得不追述前文以期商改夫英人欲不認中國之主權則必置前約於不論而後可今既追述前約矣前約固明明光緒十六年十九年之所訂而中國辦理分界大臣所協議畫押者也中國必執此以爭復上邦之權英人豈覺無所恤此非可乘之隙乎約文第一條云光緒十六年條約所有哲孟雄之邊界須照十六年訂立之第一欵辦理再行重立界石考光緒十六年藏印交界之約藏邊險要如支莫摯山及分水脊一帶之山等處其形勢已與印界共之而英人之意猶未愜也今既首以重立界石爲言必不免藉端拓界之想若他日不善應之則既失於前者復將愈蹙於後前日險要之形勢爲藏印之間之所共者此後或將盡折而入於印使藏人失其凴藉愈無可以拒英之時是可慮也彼光緒七年中俄之約所載各條至八年畫界於伊犂而分界之情形已大異於初定之日此非往事之可爲成例者耶是必愼之於先或猶有小補於後耳又約文第三條有光緒十九年條約內有不妥之處須再行商改另案辦理云云按中國與外人訂立條約從未有頒行官本故十九年印藏之約能舉其全文以質言其利害者甚稀然頗聞十六年之初約實由總稅務司某從中主持某固英人也雖久任客卿而其爲中國謀者終不若其爲英謀之切故此約多偏袒於英厥後我駐英使臣偵知其有損於我遂疊以印藏之情狀警告中朝其後始略有修改今者英人明言十九年之約不妥則英人之不利於此可知然而就主位以立言彼英人之所不利者或未必並爲我所不利也此尤必當詳察原約斟酌從違以先向英人抗議者矣(下略)

(完)

極東問題之滿洲問題（續第五十二號）

觀雲

清國之中立

方滿洲風雲之急也日俄兩國所日夜籌策焦思競慮者在何以作戰之一事而清韓兩國所日夜籌策焦思竭慮者在何以避戰之一事故夫朝鮮者。若日本取攻勢以與俄戰、其陸師必先取道於朝鮮。爲安穩上陸之計。而後徐進以入東三省。是朝鮮實代俄人而先受兵也又若俄人取攻勢而撲日本。其陸師亦必先席卷朝鮮。爲窺瞰日本之根據地。而後乘機、由朝鮮海峽東渡。是朝鮮又代日本而先受兵也此則雖朝鮮之地勢所使然而亦朝鮮平日之不知自强故遂陷於困難之地位而不能自脫而觀朝鮮其所謂救急之策無他道也派遣使臣。求歐洲各國、共認其中立。彼其意以爲一經中立則日俄兩國之用兵俱不能干犯其地而朝鮮乃得從杌隉之中而安若泰山此在朝鮮固自以爲得免禍矣而烏知他人、之不容之夫朝鮮既爲日俄競爭列于協商、之中決不能爲無關係之第三國故日本之出兵於其地也以通牒告之曰朝鮮以自力不能排拒俄國之壓迫故日本以力代爲排拒之云云固曰我之來也使朝鮮存在而不爲俄之所吞幷耳夫使無日本朝鮮豈能免俄國之吞幷者是其言固無以難之即使進一說曰朝鮮之亡於日本何與而日本又得曰朝鮮亡則危及日本故日本不能不自爲計彼朝鮮其終何說於是而朝鮮之所謂中立者卒歸於無效雖然朝鮮之欲避戰而處於中立也其計可笑而其情未嘗不可諒固勝於淸國之言中立萬萬夫日俄之戰其緣起實在滿洲而朝鮮不過其連繫之一題彼朝鮮若曰使淸國而不揖俄人以入於滿洲也則滿洲無事滿洲無事朝鮮又何至爲滿洲之所累以夾入於日俄兩國遏迫之中是淸國流滿洲之禍水以及於朝鮮也故夫朝鮮之欲中立就事以觀亦豈得議其非所可責者以不能自立之國雖欲中立而不得中立爲彼之所不及知耳若夫淸國固滿洲之地主也日與俄以滿洲爲發動其鬭爭之引機草者由淸政府自放棄其滿洲之主權始彼朝鮮可曰吾始終無與於此事事之由係屬而及於我者也淸政府豈得曰吾始終無與於其事事之由係屬而及於我者乎是故朝鮮之與淸國其欲求中立而自處於無事之地也[illegible]心術同其力

之不足以感中立而中立與不得中立當一任他人之所處置其境遇亦同而一則本居於中立之地而欲求中立一則本居於非中立之地而亦欲求中立其事由不同夫清政府既爲日俄戰爭之根由人至於有事乃曰吾中立吾中立一若於此事無絲毫之關係者然噫異矣是又朝鮮之所竊笑以爲清國之畏禍避難其怯懦因尤甚於吾也。

然而朝鮮之欲中立也其事卒不能成而清國之欲中立也反得如願以償而日俄兩國用兵即以清國所有之土地中滿洲之一部畫爲戰地之圈限而不使擴張以及於其外此從表面視之一若各國均尊重清國之中立而日俄兩國亦若不敢侵犯清國有中立之自主權者而其實不然方日俄之將戰也列國均以戰局擴大有害於各國在中國之商務故清國之中立清國雖自欲之而非清國之所能自主之列國處置清國均以爲使居於中立之地爲最得計故協商而議定其事即清國之中立各國實握其指揮之最高權夫至各國之權既定則清國雖欲不中立而有所不能蓋亦觀於此案之原委矣夫此即所稱爲海氏案是也海氏案者。美國外務大臣約翰海氏定案、發通牒於日俄及各國。其意以保持清國之得中立及其和平。而求列國政府之同意。列國固無有不贊成是議者。其案遂定而清國之中立以成。然是案雖發表於美國。而創其議者爲德皇。方今年之西二月六日。日俄之談判不諧而戰端特開。德皇即延見駐德之美公使。而告以此意。又使德公使之在美國者。與美國政府會商。德公使遂於翌七日。謁見美國大統領。得大統領之同意。當日由大統領召還約翰海氏於旅行中。海氏於翌八日。與德公使晤商。當時之疑問。謂若單舉清國。則滿洲果包含清國之土地中否乎。不能不下解釋。遂决議以支那本土爲中立。以同屬一國名詞之土地。瓜分爲二。此實今古未曾有之創例矣。然各國既以清國之中立爲利。而協定而日俄兩國亦均承認。而不挾異議於其間者。此其故在俄國實占領清國之滿洲。一旦開戰。清國自無助俄國而敵日本而反使占領滿洲之俄國益得鞏固其地位之理。若助日本而戰。俄雖滿政府挾其凋落零星僅足壓服漢族之兵力。爲俄國之所蟣蝨視而不懼。然於日本之外。又多一國而與之爲難。無論其兵之强弱若何。俄必有所大不便者。故不如使清國中立。既可以博列國之懽。而又於日本之外。不留有顧慮之地。此俄國之所以允清國之中立也其在日本使清國而非中立則必聯日本而出兵以敵俄然以清國之兵與日本合不足以助日本而適足爲日本之累彼日本其熟計矣不觀其國人之所言乎曰清國而欲與我合彼清國其果有何物乎海軍其已掃盪者也陸軍則又無紀律無訓練不足以當俄國之一喝而曰助日本於日本之兵勢不加强且由此而結攻守同盟之約彼於領土不能自保一旦有失日本不能不派兵而代保其土地若是則日本之兵力分而防禦之地域廣於戰爭上大不利且由是而負東亞聯合之名益惹起列國種族之猜嫌心而黃人禍黃人禍之論漸將益高是使日本徒重負累而復陷於孤立之地位其失計無有過於是者故不如使清國中立爲得策此日本之所以允清國之中立也不然使各國與日俄關係於清國之利害不若是則清國雖宣言中立猶棄唾耳其欲中立而不得成豈有一毫異於朝鮮而得操自主之權者哉

故夫日俄雖承認各國之協商而置清國於中立然其意固曰我認之爲中立則中立我不認之爲中立則非中立由是而利於中立則使之中立利於非中立則使之爲非中立此固可略徵而窺其用心之所在矣亞歷斯夫之兵略其最初欲出兵一支先掩

取北京而監護清政府取攻勢以待日本與日本之掩取朝鮮京城而監護朝鮮政府同意其後以應付日本之戰畧遂不及用此策而罷然使俄國眞有利於掩取北京之機會也清國其能以中立限俄人之馬足哉猶之朝鮮雖中立而日本利於用兵其地則仍用兵耳又亞歷斯夫於滿洲責令清國供應俄國軍需上利便之事又責令保護鐵路且以言脅之曰清國若不助俄國則俄國戰退日本之後滿洲之地不得再爲清國所有不得置清國之官吏夫滿洲雖在戰地之內然其界限當僅以土地供戰爭而止若其他之貨物人民決不得爲滿洲地理上之附屬品而當認爲有中立之性質者然若俄國之所爲則固視爲非中立而任意欲濫用之又於第一期已經撤兵遼河右岸之地俄國亦欲列入戰局之內以便利用關外之鐵道於新民屯田莊臺溝幇子等處時派偵探兵羼入其地而監視新民屯之電報局又於遼西之地買收糧食馬匹又上海芝罘各港直闖入軍艦不肯遵守限時立退及解除武裝之約束致成爲棘手之外交凡此皆可以見俄國之用心者也而在日本則更有辭曰清國之得中立不得中立非清國之所得而自由也在日本之許之否耳若日本之許清國以中立與不許清

國。以。中。立。則可視。政。略。上。之。利。害。而。擇。行。之。而。有。自。由。之。權。者。也。觀於有賀長雄氏曾以此事。按公法立論。玆畧述其言如左。

今日俄爲兩交戰國。而清國以其土地租借於俄國。供俄國戰爭之用。而予俄國以軍事上之利便。則日本可視清國爲應援俄國之國。其應援之或爲土地或爲軍隊武器及軍用金。均可不問而一律得視爲應援具此性質以上者。則如左之二結果生。

一旣視爲應援國。則可不負尊重其中立之責。而於應援國之領域內可得爲作戰動作之事。例如普法戰爭。爾克善孛卡許法國兵士得通過其國內。俾斯麥宣言普魯士軍不認爾克善孛卡爲中立地。今日本亦以屬清國主權下之旅順清國假於俄國。而俄國得使用其地。以與日本戰爭。日本不能默過。若是則若牛莊若山海關及其他便宜各土地。日本爲軍事上之動作。亦可取得而使用之。是爲日本應有之權利

二清國旣爲俄之應援國。則日本不僅不必尊重清國之中立。更進而可認清國爲

俄之副戰國若是。即可以戰鬪從事或以海軍封鎖其港灣。或以陸軍陷其首府皆在我權限以內可行之事

又或先爲交涉。問清國果以旅順若滿洲鐵道。供俄國戰爭之用與否。若其回答出無不許之言。或詞旨曖昧。則可以許與俄國推定而即可認清國爲立於敵國之地位

又或不取推問之勞。而從初爲條件之宣戰。即豫宣言。若清國有與俄國以作戰上利便之事實。則日本當視清國爲敵國。是亦一法也。果如是。則或以主戰爲俄國。而先攻擊之或以應援爲清國而先討伐之皆屬日本之自由

又日本對於清國用以上之權利與否亦屬日本之自由或於政略上認有利益之時即可使用以上之權利否則以應援之國而視爲中立國者亦有之例若數年前南非之戰。葡萄牙以鐵道供英國之用。而特蘭斯法爾國無認葡萄牙爲敵國之事。又若英國或與歐洲之或一國開戰。依條約英國得占領地中海之毛爾塢島而供戰爭之用。然於土耳其國。仍不失爲中立者是也。

按此事於公法當爲若何之辨難。以非本題所及。故不具陳。但既有此言。則有國者。即可視租借土地爲一極重大之事何也以旅順爲例則凡若威海之借於英膠州灣之借於德廣州灣之借於法等若萬一彼租借之一國與或一國開戰或之一國適以取清國土地於軍事上爲有利則即可認清國爲應援其交戰國之敵國而用兵不患無辭縱其事未必果出於此然出于此與不出於此其權在人而不在我則以土地借於他國者實隱伏危險於無窮吾願聞此雷霆之聲而於畫租借土地之約之時一知所大戒也

故夫日本於芝罘海港。捕獲俄艦之辨明書曰此次日俄戰爭。清國地位。全屬異例。曰兩交戰國。種種之戰鬪行爲。殆舉而行於清國之境內。曰清國既非戰爭之當事國。而其境土之一部則爲交戰地。一部則爲中立地。於國際法上。可謂一大變態。而其理實相矛盾。曰爲欲保持清國之外國通商。及其他諸般之安謐。故制限交戰之區域云云。夫既以清國爲中立之國矣固不當自承認之而又自破壞之可任意惟吾之所欲爲然觀日本所言一若清國之中立其事理不當而已有授人以口實之處從而日本對

於清國之中立亦不視與他之中立國一例又明明言由於協定制限則尚不予清國有自主中立之權凡此又可以見日本之用心者也要之清國中立爲各國及日俄戰略上所決擇之一產出物耳故日本之論文曰清國之中立無異言日本之恩惠也然清國不可求無限之恩惠日本亦不能爲無限恩惠之施與嗚呼彼滿洲政府方欣欣然以爲得脫離日俄戰爭之風波而曰我中立我中立矣而烏知他人視爲恩許之中立夫亦大辱國也矣

（未完）

供奉省置論 官制議篇十二

明夷

設官之制。原以爲國爲民。故美法之國。無供奉之官。而君主之國。若俄德英日。皆有宮內部。以奉人主。亦因時之義。未可已者耶。中國舊制。若漢之九卿。供奉官居其七。後世雖畧加改正。而尙無君國之別。劉歆僞周官以天官冢宰之屬。全爲供奉之官。雖爲無義。然歆生當漢世。目見供奉官之多。合爲一職。實有類各國宮內部之意。此亦據亂之進化者矣。隋唐有殿中監。義同宮內。而統職不廣。君國之官界。未能分明。惟宋制有客省使。延福宮使。景福殿使。引進使。東上閤門使。西上閤門使。皇城使。宮苑左右騏驥內藏庫使。左藏庫東西作坊使。莊宅六宅文思使。內園洛苑如京崇儀等使。東西染院使。供備副使。內殿承制。內殿崇班。東西所供奉官。左右侍禁。左右殿直。三班奉職備職。皆總統於宣徽院使。凡郊祀朝會宴饗供帳檢視進奉皆歸焉。其使職之崇。比於樞密。然不與國政民政相雜。至清切矣。國朝率因明制。以內務府易內監。多以滿宰相大臣領之。專掌供奉一切。不與國事相混。亦擘畫分明矣。然如禮部工部太常太僕通政光祿鴻臚太醫之官。雖爲國政。實皆多爲供奉之職。猶未界限分明者也。若夫御前大臣內大臣。宗人府侍衛處。鑾儀衛。上駟苑。奉宸苑。諸管陵寢官。諸管園官。及南書房上書房之備顧問。文淵閣武英殿校理之管書籍。護軍前鋒左右翼之管宿衛。皆供奉之事。非內監則不待言也。惟各自爲職。內府大臣雖極權要。然不相統屬。故分職太多而散無稽。未免難於總核整頓耳。日本宮內省有大臣有次官。其大臣官房有秘書官。分三課。曰內事課。外事課。調查課。其屬有侍從職。則我國之御前大臣。領侍衛內大臣也。有式部。掌祭祀。則我之禮部太常、光祿、雅樂部也。此外皇后太子有宮官。如漢制之有長秋詹事矣。其內藏寮掌皇室經費。調度局掌御用購買。御料局掌皇室財產。如我國之內務府矣。爵位局則吏部之職。大膳職則尙膳監也。主殿寮掌灑掃陳設。與調度局三者。我國則純屬之宦官矣。圖書寮則直文淵閣武英殿者也。但除文淵武英外。內府圖書甚多。固應設專官理之。如古之祕書監矣。內匠寮則今工部之職也。惜不分官主焉寮則我國之上駟院。諸陵寮則我之看守陵官。以公爵爲之者。警察官則我國之護軍左右翼前鋒也。顧問官文事祕書官。則我之南書房也。惟日本有帝室寶器主管其內大臣。則與我國名實同矣。其侍醫局則我之太醫院也。其學習院華族女學校。則我國之上書房咸安宮敎習景山官學也。然日本敎授數十人。妙選高才。假以四五六等高官爲之。不似我之苟焉矣。若其主獵局御歌所。帝室會計審查局。則我國之所無也。自劉歆僞周禮倡惟王及后世子不會之說。而人主之用度無藝。故吾國無此官。此僞經說之最害國者。今此局不可不設矣。

今供御之官有三事最要者。第一當盡裁宦官而代以士人也。宦官之設。大地文明各國皆無。惟突厥有之。夫閹人而用之。最爲無義。爲中國大恥者也。孔子六經皆無閹人。後漢書襄楷傳曰。古無宦官。自漢武帝游於後宮。乃有宦官之制。此言至足據矣。劉歆生當漢世。習見宦官。僞爲周禮。乃創閹人。託之周公。後世遂以爲聖人之制。不可不用也。故在後漢則十常侍亡之。而仇士良之神策亡唐。童貫亡宋。魏忠賢亡明。今李聯英又將亡國朝矣。孔子於易稱勿用刑人。於禮言刑人不在君側。於春秋書閹弑吳子餘昧。識近刑人閹人出身既賤。不知問學而使左右口含天憲未有不作弊而禍延國家者也肘腋之下。城狐社鼠。除之則有忌器之難不除則有亂國之禍禍患至極人所共知今擬供御之官。必先首除此義無俾易種於玆新政也所有宦官盡行裁遣代以士人昔漢之郎官執戟持壺。雖孔光亦爲之矣使人主親學士大夫之時多豈不勝於日對椓靡之人乎此方今亟亟之第一事非徒去中國之恥辱尙爲虛名實則除方今之大禍乃爲先事也此害不除。不必議變法。不必講官制矣。求亡國而已。

一設供御總官。即以內大臣充之。凡內務府、宗人府、侍衛處、看陵寢官、管園官、經筵官、南書房、上書房、奏事處、文淵閣、武英殿、書籍官、護軍前鋒左右翼、鑾儀衛、太醫院、奉宸院、上駟院、皆統之。或即以奉宸院名之。其屬分設諸司。以調查諸事。皆設總辦提調官。其宗人府、侍衛處、南書房、上書房、各重職淸班。如戶部管倉漕之制。內閣兼翰林之官。權雖並統。而體用平行可也。自餘則爲屬官矣。

一如宋制設禮儀院。移禮部祠祭儀制精膳三司之職。鴻臚序班鳴贊之司。太常協律之事。光祿之司。爲之長官。名爲大臣。或曰卿。輔以少卿。參以糾儀御史。其下設祠祭司。

儀制司。精膳司。協律司。其鴻臚朝儀序班鳴贊皆統於儀制司可也。此院雖歸內大臣所統。而體制與宗人府侍衛處仍用平行可也。糾儀御史或用古名殿中御史。

一添設宮內會計調查局。掌總核宮內諸費。而定其預算決算之額。以大臣充之。體制平等。

一添設營造處。掌宮內營造之事。其陵寢行宮有所造作皆歸焉。以大臣充之。其屬有工師技手。移工部所掌宮內之大工爲之。

一添設食采院。掌內府所有之庄田而經營之。以大臣充之。國朝御供不取諸民。不取諸戶部。於君國民之界。最爲分明。惟少取關鹽以供御用。自古所無也。昔有庄田。若整頓之。所入不少。不足則奉天之林礦無垠。皆可採爲供御。不患困乏也。

一添設殿中監。名曰總監。或名大臣。掌宮內諸殿及城外諸行殿灑掃陳設之事。除宦官而以士人代之。

若行此乎。則宮中府中皆有分限。君與國民不相亂職。而供御者昭其誠敬。治民者竭其才。明矣。

（完）

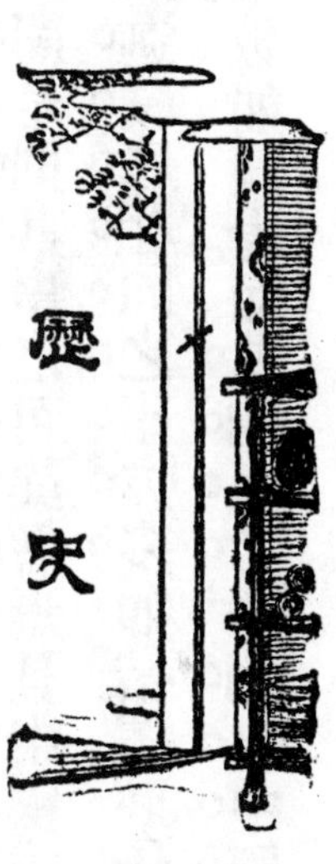

中國人種攷（續第五十四號）

觀雲

中國人種之諸說

丙之言如是其述崑崙之事猶之印度之言北倶盧州也印度婆羅門敎徒以爲世界之天國在喜馬拉亞山之北方即所謂北倶盧州其語之所由來實兼太古之神話與其後人之理想而成原夫印度人種蓋從喜馬拉亞山之高原而進入者其祖國蓋在喜馬拉亞山之北後人不忘其祖閱世愈久傳說愈多益以種種附會之談此與夫中國之言崑崙頗近之夫中國人種其與崑崙必有關係之故其言誠然然所謂與崑崙有關係者其果起自崑崙之下乎抑東來而道出於崑崙乎夫中國之言崑崙尤以涉黃帝之事爲最多故仍不能探黃帝之行蹤如日本有賀長雄之言蓋謂黃帝起於崑

崙之下率其部族而東徙者而如拉克伯里之言則黃帝當道出崑崙之下夫如古書載黃帝峚山採玉赤水遺珠而崑崙當太古之時其玉榮實浮出於地面而垂璀璨燦爛之光故古人過此褒裏而不勝賞羨遂以此爲華胥之國而於古史遂流傳於崑崙之上有黃帝巡遊之宮焉似黃帝非屬崑崙土著之君且於崑崙之外實又有黃帝之迹如山海經所載於西荒有軒轅之國軒轅之邱軒轅之臺又言黃帝使泠淪自大夏之西取竹於解谷大夏即漢時大月氏所移居之地漢書言大月氏西徙大夏都嬀水北爲王庭。嬀水即今阿母河縛芻河會之縛芻河隋書稱烏滸水入阿母河而出阿拉爾海其源發於葱嶺之北然則以地勢言之由大夏越葱嶺即至崑崙沿崑崙之北麓進入中國即漢時通西域之南道由大夏而西南通波斯即至古代迦勒底之地故若由迦勒底至崑崙而入中國則大夏實爲必經之道而於古史黯黑之裏已留有一黃帝之足迹於其間是則其事之可異者焉且中國古代於亞洲西南隅諸國實多有相接觸之迹而與迦勒底相同之事尤多如桔槔。莊子天地篇述其製。所謂鑿木爲機。後重前輕。挈水若抽。數如泆湯。而其物原始非剏自中國爲中國最古時代機器之輸入而於埃及之古碑中已見之又山東紫雲山武梁祠石刻之古物。今攷見其爲亞述式。亞述蓋即在古代迦勒底之地又桃之一物希臘稱爲波斯之果歐洲當古代時蓋無桃印度當梵語種族移住之始亦尚無桃之名希臘之有桃蓋與波斯交通而得之而中國古代亦知有桃（山海經邊春之山有桃）惟其始有不知何時然則桃之一物果爲中國之產物而移植於波斯歟抑由波斯移植同於後世之蒲蔔苜蓿胡麻胡瓜胡豆胡荽胡蒜胡桃安石榴撒夫藍耶悉茗茉莉花等（南方草木狀記耶悉茗茉莉花皆胡人自西國移植於南海南海人憐其芳香競植之酉陽雜俎之野悉蜜即耶悉茗爲素馨科之一種）皆自外國而輸入於中國歟而古代波斯實兼有迦勒底之地又與迦勒底巴比崙相同之事如巴比崙呼精靈之名爲 zi. 與中國神祇之祇音合又中國古音呼鬼爲幾列子說符篇楚人鬼而越人禨其音亦近又若巴比崙古文之朴中國爲北巴比崙古文之[illegible]中國爲金而金字之音兩地皆同又迦勒底稱沙士即中國之甲子（桃源張相文發見）此皆略舉之而其相同之處已若有不可解者且於茫漠之古代今當我國人類攷古之學皆未昌明實無確實可舉之事其可舉者一爲古書一爲言語文字器物事迹而若丙所言但憑古書之一種而徵諸言語文字器物事迹則與迦勒底實多有相同之故綜所謂言語文字器物事迹之相同未必即爲人種同一之一鐵證然其間必有若干關係之故固無可疑也且丙所言又多主山海經而拉克伯里以爲山海經與巴比崙一古史相同今未能一一較二者之書然如拉氏所言則其間必有相同之事者可知夫丙之言其於言進入中國而後之狀固多可信矣然於未入中國之前雖未敢以迦勒底移來之說爲必然亦終不能屏棄而付之不錄耳

夫果以崑崙之下爲吾祖國之所在歟如是而即當有一繼起之問題焉曰屬何種族是也據昔時希臘人所指中亞洲一帶之民種盖稱爲斯幾天 Skythen 斯幾天者盖從射箭之義而出斯幾天爲獵射之俗可知顧其所指之地域甚爲廣漠又其所包之種族亦多殆若今人對於白種阿利安族而稱黃種爲丟那尼安族相近中國人種其與斯幾天爲同種無疑然此係一大種族之總名而固未嘗析言之也而於中國書之可攷者當漢時占布於崑崙附近其最强盛之種族有二一月氏種一塞種史記漢書俱言月氏始居敦煌祁連間當秦始皇之時月氏號稱强盛其後爲匈奴烏孫所破漢書匈奴傳冒頓遺漢文帝書云。今以小吏之敗約故。罰右賢王。使至西方求月氏擊之。

以天之福。吏卒良馬力强。以滅夷月氏。盡斬殺降下定之。又史記大宛列傳。冒頓攻破月氏。至老上單于。殺月氏王以其頭爲飲器。按老上單于殺月氏王當即漢書所謂烏孫崑莫自請單于報父怨攻破大月氏事以其爲報仇故恨月氏王特甚至以其頭爲飲器觀下文過宛西擊大夏其事自明蓋月氏一爲冒頓所破僅走塞地再爲烏孫借匈奴兵所破始走大夏史記於此事文筆飄忽失之漏略今取漢書互攷因定爲當日事迹如此願與讀史人共詳參之。

漢書張騫傳。張騫言烏孫王昆莫父難兜靡爲大月氏所攻殺。子昆莫新生。傅父布就字也翎侯抱亡置草中。爲求食還。見狼乳之。又烏銜肉翔其旁。以爲神。遂持歸匈奴。單于愛養之。及壯使將兵。數有功。時月氏已爲匈奴所破。西擊塞王。塞王南走遠徙。月氏居其地。昆莫既健。自請單于報父怨。遂西攻破大月氏。大月氏復西走。從大夏地。昆莫略其衆因留居。史記傳張騫不過五十六字而止張騫此言雖亦載於大宛列傳然較漢書爲略又以殺昆吾父難兜靡爲匈奴事與漢書異今從漢書由是觀之。月氏當日盖已近漢而在今甘肅之地。敗於匈奴烏孫。始棄其根據之敦煌祈連間地而走塞地。再棄其根據之塞地而走大夏。然以敗奔之衆。其始能擊走塞王。其後又能略定大夏。再立國家。而分建五翎侯。河山雖殊。而種族猶興。不可不謂月氏人種之特色也。又其時大族西徙。而其餘民族仍多留遺。而繁衍於其地。今猶可稽其痕迹於史册之間。史記漢書竝云。月氏遠去。其餘小衆不能去者。保南山羌。號小月氏。後漢書湟中月氏胡。

其先大月氏之別也。舊在張掖酒泉地。月氏王爲匈奴冒頓所殺。餘衆分散。西踰葱嶺、其羸弱者入南山阻依諸羌居止。遂與共婚姻。及驃騎將軍霍去病破匈奴取西河地。開湟中。於是月氏來降。與漢人錯居而與月氏互競爭者爲烏孫烏孫種族始亦居於敦煌祁連間於中國古史當爲允姓之戎左傳襄十四年昔秦人迫逐吾離於瓜州。昭九年。允姓之姦居於瓜州漢書地理志敦煌下杜林以爲古瓜州師古曰即左氏傳所云允姓之戎居於瓜州者也其地今猶出大瓜。漢書張騫傳騫言烏孫本與大月氏俱在祁連敦煌間小國也。大月氏攻殺烏孫昆吾父難兜靡奪其地。荀濟論佛教表。塞種本允姓之戎世居敦煌。爲月氏迫逐由是言之敦煌古爲瓜州烏孫古爲允姓烏孫之與允姓音既相近而所居之地亦合而其種則當爲塞種烏孫稱其君之名其末尾皆有靡之一音或作彌其義殆指爲君烏孫昆莫。亦書昆彌。又有軍須靡、難兜靡、獵驕靡、昆莫名獵驕靡泥靡、翁歸靡、元貴靡、鴟靡、星靡、雌栗靡、伊秩靡、安犁靡、烏犂靡、等。而吾離之離其音亦近靡彌烏孫祁連敦煌間之根據地爲月氏所奪而其後烏孫還破月氏報仇而奪其地即漢書所載烏孫昆莫借匈奴兵攻破月氏留居其地而自立者也按史記以攻殺烏孫王昆莫父爲匈奴事又以爲二次攻破大月氏皆匈奴事如是則月氏烏孫一無交戰而漢書何現出月氏烏孫間一大波瀾若從史記則漢書爲揑造若從漢書則史記爲疏漏今頗不能從史記而其國境，漢時以伊列河以北爲伊列國屬匈奴河南盡烏孫地伊列後曰伊麗曰亦列曰益離今作伊犁皆一音之轉耳烏孫民族當爲塞種史記不言塞種而漢書言烏孫。本塞地也。大月氏西破走塞王。塞王南越縣度。大月氏居其地。後烏孫昆莫擊破大月氏。大月氏徙西臣大夏。而烏孫昆莫居之。故烏孫民有塞種大月氏種塞種與大月氏種漢書已明分爲二其爲異民族可知今試畧攷此二種族所建立於西域諸國大月氏種於大月氏外有康國隋書。康國康居之後也。遷徙無常。不恒故地。然自漢以來相承不絕，其王本姓溫。月氏人也。舊居祁連山北昭武城因爲匈奴所破西踰葱嶺。遂有其國。北國左右諸國竝以昭武爲姓。唐書。康者一曰薩末鞬。亦曰颯秣建。元魏所謂悉万斤、君姓溫。本月氏人。枝庶分王。曰史曰安曰曹曰石曰米曰何曰火尋曰戊地。世謂九姓、皆氏昭武。又有史國。隋書。史國舊康居地。其王姓昭武。俗同康國。北康國。南吐火羅。西那色波。東北米國。唐書。史或曰佉沙。曰羯霜那。康居小王蘇薤城故地。史國爲九姓之一。而安曹石米何火尋戊地皆各自有國其名均見於隋唐書是皆爲月氏種族所分立之國又康居之西北有奄蔡。與康居同俗。又後漢時阿蘭聊屬康居。嚴國屬康居。粟弋國屬康居。魏書謂粟特國在葱嶺之西。古之奄蔡。是數國者。或與月氏爲同種族。而昭武城在漢張掖今之甘州蓋月氏種族昔時居住之地也。塞種。於烏孫外有休循捐毒國。漢書自疏勒以西北休循捐毒之屬皆故塞種也。又休循國王治鳥飛谷。在葱嶺西。東至捐毒衍敦谷二百六十里。捐毒國王治衍敦谷。東至疏勒。南與葱嶺屬。西上葱嶺。則休循也。北與烏孫接。民俗衣服類烏孫。本故塞種也。又有大夏罽賓至南印度及大宛以西諸國。又于闐人亦當屬之。漢書言大月氏西臣大夏。而塞王南君罽賓。塞種分散。往往爲數國。據此則大夏雖爲大月氏所擊散。然其種族仍南徙建國而與大月氏種錯立於其間。蔓延及南印度大夏之地。其後有吐火羅者。玄奘西域記作覩貨邏。册府元龜。唐開元七年。吐火羅國上表。獻通天文之人大慕闍。稱其人智慧幽深。博學洽聞。問無不知。而其國與大月氏種史國（即大月氏種九姓之一之國）南北接境。唐書史國南四百里。吐火羅也。有鐵門山。左右巉峭。石色如鐵。爲關以限二國。今學者以吐火羅爲古代居波斯境上葱嶺山脉中一有文化之種族。如是當與原居大夏之塞種爲同種而自大宛以西一大同俗自當推爲塞種又里台爾氏從于闐印度言語上之關係而攷于闐人爲近于印度之阿利安種自亦當屬之塞種者此月氏種與塞種分國之大略也又試進攷此月氏種與塞種固當屬何之種族乎大月氏種學者立說紛紛不一或以爲月氏屬印度阿利安種之峩史 Goth 種。按此說也大都以月氏與烏孫爲同種而烏孫今多認爲阿利安種故亦以月氏屬之阿安利種然月氏與烏孫觀中國史所載無同種之證故烏孫雖可認爲阿利安種而月氏又當自爲一種或又以爲月氏與土耳其同種。按土耳其爲古之突厥。突厥爲匈奴之一支。周書。突厥傳突厥蓋匈奴之別種。而匈奴即古之山戎獫狁葷粥。史記匈奴傳。唐虞以上有山戎獫狁葷粥。居于北蠻。匈奴居中國之北方而月氏居中國之西方漢時匈奴破月氏匈奴種族始延及中國之西又匈奴俗尙武而淺於文化大月氏反是徙居大夏樂其土地之肥卒不復報匈奴之仇而爲播宣佛教著名之國（於佛教史上有名之迦膩色迦王者即月氏國之君）雖追溯其上或與匈奴同出一種然大種族或同而漢時之月氏種固與匈奴種有別或又以爲月氏與西藏同種。是說也。蓋以古時湟中諸月氏羌。實蔓延於西藏。然中國古書有氐有羌氐羌亦自有稍別惟西藏當屬羌種而亦有月氏種混入其間者事無可疑然則以月氏爲與西藏同種者固較有據歟而烏孫種當屬塞種其容貌有甚異者漢書西域傳烏孫下。師古云。烏孫於西域諸戎。其形最異。今之胡人。青眼赤鬚狀類獮猴者。本其種也。又烏孫即古允姓之戎允姓之戎其別爲陰戎又爲陸渾之戎自周襄王時子帶召狄由是始居於陸渾（顏師古謂今伊闕南陸渾山川是其地）晉文公攘戎狄居於西河圁洛之間號曰赤狄白狄赤白之名蓋以其人種顏色而付之古時亦概稱爲犬戎。中國古史稱其祖爲白犬。白犬有二牡。牡是爲犬戎云云。此雖醜詆之詞，非史實。然其爲白色人種於此可知。又史記云。自大宛以西至安息國。雖頗異言。然大同俗。相知言。其人皆深眼多鬚髯。善市賈。爭分銖。俗貴女子。女子所言。而丈夫乃決正。其地皆無絲漆。由是觀之。其人種之標識既與我種人大異。而其俗貴女子無絲。釀葡萄酒（史記於大宛安息皆云有葡萄酒又云宛左右以葡萄爲酒富人藏酒至萬餘石久者數十歲不敗俗嗜酒）其文字畫革旁行（史記安息畫革旁行以爲書記）畫革與古代西洋之羊皮書同旁行今西洋文字皆旁行也其風俗文化殆無一與我相類而與阿利安種接近顏師古以塞種爲即佛之釋種（漢書張騫傳師古曰即佛經所謂釋種者塞釋音相近本一姓耳又漢書西域傳罽賓下師古曰即所謂釋種者也亦語有輕重耳）塞種近阿利安種而佛本出自印度之阿利安種又今人竇應劉氏以塞種爲即塞米的種塞米的種盖亦與阿利安種近者然則以今人種分類之用語言之而區別其大種族月氏種盖屬東洋之黃種而塞種則屬西洋之白種也夫我人種自移居中國後固畫然自爲一種族然以大種族而言固爲東洋之黃種且姑以崑崙之下爲吾祖國當日移入於中國者不過其一支而同族之人必尙多留居於其間然則崑崙附近諸種族與我種族上世或有統屬相連之故而攷之去古不遠之漢世其間最强盛之種爲月氏種與塞種塞種或與我種殊異而所謂大月氏種果與我種人有關係與否是則定崑崙爲祖國之說之後而不能不加之攷論者也

（未完）

論中國學術思想變遷之大勢（續第五十四號）

中國之新民

第八章之續

第二節 乾嘉間

吾論近世學派。謂其由演繹的進於歸納的。饒有科學之精神。且行分業之組織。而惜其僅用諸瑣瑣之考據。然則此學派之所以不盡其用者。原因何在乎。曰是不一端。而時主之操縱其最也。自康雍間屢興文字獄。乾隆承之。周納癒酷。論井田封建稍近經世先王之志者。往往獲意外譴。乃至述懷感事。偶著之聲歌。遂羅文網者。趾相屬。又嚴結社講學之禁。晚明流風餘韻。銷匿不敢復出現。學者舉手投足。動遇荆棘。懷抱其才力智慧。無所復可用。乃駢輳於說經。昔傳內廷演劇。觸處忌諱。乃不得已專演封神西游牛鬼蛇神種種詭狀。以求無過。本朝之治經術者亦然。銷其腦力及其日力於故紙之叢苟以逭死而已進化學家言諸動物之毛羽爲特別彩色者皆緣夫有所避而假以自衛淘汰久之而彩異遂獨發達輓近漢學之昌明寔玆例也流風既播則非是不見重於社會幽眇相競忘其故矣。嗚呼斯學之敝中國久矣顧以二百餘年瑰材軼能之士之腦識所集注。固一代思想之淵海也。可以無記乎。

吾嘗以桴亭楊園比諸宋之泰山徂徠。此言其學之相近耳。若以一代學界上位置論之則閻胡二子可比孫石定宇東原其濂洛也高郵父子其晦菴也閻胡爲漢學祖。崑山亭林可謂祖之所自出。（閻胡之學實非傳自崑山。但言漢學者多踵法崑山。故吾強名之。）其儼然組織箸學統者實始乾隆朝。一曰吳派一曰皖派吳派開祖曰惠定宇（棟）定宇之先有何義門（焯）陳少章（景雲）沈歸愚（德潛）皆尚通洽。襍治經史文辭。定宇承其祖元龍（周惕）父天牧（士奇）家學益覃精經術。世稱吳中三惠。定宇著九經古義、周易述、明堂大道錄。古文尚書考、左傳補注、皆精博、有心得。其弟子最著者。曰江艮庭。（聲）余古農。（蕭客）王西莊。（鳴盛）錢竹汀。（大昕）王蘭泉。（昶）艮庭爲尚書集注音疏。古農爲古經解鉤沈。雖罕下己見。而搜討之勤。有足稱者。王錢益推其術以治史學。西莊有十七史商榷。竹汀有廿二史考異。皆其支流也。蘭泉著金石萃編。以金石、釋經者宗焉。教於揚州。則有汪容甫中、劉端臨台拱。稍稍上證諸子。汪所著述學有荀卿通論劉著荀子補注古農弟子曰江鄭堂藩。撰國朝漢學師承記。清儒家法流派。可得而稽焉。亦一學史也。皖派開祖曰戴東原震東原生休寧。章炳麟氏謂休寧於江南爲高原。其民勤苦善治生。故求學深邃。言直覈而無蘊藉。盖地理感化使然也。清代漢學。閻胡作之。惠氏衍之。戴氏成之。東原少受學婺源江愼修永治小學禮經算術輿地。皆深通。復從定宇游。傳其學。著東原集、孟子字義疏證、方言疏證、考工記圖、聲韻考、聲類表、爾雅文字表等。而關於歷算水地之著述猶多。其論學曰。『經之至者道也。所以明道者辭也。所以成辭者字也。必由字以通其辭。由辭以通其道。乃可得之。』乾嘉間學者。以識字爲求學第一義。自戴氏始也。其鄉里同學。有金輔之榜程易疇瑤田後有淩次仲廷堪及三胡。匡衷承珙培翬咸善治禮。而易疇尤明水地聲律工藝穀食之學。而皆取師資於東原。東原弟子著者曰任幼植大椿盧抱經文弨孔巽軒廣森幼植爲小學鉤沈。抱經專事校勘。大戴記、逸周書、荀子、方言、經名、春秋繁露、白虎通。皆所讐定。此外尚數種古書自是可讀焉。巽軒始治公羊。爲言公羊學者之祖。然今文家弗善也。其尤著者曰金壇段若膺玉裁高郵王懷祖念孫若膺著說文解字注。六書音均表。許學之淵藪也。懷祖著廣雅疏證。經傳釋詞。以經傳諸子轉相證明。凡諸古書文義詰籀者。悉迎刃而解。以授其子伯申引之作經義述聞。訓詁之學。至是闓滿矣。近世俞蔭甫樾為古書疑義舉例。稟高郵學而分別部居之。而最近則馬眉叔建忠著文通。亦憑藉高郵。（眉叔著書時。余在上海。居相鄰。往往有所商榷。知其取材於經傳釋詞古書疑義舉例者獨多也）創前古未有之業。中國之有文典。自馬氏始。推其所自出。則亦食戴學之賜也。當是時。天子方開四庫館。以藻飾太平。而東原實總館事。（四庫書目提要。其大部分出東原手。紀文達尸其名耳。）彼之學既足以睥睨一世。而復祭酒於首善之區。以是戴氏學掩襲天下。清之漢學家。大率專事考據。不復與宋明儒者爭席。惟東原著孟子字義疏證及原善。以其心得者以與新安姚江爭。則亦持之有故。言之成理。其言曰。『君子之治天下也。使人各得其情。各遂其欲。君子之自治也。情與欲使一於道義』而極言無欲為異氏之學。謂過欲之害。甚於防川焉。此其言頗有近於泰西近世所謂樂利主義者。不可謂非哲學派中一支流。雖然。人生而有欲。其天性矣。節之猶懼不蔵。而豈復勞戴氏之教猱升木為也。二百年來學者。記誦日博。而廉恥日喪。戴氏其與有罪矣。（以上敘傳授派別。頗採章氏馗書。而增補之。且自下斷案。著者附識）

吳皖派別之說。出自江氏漢學師承記。而章氏辨之尤嚴。章氏、謂吳學好博、而尊聞。皖學綜形名任裁斷。此其所以爲異。諒也。雖然。東原固嘗受學於惠氏。則吳皖可云同源。戴之視惠猶惠之視閻胡也。故清之休甯。可比明之姚江。姚江出而舉天下皆姚江學。即有他派附庸而已。休甯亦然。乾嘉間休甯以外之學術皆附庸也。雖然其學實僅盛於江左。江左以外。各省學子。雖往往傳習。然不能成家。其稍有系統之可言者。則孔巽軒以其學衍於山東。繼起者有郝恂九懿行桂未谷馥。皆卓然成一家言。侯君模康以其學衍於嶺南。阮芸臺元督粵創學海堂。輯刻皇清經解。於是其學風大播於吾粵。道咸以降。江浙衰而粵轉盛。雖然。名家者無一焉。最著爲陳蘭甫。澧謬溝合漢宋。以博創獲之譽。其細已甚。而去戴學抑愈遠矣。

其時以大人先生而鼓吹左右茲學最有力者。曰紀曉嵐。昀阮芸臺。元畢秋帆。沅然皆不能自名其家。其著述或多假於食客之手。於學界殆不足道。而紀氏以佞幸處向歆之地。位苟媚時主。微詞尖語。顚倒黑白。於人心風俗所影響。固不細也。

惠戴之學。固無益於人國。然爲羣經忠僕。使後此治國學者。省無量精力。其勳固不可誣。

也。二百年來諸大師。往往注畢生之力於一經。其疏注之宏博精確。誠有足與國學俱不朽者。於易則有惠氏棟之周易述。江氏藩之周易述補。張氏惠言之周易虞氏義。於書則有江氏聲之集注音疏。王氏鳴盛之後案。孫氏星衍之今古文注疏。於詩則有馬氏瑞辰之傳箋通釋。胡氏承珙之後箋。陳氏奐之傳疏。於禮則有張氏惠言之圖。胡氏培翬之正義。於周禮則有孫氏詒讓今人之正義。於春秋左氏傳則有劉氏文淇之正義。公羊傳則有陳氏立之義疏。穀梁傳則有鍾氏文烝之補注。於論語則有劉氏寶楠之正義。於孝經則有皮氏錫瑞今人之鄭注疏。於爾雅則有邵氏晉涵之正義。郝氏懿行之義疏。於孟子則有焦氏循之正義。類皆曠古絕作。蓋取精多用物宏時代使然也。西諺曰。羅馬非一日之羅馬。吾於陳碩甫之毛詩。胡竹村之儀禮。陳卓人之公羊。孫仲容之周禮見之矣。其在十三經以外者。則如孔氏廣森之大戴禮記補注。龔氏麗正之國語疏。陳氏立之白虎通疏證。朱氏右曾之逸周書校釋。其功皆足多焉。若段氏之說文。王氏之廣雅。尤爲茲學之中堅。前簡論之。今不具也。

以上爲乾嘉間學統之正派

其時與惠戴學樹敵者曰桐城派、方東樹著漢學商兌、抨擊不遺餘力、其文辭斐然、論鋒敏銳。所攻者間亦中癥結。雖然、漢學固可議、顧桐城一派、非能議漢學之人、其學亦非惠戴敵、故往而輒敗也。桐城派鉅子、曰方望溪(苞)姚姬傳(鼐)方姚固文人、而自謂尸程朱之傳。其實所自得者至淺薄。姬傳與東原論學、數牴牾、故經學家與文學家始交惡云。自宋歐陽廬陵有因文見道之說。厥後文士、往往自託於道學。平心論之、惠戴之學與方姚之文、等無用也、而百年以往、國學史上之位置、方姚視惠戴何如哉。

自康雍以還、號稱以朱學名家者。若熊賜履、陳宏謀、陳鵬年、楊名時、朱軾、李紱、孫嘉淦。大率皆以高位負時望。承風者因以大儒之號奉之。實則於學界不有影響。蓋宋學之微久矣。方姚以後、益更不競。其間惟王白田(懋竑)著朱子年譜考異、眞治朱學者一人而已。(唐鑑著國朝學案小識。專持門戶。而派別紊亂。文體拙劣。等諸自鄶也。)

復有浙東學派者、與吳派皖派不相非。其精闢不逮、而致用過之。其源出於梨洲季野。而尊史。其鉅子曰邵二雲(晉涵)全謝山(祖望)章實齋(學誠)二雲預修國史、以記誦之博聞天下。(在國史館中先朝史冊以數千計總裁問以某事答以在某冊第幾葉百不失一云)江藩謂二雲卒、而江南之文獻亡云。謝山於明末遺事記載最詳。故國之感。往往盈紙。南雷學統。此其一綫也。實齋爲文史通義。挑𨓏導雖劉子元蔑以過也。其校讎通義。啓研究周秦學之端矣。吾於諸派中。𡩋尊浙東。趙甌北翼之廿二史劄記。其考據之部分。與西莊辛楣相類。顧其採集論斷。屬辭比有足多者。其派𡩋近於浙東。或曰。其攘章實齋遺稿者過半云。無左證。不敢妄以私譏前輩也。其餘治史者多。率皆汲王錢之流。不足道。

乾嘉間王學之絕已久。中間惟羅臺山有高汪愛廬縉彭尺木紹升獨從王學入而皆歸宿於佛門。臺山尺木。尤勇猛精進。大澈大悟。彼時代之一異色也。其學不光大。影響蓋微。

（未完）

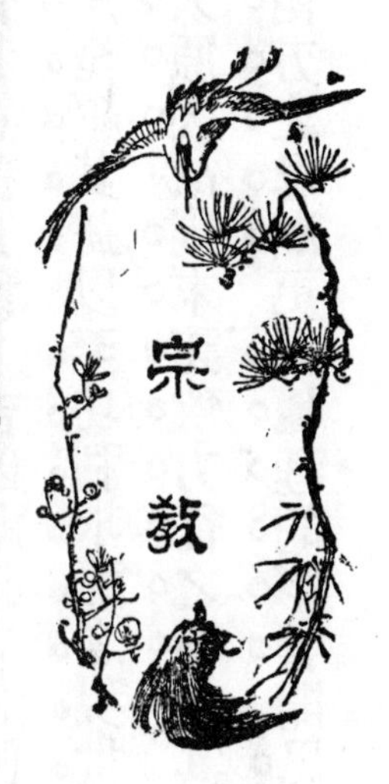

唐代西教之東漸

定一

保守之精神與形式之主義相依賴亞于印度開導我東方亞細亞之文明者我支那也儒教實適合于我國民我國民遵奉爲正學爲唯一之教義自數千年前以至于今日支配全國思想毫不想及于現實世界外眼球之内甚至循從古先聖王所裁定社會之制度外無有異意然則宗教之不甚發達非無因也誠如所論則凡欲宗教之發達而現世又不圓滿不如意必不可也何也欲實現如意圓滿之世界明晰其根據而其理想的世界于現世終不得見超絕現世存在于彼岸之未來世能達于此則離脫一切現世之繫累專念信仰力之外實與究竟之理想界無異總論之曰宗教之要素存于非現世的者也若支那民族則毫無非現世的自古至今爲絕對的現世主義

因是遂生宗教不發達之結果

支那古代之文化濫觴于北方黃河沿岸風物荒寒洪大慨乏天惠河水汎濫質朴無罪之蒼生驚愕恐怖唯以克己不撓之堅忍精神僅制天然而處人事于是自取實際的傾向觀外圍現象之變化鑄成一畏天拜天之想像零碎之神話存于今者不少就中可見其畏懼神人之異狀故宗教的觀念皆出于恐怖心于自然界之中心有祇處上天冥想絕對無比之神靈管督下土賞罰人民之威力之信雖然其所謂神靈之本體者無邊無限不過爲茫昧空漠之一大影子當見于特點則足證其宗教的觀念尙頗幼稚更繙詩經等古書蒐緊關于宗教之事項不憚勞苦按其眞義而闡明之曰「其民族之實際的質性以宗教心爲現實主義之使僕于拜神之間遺却實際之利害畏天威迎合其意務其預卜吉凶禍福支那民族之宗教的思想其萌芽已扶斷去惝怳來世彼岸全絕其跡以至功利求福之現世主義愈發達」人口增殖爲生計困難之根本的大原因故周末諸侯力征之事起其不絕者數百年而新厭世的思想發生老莊初爲南方之思潮更受地理的影響開思想界之一生面專主張消極的快樂

說然亦不免執拘于現世要之從順于大道之自然不過處世全生之言至兩漢爲國民之休養時代歡喜于物質的饒富之中其時人民之迷信頗甚老莊哲學之外則道教實支配當時之人心其教亦頗淺薄毫無所取其理想之神仙非精神的爲實在的信其存在非精神之永存爲肉體之永存決非爲隔離超脫現實之物質界者也受老莊感化之厭世的思想兩漢以後方與國家之紛亂及社會之究竟走于極端入于旁逕上則清談下則鍊丹使人渴于信仰煩悶不堪佛教自東漢之末其消息屢傳于史上至其時漸趨于盛行求僧之高僧遠度流沙經典之翻譯盛于梁以後蓋宗教者始由根柢而改一國之思想者也

要之在于支那者儼然爲宗教之創始根本的一樣之形式則回顧退嬰立于其上之教義原與人心自然之傾向相背馳特惜其沈淪于非常不幸之境遇救濟當時之人心無寸功以故外教再乘此機會得輸達逞其勢力常得多少之歸依佛教已然祆教亦然摩尼教亦然耶穌教亦然回回教亦然蓋此等諸宗教逕庭于相互之間皆備確然之形體非若道教之淺薄也而諸宗教之來實在于六朝之間愈盛于唐代（下括符內凡有A.D.二字

爲Anno Domini。即 After the year of our Lord。譯其意曰耶蘇降生以後。即西歷也。 著者附志

佛教之傳來今不贅。他諸教除回回教外。皆由西方波斯而來。耶穌教遠自大秦而來。今先就支那與歐洲之交通而略述之。

漢武帝以英邁之資。內雖極豪奢。外則經略四方。遣張騫遠探西域。然防阻邊吏之志。終不得達。降至東漢和帝之世。始知西方有羅馬。永元九年。(97A.D.) 西域都護使班超遣其將甘英往大秦。欲通之。行至條支。將涉海。未果。條支即小亞細亞。大秦即羅馬也。而彼國亦已知東方有支那帝國。當是時羅馬與卡司達司起。統治國內。以兵力平定四隣。遂建設一大帝國。文華日進。通商貿易之道開。與東洋諸國相交通。至桓帝延熹九年。(166A.D.) 其帝安特尼亞士。遣使通好於支那。故後漢書云。

桓帝延熹九年。安敦遣使自日南徼外獻象牙犀角瑇瑁。始得通。

耶穌基督之生。在于東漢之初。得勢于羅馬。共漸傳播于四方。其初虐待其信徒。故多自故國逃亡。西自大西洋。東至印度地方。離散于各地。又迅速。其教之弘布。雖然。當時果入于支那耶否耶。無眞考據。固不可得而知。惟支那與大秦之交通。其後不杜絕。次

第頻繁。三國之時。吳孫權召大秦國之賈人之來支那者。問其風土習俗。晉書大秦傳云。

武帝太康中。其王遣使貢獻。

彼我之交通既知。則耶穌教之消息亦宜知之。但散佚之史料。吾不屑聞。初羅馬之東都有教主內司妥利亞司者。唱道新義。為衆僧所詰責。遠謫而死。其徒堅守師說。竟成內司妥利安之一派。其教派東漸入于波斯。多信奉之。至波斯王夫哀洛基士遂定為國教。置教主于塞爾其亞。敷化東方。其入支那也。關于前後之事項。支那毫無材料之資。不得求之于歐西。則委利耶摩孫氏所著中國總論。記錄頗簡明。能得其要領。曰。支那最始之耶穌教傳道之消息。相傳在七世紀。歸于內司妥利安派之功績。此碑實難憑據。且關于東方帝國教寺之記錄。如花布利亞士之考覈。本支離之意。雖無甚價值。然讚美之歌聲在支那印度之域內湧出時期。使徒時代之後。多歷年所。庶幾不可不斷定。若夫以聖妥馬斯全為拓開首功之傳說。為馬拉利亞教徒之間流布。在于教書類纂中。其不足信。固不俟辨也。惟莫斯哈摩之所論「耶穌教者。其布于支那蒙古之時尚矣決非爲要馬斯之力而依古者之傳道師輪達于支那之左證學者之所拾蒐亦頗多固可信也」阿爾洛比亞士(300A.D.)者。于印度波斯支那就布敎之布畫有所語降至西歷五百五十年。始齎蠶卵歸于君士但丁云內司要利安派之一耶僧嘗長在支那然此必因布敎赴于其地非爲破天荒之談當時耶穌敎傳道之成功範圍只任推測。雖然在暗黑古昔之悠遠歲月之中屢爲光輝之閃射其根源頗赫灼內司要利安派之初入于支那時期亦可確然測算而在五百五年下也明矣何則哀比塞沙士索比安西斯之所謂卡索利耶士、沙利巴札基亞者。創設支那及沙馬爾干德之兩敎區傳于亞基烏士希拉士、兩僧。而希拉士自五百五年至五百二十年爲內司要利安派之敎長亞基烏士于四百十五年爲塞利由其亞之大僧正凡關于支那敎區之事項阿摩羅之印行散見于希拉士之宗敎文書中著手之次序在印度之後。

所謂五百五年者。梁武帝天監四年也。而耶穌敎經波斯傳來又明矣。波斯自古有索羅亞士帖利芝摩之一敎以敬火表天神。一名曰拜火敎。當時其國耶穌敎與此敎並行今據魏書可見西僧之至極衆內司妥利安派之僧與波斯火教之穆護。多少混入其中各布教雖爲推測然似不謬而前說愈確定且兩教略同時自同處傳來後世則混同亦頗有因也。

耶穌教隱隱浸染于東方支那帝國之地固然也然公然入來實在唐太宗貞觀九年(625A.D.)前所述之內司妥利安一派大秦之僧阿羅本(Olopun)特經像詣長安獻于闕下以此爲嚆矢阿羅本之入京也太宗特遣宰臣房玄齡總仗于西郊以賓容之禮遇之于內殿翻譯經自問之受其教貞觀十二年秋七月詔曰。

道無常名。聖無常體。隨方設教。密濟羣生。大秦國大德阿羅本。遠將經像。來獻上京。詳其教旨。玄妙無爲。觀其元宗。生成立要。詞無繁說。理有筌忘。濟物利人。宜行天下。

命有司于京之義寧坊造大秦寺一所度景教之僧二十一人其所以以景教名者景碑中有云。「眞常之道。妙而難名。功用昭章。强章景教。」之義。又命有司轉模帝之寫眞于寺壁。

至高宗之時置各景寺于諸州仍尊阿羅本爲鎭國大法王厚遇景僧次第推廣于國。

中武后聖曆年中與佛教徒不相容生多少之騷擾自僧首羅含(Lohan)及大德及烈(Kie-ih)之盡瘁全額廢幸維持絕紐降及玄宗最獎勵之寧國等五王親臨于大秦寺立壇場暫撓法棟再崇之時復正傾之道石天寶之初大將軍高力士送五聖(自高祖至睿宗)之寫眞安置寺中賜絹百疋同三載大秦之僧佶和(Kihu)自遠而來詔羅含普論(Pulun)等十七人共于興慶宮修功德其寺院又賜御筆之額肅宗于靈武等五郡重建景寺代宗又因耶穌降誕之辰賜天香分御饌以表彰之德宗時事蹟雖無可見然常尊崇保護不怠歷代之帝王尊信不淺上既爲之倡而下爲趨同之羣臣之中亦有奉之者如汾陽王郭子儀是也

(未完)

國聞雜評

嗚呼四川教育界（飲冰）

蜀爲天府之國。而僻處內地。開化較後於中原。顧氣腴厚而沈雄。數千年來。往往一時代學風之所播。蜀之受影響者稍晚。而結果或有以優於他地。地理之感化使然也。近一二年。蜀中游學之風驟盛。舉國想望。謂其前途浩如也。不意有督學鄭沅。請改教官以領學堂之議。

鄭沅奏議曰。

竊維教職一班。世稱清苦。（中略）查川省中小學堂。地方紳士管理。其中未嘗無實心任事者。而資望淺。輒爲人所挾持。其劣敗者則藉興學斂費。以公濟私。無所不至。兩年以來。學堂之無成效。大率由此。臣愚以爲與其用紳士。不如用教官。以名實則相副。以體制則較崇。且今日風氣。每立一學堂。即有一種新說謬論之書。流染于不覺。學校雖舊。明倫宜講。略具規模。若用教官。必能整飭士習。爲益實多。于是總理例支之費。即爲教官養廉之資而覆試繳費之弊可以永除矣或謂敎官平庸處於近時學術隔膜據臣延訪所及實不乏開爽敏練之員亦實有請咨出洋游歷者且皆優於文理以之辦理學務實無不宜如或拘滯性成不諳敎育尙有督臣及臣隨時糾劾比之紳士暗中把持無從深究者爲何如耶臣自按臨各屬以來考試則控告斗刁難學堂則控總理侵蝕紛紛呈訴究詰多端默察情形似宜因時變通始有兩利而無一弊且各屬學堂尙多延緩未辦者得此尤有迫之使不得不興之勢(下略)

奏上奉硃批學務大臣知道欽此

嗚呼此何語耶此何事耶今日中國社會百事無一不令人起厭世思想其差强人意者惟內地學堂勃興求學者漸衆一線生機將於是乎賴今日中國政府百事無一不迫人走於破壞一途其稍維繫人心者惟表面上於敎育事業尙有奬厲而無摧壓擧國志士姑容忍焉冀以間接收效於將來　此事何事耶此語何語耶督臣悍然請之政府貿然諾之鄭某而不知敎職之不足以任學務耶而請之則鄭某其休矣毋煬竈學界爲也鄭某而明知敎職之不足以任學務耶而請之則是借刀殺人懼蜀學之有由栫而急急夷刈也則甘心爲全蜀公敵而已嗚呼鄭某一人安足責而擧國之當道與鄭某同識見同手段者十而八九也中國敎育界之前途可知耳嗚呼毆天下人而

使之不得不出於破壞者彼輩也夫彼輩也夫

俄皇尼古剌士二世（續第五十四號）（觀雲）

抑論俄皇之生質。殆不免失之於柔弱者。觀其所任用之嬖臣而已可知矣。嬖臣者何。部沙富賴舍夫是也。夫日俄戰爭之局。以表面而論。實今之關東總督儼然若俄國極東之副王亞歷斯夫者釀成之。然試一觀俄國之內情。則亞歷斯夫者實結托部沙富賴舍夫。而仰其鼻息。彼關東總督。統掌極東海陸軍及外交之大權。誰付之乎。蓋部沙富賴舍夫之力也。部沙富賴舍夫極東之主見。以日本國小。必不敢戰。而威嚇已足以告成功。若萬一戰乎。以俄之海軍一舉而撲日本。而陸兵直掩滿韓之野。此部沙富賴舍夫所自信爲極東之烱見。而以博諸太公之賞識。及俄皇之信任者也。然大臣之中。若域堤蘭摩斯度夫格魯圖巴堅者。多持極東速戰之不利。而惟號稱極東通之亞歷斯夫其所見。獨與部沙富賴舍夫合。以同心之故。發爲引力。部沙富賴舍夫遂力援亞歷斯夫。予以大權。以爲極東之事。可一告成功於其手。然部沙富賴舍夫於極東抱若是之雄心者、是果何爲乎。彼豈眞爲俄國之國命圖得不凍之良港於東方。而握東太平洋之伯權乎。非也。彼者出於一己營利之私心也。其爲一己營利者何乎。則以其組有採伐森林開掘鑛產之會社於東方。以此一會社爲盡吸取東方寶藏之計。而爲俄國諸太公及俄皇開一絕大之富源。故皇族皆歡迎此政策。而出多額之資本金。部沙富賴舍夫得此可成世界無敵之巨富。故滿韓之土地。不肯稍讓分寸。而利用俄國之强大以得遂其一人富貴之願者也。部沙富賴舍夫始爲無賴之人。負債纍纍。爲債主之所逼。其所經營之諸事業。又多不成。計無可爲。轉入仕途。乘幸運以猾智交結宮廷。遂得一躍而升於天。方其初揚名於俄國也。人多不知之。蓋以其平日之潦倒。人多不置之意中久矣。於北清事變以後。部沙富賴舍夫受俄皇之內命。巡視極東。搜索排擊域堤之材料。蓋操俄國數十年來莫大之權勢者。域堤其首屈一指之人。部沙富賴舍夫與軍人社會聯合。得信其言於俄皇。而域堤遂遭擯斥。內外軍人由是多歸心於部沙富賴舍夫。而致其尊敬焉。方極東事亟。俄國組織一絕東委員會。以處理東方之事。而部沙富賴舍夫即極東委員會之一人。而任書記長官。極東之事。實由其一人所操縱。

而又爲極東大總督府之行政條例制定委員長。監督起草。故其實權在亞歷斯夫之上。常有不受皇帝之勅裁。而直發命令於亞歷斯夫。又竟有署用皇帝之名。以發送文書者。即中國之所謂矯詔是也。夫使部沙富賴舍夫得操若是之大權。然而其始固眇然一小臣。而初不得有分毫之勢力者也。誰實以大權予之乎。彼俄國諸太公生長天家。智識大都淺陋。故易爲部沙富賴舍夫之言所惑。若俄皇而果爲天亶聰明之人。天下蓋未有物不腐而虫能入之者也。抑綜觀俄皇之天性。實不能自立。而始終不能不倚特於一人。不觀乎彼之在靑宮也。實大信坡鼈那士德夫之言。其後又一變而信域堤之言。至蠱惑於部沙富賴舍夫。又疏域堤而親部沙富賴舍夫。俄皇者。固所謂羞怯一如婦人女子之狀。彼奉其皇后之言爲惟一之信條。而於臣工之中。亦不能偏倚一人。蓋凡人之志氣不强固者。易爲其四周力之所同化。而小人遂得乘其間而入焉。夫以身爲人君。不能主動而常爲受動於人之人。則夫誤用政策。至於招國家危亡之禍者。雖曰左右諸臣之罪乎。而其罪之本原。實當歸之於人君之一身。何也。彼固不足當人君之任也。由此言之。然則若俄皇尼古剌士二世者。其爲人固何如也抑夫以優柔無能之人而居君位則宮廷之間往往黨派分爭而各以其君爲傀儡此衰亡之國家所例見若清之滿洲政府其皇帝受制於西太后那拉氏之手。而帝黨后黨分新舊而相搏擊。數年來之事變實謂帝后鬨爭之歷史可也。夫以酖主弑后亂國亡家屠戮善類塗炭生民極淫盡奢。至兇窮惡。妹妲比而生慙。雉曌方之蔑矣。爲東方歷史中未曾有之惡魔那拉氏。其柄權竊勢猶若是其隆隆者。雖曰此惡魔固有絕大之惡才乎。而亦清帝之孱弱有以致之也。又觀朝鮮以昏昏一物不知之韓帝拱居深宮。而其政界所鬩鬨者。一爲嚴嬪派。一爲皇太子派。即閔派。屬嚴嬪派者。若趙秉式李容泰金嘉鎭李夏榮玄暎運權重奭康洪大等。屬閔派者。若閔泳煥朴定陽朴載純申泰休閔炳奭李道宰等。嚴派以嚴妃册立皇后爲主題。而閔派反對之。蓋皇太子無皇孫。而嚴嬪有英親王。若嚴嬪册爲皇后。則其子可立爲太子而爲君。故皇太子派。以阻障册立嚴嬪爲主題。皇太子出自故閔后。而皇太子妃亦出閔家。皇太子妃以有手腕著稱。敏捷怜悧。令人若見閔后之面影焉。故其勢常足以敵嚴嬪。而韓帝爲兩派之所操縱。不能一斷。欲立嚴嬪乎。尚未能忘許爲世界美人閔后之餘愛。而有所不忍。欲不立嚴嬪乎。則嚴嬪固日侍其旁。而有所不敢。於是左支右絀。任兩派之軋轢。而無可如何。李氏之末運。與夫愛新覺羅氏之末運。其宮廷之間。情事不同。而其棼亂一也。而以觀陰秘不可測之俄皇宮中。皇太后與皇后既分兩黨而相角逐。俄皇若居於齊楚兩大之中。而皇室中又有懷篡竊之心。而希冀非望者。則烏拉節彌爾太公與太公之妃是也。太公爲先帝亞歷山大三世之弟。而於今皇爲叔父。當歷山三世之病革也。召摩舍配克納將軍。使備兵。而詔之曰。若烏拉節彌爾有異志者。即捕縛之。以保護今皇得即皇位。然歷山三世與今皇帝。皆不能褫奪烏拉節彌爾太公之軍職。蓋以太公甚得兵士之心。恐因而致變。太公部下。常欲太公之攝政。若太公一旦得攝政者。必從而弒今俄皇。而太公得以即位。今俄皇與皇后。皆甚畏烏拉節彌爾太公。而謹備之。於千九百年。今俄皇之患腸疾也。皇后嚴禁除特選之侍醫三人。及英國看護婦一人之外。一切不得入帝之病室。今與日本戰敗之後。烏拉節彌爾或得乘事變而圖攝政。蓋不可知。俄國宮廷之中。其包藏之危險。固何如也。又何其與朝鮮與清國若相類似也。而試一觀此數國之國運。朝鮮國奄奄一息。名存實亡。殆在不足齒數之列。清國之滿洲政府當途窮日暮惟知偸安旦夕內之不知變法外之不能拒敵燭盡鐘鳴終必有告罄亡之一日俄固夙以强大自居懷藏野心侵略無已今也與日本戰一敗再敗暴露其無能而舊日之威名爲之隳地而又將無以善其後何數國宮廷間之禍患相似而其瀕於危亡之氣運又相似也然而此數國者皆屬君主專制之政體君主專制之國其國之盛衰治亂關係人君之一身者至大而若朝鮮之皇帝淸國之皇帝與夫俄國之皇帝雖其人之智愚高下各有不同而其所處之境遇相同毋亦君人者其才智不足以靖亂源而有以自取之耶試擧數國之事而合觀之。然則若俄皇尼古剌士二世者其爲人固又何如也

當二十世紀開幕。而日俄一大戰爭之事出現。此戰爭而俄敗乎。非特俄國之一國。其局面大變。而東亞之局面爲之大變。全地球之局面。亦爲之大變。而皆於俄皇之一身。有至大之關鍵焉。故世之欲知俄國者尤欲先知俄皇之爲人而將據以斷未來之時局也因採隔週評論之言。而又附以證論。使觀世者。有可擇焉云爾。

（未完）

日俄戰爭與中日戰爭之比較（續第五十四號）

立人

更移觀今日之日俄戰爭。其彼此艦齡之比較。與昔日之中日戰爭。則大異其趣。俄國之極東艦隊其常駐及增派當開戰時在於東洋者皆爲數年前所新造與中日戰爭後日本所增加建造者實堪伯仲今就彼此艦隊之巡洋艦以上者比較之爲左表。

艦齡	（俄羅斯）戰艦	裝甲巡洋艦	巡洋艦	裝甲砲艦	合計	（日本）戰艦	一等巡洋艦	二等巡洋艦	三等巡洋艦	合計
	隻	隻	隻	隻	隻	隻	隻	隻	隻	隻
二年者	……	……	……	……	……	……	一	……	……	一
三年者	……	……	……	……	……	……	一	……	二	[illegible]
四年者	一	……	……	……	一	……	……	……	……	[illegible]
								一		

五年者	六年者	七年者	八年者	九年者	十年者	十一年者	十二年者	合計
二	…	一	…	…	一	二	…	七
一	一	…	…	…	一	一	…	四
四	一	…	…	一	…	…	…	六
…	…	…	…	…	…	…	二	二
七	二	一	…	一	二	三	二	一九
一	二	一	…	二	…	…	…	六
一	三	二	…	…	…	…	…	八
…	…	二	一	…	…	…	…	三
…	…	…	…	一	…	一	…	四
二	五	五	一	三	…	一	…	二二

合觀上表。則日俄之主力艦。皆未達十年者。惟俄國戰艦。有十一年者二隻而已。外此則盡屬少壯。其武裝速力彼此亦大略相同。非若中日戰爭時。我國主力艦之年齡遜於日本有十年以上者。是則彼此實勢均力敵。其孰勝孰負固未易言也。

故以艦齡既不能判兩者之優劣。勢不得不就兩者艦隊所有之實力。詳細調查。夫近世海軍戰鬪上。多主以戰艦爲中堅。而輔之以裝甲巡洋艦及驅逐艦。此爲正法。其巡洋艦以下則專任平時之職務於戰鬥上不過略資其補助而已蓋以其艦體之搆造適堪輕快敏捷之行動而其武裝不宜于戰鬥故也今由此主義觀察未戰前日本及俄國在於東洋之海軍爲表如左。

			噸	速力	十二口徑	十口徑	八口徑	六口徑	四、七口徑	十二斤	水雷發射管
					(砲數)						
日本	戰鬥艦	朝日	一五四四三	一八	四	…	…	一四	…	二〇	四
	仝	初瀨	一五二四〇	一九	四	…	…	一四	…	二〇	四
	仝	三笠	一五三六二	一八、六	四	…	…	一四	…	二〇	四
	仝	敷島	一五〇八八	一八、五	四	…	…	一四	…	二〇	五
	仝	八島	一二五一七	一八、五	四	…	…	一〇	…	一六	五
	仝	富士	一二六四九	一九、二	四	…	…	一〇	…	一六	五
	裝甲巡洋艦	出雲	九九〇六	二一	…	…	四	一四	…	一二	四
	仝	岩手	九九〇六	二一	…	…	四	一四	…	一二	四
	仝	淺間	九八五五	一八	…	…	四	一四	…	一二	五
	仝	常磐	九八五五	二三	…	…	四	一四	…	一二	五

	艦種	艦名									
	仝	吾妻	九四五六	二〇	…	…	四	一二	…	一二	五
	仝	八雲	九八〇〇	二〇	…	…	四	一二	…	一二	五
	仝	日進	七七〇〇	二〇½	…	一	…	一四	…	一二	五
	仝	春日	七七〇〇	二〇½	…	一	…	一四	…	一二	五
俄羅斯	戰鬪艦	播里士乙	一二六七四	一八	…	四	…	一一	…	二〇	五
俄羅斯	仝	波鐵打	一二六七四	一八	…	四	…	一一	…	二〇	五
俄羅斯	仝	播圖巴魯士	一〇九六〇	一六、八	四	…	…	一二	…	…	六
俄羅斯	仝	波路打華	一〇九六〇	一六、三	四	…	…	一二	…	…	六
俄羅斯	仝	賒伯士波路	一〇九六〇	一七、五	四	…	…	一二	…	…	六
俄羅斯	仝	列杜遜	一二九〇二	一八	四	…	…	一二	…	二〇	六
俄羅斯	仝	遮詐列徐	一二九一二	一八	四	…	…	一二	…	二〇	六
俄羅斯	裝甲巡洋艦	格林貝	一二三五九	二〇	…	…	四	一六	…	二四	四
俄羅斯	仝	魯西亞	一二一九五	二〇	…	…	四	一六	…	一二	五
俄羅斯	仝	寥列	一〇九三六	一八、八	…	…	四	一六	六	…	六
俄羅斯	仝	巴楊	七七二六	二一	…	…	二	八	…	二〇	二

俄合計一一隻	一二七二五八	二〇	八	一四	一三八	六	一三六	五七
日合計一四隻	一六〇四七七	二四	二	二四	一八四	…	二〇八	六五
日俄比較								
●三隻	●三三四五二	●四	〇六	●一〇	●四六	〇六	●七二	●

（備考）表中之●所以示日本之多于俄國者〇所以示日本之少于俄國者

觀上表所示。則日本主力戰艦。其實力之遠淩俄國者。即隻數則三、噸數則三萬三千、餘惟十尹之重砲。則比于俄國而少六。雖其十二尹者比于俄而多四。然四與六之比較尚少劣于俄也。雖然。此兩種重砲。發射甚緩。約五分間始能一發。戰時大不適用。當戰時所最宜者惟八尹及六尹之二種而已八尹者。於美西戰爭時世人已公認其效果之巨六尹者。則中日戰爭時日本利用之而收大功者也此兩種利砲皆日優俄劣且諸艦之速力則日本之戰艦及巡洋艦皆無出十八海里以下者俄國之戰艦則少半屬於十七海里以下者則俄國之不競也又豈亡因哉。且彼俄國非徒主力之戰鬭艦及裝甲巡洋艦。遠不逮日本已也。即驅逐艦亦以十三隻之少數。而對日本十九隻之多數。其艦隊形製復雜不一。與日本適作反比例。故日本於作戰上得以着着占優勢者也。總是以觀。則俄國之致敗或亦非戰之罪者歟

日俄戰爭及中日戰爭日本海軍最初之行動

中日戰爭時。彼日本之始終獲勝利者。蓋以海軍行動之神速能制我之先機也。此次日俄戰爭亦復如是。不可不謂奇。然日本陸軍之行動能否自由。全視其海上輸送之安否而決。苟不能掌握海上權。則陸軍勿冀離三島一步。此其所以不得不先發制人掩敵不備以博海軍第一戰之勝利者殆勢使之然乎

當日之中日戰爭。彼日本政府以其明治二十七年七月十九日。託英國代理公使。送最後之通牒於我政府。我政府未及還答。彼即於是日命聯合艦隊司令長官伊東氏。率其艦隊占安眠島附近之地。以爲根據。制朝鮮西岸之海面。及阻止我增加兵之輸送。伊東司令長官所需之設備。亦以是月二十三日出發。當時其艦隊之編制。分爲本

隊第一、第二游擊隊。及水雷艇隊之四其自吉野、秋津洲、及浪速等艦組成之第一隊。以坪井少將爲司令官。委以前敵偵察之任。先本隊及各隊急發。二十五日朝。遇我艦濟遠廣乙豐島附近。遂即開戰。我廣乙突被擊沈。濟遠亦被擊退。載兵運送船高陞號因被擊沈。繼來之操江小郵船又爲其所捕獲。

此海戰。於中日戰爭表面觀之。雖不過一小小戰役。然彼日軍行動之敏疾關係于戰爭全局之勝利者有三(一)乘我艦隊之未大舉先挫我勢力以沮喪我士氣。(二)擊沈我載兵運送船使我不能增兵力于牙山方面以壓彼軍。且遮斷我輸送航路。(三)伸張其制海權之範圍。此三者皆他日戰勝之基礎自海軍行動之敏捷而獲得者也。更觀今日之日俄戰爭則日本海軍之機敏更遠踰他日即當兩國既形決裂勢不復可收拾時。彼突取自由行動主義。以發最後通牒於俄國之日即調發其海軍。觀其大海戰之公報所稱「聯合艦隊自去六日由佐世保出發後即日依計畫所豫定而行動」之語。可以知之。八日、東鄉聯合艦隊司令長官所率之主力直抵旅順方面。是夜其一部隊襲擊俄艦于旅順港外。大加損傷。翌九日、復行襲擊。遂盡驅俄艦于港內。同時瓜生少將所率之第二艦隊。於仁川港外。與俄艦「華列翼」及「哥列徐」互交砲戰。終擊沈之。以援助其陸軍渡朝鮮。

此海戰日本海軍之機敏行動。其爲制大局勝利之原因。與中日戰爭時相同。固可勿論。然其所以苦俄軍者。比之于苦我軍時。蓋愈甚也。(一)既挫旅順之艦隊。使旣航回及將航來之波羅的海艦隊。不敢復東。(二)阻俄軍之主力。使不得南下高麗。因自掌握南高麗之制海權。以助陸軍之進入北高麗。使無後顧之憂

故總以上而觀。則日本海軍之機敏作戰行動。於中日戰爭及日俄戰爭。實酷相似。且我軍及俄軍船艦布置之形勢。雖遙隔十年。而偏又相類。蓋當日我軍集主力于威海衛。置支隊于旅順。別遣一部隊于朝鮮之牙山方面。即今日俄軍之集主力于旅順。置支隊于海參崴。別派一部隊于仁川也。而我軍牙山分隊之爲日本第一游擊隊所擊破。與俄軍仁川分隊之爲日本瓜生艦隊所擊沈。又相同也。至我軍于大孤山冲一敗後。即退入威海衛。俄軍於旅順港外海戰敗後。亦退入港內。其形勢亦莫不同。惟俄艦入旅順後。致爲日本所封鎖。我艦入威海衛後。即以防材自閉港口。俄國海參崴艦隊。

能飄忽出沒于日本海岸于其軍事上及通商上加以莫大之損害我艦隊則不能此兩者畧有相異而已是我國與俄國布置艦隊之方略偶爾相似而敗跡遂彼此若同出一轍豈非一大怪事故今日悲俄國戰局之末路正如破落故家子偶復睹豪富之牽爾墮落其感情爲何如耶

然昔日之中日戰爭及今日之日俄戰爭。其最初之海戰。日本軍艦。莫不以優强對劣弱。則其占勝利也。無可驚怪者。今較豐島與仁川兩海戰彼此之艦力爲下表。

豐島海戰

（中國軍艦）

艦名	艦種	噸數	速力
濟遠	巡洋艦	二、三〇〇	一五節
廣乙	水雷砲艦	一、〇〇〇	一七
操江	砲艦	九五〇	九
合計	三隻	四、二五〇	……

（日本軍艦）

艦名	艦種	噸數	速力
野	巡洋艦	四、二二五	二三節
浪速	仝上	三、七〇九	一八
秋津洲	哥拔艦	三、一七二	一九
合計	三隻	一一、一〇六	……

仁川

（日本軍艦）

艦名	艦種	噸數	速力
千代田	三等巡洋艦	二、四五〇	一九節

（俄國軍艦）

艦名	艦種	噸數	速力
華列翼	巡洋艦	六、五〇〇	二三節

海淺間	一等巡洋艦	九、七五〇	二三	哥列徐	砲艦	一、二一三	一三
戰合計	二隻	一二、二〇〇	……	合計	二隻	七、七一三	……

是仁川豐島兩海戰。其參與戰列之軍艦。隻數雖曰相當。然以噸數而計。則豐島之戰。彼過我者七千餘噸。速力亦遠過我。仁川之戰。彼過于俄羅斯者亦四千餘噸。且艦隊之種類及堅速。亦復懸絕。夫噸數劣者。其備砲必不逮噸數之多且重者也。則是日本之皆以優勢而臨壓弱劣于戰術上固已具可期必勝之要素。其勝利也。無足驚奇者。

（未完）

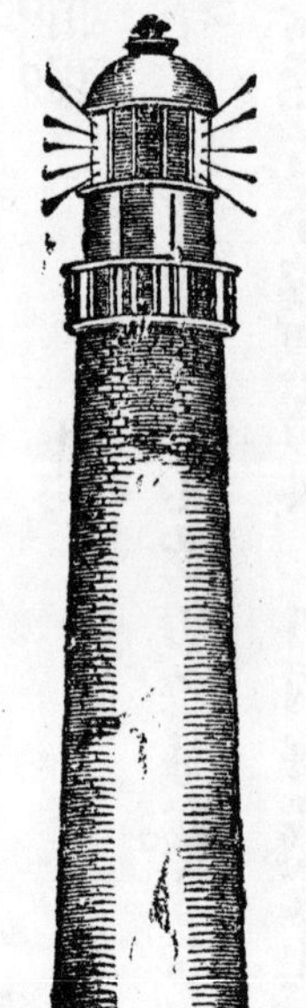

小說

歇洛克復生偵探案

英國 陶高能原著
中國 知新子譯述

弁言

泰西之以小說名家者。肩背相望。所出版亦月異而歲不同。其間若寫情小說之綺膩風流。科學小說之發明眞理。理想小說之寄托遙深。偵探小說之機警活潑。偶一披覽。如入山陰道上。目不暇給。吾國視泰西。風俗懸殊。嗜好亦別。故小說家之趨向。逈不相侔。尤以偵探小說。爲吾國所絕乏。不能不讓彼獨步。蓋吾國刑律訟獄。大異泰西各國。偵探之說。實未嘗夢見。互市以來。外人伸張治外法權於租界。設立警察。亦有包探名目。然[illegible]無專門。徒爲狐鼠城社。會審之案。又復瞻徇顧忌。加以時間有限。研究無心。至於內地讞案。動以刑求。暗無天日者。更不必論。如是。復安用偵探之勞其心血哉。至若泰西各國。最尊人權。涉訟者例得請人爲辯護。故苟非證據確鑿。不能妄入人罪。此偵探學之作用所由廣也。而其人又皆深思好學之士。非徒以盜竊充打役。無賴當公差者。所可同日語。用能迭破奇案。詭秘神妙。不可思議。偶有記載。傳誦一時。偵探小說。即緣之而起。英國呵爾唔斯歇洛克者。近世之偵探名家也。所破各案。往往令人驚駭錯愕。目眩心悸。其友滑震。偶記一二事。[illegible]

甫脫稿。夕遍歐美。大有洛陽紙貴之概。故其國小說大家陶高能氏。益附會其說。迭著偵探小說。托爲滑震筆記。盛傳於世。蓋非爾則不能有親歷其境之妙也。吾國者時務報館張氏所譯者尙矣。厥後續譯者。如華生包探案等。亦即滑震筆記耳。嗣自歇洛克逝世後。雖奇案纍纍。而他人無復有如歇氏之苦心思索。默運腦髓以破之者。而陶氏亦幾有擱筆之歎。於是創爲歇洛克復生之說。藉假盛名。實其記載。成書若干。歐美各國。風行迨遍。走不揣譾陋。願以此歇氏復生後之包探案。介紹於吾國小說界中。至於滑震筆記原書。雖幾經續譯。而未盡者尙多。自顧不才。未敢妄爲貂續也。左篇稿脫。乃弁數語於簡端。甲辰中秋上海知新室主周桂生氏

竊毀拿破侖遺像案　全篇仍託爲滑震記載語

倫敦偵探長李師德君。晚間來寓晤會。朝夕本相過從。無足異者。歇洛克君亦每喜招接之。藉聞警察局總機關之消息。間論各訟案情節。往往能得其要領。解釋他人之疑竇。故李師德亦樂與之晉接也。是夕既相接晤。寒暄畢。無復他言。吸淡巴菰。意甚暇豫。歇洛克注視之。既而問曰。手中得無有公事否。曰無甚要事。曰盍告我。李師德笑而不答。既而曰。吾意中確有一事。非故爲秘諱。但此等瑣屑事。不敢重勞足下耳。雖然。其事雖瑣屑。而其情則又甚怪異。吾固知足下不欲以尋常瑣事勞其心。然今玆之事。吾恐雖滑震先生。亦無能爲力也。余問病歟。李師德曰。曷言夫病。癲耳。且不僅癲。迨將成怪

矣。當此之時。安復有人寄怨毒於拿破侖一世。若是其甚。至欲毀其遺像者哉。歇洛克聞之。隱几徐徐而言曰。此無與吾事也。李師德曰。吾固先言之矣。但此人躬蹈穿窬之行。貧夜入人家。無所取攜。徒毀壞他人陳設之偶像。遂致事爲警察所聞。亦殊離奇。歇洛克復起坐曰。穿窬乎。願聞其詳。或較有意味也。李師德探囊出記事小冊。略一展視曰。第一案有毛四者。設肆於倫敦更窩墩路。以售賣畫片偶像爲業。於四日前報稱是日其夥以事出外。無復與守者。忽聞碎物聲甚厲。疾趨視之。諸物皆無恙。惟櫃上所設一泥塑之半身拿破侖像。已虀粉矣。奔戶外察之。路人言曰。曾見有自肆內疾走而出者。然一瞬間已不知所往。毛四遂走報警察。乞爲緝捕。此像價値不過十餘先令。全案情形。有如兒戲。吾以爲未必出於有意識者之所爲。

第二案。纔昨夜事耳。情節益異。更窩墩路有醫士白尼谷者居焉。其居處去毛四之肆。僅數百碼。其人於淡水河(River Thames)方慶周譯電術奇談。作點士河。盖地名人名。皆譯音。此盖從粵音者也。兹從江南音。譯作淡水。於字面似略雅馴。倫敦之有此河。猶粵之有白鵞潭。滬之有黃浦灘。所以界一地爲二域者南岸聲名藉甚。此寓之外。別有分館設於白利史頓路。距所居約二里許。當法皇拿破崙在日。此醫士頗蒙信用。屢邀獎錫。故其家所藏拿破崙之肖像、書籍、及各種遺物、甚夥。數日前。猶向毛四肆中購得法人田横模範之法皇半身像二座。一置於更甯墩路寓中。一置於白利史頓路之分館。今日醫士晨起。門窓被撬。細檢各物。皆無恙。惟此半身塑像。則已不脛而走。嗣見圍墻下。白泥細碎。毀像之遺者也。歇洛克聞之。搓手而言曰。事誠離奇。李師德笑曰。君頗樂聞之乎。吾詞猶未畢也。白醫士日以中午至分館。今日至彼時。其驚駭之狀。當亦非君所能逆料者。蓋彼分館亦於咋夜被竊。新購以置於火爐架上之半身白泥像。亦已毀於室中。細碎狼藉。縱橫滿地。他物一無所失。吾等聞報。馳往勘驗。迄無踪跡可求。歇洛克曰。事誠不可謂不奇。然白醫士所被毀之二像。與毛四肆中所毀者。究相同否。李師德曰。同是一模範中脫胎以出者。烏得不同。歇洛克曰。此事以理論之。其人必夙有怨毒於拿破崙。而未能及及其身。故遷怒於其遺像歟。雖然。倫敦一地。若此以奇勳偉業。博震世威名之皇帝遺像。奚止以百千計。胡爲乎彼乃汲汲然獨求此三像者。豈亦會逢其適乎。李師德曰。然。吾意亦若是。且倫敦皇帝遺像雖多。而此一方中。或僅得毛四肆中之三像。彼黨在此一方者。亦僅能藉此爲下手處。未可知也。滑震君以爲何如。余答之曰。顛狂之病。不一而足。法國魂靈學家。所謂「定見」者。最能造就人之意志。鑄出人之成見。或者自法國大戰爭而後。貴族之曾受拿破崙貶抑者。怨氣難消。遂由此「定見」而釀成空想。以致作此虛妄事理。或有之歟。歇洛克搖首曰。滑震君。此必無之事也。雖有「定見」在胸。彼有心疾之人。又烏知此遺像之所在也。余問歇洛克於意云何。歇洛克曰。此非顛人所爲之事。吾敢斷之。盖觀其行事可知已。如白醫士寓中。苟廳事間突有聲息。則家人驚起矣。故其毀像也。必於室外圍墻之下。至於分館。則戶自外扃。無典夜者。可無他慮。故即就室中毀其像焉。靜言思之。其事之關繫。雖似甚微。然吾未敢遽決爲細事也。吾自辦某案後。從此不復敢輕於料事矣。滑震君想猶能憶及之。歇洛克死已久矣。作者乃託爲復生。故插此數言。以肖其口吻。以亂讀者之目。固不必刻舟求劍。問爲某案也。李師德君其愼乃公事。使一經發明。或別有續聞。仍求有以告我。

歇氏之所謂發明續聞者。其消息之來之速。而且奇。乃殊出人意表之外。翌晨甫起。余猶於臥室中從事櫛沐。歇洛克忽入室。持電信一函。向余朗誦曰。

請速至更始墩疋脫街一百三十一號。李師德具。

余聞之而疑焉。問曰。是果何事耶。歇洛克曰。不知也。雖然。必有所事。吾意必關涉於毀像一案。果爾。則毀像者又從彼處下手矣。請速晨餐。車馬已備。與君偕行。

車行半小時。已抵花脫街。地頗幽靜雅潔。道旁房屋。鱗次櫛比。一百三十一號。亦此道中之一宅也。門前聚觀者甚衆。議論紛紛。聲浪複雜。不暇辨也。甫及門。李師德已迓於門外。相將入室。室中一老者。御法蘭絨長衣。蓋櫛沐之服。猶未更易。負手遶室行。狀頗戚戚。一若重有所思者。李師德介紹相見。互通姓氏。老者蓋此室之主。哈開氏。中央晚報之記者也。李師德曰。歇洛克君。此次又是毀壞拿破侖遺像事。君昨夜頗以此事爲有意味。故請親臨觀之。歇問若何。李師德曰。此次牽及命案矣。哈開君。請以細情告此二君何如。哈開乃向余等蹙額而言曰。是誠非常之事。吾向者每搜羅他人奇事。以實吾新聞紙。今日新聞。反自吾家出矣。使此而爲他人之事。則吾晚報上足敷數十行新聞材料。今我反以告諸人。不亦異乎。歇君大名。吾聞之久矣。君必能爲我解釋此異事。吾不妨一一舉以詳告。歇洛克乃坐而靜聽。哈開言曰。此事似爲拿破侖像而起。此物吾於四月前。在哈廷兄弟肆中購得。價値殊不昂。吾撰新聞論說。向在夜間從事。達於早晨乃止。習以爲常。吾昨夜從事於後樓書室中。約三句鐘時。彷彿聞樓下有聲。細聽之。不復聞。遂疑此爲外來之聲。爲吾所誤聽者。迨逾五分鐘時。驟聞呼救聲甚厲。歇君。是誠吾自有耳以來。聞所未聞。此生不復能忘之惡聲也。駭極而呆。復逾一二分鐘。驚稍定。持械下樓。旣達此室。則窗戶已洞啓。火爐架上之拿破崙像一座。已不知何往矣。此模範中物。能値幾何。而此賊乃竊此物。殊難索解。諸君請觀。若由此窗出。大跨數步。即達中門。吾當時即啓門出。詎黑暗中誤踐一物。幾爲所絆仆。蹴之膩然。急返身取火燭之。則拳曲其膝。張大其口。仰天而臥。喉管破裂。血汚遍體者。赫然一死人也。歇君是誠吾有目以來。見所未見之惡狀。吾恐來日夢中。難免復見之也。當是時。吾狂駭幾絕。急吹叫鈴。此後即昏不知人矣。迨警察者達於吾前。吾魂方返舍。歇洛克曰。謀殺者果何人。有知者否。李師德曰。殊無形跡可見。死者仍在壙地。可偕往觀之。吾等先已檢查殆遍。迄無所得。惟驗得死者身材頗高大。面目黧黑。似爲日光所逼而然者。年尚不滿三十。衣服襤褸。不類工人。血汚中查見角欛摺刀一柄。其人是否即死於此刀。或爲死者格拒之刀。未可知也。衣襟上並無姓名。衣袋中僅餘蘋果一枚。麻繩一束。倫敦地圖一張小照一紙。此外並無他物。皆檢出在此。請觀可也。歇洛克審視小照。蓋係以攝影小快鏡所照者。其像則一嬌捷靈巧之人。睫毛甚濃。惟面之下部。凸出若猴嘴然。殊怪像也。審視畢。遂問拿破崙遺像何在。李師德曰。頃已查得在康屯路。某空屋門外。已成虀粉。吾正欲往觀。君亦願同行否。歇洛克先查視室中地毯、窗戶一週。乃曰。此人必長腿者。且必勇敢多力。不然。踰此窗以入。復踰以出。殊不易易。哈開君盍偕行。一觀珍藏之像乎。哈開方倚書案以坐。悶損憂抑。達於面目。蹙然答曰。此爲吾家舊物。睹之熟矣。何必觀。況夜來驚駭亂吾心。今日新聞紙。尚無隻字提及。諸家晚報。必備載無疑。故吾報中似亦不能不詳紀其事。恕吾不能同行矣。余等遂與辭而出。未及門。已聞筆聲颼颼然。此老蓋已奮筆疾書矣。

既出門。約行數百碼。乃抵毀像處。俯視之。散如泥沙。無復成片者。嘻、何其怨毒之深耶。亦可想見毀像時。其狂恨之態何若矣。歇洛克隨手拾數粒細察之。欣欣然有喜色。一若已得其端倪者然。李師德笑問何如。歇洛克瞿然曰。吾輩當爲之多一番事矣。彼寧獨以其奇僻之行。甘爲竊犯已耶。以彼之眼視此物。一若有極關繫者在。且甚於生命者然。此即其要點也。不然。彼若專以破壞此像爲目的。何以不毀之於門以內。旣携出矣。則又何處不可以毀之。而必毀於此。一若擇地而後毀者耶。李師德曰。或者彼懷像以出。與他人遇。倉皇遁去。急不待擇。適於此地耳。歇洛克曰。此亦一說。然盍於此屋之地位上。一爲揣測之。李師德睨歇而言曰。此空屋也。彼蓋圖其無人。可以爲所欲爲。無慮有偵察之者耳。歇曰。誠然。然自出哈氏之門。以達此地。空屋固不僅一間。彼於先過之空屋。胡不就毀之。顧乃捨近而圖遠乎。彼豈自忘爲竊物而逃者。不慮復爲人所見乎。李曰。僕不敏。誠無辭以解此矣。歇乃引手指頂上之路燈曰。彼蓋有取於此耳。彼先過之空屋。何嘗有此。吾謂其若擇地者然。固非謂其擇空屋。謂其擇燈光也。李乃恍然悟曰、當然哉。白醫士家之像。其毀之之地。亦距其門首之紅燈不遠。然則如之何乃可以破獲之。歇君其有以教我。歇曰。姑默識之。載其事於册。徐觀其變可也。雖然。此僕意耳。君當如何。李曰。吾意莫要於先訪死者之姓氏里居。此猶非難事。尤必訪知其同黨者爲何許人。夜來於疋脫街爲何許事。遇而殺之者。又屬何人。斯不難得之矣。君意以爲然否。歇曰。此順理成章之辦法也。雖然。吾意不若是。李問、然則君將何如。歇曰。

君辦法既定。不必因吾一言而遽改易之。吾當與君各行其是。然後較其短長。或彼此有所補助。李曰。敬如命。君歸途過疋脫街。請爲我寄語哈開君。吾意已決。夜來所遭。其人蓋有怨毒於拿破崙者。適以顚疾作而殺人耳。吾之此意。或少有裨於其論說也。言畢。復睨歇洛克而問曰。君得毋未以吾言爲然乎。歇微笑曰。誠不敢盡謂然。然以君此意達之。必有裨於哈開君及中央報之閱者。則無疑也。滑震君。吾又將累君隨我僕僕竟日矣。李君。今夕其暇乎。請於六句鐘時訪我於傭克街。或有所得也。且乞以在屍身搜得之小照付我。夕當還君。吾誠願吾所慮者不謬。庶不虛此行。乞君今夕與辦公者一人同來。

既別。歇洛克偕余同行。至高家巷哈廷兄弟肆中。蓋塑像所由出售處也。達其肆。一少年在焉。告余等曰。哈廷以晨出。午乃得歸。我乃新受傭者。於肆中事未盡悉。不敢妄有所言也。歇洛克聞之。悵然良久。顧余曰。滑震君。事之不能料。有如此者。蓋欲於此究塑像之所從來。就此中消息。或可得其被毀之原因也。無已。其午後再來乎。吾當與君先訪更寗墩之毛四。或於彼處得一線之光明。未可知也。

車行一句鐘。行抵畫像肆中。見所謂毛四者矮而肥。面赤若塗硃。歇洛克示以小照。徵叩之。即憤然作色曰。吾設肆於此。完租稅。殊不貲。彼有地方之責者。不知盡乃職。至容强徒白晝入我室。毀我貨物。殊不可解。至白醫士處之二像。確購自吾肆者。吾意是殆虛無黨所爲。而喜毀他人之像者。亦爲無君黨之手段。否則共和黨矣。君盍於此三者之中求之。至於諸像之所從來。吾未見於此有何關涉也。雖然。君必欲知之。吾又何必諱。吾蓋購自施德鎭教堂街。二十年來。標大名於商業場中之祥利公司者也。問購來幾何。曰。其數三。其二售諸白醫士。其一即被毀於肆中者。照片中人。吾亦知之。是人名佩寶。意大利人。以工藝爲業。曾受傭於吾肆中。工雕像、鍍金、裝架、諸技。辭歇已將浹旬矣。迄未知其何往。亦不知其居址。在吾肆時。頗得力。彼辭去之二日。乃有毀像事。

歇洛克與余謝毛四以去。歇即顧余曰。毛四所知者。已盡於此矣。雖然。藉此以知更密墩、及更始墩、兩地犯事者之主名。亦不負此行。吾將與君至施德鎭一訪祥利主人。彼實爲肖像所從出之處。謂不能獲彼之助力。吾不信也。於是乃御車以行。由富庶之倫敦。歷盡諸繁盛之市廛。遵海濱而東。有城鎭在焉。是曰施德鎭。中第雲連。闤闠相望。行鎭也。於大道之旁。得一巨室。即祥利公司之雕刻廠也。門前有廣濶場。羅列碑碣石材。門以內爲廠房。從事於模範雕刻者。蓋五十人。當事人爲一日耳曼長者。欣然以客禮迎余等入。歇有所問。罔不朗朗而答。繼查册籍。則載田橫所製之白石拿破崙半身像模先後已範出數百座。嗣又查得手四所購之三座。與哈廷兄弟之所購者。實出於一手所範成。當時僅製得六座。彼二肆蓋各得其半云。雖然此六像者。殊未見其有別於其他同模範成之像也。公司取値。像僅六先令。販者可倍其値。以售諸人。或且有加焉。即以製法。則曰。先範左右各半面。然後合之。以成全像。此工恒出於意大利人之手。旣範成。則晾諸日中。俟旣燥。乃韞藏以待價云。歇以照片示之。當事者即忿然曰。此間從事於技藝者。皆安分人。從無警察到門者。有之。則自此兇人始。彼蓋手刄一意大利人於途。警察者遂跟蹤至此以捕之也。其名曰佩竇。而未悉其姓。覘其貌。即可知其非善類矣。然其技甚精。不可沒也。在此約一年。被捕後雖復釋出。然不敢再來矣。渠有一中表親在此。君必欲知其踪跡。可問之也。歇急止之曰。不可。此事關繫大。幸秘之。勿爲其中表所聞。抑吾更有請者。頃見册籍諸像之售出。爲去夏之六月初三。而佩竇於何日被捕能憶之歟。當事者曰。是可檢查以得之也。取冊略一檢視。曰、是在五月二十日也。歇乃起謝。相將辭出登車西發。迨至客店午餐。則時已過午矣。時見新聞紙載此事。大標其目曰「更始墩瘋子殺人」。蓋哈開君已詳載其事。敘述盡如李師德所言。其結段且有曰「倫敦偵探長官李師德及著名偵探學家歇洛克呵爾唔斯均無異議云云」。歇君且食且讀。既而謂余曰。食畢。盍再訪哈廷兄弟以察之。比至。則哈廷已歸矣。一見即知來意。因自云。已於晚報中盡得其詳。哈開君約於一月前購去此像者。吾肆中則出施德鎭祥利公司購來共三事。既售罄矣。一售於哈開君。一售於氣味口黃花別墅、鮑老恩君。一售於里亭埠葛老佛路、桑得福君也。均載在冊籍。可以檢查。歇復出照片示之。問識此意大利人否。則曰。生平從未睹此怪狀之人也。至意大利人則吾肆中亦有數輩。頃所翻檢之冊籍。則肆中盡人可觀。無專主之者。歇與哈廷問答數語。即謝別而歸。備克街以與李師德有約。恐誤時也。比至。則李已先在遶室徐行。意甚自得。一若僕僕終日。所得已足償其勞也者。卒然問曰。公事何若矣。端倪已得之乎。歇曰。竟日勞勞。未得休息。所幸或不至無所得耳。製造與販賣拿破崙像者。皆得之矣。且一一均獲見。

盡得像之終始。李曰。若然則吾今日之運動。當較君爲優。君特注意於泥像耳。吾則注重於命案。故已查得死者之來歷及犯事者之原因。有警卒薩希而者。於意大利人住居界。（意人之旅於倫敦者。另羣集於一方。英人即名其地曰、意大利住居界。蓋亦猶華人之旅海外者之有中國街。粵人之旅滬者有廣東街也。）往來極熟。故一見死者。即能道其姓名。且舉其項間有「加特力敎」（即天主敎）之記號爲証。據云。姓溫名玉憮。來自柰不爾斯。（意大利名城）向在倫敦爲諸暗殺家之一。素通於「馬非亞」黨。「馬非亞」者。一秘密之國事會。專以暗殺爲目的者也、在逃者當亦意大利人。而隸於「馬非亞」黨者。想其人或犯黨中章程。玉憮乃欲殺之。是夕既得其踪跡。見其踰窓以入。乃俟於門外。以力不敵。故反飲其刄也。所携照片。當即在逃者之像。懷之以行。蓋恐誤殺他人耳。歇君以爲何如。歇洛克拊掌曰。警策哉君也。雖然。彼何故毀像。君又何辭以解之。李曰。像乎。君何獨惓惓不忘此物也。此細事。小竊者之所爲而已。且吾等所重者命案耳。歇曰。死者之詳。既聞命矣。在逃者當若之何。李曰。此最單簡而易明者也。既有此照片。當使薩希而至意大利住居界一行。按圖索驥。何求弗得。君願偕行否。歇曰。不能。吾方別有所圖。當較君之辦法爲尤便而速。然事之成否。固未敢知也。蓋此事全繫於一人。而其人又非吾輩之權力所能節制者。而吾之意中。又不能不殷殷然屬望之。君今夕能與吾偕行。明日吾亦當附驥以酬也。李曰。得毋至意大利住居界乎。曰否。吾意將於氣味口求之。君盍與吾偕。且君之計畫。雖稍遲。亦殊無傷。請畧休息。以養精神。吾擬於十一句鐘之前。乃發。君於此晚餐後。可假寐片時也。滑震君請爲我按電鈴召急足者至。將此信去。勿遲。

晚餐既畢。相約休息。時余雖臥榻上。不能成寐也。則見歇洛克坐而閱報。雖數月前之舊報紙。亦一一閱及焉。閱竟。乃起。散步室中。觀其色。若甚得意者。余既追隨於歇之左右。步亦步。而趨亦趨者若而年。故亦頗能窺其用意。彼蓋明明欲遍查所餘之拿破崙兩像也。其一在氣味口。余猶能憶之。今夕之出發。必爲此事無疑。如是之舉措。令人不能不服其先見之明。而用心之曲也。蓋彼明知李師德日間所發表之意見。盡屬謬論。而猶令中央晚報爲之宣佈之。使彼犯事者讀之而竊喜。不復疑慮。而續往毀其餘像。已乃從而掩捕之。其用心之曲折爲何如哉。不然。則彼何以自藏火器。且囑余亦備帶手槍乎。十一句鐘既屆。圉人已候於門外。乃相將偕行。至錘匠橋下。囑圉人候於此。捨車步行。所過皆巨室園亭環遶風景絕佳比至一門星光之下彷彿辨有「黃花別墅」四字也。門內人聲寂然。燈光全滅人皆就寢。惟廳事間彷彿有微光。園之週圍繚以木栅。栅以內其黑如漆。余等即隱身於是。歇悄慰余等曰誠累君等矣以避人眼故雖欲一吸淡巴菰而不可得。奈何。所幸星斗滿天。不虞雨至耳。居無何忽聞門聲響。一黑影自外入。疾若猿猴。倏忽不見。俄而聲復作。窗戶啓矣寂然半晌。始見其攀援而入。則窗內燈光明滅。未幾光復移於他處李師德曰吾等盍於窗下俟之。纔舉足其人已躍而出挾一白色物。張皇四顧。蓋偷兒之常態也。既而蹲伏復聞碎物聲。余等暗躡其後彼偷兒者。方俯首若有所覓未之覺也。歇乃作一虎勢。撲而擒之。余與李急趨前鉗其手。藉星光以辨其貌。面作淡黃色。怪狀可怖目灼灼視余等。蓋果照片中人也、而歇之意殊不在罪人。獨細檢破壞之物。亦若有所覓者。嘻、是果又拿破崙像也。微獨與前所見者同。即其破壞之狼藉亦同。俄而廳事間燈光大明戶啓而主人出歇洛克起而問曰。得非鮑老恩君乎。主人笑曰。然先生其歇洛克君乎。頃接急足者遞來大札謹如尊命。熄滅燈火。扃鍵諸門。以俟竊至。今幸已獲罪人矣。敢具濁醪。以爲君賀余等乃畧與周旋。時李師德急欲置罪人於妥處。故不一時。即呼國人以車至。別主人。擁罪人登車以返。其人默不一言。意頗悻悻。余於車中誤以手近之。幾爲所噬。殆若餓狼。既至警察局。大索其身。僅得先令數枚。尖刀一柄。柄上血跡糢糊。猶可辨也。

此事本出李師德意料之外。故其於此中細情。多所未解。其意中猶執謂此殺人者爲「馬非亞」黨。猶以爲薩希而當知其人也。歇洛克謂之曰。時晏矣。不及詳言。摠而言之。此案至今猶未得謂之全破也。君能於明日六句鐘到敝寓。當爲君詳盡言之。以釋君疑。又顧謂余曰。滑震君。此事雖小。未始不可以實君之筆記也。

翌晚。李師德來。曰、已盡得罪人之詳矣。其人名佩寶。姓則猶未知也。惟知其爲意大利人。以雕刻匠爲業而已。平日所獲工資。殊不菲。惟喜爲分外事。以罪被禁者已二次矣。一則犯小竊。一則刄傷其鄉人也。能作英語。甚圓熟。至其毀像之故。迄不可得鞫之。亦不肯言。惟察得其所毀之像。均彼在祥利公司時。親手所製者云。凡此。余等均十知八九。而李既津津樂道之。歇亦甯心以聽之而已。余固知歇之心。必別有所思。而意亦別有所屬。雖默不作一語。而其意則若別有所希望者然。既而忽兀然起立。注目若有所思。則聞門鈴之聲鏘鏘然履聲橐橐然自下而上。嘻、此何人耶。則見一赤面老者挾一舊式革囊。昂然而入置囊案上而問曰。孰爲歇洛克君者。歇即笑而答曰。君非黑亭之桑得福君耶。曰然君毋怪我來遲否。今日火車行甚緩殊悶煞人。君以尋翰來謂欲以十磅金錢。易吾所藏之田橫模範之拿破侖像。其說果乎。吾於此不能無疑焉。君何由而知吾有此像也。歇曰。此事雖詭而無足怪者。即哈廷兄弟肆中之哈廷君告我者耳。桑曰若然。則君當知此物之價値矣。歇曰。未也。桑曰。然則吾實告君。吾僅以十五先令得之耳。君忽欲以十磅易之。吾不得不以實告。君其毋悔。歇曰。君毋疑吾言。吾當踐之。桑曰君子重然諾可敬哉。像已在此矣。發囊出之。儼然一半身全像也。余等雖數經見要皆破碎者。今日始獲見其瓦全。歇乃出十磅劵一紙。復以素紙並授之曰。請君當衆署約。約書此後所有一切管理此像之權利均歸之於僕。想君必笑我拘迂也。桑以得此善價。心意滿足。即如所言。書約、署名、受金。而去。歇乃出白布尺幅。取像嚴裹之。舉棒猛擊。則此瓦全者。又虀粉矣。余及李師德自旁觀之不覺愕然。此何故耶。豈其以此像之故奔走一晝夜往還數十里。無可洩其忿。故擊碎之。不使復有一像存於世間耶。果如是。毋乃僨乎。歇殊不然。既碎之。從容啓其布。略一檢視。得意之色。溢於眉宇、於碎粒中檢出一物。色黑而圓者。高唱凱歌以起。既而曰諸君亦知此有名之黑珍珠乎。吾今以介紹於諸君可乎。余等方錯愕。及睹其狀。復聞黑珠之說。益大惑。急欲聞其詳。不禁拊掌。促之言歇乃徐徐而前。先向余等一鞠躬而後言。其狀宛如梨園中之老伶工也。（西人演劇。上場時。先向觀者行一鞠躬禮。故作此以調侃之。）其言曰此天下有名之黑珍珠也。吾之僥倖爲何如哉。此蓋高龍南王爵。居於大克而行邸時。於臥房中所失者。詎知其藏於施德鎮、祥利公司、所製之拿破崙肖像中耶。李師德君。當猶能憶此案之始末。而當時倫敦警察。不能破獲也。時亦有就商於吾者。吾亦窮於術。然其時人皆疑爲王妃之婢所竊。婢爲意大利人。有兄一人。在倫敦。然究不得其證據也。婢姓溫、名玉仙。吾以是疑前夜被殺之玉樨。即其兄也。吾於舊新聞紙中。已查得其時日矣。方佩寶者祥利公司被拘時。適在失珠後之二日。此時亦即祥利公司中。六座肖像製成之時。於此君等當可知其故矣。此時珠必在佩寶之手。其爲竊之於玉樨。或由玉仙託之以交玉樨。故暫入其手。或竟玉樨與之爲同黨。均未可知。要之三者必居一於此。以彼輩均屬同鄉人也。方其藏珠身畔時。捕既急。彼亦知一經被逮。則爲警察搜去。急思藏之。而倉卒不得其地。適此六像告成。尙晾諸日中。未盡燥。彼亦能匠。故於像間作一小穴。納珠而復彌縫之。自可泯其痕跡。而他人之覩是像者。幾何能知其中之有物也。其計亦狡矣。既而被監禁者一年。罪滿釋出。則像已散諸四方。而六像之中。又不得復辨其孰爲藏珠者。計惟有破之而後得見耳。蓋既實之於泥溼之際。雖搖之亦無聲也。厥後彼雖不敢復至祥利廠中。而尤賴有其中表在。故卒能訪得此像之爲何人所購。於是設法受傭於毛四肆中者數月。遂備知三像之所在。而彼三像者亦不難假同鄉人之助力。而調查得之矣。當其往哈開氏處之時。其同黨已躡之。蓋欲向之索珠。故彼遂刃之。意在獨得此物。此可無疑義者也。歇洛克言至此。余因詰之曰。死者既爲俐竇之同黨。何必又懷其小照耶。歇曰。此無他。正欲藉此以求得其人耳。當時俐竇既殺人。吾已逆知其毀像之計益急。蓋恐警察之得其情也。當時吾固未敢謂其於哈開氏處未曾獲珠。亦未敢必所求者爲此珠。惟觀其毀像必於燈下。吾固知其必有所覓也。自是而後。所餘者惟二像。一在氣味口。一在里亭。里亭去倫敦遠。吾又逆知其必先近而後遠也。故先以書約鮑老累。使之早寢。以俟竊至。然後吾偕君等同往捕之。乃爲吾等所獲。當是時。吾自知吾所僕僕者。爲此珠矣。蓋死者之姓名。與王妃婢之姓名。隱然若兄妹也。及氣味口之像中。仍無所得。而所餘像。僅里亭之一座。吾敢決珠必在其中矣。吾故以重價當君等購之。乃果得珠。滑震君請以此珠爲我藏於笥中。並請將某某假冒案之紙據取出也。余及李師德嘿然良久。李乃起而言曰。吾見君破案多矣。然未見有若是之巧妙者也。嗚呼。得君一人。吾同業中亦足以自豪矣。君暇時過警察局。上自總巡。下至警卒。當無不同聲歡迎也。言已謝去。

（完）

小說

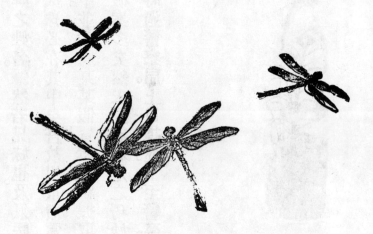

文苑

飲氷室詩話

日俄戰事初起時。楚卿適在東京。以所作感事四絕見示。余能爲作鄭箋也。其一言日本之愛國

郎著征裘女脫簪。私情何似國情深。莫愁風露沾衣冷此是寒閨夜夜心其二言政府之安閑

榻外妖雲百怪陳。但垂鴛帳駐穠春問他鷸蚌緣何事袖手神州大有人其三言外交之失策

爲仙眞個話相思鏡殿春殘事事疑昨夜西風今夜雨明朝消瘦更誰知其四言內政之無望

冉冉天涯遍綠陰萍吹絮墮意沈沈思量舊恨都無着夢雨纏綿直到今

浙江潮第十期。登有自署君木者所作刺時六絕。雖嬉笑怒罵之言。其志固忠厚也。詩如下。世界有同胞家族無倫理愛國忘其親大哉志士志」抵掌談合群肝胆映人熱一言不相中刀光起同室」男子有血性奈何以憂死金尊檀板中不忍談厭世」敎品與立行瓅瓅非公德廉恥何足論國民有天職」自由復自由自由肯放棄醇酒與婦

人甘爲自由死」一昂頭冒科舉低頭盼鄉榜今朝新貴人昨日革命黨

黃公度臺灣行云城頭逢逢雷大鼓蒼天蒼天淚如雨倭人竟割臺灣去當初版圖天府。天威遠及日出處我高我曾我祖父艾殺蓬蒿來此土。糖霜茗雪千億樹歲課金錢無萬數。天胡棄我天何怒。取我脂膏供仇虜。眈眈無厭彼碩鼠。民則何辜罹此苦。亡秦者誰三戶楚何況閩粵百萬戶人人効死誓死拒萬衆一心誰敢侮成敗利鈍非所覩一聲拔劍起擊柱今日之事無他語有不從者手刃汝堂堂藍旗立黃虎傾城擁觀空巷舞黃金斗大印繫組直將總統呼巡撫今日之政民爲主臺南臺北固吾圉不許雷池越一步」海城五月風怒號飛來金翅三百艘追逐鉅艦來如潮前者上岸雄虎彪後者奪關飛猿猱村田之銃備前刀。當輒披靡血杵漂。神焦鬼爛城門燒。誰與戰守誰能逃。一輪紅日當空高千家白旗隨風飄搢紳耆老相招邀夾跪道旁俯折腰紅纓竹冠盤錦絛。青絲辮髮垂雲髾。跪捧銀盤茶與糕。綠沈之瓜紫蒲桃。將軍遠來無乃勞降民敬爲將軍犒將軍曰來呼汝曹汝我同種原同胞延平郡王人中豪實闢此土來分茅今日還我天所教國家仁聖如唐堯。撫汝育汝殊黎苗。安汝家室毋譊譊。將軍徐行塵不闉萬馬入城風蕭蕭。嗚呼將軍非天驕。王師威德無不包。我輩生死將軍操。敢不歸依明聖朝。」噫吁嚱悲乎哉。汝全臺昨何忠勇今何怯。萬事反覆隨轉睫。平時戰守無豫備。曰忠曰義何所恃。

新民社校對房一敝簏。忽有題七律五章於其上者。塗抹猥籍。不能全認識。更不知誰氏作也。中殊有佳語。第一章末聯云。行矣臨流復一嘆。泠然哀瑟奏雍門。第二章末二聯云。休矣著書俟赤鳥。悄然揮扇避青蠅。衆生何事干霄哭。隱隱朝廷有笑聲。第三章首二聯云。富春江上夕陽微。那有閑情理釣絲。神女何歸洛水綠。聖人不作海波飛。第四章首二聯云。黑龍王氣黯然銷。莽莽神州革命潮。甘以清流蒙黨禍。恥於亡國作文豪。

君武以其友馬一浮四律見似。蓋刻意學褻冥而神肖者也。今錄二章。身前不住閻浮界。死後應生他化天。自性華嚴離我我。有情流轉自年年。靜排諸相觀空篋。閒鑿千山種白蓮。獨向須彌最高頂。衆生無語月孤圓。」而爲上首無量佛。自生飛行馬一浮。八萬天魔羣擾擾。微塵國土總幽幽。倮蟲無命埋深海。熒惑當年墮石頭。我是虛空創造者。一毛。一孔。一星球。

英國留學生之苦況

錄吳君敬恆函稿

恆之西來。乃浮慕吸文明空氣。當時一切不顧。以爲一見西方文物。皆足以發揚吾意氣。豈知大謬不然。物質上文明。不過記念高塔。架空浮橋。眺覽一過。已索然寡味。其餘彼之所謂學術。吾無目可知其深（即學生諸君之所謂知者、亦從來無深之可言、有目亦與無目同）、彼之所謂政教。吾無耳可聞其詳。彼社會之眞精神。就嚴整處而論。以十四室三層樓之會。講自治議會之集議。彷彿之吾亦早知其具體之微。不必親覽而知。至於發表於市廛里巷間者。無非相炫以富。厚相黷以勢利。不過令浮薄者益趨卑鄙。使朴訥者不知措手足而已。故我國在留西洋學界之柔雜無聲息。幾無藥可救。即有一二卓卓者來。亦與之同化。無益於內國也。故以鄙見觀之。東京學界。現以龐雜名。然視西洋。猶覺東京留學生尚爲有價值之一怪物。至以學問論。苟未有研究極深學問之實力。在外國而欲從事中小學程度之工夫。處之歲月。糜以鉅款。未有不厭倦而罷。就恆而言。歲與英人接談者。其次數可數。（不能日月記故以歲計）惟吃者爲西洋菜。則譬如日飯於四馬路西頭之小洋菜館杏花村也。居者爲西洋屋。則與宿愛國學社諸堂無異。行者爲西洋街。則亦如日行南京路耳。其餘讀者爲「英文法程」爲「華英進階」則不如愛國學社學生讀美國讀本矣。如謂盍往學堂。則大中學力量不足。入小學年紀不能。盍從先生。則莊君文亞來此從一先生每禮拜一磅。每月中國洋五十元。人人嗟呀以爲便宜之至。月火水木金每週敎五個一點鐘。敎(門)疾趨而引門以示。敎(瓶)發籛而陳瓶以詔。偶涉玄名已啞啞欲告而無從。若爲勦狀。更孑孑對目而難吐。至於逹介更可無論。先生如此。則與愛國學社上法國女敎師之班情形無殊。說話一層。自較居內國稍便。若獨居一英人家。不久可通。然所通者止爲「早上請安」及「謝你」之類。終不出一百二百句之間。若夫陳說革命。議論外交。其字面非起居飲食所有也。而暗記硬査。必賫夫字典。及夫指陳科學。傳說門徑。亦非老嫗孺子所恆言也。則陳書參究。必賫夫中東舊書。此與在南洋公學監起居桌子上閉門獨修何異。然此皆恆之現身說法。未爲切實。再就少年中國之少年論之。

英國學堂五歲入幼稚園。七八歲至十三四入小學。十三四至十八九入中學。十八九或二十一二入大學。

大學之最淺近者爲文科。有數種高等學問。如格化專科、法律專科之類。學士必有資格乃可學。然則大學文科。其實即日本之高等第一學校程度。爲大學之豫備科也。

欲入文學者。須有左方之資格。

一英文　(甲)英語嫻熟。在本國人無須預備者。(乙)英文五六本讀本卒業及能作論文者。(丙)熟一種英國古時文學家文字者。(此條每年考試不同、皆預告於隔年)、(丁)英國本國地理本國歷史者。(此最苦無病而呻他人之呻)、

一算學　(甲)常法嫻熟。(乙)代數幾何　皆四五本。(大約即代數二次式幾何立體等)、

一古文　或希拉文。或拉丁文。(必皆文法粗通、

一外國語　或法或德或別國皆可。甚至中文亦可考。然不習法德文。於學校多所不便。

右英文定須及第上等。外國語可次等。算學可上可次。古文亦可上可次。然算學如次等。古文定須上等。古文如次等。算學定須上等。如右之所謂上等次等。糾纏一個弗清。苟未預備於國中。則來英預備。非獨修即從師。（從師敎學問非七八磅一月不可）如入中學。有決決不能之勢。因我則已視之不屑屑然。彼之許我入否。或入而許我速卒業否。皆尙非我所能自主。蓋以彼國自已之中學生。年皆不滿十七八者。我國少年。果少年則可無論。或所謂少年者。彼已視爲老大。則不許入。（有可通融者。其學堂必又不佳）入則先試以聽課與英文。而我所短者正在是。則入居末班。既居末班。雖有數種學問可超班卒業。亦必抑而不許。則五六年之虛與委蛇。何人可忍。故中學有決決不能入之勢如此。

從師預備　束修年千金　入中學　不可

惟有獨修而已。少年而至於獨修。亦幾與年老者相等。吃西洋飯。困西洋床。走西洋街。而欲讀書。則一年之費。至少須七八百元。至二千不等。其困苦固若此也。自吾居日本。着吾野蠻學生之衣服。直豎吾之髮。吾自命志士。志士。吾黨亦相譽曰志士志士。即日本人亦鄭而重之曰支那留學生。乃至西洋。則一衣之垢。人避而不敢近。側目而鄙之曰客屬賤種。一帶之缺。人又避而不屑近。嗤之以鼻曰沐猴而冠帶。無飯欲買餅充飢。無一隙之地可容吞食。雖小童見之。亦能笑君之陋。如此種種可笑之處。無朋友過訪。又爲居停主人所輕。無信札常往來。亦爲寓主所鄙視。於是我國舊時之公使館學生寓。（指昔日公使帶出之學生等）其笑柄留貽者不一而足。至年來學生之稍有知識者。咸思改良。務合其格式。然因此亦有過乎中者。所以二百磅不足。乃曰有六百磅方舒展。亦有竟用千磅者。遂又各以儉陋為至辱國之一其立論甚是。然從此學生社會中。遂止聞你的春衣不合式。我的領頭不入時。看戲明知為無益也。必勉力。請客。寫信明知無要事。必常寄明片。而所謂豪傑志士英雄等字樣。遂懸為厲禁。偶有聞東海之風。頗欲聚同鄉而敦誼。儻得東洋之譯籍。欲翻功課而刋報者。已為朝陽鳴鳳。此種風潮鼓動。加以外界實情之約束。於是雖有堅苦卓絕者。不能不勉就範圍。於是借三百四百。欲支持一年半載者。亦不得不救死不暇。救過不遑。日瑣屑於飲食起居。此東京未嘗有之苦處。（東京愁窮別有境象此處一躬便不以入論）於是而西洋留學界之情形。如再參以日本之現象。比附而得其似。自無不洞燭其況味矣。既知日本大學之卒業某某果有何等學問。則可知我國所謂卒業西洋者其學問如何。（況現在果能得學位授文憑者甚少大都皆修業而已）惟暴暴然自命曰出西洋學生。學於外國者。人亦從而譽之曰此必有大學問者。

又有異之者曰。此輩苟用吾八股家無生活矣。又寃之者曰。中國之不國。蓋有有學問人而不肯用也。如某者在美國八年。如某者在英國六年。如某者寄居法國四年也。試思八年六年四年。即可云有學問乎。卒業一大學課程。即可以有學問人自命乎。既不能稱有學問。何以我國之人。於未出洋、心即但慕出洋。見出洋得文憑。便又不肯再出洋。（伍照儀等正當研究學問可以出洋之年乃已高居內國充數有學問人）則所謂出洋者。果為學問乎。亦曰「洋務人員」而已。如此我國學問之前途。正還未有一隊之明。今之擾擾於東洋西洋。無非博出洋二字之名目。無所謂學問也。故我分其名目曰。

(頭等出洋)西洋德英美法等

(中等出洋)西洋伊大利比利時等

(三等出洋)日本

(額外出洋)高麗新嘉坡飛臘濱等

苟得列右之四等者。頂戴以之而來。頭銜以之而得。(舉此二事以括一切奴才。)演說臺上以之而高跳。洋場街上以之有驕色。(舉此二事以括一切志士。並連我罵在內。罵人而不罵自己。乃不公也。)凡博此四等文憑者。查考乎求學乎者。其自欺欺人之談。故出洋與學問。其道里之相去。不知幾千萬里也。右之所論。並非痛斥西洋留學。阻塞西來之人。亦非故意謾罵。以洩胸中塊壘。特私心竊憂。傷我中國人務名不務實。學界之人。實未嘗有意於學問。不過以爲干祿釣名之具。此一千餘年文字考試之流毒也。不盡可歸咎於今之學子。恒又不能不曲陳其意。以與吾國同志共太息焉。惟仁者見仁。智者見智。儻有人焉。不察恒之命意。止以爲將防塞西游。則非惟不達吾意。亦並大違吾願。又或有淺者以爲此僅僅忿罵出洋人員。則尤其不合吾之命意也。故可爲知者道。難與俗人言。恒區區之意。則望吾國志士。聯絡同志。振起一種風氣。有如左之所陳。

今有人一若在中國無學問可學。不過混混者。(恒從前牢守此意)此大謬。苟誠有意於學問者。決無此意。苟有意於學問者。如其淺嘗之學問。(即如十年八年之學力。僅僅如外國大學卒業者)中國實曲折可求而得。

苟有意於學問者。已盡學中國可得之學矣。其出

英國留學生之苦況

洋求深自出於不得已。並無一若登仙之意。其人出洋。必已頭頭是道。

又其人出洋。亦非一國即能自足。亦非有年限可自畫。又果有其人。自必能在中國於一無可學之時代。曲折尋出一可學之法。闢出一可學之局面來。

吾之所以反復其言者。吾見夫今回國之人。非出洋即便弄些事混混。并無眞以學問自任者。夫出洋求學。志何其壯也。當其欲出洋也。一若棄父母妻子而不顧。雖凍餒甚甘者。志何其壯也。當其不能出洋也。一若非處一館。或隨便做一個寫字人。若無恆業也。志又何其陋也。

以彼之前何壯而後何陋。兩兩對勘之。適見其並不曾有志於學而已。烏乎國界上既無好英雄。學界上又無好學者。國將何國。拉雜布臆。以當面談。此間一切瑣事。皆止足與半死老休之人言。在恆亦止能作如此語。故不敢混吾國少年英傑之聽。前所謂日記等。皆已爲友人隨手散失。無可覩者。亦勿欲再陳矣。

（完）

日俄戰紀

遼陽之役（續第五十三號）

日軍之進攻遼陽正面　日本軍之攻擊遼陽正面者。一爲中央軍即野津中將所統之大孤山上陸軍。也。一爲左翼軍即奧大將所統之第二軍也此二軍復分三道前進。一出遼陽海城間之大道。一出其東。一出其西而中央軍（即野津軍）與右翼軍（即黑木軍）之左縱隊復相連絡以起運動。時雨期既過。秋高馬肥。陽歷中秋前後。中央及左翼兩軍。始著手於作戰計畫。決定以二十六日進軍。二十五日之夜。正華歷七月十五日也。河漢清淺北斗廻環。讀唐人中天懸明月令嚴夜寂寥之句。行軍之樂。可想一斑。

其夜向晨日本左翼軍嚴裝向鞍山站進發銜枚肅肅全隊通過於柳陰淡月之下。中央軍亦同時首塗。由海城向遼陽大道進行。二十七日之朝。遂達下石橋子侯家屯蘇馬臺一帶戰線。

自鞍山站迄騰鰲堡俄軍堅壘鱗次櫛比。日本左翼軍方思以是日（二十七日）萃全力猛攻之。何圖昨日（二十六日）右翼軍之夜襲遽奏奇功。俄之主帥。慴首尾受夾攻。忽下令退却。於是下房身鞍山站一帶。不損一彈。遽落日軍之手。俄軍之壘於此間者。本受將令遁還遼陽。及其既遁。日本之中央左翼兩軍。以暴風疾雨之勢。轉戰逐北。廿八日朝。遂分數縱隊。橫斷千山山脈。追及之於調軍臺大石頭八卦溝一帶。出游騎以阻其歸還遼陽之退路。於是立山屯潘家爐之俄陣始亂。被日軍前後射擊。混雜益甚。不得巳乃斜撥馬首走沙河以北此海遼大道東西之戰况也。同時其西面日本軍之一縱隊及砲兵團。亦行抵八卦溝及陶官屯。與俄軍一大縱隊在八家子西北地方者相遇。猛烈追擊。亦擴之於沙河以北。於是海遼大道一帶之日軍。始壓遼陽而陣矣。

日本右翼軍渡太子河　日本右翼軍既以廿六日奏夜襲激戰之奇功。廿七日占領湯河右岸。更陸續進擊。其右縱隊及中央縱隊。受強敵之抵抗。終不屈。卒占領紅砂嶺之全部及孫家寨北方高地。向双廟子及石咀子轉戰而前。廿八日薄夕。其第一縱隊(即左縱隊)占領太子河左岸(自英守堡亘双廟子)一帶之戰線。是日也。軍略所預定。本擬溯河而進。徒以河水陡漲。而一切橋梁早經俄軍先行摧毀。故不得渡以向右岸。同時其第二縱隊(即中央縱隊)攻破孫家寨北方高地之敵。占領草家峪南亘少嶺子北一帶戰線。與草家峪西及大石門嶺之敵。徹夜相對峙。其第三縱隊(即左縱隊)以午前十點鐘繼續前進。入夜乃擧四方亘響山子一帶戰線占領之。此皆二十八日之戰况也。

二十九日其第一縱隊仍在前日之占領線。爲渡河之準備。其第二縱隊之右翼。驅逐俄軍之監視哨。午前八點鐘。占領石咀子。其左翼以午前六點鐘占領大石門嶺。第三縱隊占領徐家溝南方高地線。偵察孟家房一帶敵情。是日也。俄軍兵力大增加。故日軍前進之目的。終未得達。然猶於寒坡嶺附近。擊退二師團之大敵。使咸經小屯子北方之軍橋。退却於太子河右岸。

三十日其第一縱隊。留一部分以守双廟子吊水樓。而萃其主力。以夜間十一點鐘。在鎌刀灣附近。徒涉以渡太子河。第二縱隊亦留一部分以守石咀子。萃其主力。隨第一縱隊而進。第三縱隊自是日凌晨猛攻孟家房高地之俄陣。遂奪取徐家溝北方高地。入夜。俄軍兵力益增。利用野戰電燈。猛擊日軍。日軍殊死戰。第二縱隊之左翼。以午後六點鐘占領望報台高地。遂與第三縱隊協力。其夜四點鐘。在臨龍村附近渡河。八月三十一日。日本右翼軍之主力。遂全集於太子河右岸。與俄壘擊柝聲相聞矣。以從軍記者所報告。則彼岸之俄軍。實倍於日本日軍。全以背水之勢。自置於死地。當時旁觀者。頗惴惴為日人危。然日人預定之戰略。全以此牽制俄軍。使分其勢。毋致左翼軍中央軍為彼所困。乃得以全力衝堅陷銳。故遼陽之陷。雖中央左翼兩軍直接收功。而地位最險經歷最苦。勞伐最高者。實惟右翼軍也。

首山堡方面一帶之鏖戰　首山者。我唐太宗征高麗之役。嘗駐馬焉。故又稱駐驆山。此次日本左翼軍苦戰陷之日。人乃更其名曰破陣山云。該地一帶。俄軍之防禦。稱最堅。遠在鞍山站等之上。俄軍主帥定。從容退卻之策。實欲以此地為死守之點。其險要殆想可見。日本軍之向海遼大道前進者。既以八月廿八日大挫敵鋒。廿九日次第前進。其中央軍舉來家堡至黑牛庄之戰線占領之。其左翼軍舉黑牛庄以西至漁家台之戰線占領之。而中央軍之一縱隊別出於全軍之右。向溫家堡前進。與右翼軍之第三縱隊相策應。以擊攘該方面之敵。

俄軍之在海遼大道方面者。其防守線。自首山堡南方標高九十九高地。經新立屯高地。亙方家屯東方高地。防禦工事。周備緻密。以大軍團扼之。儼然飛鳥不落之勢。是日也。(八月廿九日)俄軍放輕氣球。監察日軍之舉動。故日本中央軍受數十門大砲之狙擊。戰鬥最烈。損傷最多。翌三十日凌晨。各軍協同進擊。其一。則孟家房及早飯屯方面。日本右翼軍之左縱隊以是日凌晨向孟家房攻擊直至午後三點鐘。未能奪得陣地而俄軍兵力且次第增加其中央軍派遣之一縱隊（即上段所稱出全軍之右與右翼軍左縱隊相策應者）以午前六點鐘向早飯屯南方高地始砲擊屢獲小勝至十點鐘俄軍大隊自遼陽方面來援午後兵力益增凡爲二師團以上其砲數五十門日本中央軍之派遣縱隊瀕於危急抵死奮戰至午後三點鐘乃得復與右翼軍之左縱隊相連屬云其二則方家屯及新立屯方面是日（三十日）之朝日本中央軍之主力及左翼軍之一部向於此方之俄軍開始攻擊然直至午後五點暮色蒼然猶未得破俄陣其三則首山堡方面日本左翼軍之主力亦以是日凌晨運動著手至午前十一點鐘占領大趙家台附近戰線向於首山堡西方高地之俄軍開始攻擊以地形不利俄軍用輕氣球俯瞰射擊日本一聯隊長大隊長各一人戰死副司令官小川中將參謀官野口少將負重傷日軍之損傷惟此方面爲最至午後四點半鐘日軍益瀕於危。

以上各方面皆以八月三十日爲最猛烈之激戰攻者甚銳而守者甚牢勝負之機間不容髮（未完）

明治三十一年十二月廿七日（第三種郵便物認可）

新民叢報

第參年第捌號

（原第五十六號）

本號要目

光緒三十年十月初一日　明治三十七年十一月七日

每月二回朔望日發行

看！看‼看!!!

粵漢鐵路交涉秘密檔案

洋裝全一冊　定價參角半

粵漢鐵路交涉案爲今年外交界一大事現由湘粵兩省紳商抗議廢約公舉王芍棠鄧小赤兩中丞爲代表人駐滬辦理誠民權嶄伸之見端也此案來歷全國人皆欲知其眞相然東鱗西爪苦難灼見頃有友人由美國將全案始末抄譯寄贈本館凡盛梁伍諸大臣之函電福開森（盛督辦特派往美國議此事之人）美比政府之電合興公司之各種章程皆備焉原文凡四萬餘言本館記者悉心校閱之後重行排比之加以案語凡萬餘言令讀者知其眉目所在於此案之癥結洞見無餘蘊矣既每日附印入報中旋經讀者慫恿彙印成編以備遠地購買之便乃復搜取英美及本館報章論此事者若干篇爲附錄以公諸世云今者列强皆以鐵路問題亡中國愛國之士咸思所以救之然救之非易言兵家曰知已知彼百戰百勝苟不知事之眞相而徒爲無責任之言罕有能濟矣此編者雖其本案限於粵漢鐵路然因此可以知人之謀我者如是其曲折如是其嚴酷也而我之所以著著失敗者其原因又如是其複雜也則後此遇此等事其庶不收補牢之效也夫實心國事者宜急手一編也

初版止印二千部幸速購取

發行所上海四馬路 時報館　發售所上海各書坊 及內地各書坊 東京留學生會館 橫濱新民社

新民叢報第參年第捌號目錄（原第五十六號）

報資及郵費價目表

	全年廿四冊	半年十二冊	零售
報資	五元	二元六角	二角五分
日本來中郵費	二角四分	一角二分	一分
滊輪已通之地郵費	四角八分	二角四分	二分
內地郵費	一元四角四分	七角二分	六分
四川、雲南、陝西、貴州、山西、甘肅等省郵費	二元八角八分	一元四角四分	一角二分
日本各地每冊郵費	一仙		

編輯兼發行者　馮紫珊

印刷者　陳侶笙

橫濱山下町百六十番

發行所　新民叢報社

上海發行所　四馬路老巡捕房對面　新民叢報支店

印刷所　橫濱山下町百六十番　新民叢報活版部

祖國大政治家王荆公先生遺像

祖國大教育家王陽明先生遺像

外資輸入問題（續第五十四號）

中國之新民

第七節　中國今後對於此問題可採之方略

外資輸入其種種險象旣已若此。則我國人對此問題、蛇蠍視而雖介距宜矣。雖然。吾儕點筆伸紙。爲無責任之言以快口舌則甚易。按實際處當局爲國家籌百年大計。以期見諸施行。則甚難。吾於是更欲提出兩問題。

一曰旦使今日舊政府老朽悉避賢路、而國中才智之士或以自力或以他力忽進而立於有勢力之地位以組織成一吾儕理想的之新政府此政府欲開一國利源謀一國公益將以屛絕外資爲政策乎抑以利用外資爲政策乎

二曰且使今日吾政府吾國民日日猜忌外資痛惡外資設種種方法以拒絕外資

而此後究能使外資絕跡於中國乎

欲解決第一問題則當先問吾國民現在之資本力果足以開發一國重要之利源與否此前提定然後此斷案乃得定夫以人數五萬萬員天產二十六萬種之天府國而謂其資本力不足以自開發其利源無是理也雖然有資本而不能聯合有資本而不能移轉而欲驟以自力舉辦大事業能自信乎夫蘆漢鐵路創議在十年以前其時固云以本國之官力民力獨任之也及其究竟乃卒不得不仰資於巴黎之華俄銀行粵漢鐵路初發議時鑒蘆漢覆轍欲以湘粵民力自舉之乃求諸國內求諸南洋終不獲集而卒不得不仰資於紐約之合興公司以過去之歷史觀之情見勢絀既若此矣今者粵漢一路爲俄法比同盟國所攘於是有廢約贖路之議而用去之小票五百餘萬元美金尙且毫無著落而贖回之後接續自辦之工本更不必論其拮据危險也若此此固由現在政府腐敗種種原因有以致之苟能變置政府則現象亦當一變斯固然矣雖然新政府法度之實行非旦夕之效也新政府之堅信用於國民非旦夕之效也以今日之力而不能舉半截之幹路而謂一變置政府即能舉全國利源而開發之毋

乃太早計乎充其量以二三年間集百數十兆之款自辦四五千里之鐵路止矣試問中國欲植勢力於全世界生計競爭之舞臺果四五千里之鐵路所能有濟乎僅鐵路一端其應備資本已當十倍於所謂百數十兆者其餘若礦務若製造若轉運商業其所需資本之鉅以比例推算之又當得幾何夫甯能曰以全國之母財專注於路政而此外皆不過問也故吾國而不欲產業之勃興則已耳苟其欲之而曰專恃吾固有涓滴散漫之母財此不通時局之言也而論者則復爲消極之說曰。信如是也。則與其急進。毋甯漸進。就吾力所能及。先擇一二重要之事業而興舉焉。及其成效既著。則前此窖藏廢置之資本將漸出。前此散漫零拾之資本將漸聚。而其他事業相緣而興矣。此亦可謂持重有識之言也。雖然。欲評此政策之是非。則不可不先爲比較之研究。夫使外資之來。果實爲亡國之左券。而更無他術以救其敝。則吾於彼消極論者之政策。誠無以易也。然其害固非必至是。若語其利。則無論何種事業皆與他事業有連雞雙飛之關係（如欲鐵路之有利。必藉內地農礦工商各業之勃興。欲農礦工商各業之有利。必藉鐵路全開交通利便。又如鐵路僅有一路。而無他路與之接續。則乘載少而利薄。到處脈絡貫通。則乘載多而利厚。自餘各業。以此類推。）必百業並舉然後其效果乃著更以國家全局之前途論之則交通殖產早興一日受一日之益普及一地爲一地之福今日之中國無論爲破壞後之建設爲不破壞之建設苟誠欲爲國家百年計者要當以救火追亡劇及履及之氣以赴之苟一國之總殖不增則凡教育軍事乃至種種行政機關皆不得舉即舉矣而左支右絀終不能貫徹其最高之目的而欲增一國之總殖則無資本其何以行之哉無資本其何以行之哉一國固有之資本既止此數吾一面設法獎勵求民間資本之聯合發達此爲要著不待論也而草創伊始欲爲全國生產界驟添活力開拓以發起人民殖產思想則其效亦孰有速於利用外資者耶使眞無術以使之速而得也則亦已耳苟有術者而猶云寧緩毋速寧局毋偏此必非憂時君子之本懷明矣且吾於一方面爲得寸得尺之謀其能保外資之不由他方面滲入乎是則又牽涉及第二問題而事理逾顯著者矣

欲解釋第二問題則當以第一問題爲前提苟我國母財誠足以自盡其地力而無復外資滲入之餘隙夫然後可語於拒外資否則爲生計無國界之一公例所支配彼外資者競趨夫求過於供之地若水就下又恐非以空言之所能抗也其最近最顯之例

我莫如朝鮮。數月以前。日人以開墾荒蕪地權利要求於朝鮮政府。朝人大憤。乃倡織組織一農礦會社。自墾全國無地以抵制之。乃資本無著。不旋踵而遂被解散。至今則日人之勢力愈益牢也。我國現狀雖未至若朝鮮之甚。然使我之動機及其實力無以遠過於朝鮮。則其結果亦必無以遠過於朝鮮。此則吾所敢斷言也。夫寧不見我川漢鐵路倡辦經年。而英法猶指名坐索乎。夫不寧見我湖南礦務總公司經紀商無量心力所造成。而各國公使遽起而爲抗議乎。苟吾無實力以盾其後也。則一二年後彼兩局面。其終爲朝鮮農礦會社之續也。所謂實力者何。則資本是已。一言蔽之。則惟內資爲能抵制外資。無內資之整備。而徒以口舌筆墨反對外資者。皆無責任之言也。

讀者其毋以我爲歡迎外資者流也。依第一問題之解釋。則外資之來不來。權猶在我。所爭者能進取與不能進取而已。依第二問題之解釋。則外資之來不來。權已在人。而能保守與不能保守。將鍵筦於是焉。夫五十年前。我國上下皆懷閉關絕市之思想。不得不謂愛國之誠所發著也。使誠能閉能絕也。寧非大幸。無如不能。毋寧自初爲熟籌所以對待之之法。爲一定之方針。彼利用我。而我亦利用彼。則受敝亦安至如今日之計不及此而徒囂囂然鼓客氣曰閉之絕之迨情見勢絀則又相與委心任運或太息痛恨於當道之無狀而已夫既何及也吾見夫今後外資輸入之動機頗有類於是吾不忍爲諱疾忌醫之詞吾尤不敢學旁觀笑罵之派故吾於今後處置外資之法猶欲貢一言

雖然吾所論者則新政府建設之後所有事也即不爾亦必當斯局之一二大吏眞有肫肫懇懇衛顧國民之實心然後可以見諸施行也若今日之政府當局吾懼其采吾言而弊益滋也故吾不欲言雖然吾又不忍不言吾故先取現在吸受外資之缺點一評之次乃陳補救之法焉

華洋合股者現在吸受外資之一法門也此掩耳盜鈴之言策之最下也自會同公司初謀蜀礦其章程聲稱先儘華股五成聽入洋股五成華商爲總辦洋商爲副辦此後福安公司蜀礦惠工公司浙礦大東公司閩礦安裕公司皖礦隆興公司滇礦寶興公司黔礦皆援成例立案就章程表面上觀之未爲失也不知所謂華商爲總辦者不過傀儡就使華股果占半數亦斷不能如西人公司通例令吾華股東占權利之半而況乎按諸實際華股決

無一文也此其爲奸商詭名賣國產以飽私囊之伎倆至易見也（非惟華人倡辦者爲奸商。即西人倡辦者亦奸商。彼實不名一錢。徒恃運動我當道。得一紙文憑。[illegible]以爲運動資本家之地耳。凡各礦務之首事洋商。大率類是。如最近粵漢鐵路之交涉。欲新訂一美人名柏[illegible]者承辦。而其人亦不名一錢者。一月前湘粵紳商在滬爭議此事。已揭其隱矣。）夫使我國果有完備之商律正定公司股東及責任員之權利義務而倡辦者復有組織公司之常識與其實力（即資本）然後外人有欲與股者聽其樂附則此所謂華洋合股之一辦法夫寧非最可歡迎者耶彼日本人今所日夕渴望即在此矣。而無如今日中國之現狀若是則華洋合股之契約即爲外人制吾死命之左劵故有倡是議者吾儕竟視爲國民公敵焉可也。

商借商還者又吸受外資一法門也。此說在數年來最爲有力。蓋以爲貸者不屬我政府則我政府可不任其責成貸者不經彼政府則彼政府無從恣其干涉謂若是則無致以生計範圍牽涉於政治範圍也雖然。私人貸貸之權利義務已爲國際私法中一重要問題欲不負責成欲無受干涉安可得耶故官借官還其利害爲直接商借商還其利害爲間接直間雖殊利害均耳夫以今日官吏界之腐敗則無論何事。與其官辦。毋寧商辦。斯舉國所同認矣。雖然。商人腐敗之程度亦未見其有以愈於官吏而倡借外債之說者又率皆奸儈爲人作倀委以茲權爲毒逾烈故吾謂苟政府不改革方針不確立者則無論官借商借無一而可使誠能有一二才智之士統率於上游也則與其商借而散漫無經驗毋寧官借而統一有考成也

「借何國之欵即用何國之人」此盛宣懷氏初議辦中國鐵路總公司時（光緒二十二年）上總理衙門條陳中所言也（見第一年時務報）此實近年來對待外資種種失敗之源泉矣今勿論他事先言鐵路誠欲用外資以辦一鐵路則其事業當分三大段一曰借欵二曰築路工程三曰管理成路此三事者渺不相屬也我誠善駕馭者則借欵之後築路與管路由我處置非債主所得過問也或借欵於甲國而借材於乙國以司工程借材於丙國以代管理尤非債主所得干涉也今也不然代我借欵之人即監督工程之人監督工程之人即將來管理全路之人夫是以全權皆在彼而我無復容喙之餘地也盛氏對於粵漢鐵路之交涉嘗自慨歎謂政由甯氏祭則寡人（盛致美使梁氏函中語）此事勢必至之符自造惡因自食惡果而盛氏何見事之晚耶故非將此間權限劃清則利用外資之事無可言者無可言者

故吾欲爲一最簡單之結論曰。毋用洋股甯用洋債毋用商借甯用官借（外國社債之性質全由商借官不干涉其法甚良今吾謂商借毋甯官借似頗駭聽聞實則以今日商人程度論之不得不如此立論非謂可以概將來也）而債權與事權之所屬必釐而二之。如是則可以用外資其道當若何曰第一法宜由政府以普通之名義大募一次外債其對於外國應募者不必宣言此債之用途何屬也而政府內部自調度之指定某某興辦某某事業之用日本明治初年有所謂起業公債者即此辦法但彼爲內債而非外債耳。又日本當甲午戰役後兩次募公債於英美其用以擴張軍備者半用以調和金融獎厲殖產者亦半。建設伊始斯爲最宜矣。或曰埃及及阿根廷諸國皆以外債取亡。今尤而效之爲險何如。曰吾固言之矣以中國之國力民力而負擔前此區區之國債雖重而猶未爲重也即於前此總額之外更負擔數百兆其力猶能任也所問者後此之財源能有道以指償否耳今若不亟亟開發產業謀一國總殖之增加則前此所負外債已無以善其後雖無新債猶將窮也苟總殖加矣則新債何害故募債以興業乃正所以拯舊債之疲弊也或曰我欲募矣其能謂人之必余應耶。曰是乃無慮政府財政之信用苟可暴著於天下則外資者循生計無國界之例其至也如水就下也或曰使政府鬪子言也。乃無忌憚以募外債。乃不用諸生產而用諸消費。則後患庸有極耶。曰、吾固又言之矣吾所論者新政府建設以後所有事也若今政府而用斯道則弊益滋也且以今政府對於海外之信用如彼其薄弱則誠募焉而莫余應矣

其第二法則指定一事業以借債而務釐債權與事權而二之吾與某國之某公司或某私人爲借欵之交涉則所交涉者借欵而已其他皆非所得過問此各國公司借社債之通例也若借社債而債主遂羣起而干涉公司之營業吾未之前聞也吾中國近年如津鎭蘆漢粵漢滬甯諸鐵路。一切資本皆仰給於吾政府所發出之債券（近日粵漢鐵路交涉案牘通譯債券爲小票）其性質與各國之社債全相合也顧最可異者則代我周旋借債之人即爲代我築路代我管路之人彼其人之初受託於我也甚乃或不名一錢徒藉我一紙之契約以爲號召時運動彼中資本家以受取我債券事前不費銖黍之血本事後乃得莫大之權利天下不平之事孰有過此也（如合興公司、福公司、會同公司、福安公司、惠工公司、安裕公司、等。其發起人大率類是。彼等皆非眞資本家也。徒用冒險投機之伎倆。要索一合同後。乃挾以爲招搖之具。事成則享後此無窮之利益。不成則所損者區區之運動費而已。彼其人物望不高。信用不厚。往往雖挾此合同。而猶不足以動人。故蜀滇豫浙之礦。定約經年。而欵不能集。粵漢一路。發起人無欵自辦。而實權乃轉而入於比法。皆此之由。惟津鎭蘆漢等一二大舉。由彼政府助力。故事速集耳。）夫以莫大之權利畀諸

彼中一二無賴之投機冒險家而使之間接以代我募債則何如我自據此權利而直接以自募之爲愈也難者曰吾直接自募恐人莫余信莫余應也。釋之曰他事勿具論。請言粵漢鐵路之合興。歐美人之購買合興債券者信巴遜士乎（合興舊總理）信何域查乎（合興現任總理）信柏許乎（合興擬易之新總理）不過以其債券上大書特書名曰「一八九六年五釐常息之中國公債」（粵漢鐵路合同第一條所定債券名稱如此）有我駐美公使及督辦鐵路大臣爲之簽署有我政府爲之保證有全鐵路以爲之頭次抵押彼資本家之信合興債券而樂售之也恃此而已今以同樣之簽署同樣之保證同樣之頭次抵押任委一中國人或中國公司以募資於歐美市場其信而應之者如故也而何必合興何必巴遜士何域查柏許之始能集事耶吾所謂自據有築路管路之權利而直接以募外資者何不可行之與有難者又曰。子言誠辯。其奈吾國中無一可任築路管路之人才。此萬國所知也。今日吾自築之自管之。則資本家皆爲此路之前途危。夫孰肯冒險以應吾募也。況吾既無人。終不得不借材域外。苟不爾。恐欵雖借得。而路終無成時也。釋之曰。此固吾今日最痛心之事我政府我國民苟念及此誠宜自愧自奮急起直追以爲他日謀者也若夫目前權宜兩全之計亦非無道矣則吾所謂借欵甲國借材乙國之說實今日駕馭外資之不二法門也今微論他國如彼日本者其生計界極困難未能有羨餘之母財以侵略我中國此我所能信也而苟借其材以代我辦一路之工程必能勝任愉快此又非徒我所能信亦各國所共信也今有一路於此吾以政府或一公司之名義自辦之用日本人以司工程（路成後而管理之。則吾中國今日雖乏才已極。養成此種人才。決非難耳。）而發一種債券與粵漢鐵路爲同樣之簽署同樣之保證同樣之抵押以募諸歐美市場而謂應募者必不能如現在合興之踴躍乎殆非然矣嗚呼今者合興廢約之議方漸進行。吾以爲合興之約而能終廢也則將來善後之策不可不出於此途即繼合興而欲經營他路或經營鐵路以外之事業也其進戰退守之計亦不可不出於此途能若此者則可以用外資不爾則一文之外資即一枚之割地快刀也抑此議之實行。無俟新政府成立以後也。即現今猶優爲之苟能是。是亦足矣。若夫當世極端之憂國論者日日攘臂以排斥外資曰吾其以自力辦某路。吾其以自力辦某礦。其熱誠吾甚敬之。其提議吾亦贊之。顧吾懼乎託諸空言者既數見不鮮而客氣復不能持久遷延遷延稍經歲月於此方面之目的既不得達而彼方面受敵人之來襲者復倉卒無以爲應而卒蹈前此再三縱演之覆轍焉則雖附益以更番之痛哭其將何及也吾故犯舉世排斥外資之最高潮而獨研究外資利用之一問題者正爲此爾正爲此爾

（附言）鐵路當爲國有當爲民有之一問題。（國有者由國家管業也。民有者由民間一公司或一私人管業也）實現今生計學家論辨競爭之點中難乙駁未有定論也而爲防托辣斯兼幷之勢則國有爲優爲調劑勞働問題之窮則亦國有爲優。故「國有」政策自今以往日益占勢力矣。而社會主義家言且並倡資本歸公（即資本國有）之說。此其義在今日中國固萬難實行。（即泰西各國亦未能實行）然此實世界之公理將來必至之符。今若爲國家百年長計則改革伊始不可不爲應此趨勢之預備吾意新政府者立莫如大借一次外債以充國有之資本而經營各業純采「國家社會主義」之方針如現今德奧諸國所萌芽者則數十年後。不至大受勞働問題之困。而我之產業制度或馴至爲萬國表率未可知耳。雖然此其理至長其事至遠今日而言之其猶語西江於涸鮒也。故不復贅陳畧述其俔而已。

雖然利用者對待外資問題之一義而已必能抵制而後能利用（既能抵制則又不可以不利用且不妨利用）抵制經也利用權也吾更欲於次節陳抵制之義。

（未完）

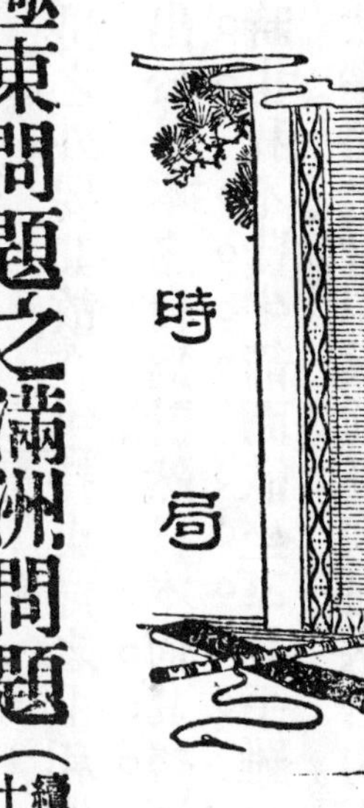

極東問題之滿洲問題（續第五十五號）

觀雲

清國之中立

凡夫中立者。必於兩交戰國所爲交戰之事。固與已無稍相關。而從戰爭所發生之利害。亦毫不及于已。若是則必處於中立者也。即不然。於兩交戰國中。或其一爲已之與國。而其一非已之與國。而從戰爭所發生之利害。亦不無與已國有牽連之故。然其所謂與國者。或係平和之同盟。而非戰爭之同盟。或帶有戰爭同盟之意。而或一國與一國戰。無第三國之助。一方之交戰國。則已亦不必援其同盟國。而得辭戰爭相助之責任。（如英日同盟若無他一國出助俄國則英國亦不必特助日本）若此則亦必處於中立者也。而以是例清國。則皆不然。其戰爭之故。既由已國開其機。而從戰爭所發生之利害。亦關係於已國爲獨大。而兩交戰國之戰場又均開於其國土範圍之內夫一國之土地決不能於同一主權之下而分爲有二種之性質是故其國而有中立之土者則凡其全國無一不有中立之性質固可知也其國而有戰爭之土者則凡其全國又無一不有戰爭之性質又可知也然則以清國爲列入戰爭之國歟則中立之土當別之於清國之外以清國爲列入中立之國歟則戰爭之土又當別之於清國之外夫以清政府權衡於漢滿兩土之間必取漢土而寧棄滿土故當中立宣言而他人已視爲清國棄滿洲之一實據何也。爲其國統一之權之所不到則其地之主權已懸而無所薄而豈以他人莽骸骨糜血肉之地復挈而爲愛新覺羅之貢獻品若曾國藩之掃蕩漢土奉納滿朝有同一之事例哉亦毋再覩此天幸矣吾觀朝鮮人有上書於其朝廷者。其言曰。日本領國之兵。竭民之財。戰征於萬里之外。要其故。在維持東洋之平和。保全清韓之領土而已。雖其所爲維持保全者。亦出於日本之自爲計。然日本何其勞清韓何其逸日本何其勇。清韓又何其怯乎當此時也我不費半箭而欲坐享昇平雖日人不言我獨無愧於心乎宜從元帥府選任文武韜略之才。率兵前進。與日兵合力。擊退俄兵云云。嗚呼。彼朝鮮人尚能爲

此言若清政府當其有事則舍滿洲而避於中國漢土之蔭下曰吾中立國也吾中立國也及其無事又將出而爲滿洲之主人翁亦寧獨無愧於心者乎

中立之解釋非謂吾力足以戰則固必出於戰惟吾之力有所不足故不得已而姑止於中立若是是將强則抗人而弱則避人理既有所不公心亦復爲可鄙且謂吾力不足而姑止於中立是尤不解中立爲何物者之言夫力不足。固未有能完全其爲中立者也夫中立之必需乎力與夫戰爭之必需乎力亦正相等但緣其所處之地位異耳蓋一言中立非與夫兩交戰國一無交接之事也其因戰爭而與兩交戰國交接之事正多故必以力實舉行其中立之事若中立地域、禁止兩交戰國軍士之濫入、中立港灣禁止兩交戰國之船舶。不得碇繫、或限時立退或解除其武裝而監視之又若關軍用禁止品、查禁其賣買接濟等事。使我之主力稍有不足而不能令兩方之交戰國悉遵我之約束而不敢違則一方之交戰國銜挾吾中立之範圍以去而一方之交戰國亦將蹂躪吾之中立而吾固無可詰問且以吾力之不足懼得罪於甲國寬假焉而容甲國之所爲又懼得罪於乙國寬假焉而容乙國之所爲則必至乙則責我以待甲國之所爲爲非中立甲又責我以待乙國之所爲爲非中立變假而乙令我以拒甲我不能拒而不能不拒甲又令我以拒乙我不能拒而又不能不拒或至兩方皆迫而兩方皆不能拒乃至不得已而譴責已之官吏以謝罪而求無事是又直讓自有中立以來之醜態彼滿政府中立之末路不只至於是哉是固可略舉事而證之。

本待報奇捷來揚三色旗一朝齊解甲可憐滿洲兒滿洲衛者。俄國千二百廿四噸一砲艦於日俄開戰前碇泊上海原夫亞歷斯夫作戰之方略於一方過作平和於一方派精銳巡洋艦四隻共四萬二千百六十五噸使分屯於浦鹽港又派兩艦於仁川一俟決裂欲令取攻勢出旅順艦隊以襲擊日本一要害之地以浦鹽艦隊擊日本沿岸以陸師入朝鮮京城而派滿洲衛於上海通告宣戰報捷以張俄國海軍之威故當滿洲兒之入上海港也。實於檣頭揭俄國之三旒旗。於是衆知戰爭之開始。然不謂亞歷斯夫之計未及行而爲日本制於機先夜襲俄國之艦隊於旅順而大敗之由是戰爭之形勢全一變日本得取攻勢而俄國則全成守勢浦鹽與旅順之艦隊分隔仁川兩艦亦爲日本所擊沈滿洲兒在上海亦不能於開戰後有碇泊中立港之權利然是時俄艦大敗之信飛傳滿洲爾慮出港於吳淞口外受日本軍艦之要擊以清國爲彰碇泊如故。按中立規則。屬中立港灣。須禁止交戰國軍艦。不得闖入。如千八百六十二年。美國南北戰爭。英國於巴哈墨島諸港。均行禁止。千八百七十年。德法戰爭。瑞典於港灣五所。均實行閉鎖。英國亦於其本國。及其殖民地。又及其領土所在之諸港。又屬英國主權之水面。禁止或有碇泊及避難之事。此外又有限交戰國軍艦入中立港。限二十四時退出之法。於千八百六十年頃。此規則愈益適用。千八百七十年德法戰爭。美國厲行二十四時間規則。千八百九十八年美西戰爭。日本亦厲行二十四時間規則。由是中立法規。於其港灣限交戰國軍艦二十四時間內退出。遂爲金科玉律之一條。準此例。滿洲爾當於二十四時間退出上海。然滿洲爾不僅無出帆意。於二月十日。載入多量之煤。又於十一日。轉錨地於東清鐵道會社倉庫前棧橋。又有載入彈藥之事迹。而清國不問。日本遂以此事詰清國。清國令俄艦退出。俄艦頑不應。遷延日久。而日本督促益甚。謂若清國不履行中立義務。日本當以軍艦入上海港。復由清國政府與俄公使相商。俄艦仍泊上海。而解除武裝。以是得覓一時之無事。是固由俄國之藐視清國而任意違犯其中立乎然亦以清政府之力不能自保其中立故也而日本則已以此事爲清國力不能守中立之案其後於旅順海戰俄國敗艦列士的拿逃入芝罘、日本直入捕獲。此固日本之侵犯清國之中立而毫無可辨解者、而日本即援滿洲爾之前例爲口實不觀日本人之言乎。曰俄艦滿洲爾之入上海也。清國不實行二十四時間立退之規則、又無實力。即解除其武裝、是清國不守中立之規則。明白甚也、然則此後更何望於清國有中立之效乎。夫滿洲爾之事。其交涉實費一月之久。設此時日本直以軍艦蹐入上海。誰亦不得議日本爲違法。然日本之所以不爲是者以上海有他中立國之商業所在、不欲以此累及。故特爲寛大之處置雖然今對於芝罘之俄艦。不能再用此例、何則芝罘接近旅順之交戰地。彼俄國隱然視清國港灣可供其戰爭接應之用。若取放任之策。則俄艦何時得出而加害於日本。以妨礙日本戰局之進行。況俄艦自竄入芝罘。已經二十四時間。不令退出。亦不解除其武裝。則是已違中立之規故日本得而捕獲之。毫無戾於公法云云此固日本一偏之辨辭而其辭柄則固清國自授之也而俄於此時。得乘間詰責清國。令清國問日本以軍艦直闖入中立國海港違犯中立之罪。及償還其捕獲之艦。而同時俄國之敗艦亞士克列及古勞佐乙兩艦。又遁入上海。即行修繕。清國令其退出。或解除武裝。俄艦均不允、隱持清國容日本軍艦入芝罘港事為抵制。而日本之責問又來。清政府左右為難。躊躇無策。上海各國領事會議。謂清國若不盡中立之責任。各國當自行其保護上海之權力。當時美國軍艦。嚴裝入上海港英國軍艦亦至。而清國上海道照會各國領事、謂清國實無法迫令俄艦退去。茲租界之事。各國自行酌辦云云此可謂失辭辱國而貽笑四方者矣各國領事答書。謂清國宜厲行公法。毋得推諉。後由清政府輾轉與俄婉商。始僅允解裝、而欲清國送還其艦員。清國官吏。謂可以省監視之勞。亦樂送還。然恐戾於公法。乃先請於日本。日本不允。又累交涉、卒抑留艦員而始結事。夫限時立退不退則解除武裝此中立國自守其中立領土對於兩交戰國軍艦應有之權利也又何待商之有觀於同時俄敗艦之竄入膠州灣也。德國即實行解除武裝之令。日本遂無辭。而清國之對於俄艦也其孱懦如此設非有他國之迫則俄艦之碇泊清國亦將熟視之若無覩矣倘何成為中立之有噫、凡此中立之狠狽固無暇責他國之有意侵犯之也亦清政府之不能自完其權限以致此耳。

或曰。以衰殘不能自保之滿洲政府。一旦逢日俄之戰，其欲何爲。將助日本而攻俄乎。俄若勝日則奈何將助俄而拒日乎日若勝俄又奈何是固彼所歘焉龜焉而不知所適從者無已。其中立乎是固處於無可如何之窮境而後出此者焉曰是固然矣。夫國固貴自立於平日者也於平日不能自立而欲救急之有奇策此必不可能之事也昔者滕文公徬徨於事齊事楚而晢其神明以求教於孟子孟子蓋亦無術焉曰死守曰遷地夫豈不謂之迂雖然。除此迂策之外固竭智罄慮而更不得其方者也故曰、國貴自立於平日耳彼滿洲政府方且日酣歌恒舞以樂其夕照之河山仁者對之而哭智者向之而憂而彼乃曰爾曹可惡宜殺無赦或屏諸四裔焉或囚之囹圄焉或付之砧組焉而彼始稍稍快心則雖欲爲之謀而無從謀爲之慮而無可慮況乎彼固不欲人之代爲謀代爲慮焉以爲吾固自有避槍彈卻砲火之靈符無他。他人開戰吾中立耳。而爲之進一解曰處中立國亦有中立國所當擔任之事而彼不計焉姑冀其無事至於有事則固將以遷就支吾敷衍模糊之一法了之嗚呼。此其所以有今日中立之現象焉而又奚責也合而觀之而得一正義焉曰當中立與不當中立姑勿論既中立矣凡中立內所有之義務權利不可不盡一嚴肅而執斷然必行之策雖强國勿怖焉雖暴國不餒焉如是其尙足以自立乎昔春秋時。鄭迫於晉楚之間。事晉則楚怒。事楚則晉怒。蓋有羝羊觸藩之象焉。然及子產爲政。據理以行。於晉楚兩無所畏。而於晉楚之以無理相待者子產日以理折之振振有辭而晉楚皆不得不服於理而無辭鄭是以得脫於畏首畏尾之一境焉不然。以愉懦憚事行之自生荆棘趦趄促縮於其間而其曲凡在我而不在人卒之仍不能免禍徒貽國辱而已是故有國家者上者理力兼備次者有力而少理次者有理而少力下者理力兼亡理力兼備者王有力而少理者伯有理而少力者存理力兼亡則不可以爲國

夫事固有可舉隅以推者頃者英國於西藏之遠征隊。已告成功。觀其所訂條約則西藏之保護權。已入於英人之手。（觀約文第九條不經英國承認不得爲所規定諸事是即待保護國之例）而清國於不言不語之中已失此盤踞大雪嶺高崗面積十一萬方里人口六百四十三萬之一藩屬國夫豈非英國之强奪淸政府之所有物以去者然吾觀世論。其評此事件。因西藏之入於英也

時局

淸國自有可唱苦情之理。雖然。方英國之派遣西藏遠征隊也。於其進行之中。屢與藏人相衝突。事非一日。清國於其時無所發表。若處於旁觀者之地位。然則此時雖欲開言。已失其所以可開言之理由云云。夫淸政府對於其東方滿洲日俄之戰。固中立也。然對於其西方西藏英藏之戰。非中立而亦若處於中立。夫以此而欲求免於戰爭之事。則固可得免於戰爭矣。獨無如此高拱袖手之間。而寸金寸土之山河。已有化而爲他人之物者。彼頤和園裏。笙歌無恙。方將舉酒而酹中立神之勞。吾不知奉中立爲惟一之保護神者。果能恃此而長無七鬯之驚否也。

（未完）

十

中國人種攷（續第五十五號）

觀雲

中國人種之諸說

（丁）中國古代之開化有主獨自發生之說者有主自他傳來之說者主自他傳來之說又分而爲三一以爲源於埃及一以爲源於迦勒底巴比崙亞述一以爲源於印度特孟亞與愛米阿與部來墨爾諸氏主獨自發生之說者也而託凱內氏反對之以爲支那之文化自西方來而斷爲埃及之殖民地云云拉克伯里以爲由迦勒底巴比崙傳來累以其所攷證登於雜誌而西波與岱烏士亦主傳來之說前者以爲亞述而後者以爲印度今日本學者亦多言中國南方之文化當受感化於印度夫謂文化之傳來與人種之關係其間固稍自有別然不無多含人種關係之故於其中今畧摭日本

學者王張由印度說之一斑如下。

戶水寬人云。支那之開化。與巴比崙之開化。其相似之點固驚其多。例若十二律。巴比崙有之。支那亦有之。陰陽之說。巴比崙有之。支那亦有之。歷法。巴比崙之與支那又甚相近。然是等文化。其源實本於阿加遜人。夫於中央亞細亞號爲最古開化之人。非阿利安人種。非塞米的人種。而實屬於頭顱短廣烏拉嶺阿爾泰山語系之種族。其當爲阿加遜與達羅毘荼 Dravids 人種乎。今學者多以爲印度之文化。起於阿利安人種。實當歸於與印度歐羅巴語系無關係之達羅毘荼人。達羅毘荼人。於未入印度之先。已有文化。入印度後。而更見發達。阿利安人之入印度也。受學於達羅毘荼人。此達羅毘荼人與夫阿加遜人。果有關係乎否乎。以其人種相似。而居住之土地亦近。其文化之相繼承。蓋可想像。假令支那之文化、源於巴比崙。必有關係於阿加遜人。而吳楚蜀之文化。與達羅毘荼人。不無有相通之故。觀老子莊子之說。多與佛教相似。是固可考其與達羅毘荼人或有相關係者矣。

幣原坦氏與覓川氏。原中國佛教之傳來。非始於漢明帝。其所證引。一西方聖人之說。

佛祖通紀法運通塞志。周昭王廿六年。（法運通塞志作三十六年又有作九年二十四年者）四月八日。江河池井汎溢。宮殿大地震動。五色光氣。入貫太微。徧於西方。王問太史曰。若何祥乎。對曰。有大聖人。生於西方。一千年外。聲教及此。王命鐫石。置之南郊天祠前。又穆王五十三年壬申二月十五日。暴風忽起。發屋折木。山川震動。西方有白虹十二道。南北通貫。王問太史扈多。對曰。西方大聖人終亡之相。廣弘明集引列子。孔子答商太宰之問曰。西方有聖者焉。（見列子仲尼篇）據斯以言。是孔子深知佛爲大聖也。二文殊目連來周之說。佛祖統紀法運通塞志。引列子。穆王時。西極之國。有化人來。入水火。反山川。千變萬化。不可窮極。穆王敬之若神。事之若君。臨終南之上。築中天之台。其高千仞。而引天人感通傳之記事以說明之曰。穆王時。文殊目連西來化王。（中略）因造三會道場於終南山。築中天之台。其高千尺。王之第二子。於泌水北山石窟。造迦葉佛像。王又於鼓山迦葉佛舊寺。重建竹林寺。山神從佛請五百羅漢居之。三秦繆公石像之說。廣弘明集。法運通塞志。周襄王三年。秦繆公時。扶風獲一石像。公不識。棄馬坊中。獲像神怒。令公病。又夢天帝責誡以問侍臣。由余往視。像曰。佛神也。公即取像。澡浴。置淨室。像忽放光。公大畏之。召匠造一銅像。四寳利房等來秦之說。朱士行經錄。秦始皇四年。中略西域沙門寳利房等十八人。賫佛經來化帝以其異俗因之夜有丈六金神破戶出之。帝驚稽首稱謝。以厚禮遣出境。五始皇焚書之說。歷代三寳紀始皇三十四年。所有典籍悉皆焚燒。惟醫方藥術。不在焚限。降此悉灰。緣是周代聖教靈跡。及阿育王造舍利塔傳記湮滅。靡所知承。六劉向佛書之說。三國佛教略史。引劉向列仙傳序。吾搜撿藏書緬尋太史撰列仙圖自黃帝以下至於今得仙道者七百餘人。檢定虛實得一百四十六人。其七十四人已見佛經矣。又二氏外。先輩有云。莊子南越有邑焉。名爲建德之國。見山木篇建德即印度。以此爲印度之名之早見於中國古書者。又兒島昌憲及其他諸氏以爲黃帝從崑崙來。實先帶有印度之思想者。或又以爲黃帝從印度來云云。

有馬佑政云。支那之有孔教老教。其根柢從人種上先天之差異。又從地理上後天之區別。孔教依漢族而起於北支那。老教依交趾支那族而起於南支那。漢族骨格長大。面貌黃黎。其意思强烈豪健。主實行。其地黃河河系茫茫平原。氣候乾燥。流水汚濁。地味粗惡。生民勞苦。而交趾支那族者。色白肉瘦。身軀短小。音吐清朗。富理想而多感情。

其地揚子江河系。峰巒翠碧。風物鮮麗。氣候和煦潤濕。生產饒多。地味肥沃。居民安堵。得縱靜觀覃思。一者以北方思想爲孔教之根柢。一者以南方思想爲老教之根柢云云。

山下寅次云。支那巴蜀諸山。多關神仙之傳說。如謂玉女山閬山綏山牛頭山。皆神仙游集之所。又杜宇出天墮山。拉克伯里解天墮屬印度。又揚雄蜀王本紀。謂其初王蠶叢。後王尾由。皆於湔山爲仙。齊爾氏旅行四川。探湔山。於其山側。多發見土窟。當爲蜀王或後代求仙之人所居之遺穴。而此等風俗。惟印度婆羅門修鍊神仙之人獨有之。又攷其仙窟所有之年代。在尙不知文字以前。其所鐫刻於岩壁者。不過太陽等之形。又在穴中有洗浴之小池。此又足證爲婆羅門修業者之確據。由是言之。蓋由印蜀交通。而印度人早有移居於蜀中者。遂至有在山間爲神仙生活之人。而在支那可稱爲神仙思想發源之老子者。生於楚。而楚爲蜀之東鄰。故易與印度思想相接。得無受印蜀交通之餘澤者歟。

丁之說如是。今試取諸說而略證辨之。夫謂印度之開化。首自達羅毘荼人種。而阿利安人種之文化由學於達羅毘荼人種而得幾若粲米的人種入於底格里士幼發拉底兩河間學於迦勒底阿加遜人種遂開有巴比崙之文化者然按印度古代之住民最先者有從西藏緬甸入之一黃色人種次則訶拉力種 Kolaria 從喜馬拉亞山東北之峽路入於印度而漸蔓延於各處次則達羅毘荼種從印度西北峽路侵入印度之彭士浦夫異種族間以生存競爭之故其競爭之禍必烈此爲古今之同例當其時先入之訶拉力種遂爲後入之達羅毘荼種所壓倒而失勢四散然達羅毗荼人雖勝訶拉力人亦尚無敵視訶拉力人之心相與竝居而送日月其後以素住中央亞細亞與波斯同祖先一優勢之民族從印度之西北印度河之上流而入印度即所謂阿利安種族是也自阿利安種族之入印度以種族間生存競爭之故一時印度之舊種族無不受其擊打經幾多劇烈之戰爭觀于梵文羅摩衍那 Ramayana 之敍事詩甚言當日舊民族之勇猛敢戰然卒爲優勢之阿利安種所勝一時印度之舊民族或敗而逃入山林或被捕而爲奴隸阿利安人與土人以二個之名號其在山林尚有反抗之餘力者曰歹腥斯 Dasyns 即所謂敵人也其被捕而降伏者曰歹赦斯 Dasas 即所謂奴隸

也此等名稱嗣後數千年至今日土人尚有以爲姓者而又分爲三蕃全從者爲上蕃表從裏不從者爲中蕃內外皆不從者爲下蕃而四種族之階級亦因之而生此種族之原語爲伐刺拏蓋色之義猶中國有色目脚色等名阿利安人自尊其爲白色其餘名爲黑色而醜惡之此四種族之中婆羅門與剎帝利與吠舍皆屬阿利安種而所謂服賤役之首陀則舊土人也蓋印度之階級甚嚴而其階級由種族而生其種族實與阿利安與非阿利安種成達羅毗荼人顏色黑毛髮柔鬚髯多屬於非阿利安種之中固阿利安人之所征服而賤視者而攷其當日之文化能結團體立酋長有農桑牧畜又稍知貿易及建築等事而攷梵文古書謂其原始住民亦頗有宗教之觀念或依儀式有欣求來世之想然達羅毗荼人之宗教心實爲蠻劣其所崇拜者爲蛇又信生殖之威力至拜男根此與夫訶拉力種崇拜森林之靈其智識實相等阿利安人宗教之思想蓋已具於未入印度以前居住中亞洲時（或謂原居在阿母西耳兩河之間）至入印度而後益以地利豐沃發達其固有之宗教心而成婆羅門教其搆成宗教之原質固非得之於達羅毗荼人當日有所學於達羅毗荼人者惟行政收稅之組織曾延用其風俗而已故阿

利安人之於達羅毗荼人也固非若巴比崙之塞米的人之大有賴於阿加逖人以造成其文化不過若中國漢人之於苗人古時中國之苗人固不得謂之無文化者其巫風旣延及於漢俗其五刑之法亦爲漢族所取用然漢人文化之大體固自漢人出而無所賴于苗人且謂印度古代之住民已有文化則又不僅當舉達羅毗荼人也與佛敎並峙耆那敎之開祖跋陁摩那其像顏面圓而短鼻頗低而身體矮小可證其屬非阿利安人種而耆那敎實行於訶拉力人種之中故有謂其開祖當屬訶拉力種者是固不當以印度古代之開化專屬之達羅毗荼人也且佛敎果有關係於達羅毗荼人否乎夫佛敎實革新印度諸家之說故九十六種佛敎皆視爲外道雖以釋迦幼時飽讀婆羅門之訓典然其敎實破婆羅門之說又當其求道之時曾訪阿羅邏迦蘭與鬱陀羅羅摩子而研究數論派然亦不足於數論派之所言及其成道迥出於數論派之上蓋佛敎實爲釋迦獨力悟入之敎不藉他人何等之影響彼達羅毗荼人果何益於佛敎之消滴乎且達羅毗荼人寧可謂與佛敎相異而爲佛敎之敵當佛敎已經發達數世紀後印度人以混入達羅毗荼人之思想遂至病態百出而佛敎因之而仆佛敎

之不盛於印度則達羅毗茶人爲之也而新婆羅門教則達羅毗茶人與有力焉其與夫佛教固不相合矣且謂道教之與佛教有相似之點尤不如道教之與優波尼沙土其相似之點尤多余嘗論中國之道教與印度之優波尼沙土其思想甚同以非本論之限。不及論惟兩者之間固無彼此關係之迹且又無與于達羅毗茶人也夫達羅毗茶人之與中國人種果有何接觸之證耶方達羅毗茶人之爲阿利安種所迫逼也退於印度極南之海濱而謀生息於太平洋數島嶼攷其言語有可認爲達羅毗茶人種者在其種族所移遷之道線及其所占布之區域與漢人種之一範圍之交錯之迹若謂于最初未入印度之先與漢人種或有間接之關係則固徒遐想像而無一事實之可據且若是則舉達羅毗茶人毋寧舉古時從西藏緬甸進入印度之一黃色人種此人種之言語分二十種多支那蒙古語之散在其住於阿薩地方之奈加斯族所用三及水之語與廣東市音全同論者謂此爲祖先同居時代所遺留之言語惟其關係之故今尙不可攷若夫達羅毗茶人則固不能舉其有若何相同之痕迹也

（未完）

新英國巨人克林威爾傳（續第五十四號）

中國之新民

第六章　無國會時代之克林威爾

彼時之英國。爲無國會之時代者十有一年。此十一年中。則歐洲最有名的「三十年之役」其戰爭正酣正劇之時代也。（查里士解散國會在一六二九年。至一六四〇年始開。三十年戰爭。則起一六一八年。訖一六四八年。）全歐，大陸如糜如沸。靡有甯日。其時之英國則何如。其時英國巨人克林威爾則何如。英國苶然其疲呻吟於專制軛下蓄千萬人之積憤而末由一洩何以故以英國爲國會萬能之國無國會則一事不能爲故（無國會則一事不能爲此英國之常談也）克林威爾穆然其靜率其子弟族黨日日祈禱演說於上帝之堂何以故克林威爾爲宗教獻身非爲政治獻身故吾有一識想常沈沈焉蟠際予腦吾每讀克林威爾傳記一度輒蠢蠢焉瘉浮現者一度其識想維何曰宗教迷信與革命精神相關係之一問題是也以歐洲歷史大勢論全體之政治革命皆以宗教革命為其原動力盡人所同知矣以國別論則造意大利者加富爾迷信家也造奈渣蘭者荷蘭之維廉額們迷信家也造美利堅者最初之清教徒殖民。次則華盛頓。後則林肯。迷信家也而其最著者莫如造英國之克林威爾吾於是竊疑無宗教迷信者不可以言革命乃吾觀俄羅斯之虛無黨大率標無宗教之一旗幟而何以其堅忍不拔也如是猶得曰彼固至今未成就也乃吾觀法蘭西大革命時代其主倡者皆懷一切破壞之思想並宗教而唾棄而何以波瀾之壯濶動世界也猶得曰彼固方成而旋蹶也乃吾觀於日本尊攘之徒眞未嘗有一毫宗教臭味者也而今之日本何如也吾於是又疑迷信不可不有而所迷信者不必惟宗教虛無一迷信也破壞一迷信也尊攘一迷信也由前之說則以宗教思想孕政治由後之說則以政治思想代宗教吾彷徨於兩義之間而至今未能決也雖然迷信為萬力之王則通前後兩說而無以易矣吾欲以是觀迷信之克林威爾

克林威爾既去國會坦然若平時千六百三十年任本縣之保安委員蓋三老嗇夫之職也遇王室慶典不肯出賀罰金十磅遂去位乃賣其恒殑頓之田園移居於聖埃布聖埃布者臨威士大河最宜牧畜至今猶以獸市聞者也克林威爾者牧人也日夕居此地與老妻幼子同追逐牛羊躍攫長鑱以刈豊草荷箬笠以憩甘木自播自耨自刈自穫自栽果實自藝園蔬自剪羊毛自腟牛乳無冬無夏無風無雨日日勤動靡有時息夕則集家族鄰里鄉黨於豆棚瓜架下唱讚美歌讀舊約最喜言摩西提以色列族人排萬難冒萬險出埃及向迦南徘徊沙漠忍飢耐寒奮戰勇鬥盡摧魔敵之事日必道一次蓋十年千日未嘗間云其簡單也若彼舉國中無或知有克林威爾而克林威爾亦殆若與其國相忘也久矣其間惟盡力於慈善事業恤老憐貧所居百里內蓋仰克氏夫婦如慈父母云此固亦鄉黨自好者所優爲也卡黎爾狀之曰「以彼古香古色之貌加以十一年之襏襫櫛沐益凜然其蒼黝然其黧儼然一舊約書中之人」弄不獲見克林威爾吾瞑目彷彿之躍然如將遇之

此十一年間表面上之克林威爾其聲希味淡也若此而後此轟天裂地之克林威爾

又何以稱焉諦思之諦思之彼千六百四十年以後縱橫大陸之三千鐵騎孰綱維是孰孕育是噫嘻此皆十一年間瓜棚豆架之產兒也彼不徒自爲舊約中之人物乃更製造其家族鄰里鄉黨使悉爲舊約中之人物彼其所製造之人非必有軍事上之學問非必有軍事上之經驗而獨有軍事上之品性之精神而此品性此精神又非必專爲軍事上之預備而養成之也亦曰使之學爲人而已學爲上帝之選民而已而其結果之震盪天下也遂若彼何以故以迷信故摩西自言爲上帝牧其羊克林威爾乃爲英國牧其鐵騎十一年之牧牛郎則其爲天下人牧之資格所由成立也於其時也有歷史上所謂空前絕後之一大抗議起焉則船稅問題是也千六百三十五年以查里士之勅命課船稅舉國莫敢爭時則克林威爾之舅曰哈布丁當課十二先令（約今中國銀四兩）毅然曰船稅非古也背成法之賦稅一銖不能畀也抗不納政府乃訟之於法廷凡亘三年之久哈氏蓋費三千餘磅之訟費經兩博士六日之辯護而卒不得直終畀其十二先令於獨夫自是哈氏之名動天下以吾東方人之眼觀之以三千磅易十二先令天下之大愚莫過是也而豈知此區區者實權利思想之最好模範而

盎格魯撒遜民族特性所由表著也哈布丁訟雖不直。然抗議之影響動全國。所至風起水涌。攘臂張目。馴至哈氏以外無一納船稅之人船稅以外無一人納他種非法之稅於是十一年來朕即國家之查里士乃不得不降心以再集其所厭惡之國會是即國會軍之起點而克林威爾事業之最近因也

（附言）『不出代議士不納租稅』之一格言。實各國民求自由之最要關鍵也。蓋專制政府雖極狠毒。無租稅則一事不能辦。故民得以持其急以有所易也。以租稅挾制政府之思想吾中國人有之乎、曰有之矣有之而何以不能有所易、曰、我不納租稅而政府可以强迫使納彼則不能此其所以爲異也抑吾之不受强迫者且有焉矣其對之之法奈何小則罷市而大則揭竿也罷市一偏區之影響耳無足以嚇中央政府也揭竿極矣然亂事既定而租稅仍一惟他之强有力者所命無以異於未揭竿以前則安用此擾擾爲也一言蔽之則惟知逃義務而不知以權利爲義務之報酬實中國人之最大缺點也自其始未嘗曰吾將有所易故其究竟不能有所易此因果必至之符也安足怪耶吾國人不改此舊思想則自由之福終無幸矣如

傳記

其改之則雖爲無血之革命焉可也

第七章　短期國會與長期國會

蘇格蘭清敎徒憔悴於信仰專制下者既久及船稅抗議之影響所盪遂起暴動謀離英爲獨立國王師鎭之敗績三四而司農仰屋無復銖金嗚呼十年塵滿之巴力門乃始拂拭見天日雖然以十餘載之滄桑民黨形勢迥異疇昔前國會最有力之名士伊里阿德者既瘐死倫敦塔中作鬼雄於地下溫德倭士則翻雲覆雨一躍而入君側助天爲虐爲民黨勍敵於是哈布丁以黨魁之資格立於議院而克林威爾以哈氏之吹噓被選於金布列市（大學選舉區也）爲議員此次國會開於千六百四十年四月其態度初極沈著穩重惟於提議供給政費之先照例要求宗教上政治上之改革使查理士而稍知讓步者則積旬妖霧一旦掃之非難也豎子不悟猶用其自殺之慣技於五月五日遽命解散是爲查里士第四次解散國會蓋開會僅二十三日云史家字之曰短期國會

解散則解散矣舍國會外而政府更有籌款之道乎無有也咄哉駃豎查里士於解散

後六閱月終不得不醜顏以開第五次國會而此國會者即後此亘十三年之久以無上之威力支配全英者也、史家字之曰長期國會

長期國會之選舉。克林威爾再爲金布列區之代表人。十年前之名士凋殘既盡。獨一約翰謙讓。戴盈顛白髮就議長席。而哈布丁、維安、法格蘭、荷爾、梭士埒、諸君子輔之。而克林威爾亦非復十年前村樸之態。常以大海潮音震盪議場。今茲國會之組織非議院而軍隊也國會之言論非討議而裁判宣告也壯哉國會

克林威爾非辯才家也。非議院首領之人格也。雖然其一種嚴肅之氣盎於面使人目眴而不能正視其一聲兩聲之獅子吼如電流激刺六百議員之耳常能使本黨增萬丈氣餒使敵黨瞠噤於不自制時則倫敦萬五千市民提出請廢國敎一案。梭士埒提出每年例開國會一案。皆克林威爾首贊之。而有名之十一月廿二日大抗議。徵克林威爾無以底其成。大抗議者何國會軍是已自此以往而全英國乃爲克林威爾獨占之舞臺

（未完）

中國貨幣問題（續第五十二號）

中國之新民

第三章之續

第五節　論關於財政上主權之事

精氏原案關於新貨幣本體之辦法。原本學理適切時勢。吾幾無以爲難矣。獨其關於管理此幣制之主權。有爲吾國民所當兢兢注意者。今不避複沓。再臚原案而評論之。

一中國政府將設立此圜法且管理之。應聘用適當之外國人以相援助。（原第二條）

一應派一洋員爲司泉官總理圜法事務。該司泉官有權辟用幫辦數人管理製鏹局及別項事務。爲司泉官所指派者（原第三條）

一凡各國之以賠欵事與中國有交涉者。准其所派代表人遇適當時查看司泉官每月所刊之報告書。且有

條陳獻替之權（原第四條）

一代理機關之借欵以一財源作抵。惟管理此財源之法。須令各國之有關係於此事者咸表同情。（原第十條）

一應設法頒定銀行律。准由國立銀行或別種相當之銀行發用鈔票與通寶同價並用。統歸司泉官監督（原第十三條）

一司泉官及各國代表人有權爲中國提議整頓財政（原第十七條）

其司泉官所以必用外國人者。以中國之大。四萬萬人之衆。而於此事可以勝任愉快者竟無一人也。其必斷斷於各國之代表人者。則以此事於賠欵問題有關涉。不可不求諸國之同意也。精氏所著法案詮解第四第九等章言之綦詳。今得細論之。

請先論司泉官職權所轄之範圍。據原案則（一）全國鑄造事務由彼管理（二）各省地方官及商號之推廣此新幣由彼委託（三）海外代理機關之匯兌由彼專理（四）緊要屬員由彼簡用（五）將來開設中央銀行發行鈔票由彼監督綜觀五端則其職權之重大何如。是不啻舉戶部及各省藩司之權而握其半也。以戶部及各省藩司之權之半而畀諸一外國人之手。其危險爲何如。是又一赫德也。赫德僅筦關稅。沿江沿海以外之地。

猶非其勢力範圍若精琪氏所謂司泉官者則在在與內政有切密之關係一舉一動而皆足以制吾死命者也故語於實際則司泉一職萬無可以用外國人之理而今者舉國中能膺此職者既無一人則用客卿亦烏得已如其用之則其最宜注意者二端

一權限問題　前所論五種權第一種鑄造事務直接為斯事之主力畀之宜也第三種海外匯兌機關非通於生計界大勢有相當之學力者則無由操縱以神其用我國人才無足以語於此者不待問也故司泉之客卿所宜有事者惟此二端若其第二種推行新案於各省則屬行政官權力之範圍我政府若誠辦之則自舉之更無勞彼之越俎為謀也（或疑我國政界之怪現象。往往有中央政府之命。而[illegible]地方官吏不實力奉行者。則假司泉官以權力使干涉之。似非得已。雖然。若政[illegible]辦理。則自有可以行其命令之權。而不然者。假外人之力以加干涉於各封疆。尤非國家前途福矣。）其第四種任用屬員則將來養成相當之人才使可以受代殆致久假不歸皆於是賴焉任免之權悉自彼手而政府不得與聞此則稅務司之職權所以持太阿而不返也此其萬不能許者也其第五種則關係尤鉅矣中央銀行者一國財政生死之機關也貨幣雖為中央銀行一重要之附屬物而組成中央銀行之分子非專恃貨幣故以銀行總裁兼屬司泉官宜也今乃以

司泉官監督銀行是主屬倒置也故即一切以中國人自辦之而其分職固不可以不明而客卿更微論也

二年限問題。精琪原案於司泉一職但言用外人襄助而更不言其年限是有意爲荆州之借也夫此等改革作始雖難及其既成中材可任日本維新伊始事事借材五年以降悉歸自主其所以馭之者誠有道也我政府誠能操縱之則用精琪可也用其他之美國人可也乃至用其他之歐洲日本人皆可也而悉以雇傭之法行之或三四年或五七年一面養成適當之人才及期而可以爲瓜代則客卿亦何嫌疑之與有而不然者則誠不如不辦之爲愈矣

司泉官之外其最無理者則斷斷於各國代表人之同情是也此論之根因在賠欵問題謂各國因債權國也庸詎知吾國幣制所以不得不議改革者其第一著謀國內圜法之整齊其第二著圖國際匯兌之利便凡以助吾國生計之發達而使全世界生計界亦間接受其賜而已若賠欵問題不過百利中之一雖微賠欵吾猶將改革若賠欵以外他無所利者則不如其已也其動機既不係於賠欵而各國代表人蝨於其間果

何爲者原案第四條。謂各代表人可以查看每月報告。夫我政府將來若實行此案則諸事皆可以與國民共見者其報告雖登之官報全世界盡人同諸焉可也而何必限於代表人也原案第十七條謂司泉官及各國代表人有權爲我提議整頓財政。噫嘻。是埃及我也是朝鮮我也夫財政之範圍則廣矣豈其限於貨幣司泉官於所司貨幣一方面以外而更提議及於財政之全部則何說也謂各代表人以債權國之資格而得提議也則其爲債權國不自今日矣昔猶未敢明目張胆以言干涉我財政今乃以幣制之故而增出此特權則幣制之改革非爲吾福而爲吾禍也就此點觀之。謂精琪之造此案與各國之贊成此案。非有野心存乎其間爲吾所不能信也。

今者此案既罷矣。精氏既行矣。本節所陳區區杞憂者。既已消滅吾固無取再爲是嘵嘵也雖然吾聞之子產殺鄧析而用其竹刑因其一斑之野心而沒其大體之完善不得也吾今更爲數言以結此論。

一　中國不改革幣制則生計界永無發達之期始終既必出於改革蚤一日則得一日之益遲一日則受一日之敝

二　中國不改革幣制則已苟改革則其大體勢必採用精氏原案精氏案於內國通行銀幣之爲金幣代表者其法度盡人所同認無所容疑也而其爭辨者乃在虛定金價之一着此着則印度行之荷蘭行之日本行之皆無所窒礙而豈其中國而獨異是故精氏案之必可行吾保證之（其不可行者。在權限問題。非制度問題也。）

三　吾中國若自改之則吾可以握其主權而食其利若因循不改恐數年以後必有開列國會議强行干涉以追吾改者何以故各國生計界之競爭今後益集注於中國而現今幣制爲其競爭之大障物故

使吾所謂第三事者不幸而言中也則吾欲不爲埃及不爲朝鮮可復得耶今我政府之謝絕精琪也固非確見夫原案之有何缺點及權限之有何失當而思有以易之也。特以無動爲大。苟且圖省事而已。故以其慣用之延宕敷衍的外交手段以對付精琪。精琪去而問題消滅矣。而烏知夫「變亦變不變亦變」之一格言自今以往盖支配於吾國各方面之事事物物而終非延宕敷衍之所能避也政府不爲國民計亦當自爲計不爲將來大局計亦當爲目前賠欵計而竟長此以終古也雖然。今之政府。誰與語之。吾前此之言。既爲失言。吾知罪矣。

鄙人草此論。尙多未盡之意。如實行此案前之若何預備也。實行時種種之障礙若何而排去也。實行後若何養成人才以圖接手謀繼續也。皆吾所欲言者也。今此事已罷論。則言之何爲。若云以俟方來。則方來言之未晚。事會一日百變。處今日而言方來之言。知無當矣。吾故與盡而閣筆。於是苟以完篇而已。讀者諒之。甲辰十月著者識

又頃見上海時報。載有鄂督張氏駁斥精琪案一摺。其論權限問題。吾固表同情。若其論原案之缺點。則全未達生計學學理。一派門外漢語。本篇第三章第一第二第三各節。足以層層解駁之而有餘。讀者試兩勘之。勿徒爲謏言所蔽也。　著者又識

（完）

生計

廣東春蠶大造種試育表說

天民

友人順德吳君。邃於國學。能文章。以丁酉夏秋間東來日本大坂學蠶業。邦人中以私費留學日本者。君實爲首倡云。頃以所撰表說見寄。誠心得之言也。其說曾登香港某報。其表尙闕如。今特全錄之。　飲冰識

前者本研究社。飼育浙江蠶學館所製浙省日本春蠶種。曾著表說。然以蠶月及期。無暇修繕。陋略殊甚。不足觀也。已玆本社試育之粵東蠶種。現又繼浙江蠶種製造而播繭矣。（原種購自順德地方鄧某蠶卵紙店）一化大造種上簇普終。二化輪月種催靑又起。（粵蠶分大造輪月兩種。飼育時期。均甚短促。二十日可熟。溫度高者十七八日可熟。催靑上簇。接續無已時。蓋多蠶之國也。余別有表說。今不贅言。）加之製種檢查需時甚殷。事忙神倦。欲撰一精美詳盡之表說。蓋亦難之。僕近以丁母艱。故在衰絰之中。復藉病假。得餘暇。刺取養蠶日誌。排綴於表。紛亂所不辭。已於時鳴鷄初響。拔柝頻催。斂屑困于熱風。破漏淫于

胥雨。欲眠不睡。根觸多心。復爲之說。嗟乎、學理之奧。旣沒所發明。形跡所拘。徒守其糟粕。示人豈敢自參而已。夫濕爲蠶病。高溫次之。凡可蠶之處。胥然。於粵爲尤。於粵之春夏蠶時期爲尤。熱度旣高。濕氣亦劇。以地球蠶國論。日本名爲濕國。据其地理家言。謂北有黑潮。自北太平洋。經卑令海峽。導日本海。而達其本國。其南有黑潮。自印度洋經支那海。繞台灣琉球。而達其本國。南北二潮合流。遂爲濕氣之匯區。入梅節後。蠶家所忌。其蠶學者。以本國繭形中部生一種天然縊節。於地球上爲特別種。然以之製絲。舒解較支那種繭困難。於蠶界上生絕大之影響。向年競唱輸入他國種。以改良之。迨經多數試驗家研究。輾轉遞衍。未幾復同化于本國種。收效蓋少。以粵地毗近熱帶。印度洋之黑潮。廣東實先日本受其形響。是廣東濕氣。當較日本爲甚。雖日本島國。而廣東大陸。然就歷史上觀之。五嶺以南。迥與大陸不同風。

即就植物爲一比例。嶺南梅落。嶺北梅開。近來航路交通。輸入北方牡丹。蠟月發芽。轉輸江滬。況大寒時節。則桑菊舒條。江上春風。則蠶花上座。（粵蠶每歲十二月大寒時候桑芽綻發蠶卵出蟻是謂蠶花造即春夏造蠶之母種也）然則地理上之關係。與蠶業上之關係。亦一疑難之問題也。聞老蠶家言。現廣東大造蠶。原江浙變種。今難攷求其母種之形迹矣。據此而譚。若欲解決此疑難重要之問題。又不知費幾許熱心家企業家千辛萬苦腦漿。乃能得效然余更有一最疑難重要之問題。所謂改用陽歷。于廣東蠶業界之關係是也。余別有論。雖然。就本社冬春間所試育之浙日種。繭狀絲質。未嘗稍變。既罕切斷。重量亦豐。加之注意普及。遐邇。亦一輸種改良之時機也。惟粵無一講求完全之飼育法。非負大力振臂爲艱。況蠶種最可恐怖之微粒子病。濕度最高之出產地更爲繁殖方諸長江流域高燥之地。必加一層困難。有斷斷矣即如浙日種經蠶學館檢定無毒。乃飼育經過。搔繭發蛾。用鏡檢查。良蛾甚少。不及十分之二。豈飼育未得其宜歟。抑房地未得其所歟。總其大凡。亦濕氣爲害。居其大半。以乾燥表。而與華氏溫度比較。平均二度差而已。甚者溫濕度齊同也。趨避之法。非選高潔地。及應用除濕之術。求之于尋常養家。自不容易。總而言之。粵蠶周歲以六造爲標準。『近則有九月寒造十月寒上寒造合計八造』三造前則病濕。三造後則病熱。濕熱爲種種病毒之媒介。遂生種種困難之結果。此亦蠶學家歷歷試驗。所公認者也。有天然之好溫度，則開濕氣以障礙之。有天然之好乾度。則參高溫以障礙之。一若天魔好弄。以蠶爲犧牲。以人爲傀儡也者。以委時任運。老死不變之習慣。蠶家絕未有一審察其理由與其趨赴必然之勢。徒以太古時代諸父老口說相傳而已。觀其器物。猶陳李濟之果皮。老朽爲貴。窺其技術。猶朱義盛之銅紐。以古爲美。一若吾祖宗衣被於斯。南順以外。固無所謂强勁可畏之蠶國。捬伏其旁。霍焉將攫奪其所素恃。毫無顧慮。日本維新前。安政年間。輸出生絲價值。不過三十餘萬元。迄今明治卅年間。則驟增至八千餘萬。近則蒸蒸日上。隨國運之進步。鄰厚君薄。華絲已多爲其攘奪。守此不變。將再爲茶務之續。吾爲此懼。日本蠶學家有言。一縷之絲。繫國家命脈。桑士之氓。備軍人資格。誠以殖產豐而勞動勤也。夫以如許偉大寶重之事業與責任。已則趨而避之。苟安忌難。言僞而辯。乃委之吾國素無教育素無程度之編農。使自生自滅。以竭力于布帛絲縷納稅義務已也。不其偵歟。曩閱某日省報。錄粵中大府。對于吾邑。有照香山沙田捐例。議行桑基魚塘捐之舉。縣宰傳集邑中搢紳。籌議遵辦。夫基塘與蠶業。互相聯繫。吾聞外國振蠶業。獎厲樹桑。政府助金。保護惟恐不周。其調查斯業也。將固與之。今大府求金。朘削惟恐不盡。其調查斯業也。將欲取之。損下之謀。急公之勸。無不比例西法爲藉口。相形何如。是其差違也。夫吾邑所素恃以維係數百萬生靈性命。只有此數。然蠶造屢年不作。謀衣孔艱。守土重遷。傭洋匪易。因之羣盜充物。朝不保夕。淵泉既窒。枯竭立至。非第吾邑。殃及尤多。聞今幸已不准行。

其稍開通。號稱熱心本業者。則又經濟上唯一之目的而已。或剽襲脫略不備之譯本。或道聽皮相一二之新說。無師自通。試之罔用。主己先入。頑蔽彌深。不曰風土非宜。則曰經驗鮮效。小效或見。攘作己功。登彼高壟。良弓用窮。況淺信參于多疑。小利狥于欲速。於是舉所謂製造者。樹桑者。飼養者。絲業者。孳孳而起。相集合于經濟唯一之中心點舍詐僞私貪頑簡拙劣外。一若別無改良之新法新法亦不過如是而已者。外人評支那人性質謂只有私利心無公德心又曰甯飽拳辱探囊在掬比附之言惟酷惟肖吾未嘗不爲之握腕而頓足也就以製種家論。祇以浴水巧劣爲獨一無二之枕中秘。生理與病理如何。檢蟻與檢卵如何。不容過問。正收種與寒造種雜合。冷稠種與火稠種雜合。其尤甚者。僞以劣繭。濫製市售。害人匪細。昔人云。市脯不食。吾云市卵不育可也。

就以樹桑家論。主密植。主多獲。耕耘培肥。荒略簡拙。孕育虫菌。爲害益滋、（桑白菌病調查。現頗有眉目。方在研究中。他日續報。）此則種桑家之現狀也。至若飼養者。不審濕度如何。容積如何。密室如窖。只用火攻。務求早熟。方兄炙手。繭之薄弱。種之受病。不遑計也。卒之造次混淆。種類淩雜。雌雄不足。則掛合亂宗。春絲開盤。而夏繭上市。前造不佳。希望本造。本造不佳。希望來造。亦唯有多黏一道淨水紙符。勉效齊人豚蹄之祝而已。近日蠶家䪨狀。此其[illegible]

（未完）

東三省自治制度之公布（飲冰）

頃見上海時報。載有「創立東三省保衛公所章程」。吾讀之而驚。而喜。而疑。而希望。而慚愧。今全錄原文。附以評論。

（一）本公所宗旨。專爲保衛本地商民之生命財產起見。各就本地設立公所。先從興京海龍各屬創辦。俟有成效。再行推廣。

（二）本公所責任。專以民事爲重。故所設董事。皆由本地紳商中選擇推舉。其人數多寡。各視其地之廣狹之繁簡爲斷。惟自庚子以來。官權久失。州縣各員。幾成虛設。今議自立公所後。所有國課正供及盜賊要案。由公所經手者。必仍移交地方官。以重官權。惟地方一切新政。及尋常詞訟兩造情願由公所公斷者。則概由公所董事秉公辦結。地方官亦不得過問。

（三）本公所以本地人力財力。辦理本地民事。所有一切內政。原有十分自主之權。同人當効其死力。合其團體。

以保此權利爲第一要務。無論何國皆不得挾其官勢兵力致損我民人自主之權。

（四）本公所管治地面爲現在戰地圈界之內。自立公所後當公舉專員專司交涉事件。惟該員所辦之事有不洽輿情之處。本公所有權可隨時更易他員。

（五）公所各董事中公舉一人爲總辦一人爲副總辦總理一切行法之權以四年爲期。屆期另舉他員代之。其有衆望所歸國民愛戴不忍其更易者准留一任。然無論如何總辦一缺總不得有逾八年之限。以昭大公。

公所任事之責暫分五大股。其略如左。

一爲會議股　是爲議法之所。凡公所董事其無專職者皆隸於此股。而公舉一人爲之長。遇有內外要事。或立章程。或訂條約。應討論者皆由此股集衆員議之。可否從違以人數爲斷。如泰西之鄉邑議院然。

二爲裁判股　是爲執法之所。凡地方民人有財產詞訟等事皆由此股專員調停審斷。原告被告皆坐談立答使各盡其詞。其不能自言者可請人代白。即鄉里老民文士皆得入座聽審。其是非曲直聽股中各員公議。而股長一人定決之。

三爲交涉股　舉熟諳公法通日俄語文者爲股員。而另聘名望素著爲外人信服者爲之長。專司地方交涉之事。

四爲財政股　舉本地商民有田產商業者爲股員。幷公推一人爲之長。凡公所經費及地方公欵皆由此股掌其出入。造册存案。幷按月榜示通衢。股員有舞弊者重罰不貸。至其籌捐細章隨時隨地另議。

五爲武備股　公所之設。原爲保護地方。則武備之事。尤不容緩。其辦法有二。一爲保甲專爲淸理地方。以免窩藏匪類。如各國警察是也。二爲團練專爲勦辦盜賊。抗禦外侮。凡居民壯男十八歲以上皆須充兵三年備調。三年富室愛子不願者可捐免。另有詳細專條。茲不預及。

(六)本公所刻即開辦。現所議定者共有十八縣。約一萬二千餘方里地面之廣。皆日本兵力尙未施及之前。我同志起即創辦此舉。原以輔官力之不逮。完中立之全權。將來無論何國。皆不得恃其兵力。據我寸土。奪我主權。茲特聲明公布天下。將來中國與日俄國際交涉及地方制度。無論有何變遷。而我保衛公所已立之地位。已辦之義務。始終如一。不得稍有更易。

(七)本公所既有專員司籌款團練等事。則其捐項名目軍裝制度。但有本地方民人公認。即可施行。無礙本國及他國官長皆不得阻撓。

(八)公所董事及總辦等員。皆以本地紳商有財產在本地者。方能選舉。他省紳商及外國官弁。可由本公所訪聘作爲客官。以備顧問。幷可隨時另易他員。惟永不得充當總辦董事等職。又各國各省客民。有在本地娶妻居住二十年。以財產值千金以上者。准其入籍。享一切利益。

(九)先在興京創立總公所。爲各縣會議匯總之處。所有一切章程條規。用淺文刊布。務在簡當詳明。易於施行。萬不可鋪張浮文。反少實際。又公所設立後。尙擬用王氏新字。廣立學堂。以興敎育。

(十)此章程創議於甲辰七月望日。限於本年八月內。在興京各屬一律切實施行。

東三省自治制度之公布　三

保衛公所創辦鄉團清單

洪東毅　住興京西高力營子管領鄉團一千餘名

鄭俊卿　住興京西德勒哦河管領鄉團五百餘名

何九皋　住興京西南夾河管領鄉團一千餘名

朱常慶　住興京西薩爾滸管領鄉團六百餘名

王振邦　住興京西營盤管領鄉團四百餘名

王寶雲刁鳳山　住海龍西南罕陽管領鄉團二千餘名

陽忠輔張煥伯　住西安縣大疙瘩管領（東平）（西安）（西豐）三縣鄉團五千餘名

組織各會人

張　榕　住奉天省城北關

隨同辦事人

曾有翼　住奉天省城南紅菱堡

張金祺　住奉天省城北趙義屯

吳秉哲　住興京西鐵貝山

各公所團練地名

興京廳屬　通化懷仁開原臨江柳河

海龍府屬　西安西豐東平鐵嶺

招撫協同辦理鄉團人名

陳　凱　領七八百人在興仁東

蘇曉起　領五百人在鐵嶺寒波嶺

龔德悟　領三四百人在興京西

此事之價值　吾儕於此事未能得實地調查之機會。不知其果有實行之決心。有實行之勢力歟。抑僅僅一二志士張空拳作空談以弄筆墨也。觀其章程之末備列多數人之姓名住址及其統帶鄉團之人數。且其人亦有一二知名爲人所信者。則其非全屬理想可以推見。惟其章程第十條云。創議於七月望日。限八月內即全屬施行。其毋乃太神速乎。此則又似非實際家言。雖然其所處之地位。危迫至此。急起直追亦所宜。然未可以此遽疑爲無價值之公布也。

此事可以成立之理由　汎觀各國歷史。每經一次戰役。則戰地之政治社會必蒙直接間接之影響而生多少變動。此不刊之公例也。中國前此歷代。累有戰亂。而經亂之地其政治未或變動者其故何由蓋無意識之暴動既無自力直接改革之心而四海鼎沸全國雲擾其戰亂純爲無秩序的戰地之民舍逃死外無復他思想戰後則比戶成莽萬竈無煙雖欲以他力間接以圖自保而勢更不能也今東三省之戰亂則與此異甲午一役。庚子一役。今歲一役。彼中人身受干戈之慘者三度矣。然皆文明軍隊之所占領（俄軍雖非全文明。猶愈於草澤揭竿。）未嘗洗百廛而空之也而硝烟彈雨之況日接於目徵發供億之苦日刺於心以故其人民雖極不痛不癢者猶將怵然生自保之心而戎馬倥傯中實尚有容彼自謀之餘地故東三省人有此舉動似可怪而實非可怪也

章程之批評　草此章程者。必爲有政治思想之人。此稍有識者所同認矣。其行法立法司法三機關具備焉而外交軍政財政亦爲獨立一機關不明言隸於行法部而察其精神似以並屬於立法部者然方英國長期國會時之政體。正與此類過渡時代亦宜爾爾也其第二條稱某某等事件仍移交地方官以重官權云云最爲得體。非特手段應如是即實行次第亦應如是也獨其屢言自主之權言主權言國民等名詞。稍屬無謂。天下事有其實者往往不必有其名况未有其實而用其名萬一中央政府誤會

以生阻力則何益矣鄙意以爲此保衛所若眞成立他日所希望之結果當求如英之加拿大及澳洲人民有代議自治之權而仍由中央政府派一總督或將軍代表君主以統治之此最善之辦法也故徒多立新名目使人滋疑於名實之間甚無取也吾度創辦諸君之學識實有見於是其政策亦必在是惜乎尙有一二客氣未淨盡也

北京政府對此問題當若何

爲東三省人民計勢不可不出於此舉此無待嘵嘵也爲北京政府計則當若何五年以來東三省軍事民事一惟聖彼得堡政府所命我長官坐嘯畫諾而已主權之名實不能相應此無可爲諱者也今者日本持矛入室爲我驅賊賊即去矣而此後主權安屬又豈待智者而乃察之夫甯不見東京各報之輿論謂當蘇丹我而坡里西亞我乎夫甯不見金蓋諸都會已儼然見日本民政廳之星羅碁布乎然則自今以往北京政府雖名義上能有東三省而實際上決不能有東三省實際有之者非俄即日昭昭明甚也欲使東三省名實俱在中國人之手惟東三省人民有完全强固之自治機關而北京政府以名義上臨之斯爲兩全夫實際之統治權我政府既不能得之於俄日明矣然則以畀諸俄日何如以畀諸我民夫此章程中固

明言某種某種權利仍移交地方官以重官權矣其所欲興辦之事皆前此官權所不辦者而今乃圖自辦之然則於原有之官權一毫無傷也又其所欲興辦之事皆後此官權所不能辦或不屑辦而日本將代辦之者而今乃先自辦之然則於應有之官權又一毫無傷也故爲我政府計於此事宜大獎厲之即不獎厲之亦放任之而無或干涉之此處置之善者也

列國之對於此問題當若何　此事若空言而非實行則不必論即欲實行而無其實力亦不必論若實行矣有實力矣則萬國之視線將咸集焉其處置之之政策當若何此地關係最切密者惟俄與日俄既屢敗恐遂不能保其勢力於滿洲則可以掣肘我者舍日殆無他屬也日人之滿洲善後策吾儕未能確知其政府意嚮之所存綜其輿論不出三端一曰歸還說二曰保護說三曰永世中立說（法學新報有學士某著滿洲永世中立說十餘萬言）而永世中立說最爲無力所以無力者何以東三省無中立之資格也國際法上所謂永世中立者有二一曰永世中立國二曰永世中立地若此保衛公所章程能實行則以東三省置之中國政府保護之下經各國公認而爲永世中立地者也是當爲各國政府所

最歡迎而日本亦無辭以相謝也此章程者實中國人保有東三省之不二法門也

此事及於全國將來之影響　吾中國行專制政體數千年固由人事使然抑地理上亦有以致之以爾許大國而謀統一其進行不得不出於兼并其結果自不得不出於專制今者立憲自治之論漸昌於國中。而欲驟舉全國以置諸秩序自由之下。識者固知其難。於是有倡各省獨立而後合爲聯邦者。然以三千年來棲息同一政治社會之下之國民乃欲由合而分之復由分而合之其取道之迂亦甚矣夫非經一次大雲擾之後不能劃一區域而獨立獨立以後其合之之難且更十倍也以此之故而言改革者之說遂將窮惟東三省則自三百年來雖號稱合於中國而行政機關實與內地不相屬故東三省者實天然自治之試驗場也此保衛公所若能實行。一以使吾人自知吾種族非劣於歐美日本可以由秩序而得自由而國民自信力因以加强一以使政府知人民之自任民事以自保自衛實爲分政府之勞助政府之治而絲毫不侵損政府之權而政府猜忌心可以盡息若辦理得宜二三年後雖舉國化之可也天下事有作始甫而將畢巨者。此類是也。

結論　以故吾讀此章程吾歡迎之吾歌舞之吾希望無盡也雖然吾今知其表面而末由知其內容使其內容而無價値者則吾之此文亦無價値焉爾

比國留學界報告（飲冰）

頃有以比國留學界近聞貽書相告屬加評論者三日之間得三函焉其詞旨全同皆指斥監督某氏之舉動者也鄙人年來深感學界風潮無益於大局雅不欲復爲煽動之言雖然讀此等之報告實有令人髮指氣短者雖欲無言安得已乎乃錄原文略附跋語原文直載其名今姑爲諱之存彼羞惡之心或使自改焉

（一）援引私人　（甲）增執事川派學生僅十餘人耳監督職約束照顧事非繁劇一人已足辦矣即語言不通添一繙譯此亦情有可原而必添文案添收支是胡爲者文案收支之屬他人猶可言也而一則世誼一則胞弟是胡爲者湖北學生多於川省其監督閻某且兼管德法等國留學生事之繁簡不言可知乃閻則一人兼數事而不辭劉則隨員埒於欽使而未足蓋其派學生之始彼即有無數私人往還於胸中後所派者川人爲多私黨無從鑽入遂假文案收支等之名目而一一安之小人用心如是如是（乙）募學生川派學生十學員二未嘗問其通法文否也及抵漢口忽有添法文學生之說至滬忽有鐵路總辦馮「即川臬」電示添法文學生四名之說雖其時僞托學生代訪實則胸中已有成竹故彭君口口以某君薦而彼却之[illegible]

旦學堂教員馬相伯先生送本堂學生二名試驗。試驗後而亦置之。彼固有世誼二人。門生一人。如癡如醉之堂弟粗識法字母者一人。以應此馮總辦之命也。

(二)侵蝕船費　上海啓行時。上行公事云「搭法某公司輪。執事、學員、學生均買二等艙票」。及上船云「二等艙不敷坐。只有三等艙十二位」。學生咸謂「既是二等艙票誰肯坐三等艙」。劉亦故爲倉皇詐謂「國勢之弱。受侮若此。須向法公司辨白」。其私黨謂時已無及。劉遂以種種新名詞呵學生。學生一時不辨其詐。互相太息而受之。翌晨某君來謂昨夜上船時購船票皆二等艙。乃知三等艙特爲學生而設。其中斡旋情形。皆劉之詐也。至香港有二等艙出。學生請其與船主爭。劉云「即繙譯與船主爭亦不可挽回。況不通語言乎」。學生又向伊索船票調查實情。劉云「此次二十餘人。一律皆買二等艙票。亦合寫一張」。遂以伊二等艙票出示。票書法文。而學生不識者多。劉實欲以欺學生也。有某君者習法文既三年矣。獨於此票所書一一得而悉之。以告同學。大譁。詰劉。劉詞支離不能對。學生遠涉重瀛。固以求學爲目的也。故亦置之。按二等艙價二百五十六兩。三等半之。計其飽私囊者殆千有餘金。

(三)厄苦學生　三等艙皆在船尾。偶遇風浪。簸蕩殊甚。坐臥傾吐。不少安。風雨至則寒氣逼人肌骨。神魂顛倒。避無可避。或大浪入艙。衣被俱濕。三兩相依。只揮淚而已。學生中有暈船者七八日不能食。西餐食即吐。飢臥牀褥。奄奄無人氣。劉漠不關心。請屬中國茶居每日煮粥以延生命。則云「飲食衣服終須同化。洋船規矩甚嚴。雖仟百金不能囑人私造。此君生機殆絕。無可如何者也」。厥後亦毫不慰問。至洗衣一事。尤屬可憐。學生衣白色夏衣。五日一洗。覺汚穢已極。而劉且聲色俱厲。謂「如此濶綽。虛糜公費。」叱學生自洗。

嗚呼、劉監督眞可謂能節公費者矣。

(四)諂媚公使　初湖北學生到比。比政府意在籠絡。故格外周旋。在黎業斯代爲租屋。並派員經理一切。黎業斯乃明年賽會之所。比政府欲使學生合住一二年。待開會時。則學生亦儼然會場一陳列品。此其用意至陰險者也。乃欽使爲倀、務壓制學生。媚比政府。學生之分住者。盡迫之黎業斯合住焉。湖北學生及閻監督竭力營謀。閻去職後、乃得合住六月。然後分住之權利。某等不幸。適値湖北頭班學生六月限滿分住之日。欽使媚外心虔。必令某等居之。劉監督鑒閻之被撤。兢兢焉恐已位之不保也。乃助桀爲虐。益壓抑學生。某等要求再四。終不能挽回。不得已亦以六月限滿分住如湖北學生之例。要之。蓋此屋僅租一年。某等限滿之日。即房屋限滿之日。固甚便利也。詎劉奉錫帥(川督)考察賽會差委。租屋限滿。正賽會初開。劉住足無地。故任意遷延。指摘房屋之不當。而欲另租屋一年。以便其私。此後劉監督將爲退院之僧。而欽使又將大伸干涉之權。聞湖北學生初分住。欽使將第二生命之學費。一律尅扣。且又不交與本人。而欲從中取利。某等旣要以六月限滿分住如湖北學生之例。則學費又安能保其不尅扣。不從中取利。而交與本人乎。吾知亦難免矣。可歎可歎。

此報告有溢惡之言與否。非吾所敢知。然其所述似無可容揑造之餘地。若果爾者。則某氏之對於四川。對於全國。萬喙不能辭其罪也。嗚呼。國亡矣。種滅矣。某氏即竭其髓鼠之杖歲所得者無過數千金人生何所不得數千金而竟以此實其名譽且以賣國也夫蜀中派遣留學比國之舉。原爲欲自辦川漢鐵路以挽利權於萬一。今日列强以鐵路政策亡中國稍有識者能知之能言之而自辦川漢鐵路一事實年來疆吏舉措中最强人意者承玆乏者其忍復擢其萌蘖以貽禍水於方來也而某氏若此是懼吾中國鐵路人才之有成而故挫抑之也是益明告國民以官吏之不足信用而迫之至於絕望使不得不羣趨於破壞之一途也某氏以此爲薄物細故耶公之此一舉其間接以爲亡國之原因得兩端矣某氏自反而不縮也。吾願其改之某氏而不改也。吾願他人與某氏同地位者勿尤而效之不然當今民氣漸昌之日而犯衆怒終非公等之福也抑吾更爲比國留學生進一言曰忍辱負重公等之所擔荷甯屑屑與一二斗筲爭一日之短長非惟不屑亦不暇也公等當自有千古若監督某者一年以後安在哉

俄國新內務大臣（飲冰）

俄國內務大臣布黎威被戮。亘兩月餘。無敢就斯職者。最後公米爵爾士奇卒被命爲新內務大臣各國報館論之曰是俄國內政之一新紀元也飲冰子曰其爲俄國內政一新紀元與否未可知要之一新紀元之楔子也

德國柏林新聞於陽歷九月三十日得俄京電報曰。米公之就任。俄國報界咸踴躍歡迎。雖以虛無黨之機關報。亦深表同情。爲此一事。即以東方戰事之敗衂。俄國民間。猶暫爲忘懷。蓋其喜足以易其憤也。

九月廿三日奥都維也納布黎斯新聞云。去年俄皇下寬大之恩詔。全俄人民。喁喁望治。而煬竈其間者。則前內相布黎威寶尸其咎。今新內相就任之始。即宣言實行恩詔之德意。以調和各階級之爭鬨。而力求堅信用於人民。是不徒俄國民士之所歡迎。亦我友邦所同致賀也。米公嘗語我訪事員云（按布黎斯新聞自我）「余極信地方議會爲國家無上利益。務欲使之日加發達。且深望地方議會各忠實以盡其職務。毋徒喧囂騷擾。以爲中央政府之妨礙。將來政府地方議會及人民三者聯爲一體。上下和衷協濟國家之前途皆將賴之」此其言抑何寬洪而知大體乎。吾儕不禁爲今後之俄國額手稱慶也。

猶太人之機關新聞那士的報曰。新內相政綱之全體。今雖未公布。而嘗許設法爲猶太人謀生活職業。且宣示於大衆。即此一政綱。已足令我全國人添無窮希望。新內相之就任演說。專務調和政府與人民中間之爭端。此全俄國民數十年來懷抱之宿望。今者將由新內相而成就之也。

自餘各國新聞。諸類此之評論。不可枚舉。米爾士奇之就任。實歐洲政治界人人所拭目以俟者也。嗚呼。人亦何樂而爲布黎威。人亦何苦而不爲米爾士奇。

飲冰子曰。米爾士奇果有履行其宣言之志與否。吾不敢言。果有實行其宣言之力與否。吾不敢言。若果有者。則俄羅斯政界一線光明。從玆始矣。是孰使之。則芬蘭人之匕首。虛無黨之炸彈使之。偉哉匕首。聖哉炸彈。

日俄戰爭與中日戰爭之比較（續第五十五號）

立人

成歡及鴨綠江之戰日本軍之地位

較中日戰爭成歡之戰。及日俄戰爭鴨綠江之戰。其戰之大小。雖不可同日語。然其同爲戰爭彼此初登舞臺之第一劇則一也。歷觀古來之戰爭。其所以制大局之動機者。多在於最初之一戰。今此兩戰之大小雖不同然欲窺當時兩國當局者之若何措意于其作戰計畫。及此兩戰爭之經過者。則不可不對照而觀察之者也

中日戰爭之成歡。日俄戰爭之鴨綠江。其地位實甚相似。蓋使我軍當時得據成歡。掌豐島以北之黃海制海權。則日軍南高麗之進路以阻。使俄軍亦得據鴨綠江。握海洋島方面之制海權。則日軍不得踏入滿洲一步。復海陸合力急取攻勢。則日軍之困促。

其深巨必有不可思議者。而日軍於此兩戰。皆突擾攻勢。乘未備而衝虛突擊。終以奏功。甚矣戰機之失。一髮而可致全敗也。

當光緒二十年七月。即西歷一千八百九十四年六月。我國使總兵聶士成直隷總督葉志超。率兵二千四百餘砲八門。於六月十二日(西歷下同)全軍上陸于牙山。二十五日。復增兵四百。七月十九日。又決議再遣兵二千五百人砲十二門。二十四日增輸兵之半數。復上陸於牙山。然我國增兵不已。則日本在高麗之兵力。勢必日弱。理之必然者也。故彼駐高麗軍總指揮官大島旅團長。亦知不可不乘我兵力之未厚。急擊牙山方面。遂率其部下而進。自廿八日至三十日。攻我守備未固之成歡及牛歇里。我遂以兵力未足。不敵而敗。此次之日俄戰爭。則自二月間和平破裂以來。俄人即皇皇增兵于極東。敷設貝加爾湖冰上鐵道。樞要各地之鐵道。盡營複綫工事。蓋莫非圖輸送之迅敏者。然滿洲之防備尚未固。兵力未能南下高麗半島一步。最要害之鴨綠江。亦僅能設薄弱禦敵之防備。而日本之黑木軍。已乘其未備。直迫鴨綠江。自四月廿八至五月一日。遂拔其鴨綠江之營壘。略取安東縣及九連城。追北至蛤蟆塘。俄軍遂潰。由

此觀之。則成歡及鴨綠江之兩戰日軍實乘我軍及俄軍之勢力未集急取攻勢以攫先機因而制勝者耳

然日軍之制勝。亦非僅取攻勢以制先機而已也蓋海陸軍行動之能互相聯絡實與有力焉成歡之戰。彼之海軍以七月廿五日要擊我艦隊於豐島海面絕我陸軍之援路。且擊沈我高陞號所載增加兵一千二百及大砲十二門復遣高雄赤城兩砲艦于牙山。遙自海面助援其陸軍以擊我。鴨綠之戰。則二月八日。已有仁川旅順之海戰。先挫俄艦欲攻擊日軍之氣勢後復閉鎖俄艦于港中嚴防之使不能脫出掌握自高麗南沿岸至海洋島附近之制海權自海面遙臨俄軍使不能箝制其鴨綠江之攻擊復分派第三艦隊中之摩耶宇治兩砲艦及水雷艇隊以掩護其陸軍協力而奮勇攻擊。俄遂以敗。故細察上述之事實。則知成歡及鴨綠江之戰。日軍之能前後奏功者未始非海陸互助之功也

日軍既以襲人未備。急制攻擊之機而制勝。則其軍之實力必有遠凌我軍及俄軍者。即觀成歡之戰。當時彼之高麗派遣軍。實爲一渾成旅團。而我則

		(兵員)	(馬匹)	(砲數)
第一次輸送兵	(六月十二日到牙山)	二四六五	九〇	八
第二次輸送兵	(六月廿四日到牙山)	四〇〇	七〇	……
第三次輸送兵	(七月廿四日到牙山)	一三〇〇	……	……
合計		四一六五	一六〇	八

（備考）右數之外。第三次輸送兵中之半數一千二百人砲十二門。七月廿五日。於豐島海面爲日本艦隊所擊沈。

而已。其所派遣之渾成旅團總戰鬭員之確數爲若干。雖不可得而詳。然決不減三千餘。我軍雖名四千餘。然眞戰鬭員實不過半數。是我軍以二而對日軍之三。彼此砲數。復相伯仲。同爲八門。則此戰之結果。我死傷五百餘。彼僅滿百者。亦非無因哉。

更轉觀鴨綠江之戰。則當時日軍之兵力。據彼黑木軍之公報。則謂合近衛師團第二師團及第十二師團之三師團而成。俄軍則僅得第三師團第六師團之兩聯隊。及騎兵旅團砲四十門機關銃八門而已。而俄日師團之編制兵數大約相同。是則俄亦以二而對日之三。此所以戰後之死傷。俄軍約二千三百餘。日軍僅九百。而俄軍且終退敗者也。

要而言之。中日戰爭與日俄戰爭。彼此初登舞臺第一劇之勝利。所以同歸于日軍之手者。皆以其襲我軍及俄軍之防備未固兵力未足先以優勢兵力突擴攻勢且海陸軍之行動聯絡得宜而已無他故也

平壤之戰與遼陽之戰　原十年前之中日戰爭實爲兩國競勢力之得喪於高麗今日日俄之戰。則亦日俄爭權力之得失於滿洲而已故高麗半島與滿洲平原即爲此兩戰爭之舞臺而此兩舞臺之中心點則爲平壤與遼陽

平壤之于北高麗。實爲無二之要區。苟我能據守。則可扼日軍之北進。若一爲日軍所有則反以禦我之南下。遼陽之于南滿洲亦爲第一之要害得之失之非僅關于南滿之得喪且爲北滿安否之基故當日之我軍。及今日之俄軍。勢不得不據此兩地、點對於日軍而決一死戰者也。雖此兩戰之大小。勢各不同。然其制戰局之大勢則直無絲毫輕重之別故平壤遼陽之戰雖對照而觀察之可也

成歡之戰、我既以兵力未充。防備未固。爲日軍先機突擊而敗。遂退布陣地于平壤。增

築堡壘于城外決集中兵力據此堅守。鴨綠江之戰。俄軍敗因。亦同于成歡。于是旣敗之後。勢不得不退而守險。遂收集敗軍集中新軍于遼陽嚴整防備。欲于此焉邀擊日軍而一挫之以定南滿之大勢。此蓋當時平壤之我軍及遼陽之俄軍所採之作戰方針也。

然日軍之作戰計畫則何如。其對于平壤之我軍則以聯繫作戰。而四面來迫。考其當日之部署。實以仁川上陸之第五師團。分爲三隊。第一隊之步兵第九旅團。大島少將率之而先發。師團之本隊及步兵十旅團則自寧朔斜進。向平壤以壓我軍之東南。又別遣自元山津上陸之步兵一混成聯隊。自元山方面繞出我背而遮斷退路。自十三日始。兩軍遂接觸激戰。至十六日而平壤陷。

此次其對於遼陽俄軍之作戰。則大孤山上陸一軍居中央。第二軍爲左翼。自下房身鞍山店直向首山堡。黑木軍爲右翼。自英守堡石咀子响山子進擊黑英臺方面。八月二十五日。自東北南之三面聯繫前進。壓迫遼陽。黑木軍之一部。復越太子河。絕俄軍之退路。決一大血戰。終擊退俄軍。

由此觀之則平壤與遼陽之敗迹其無以異也明矣平壤爲我軍當日之第一要地平壤一敗戰局即不能復支今遼陽亦俄軍最重之關門遼陽一失即示俄羅斯陸軍主力之全摧滅則日俄戰役其亦殆將次終局矣乎今表列彼此兩戰之兵力以資參考。

（一）平壤之戰我軍軍數

總統衛汝貴之軍	八千五百人
統領馬玉崑及同聶桂林之軍	四千人
總統豐陞阿之軍	四千五百人
統領左寶貴之軍	二千四百人
成歡敗兵	五千五百人
外砲軍	五百三十人
平壤兵丁	五百人
合計	二萬五千七百三十人

（二）平壤之戰日軍軍數

師團司令部

譯叢

步兵　二聯隊（內一大隊及一中隊缺）
砲兵　一大隊
工兵　一大隊
大島旅團
步兵　二聯隊（內缺一大隊）
砲兵　一大隊
騎兵　一中隊
工兵　一小隊
立見旅團
步兵　二大隊（內缺二中隊）
砲兵　一中隊
騎兵　一小隊及一分隊
佐藤混成聯隊
步兵　一聯隊
砲兵　一大隊

工兵　　一大隊（內缺一中隊）

騎兵　　一小隊

遼陽之戰。俄軍之兵數雖未詳。然據俄將之報告。則謂約十一箇師團。日軍對之之數。則與軍三箇師團。黑木軍三箇師團外。尚有野津一軍。其兵力雖亦未詳。然日軍之兵力。大約與俄軍相當也。

（未完）

譯叢

新羅馬傳奇（續第二十號）

飲冰室主人

第七齣 隱農

（外常服扮加富爾上）

（破齊陣）君子變爲猿鶴。大江淘盡英雄。盾墨書空。匣刀斷水。畢竟是清談何用。數人才冀北無凡馬。觀天象南陽有臥龍。蒼生遲乃公。

（憶秦娥）今如昨。神州是處風雲惡。風雲惡。百年噩夢。九州鑄錯。雞鳴不已春蕭索。斯人不出天寥廓。天寥廓。名同身隱。聲隨淚落。下官加富爾。意大利國撒的尼亞人也。名國遺民。天潢華胄。初出陸軍之校。旋充測地之官。學書學劍。雄心不讓他人。作繭作絲。蠶歲未能免俗。自從二十以後。來往志那亞諸地。接納時賢。飫聞緒論。靜觀大局。默察前途。眼看專制死灰。魂游釜底。心醉自由空氣。日在中天。不料時乎

小說　二

未來。天只不諒。近緣倖直。猥受竄流。監土木於僻陬。絕交通於首善。(歎介)唉、公等碌碌。懷孤憤以誰言。天地悠悠。生我材其有用。撫新肉之生髀。胡甯忍予。慚斗米之折腰。逝將去汝。因此自呈辭表。棄此微官。物外逍遙。倒也快樂。但我加富爾矢志同天。獻身許國。中原多事。來日方長。難道以尺璧光陰。竟付諸黃金虛牝。今日去官閑散。正爲預備時期。應擇何途。始宏斯願。待我細想則箇。(作默坐介)(雜持名片稟見介)(外取名片視介)哦、原來是達志格里阿老丈惠臨。快請進來。(雜向外請介)(末披外套持短杖上)江湖名士去風塵故人來(入介)(外迎見握手介)不知老丈遠臨。有失迎迓了。(末)聞得老弟去官、特來賀喜。(外)正要和老丈細商前程。(末)待我說來。

(梁州新郎)呻聲震耳。奴根破夢。一霎熱情狂湧。闔河森鬱。家家磨劍嘶風。老弟啊。時局現象。麻木至此。革命實爲應有之義。你何不投入革命黨中。轟轟烈烈做一場呢。(外)我看革命雖爲世界不可逃之公理。革命却爲意大利不可做之難題。只怕煮豆然萁。非種未鋤。先自傷同種。那時候啊。邯鄲誤學新粧步。伊洛重驚被髮戎　合)天地老。風雲動。這全盤一著誰搏控。迢迢路。君

珍重

（末）這樣看來。老弟是不主張革命的了。待我再說來。

（前腔）汝陽廚及東林南董矯矯朝陽鳴鳳登高振臂九州雲起龍從 老弟啊。堂堂正正組織政黨。號召豪俊。共濟艱難。也是救國一良法哩。（外）老丈所見。雖然不差。但我覺得時候還早些。今日裏道旁築室岸際團沙良劇虛搬弄況且國會未開的國家那裏能彀組織甚麼文明政黨出來。使贏數黨人碑上聲華壯怎償得無定河邊血淚紅（合）天地老風雲動這全盤一著誰搏控迢迢路君珍重

（末）政黨既不能立。只好著書作報。播些文明種子。也是一樁要緊事業。

（前腔換頭）嘔心肝權作警鐘把筆舌撩醒沈夢算有靈文字教人知重（外）小生鄙意不在此。（末）老弟看不起這些事業麼。（外）非敢道雕蟲小技壯士不爲此輩都無用但空豪著那能言鸚鵡三千架終敵不過那當道豺狠一萬重（合）天地老風雲動這全盤一着誰搏控迢迢路君珍重

（末）這樣說來。別的都不合式。只好再運動官場去了。

（前腔換頭）向宦途養望雍容。說藏器待時而動。也算是良工心苦一番作用。老弟啊、你千不該萬不該把那頂紗帽兒丟掉了（外）老丈休怪衝撞這不過是那熱中富貴一流人遮醜的話何曾見那箇實行得來。躋有頭巾氣味手版年華斷送文明種。待到他黃粱好夢酣甜黑便拚著志士頭銜委落紅（合）天地老風雲動這全盤一著誰搏控。迢迢路君珍重。

（末）到底老弟意見如何請從直見教罷。（外）老丈啊我想現今世界大局。凡一國的舉動動輒把第二第三國的關係牽引出來。非在外交上演些五花八門。一定是不能自立的。又想從後世界大局全變作經濟競爭場面。非從實業上立些深根固蔕亦到底不能自存的。因此我打算著啊。

（節節高）（外）時勢造英雄休惱。公穿楊百步終須中。調幺鳳。馴毒龍。雙肩重。柳條洩漏春將動。壯夫莫空作新亭慟。老丈啊我只憑著那心有靈犀一點通。不信道古來才大難爲用。

（末）老弟自信力確是不凡。老拙爲國家前途慶賀了。但敢問今後行止究竟若何。

（外）我想黎里一地。南意膏腴。那人民樸愿自治。優於全國。將來必爲我意大利實業之中心點。意欲躬耕此間以觀時變老丈說使得麼(末)妙極了。

(前腔)(末)澄潭一伏龍臥隆中權將慧眼觀羣夢桃源洞雲自封風相送長鑱木柄無人共中原極目心猶痛只盼著後日啊聲聲撞起自由鐘一輪紅日和君捧

(尾聲)(末)先生歸也天如夢(外)暫裝起大地河山一笠中(合)今日啊誰識這亂服粗頭一老農

(同下)

舊民批注

加富爾初登臺。將他抱負政策悉提出來。又是一番特色。

梁州新郎四闋。將時流意見一一批駁。皆洞中竅結之言。

達志格里阿者。加富爾之先輩。後此曾相共組織政黨。英瑪努亞王即位時。達氏先爲宰相。後乃託病讓位於加氏者也。先從此處點出。最爲穿插得宜。

董腫送宋四險韻。被此文押盡。可驚可笑。

美人手

香葉閣鳳仙女史譯述

第十八回　遭白眼迷却桃源津　散金錢訪問梅花屋

話說美治阿士。不幸墮了荷理別夫的圈套。被他幽閉在一室、居然像個無期開赦的軟監。兼且美治阿士。又是個窮途落魄。零丁孤苦之人。你道有誰來救他。替他解脫此牢籠呢。若是沒有解救這個冤情。不但是沒有天眼。連這本書也可以不必做了。如今且暫把此事擱着。請看官等先自猜量一吓。話分兩頭。却說圖理舍譽的外甥瑪琪拖亞。自從昨夜見了美治阿士寄與霞那的書子。默計今日三點鐘、要去布倫公園會會他。但此刻時候尚早。此身覺得空閒無事。光等着不耐煩。正欲找點事兒消遣消遣日子。忽然記起那晚趁冰場上遇見那個美人。他說要到外國去。約兩個禮拜回來。我想此人。未必眞是出外遊歷。或者嫌我胡纏得很。討了他厭煩。因此特地撒這個謊。來哄騙我、也未可定。想罷。我如今且再到上布街逛逛。訪訪他的踪跡。倘若他果眞是不在家。一定有看守的人。我趁勢就把他來歷查問個頭緒也好。心與口商量着。自已點了點頭。遂立起身來拿了帽子戴着。出了自家的宅門。一直向上布街跑將去。不覺到了前晚所送美人進去那家門前。住了脚細細打量了一回。認得此屋不錯。但見樓上下四面的窗戶都關鎖着、居然像是主人不在家的光景。心裡想道。照此看來。又不像是說謊的了。舉手向門邊。把叫鈴按了幾按。恍惚聽見內便有人答應聲。不一時。該門果然開了。只見門內立着一個粗眉濶臉的漢子。滿嘴的鬍鬚。好像是溪壑洞一般。倒把瑪琪拖亞嚇退了幾步。想道。這樣的怪東西。難道就是那美人的情夫麼。再轉念道。不是不是觀音那肯喜愛這樣的五鬼。大約是甚麼家人侍役人等罷咧。想罷。從袋裡拿出一塊洋錢來。向門內人晃了一晃。說道。借問借問。這間房屋聞得要租把人家的，可是嗎。門內的漢子聞說。不覺動起火來。喝道。不帶眼的混賬東西。開口便得罪人。你的房子出租嗎。瑪琪拖亞道。不是麼。敢則是錯問別家了。得罪得罪。我再借問一句。此地有一位澤瀨姑娘。可是這一家嗎。門內漢答道。有是有的。此人不是在這屋裡。你到別處問罷。說着便劏的一聲把門閉了。瑪琪拖亞心裡硬自不息。依然站在門外。不住的按那叫鈴。向內傳呼。只覺得內便。幷不偢倸。當時對門有一家小客店。驚動了那店主人。

跑出門來一張。瑪琪拖亞見對門有人出來。遂跑過來。走進店裡。將手上拿着這塊洋錢。給了店家。便問道。剛纔我叫門的那一家究竟是甚麼人住着的呢。店主人道。就是。適纔那位爵子。但住宅呢。瑪琪拖亞道。他的來歷是甚等樣人呀。他屋裡不是有一個姓澤瀨名叫阿梅的美人麼。他在這裡住着。你與他同街對戶。可有甚麼𨚫見嗎。店主人道。別的奇異事情也沒有見過。甚麼所做的是甚麼事業也不知到。惟是此人也狠古怪。他無論是甚麼國的言語都通曉。有時操俄國的口音。有時操德國的口音。有時操意大利的口音。有時又操土耳其的口音。究竟他實在是那國人。總不能決要之斷非我法國人就是了。平時絕不見他有朋友往來。又白天絕少見他出門。多是躲在屋裡。必要到了夜間。他纔出門。有時一去幾日。有時一去兩三禮拜。論起形迹。甚似做那宗勾當的。但素來亦幷不見有甚麼破綻露出來。至於他家裡有甚麼美人住着。此事不曾見過。澤瀨阿梅的名字。這鄰近也未聞得。此外又說了許多不關頭緒的話。也不必細說。瑪琪拖亞見問不出頭緒來。心裡想道。難道我那晚是看了魘麼。明明是自己親送那美人回來。怎麼今又離了題呢。這就奇了。納着悶想了一會。便伸手向袋裡拿出一張名片來交與店家道。我且把名片擱在尊處。以後倘見有這般這般模樣兒的美人。費你心替我把名片給他。說有這個人來訪問他便是了。說着再向袋裡掏出些銀子錢來給了店家。遂作別出了店門。一路猜忖道。這件事眞眞是奇怪了。究竟是甚麼緣故呢。這個美人如此神出鬼沒。莫非他就是那斷手美人的同夥兒麼。莫非爲我拿着他的贓證。特意設法要把手鐲騙回。故而串擺那些人來擺佈我麼。又細想道。我那天拿的是厚絨外套。這金鐲那裡觸得着他的手。分明是他有意借端藉辭開口的了。照此看來。連那夜碰着這幾個兇漢。想也是一黨通同的了。再又盤算着道。今後我若遇見他。定當留點神兒。試把些話頭挑逗他看他怎樣。一路上踱來。一路上想着。不覺到了一個街口。就是助摩祖那天所說他祖母居住的地方。記起前夜的事情。乘便欲到他家裏。見見他的祖母。趁勢把些銀子錢送給他。謝謝他孫兒護救出險之力。自想道。此等老病貧苦的婆婆。我若去候問他。不知他歡喜成怎麼樣呢。定了主意。遂大踏步跑進巷裡。訪問着助摩祖的家屋。認定了門牌。遂一直向宅門踱進去了。欲知後事如何。再看下回分解。

文苑

飲冰室詩話

有投箋者曰。『公灑灑熱血。喚起國魂。愛國之傑。今古推敬。貴報曲終奏雅。附列詩歌。最發深省。友人唖莽者長沙志士。感種族之將燼。代一棒於當頭。撰有詩歌。不忍獨嗜。謹介貴報。以備采登。此君於戊戌之變。有句云。石氣古逾勁。蘭心秋豈搖。志士誦之多泣下者。渠游日本東京。它日相逢。此其媒介。』謹讀所寄有滅種吟十二章。以樂府體鎔鑄進化學家言。而每章皆有寄託。眞詩界革命之雄也。具錄之。

悲恐龍 哀龍哀龍。產於美國槐衣烏密洲。長三丈兮高丈五。前短肢兮後長肢。尾大脊巨氣虎虎。借問此種何處尋。石壐層中時太古。吁嗟乎。此鳥非無同種禽。始祖鳥兮名最尊。無嗤之口森利齒。強莫強兮皆不存。汝與哀龍共血族。恐龍殄滅何速速。白華麗國好戰場。得毋同種相魚肉。」

莫捕猫 請君莫捕猫。留猫捕野鼠。君不見。吉黎山下一叢蘭。移向紐西崙

文苑 二

中翻失所。莽莽平原野鼠狂。蜜蜂游此塡貪腸。吁嗟乎蜜蜂游此塡貪腸。雄蕊雌蕊空開張。誰銜花粉於其房。蘭種將絕余心傷。又不見、紐西村落蘭欲語。蜜蜂翩翩故容與。傳精送子全恃汝。食蜂野鼠何獨無。此間賴有猫逼處。請君莫捕猫。留猫捕野鼠。原注云此詩感戊庚之交東市捕黨人而作」骨 地中海旁風泱泱。麥痕東市燐火凉。中有一洞穿地核。多少遺骨縱橫僵。洞熊洞師與犀牛。其骨龐大無與行。昔時強梁獸中傑。羣獸咋舌神頹唐。汝旣不能智棄之不能羣平生伎倆弱同種可憐斷送強中強獸兮無知不足語。胡爲人也瘁其旁。昂昂鬚眉丈夫子額高於鼻身手長千五九六立方糎是爲腦髓頭中藏昔年血族衍何許得毋如獸先自戕吁嗟乎洪積時代已如此茫茫來日心爲傷」無針蜂 澳洲土蜂古無針。小小世界容浮生。胡爲有針之窩蜂。攔入爾界強哉爭。有針者勝無者淪天演之律胡不平吁嗟乎土蜂身後無子孫窩蜂徒黨方縱橫」大蟋蟀 俄羅蟋蟀大且長。秋宵月冷登戰場。籠中骨月方鬥力。誰知安息新種侵其疆。舊種昂昂猶自戕謂汝新種身小鳥敢當吁嗟乎古今勝負洵無常大者長者翻滅亡小而智者進化還未央」善鳴鳥 西瀛蘇格蘭。有鳥名畫眉。善鳴之技擅一世。自謂雄長枝中枝。何方更產斑畫眉。羣羣而來光奇離。鳴者鄙其不善。嗚噂噂唧唧咸怨之居無幾何彼族滋昔時故族晨星稀」

（寄枝生）昔年一林青葱葱。廿餘種木杈枒撐。不雹不凌年數更。只餘數木交縱橫中有一種奇絕倫十餘新種枝寄生」（甘穆番）伯令海峽萬態碧。甘穆斯島水中宅。土民十萬孳洪荒。爾長團體矜地僻。誰知他族來綿綿強權箇箇主爲客。薙之吸之牛馬之可憐血灑乾坤赤借問番種贏幾何敗萬愚奴待天擇」（煤層空）叢林既滅生莓苔。莓苔滅後生微虫。飛魚滅虫鳥滅魚。更產他種亡哀龍。非禽非獸過渡時。惟有蝙蝠凌長風。自此遞生鼠兎□。虎豹犀象犬與熊。迭生迭滅殺氣橫。惟熊稍近人乃雄。熊漸滅兮猿愈靈乃與其所餘禽獸誓掃山都木客稱霸於山中。吁嗟乎。山都木客戰勝方告終毛氏獨獠翻戰攻。就中數種心文明繁之逐之戮之開鴻濛吁嗟乎黃白二種爭主盟危乎一髮纍黑紅高等人朽煤層空生滅滅生何時窮」（猿前劣）人兮人兮猿化身。人與人猿爭乾坤後優前劣力不敵。世界猿種幾希存。亞洲之猿亦多族。至今惟餘吉貢倭蘭兩種猿斐洲有何猿。名者僅遺戈栗金木之孫子。其餘近人之智猿。惟有美門僻嶺而已矣。吁嗟乎猿猿戰罷人戰猿同種異種多戰死請問猿猿人猿權力強弱何以遏腦髓重輕比比」

悲舊獸

君不見。李徒尼亞之野牛。蘇格蘭國之赤鹿。當時强碩無與京。同種寒心咸側目。更有龐熊產諸威。同此冥頑自魚肉。借問狀態今何衰。他種炎炎來大陸。況乃生聚繁哉繁。危乎危乎汝舊族。（長角牛）黑牛戴長角。羣中稱卓卓。欄邊滄海無波瀾。誰知短角來相殘。昔年雄態渺何處。祇今遺骨寒灰寒。約師克見人何愚。僉謂毒疫戕其軀。吁嗟造化胡爲乎。能使短角之牛同時同地災獨無。

查嗣庭以誹謗蒙大戮。至今言民族主義者哀而敬之。頃偶閱柳北紀聞。載其女遺什一章。女名蕙纕。蓋嗣庭獲罪後。家屬徒邊。驛次題壁之作也。詩云。薄命飛花水上游。翠蛾雙鎖對沙鷗。塞垣草沒三韓路。野戍風淒六月秋。口讀父書心未死。目懸國難淚空流。傷神漫譜琵琶怨。羅袖香消土滿頭。蕙纕可謂不媿名父之子矣。

中國學會序並假定章程

中國學會敘

以四千餘年歷史無間之中國擁數萬里之土地挾億萬衆之人民至今日而與列强相遇一敗再敗幾無可以立國於世界者此其故何哉亦曰惟無學之故而已矣然而無學之說則有辨焉

以守舊之過者論之則謂中國者世界文明之古國典章制度自堯舜三代之世而已大備今惟不能法古耳若能法古則中國之學固在也如此者是謂中國今日雖無學然可以古之學爲學者是一說也

以喜新之過者論之則謂中國之所謂學其不敵歐美諸邦之精實而有用已無待論矣夫歐美之以有學雄地球也既已如此而學之歐美以致富强如日本者又復如彼則我中國惟不能師人耳苟能師人則雖歐美不可驟幾若日本者與吾種族同宗教同文字同風俗習慣亦大略相同吾但取其已成之模範因而用之雖不加以損益亦未見其不善也如此者是謂中國雖無學然可以人之學爲學者是又一說也

夫此二說者相反相攻而於今日中國之社會則皆爲有力之論說以云是則皆未嘗不是以云非則皆未嘗無非予嘗觀中國現今之地位與各國經過之往迹乃知此守舊者之說與三百年前歐洲之說無以異喜新者之說與三十年前日本之說亦無以異此皆必有之現象而未可盡非之者也

專件　二

夫歐洲當三百年前。一切文物。尚未發生。人民處於中古世所謂黑暗時代之中國家之壓制。與社會之束縛。日怵於目而痛於心。羣歎息於生今之世爲不幸也。乃更思世界中以何時代爲最善之時代乎。夫當其時天演進化之學說未昌。未知乎今之時代勝於往古。後之時代。勝於今日。其希望後來。羣謀進步之意。無自而生。而惟於讀書思古之時。歆慕古之文明。不復見於今日。故當其時歐洲學說。多謂古者國政至善。民俗至美。可以無爲而化。後世人性。日趨於惡。殆不可以爲治。故贊美古昔。名之曰黃金時代。喻其可貴而難得也。其是古非今之念。與吾國學者。不復信堯舜三代以後。更可爲第二之黃金時代者。其意略同。蓋中國今日之國家。無以異於歐洲三百年前之國家。中國今日之社會。無以異於歐洲三百年前之社會。故中國今日普通人民之思想。亦無異於歐洲三百年前之思想。此無他。凡人情。當不滿意於現在時代之所爲。而又不知將來之時代有可以勝於此者。則惟有仰慕追思於過去之時代。此人情之常。毫無可怪者。且此思慕過去之心思。實可爲開創將來之基礎。歐洲近世文明之起點。由於意大利文學復興。其以慕古之念。鬱積勃發。而能成此異樣之光彩者。無他。好古之甚者。其惡今也。亦甚惡之旣甚則其所以圖謀改創之者。必愈急。故即此一念。已足爲促使國家進步之源泉也。中國之慕古者。能如意大利與否。此當於其他日所成之效果論之。然其專欲以學古爲學。則猶之黃金時代之意。與三百年前歐洲之說無以異也。此守舊之過者之所論。則然也。至於日本之爲國。千百年來。皆以學之中國者。施之以爲政教。及得見西洋之文化。而後舉國狂駭。盡棄所有而學之。其始也。上而政敎。下而風俗。師之惟恐不肖。至其盡與日本適用與否。則不暇問之。其時崇拜西人。無所不至。故名曰歐化主義。及其後乃知適於人者不必盡適於己。然後參酌損益。從而用之。始底於善。當其始也。與今日中國人士。傾慕西洋日本之文明者。亦無以異。夫人當耳目震懾失所挾持之。頃。又未眞知他國之所以然者。則未有不徒知崇拜。而不問其宜否。此亦人情之所不能免。而未可以和責者。然其專欲以學人爲學。則方入于歐化主義。而未有已。與三十年前日本之說。無以異也。此喜新之過者之所論則然也。

然而此二說者。以爲勢所不能免。則可以爲可據。其說而謂中國之無學。不足以爲患。則不可。何也。宜於古者不必宜於今。宜於外者不必宜於內。故也。

夫所謂宜於古不必宜於今者。非謂古之政敎爲不善也。乃以中國向來閉關自治。不與人交。以此法制。施於國內。固無不可者。若今則世界交通。出與列强相見。變一統而爲列國。變和平而爲競爭。開數千年歷史上未有之奇局。中國今日之地位。既非古人所及知。則治今日中國之方法。亦必非古人所及慮。若猶欲以專制之法。與共和立憲之國爭。右文之治。與尙武徵兵之國爭。愚民之術。與强迫敎育之國爭。重儒之道。與通商惠工之國爭。則如入冬而衣葛。入夏而披裘。其不病寒燠而死者幾希矣。

至所謂宜於外不必宜於內者。亦非謂其學之有不善也。西洋各國之强者。其制度文物。固已各臻于美備之域。然而宜於英者不必宜於法。宜於法者不必宜於德。故於政治法律上。軍事上。敎育上。實業上。千流萬派。所尙各殊。隨取其一而觀之。亦未有二國以上。同出於一。絕無相異之點者。此無他。各國之歷史地理國勢民情。皆有其特別之點。各就本國所宜者

專件

制之。無自而使盡同也。即日本以取法西洋著稱。然曩者多尙法國主義。而未聞盡失其所以爲日本者以從於法。其後兼採英國主義。而未聞盡失其所以爲日本者以從於英。今者日趨於德國主義。而未聞盡失其所以爲日本者以從於德。故日本學者之恒言曰。日本雖學於西洋。然必參酌之。取其適於日本之用者以見諸實行。蓋已融化參合而成爲日本之學。而非復西洋之學矣。信哉言乎。世固未有純以學人爲國者也。我中國之歷史地理政教風俗。皆有其特別之點。不僅與西洋殊。亦且與日本殊。若謂於西洋與日本行之而宜者。即以行於中國。不爲損益。亦當無往而不宜。是則未嘗深察乎人己之關係者之所言。不惟於事理未當。且自此以往。將徒使一國國民。羣盛其崇拜外人之心。而於外人擴張勢力範圍之事。轉得利用此人心以爲權力灌入之導線。則尤爲國事之大憂也。

由此言之。是二說者既各有非是之處。則欲求中國之所謂學。今日世界中之中國之所謂學。當如何而後可乎。使非研究古今之變。斟酌內外之宜。而貿然以從事焉。則有學者之貽誤。直將與無學者等耳。夫居今日之中國而言學。有三別焉。其中國所固有而不必學之他國者。則必爲我國之學之善者。實而存之。執而行之可也。其外國所有而中國今日之程度尙未能驟及之者。則人之學雖優於我。無急切之關係。姑置之以俟異日可也。惟中國所有而必參之以外國。中國所無而必取之於外國。參之取之而程度又無遠不能及之慮。居然可即行之者。則誠中國之切要問題。今日世界中之中國之切要問題。乃中國人士所急宜考究而不可一日緩者也。本會之立也。其主義實基於此。故凡於中國政治法律經濟軍事

四

教育農礦工商諸實業各種方面。一一為之調查。以求周知其是非利害良否得失之所在。而後取東西各國之關於此事者。比觀而互酌之。合羣研究。期於一切事故。皆能得一可以實行於今日之中國之方法。以為學術之應用。故其為學也。不以古今為界。亦不以中外為界。凡適宜於今日之中國者則為之。否則皆不及焉。即適宜而非最切要於時局者。亦姑從稍緩。以俟後來。至本會所認為中國最切要之問題而研究有得者。本會能自行之。或當事者能採擇以見諸實施。皆其幸也。不然。則姑置於此。以為將來一切成立之預備。此其意不僅為中國計之。處於今日之世界。其為學應如此也。抑為中國學者計之。則亦崇實行者。不尚空談。愛國者必自有其愛國之道。苟無可以挽救危亡之術。而惟日以亡國之咎責我國人。其於國事究何所補耶。且不惟無補而已。我以亡國之道責人。人亦以救國之道責我。是我當自問救國之道果安在也。有其術者。可以責人。無其術者。已責人人亦責己。彼此同於無學。又皆立於不負責任之地位。惟日以空言相抗。不思其挽回之術。於是中國之事。乃真奄奄忽忽。無或過問。任夕陽之西下。聽流水之東馳。日即於亡。而莫之能救矣。嗚呼。此乃愛國之士所最為傷心者也。此乃本會之所深懼者也

（未完）

專件

紀事

中國大事月表

甲辰七月(補錄)

●一日　俄國魚雷艇勒斯起及納號逃至煙臺

湖北議改營制

駐藏大臣電至政府請派强幹大員前往調停鎮攝

江寧裁撤江北查禁私運局及海贛商捐局

岑督奏請緩辦統捐

廣東船捐鬧事之報至

●二日　電飭馬宮保嚴守中立勿許俄軍侵入

諭以各省報効銀兩辦理要政

某公使向我政府言請聽西藏獨立自主

無錫米商罷市拆燬學堂

俄艦亞斯古爾特及克爾查河逃至上海

●三日　電飭湘省嚴防西匪

岑督電請緩開惠州作商埠

●四日　鹿傳霖調署工部尚書趙爾巽署理戶部尚書

張之洞奏留劉光才駐湘統領湖北新軍政府許之

●五日　馬賊竄入直隸永平府遷安地方

粵軍攻西匪于東泉及三板坳敗之

濟南東門外五里溝開作通商口岸

紀事

刑部沈家本奏請改良刑政

改提督衙門爲警部

增將軍向俄國索還奉天存金五千兩

●六日　頒行國家銀行章程

●七日　戶部銀行擬招官股

開洛鐵路興工

德國兵船不依約章竟行駛入江西鄱陽湖

四川大旱錫督奏請開捐例以賑濟

京師進士館因監督易人所有章程一切重訂

●八日　日本七艦駛入烟臺旋又駛去

湘軍攻匪于同樂斬獲甚衆

昌圖府有馬賊千餘肆行刦掠

●九日　京師大雨雹

駐京英公使因聞廣西匪徒係由新加坡香港等處接濟軍火因照會外部請飭該省地方官嚴行究辦

外部託各國公使調停日俄戰事德美兩公使却之

李勉帥奏准商會章程

錫帥委員開辦天全州大川村礦產

●十一日　法公使照會外部請電飭饒州府嚴禁入會仇教

四川叙州府天主耶穌兩教民互相衝突

金陵下關製駝局因驗鹽衆商不服聚衆滋事總辦趙有倫因此撤差

岑督請開粵省官捐例已奉　旨允准

吏戶兩部會商擬照籌餉例加二成暫

行試辦

日本魚雷艇一艘駛入吳淞

●十二日 倫貝子乘輪北上

政府與戶部議行國家銀錢鈔票

美使精琦氏連日在外部會商幣政

日本魚雷艇從張華濱拔錨外駛

奉旨准開辦四川賑捐

●十三日 西匪分作兩股一欲竄湘一欲竄黔

奉旨允將山東登萊青道改爲登萊青膠道膠州知州一缺改爲直隸州以附近高密即墨兩縣歸其管轄

河南武安縣教民滋事

政務處訂定武備學堂辦事員保奬新例通咨各省

英公使向政府索借舟山爲泊兵船之所。

京師大學堂所屬之編書局業已停辦

去月廿四日有馬賊三千人襲攻俄軍輜重隊於鐵嶺附近俄兵死約六百人

●十四日 鄂省定造銅元三十萬於日本大阪增田合名會社

俄皇下命允將駛至上海之亞斯古爾特克爾査河兩艦之軍火起卸

各國公使向某邸請許入股於湖南全省礦業

●十五日 政府議准將營口關稅歸日人征收以二十年爲限。

浙江龍泉縣鬧教拆毀教堂戕害教士三人

飛鷹礮艦在鎮江失火焚沒

紀事

蘆漢鐵路第九段業已竣工

●十六日 六月廿九日廣東北海大風倒屋二百餘間沉船數十艘傷人甚多

樂平縣民變與官兵格鬥朱子春觀察死于難杜預堂明府不知下落

●十七日 藏人遣使至英軍議和

擬派各貝子出洋游歷

有難民自俄京逃至上海因日俄開戰後俄人甚虐待華人之故

東三省難民陸續有逃至南京者

●十八日 設電線於上海松江之間

政府議派留學生往日本學習裁判事務

兵部封奏裁併員缺一摺擬於實缺候補五百餘員之中裁汰一成

四

廣東解銅五百萬枚至戶部

周樹模參劾江督

●十九日 鐵良奉命南下業已抵滬

●二十日 戶部銀元總局由東洋運大小機器回國在旅順海面被某戰國兵艦轟擊機器盡行毀壞

江西興國縣又鬧教殺傷敎民九十餘人

英公使與外部會議擬將開平煤礦准歸華洋合辦

日艦扣留中國沙船一艘

四川廣安州聚衆拆毀學堂幷將胡保生太史家刼掠一空

●廿一日 法國駐渝領事謁川督要求川省鐵路敷設權

日皇因商約議定特贈太陽寶星于慶王以酬其勞

德皇因膠州鐵路告成特贈金晃頭等寶星一座于東撫周玉帥

兵部衙門因革去書吏恐聚衆滋事特委姜軍駐紮以防不虞

有商船從日本開往營口道經煙臺海關以其載有戰時禁品拘留之

張之洞飭善後局籌欵一百萬兩以備鐵良提取

●廿二日

長江水師提督程從周調砲船八艘駛赴岳州宜昌等處以防西匪

日本魚雷艇一艘又駛至上海

上諭魏光燾着調署閩浙總督兩江總督着李興銳署理又上諭黃建筦着調補山東布政使江寧布政使著胡廷幹調補

●廿三日

錫金兩縣獲解罷市燬學要犯到蘇

馬賊數千人竄擾京師之南馬橋一帶地方

政府議定廣西實官捐例仍照練兵新捐例開辦

上諭魏光燾已調署閩浙總督未到任以前著崇善暫行兼署李興銳著即起程迅赴新任

●廿四日

督閩擬設官立銀行請何肖雅太守爲總辦

閩省大憲議設全閩礦務總公司

●廿五日

趙次珊尚書派歐陽弁元前赴東三省密查財政兵政兩事

紀事

湖南郴州擬自開商埠

擬派宗室子弟赴歐美學習海軍

擬築砲臺於吳淞

●廿六日 江西饒州府景德鎮流店鎮樂平縣瑞州府三橋均鬧教駐滬法領事電責夏菽帥

慶邸向戶部請每月撥款三十萬以充練兵處經費趙尙書駁覆之

●廿七日 日使議設民政局于東三省

練兵處奏請各省兵弁一律仿照日本剪髮易服

合興公司承造之粵漢鐵路已改歸比人故在漢口之美國人員已喚令回國

●廿八日 粵匪竄入湘省洪江

黃昌年御史奏參甯省文武各大員

●廿九日 俄使向我政府詰問西藏之事

●三十日 粵督奏准借用民欵三百萬

鎮江中國通商銀行倒空數十萬

湖北增招常備軍二十五營

駐法孫星使奏請開放東三省新疆蒙古作爲通商地方

貴州曹中丞電奏粵匪竄入邊界

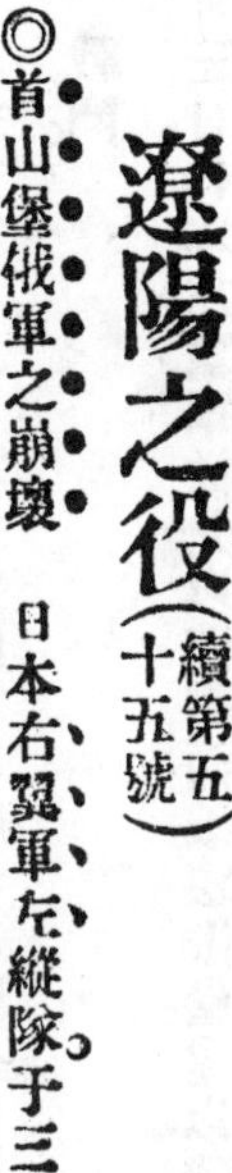

日俄戰紀

遼陽之役（續第五十五號）

◎首山堡俄軍之崩壞　日本右翼軍左縱隊。于三十日夕。既奪徐家溝北方高地。至日沒後。前面之俄軍。忽大增其兵力。向日軍猛擊。于是日軍不得已再退至徐家溝南方高地線而固守之。至三十一日朝。俄軍復有再行逆襲之狀。該縱隊遂不能前進。因之中央軍右縱隊方面之砲兵。亦爲所牽制。不能如昨日之活潑。惟固守其陣地而已。而日軍中央軍左縱隊方面。三十一日朝。雖與俄軍苦戰。仍不能奪其陣地。乃忽于午後四時。得方家屯附近之俄軍移轉於西北方之報。於是左翼軍之右縱隊。遂決于是夜驟行夜襲。然雖突襲數回。不少奏效。乃更增加兵力。猛擊至正午頃。始得占領新立屯西南高地之一部。其中央縱隊。則于二十一日午前十一時。擊退俄軍之夜襲。俄軍復壓迫鐵道線路。且屢向其左翼襲擊。該中隊乃與左縱隊之一部。協力擊退之。因繼續追擊。至午後六時。左翼軍乃舉全力以續行攻擊。乃忽有帶砲若干門之俄步兵一大隊。現于首山堡西北約二里半之白臺附近。因別遣一部與之相持。七時頃。左翼軍以全部砲兵猛烈砲擊。于是兩方面之俄軍。終不能堪日軍徹日夜之攻擊。以三十一日之夜半。徐徐向遼陽退去。至九月一日拂曉。日本左翼軍遂全占新立屯西方高地及首山堡西方標高九十九高地。復與中央軍相合。向前追擊。而俄軍亦復拒遼陽城外之堡壘線。殊死防禦。非易遽拔矣。

◎日軍之遼陽占領　俄軍首山堡及新立屯一帶

之陣地既陷後遂再圍繞遼陽城之南西兩端據堅固之堡壘及木廠東北方高地以備對日本追擊軍頑强抵抗日本之左翼軍是日（九月一日）乘其敗退以大部之步騎兵尾追攻擊又以十生半加農重砲遠擊而壞其遼陽停車場俄軍復急築新停車場于遼陽北方聚其大集團于停車場之附近

二日日軍中央及左翼兩軍前面之俄軍逐漸退却于太子河右岸俄帥古魯巴圖坚亦去遼陽而退于太子河右岸以一大部爲後衛然尙頑守城外之堡壘線未嘗小屈日本之追擊軍亦續行攻擊遂徹夜戰鬥

三日日本左翼軍欲先以砲擊而破壞俄壘遂以驟雨若之砲彈轟向俄壘惟俄壘之掩蓋堅固異常損傷極微應砲亦不止午前十一時頃中央縱隊亦以步兵前進俄軍猛發機關砲故離俄壘雖七八百米突竟一步不能前中央軍亦至午時五時繼續攻擊其右縱隊雖得略近俄壘然重砲及機關砲彈若霰若蝗不小衰息終不得突擊之熟機左縱隊先與俄軍猛突砲擊繼見俄軍砲火殊烈而日軍砲彈甚少又無从而得充補以爲當俄軍五十餘門砲火之下徒增死傷殊非上策遂急退去于午後六時向伊藩廟之俄壘强行突擊左縱隊亦與之相應連繫而前再接再厲此時俄軍益源源繼退停車場附近之倉庫及糧秣等大騰火光煙焰滊車亦頻起黑煙往來不絕蓋其敗遁之狀已昭昭不可掩矣

左翼軍更于日沒時奮擊而威壓俄軍突進至俄壘三四百米突之距離益殊死射擊中央軍亦冒猛烈之銃砲彈排列防禦肉薄俄壘右縱隊亦于午后七時五十分突入伊藩廟東側之角面堡悉占領之此外復有步兵一大隊亦連續突入堡壘之東側復與

城壁之俄兵苦戰至午後十時廿分遂暴進而占領南門。左縱隊爲前面俄壘所遮斷。至午後一時亦頓鼓勇突入全線之俄壘。因以追擊隊而占領遼陽之北邊。左翼軍之一部亦以同夜十一時占領俄壘之一角。于是諸隊益相聯突進。至四日午前二時頃。左翼軍及中央軍遂協力盡拔俄軍之陣地。於是遼陽悉歸日軍之手矣。俄軍退却之際。停車塲之倉庫及糧秣。概行燒燬。彈藥車及大砲之不可持去者。亦悉聚之於彈藥庫側。以爆燬之。鐵道橋及軍橋等。無不燒燬。而于此戰鬥。俄軍死傷約二萬餘。日軍亦達二萬。此亦可想見戰鬥劇烈之一班者也。

◎日本右翼軍之占領煙臺　日本中央及左翼兩軍。方向首山堡及遼陽猛進時。右翼軍亦北向煙臺石炭坑前進。九月一日某第一縱隊及第二縱隊之主力。向黑英臺之北方及西南高地一帶。自拂曉即開始攻擊。俄軍亦於黑英臺西北方水光洞西方及南北之村落附近至樆蘺穚北方高地。設遮蔽之砲兵陣地。盛向日軍砲擊。加以帶炮若干門之俄軍一縱隊。包圍日本第一縱隊。且擊且前。故日軍竟不能前進。至夜半。黑英台附近彼此之銃砲聲激烈非常。未幾而孟家房附近高地之俄軍忽退去。日本第三縱隊自午前七時至十一時。遂全占領自死天祠北方亘孟家房北方之高地線。本溪湖縱隊之一部。自午前八時與俄軍激戰後。至午後三時亦擊退于一方而占領香山子北方之高地。午後五時俄軍忽再南下。而屢行回復逆襲。然終爲日軍所擊退。毫無寸效也。

二日天亮後。第一縱隊突占自石炭坑附近亘大窩西方約三千米突之高地線。然該方面之俄軍至午後忽大增加。且有砲約六十門。日軍第二縱隊之主力苦戰至午前二時。亦占領黑英臺西北高地。其一部別自水光洞之高地。趨向百三十一高地急襲。然適當俄軍之集中砲火。且至午前十時頃。受俄軍一大部之逆襲。遂不能達其目的。僅得退保黑英臺西北之高地。俄軍復以砲五十門。向日軍第二縱隊已占領之高地。三面猛擊。日軍以陣地不良。雖激烈應戰。然終不敵。于是全縱隊遂陷困苦之地位。且以三面俱爲俄軍所扼。遂至與各隊消息不通。幸而未被圍時。招援之第二縱隊之右翼適至。因之內外相應。反困俄軍。激戰移時。遂漸擊退之。然至夜半時。銃聲尚不息。蓋彼此仍在交戰中也。

三日日軍全擊退昨日逆襲之俄軍。然俄軍尚嚴守百三十一高地及其北方之地域。且于煙台東南之地區。及羅大臺、臭井子附近一帶。屯集强大部隊。故日本之第一、二兩縱隊。是日僅能維持其地位而已。

四日拂曉。各方面俱甚沈默。而日軍之第三縱隊。適得警報來援。遂于是日午前十時。三隊相合。協力擊退百三十一高地之俄軍而占領之。且即開始追擊運動。本溪湖縱隊。遂占領平臺子附近。留其一部守備。以警戒奉天方向。以全主力直逼煙臺。正午突出石炭坑北方三家子之西北高地。午後六時略交戰鬥。復占領玉門子山。

四日第一縱隊。於小達連附近。與優勢之俄軍遇。混戰甚烈。終以午前六時頃擊退之。于西北方占領立林溝之戰線。因而據守。本溪湖縱隊。亦自拂曉時經一大戰鬥後。占領玉門子山一帶。第二縱隊亦于午后一時占領三道壩。第三縱隊之主力。于午前八時頃。亦達羅大臺附近而止守。而當時在於太子河左岸。與日軍對峙之俄軍。其主力爲二十六七日大戰後敗退之一部。其在日軍第二縱隊之方面者。約一師團。在第三縱隊方面者。則約一師團半。又在於太子河右岸。自一日以來。與日軍對峙者。為線列第三、第九、第三十五、第五十四師團。狙擊步兵第二、第二十二聯隊。及混合莫斯科選拔步兵。共為三師團以上。其在于日軍之後方及右側者。最少亦不下三師團也。

◎戰後之影響及各國輿論

遼陽一役。日人以俄軍主力所在地。一旦摧破。忻忻雀躍。舉國若狂。時方張燈結綵。日盼旅順捷報之至。旅順久不下。稍為氣沮。至是遼陽捷聞。乃移祝旅順者以祝遼陽。喜可知也。乃戰報一達歐洲。而彼中輿論之聲。為之一變。前此賞讚日本者。皆轉而為日本抱危懼。大率謂俄人慣用退卻戰略。以前此之待拿破崙者待日本。而此次日本合三軍以攻其重心點。不能蠶粉之於一擊。之下。而坐令強寇逸去。謂古魯巴圖堅之戰略。終非大山巖之所能敵也。歐洲各國報紙。萬口一喙。皆作此論。雖以素暱日本之英國。自倫敦泰晤士以下各報。其口吻殆皆一致。謂日本之勝利。為失望之勝利。而日本公債之在倫敦市場者。價格忽大暴落。日本國內之各種股份票。亦隨而貶價。一時人情洶湧。頗懷悲觀。日本各報紙。紛紛辯解。謂此等訛言。實由外國報館從軍記者之曲筆云。日政府緣此。遂改正外國記者從軍之法令。加以特別優待。平心論之。則遼陽實為俄國自擇之滿洲軍根據地。以半年之力鞏固其防禦。全力所注。不可誣也。而此次俄軍損傷。實二萬五千人以上。其所遺糧食彈藥者。足支半年。而皆入於日軍之手。謂此一役在俄軍為名譽之戰敗。在日本為失望之戰勝。殆非然也。越二十日而有沙河之役。

沙河之役

◎沙河戰役之性質　沙河之役。兵家所謂遭遇戰也。兩軍彼此皆取攻勢。而相遇於中途之一地點以決戰也。此種戰法。在日俄開戰以來。爲第一次。而戰門之劇。實又開戰以來所未曾有云。沙河在渾河與太子河之間。此次所爭。非在河流。以會戰於沙河堡附近。故戰後命以此名。

◎俄軍南下之理由　俄帥古魯巴圖堅之戰略。蓋不可思議。謂之爲變化不測也可。謂之爲游移無定也亦可。當初戰之始。固早已定根據地於遼陽。乃無端爲第一次南下。以致有得利寺之敗。遼陽以後。固已再定根據地於奉天。乃無端爲第二次南下。以致有沙河之敗。知兵如彼。豈其以萬人之骨爲兒戲者此耶。据深通俄國內情者言。則俄之少數貴族。實闇於大勢。不能知滿洲之情實如何。而國內革命黨。又蠢蠢滋動。嘖有煩言。故俄廷日夕焦慮。惟思擲孤注博一勝。故兩次南下之舉。其主動者非圖外之將令。而宮中之遙制也。古將軍之心事。亦可憐哉。

◎古魯巴將軍之宣言　古將軍既決策南下。乃以陽歷十月八日。爲一炎炎大言之訓令。以鼓舞士氣。其略曰。

我軍之在滿洲也。經數次小失敗。而士氣益壯。雖然以兵力尙薄之故。未足以殲滅日軍。故於大石橋鞍山店遼陽等役。皆下退守之命。以驕敵軍。當我軍之由遼陽退嬰奉天也。本帥於心滋不忍焉。雖然。以戰略故。不得不爾。退嬰者。實待時之妙用。將養吾全力。然後以一擊之下。使日軍無遺類也。前此之兵力。雖未充足。今也以皇帝陛下之威靈。新至之援軍。皆乘方新之氣。有百戰之勇。今者藏

爾日本猶不自量欲擁大軍以相壓迫不知彼我之位置現已一翻我軍士數月來望進戰如渴今則正其時矣云云嗚呼其大言可笑其苦心亦可憐

此役俄軍之兵力如左（此表從十日至十四日數回激戰後而推算之者）

（軍　團）	（師　團）		（大隊數）	砲兵中隊數
西伯利第一軍團長 中將斯達爾騎壁克	東部西伯利狙擊步兵 同	第一團長少將技羿克羅士 第九師團長少將江拉域招	一二 一二	四 四
同　第二軍團（不詳）	同 西伯利豫備步兵	第五師團長少將亞力其些夫 第一師團長少將麼羅坐夫	一二 一六	四 四
同　第三軍團長 中將傚傚夫	東部西伯利狙擊步兵 同	第三師團長少將加詩他連士基 第六師團長少將他尼羅夫	一二 一二	四 四
同　第四軍團長 中將泰爾巴夫	西伯利豫備步兵 同	第二師團長少將例士坦 第三師團長少將哥做熱地	一六 一六	四 四
同　第五軍團長 中將官波斯基	豫備步兵 同	第五十四師團長少將阿爾羅夫後任未詳 第七十一師團長少將亦克	一六 一六	六 六
同　第六軍團長 大將追波力	同 同	第五十四師團長少將來賤克 第七十四師團壁拉怒華士基	一六 一六	六 六
第十軍團長 中將斯爾遮士基	同 同	第九師團長少將壁爾些爾文 第三十一師團馬烏	一六 一六	六 八
第十七軍團長 大將卑爾爺爾林	同 同	第三師團長少將振士笑爾 第三十五師團長少將德布爾士錢士基	一六 一六	八 八

第一軍團長 大將馬緣德爾夫　同 第二十二師團長少將提寨新城堤 ……一六……六
同 第三十七師團長少將超耐馬力 ……八六……六

莫斯莫選拔步兵二聯隊……………………八
東部西伯利砲兵第二旅團……………………四
同　第四旅團……………………四
野戰臼砲第五聯隊及臼砲二中隊……………………六
騎砲兵……………………五
東部西伯利山砲中隊……………………五
攻城砲兵一中隊及獨立輕砲兵一中隊……………………二
合計……………………二七六……一二三
外有騎兵約百七十三中隊
步兵約二十萬　騎兵二萬六千　砲約九百五十門

日本之公報

◎公報一　右翼軍方面　十月九日凌晨。俄軍由威寧營移于太子河左岸趨橋頭。遮蔽本溪湖。其衆約步兵一旅團騎兵二千砲二門。又於本溪湖東方。太子河右岸之地。增加步兵一旅團。騎兵千五百砲八門。其大嶺方面之俄軍。亦有一旅團。綿花堡八家子。以步兵一聯隊。向南而進。其後方似有後續部隊繼之。

午後兩點鐘頃。俄步兵約二聯隊。進至上柳河子。是時俄騎兵約一聯隊。亦入下柳河子。同趨燒達勾兵力約一師團。既而達我軍陣地之前。

◎中央軍方面　翌晨中央方面之俄軍亦約一師團。紮于前黃花店、板橋堡、柳塘溝等處。至午後一時。其一縱隊由柳塘溝南進鐵道線路。前鋒已達南五里街。又自柳塘溝遣步兵陸續前進。其兵力不下三大隊。後續隊。似亦不少。

俄軍進行于鐵道線路中。蠶屯嶺附延長約二里(日本里)餘。尚未見其後軍。板橋堡東方高地亦見約有一聯隊紮駐。

◎左翼軍方面　此方面俄軍。雖似不甚活潑。然其主力似在柳塘溝孫家台附近。

◎日軍之狀況　日本右翼軍。遣一縱隊以應援橋頭守備隊。又七日以來。撫廠方面亦受俄軍逆襲。今晨遣一縱隊。以援本溪湖之支隊。想頃已在戰鬥中矣。但未知其狀況如何。又中央及右翼軍。現與前面俄軍。正在酣戰中。然睹此狀況。欲乘俄之兵力未集注渾河左岸之時。先大舉擊破之。故自明朝轉取攻勢。以殺其主力。(十月十日以前日本大本營電)

◎公報二　本溪湖方面之激戰　前所派之一縱隊。已得與本溪湖支隊相聯絡。該隊自九日凌晨。即與俄軍之最優勢者交綏亘十二點鐘頃。血肉相薄。實在本溪湖方面最劇最烈之戰也。至於威寧遠之俄兵。約有一旅團大嶺則於昨夜深更。其大縱隊已到。玉門子嶺。亦有一旅團俄軍昨夜來襲。我即以一部與之接戰。

日軍所派遣之增援隊。昨日午後四點鐘頃。抵火連寨。其一部亦于是夜九點達本溪湖。別以一部占領玉門子嶺。是時俄軍全集于平山溝及大魚堡等處。(十月十日午前日本大本營電)

◎公報三　右中兩軍之追擊及左翼軍之酣戰

日俄戰紀

右翼軍中央縱隊。於十二日凌晨。已占領羅哥林?）山。八家子北方高地。該軍之左縱隊。亦占領燒達勾北方高地。并縱兵追擊。中央縱隊。則占領馬耳山、中央軍亦由昨夜起程。凌晨已達三家子、三塊石山西北高地等線。度現時亦在追擊中也。左翼軍亦與十里河、龍王廟、五里街附近之俄軍酣戰。自昨夜以迄今日。仍未收全效。現欲增加兵力于左翼。以包圍俄之右側背。（十月十二日日本大本營電）

◎公報四　各軍方面之追擊　日軍在本溪湖方面。擊退各處逆襲之俄軍。而橋頭本溪間之連絡。今始得確定也。又右翼軍之主力及中央軍之追擊。奮勇向前。已達馬耳山、蟒家坂等線。包圍俄軍砲兵一部隊。以致俄軍大慌亂。其他盡潰退於北方。右翼軍因欲遮斷本溪湖附近之俄軍退路。乃遣一部隊于石橋子。度午後三點鐘。當達其目的地矣。又中央軍。今朝於三塊石山。奪得野砲及彈藥車等凡八。據捕虜所言。古魯巴圖堅將軍。現擁三師團之兵力在日本右翼軍主力前。尚圖抗拒云。又左翼軍之中央縱隊。與最有力之俄軍交綏。至午後一點半鐘。遂占領浪子街附近。奪取俄軍砲八門。俄軍乃潰亂。即退竄于北方。而日本軍追擊隊。直由小東台向劉三家子前進。其右縱隊。則擊破綠德二和爾北部之俄軍。更向龍王廟、五里街、一路追襲之。其左縱隊。則於是夜十二點半鐘頃。盡力炮攻北煙台。（十月十三日午前日本大本營電）

◎公報五　追擊愈急　現日本右翼軍。直趨北方。續行追擊。前欲遮斷本溪湖方面之俄軍退路。故派遣一縱隊往石橋子方面。頃尚續行前進云。又中央軍。則仍竭力往攻。欲于本日中占領東山口、胡家、孤家子。此時見其地之俄軍。至更深夜靜。尚陸續退卻于北方云。又俄之大縱隊，由黃花甸。向東南前進。又前聞俄於黃家店。已建設防禦工事。然至今日。仍未得其詳。

曩所報左翼軍中央縱隊之鹵獲砲八門。乃十六門之誤。該縱隊之右翼隊。奪得砲四門。而俄軍之來襲者頗極勇敢。然卒爲該縱隊步砲兵所擊退。左翼軍之右縱隊。則於十里河西方追擊中又鹵獲砲五門。彈藥車五輛。合計共得砲二十五門。彈藥車五輛。其總豫備隊，則與砲兵團移駐孤樹子附近。其一部擊退洪家店之俄軍。而與左縱隊之右翼相連，頃尚在攻擊前進中也。

曩所報中央軍所獲野砲及彈藥八者。乃十一之誤。此軍是日擄虜百五十名。（同日日本大本營電）

日本之公報

◎公報六　**各軍之總攻擊**　本溪湖方面。昨ㄐ屢受俄軍逆襲。日軍極力擊退之。至午後五點鐘頃。見俄兵有退却之勢。日軍即於今朝。轉取攻勢。其後效如何。尚未得其詳。

日本載仁親王所率之騎兵大集團。繞出俄軍左側。以衝亂其豫備隊。蓋於此方面戰況。大有助力者也。現聞此騎兵團。更向俄軍之背後前進。又右翼軍之右縱隊。現與朝鮮嶺之俄軍。尚在交綏中云。

該軍之中央縱隊。已占領蓮花山、馬耳山一帶。左縱隊之右翼隊。則攻擊燒達勾、北方高地之殘餘俄兵、

日本右翼軍之方面。爲地勢所限。攻擊進捗。皆不如意。又中央軍之右縱隊。於午前十點鐘頃。直向胡家孤家子、北方高地奮攻前進。至兩點鐘頃。則見胡家孤家子之砲兵。漸有先退之勢。又右翼軍之右縱隊。於十三日凌晨占領板橋堡，其前鋒隊已達八家子。而該縱隊得豫備隊之應援。即進攻黃花甸附近。約一師團之俄軍。然未詳其狀況若何。俄軍在黃

花店。備有砲兵數中隊抵抗頗悍。今加以豫備隊一部攻擊之成功當亦不難。中央縱隊之追擊部隊。既已占領劉三家子。遂直攻哥瑞(?)屯。今方在追擊前進中。左縱隊之右翼隊。現與紅綾堡之俄軍交綏。

(十月十三日夜日本大本營電)

◎公報七　日軍占領俄之陣地　曩所報右翼軍方面右縱隊與朝鮮嶺。極有優勢之俄軍相持。後得豫備軍來援。始不致失敗。其中央縱隊。進占蓮花、山馬耳山、一帶。又左縱隊之右翼隊。則苦戰之後。亦奪得燒達勾北方高地。

◎沙河堡之包圍　現日本左翼軍之中央縱隊。攻擊沙河堡。右縱隊則攻擊黃花甸。直至夕陽在樹。群鳥歸巢時也。左縱隊之右翼隊。攻擊林盛堡。其一部則占領萬家園子。左翼隊亦占領黑林屯富家庄等線。其新來之增援隊。已陸續抵煙台附近矣。

◎公報八　右翼軍方面　日軍之一縱隊。往援橋頭方面者。於十四日凌晨。已抵戰地矣。又戴仁親王所率之一縱隊。於是日(十四日)拂曉。在太子河左岸臥龍村附近。與俄軍交綏。故本溪湖玉門子嶺之俄軍。於是日(十四日)午前十一點鐘。漸次退卻。故日本之本溪湖枝隊。即追擊之。

日軍之右縱隊。於十三日夜。適得一部隊。前來應援。乃始復維持朝鮮嶺之陣地。至於左縱隊。亦於今朝(十四日)七點鐘。已占領蓮花山一帶之高地。其中央縱隊。亦於十三日夜。占領鏵山屯。(金鐘東北)東北附近之高地。其左縱隊之第一線。亦於今晨九點鐘。占領西山溝之高地。情形如何。尚未詳悉。

◎中央軍方面　日本中央軍。於今朝已盡占領由東山口至胡家、孤家子、一帶北方之高地。尚在陸續追擊中也。

◎左翼軍方面　該軍之戰況。雖未得確實消息。然右縱隊之主力至今日(十四日)十一點鐘。已占領黃花甸東北方高地者。其中央縱隊。則於今朝七點鐘頃。已占得沙河堡南方高地。其一部在千家窪子。奪俄國砲十門。俄軍潰亂。竄走于東北方云。現林盛堡達連屯之間。俄兵約有五中隊。麻大人屯約有一中隊。占有極優陣地。與日本左縱隊激戰。俄之步兵。約二大隊。砲兵一中隊。亦於今晨襲擊日軍在萬家園子之一縱隊。已被日軍擊退之。

◎公報九　玉門子嶺及大嶺附近之俄軍。至十四日午後。不堪日軍本溪湖支隊之攻擊。漸次退却。該軍司令官。即命該支隊長向東北二方追擊之。遂分軍爲二縱隊。直趨平台子。下達河方面。俄軍既敗退。旋在邊中象堡附近停駐。施設防禦工事。

其在朝鮮嶺與俄軍相戰之右縱隊。至是日(十四日)午後。見俄兵漸退。直前猛擊。追至代家塔方面。得與中央及左翼縱隊相合。共攻西溝山附近之俄軍。又擊退之。進至沙河等線。其在日軍左翼縱隊之前面俄軍。約有一師團。直潰走于奉集堡。而其砲兵。則尚在塔山附近向日軍轟擊。而日軍豫備隊約一團隊。亦於今晨擊退彼薄弱之俄兵。遂占領歪頭山焉。至午後三點鐘。見俄縱隊有退却之勢。乃急起直追。向前奮擊。又使一部向松樹嘴子前進。

◎中央軍方面　該軍自今朝以來。攻擊長嶺子、蘭草窪、及同家墳附近之俄軍。少頃即擊退之。俄軍敗走于沙河以北。於是日軍追至達沙河等線。

◎左翼軍方面　該軍向黃家甸進發。其右縱隊之主力。至是日(十四日)午後一點鐘頃。擊退俄軍。逐之北方。遂占領該處附近高地。其中央縱隊。亦於午後擊破沙河堡、占領南方高地。向林盛堡進行之中央縱隊。有一部與左翼隊。在林盛堡。協力抵拒。至午後四點。日軍肉薄突入。終取其地。現尚續進追擊。

是日午後兩點二十分在張貝堡附近之俄軍。拒日軍之左縱隊。陸續增加其兵力。壓來逆襲。然日軍左縱隊盡力猛擊。毫無少屈。終被退却。計此方面之俄軍。不下步兵四聯隊。砲兵十中隊。

要之。自十日至十四日之間。連續酣戰。盡破各方面最有優勢之俄軍。奮力追擊。壓迫渾河左岸。使蒙巨創。且奪其野砲三十有餘門。捕虜數百名。全然挫其攻取之壯圖。其遺棄屍體於道路者。不知凡幾。現雖未能知其詳數。度當達三萬以上也。又鹵獲品。前記野砲三十餘門之外。彈藥車及小銃等極多。不遑枚舉。

自十日至十三日間。俄兵屍體。遺棄戰場。爲日軍所埋葬者。達二千以上。十四日之遺棄于戰場者。亦極多。未暇細數。其後更有捕虜百名。（十月十五日午前日本大本營電）

◎公報十　右翼軍之鹵獲　今調查右翼軍方面敵軍之損害如下。俄軍遺棄屍體于本溪湖方面。計太子河左岸三百五十。本溪湖前面千五百。大嶺三百。玉門子附近二百。右縱隊之方面二百。哥燕哥克附近。及玉門子嶺北方各六百。見道附二三百。牛拉山北方無名寺附近百五十。左縱隊之方面。燒達勾北方附近三百。合計四千五百。捕虜百名。其他各處所未調查者極多。總計其損害。實逾二萬以上也。又其後之戰利品。則彈藥車六輛。砲彈二千。其他未詳。至于中央軍左翼軍方面之俄軍損害。俟調查的確。後再詳述。（十月十五日夜日本大本營電）

（此公報未完）

明治三十一年十二月廿七日（第三種郵便物認可）

新民叢報

第參年第玖號

（原第五十七號）

本號要目

光緒三十年十月十五日　明治三十七年十一月廿一日

每月二回朔望日發行

看！看‼看!!!

粵漢鐵路交涉秘密檔案

洋裝全一冊　定價參角半

粵漢鐵路交涉案爲今年外交界一大事現由湘粵兩省紳商抗議廢約公舉王芍棠鄧小赤兩中丞爲代表人駐滬辦理誠民權漸伸之見端也此案來歷全國人皆欲知其眞相然東鱗西爪苦難灼見頃有友人由美國將全案始末抄譯寄贈本館凡盛梁伍諸大臣之函電福開森（盛督辦特派往美國議此事之人）美比政府之電合興公司之各種章程皆備焉原文凡四萬餘言本館記者悉心校閱之後重行排比之加以案語凡萬餘言今讀者知其眉目所在於此案之癥結洞見無餘蘊矣既每日附印入報中旋經讀者慫恿彙印成編以備遠地購買之便乃復搜取英美及本館報章論此事者若干篇爲附錄以公諸世云今者列强皆以鐵路問題亡中國愛國之士咸思所以救之然救之非易言兵家曰知己知彼百戰百勝苟不知事之眞相而徒爲無責任之言罕有能濟矣此編者雖其本案限於粵漢鐵路然因此可以知人之謀我者如是其曲折如是其嚴酷也而我之所以著著失敗者其原因又如是其複雜也則後此遇此等事其庶不收補牢之效也夫實心國事者宜急手一編也

初版止印二千部幸速購取

發行所上海四馬路　時報館　發售所上海各書坊　及內地各書坊　東京留學生會館　橫濱新民社

新民叢報第參年第玖號目錄（原第五十七號）

目錄

報資及郵費價目表

	全年廿四冊	半年十二冊	零售
報資	五元	二元六角	二角五分
日本來申郵費	二角四分	一角二分	一分
滊輪已通之地郵費	四角八分	二角四分	二分
內地郵費	一元四角四分	七角二分	六分
四川、雲南陝西、貴州山西、甘肅等省郵費	二元八角八分	一元四角四分	一角二分
日本各地每冊郵費	一仙		

廣告價目表

洋裝一頁	洋裝半頁
十元	六元

惠登廣告至少以半頁起算刊資先惠論前加倍欲登長年半年者價當面議從減

編輯兼發行者　馮紫珊

印刷者　陳侶笙

發行所　橫濱山下町百六十番　新民叢報社

上海發行所　四馬路老巡捕房對面　新民叢報支店

印刷所　橫濱山下町百六十番　新民叢報活版部

華盛頓之母

Martha Washington

英國前女王額里查白

Elisabeth.

共同感情之必要論

觀雲

斯賓塞爾社會平權論曰道義感情之一官自古至今運動作於社會事物之間至於今而益發達夫大憲章中。含有抵抗抑壓。扶持正義之意。而或欲伸民權或欲廢奴隸或主男女平權。或拒絕教會貢納稅。或爲徇難人建立墓標、或爲猶太人論辨、當允準爲國會議員。或爲波蘭人之遭抑制而憤慨。凡若此者孰非生於道義之感情乎此道義感情、下根柢於人心之間勃發而爲正氣之大樹以散寬仁公平之佳香獲正直自由之美果者也（以上斯氏之言）吾人聞此言也亦怦怦然而若有所觸而欲爲天地間不知何人之受屈抑者而平其氣而欲爲天地間不知何人之肆横暴者而折其角然試一還叩之吾人何爲乎而皆有此心則以人人心理間有一共同感情之一官能故也今夫吾人於最近之事若菲律賓之欲謀獨立而不成也若南非杜蘭斯哇爾拒英人之幷吞而戰敗也若猶太人被俄之虐殺於西溪納夫也若波蘭人之欲推翻俄政府而興復其故國也若芬蘭人之受俄之迫壓而暗殺其大官也其悲慘之事吾爲之泣下其壯快之事吾爲之叫極夫是數事者其於我皆絕不相關而吾人對之之情亦若與彼身在局中者同陶鑄哀樂於一鑪之中又若吾手歷史一卷忽焉而爲之歌忽焉而爲之泣忽焉而爲之忿忽焉而爲之歎仰天長嘯擊碎唾壺之態度時時有之試問此中人物若果與我仇乎若果與我好乎若果有利於我乎若果有害於我乎問之吾人之心坎中殆若青天白日一不存是等渣滓於其間然而此發生之情懷一若遏之而不能遏禁之而不能禁爲誰辛苦爲誰酬則以有此共同感情「之源而主宰是者也」此感情也竪而計之上極千古下通萬年不能以時間爲之界隔也橫而論之通於六合窮於八方不以爲空間爲之限制也志士得之以爲志士仁人得之以爲仁人英雄得之以爲英雄文章文此者也詩歌聲此者也俎豆報此者也碑碣記此者也彌綸於事物之間而無所遺感通於人己之交而無所閡極而言之有此則社會以之而成國

家以之而立世界以之而通無此則乾坤或幾乎熄可也此感情也目不可得而見耳不可得而聞來不知其所自去不知其所往而常予人以最可試驗之時則當國家社會衰亂顛倒之世是也蓋感情者以國家社會之平治而消以國家社會之偏激而長常相關而成一反比例者也夫如是則最易發生共同之感情者宜莫如我國之今日矣吾國土其將易主吾種族其將爲奴外來之風波已釀成一闇澹慘凄之境而尤可痛心者則蟊賊在朝豺狼當路日取吾種之秀者而殺戮之塗醢之拘囚之捕縛之竄逐之禁錮之嗚呼吾方有悲古人而流涕者矣而古人又豈有此悲境耶吾方有恫他國而傷心者矣而他國又豈有此慘遇耶以千古所無有萬國所不見而現一那洛迦之世界於吾種吾國之間天地因而失色日月爲之不明無人心也則已苟有人心則未有不爲之憤氣積雲悲淚成海者也

然則我中國共同之感情於此可驗矣其所謂官以取富貴保利祿爲宗旨朝廷之所謂叛徒彼亦曰叛徒朝廷之所謂亂黨彼亦曰亂黨能捕獲之以爲已能能斬殺之以

爲己功濺同胞之血以染其顯燿人前赤色之一頂我之所視爲短氣吞聲之地正彼所視爲得意快心之筆其苦樂適與我國人相反向若蠶而求感情毋寧逢蛇蠍而視其不螫遇虎狼而求其不食或尙有驗矣是共同感情之已滅絕者也或曰子何言之甚夫人而至於無一線共同之感情則動物之不如世界尙何以爲世界乎曰誠然夫人類之道德果有高於禽獸與否是言也吾素疑之而以觀吾國之官其道德決不及禽獸例若主人嗾犬使犬捕獵則犬爲之使犬捕犬則犬不爲以是見犬之不肯受豢養者之嗾而自傷其同類也然我國之官亦聞有命之捕殺其同類而不爲者乎使尙有因此而發其感情之一人焉吾猶可據以證人類道德之非必不及物類然今固未聞其有是人也是於心理上實驗之比較而犬之道德高於我國之官之一斷案已可定夫彼固惟熱中於煌煌之翎頂燦燦之金銀苟有可以易此者於事且何所不爲而尙能冀其有一線之感情耶其亦左矣夫爲官者勿論若夫飲食衣服言語動作儼然具爲人之全體而無教育無知識蠢蠢然營營然惟延其一日之生命以爲百年之至計其睹英雄豪傑之作爲也猶夫蜩與鷽鳩視大鵬之背雲翼風搏搖於蒼闔之表溟

渺之間而不知其果何事也若是則性情不相知而事爲不相關無從發生其感情者無足怪也至於內而國政外而世局非無見聞亦知憂歎然而一時爲公不勝其移時爲私之念一念爲人又不勝其轉念爲己之情於是置其身於可新可舊之間善其處於宜上宜下之地不得謂之無智而智則僅以供其利己之用不得謂之無識而識又徒以佐其善世之謀若是者雖有共同之感情而若存若亡乍明乍昧而終則枯萎消滅而不獲收其用此有感情而養之失其宜發之無其道者也若夫慷慨激昂之情見於面卓犖奮發之情溢於氣而或失之於忮忌或失之於梟鷙扶殖其與己相聯結者而排斥其與己不相聯結者篤厚於與己相暱近者而殘忍於與己不相暱近者當其激於一時之競爭雖並世之賢豪或不惜出辣手下毒心而欲鋤而去之是又僅有一黨之量而無一國之量一羣之量從而其發爲感情也亦偏而不全私而不公此有感情而不能推廣以至於圓滿之域者也至若心怦怦而時動意微微而徐伸亦知義之當爲而眞力或不能副亦知善之可樂而勇氣或不能堅是善人也而不得謂之仁人是良士也而不得謂之任士其於感情失之於怯而不盛弱而不强孟子之言養氣也

曰直養無害則塞乎天地之間是當先認識感情而直養之者也夫舉一國之人而計數共同之感情其差等畧如是於官宦彼已操屠刀入惡業無足言者於氓庶則又愚不足以言此立於兩歧而觀望以取時利所謂小有才之人而不足以入道舍此則不能不有望於霸才者之抑其偏心弱質者之奮其剛氣庶乎共同感情之花其燦爛煥發於我國之野乎

且夫發達其感情而必期其用於共同之地者蓋人之生於世也無論於世界於國家於社會必有其共同不可分析之一通體在此通體之義果若何乎不能不稍區別而認識之今夫學者或本於中國之學說曰天下之本在國。國之本在家家之本在身是言天下者國之積。國者家之積。家者身之積者也或本於西國之學說曰凡羣者皆一之所積也。所以爲羣之德自其一之德而已。定羣者謂之拓都一者謂之么匿拓都之性情形制。么匿爲之。么匿之所本無。不能從拓都而成有。么匿之所同具。不能以拓都而忽亡。要其所言無非集各個體則爲團體析團體則爲各個體而余所謂共同之通體者義不若是其區別蓋有一共同之體而不可分析者是也例若航海然乘舟之人合之可謂之一團體分之可謂之各個體而此舟者所謂共同而不可分析之一通體也實則所謂一世界一國家一社會決非僅此集合體而成而於此集合體之外尚有所謂通體者在假令無此一通體焉則合個個而成之集合體且將無所附麗以爲集合之基而不久而將散（如近時新黨中立會甚多然皆不久即散此無他不過有集合體而無實際上一共同之通體故也通體之事甚多如造新國即其事之一也若無此共同之通體而徒有集合體則早晚必解散而歸於無用而已）然則吾人對此共同之通體實當視爲第一之生命而吾人一己之生命不過居於第三而所以擁護保衛此一大生命者不可不視爲人人重要之一義務而同託居此共同一大生命之中而有人焉起而擁護保衛此一大生命者雖其人祇自盡其義務之所當爲而對之者不能不尊之重之愛之敬之有時以欲擁護保衛此一大生命而與擁護保衛其一己之小生命適居於不能兩全之地則當之者不可不捨其一己之小生命以全其共同之大生命而吾人對此爲擁護保衛吾人共同一大生命之故而至有挫折其一小部之身體喪失其一小部分之性命者自當發動吾人最高度之感情以臨之決非若個體對於個體臨其死亡者之感情而已夫同在一集合體之中設有個體之自死而自亡者吾人亦不能不發其相當之感情然非個

體之自死自亡而爲吾人共同一大生命之事從而至陷於死亡則吾人自不能不以哀吾共同一大生命之哀而哀之禮吾共同一大生命之禮而禮之夫欲孜求吾人所以生存之故決非僅恃吾人有一部之小生命而必賴有一共同之大生命而欲合人人而共造此一大生命且既造之之後又欲合人人而共保此一大生命自非人人有共同之感情不可然則共同感情者謂爲吾人一大生命之所謂壽元焉可也

（未完）

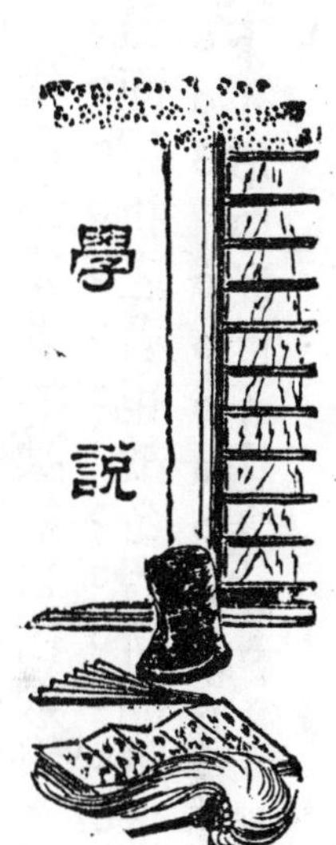

子墨子學說（續第五十三號）

中國之新民

第五章　墨學之實行及其學說之影響

墨子爲中國獨一無二之實行家。此稍有識者所同認也。然其所以助實行之力者。則其學說之所影響至重大焉。今略舉之。

第一　尚賢說與實行之關係

孔子曷嘗不言尚賢。百家曷嘗不言尚賢。然其効力不如墨子之强者。諸家於尚賢之外。更有親親。貴貴。諸義。（大學。君子賢其賢而親其親。中庸。親親之殺。尊賢之等。禮所生也。孟子。自下敬上。謂之貴貴。自上敬下。謂之尊賢。皆以賢與親貴並舉。又周禮有議親議貴之條。）墨子則舍賢外他無所尚。（尚同與尚賢。其根本的理論同出於一。）彼貳而此一。彼駁而此純也。蓋墨子尚賢主義。實取舊社會階級之習。翻根本而摧破之也。凡在野蠻社會。親貴與疏賤之間等差最嚴故古代有百姓與民之分（參觀本報第三四十號論說）至孟子時猶有君子野人之別（無君子莫治野人無野人莫養君子）各國之圖騰社會宗法社會莫不惟親與貴之是尚其眞能尚賢者則入軍國社會後而始然也然在親貴並建之社會則競爭淘汰之力不能循自然軌道以進行而實行之能力因以不發達何也行矣而無所償則靡以爲勸也墨子之教義利同體故以尚賢勸實行其言曰不黨父兄不偏貴富（尚賢中）又曰官無常貴民無終賤又曰今舉義不避遠遠者聞之退而謀曰我不可不爲義逮至遠鄙郊外之臣門庭庶子國中之衆四鄙之萌人聞之皆競爲義（俱尚賢上）故使全社會中非實行者不得實利此勸之之道也

第二　非命說與實行之關係

力與命對待有命說與力行說之不能相容夫既言之矣西人推原近世社會進化之跡其原因不一端而最重要者莫如自由競爭 Free competision 有命說者則取人人自由競爭之銳氣而摧折之者也故命說行而厭世主義勝焉厭世主義實行之仇敵也墨學則雖天下不取強聒而不舍者也（莊子天下篇語）故學墨者決無或持厭世主義此其實

行力所以至强而莫能禦也。

第三　明鬼說與實行之關係

吾嘗言墨子明鬼論之不圓滿。此就其論據上言之耳。若語其精神。則有鬼無鬼之論辯與民德之强弱升降有大關係。爲不可不察也。蓋有鬼神則有靈魂。有靈魂則身死而有其不死者存。有靈魂則生之時暫而不生之時長。生之時幻而不生之時眞。夫然後視生命不甚足愛惜。而游俠犯難之風乃盛。墨學可以起中國之衰者。其精神皆在此點。今最錄墨者對於死之觀念。資信仰焉。

(魯問)魯人有因子墨子而學其子者。其子戰而死。其父讓子墨子。子墨子曰。子欲學子之學。今學成矣。戰而死。而子慍。是猶欲糶。糴讎則慍也。豈不費哉。

(淮南子　　篇)墨子服役者百八十人。皆可使赴湯蹈火。死不還踵。化之所致也。

(呂氏春秋上德篇)墨者鉅子孟勝善荆之陽城君。陽城君令守於國。毀璜以爲符約曰。符合聽之。荆王薨。羣臣攻吳起兵於喪所。陽城君與焉。荆罪之。陽城君走。荆收其國。孟勝曰。受人之國。與之有符。今不見符。而力不能禁。不能死。不可。其弟子徐弱諫曰。死而有益陽城君。死之可矣。無益也。而絕墨者於世。不可。孟勝曰。不然。吾於陽城君。非師則友也。非友則臣也。不死。自今以來。求嚴師必不於墨者矣。求賢友必不於墨者矣。求良臣必不於墨者矣死之所以行墨者之義而繼其業也我將屬鉅子於宋之田襄子。田襄子賢者也。何患墨者之絕世也。徐弱曰若夫子之言弱請先死以除路還歿頭前於孟勝。因使二人傳鉅子于田襄子。孟勝死弟子死之者百八十三人二人已致令於田襄子欲反死孟勝于荊田襄子止之曰孟子已傳鉅子於我矣。不聽遂反死之。墨者以為不聽鉅子。

（又去私篇）墨者有鉅子腹䵍。居秦。其子殺人。惠王曰。先生之年長矣。非有他子也。寡人已令吏弗誅矣。先生之以此聽寡人也。腹䵍對曰。墨者之法曰。殺人者死。傷人者刑。此所以禁殺傷人也。夫禁殺傷人者天下之大義也。王雖為之賜而令吏弗誅。腹䵍不可不行墨者之法。不許惠王而遂殺之。

實行非限於必死也然不充其類至於可以死則實行之分際不完人之所以能不愛其死者最要莫如自認道德的責任即所謂義務觀念是也孔子所謂殺身成仁孟子所謂舍生取義皆以此觀念為中堅也雖然此觀念非學道有得者不能切實體認其平時養成之既甚難其臨事應用之抑亦不易以故往往不能逮下必於責任問題之外更有利益問題以之為助力然後此觀念乃可普及夫一二人之奇節異操受特別之感化者。不必論也。具救世之志者必不蘄為特別一二人說法而蘄為普通多數人說法徒繩以嚴重之道德責任其義則正其途則隘矣故夫欲導人以輕死生者不可不發明一物焉更重於死生而其物又與人人有直接之關係爲盡人所能喻者然後其愛生之情有所奪而畏死之蔽可以解孟子曰生亦我所欲所欲有甚於生者死亦我所惡所惡有甚於死者即比較輕重之間以說法其義精矣但所謂甚焉者之爲物專指道德的責任其於中人以下感化力尚薄耳孟子又言非獨賢者有以是心也人皆有之賢者能勿喪耳即其義也吾嘗剖分研究之得三事焉一曰感情的觀念人莫不愛已然有與已爲密切之關係幾於異形同體者則視其利害常若已身之利害且時或比已身之利害更重要焉若此者無論何人皆有之其最普通者曰家族次則朋友霸者之驅策其民也常利用其家族之感情爲彼而死者封妻廕子其家族享無限之光榮負彼而生者連坐族夷其家族遭無窮之苦累以故既有所歆復有所懼而覺生之可愛不如死者有焉矣此其爲術若與道德之原理相遠雖然家族有家族之道德其不肯以一已之利害易家族之利害者即其對於家族最純粹高尚之道德的責任也若是者吾名之曰義務觀念與感情觀念之和合慈親孝子義夫烈婦之所以輕生死者往往皆由是出焉由家族而推之則其次最易發現者莫如朋友人於所至親愛之朋友其關係之切密殆不異家族其利害之相連屬相感觸亦

殆不異家族故感意氣而相爲死者中外古今之歷史蓋不絕書是亦於道德責任之外更有他一物焉以紐之也。恩讐之義，所以激刺人之「煙士披里純」者最爲有力近世學子好爲高論絀之謂不足道是益獎人情之澆薄而缺鞭辟切已之功耳記唐佛塵輓譚壯飛聯語云「忍不攜二十年刎頸交同赴泉臺」又其詩云「賸好頭顱酬死友」蓋己庚之間佛塵所刻刻不去懷者一壯飛也佛塵之愛國固無待言但其愛國之道德的責任與爲壯飛復仇的感情兩者相和合其熱度乃陡增數倍感情之効力如此其偉大也。即彼俄國虛無黨之義俠，炳耀天壤，其初發軔。亦皆起於復仇，蓋愛國如膾炙衆人所同也恩仇如羊棗一人所獨也一張汶祥能斃馬新貽舉國革命黨不能傾滿洲政府其機固甚微矣

由是而更推之則爲對於一黨派之感情對於一教會之感情對於一國家之感情愛國之源泉即由是生焉但其愈切近而範圍愈狹者則此感情愈明瞭而易激刺其愈廣遠而範圍愈廣者則反之夫是以爲家族而死爲朋友而死者所在多有而爲國家而死者曠古乃一見也二曰名譽的觀念孔子曰君子疾沒世而名不稱焉。董子曰蒙大辱以生者毋甯死。是取軀殼之生命與名譽之生命相比較苟二者不可得兼則舍軀殼而取名譽也蓋名譽立則雖死而固有不死者存也孔學所恃以奬厲人輕生死之心者頗在此故儒教亦稱名教。後漢書黨錮傳記范滂就義時。其母語之曰。『汝今得與李杜齊名。死亦何恨。既有令名。復求壽考。可更得乎』以令名與壽

夸比較輕重去取最能代表儒教之精神。若此者吾名之曰義務觀念與名譽觀念之和合楊朱之學所以禍天下者以其蔑名譽而去之也。列子楊朱篇引楊朱曰。生則堯舜。死則腐骨。生則桀紂。死則腐骨。腐骨一矣。孰知其異。且趨當生。奚遑死後。又曰。遑遑爾競一時之虛譽。規死後之餘榮。徒失當年之至樂。重囚纍梏。何以異哉。此楊氏反對名譽最無忌憚之言也。中國社會之大多數。皆中此毒。雖然、名譽問題與利益問題固非全無關係者苟其宜死而不死也或遂爲一世所不齒雖復偷生數十年而後半期所應享之權利幸福或將自此悉消滅故眞自愛者於輕重比較之間知所擇焉如彼斯巴達戰敗生還者不復見齒於鄉黨此所以一往而不返顧也故名譽者雖道德責任之附庸亦道德責任之後勁也。吳梅村詩云。古人昔有湛妻子。我因親在何敢死。如今憔悴至於此。欲往從之愧青史。又絕命詞云。故人慷慨多奇節。恨當年沈吟不斷。草間偷活。到如今一錢不値何消說。此猶略可見名敎之效 名譽所以能使人輕生死者在此。

三曰靈魂的觀念此實決定生死輕重問題最要之條件也。苟無靈魂則死後更無餘事矣中國常言一棺附身萬事都已更無復能受幸福者亦更無復能受苦痛者於是乎其所重莫甚於生其所畏莫甚於死此民之所以日偷也故世界大哲莫不以死後問題爲立教之源泉佛有涅槃輪廻天堂地獄之名耶有末日審判往生天國之說皆使人知區區數十寒暑之所經歷至短至幻至不足道以身殉責任者正所以求眞利眞福於來茲也若是者吾名之曰義務觀念與靈魂觀念之和合而子墨子蓋有得於是故於有鬼無鬼之論辨致斷斷焉明鬼云者下以正確之解釋則明魂而已靈魂之果有果無死後之靈魂。即所謂鬼者。其狀態當若何在昔哲學論者以是爲屬於不可思議之部分。斯賓塞分哲學爲可思議的不可思議的之兩部分。謂終非此冥頑軀殼所包之腦識能研究之雖然死後之必有鬼則誠如墨子所謂徵諸史乘徵諸口碑徵諸聞見無論何人不敢持極端的武斷謂其必無也鄙人於距今九年前。有數月間。與鬼之交涉歷史甚多。故鄙人篤信鬼。以其詞支蔓。今不具述。今勿具論但彼「鬼學」者文言之曰魂學至今已漸成爲一有系統之科學即英語所謂「哈比那邏支」Hypnologie 日本俗譯爲「催眠術」者近二十年來日益進步其勢且將披靡天下此學起於千七百七十三年。學者分之爲五期。其最新之一派。則距今二十年前始發明也。今最盛於法國。德國次之。近一二年來。日本大盛。其標名催眠學會以教授者凡三四。著書研究此學者數十種。大率數月之間。重版至十數。欲知其理者。可任取一種研究之。據其術則我之靈魂能使役他人之靈魂我之靈魂能被使役於他人之靈魂能臥榻上以偵探祕密能在數百里外受他人之暗示其他種種動作疇昔所指爲神通爲不可思議者今皆有原理之可尋可以在講筵上黔板堊筆傳與其人以最簡單之語隱括之則曰明生理與心理之關係而已而佛說所謂三界唯心萬法唯識之奧理至是乃實現而以入教科矣就茲學所發明則吾今者所保持之軀殼眞天下之最頑鈍最脆薄最無自主權而最不可恃者也夫如是則必別有其靈明者强固者有自主權而可恃者此其物必在此幺麼七尺以外必非以生而始有必非以死而遂亡吾人所當護持寶貴者此物而已若彼頑鈍脆薄不可恃之軀殼則何愛之與有墨子明鬼明此物而已此物明則人之視生死也不期輕而自輕乃無罣礙無恐怖而惟從吾心之所安以汲汲實行則實行之力莫能禦焉泰西偉人之事業多得力於信仰其明證也以上三者皆與道德的責任相爲緣苟無道德的責任而輕生死者在中國謂之自尋短見在泰西法律則自殺爲有罪其不足稱無待言也墨學之實行則固以道德責任爲前提而其所以助之使樂於踐履此責任者則魂學之功用遠矣吾所謂明鬼說與實行之關係者此也

(附言)數月前。日本之運兵船常陸丸。爲俄船所襲擊。命之降。自將校以逮士卒。皆自滅。無一肯生降者。西人大駭之。盖西人以自殺爲志行薄弱之徵也。日本有浮田和民者。亦一著名之學者也。乃推演其說。謂軍士與敵相對。死於戰塲。勇也。力盡而空自殺。不可謂勇。且言日本將養成此將校。大不易。宜留其身爲他日用。此論一出。舉國唾罵之。而井上哲次郎所駁。最爲有力。井上謂浮田留身有用之說。其所留者此數百武士之軀殼。而所喪者千年來遺傳武士道之精神。故諸將校之死。正爲日本增武士之數。非爲日本減武士之數云云。案呂氏春秋上德篇所載。徐弱之言。猶浮田氏也。孟勝之言。猶井上氏也。孟勝曰。死之。所以行墨者之義。而繼其業也。此一針見血之言也。不然。孟勝子及其弟子之死。陽城君豈不洵無益哉。甲午之役。丁汝昌以海軍降。謂海軍將校。養成不易。中國將來必有復興海軍之一日。毋寧保全之爲他日用。日本人亟稱之焉。不知所活者。將校之軀殼。而所戕者海軍之精神也。無精神之軀殼。活之奚補。夫汝昌之死。罔自知罪不可逭。乃尋短見耳。非眞有徇義務之心。若云有之也。則何以獨爲君子。而使所屬將校。皆爲小人耶。嗚呼。其未聞孟勝子之教。而已。世有志士。其或遇可死之機會。而遲疑於死與生之孰利。於天下者。則三復孟勝之言可也。

第四　天志說與實行之關係

景教祈禱之常言曰『我力甚弱帝其助我』。此誠奬厲實行之一法門也吾祈助於帝而帝遂助我乎。曰吾無以知之雖然。以三界唯心之理我誠確信有助我者則此信心即吾助也畏夜行者獨行則瑟縮一人伴之則泰然矣誠遇魑魅未必伴之者遂能敵也而何以若此心理然也故古之用兵家常藉此以厲士氣夫人之能力本薄弱也無所夾持則易退轉也天志之說則既有上帝臨汝無貳爾心之警戒更有惟爾有神尚克相予之憑藉此志行所以益堅日就月將緝熙光明皆賴於是

綜觀墨學實行之大綱。其最要莫如輕生死次則忍苦痛孟子曰。墨子摩頂放踵利天下爲之。莊子曰。墨者多以裘褐爲衣以跂蹻爲服。日夜不休。以自苦爲極。夫輕生死不易忍苦痛尤難輕生死爭之於一時忍苦痛持之於永久非於道德之責任認之甚明不可又非於軀殼之外更知有鬼之樂有天之福以與其現在所受苦痛相消不可墨子明此義也故尊天鬼獨其言天堂地獄之義不逮佛耶之指點明晰是其教不能普及之一缺點也雖然欲救今日之中國舍墨學之忍苦痛則何以哉舍墨學之輕生死則何以哉

（未完）

本章原定名爲墨學之實行及傳播今以其傳播併入第七章墨者淵源記論之改題爲墨學之傳授又本章之末原擬附墨子格言今以其太占篇幅故略之　著者識

第六章　墨學之壁壘

第一節　論理學（別見）

第二節　歷史學（有錄無書）

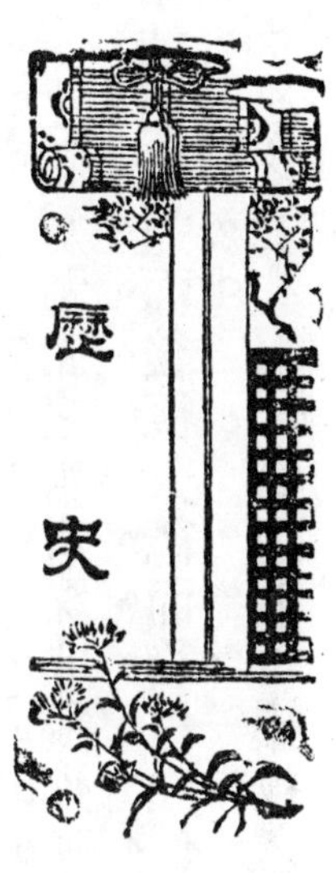

中國人種攷（續第五十六號）

觀雲

中國人種之諸說

又謂中國南方之文化、啓自印度。而老子之學說。其源或本於佛教。此在西人亦有爲此言者如雷米薩氏多格蘭士氏拉費多氏鮮噴胥爾氏諸學者皆唱是說然雷米薩氏於後已改變其初說然則老學之淵源固當自何出乎曰道教者中國最古之宗教而老子者傳中國最古之學術者也而此最古之大教主誰乎曰黃帝是也史記稱黃帝順天地之紀幽明之占死生之說存亡之難此已明示一大教主之宏規而所謂宇宙觀人生觀天人之故性靈之奧悉包括於其中而惜也黃帝之書今多不傳即傳者亦糅贋參半或失其眞以我種最偉大之人物而聽其湮沒若此非特我種人對於祖宗之界其對於歷史對於宗教對於學問其貴又烏能道哉而攷漢書藝文志其所載黃帝之書頗多以是知當漢時黃帝之書尚多流傳人間有及見其書者而其絕滅之故自西漢世主之尊儒教而自漢以後儒教一統聰明才桀之士於儒教範圍以外不敢涉獵而黃帝之言固爲儒教之所刪也然冥沒數千年而至今猶可想見黃帝之爲人者則以道家皆尊稱黃帝觀列子莊子之書皆屢引黃帝此已明示以學術淵源之所自來而老子之書井上哲次郎氏謂其中多韻語斷爲古代口傳之言而非出自老子之所自著老子欲出關關令尹喜强邀老子著書老子乃書其所暗誦之語而其中無韻之章句或出自老子其所寫錄暗誦之古語即爲黃帝之書今觀老子書谷神不死一節皆韻語而其語並見於列子之天瑞篇列子於此數語之首冠以黃帝書曰明此數語出自黃帝由是言之則老子之言其多爲黃帝之言也按是說也其證據固甚確鑿今攷以老子之言爲黃帝之言者又非獨列子而已莊子知北遊篇歷載今老子書中所有之語如曰失道而後德失德而後仁失仁而後義失義而後禮禮者道之華（道之華三字今本老子作忠信之薄）而亂之首也又曰爲道者日損損之又損之以至於無爲無爲而無不

爲也又言聖人貴一而皆冠以黃帝曰字莊子列子嘗曰蓋親見黃帝之書故其所引不曰老子直曰黃帝若今日但知其爲老子語耳蘇子由古史曰黃帝之書戰國之間猶存其言與老子相出入誠有識之言哉又以語體別之列子天瑞篇有云黃帝曰精神入其門骨骸反其根我尙何存與老子書中有韻語者文體同一又其他述黃帝語文體亦多相似是黃帝遺書簡古而多有韻爲其文體所特有之標識而於老子書中似此者尤多又老子書中屢云吾何以知何哉以此若老子對已之言此爲贅語而不合詞氣夫亦安知其非述古人之言故以此語結之也又道經爲一古書之名荀子解蔽篇有引道經語云云其語亦古質有韻其書今不可攷而爲荀子所稱引則其爲古書可知與夫老子之書亦有相關係者否乎又試攷諸家論老子之所自出有以爲本於史官者有以爲本於容成者有以爲本於易者而其實則本於黃帝史官之說蓋以其付爲柱下史故云容成黃帝之臣。博物記。容成氏造歷。黃帝臣也。竹書紀年。黃帝召史卜之。史曰。臣不能占也。其問之聖人。帝曰。已問天老力牧容成矣。列子湯問篇。黃帝與容成子居空峒之上同齋三月心死形廢容成蓋與黃帝同道者於列子數語可見易則古時有歸藏周禮三易。干寶注曰。黃帝之易大成爲後天。杜子春曰。歸藏黃帝易。世譜等書。黃帝又號歸藏氏。黃帝得河圖。商人因之曰歸藏。歸藏蓋集古易之大成而周易實兼有歸藏是則謂易固有黃帝之哲理存可也出於容成出於易之說其源仍當歸於黃帝又攷漢書藝文志於道家書有黃帝四經四篇黃帝銘六篇黃帝君臣十篇雜黃帝五十八篇是則道家之開祖固爲黃帝而老子實保守黃帝之說而傳其學者老子之學說既出自黃帝明甚則與佛敎無何等之關係也亦明甚且以老莊幽玄恬漠之思想與中國實質派之趣嚮大異而以此爲南方學派所有之特性南方地近印度印度文化之傳來先及南方而老子實先受其感化按是說也先不可不一攷老子誕生之地夫以老子爲南方之荆楚學派者大抵誤於以老子爲楚人之一語而其語實出於史遷史記傳老子云楚苦縣厲鄉曲仁里人也按此直史遷疏於攷古之誤語耳後人多承用其說而冠老子以楚籍如邊韶撰老子碑以爲楚相縣人葛洪神仙傳以爲楚苦縣人惟皇甫謐已發見其誤而改正之此固今日可珍之說也（古人中皇甫謐顏師古之言今漸知其可貴重）皇甫謐之高士傳蓋以爲陳人而續博物志亦云生陳國陸德明經典序錄亦云。陳國苦縣厲鄉人。段成式酉陽雜俎亦曰。老君生於陳國苦縣厲鄉渦水之陽九井西李下。按苦縣本陳地。據左傳魯昭公八年楚滅陳。經六年復封陳。至哀公十七年全滅之。而陳始全屬於楚。是苦縣屬楚。當在老子誕生以後之事。然則老子又安得云楚人耶。閻若璩辨史記之誤云。苦縣屬陳。老子生長時。楚尙未有此地。陳滅於楚惠王。在春秋獲麟後三年。孔子已卒後。況老聃乎。史冠楚于苦縣上。以老子爲楚人者非也。顧或有爲史遷辨者曰。高帝十一年。立淮陽國。陳縣苦縣皆屬焉。淮陽國景帝三年廢。至天漢修史之時。楚節王純都彭城。相近。疑苦此時屬楚國。故太史公書之。按言古人無直書以後世之國籍者。然則在唐時傳老子。豈得曰唐某縣人。在宋時傳老子。豈得云宋某縣人耶。或又云。太史公之言老子。疑有三人焉。故云自孔子死之後百二十九年。有周太史儋。或曰儋即老子。據此。則其時地已屬楚矣。按同傳載孔子見老子事。又云老萊子與孔子同時。是則史遷所疑之老子三人。其二人已明言與孔子同時。其生時地固屬陳。如以書楚爲指太史儋之老子而言。則固不合於老聃老萊子。其誤固仍在也。且所疑者三人。而以一人之國籍冠三人。是於文例又誤也。況於同傳史儋不言爲何國人而老聃則冠以楚老萊子則亦曰楚人是於傳首所謂楚某縣某鄉某里人者專指老聃之老子而言明也是皆不足爲史遷辨又史遷傳老子有老聃有老萊子有太史儋迷離惝怳令人疑老子之猶龍而神仙家固不可方物矣其實老子即老聃別無他人觀莊子列子累言老聃已可想見其人物非老子不足當之舉其尤明白者莊子寓言篇列子黃帝篇皆言楊朱南之沛老聃西遊於秦至梁而遇老子是明言老子爲老聃又下述其言曰大白若辱盛德若不足今見老子書是著老子書者即老聃也又莊子天下篇老聃曰知其雄守其雌。爲天下谿。知其白守其辱。爲天下谷。列子黃帝篇老聃曰兵疆則滅。木疆則折。柔弱者生之徒。堅彊者死之徒。又韓非子老聃曰知足不辱。知止不殆。又呂氏春秋老聃則至公。又老聃貴柔。其語皆見今老子而諸家均以爲老聃是周秦時人以老聃爲老子幾若鑄鐵至史遷作傳遂若老子有一體三身之觀而又不加別白使人不知孰爲眞老子無惑乎後世若抱朴子有一名雅字伯宗一名志字伯光之歧說而別史且以爲九名九字矣後世固有以此而賞史遷文章之神化者固不敢妄加贊成者也夫老聃即老子而當老聃誕生之時陳地尚未滅於楚者此尤有鐵證焉列子周穆王篇楊氏使秦人、逢氏過陳訪老子又仲尼篇陳大夫曰吾國有聖人老聃之弟子有亢倉子者得聃之道是皆明言陳在且陳大夫至見老聃之弟子亢倉子然則當老子生時豈得謂苦縣之已屬楚而非陳耶而因史遷冠老子以楚之一字遂令後人因楚而聯想荆、楚因荆楚而聯想江漢因江漢而聯想南方是又不可不一攷苦縣之地之所在史記正義引括地志云。苦縣在亳州谷陽縣界。有老子宅及廟。廟中有九井尚存。在今亳州眞源縣也。攷之太康記一統志讀史方輿紀要等書則苦縣厲鄉、在現今之河南省歸德府鹿邑縣東七十里。是其地固與鄒魯接近而去江漢反遠當屬之爲黃河流域而不當屬之爲長江之流域也非獨老子即莊子亦屬北方之人劉向別錄云。宋之蒙人。漢書藝文志注。宋人。括地志漆園故城在曹州寃句縣北十七里、莊周爲漆園吏即此。按其地古屬蒙縣。水經注。汳水又東逕蒙縣。故俗謂小蒙城也。西征記。城在汳水南十五六里。即莊周本邑也。爲蒙之漆園吏、方輿紀要以小蒙城爲在今河南歸德府南廿五里據是則莊子之生地在今河南歸德而老子之生地亦有攷爲在今河南歸德者以今語言之老子莊子實爲同鄉而其道里相距不過山川數十里之間故其學術若是其相同其居處因甚近而受感化易也而朱子以莊子爲楚人朱子語類莊子自是楚人大抵楚地便多有此樣差異底人物學問按朱子此言直爲英倍根所訶斥一種枚舉歸納法之論理 Induction by Simple Enumeration 彼見楚多畸人而莊子亦畸人遂枚舉而歸於楚人之中其言之一無價值自不足辨非獨莊子劉向敍錄云列子鄭人列子居鄭圃即圃田一統志方輿紀要以爲在今河南開封府中牟縣之西北七里爲純然黃河流域之人而與老子莊子之鄉里皆相接近者且即謂老子雖北人而其學多行於南方故謂之南方學派此尤不然漢書藝文志述道家之人物有伊尹有太公有辛甲有管仲淮南子繆稱訓老子學商容說苑敬愼篇作常摐在老子之先道家之學派已早行於北方即老子之友與其弟子及傳老子之學派者若關尹楊朱公子牟魏人田子捷子黔婁子皆齊人等亦未必盡屬南方之人夫中國文化爲歷史上之分期而區爲黃河流域長江流域其立說固當然固不得舉老莊爲南方學派之始甚者至謂道教依南方交趾支那族人種而起是尤大違事實而爲言人種者所不可不辨者矣上攷老莊生地多採桑原隲藏及岡田正之之說惟以作者之說夾敍其間故不能標爲誰某之說夫老子既非南方之人而

其學派又爲中國北方所固有則固有何關係於印度也耶且謂老子之學或受影響於佛教此尤不可不一攷老子與釋迦之年代夫論佛之生滅諸家異說至有五十餘種之多其最古與最近兩極端之說相差至二千五十四年最古之說與中國黃帝同時今學者多以此爲不足置信而於史學上認爲較有價值之說者約有五六其時代當前歷之五世紀或四世紀要之尚無確論而老子之年代於歷史有事實之可證者爲與孔子同時而較先於孔子之人以孔子與老子相見而老子之弟子或與孔子同時（列子仲尼篇叔孫氏曰吾國有聖人爲孔丘陳大夫曰吾國亦有聖人爲老子之弟子亢倉子）或與孔子之弟子（莊子寓言篇列子黃帝篇楊朱對老子自稱弟子而楊朱篇引有孔子弟子原憲子貢之事）及孔子再傳之弟子同時故也（列子楊朱篇楊朱見梁王梁之稱王始惠王元年而孟子亦見梁惠王）然此亦僅舉其較有依據者言之耳其確鑿之歲月亦不能定夫老佛之年代今學者尚不能下畫一之斷辭則固無由知佛之生果先於老子歟抑老子之生先於佛歟而所謂老子受影響於佛教之說又何能成立之有且據今日佛教傳播史之可確攷者釋迦滅後迄二百年大小二乘不分其教亦不出於國境然則舉折衷之說而定佛與老子爲同時期而相先後之人而佛教固尚未傳播於老子時代之中國者其事略可想定彼佛祖紀

法運通塞志廣弘明集之說不見於他之古書而獨於佛敎徒之書載之安知非出自後世佛敎之徒之點竄而附會之歟如列子聖人之說未有確指而云爲佛非其添設者耶又如劉向佛經之說霓川氏亦疑之而引洪興祖之言曰梁孝標注新語引列仙傳序言七十四人已見佛經今書肆板行者乃云七十四人已在仙經是豈非點竄之一證乎惟謂中國之有佛敎始自漢明帝之夢金人則均否認如海台爾氏以下二三學者皆以爲始自秦始皇時幣原坦氏亦主是說蓋以始皇時與阿育王時代相當阿育王派遣僧徒傳敎于東西各國故也而三國佛敎略史引魏略西域傳前漢哀帝元壽元年博士弟子景憲受大月氏王使伊存口授浮屠經則霓川氏信之蓋以此時略與迦膩色迦王時代相當故也然其時則已在老子之後且中國佛敎傳來之逕路多由西域入中國之西北方即如穆王時之化人繆公時之石像其言固未足爲據即令其事果眞亦在中國之北方是則所謂中國南方以近印度先受佛敎之感化者謂全屬想像之說而與事實違反可也夫佛敎廣行盛於道敎故學者多謂佛化老子然在道家則推崇其敎祖亦曰老子化佛所謂老子出關西行化胡是也要之佛自爲佛而老

子自爲老子佛之成道源流則白毫無與於老子之事而老子之道即傳中國最古之學派其間授受之源流大較可攷亦毫無與於釋迦之事至追溯太古而謂黃帝之至中國已帶有印度之文化而來則可取以爲證者固甚茫漠而其說自不足存立者也又謂太古時代。印蜀已通。蜀中有印度人移來之迹。此則或可云中國之人種自蜀出者。近章氏炳書述元和汪榮寶之言。人皇出刑馬山提地之國。提地與圖伯特一音之轉。華陽國志。謂巴蜀本人皇之苗裔。是人皇由衞藏入蜀也云云。按古書亦云人皇出谷口。谷口地未詳。而攷竹書紀年。黃帝接萬靈於明庭。今寒門谷口是也。箋引史記封禪書。黃帝接萬靈明庭。明庭者。甘泉也。所謂寒門者谷口也。正義曰。九嵕山中西謂之谷口。即古寒門也。在雍州醴泉縣東北四十里。漢書音義曰。黃帝仙於寒門。索隱服虔云。寒門黃帝升僊之處。小顏云。谷口。中山之谷口。漢時爲縣。今呼爲治谷。去甘泉八十里。盛夏凜然。故曰寒門。漢書地理志。谷口縣屬左馮翊。九嵕山在西。廣韻。醴泉縣本漢谷口縣也。人皇所出之地自當指此其地在黃河上流與中國古書多言古帝王出陝西東合。（中國古書載古帝王所出屬今陝西及其附近之地爲最多如庖犧母居華胥謂在今陝西藍田縣庖犧生成紀謂漢志天水郡有成紀縣等是也）刑馬山提地之與谷口不可不同出一地。華陽國志及十三州志有云蜀之先肇於人皇之際。其或於人皇時始有自中國之北方分居於蜀者。而不可謂漢種族之自蜀出歟。人皇事以茫遠姑置。據中國史之明白可攷者。竹書紀年。顓頊生若水。蜀國春秋。昌意娶蜀山氏女曰景𡡾。生乾荒。乾荒娶蜀山氏女曰樞。生顓頊。山海經曰昌意降居若水生韓流郭氏曰竹書昌意降居若水產帝乾荒乾荒即韓流也是顓頊爲黃帝之曾孫昌意之孫然家語孔子曰由顓頊者黃帝之孫昌意之子也史記昌意生高陽高陽即顓頊中間缺去乾荒或韓流之一代未知孰是又楊雄蜀王本紀云。禹本汶山郡廣柔縣人也。生於石紐。括地志。茂州汶川縣石紐山。在縣西七十三里。此爲中國產蜀之古帝王。然攷之禹史之父鯀。鯀之父帝顓頊。顓頊之與昌意。未知昌意爲顓頊之父歟。抑爲其祖歟。史有兩說。而昌意爲黃帝之子。降居若水。是此一派由中國之北方移居於蜀。系統甚明。非由蜀出者。又若山海經云。西南有巴國。太皞生咸鳥。咸鳥生乘釐。乘釐生後照。後照是始爲巴人。姑無論其事若何。要亦爲中國北方古帝之子孫而移居者。如今越南人自作史。稱其祖先之所自來。曰神農三世孫帝明生帝宜。南巡至五嶺。接得婺僊女。生祿續。帝宜治北方。祿續封涇陽王。治南方。號赤鬼國王。娶洞庭君女曰神龍。生貉龍君。名崇纜。崇纜娶帝宜子帝來之女曰嫗姬。生百男。是爲百粵之祖。諸子從父母各王一。方五十子從母歸山。五十子從父居南。故今蠻會有男父道。女父道云云同例。皆言其種族從中國北方之古帝王來夫印蜀交通觀張騫在大夏得見邛竹杖蜀布云賈人市之印度則其通道之久可知蜀之有印度人種或古帝杜宇等屬印度種人事未可知雖然。蜀又不止有印度種之雜居已也漢書西南夷傳徙莋都冉駹等皆氐類也是氐種亦早有移住於蜀中者然中國漢種族古代居於北方黃河流域事實甚彰使由蜀出則必先繁衍於長江流域必無舍南方溫煖之處而反先處於北方寒冷之地之理彼日本之淸山良山氏固有謂日本之種族自印度移來者矣然在中國古代雖於四川或有印度人種而與中國北方漢種族之大體固無相干涉也

(戊)日本岡本監輔曰。中國古代之帝王。皆生於東方。世史類編述異記盤古生於大荒。大荒者。大海淼茫無際涯之狀。又三皇出谷口。谷者暘谷。一書有一曰暘谷語。凡古書專言谷者。皆暘谷。周詩習習谷風。爾雅以東風爲谷風。（按此說未免迂曲谷口自是一地名詳見上）柏皇氏之記曰。登出扶桑。駕六蜚龍而上下。龍者騰黃之類。雲笈七籤軒轅本紀。騰黃其色黃。狀如龍。背上有兩角。出日本國。壽二千歲。黃帝得乘此物以周旋六合。故曰乘八翼之龍遊

天下。拾遺記。春皇者。庖犧之別號。所都之國。在華胥之洲。華胥者。海中之島。山海經。少昊之國。在東海之外。其母女節。生少昊於華胥桃中。書曰。扶桑太帝治東方。十洲記曰。扶桑在東海之東岸一萬里。東有碧海。扶桑在碧海之中。地方萬里。上有太帝宮。太帝史記作泰帝。正義索隱。皆以爲伏羲。（按史記作泰帝亦作太帝亦作泰皇泰帝太帝並見封禪書昔泰帝興神鼎一師古以太帝即太昊伏犧氏又太帝使素女鼓瑟索隱亦謂太昊正義曰太帝謂太昊伏羲氏又始皇本紀古有泰皇索隱一云泰皇太昊是史記不專作泰帝也。）帝王世紀。神農之母女登。生神農於尙羊。尙常通。淮南子。東南爲常羊。維。玉海。伏羲之樂扶桑。黃帝之樂咸池。咸池者東方海外之地名。山海經。東海之外大壑。少昊之國。列子。渤海之東有大壑焉。莊子。將東之大壑。帝嚳一名俊。大荒南經。東海之外。甘水之間。有羲和之國。有女子名曰羲和。爲帝俊之妻。帝嚳有四妃。元妃姜嫄生后稷。其地爲扶桑。春秋元命包曰。姜嫄遊閟宮。其地扶桑。履大人跡而生后稷。扶桑者日所出。房所立。其耀盛。蒼神用事。精感姜嫄而生。又云。筑後國生葉郡石室中大岩。刻二十六字。其形如樽彝。以爲尊盧氏之書。壹岐島石室刻字。土人稱鬼書。今攷以爲三皇大文之類云云。

戊之言如是。按是說也。於事蹟一無實證。而徒據眞贋糅雜之書。又從其字面之文義依附以立說者。至刻石類古文。後人亦可爲之。不足爲古人遺迹之證。原夫岡本氏之立說。毋亦以日本人之故。故所見無一而非日本者歟。其說無足信憑。自不待一一辨析之。然既有此言。固當搜採及之。以備我國言人種者之一說焉。（未完）

歷史

唐代西教之東漸（續第五十五號）

定一

以上所記。則耶僧皆由大秦而來大秦果爲何處是亟須考察者也蓋大秦者汎稱羅馬及其帝國之版圖此處所稱者亦然但與西利亞之地相當也唐書西域傳云

拂菻古大秦也居西海上一曰海西國去京師四萬里西北直突厥可薩部西瀕海。有遲散城東南接波斯。

明史云

拂菻即漢大秦桓帝時始通中國晉及魏皆曰大秦嘗入貢唐曰拂菻宋仍之亦數入貢而宋史謂歷代未嘗朝貢疑其非大秦也……萬曆時大西洋人至京師言天主耶穌生于如德亞即古大秦國也其國自開闢以來六千年史書所載世代相嬗

及萬事萬物無不詳悉、謂爲天主肇生人類之邦、言頗誕謾不可信。中有多少矛盾之處、兩兩相對而觀、則大秦一名西利亞、蓋西利亞被羅馬滅後、併其地呼爲大秦、而支那人常乏外邦之智識、多少混同、不能明晰、景教碑中記大秦之風土曰。

案西域圖記及漢魏史策、大秦國南統珊瑚之海、北極衆寶之山、西望仙境花林、東接長風弱水、其土出火浣布、返魂香、明月珠、夜光璧、俗無寇盜、人有樂康、法非景不行、主非德不立、土宇廣濶、文物昌明。

據、其記事、愈知其爲西利亞、況同碑之西利亞文字、確然不動、爲一好證左也、傳道于支那之耶僧者、皆爲西利亞之人、抑耶敎之傳道、在尼克亞會議之後、更進其步武、盛行于波斯印度、然則耶僧經波斯而來也無疑、是至便之通路也、又有由印度來者、如伊斯(I-sz)是也、故景教碑曰。

僧伊斯、和而好惠、聞道勤行、遠自王舍之城、聿來中夏、術高三代、藝博十全、始效節于丹庭、及策名于王帳。

王舍之城在拉基耶格利哈印度干及土河之一市也。伊斯與郭子儀結托大盡力布教景教碑中稱之爲大施主受官爵至金紫光祿大夫同朔方節度副使試殿中監賜紫袈裟其來也肅宗之初年安史之亂未平之時子儀總戎朔方肅宗命從之軍旅之間無耳目之功受祿賜不積家而修寺院廣法堂又大爲慈善的事業

故景教日益盛行至德宗建中二年。(781 A.D.) 與大秦寺之僧景淨相謀建立景教流行碑碑高四尺七寸五分廣三尺五寸前面上部鏤刻十字架形其下有三列九個之彫字曰大秦景教流行中國碑雄勁長篇之碑文總共一千七百八十字今概括其文意則

(一)總叙略說耶穌教義以比喻的拔粹表顯深意

(二)詳記自阿羅本至伊斯和景僧之渡來帝室之尊信之事

(三)以八字對句重修前章之總意

碑面之左右及下部用西利亞文字附刻當時從事于布教景僧之名。

其碑建立之後未幾因戰亂埋沒地中經千百二十餘年至明之崇禎年間于唐之舊都陝西省長安府崇仁寺之域內而發掘實爲關于東方耶教傳道最古之遺物惟刻字之摩滅風化沒意難解讀之苦不知其眞意雖有基耶爾士里格氏之考證揷入不過易知其大體而已凡支那書籍自新舊兩唐書以下至于雜史小說絕無有關于景教一事項賴此碑存始得知唐代景教之狀況余前所述仍不外是碑文或疑此碑銘文格似不在于唐代却爲後世之僞物然帕烏希亞氏銳意研究自反譯之施註釋刊行景教碑銘確證一書然則斷非爲僞書之論證也

余既叙記耶穌教傳來之大畧。今進述混同之祆教及同時或行于地方之摩尼教而附說回回教祆教者（即索羅亞士帖利芝摩）其傳來最古諸說不一定大抵在晉時杜預修成春秋釋例其滅吳自江陵還襄陽之時在晉武帝太康元年春秋僖公傳有云。

十九年夏宋公使邾文公用鄫子于次睢之社。欲以屬東夷。

其注曰。

睢水受汴。東經陳留梁譙沛彭城縣入泗。此水次有祆神。東夷皆社祠之。蓋殺人而用祭。

姚寬之西溪叢語云。

此卽火祆之神。其來蓋久。

紀曉嵐之四庫全書提要引明之旣行于晉世而又附記或在石勒之時建祆祠。然案左傳次睢之社之註諸本或作妖或作祆無判然作祆者陸德明之音義載其音然則祆非異字也又云在石勒之時其說無確證漠然不可捕捉若謂無祆則遠在春秋之時已有祆教之傳來寧可値噴飯耳余輩今傳零碎之吾支那神話可想見吾支那民族提其高壯雄大愛其天然而知其感化殘忍刻薄之外圍之彰著况犧牲人而獻神祇有西門豹之逸話以證之者也且夫祆教之爲物也必主拜火必犧牲人余愈知其然矣祆字之解明梁顧野王之玉篇呵憐切註爲祆神後徐鉉亦增入說文然則謂在晉世不可信也北齊後主好褻鬼神以躬自事胡天後周招徠西域亦有拜胡天之制其儀遵胡俗皆爲祆神至唐朝逾益漸盛行矣四庫全書提要引宋敏求之東京記云。

寧遠坊有祆神廟。注曰。四夷朝貢圖云。康國有神謂祆。畢國有火祆祠。

是爲祆教即拜火教之證也。又在唐代。唐之職官有祆正。杜氏通典註云。祆呼煙反。祆者西域國天神。佛教所謂摩醯首羅也。武德四年。置祆祠及官。常有番人奉事。取火呪詛。

又西溪叢語曰。

至唐貞觀五年。有傳法穆護阿祿。將祆教詣闕聞奏。勅令長安崇化坊立祆寺。號大秦寺。又名波斯寺。

更可傳一消息。黑莊漫錄曰。

東京城北有祆廟。音呼煙切。孟元老亦載右掖門祆廟。

是爲有祆寺至宋代始存之證也。祆教較景教傳來又久。根株故堅。豈其然乎。而祆教景教之寺。皆有波斯大秦之稱。皆由波斯傳來。但波斯與大秦劃然有區別。即此可見當時二教已混同矣。祆教之正祝等。皆充以胡人。及平西域。祠部歲二次祀磧西諸州火祆之規定。而唐民自禁祈祭。若景教則歷代帝王崇奉不措。固不可同日而語也。

摩尼教者。實自耶穌教而出之一外道也。波斯人有馬尼者。自稱受神命。紹纘基督之業混耶穌教與其國固有之拜火教又雜以佛教而爲一種之調和的教義或言馬尼嘗避難來印度及支那事固不詳然武后時其僧持二宗經入唐其徒不娶嫁互持不語病不服藥死則裸葬是爲馬尼之邪法開元十二年有敕因摩尼法假冒佛教邪見惑衆嚴加禁斷唯西胡等自行其法不科罪回紇原崇此教肅宗借其援戡定安史亂之後其徒多入內地代宗命其徒在京建摩尼寺賜額曰大雲光明回紇請于荆揚洪越諸州同置大雲光明寺憲宗時亦新創摩尼寺于是西國之宗教入于支那者凡三種時人目之爲三夷寺以上諸外教之傳於支那也景教特得帝室之崇奉國民一般雖迫于信仰之飢渴然實由于好奇之念慮當時佛教達其盛行之絕頂高僧輩出諸外教入日猶淺未研究其教義布教之方法不完全遂不能與相敵國民間之勢力亦微諸外教之廢絕其間不能容髮蓋亦微矣實賴有武宗之排佛武宗頗好神仙惡僧尼之耗蠹天下去之道士趙歸眞復勸之乃先毀山野之招提蘭若四百餘區又敕止上都東都各二寺置僧三十人天下節鎭各留一寺歸俗僧尼二十六萬人良田數千萬頃沒奴婢十五萬人以寺材葺公廨驛舍以銅像鐘磬鑄錢排斥打擊不獨佛教且

及于當時漸行之諸外教廢罷大秦摩尼兩寺京城之女摩尼七十人皆死回紇流于諸道大半死亡景祆兩教之僧二千餘人皆放還俗支那遂一時爲無宗教之國矣（近今雖有儒釋道之名。然自僞儒僞僧僞道出。只可謂爲無教。痛哉。）然而人心之趨向政令不可禁遏後僅三年武宗崩宣宗立大中元年佛教再被標舉復廢寺再盛行但諸外教不重視雖再興之仍任其廢絕（摩尼教不在內）萌芽未發皆早枯死故唐史氏未記而久已遺忘矣

回教教祖謨哈麥德之生在隋之世高宗之頃亞剌比亞人擊併波斯疆土日廣東接葱嶺唐呼爲大食國大食屢與唐交通時或由磧路多由海程而來其民善賈唐因以廣杭諸州爲互市塲于是回教亦往往入唐然唯于以上二州僅行于南陬至于京師排佛之時幸遭打擊之厄而僻地政令寬諸外教徒之殘留或遷移寄居僖宗乾符四年流賊陷杭州亞剌比亞之商阿布沙德著東洋記行敘實視杭州埠頭澉浦屠掠之事回回耶穌猶太波斯諸教徒死者十二萬人又以西人之多集其地尚可見外教之盛後及亞剌比亞之衰交通杜絕次有支那五代之亂方南有外教之蘖苗未幾又消

去于幽昧之中。支那內地雖景教廢滅。蒙古地方猶久行。排佛之前一年。教長基莫西派遣沙布甲爾基沙士于蒙古及支那。在其地多年。以達利基士瓜代。遂歸中道而死。因此事即可知蒙古地方多少景教之散布。降公十三世紀。有名之旅行家馬爾可坡羅之手抄。內司妥利安派之僧有多數在蒙古地方。且極尊信。其後諸派之耶穌教傳道師入其地從事于布教者不引。然于支那內地亦有些少之影響云。

歐洲近世史之劈頭。新世界發見。殖民政畧盛行。世人既探知東洋航路。歐人之來航東洋者益多。意大利葡萄牙和蘭等。明代之中頃。已與支那交通。神宗萬歷九年（1581.A.D.）羅馬人利瑪竇初來朝布教。王豐肅、熊三拔、龍華民、畢方濟、艾儒略（以上意大利人）鄧玉函（德意志人）龐迪我（西班牙人）陽瑪諾（葡萄牙人）溥迅際、高一志、利類志、安文思（以上生國不詳）等輩相踵而來。弘布天主教。明朝之帝室亦如唐代。寔多少之好意。毫不禁遏。及淸朝聖祖世祖又重之。群臣中因耶教惑衆。以唐代之景教與祆教混同而排斥之念慮頗熾。紀曉嵐四庫全書提要。凡論西學之條下。不遺餘力而毀之。如下。

是祆教至宋之末年。尙由賈舶達廣州。而利瑪竇之初來。乃託爲亘古未睹。艾儒略作此書。既援唐碑以自證。則其爲祆教。更無疑義。乃無人援古事以扶其源流。遂使蔓衍于海內。蓋萬歷以來。士大夫大抵講心學。刻語錄。即盡一生之能事。故不能徵實考古。以遏邪說之流行也。

綜而論之。唐代西教之東漸。大抵前後分四種。一曰景教。耶蘇之一派。內司妥利安所創。後爲波斯人所遵信。一曰祆教。火教也。波斯國教。僧侶亞斯大所創。一曰摩尼教。漢獻帝時。波斯人馬尼所創。原本佛教。參酌佛教與耶穌間。一曰回教。又曰天方教。即謨哈麥德教。以回紇所崇奉。故名。

定一曰。宗教者。範圍一切之人心。而納之道德之途者也。善哉斯言。吾國宗教本與政治上無密切之關係。故歷史上無僧侶專權之禍。而有宦官專權之禍。然而今之吃洋教之下等社會。勢力極大。官吏畏之若虎。豈非僧侶之萌芽乎。悲夫。（完）

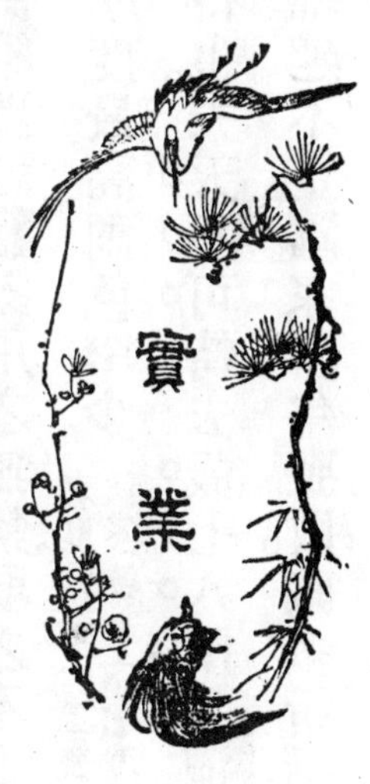

廣東春蠶大造種試育表說（表附）續第五十六號

天民

若夫絲業家供使門用者多粗絲。供洋庄用者多幼絲。類皆繭類不擇。則色質不良。繅煮非宜。而類節亦甚。其尤可駭者。含以水分。混以油蠟。相率爲僞。兩敗俱喪。此無他。其平昔素非有學術研究之經驗。相沿爲是。有不足深咎者。粵東自採用外人機械製絲。迄今已三十餘年矣。他人則日益改良。我粵則日就退化。（近日本人。有擬造一種最新利之繅絲機械。一日繅出絲二斤有奇。新發明於三年前。）至使後起之日本與江浙無不長足進步。日本明治十四年始刱設富岡製絲塲。聘法人爲敎授。示本國製絲家之模範。今其國機械製塲偉大者蓋千餘所。中小者亦不下千餘所。就中以室山製絲塲爲尤特出。價格與我支那浙絲相爭衡。且有過之無不及。近復有輸入我國繭原料之策畫。實行非遠。漏卮愈甚。（至若柞蠶絲。今已盛爲飼育。爲壓絕支那輸入之計畫。）

至江浙則採用意法新法。業宏事廣。絲價驟昂。地方紳吏出爲提倡。僅十年間增進發達。如是已足令日人敬畏矣。回視吾粤。舍搜括宗旨外。無有一事。只恃出產多數勝人而已。就其表面觀之。近歲以來。桑塘之業。日益增進。蠶戶繭市。相伴踵興。其不達者有以裁田爲隰。桑多穀少。不敷民食爲憂。然浴蠶時節。則比鄰可封。鳴鳩在桑。則沃若蔽野。生絲繅廠。溢于南順。輸出重量。浮于杭滬。（此指機械製絲而言。由杭州上海輸出。多手繅絲也。）內地銷費增加遂額。不可謂非長驅進步之現象也。更就其內容察之。有大可寒心者。絲價跌落。閉歇遂半。既攙擭于日本。復受掣于西商。不待言矣。春夏蠶難飼。人多避之。羣趨向七八月兩造。收種亦以七月爲正收。誠以造中乾燥。遺蠶絕少。繭種優强。俗有金山蠶造之喻。謂此造蠶獲利可操硬券。如出航金山。滿載而歸之意也。前造失敗者。以是取償焉。終歲生計者。以是供給焉。誠蠶家用之無禁。取之不竭。倚賴可靠一大活動之寶庫也。此何以故。七八月乾度最高。雨色罕少。（春夏乾表一二表差 秋冬乾表六七度差）故蠶家恒言。七月雨金。八月雨銀。誠以雨之難得也。夫天不可恃。去歲七八兩月。遭非常氣候之奇變。蠶家無罪。受大打擊。寒雨交作。綿延不止。蠶家多半喪敗。繭多折斷。不適製絲之用。（粤俗謂之爛口繭。製絲多斷口也。只供粗織物用。）

取償供給之資、均被損傷、更釀成今歲種種病害。非造物者無情特賜以天行不測之警誡喝破其委時任運積非成是牢不可改之迷夢也。入夏以降第一第二造既已無望。三造情形蓋亦難恃。（月來天氣變劇。大雨。熱寒不時。蒸釀濕氣。三造之蠶。不堪設想。）棄桑無用葬于魚腹。（頭二造桑價下賤。至無人顧問。虧本固甚。摘工亦缺。至投棄江塘。留而不剪。既礙生長。又釀菌病。可惜可惜。）今既如斯。彌滋後患。嗚呼。如此天惠最富多蠶國之廣東一任無知無識若輩手足蹂躪破壞馴至每下愈況不可收拾。聞之人言。十年以前蛾眠起剪。優劣可判。而繭體重可得四分三分。不及黜爲次繭。（粵繭固綿薄。色質遠遜浙種之堅緻厚密。又本社去冬十月寒造試育。取繭製絲。對繭百斤重量。多得絲量二斤。今春本大造。取繭對繭百斤重量。多得絲量三斤八兩。然再細繅取。實可倍量。以漸改良。或有望也。）據此、當日粵省蠶種。未遽盡行敗壞。今則蠶迄大眠就熟時期。雖無不測之變異。亦不敢判定其優劣矣。今則繭體重量三分者。爲上上繭矣。据昔日本松永任作調查。謂支那蠶種、無病者十不及一。康巴達蠶桑策。亦謂支那蠶業日壞。前者得絲量百斤。繭四担。今則須六担。非經實驗。初以爲危言。人實誑汝。由今觀之。粵更自鄶以下。尙足言哉、嗟乎。堂奥自護且不能守迫而投於世界蕩蕩襄襄日新月異之蠶業界旋渦中爭優勝劣敗之雌雄。則此天惠最富多蠶國太平洋印度洋通道之廣東不先與支那分割問題同被不可思議之慘酷影響也鮮矣雖然吾誠愛我祖西陵氏蓄積四千餘年有名譽歷史天惠最富多蠶國之支那吾尤愛吾祖宗所恃衣被于斯天惠最富周年日出入無已時多蠶國之廣東而珍重之光復之匪伊他人任也顧以學殖疏略孤陋淺聞同席云亡攻錯靡助（番邑韓曇首同學于日本。先余返粵。經書蠶業。肇開端緒以庚子秋八月。疾竟不起。惜哉。）辛丑草刱甫就厥緒仲季間殂足患繼作悠悠駒逝奄忽無成豈曰志小而謀大任重而才短歟區區之私不過欲小效力於國民一分子應盡之義務云耳茲獲同人組織斯社咸賴同志相助匯理前修遂茲宏願茫茫前路或不至津涯無著也總括梗概略盡右表若夫改良之方策與新案之問題在今時研究中俟他日芻蕘之擇鉛硯久廢鼠跡生塵筆述組存半燬袪篋徹宵輾轉扶筆如犂伸楮欲書九牛不下敷衍無次亦云塞責焉爾（完）

第一齡（甲辰年二月份）（一齡者第一次蚕眠期也下倣此）

日	次 齡中	晴雨 朝、午、夕、夜	溫度 室外	溫度 室內	溼度 室外	溼度 室內	給桑 回數	給桑 重量	蛻皮	替除	切桑	蠶座 箔數	蠶座 平方尺	摘要（每日）
廿三日	第一	〇、晴、雨、曇、	七三五度	七五度	八二	八四	五回	七、八五兩	午時掃立		四角／二分	一	四尺	上午十二時掃立着手蟻量一兩五分下午四時大雨寒用火補溫

廿四	廿五	廿六	廿七	發生期日次	第五日
二	三	四	五	合計	平均
曇、晴、曇、晴、	曇、仝、仝、仝、	晴、仝、仝、仝、	晴、仝、曇、仝、		
七〇五	七〇五	七三五	七四	溫度與濕度已平均計算此處從約下倣之	七三
七四五	七四	七六	七五五		七五
八二五	八二	八五五	八三		八二五
八四	八六	八三五	八四		八二
七同	八同	七同	一同		
二十兩	三兩	四四、八兩		二十七二七、八兩	
			休		
下午一時	上午十二時	上午十二時	上午一時止桑	三同	
仝	仝	仝	仝		
二	四	仝	仝	四	
六	十二尺	仝	仝	十二	
上午十時布網爲第一次除沙之準備下午一時除分以擴座	上午十一時掛網十二時除分蚕蟻日漸發育益要擴座	連日用火以補溫高室外度是夜十一時眠蚕發見	上午一時止桑十時掛網掃棄不眠之蚕二時起蚕數頭發見	自掃立向食迄止桑共食桑時間八十四時斷食三十一時	

記事

溫度每日計平均數濕度同式以省繁瑣至氣候晴雨於片格中占地無多以每日朝午夕夜四個時總算如格中上一位朝則第二位午以下可推本造中所購入之種自順德鄧德利蚕店所製飼育中比較蟻蠶頗活潑迄眠期汰去遲眠及劣弱蠶約占十分之二分本齡中濕氣盛漲且有東南風而雨每晝夜注意用火以排濕補溫爲目的自掃立經過迄第五日終期下午十二時起蠶多數至八成之譜

第二齡（仝上二月份）

日	次 齡中	晴雨 朝、午、夕、夜、	溫度 室外	溫度 室內	濕度 室外	濕度 室內	給桑 回數	給桑 重量	蛻皮	替除	切桑	蠶座 箔數	蠶座 平方尺	摘要
廿八日	第一	曇、晴、仝、仝、	七四度	七七	八三、五	八一五	六回	五六、八兩	上午六時	下午六時	四角一分	四	十六尺	上午六時蠶子全數起蛻九時給桑飼食下午五時起裏除
廿九	二	曇、晴、仝、仝、	七六	七六	八六	八五	八回	一三六兩		上午十時	分半	六	每尺五	下午十二時蠶子食慾增進上午十時中除分六箔每箔五尺平方
二十	三	晴、仝、仝、仝、	七七	七九	八九	八九	七回	九、三三兩		下午四時止桑	一分	九	每尺五	上午六時眠蠶發見午後十二時眠裏除分七時除不眠蠶汰去百分之三十分
初一	四	晴、曇、雨、曇、	七二	七六	八六	八五			休		仝	仝	仝	昨日上午六時眠蠶經今日六時，蠶發見凡二十四時天氣寒起蠶將遲
發生期日合計								二十二、九八、三兩		二回		九	每尺四五	本齡自向食迄止桑共食桑時間五十四時斷食時間二十五時
第九日平均			七五	七七五	八六	八四								

記事 本齡中休食期下午一時大雨迄四時乃止濕氣多而寒起蠶略緩雨時西北風頗漲大保護注意之必要也又各齡溫度濕度以每日上午六時下午六時上午十二時下午十二時四個時候計算眠蠶日上午十二時蠶起得四分下午四時則起蠶得九分之數下午七時向食給與桑量接第三齡列表

第三齡（同上三月份）

日	齡中日次	晴雨（朝、午、夕、夜）	溫度 外	溫度 內	濕度 外	濕度 內	給桑 回數	給桑 重量	蛻皮	替除	切桑	蠶座 箔數	蠶座 平方尺	摘要
初一	第一日	晴、雲、雨、曇、	七三	七六	八六	八五	二回	四〇、五兩	下午七時		二分	九	每五尺	下午七時竣脫向食十時第二次給桑
初二	二	曇、仝、仝、仝、	七三	七三	八九	八九	八回	一七八、六兩		上午十時	三分	十三	每五尺	上午四時布糠十時替分執行起裏除之法
初三	三	雨、曇、仝、仝、	七〇	七三	八四	八六	八回	三四七兩		下午一時	仝	十七	每五尺	午前一時雨空氣濕布糠減飼用火除補執行中裏除之法
初四	四	雨、仝、曇、仝、	七五	七三	八二五	八七	八回	四四二兩		下午九時	三半	十九	每五尺	下午九時眠裏除雨寒濕氣仍盛用火除補仝時有眠蠶二成
初五	五	晴、仝、曇、仝、	六七五	七五	八七	七四五	三回	九、八八兩	休		三分	十九	仝	上午十時止桑午後二時眠蠶九成汰未眠者六六時起蠶出見百分之二
發生日	合計						二十九	一三〇、九兩		三回		十九	九五	自向食迄止桑食桑時間八十六時斷食三十時
第十四日	平均		七三	七四	八五	八六								

記事

本齡北風多寒雨曇日日皆然因之濕氣尤盛用火及糠注意排除濕空氣以保護之然因寒濕之故絕食時間延長至三十時乃始給桑也然姑就普通簡易之方法爲排除濕氣之用若加一層改良則室器等不能不豫備但蠶忙時匆一時措辦亦非容易〇濕度悉依華氏濕度表飽和百度表爲標準

實業 八

第四齡（仝上三月份）

日次	齡中日次	晴雨（朝、午、夕、夜）	溫度外	溫度內	濕度外	濕度內	給桑回數	給桑重量	蛻皮	替除	切桑法	蠶座箔數	蠶座每小方尺	摘要
初六	第一日	曇、仝、仝、仝、	七三	七五	八六	八六	三回	一八〇二兩	下午五時		四分	十九	每五尺	上午五時蠶悉竣脫同時向食任眠中雨濕桑付綖胡也
初七	二	曇、雨、曇、仝、	七三	七六	八五	八四	八回	七四三五兩		上午十時	仝	二六	每五尺	上午四眠有糊十眠走除分擴午濕氣盛用火除洩之
初八	三	雨、雨、曇、曇、	七五	七七	八七	八九	八回	七三〇四斤		上午十時	五分	三四	每五尺	上午十時中除蠶食漸嫁桑切亦略大量數亦增表中改兩爲斤連日陰雨濕氣盛然蠶體頗健
初九	四	曇、晴、曇、晴、	七六	七七	八八	八九	八回	九二、〇一二斤		上午十二時	切放	二六	五	上午十一時前桑切七分替後切放蠶體進食飲化病數頭發見表中桑旁加點者一斤位之數
初十	五	曇、晴、雨、曇、	七七五	七六	八五	八九	四回	二六、〇四	休	上午五時	七分	三九	仝	上午五時眠除自昨日下午十時眠蠶發見今下午二時止桑
發生期日次	合計						三十一	二五、一〇五		四回			一四、五尺	表中點者尺位之數〇自向食迄止桑共食桑時間九十二時斷食三十三時
第十九日	平均		七三一五	七六一五	八六	八五一五								

記事

本齡雨雲亦多而晴光少濕氣盛張用種種排除之方法然此室暫時權借祠中西偏廊四日目自蠶座室南偏室遷出正室以防濕氣此日午前十時分替後軟化病蠶箔中數頭發見然其餘蠶體發育頗良當食盛時期比較第三日目增一倍之重量自初齡掃立迄本齡止桑期計共食桑三百四十五斤一十二兩餘但粵地南順區域第一二化蠶春夏時期多染白菌病蠶避不食桑料强半廢棄此病菌現在研究中也

第五齡（仝上三月份）

日	齡中日次	晴雨（朝午夕夜）	溫度 外	溫度 內	濕度 外	濕度 內	給桑 回數	給桑 重量	蛻皮	替除	切桑法	蠶座 箔數	蠶座 平方尺	摘要
十一	第一日	曇、晴、晴、曇、	七七	七六	八五	八六	一回	二二、三斤	下午十二時		七分	三九	每五尺	午後十二時竣脫隨即付桑二次桑後撰純白之蠶數千別飼
十二	二	曇、雨、仝、仝、	七四	七五	八七	八九	六回	八三、〇六斤		下午一時	全葉	四九	每五尺	下午一時起除分博濕氣盛而桑又多白菌病蠶多避不食用火排補並減飼
十三	三	曇、晴、晴、晴、	七五	七四	八八	八九	七回	一七一、九斤		上午十時	全葉	仝	仝	上午十時中除摘良桑給與蠶食甚暢
十四	四	晴、仝、仝、仝、	七七	七六	八六五	八九	八回	三三〇		上午九時 下午三時	全葉	五四	仝	此日替除二次分博一次膿蠶數頭發見又撰花種三箔爲製造用
十五	五	曇、晴、仝、仝、	八十	七六	八二五	八六	七回	三八一、四斤		上午十二時	全葉	六七	仝	分防參用土溶菌桑蠶避不食桑改良法宜講求樹植之法權白種蠶十頭四錢九分之量

十六	六	晴、仝、仝、雨、	八二五	八十	八五	八六	七回	四三五、斤半	下午七時	全葉	仝	仝	此日食欲最熾桑量亦多給與權花蠶十頭重量五錢九分半午後十時熟蠶數頭發見
十七	七	晴、晴、仝、仝、	八二	七六	八二五	八四	七回	三〇二、斤四	上午九時下午五時	七分	仝	仝	蠶熟期桑量漸減復對桑給與上午六時一千二百頭餘上簇每百頭重四兩權量
十八	八	晴、仝、仝、仝、	七六	八十	八四	九十	四	四〇七、半 老熟上簇		仝			午前薄桑給與迄下午五時桑止蠶兒悉數上簇此日晴暖天然氣候甚佳良雖午前四時雨未幾晴
發生期日次	合計							四十二一七〇、斤九	八回		六七	三三五尺	自向食迄上簇給期共食桑時間百四十二時若以見熟蠶時計則九十六時也
第二十七日	平均		七六	七六	八五五	八七五							

記事

本齡天然溫度稍升進蠶食以次漸旺惜購入之桑類多白菌汰除後得七成之數選擇甚費時日桑植改良爲必要之舉幸蠶兒病害發見甚稀除一二眠淘汰蟻量之外空頭軟化肥蠶等少數有之飼育中注意本嘗無少良結果且淘汰之蠶中包含病毒甚多嚴加剔除爲必要也雖然原種不良雖十分維持恐歸無效種卵諸病驅除之方法須先着手上簇參用土法爲實地比較之試驗二十二日搔取繭已

各齡始末統計表

廣東春蠶大造種試育表說

氣候日數	全晴	十〇日
	有雨	十二日
	東南風	廿一日
	西北風	〇七日
食桑時間		五百四十八時
斷食時間		一百一十九時
改算日數	食時	廿二日二十時
	斷食	四日十一時
平均溫度	外	七十四度
	內	七十七度
平均濕度	外	七十八度
	內	八十度
最高溫	外	八十四至八十六度
	內	八十三至八十四度
最低溫	外	六十四至六十三度
	內	七十一至七十度
最高濕	外	九十至九十四度
	內	八十九至九十度
最低濕	外	七十五至七十四度
	內	七十三至六十八度
用火日數		七日
蟻量	原量	一兩二錢五分
	汰淨	八錢
末齡每箔蠶數		一千貳百頭
蠶座面積方尺		三百三十五尺
給桑總量		二千〇五十四 斤〇一十二兩
廢桑總量		白分之三十分 （白繭病占多數）
替除分博回數	除	二十回
	分博	十五回
給桑時刻標準	上午	一時 四時 七時
	下午	十時 一時 四時 七時 十時
（但五齡中減算）	上午	二時 五時 八時 十一時
	下午	三時 七時 十時
上簇蠶數		八萬〇七頭
得繭之總量數	上	五分六
	中	三分二
	下	二分二
	共	一百分
生繭重量	最重	三錢二
	最輕	二錢四
平均		二錢八分
淨繭重量		三分二 二分八
平均		三分
乾繭一斤對枚數		二千一百頭 至二千三百頭
繭一斤得絲量		三兩九錢
製種檢蠍病數	無病	三分二
	有病	六分八
	共	一百分

實業

國聞雜評

所謂大隈主義（飲冰）

日本憲政本黨首領伯爵大隈重信氏。自十年以來。常持協助中國一主義以爲政見者也。乃者其黨人有清韓協會之組織。大隈氏於開會時大演說。洋洋萬餘言。發表其對於時局之意見。雖未可謂代表全國之輿論。然憲政本黨爲日本最强有力兩政黨之一。其在議院占三分有一之勢力。故其言實甚有價值之言也。其演說題爲「日本在東亞細亞之勢力」昔美國大統領門羅嘗宣言曰。『亞美利加者亞美利加人之亞美利加也』。今大隈演說。其言外之意則亦曰『東亞細亞者東亞細亞人之東亞細亞也』演說之翌日。東京諸大新聞皆記載之。而下以批評。以其與門羅主義性質相類也。故字之曰大隈主義。實則此主義。今在日本。頗占勢力。不能目爲大隈所專有，然十年前倡之者實自大隈則系以大隈亦宜此演說之譯文今既徧於歐美各國。而其內容與我國關係最切密焉。上海各報偶有譯述。然未得其十之一。故今屬社員摘譯要領而略附評論使我國研究時局者得省覽焉。

（前略）數世界之強國。今日本則其一也。語至此。則鄙人請先與諸君釋強國之界說。所謂強國者。非徒自命曰吾甚強吾甚強云爾。必其他之強國皆相與公認曰彼甚強彼甚強。夫如是乃謂之強國。質而言之。則對於世界之問題有發言權者。則世界之強國也。而不然者。則世界一切大問題。經他強國之決定。不過循例以一言牒告我而已。則雖囂然自命曰強。亦不過閉門以居雄長婢僕謂之強焉。不得也。自今以往。吾日本果能遂此地位與否。將於此戰焉決之。

今茲戰事。鄙人於軍旅蓋未之學。不能道其詳也。今簡單述之。則俄羅斯之國。歐羅巴中古時代之國也。鄙人於去年十一月。在某會演說。嘗言俄羅斯與蒙古之相類。謂其武力爲蒙古的武力。其軍隊組織爲蒙古的軍隊組織。其君主專制爲蒙古的君主專制。夫蒙古之勢力。蓋在距今五世紀以前。而其餘霞成綺尙延殘喘於今日。而成所謂俄羅斯勢力者。實不思議之一現象也。就進化公理論之。以彼中古時代之殭石。猶能生存於今世界。滋可惑也。揆厥所由。不過一種外交關的係維持使然。即於國際上保勢力之平衡。夫是以尙有所謂俄羅斯一國者。得現勢力於五陸之上云爾。語其實則蓋已外強中乾。實力早歸消滅。所餘者不過過去之惰力而已。日本不然。日本所持之勢力。則勃興之新勢力也。吸納世界之文明。利用世界所有之科學。脫離中古的專制的封建的之羈絆。遂厲行立憲政治制定憲法。擴張自由。試訶諸歷史。自法蘭西大革命以來。專制之舊勢力既漸消耗。逮千八百四十八年以後。幾全澌滅而靡所餘。其最頑强以抵抗憲政者。若奧大利。若普魯士。若日耳曼列國。悉皆敗北。不得不降心相從。其至今不變者。僅一俄羅斯耳。固由斯拉夫民族政治思想缺乏。抑亦其地勢難攻易守使然。自拿破侖以百勝之威。深入致敗。西歐諸國。震而懾之。此實俄羅斯買得勢力之源泉也。雖然。以此等勢力與新勢力競爭。而謂其終能獲利。則進化之公理。其可以無講矣。今也俄羅斯以亞細亞的之舊勢力。而盤踞歐羅巴。日本以歐羅巴的之新文明。而崛起亞細亞。兩造相見於疆場。而亞形歐魂者。竟非歐形亞魂者之所能敵。此雖似不可思議之現象。實則與進化原則相符。眞理之不可逃避者也。故今茲之戰。日必終勝。俄必終敗。可於此焉決之。

但戰勝之後。日本之地位。其變遷果何若乎。以我輩之理想之希望。則今自以往。世界一切問題。我日本帝國皆有完全之發言權。豈非快事。顧鄙人今讓數步。謂日將來對於東亞細亞有十分之權力。諸君得毋謂大隈太自貶損。導國民以暮氣者乎。雖然。鄙人思之重思之。以彼北美合衆國。自離英獨立以來。國勢駸駸載驟。一日千里。其對於全世界而占一甚要之位置。諸君所同知也。然彼最有名之門羅主義。即前大統領門羅所宣言。至今美國人奉爲金科玉律者。猶不過曰。『亞美利加之政局不許歐羅巴人干涉。而美國對於歐羅巴之政局。亦不干涉之』矣。以美國而尚如是也。而我日本以突然勃興之勢力。遂謂可以握世界之發言權。凡世界一切問題。皆日本權力所能及。毋乃稍涉空想耶。故鄙人以爲戰勝之後。有一目的焉。爲我日本所能達者。即凡東亞細亞一切事件苟反於日本政府之意者無論如何之强國不能任意恣行是則鄙人所敢斷言也。

（中略）

日本之地位既定。今請進論滿韓。今玆之役。日本固必勝也。問其何以必勝、則乘世界文明之潮流、與彼反抗於世界文明者相遇而克之而已。孔子曰。仁者無敵。又曰以至仁伐至不仁。彼不仁而我仁。以此臨之。雖有堅銳。未或不能摧也。今者環繞我國四周者、大率皆奄奄久病至可憐愍之國民。彼少年客氣者流。疇昔往往持侵略主義。叩其說則曰。今日之世界。强權世界而已。箇人之交涉有道德。國際之交涉無所謂道德。日本强則侵略鄰國。是應享之權利也。嗚呼其悖甚矣。彼所謂國際的道德不能成立者。果可稱爲眞理乎。夫豈無一二國或一二事偶弄權謀術數以取勝於一時者。然不過例外而已。舉此以概全體。而謂國際的道義今甚幼稚。適見其爲武斷也。二十世紀之今日。最早無復權謀術數存立之餘地。且凡侵人者人恒侵之。略人者人恒略之。復仇之舉終不可避。歷史上有明鑑矣。彼以武力侵略人國者。蓋未有能善其後者也。甚矣人類谿壑之慾之難弭也。彼俄皇對於世界之宣言。其口血未乾也。一則曰維持支那之現狀。再則曰保全支那之領土。三則曰開放支那之門戶。千九百年俄皇自宣言之。同年美國大統領麥堅尼牒告各國。俄之外務大臣林士德夫之回牒又公言之。此天下萬國所共聞也。然其口蜜也。而其腹劍也。其皇帝。其外務大臣。其內閣。其參謀本部。方日夜汲汲、取支那地圖。畫墨線以屬諸俄版、計畫正熟。而表面上猶侈然倡維持保全開放之論以欺天下。可畏孰甚於是。吾黨覩事機之切迫。不得不舉疇昔堅持之意見。繹演之以告我國民。故當明治三十年。鄙人在東邦協會嘗爲一次演說。其筆記刊於該協會之會報。且翻譯之以布諸歐美之新聞。三十一年再度演說亦既公布之。鄙人對於此問題之政見。始終一貫也。鄙人第一次演說。嘗謂凡國之亡有自亡而已未有以外部之壓力而能亡之者。譬彼獅子。號爲獸王。咆哮一聲。百獸震恐。無可以死之之道也。惟其體中有蟲生焉。則展轉魚爛。卒以自仆。彼支那者。世界無比之大帝國。擁有四萬萬之大民族。苟非自亡。則他國萬無可以亡之之理。拿破侖嘗有言。『將來之世界或爲支那人所支配。盖未可知。』以若此之國。而曰亡之亡之。談何容易耶。論者徒見夫今之支那。日蹙百里。乃藐而玩之。然此不過一世紀來之事耳。距今二百年前。彼俄國盖世豪傑絕代之侵畧家大彼得其人者。日駸駸經略支那北地。而支那之康熙帝。運神武以追攘之。彼虎狠俄卒以沮喪。締結所謂尼布楚條約者。在俄國爲非常之屈辱。在中國爲非常之名譽。此稍讀歷史者之所能知也。曾幾何時。康熙帝之子孫。日以不競。閱百年後。俄遂取阿姆河。更五十年後。俄遂取沿海州。自茲以還。乘支那之國難。又簒取海參威一帶。凡百年間。支那之地之失於俄者。其面積殆足當日本全國之二十倍。日蹙百里。誠不誣矣。雖然。俄之得之也。皆以外交。非以武力。彼俄之外交。其雄偉固可驚。以支那言之。則其失敗。皆自動的。而非他動的也。豈惟支那。即凡古今亡國之歷史。亦若是則已耳。羅馬以蠻族之侵略而亡。雖然。蠻族決非能亡羅馬者。羅馬腐敗。既達極點。然後蠻族乘焉。所謂物必自腐。然後蟲生之。皆自亡而非亡於人也。此鄙人對於支那問題第一之前提也。又第二次演說。嘗極論瓜分支那。爲萬做不到之事。首倡保全支那論。以爲支那人勸。其時正値瓜分論極盛之時。各國汲汲於勢力範圍之爭占。而鄙人獨犯衆議以駁斥之。謂此不過紙上。

國聞雜評

一游戲文章云爾。考勢力範圍Sphere of influence一語。蓋起於柏林會議時。自玆以往。遂爲外交家一常談。當各國之會議於柏林以議亞非利加洲之分轄也。著名大外交家畢士麥。據案握鉛。作鴻溝於地圖上。命之曰。某某地屬英。某某地屬德。某某地屬法。更不憚煩而於其中添一甌脫焉。曰某某地中立。果也紙上之鉛筆。不數年而變爲地上之國旗。初若兒戲。後乃徵實。淺識者狃焉。而欲以施諸支那。曾亦思支那與非洲。固非可同日而道耶。諸君試一繙非洲之地圖。其白黑相參錯。蓋未經探險之地。尙如是其廣漠也。若支那則有四千年文明之歷史也。四萬萬大民族之所住居也。絕世機敏之外交家所攸產也。其與亞非利加洲之相異。如此其甚也。而論者乃欲援彼例此。天下之愚。孰過此也。故鄙人當時評論各國所謂勢力範圍者。謂不過與未經簽署之證書。同一價値。乃至並日本要求福建不許割讓之權利。亦爲鄙議所不贊。其時各新聞非笑我之聲。盈耳殆不可聽。顧鄙人堅持已見。且以勸告於當道。謂抱空質而玩實事。甚無謂也。乃岌岌焉謀所以誘導支那開發支那者。竊以爲支那今尙蒙昧。啓牖之者。必賴一教師。支那今羅沈痼。療治之者。必賴一國手。而此教師此國手。誰能任之耶。其交際最舊之英國耶。其境壤相接之俄國耶。其友誼新聯之美國耶。是皆不能。其能之之國。獨一無二。曰日本而已。日本而已。此皆鄙人數年來之懷抱。屢次曉音瘏口忠告於當局者。何幸今日而其實行之機。已在目前也。

抑吾謂日本爲啓牖支那獨一無二之教師。爲療治支那獨一無二之國手。其論據果安在乎。則以我輩之先祖。與支那人殆無殊別。故論者或曰。日本人者。亞利安民族也。亞利安族之如彼其可貴而可羨也。此吾所未能解也。夫曰我輩血管中容或有亞利安族之血相交混。吾豈敢謂其不然。若我輩之血統。決非與亞利安族同。此則吾所能斷也。故我日本與支那同種同文。實不可磨滅之事實。而亦無容諱者也。蓋其原始既同一民族而近今千五百年來支那之文學美術宗教政治學藝就中其關係最重之倫理次第輸入。凡我日本所以有今日者何一不受賜於支那。若非爾者我至今猶爲土蠻也。質而言之。則此五千萬之大民族皆孔子之門人也。以師法孔子故。開口輒言仁義。仁義云者。實支那哲學所薰育。而我國立國之最大精神也。今之自命通人者。以輕藐支那之故。乃至并孔子而惡之。噫、其亦不思之甚矣。試舉景教以爲比例。中古時代羅馬教皇。腐敗既極。或者以惡教皇之故。並及基督。然基督之爲聖人。固不可誣也。羅馬教皇及其教徒。濫用權力。造種種罪累。視普通俗徒殆更甚焉。地獄正爲此輩而設。固也。然不可以之罪基督。孔子亦然。支那人爲孔子子孫者雖或墮落。而不可以罪孔子。今者我日本人固皆孔子之徒也。日本與支那。非直同種同文而已。而又同門。彼此本師皆出於一。今者入諸君之家庭。則風俗習慣。皆演自支那也。詗諸君之腦識。則政治學藝。皆傳自支那也。以若此之國民。使從事於啓迪支那療治支那之事業。誠最適當而匪異人任也。今試以日本人向於支那人進言曰。足下今者中佛教之毒。中儒教之毒。病既入膏肓矣。雖然。我輩前此固與君同病者。近頃以泰西輸入之良藥治之。而健康乃百倍疇昔。今願以經驗之良方進君。其受之。如是則其言至親切而易入。以視彼異人種殊風俗之他國。其進言之有力與否。相去不可以道里計也。夫猜忌心者。人類之所不能免也。加以疇昔傳教之士。其傷害支那人之感情者。既深且遠。欲一旦言之能入。固已難矣。故吾謂有可以開導支那人之資格者舍日本無屬也。

抑鄙人以爲今日支那所最欠缺者惟有一事曰政治能力而已以政治惡故故風俗惡以政治惡故故文學惡以政治惡故故技藝惡乃至以政治惡故而國民凡百之現象皆大墮落即如彼朝鮮者當千五百年以前殆無一事不優於日本(中畧)而何以今之朝鮮乃若是亦曰政治不良之結果而已支那亦然支那前代之學術思想炳燿天壤今勿具論即其織物陶器彫刻繪畫等種種工藝品當其盛也猶使見者穆然想見大國之氣象乃僅二百年來次第墮落每下愈況逮今日而衰微乃至此極然則今日欲開導支那亦曰導之使改良政治而已孰導之則我日本獨一無二之天職也前此我輩欲盡此天職倘猶有阻力者横掣於吾旁若今日則阻力消而時會來矣雖謂日本今乃得所藉手以報大恩抑非爲過。

當此千載一時千鈞一髮之會而猶或以無責任之侵畧論惹起支那人之猜疑嫉妬其爲國家前途之障礙亦甚矣故吾願我國之政治家及學者於言論之間三致意也夫所謂保全支那開放支那者既於宣戰詔勅明揭之以告天下又不徒我日本而已若美國若英國固皆同抱此主義者此主義非日本之主義而世界之主義也今若反於此主義而使支那人自今以往覺日本之不足信恃則將來於政治界必生大變動而世界之平和將從玆破壞焉此不可不深察也今請以朝鮮爲譬彼朝鮮者今日固信賴我甚深者也萬一朝鮮君臣或誤會我天皇陛下之聖意謂我對於彼而懷野心也乃不復信我而別爲他國陰謀之所籠絡以致迫我日本使不得不爲他種強硬之處置是得云日本之亡朝鮮乎决不可彼朝鮮固自取亡也支那亦然使支那

君臣。爲他野心國權謀術數之所蠱以致大爲日本之害至於萬不得已。不能默爾而息。以釀成不忍言之事。則執其咎者在支那人不在日本人而日本不持侵略主義之本心尚可白於天下也。夫以我國民對於同種同文同師之友國。其必不至有此等不良之結果此吾所能斷言也。但今者當先以全副之熱腸揭示於支那。使永絕其猜疑之念亦今日之必要也。

日本對於東亞細亞之責任。既重且大夬已言之矣。今更欲取戰後之媾和條件一揚榷之。（中略）鄙人以爲自茲役以後我日本必立於保證東方平和大局之地位此媾和條件最重要之精神也今茲之役非爲侵畧而戰。乃爲平和而戰。此天下所同認矣。然尤有要者。則以此戰永樹平和之基礎。絕侵畧之根原。使一戰之後更無待再戰。終局之大目的。實在於是。今請更言俄羅斯侵畧之趨勢。凡世界之勢力大率起於國際利益之競爭。蓋國際的交涉。恒不免有多少之混雜。相競之下。而强權生焉。獨彼俄羅斯越烏拉山以侵畧東洋之一勢力。則其性質與普通文明國之國際競爭頗有所異。蓋俄國自數世紀以來。皆向於勢力薄弱之地。加壓力以行侵畧。其勢力之所以成立。罔不由此。而此種勢力逢弱乃進。遇强斯止。恰如水然。岩石砥之。山嶺障之。則屈折委蛇。東旋西折。以易他道。所謂俄羅斯之勢力者。如是如是。俄國之北。則北氷洋也。天然之地勢限之。其最初欲西出。遇日耳曼之强有力者止焉。乃歧兩線。一向黑海土耳其之勢力甚薄弱也。乃進焉。直加壓力。欲盡取格里米亞半島及黑海沿岸。一向巴爾幹巴爾幹諸國之勢力逾薄弱也。進焉。乃始焉爲英國所制。繼焉爲列國共同力所制。遇强輒止。於是西南兩路皆不得志。此勢力乃一轉而向於中亞細亞。思由此更歧兩線。

一由阿富汗以窺印度。一經波斯以出波斯灣。凡其所經皆勢力至薄弱之國也。進焉以暴、壓之而不虞。亦先有强有力之英國睨於其旁。夫是以終不得逞。於是乃舉其所有之勢力。征服西伯利亞蕃族。壓迫支那北部。遂伸其高掌遠蹠於滿洲朝鮮之野。乘團匪之亂。乃舉全滿洲爲軍事的占領、何以故。以所對待者皆弱國故。無强有力者與之相遇故。而不虞泰東有勃興之日本。出其新勢力以與之抗衡。於是乎有日俄之戰。夫避强欺弱。俄羅斯自古之政策然矣。彼其疇昔乘戰勝波蘭餘威以向於日耳曼奧大利匈牙利時代之勢力。彼其向於巴爾幹時代之勢力。彼其向於印度時代之勢力。屢次與英國德國及其他歐洲列國之强有力者相迎。而遂爲蠖屈爲雌伏。則其今茲向於東方之勢力與日本之强有力者相遇。而必出於蠖屈雌伏。蓋無待蓍蔡矣。雖然俄人之汲汲伸其勢力也。非一蹶輒止者。往往伺可乘之隙、則捲土重來。至於再。至於三。此徵諸巴爾幹半島之例。其最可證者也。巴爾幹問題者。本由列國會議而成。列國之利害關係、非終古如一也。往往因於時勢。而列國均勢政策。不免多所變更。而利害之衝突起焉。故列國共同之力。其外觀似甚强。其實際乃甚薄弱。此即外交可乘之隙也。故俄羅斯向於巴爾幹半島之勢力。如噴火山然。暫動還休。不可豫期。一有機會。蠢蠢起矣。何以故。以防制之者非一國之力而數國之力。故數國之力合則强。强則避焉。數國之力分則薄。薄斯乘焉。此巴爾幹問題、所以至於今不決也。今者俄羅斯向於東方之勢力。凡世界之商業國所皆不喜也。英國有然。美國有然。德國亦有然。何以故。以俄羅斯勢力所及之地。其商業必衰退。故使俄人而得志於支那也。則將來世界商業中心點之天府國。皆將爲俄國重稅之所苦。故諸國之羣起而反對之。勢使然也。其反對有徵乎。曰有。彼支那門戶開放之議論。何自起乎。苟無閉之者。則無取乎開之者。孰閉之。俄羅斯閉之。俄羅斯國旗所翻之地。即商業門戶全閉之地。各國之斷斷提議。並有由也。故日本與俄宜戰之報。一達於海外。各國無不額手熱心以表同情者。為此而已。為此而已。然則戰事既定以後。我日本與列國協同。以共制虎狼俄。宜為策之最良也。雖然。夫既言之矣。列國協同云者。其外觀似甚強。其實際乃甚薄弱。即如格里米亞一役。以俄人之擅侵人國也。英法同盟。仗義以致討之。前後互三年。俄遂屈服。不可謂非豪舉也。乃戰爭後三十年。而俄法同盟成立。後四十年。遂有干涉日本還遼之舉。可知列國協同云者。似可恃而大不可恃。一旦因時局之變遷。利害之衝突。而翻其反而者。蓋數見不鮮矣。故我日本自今以往。務以獨力所能及者。仗劍以代表全世界之利益。為泰東永遠平和之保證。此我國之地位使然。亦天職之無容諉卸者也。故此次媾和條約。務取將來東方之禍根而剗除之。實第一之主義也。

此戰之結局。當在何日。今難預定。大抵其時日愈久。則日本之要求條件。隨而愈大。凡使旅順陷落或海參威陷落之後。俄人自棄奉天北走。而戰局遂告終也。則當先將滿洲全部置之於俄羅斯勢力以外。又將來若海參威軍港。常為俄國軍艦之所碇泊。則於支那海日本海危險實多。宜援巴黎會議限制黑海艦隊毋使通航於坡士菲拉海峽之成例。我日本以戰勝之權利。收此軍港。且為沿海州之割讓。為庫頁島之恢復。毋使俄人得於支那海日本海間置優勢之艦隊。以危害大局。此外如彼數世紀以來所經營之西伯利亞。在我日本既無侵畧土地之野心。苟不至危及將來之平和者。不必要求割讓以為名高也。若夫東清鐵道。則吾日本固必收之。雖然。東清鐵道與夫西伯利鐵路。達於海參威之一部分。雖收之歸日本管轄之下。吾日本決不閉守之。爲一己之私利。直公之於天下。爲世界交通之孔道。而彼俄羅斯者。亦不得閉守西伯利亞。直開放其門戶。謀增進貿易上相互之利益。更毋得課重稅以遏商源。務使西伯利無限之富源。廣漠之土地。與天下共之。諸種種文明法令。無或爲各國實業之妨礙。他日西伯利亞地方。日益繁榮。自由空氣。彌綸磅礴。夫然後日俄之交。益加親密。而東洋之平和。可以久矣。夫日本固非欲黷兵示威以苦人也。但使平和回復以後。俄國更能採用文明政治。以強固其國家。而發榮滋長其斯拉夫民族。乃至並俄國內地之門戶。而亦開放之。使全世界相互之利益。更增進焉。此乃日本所禱祀以求也。

其最後一問題。則滿洲善後問題是也。此非對於俄羅斯之問題。而對於支那之問題也。夫滿洲者。其幅員殆當日本之二倍半。有三千年來之歷史。且自二千年來。與日本有關係。雖然。其人口稀疏。其經濟上之發達。幼稚實甚。此何故乎。則亦吾前者所言政治不良。秩序不立。是以及此。即如彼馬賊云者。其起原蓋非自今日。殆與支那之歷史同時並起。蓋支那北部之舊族。即周之狄。漢之匈奴。經種種變遷。若遼若金若元。逮及於今之愛親覺羅氏。皆起於北部。以強勢壓迫支那。其征服支那。非一度矣。(中畧)彼一旦躍馬南下。則所謂漢兵者。終非其敵。無事則下馬游牧焉耕稼焉。一旦爲餓所驅。則全部皆賊。其上馬。則兵也賊也。其下馬。則牧也農也。故馬賊決非起於今日。實支那有史以來之一強族也。徒以政治不良。秩序不立。文明不能進步。故因緣亂事。遂至舉全族之土地。爲強俄餌。然則今茲戰役以後。將一依前此之狀態。舉此地以還附於支那。支那之政府果能治之乎。若其不能。則以棼亂之所伏。遂將更受他國之壓迫。爲將來種種禍胎。而重以累我日本。此日本所不能不預爲計也。日本在泰東之地位。既以保障平和爲一大責任。有相當之權利。即有相當之義務與之爲緣。故日本於其犧牲數十萬生命。糜費數十億金錢。所得之土地。願拱手還附於支那。無有難色。雖然。其還附之也。勢不得不朘以多數之條件。又非徒對於滿洲爲然耳。即對於支那全部。亦有然。蓋以秩序紊亂。如今日者。國於吾鄰。其災害必將延及我日本。此勢之無可逃避者也。故吾日本將來一面以滿洲還中國。一面勸告支那皇帝使行善政。確立全國之秩序。且博採列國文物制度。與世界之文明同化。務使其與列國同立於物競場中。得居適者生存之數。蓋我日本以東亞平和保證人之資格。以支那後見者。（譯者案「後見者」三字乃日本通行語。亦爲法律上用語。如孤兒未成人以前。或其母或其伯叔乃至其父所託之人。即此孤兒之後見者也。此文言中國現方賴日本之維持調護。故以此爲喻）之資格。其責任例應如是也。故鄙人所切望者。自今以往。支那皇帝以逮長官。皆宜體日本皇帝及日本國民一片熱腸。受其忠告以行文明之政。我日本竭其力之所能及者。必無吝相助。斯日本之義務則然。亦全體國民之所同意也。於斯時也。世界列國之商工業家之在支那。所至皆獲安恬以營其生計。而前此輕蔑支那之國民。亦不得不肅然起敬。如是則世界之平和。不期而自來。支那之尊嚴。不召而自至。是則我日本國民對於同種同文同師之國民。所以盡義務而酬大恩者也。（下略）

評曰。大隈氏之爲此言也。不自今日始。蓋其十年來之懷抱。誠如是也。故謂其非本心之言。殆不可。雖然。其斷斷長言之。而大半若爲中國人說法者。則亦有故。蓋以中村、戶水、諸博士。嘗著論滿洲善後策。舉日本之野心。以捧示天下。若見垣一方。爲我國報界競翻譯之。加以評論。而其論亦漸動當道。曉然於依賴他國之萬不足恃。日本人亦微聞之也。慮因此而害我感情。而將來外交上之難題由是生焉。乃汲汲焉思所以辯解之。而大隈此文。即其最有力之代表者也。平心論之。則國際上之交涉。惟有強權。更無道德。雖有大隈之辯才。而事實固自不可掩也。故謀國者而有依賴他國之心。未有能自立者。我之毋依賴日本宜矣。雖然。我國民依賴心。殆成爲第二之天性。而政府當道抑更甚焉。最可慮者。始焉依賴日本。繼焉聞有人言日本之不可依賴也。乃忽移其依賴日本者。轉以依賴他國。則其禍根之所種。殆有盲人瞎馬夜半深池。不能喻其險者。大隈不云乎。俄國百年來所以掠地於我者。皆非以兵力。而以外交也。近日頗有政府聯俄之說。吾度諸公雖憒憒。亦不至若是。且即有此思想。亦無此魄力。吾敢斷之。雖然。狡焉思啟者。豈惟一俄。若徒以猜忌日本之故。示他國以隙之可乘。則咸豐十一年光緒廿一年外交失敗之歷史。或將復演。而中國且益不可救也。故大隈之言。其亦有一願之價值焉矣。

大隈之反對瓜分論而提倡保全論也。蓋自十年以前。以吾中國人所受言之則被瓜分與被保全其慘辱正相等兩者蓋無擇也雖然。大隈發明中國無可瓜分之理讀之使人氣一王其言國有自亡而他人莫或能亡之讀之使人發深省以是爲普通之中國人說法。誠藥之良哉。其排斥勢力範圍之說。可謂獨立不懼。其斷斷於同種同師。可謂不忘本也。數年以來。日本學者。不復自仞與中國同民族也久矣。我固不屑攀日本以爲榮日本亦何必遠我以爲辱近田口卯吉氏倡日本爲阿利安族之說。舉國多和之者。羣沾沾自喜焉。適以見其器量之小而崇拜他族之奴性未去耳大隈之說。蓋駁田口者。大隈猶磊落一男子也。

其論俄羅斯國情兩段。最沈酣詳盡。眞是胸有千秋。當道中而尙有懼俄癖者宜以此藥之。

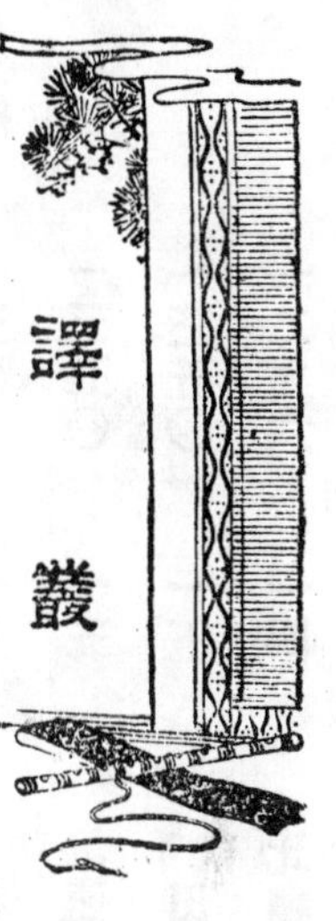

日俄戰爭與中日戰爭之比較（續第五十六號）

立人

黃海之大海戰　中日日俄兩戰爭。彼日本海軍之大勢均自黃海一大戰而定者也。中日戰爭時。彼艦隊之編制。以松島爲旗艦率本隊第一遊擊隊及運送船西京丸以援助伊東司令長官。于其明治二十七年九月十四日進航。十七日抵海洋島附近。時我艦隊之旗艦定遠。率鎭遠以下十餘隻大小之軍艦。丁提督爲之指揮。既畢鴨綠江畔送兵之任務。亦駛至海洋島海面。適遇彼艦隊之西北上。因布陣形。邀擊彼艦隊。彼亦應戰。砲戰亘五時餘。此間彼之赤城比叡兩艦及西京丸。忽脫離戰列。爲我艦所包圍。砲彈雨注。比叡遂失火。赤城之司令塔亦爲我砲彈所轟毁。艦長死焉。其旗艦松島。亦爲我艦所特別注意。而猛加砲擊。遂大受損傷。失戰鬪力。伊東司令長官僅以身爲而移乘于橋立艦。其餘諸艦。亦頗有損害。然我艦隊雖力戰。而艦型複雜。不能劃一。噸數亦不及日艦。且多屬老齡。武器多爲舊式。遂終不敵。失火及沈沒者五艦。餘因敗退。今對照此海戰彼我之海軍力爲表如左。以備閱者之參考焉。

（我國海軍）

艦名	艦種	噸數	速力（海里）
定遠	裝甲砲艦	七三三五	一四
鎮遠	同	七三三五	一四
靖遠	巡洋艦	二三〇〇	一八
致遠	同	二三〇〇	一八
來遠	裝甲砲艦	二九〇〇	一五
經遠	同	二九〇〇	一五
威遠	巡洋艦	一三〇〇	一五
揚威	同	一三五〇	一五
超勇	同	一三五〇	一五
廣甲	同	一二九六	一四

（日本海軍）

艦名	艦種	噸數	速力（海里）
松島	海防艦	四二七八	一六
橋立	同	四二七八	一六
嚴島	同	四二七七	一六
吉野	巡洋艦	四二六八	二三
扶桑	甲鐵艦	三七七七	一三
秋津洲	巡洋艦	三一七二	一九
高千穗	同	三七〇九	一九
浪速	同	三七〇九	一九
千代田	同	二四三九	一九
比叡	哥拔艦	二二八四	一二

廣丙	水雷巡洋	一〇〇〇	一五	赤城	砲艦	六二二	一〇
平遠	裝甲巡洋	二〇〇〇	一四	西京	運送船	二九一三	……
合計	一二隻	三三、三六六噸		合計	一二隻	三九、七二七噸	

故自艦數之多少而言。雖彼此相等。然噸數艦型等。皆日優而我劣。且其主力艦之艦力整齊劃一。速力亦勝。能始終保持協力動作。我主力艦則適與之作反比例。此日本之所以終收勝利者也。

此次之日俄戰爭。則俄羅斯之艦隊。自八月十日大海戰前。已屢爲日軍所邀擊。或被擊沈。或減損戰鬥力。然彼終不小屈。突于八月十日午後。以戰鬥艦六隻。裝甲巡洋艦一隻。巡洋艦四隻。及驅逐艦八隻。而組成之大隊。奮航出港。破日軍之監視。日軍以第一第二第三之三分艦隊。要擊其進路。向其主力艦激烈射擊。苦戰移時。乃復擊退其旗艦遮詐列徐雖幸得逸出而遁入膠州灣。然艦體已負非常之重傷。其餘逸出各艦。或逃往上海。或逃入膠州灣。或遁向西貢。亦皆受重傷。殆不堪用。且悉解武裝失戰鬥力。其最著之那域亦於向海參崴逃遁之途。爲日本第二艦隊所擊破。于是全艦隊遂四分五裂殆全失戰鬥力不復成軍矣而于此海戰日艦損傷亦多其旗艦三笠本爲俄艦所最注意而欲擊沈之者也故損傷最甚幾至失戰鬥力云今據兩國之公報而表示此海戰彼此之海軍力于左。

日本

（艦種）	（艦名）	（噸）	（海里）	（砲數）	（水雷發射管）
戰艦	朝日	一五、四四三	一八	五〇	四
同	三笠	一五、三六二	一八•六	五〇	四
同	富士	一六、六四九	一九•二	三八	五
同	八島	一二、五一七	一八•五	三八	五
同	敷島	一五、三六二	一八•五	五〇	五
同	鎮遠	七、三三五	一四	一八	三
裝甲巡洋艦	出雲	九、九〇六	二一	三八	四
同	八雲	九、八〇〇	二〇	三六	五
同	日進	七、七〇〇	二〇•五	三六	四
同	春日	七、七〇〇	二〇•五	三五	四
二等巡洋艦	千歲	四、七六〇	二三	三〇	四

同	笠置	四、八六一	二三	三〇	四
同	高砂	四、二七八	二三	三〇	五
同	秋津洲	三、一七二	一九	二〇	四
同	松島	四、二七八	一六	二三	四
同	橋立	四、二七八	一六	二四	四
同	嚴島	四、二七八	一六	二三	四
合計	一七隻	一四三、六五五	……	五三九	七二

俄羅斯

戰艦	艦詐列徐	一二、九一二	一八	六八	六
同	列杜遜	一二、九〇二	一八	六七	六
同	波韃打	一二、六七四	一八	六〇	五
同	播里士乙	一二、六七四	一八	六〇	五
同	伯賒士波路	一〇、九六〇	一七・五	五〇	六
同	波路打華	一〇、九六〇	一六・三	五〇	六
裝甲巡洋艦	巴楊	七、七二六	二一	三七	五
巡洋艦	亞士哥列	六、一〇〇	二三・八	三六	六

同	爹亞寧	六、六三〇	二〇	三四	四
同	巴魯拉打	六、六三〇	二〇	三四	四
同	那域	三、二〇〇	二五	一九	六
合計	一一隻	一〇三、三六八	……	五一五	五九
日本多于俄國者	六隻	四〇、二八七	……	二四	一三

試觀上表。其艦數砲數等。皆日本占優勢。且以三十隻驅逐艦及水雷艇之大多數。而對俄羅斯驅逐艦八隻之少數。此實未戰而已操勝劵者也。

然此次日俄大海戰。有特別惹人著意之一事。則同型艦及裝甲艦効力之卓著是也。日本自甲午黃海一役。見我軍裝甲艦之堅勇。及悟已軍同型艦之有效。于是急增造同型之戰艦及裝甲巡洋艦。當時已大惹各國海軍之注意。而果也於此海戰。即以此兩者而擢敗俄軍。是此兩種艦之果足深恃也。更彰彰明矣。後此各國海軍。又將囂然日以擴張同型艦及裝甲艦爲事乎。

美人手

紅葉閣鳳仙女史譯述

第十九回　傲俗客貧戶却恩施　慕夫人酒樓求介紹

却說瑪琪拖亞進了助摩祖的宅門。恍惚聽見裏便有人談話聲。細聽他。似是有客在座的情景瑪琪拖亞住了脚。自語道有這麼湊巧。剛來就碰着有客。意欲轉身回去。又念來了一場。既入到門。怎好退縮。橫豎倒不如進去坐坐罷。遂站在院子裡。揚聲問道。請問可有那位在。裡便忽然住了聲。只聽得窓戶開處。有一個年約六十來歲的老婆子。探首出來一張。看這個老婆子。倒不像是助摩祖所說他祖母的貧窮模樣兒。瑪琪拖亞仗着是他家主人的外甥也不管甚麼通傳禮儀見有人在便推開門跑進廳上去。那老婆子大似有不悅之色。說道。你這位是那裡來的呀。是呰巴也士店的貴件來這裡拿蓮草花的麼。瑪琪拖亞道。不是不是。我是來拜望助摩祖的祖母呢。那老婆子道在下的就是助摩祖的祖母了請問相公是那一位瑪琪拖亞初意以爲助摩祖的祖母必定是個甚麼樣襤褸聾鍾狀態的今見他這般齊整倒吃了一驚答道我乃是圖理全譽行主的外甥瑪琪拖亞。老婆子道啊喲在上的就是瑪琪拖亞相公麼。我常聞得孫兒助摩祖說及只是未有會過面請過這邊坐囉。說着。便導過偏間來瑪琪拖亞隨着進去。見該客廳。地方雖不大却十分整潔所敷設的傢具雖是舊物却也大方絕不似是貧戶人家的光景瑪琪拖亞懷着滿肚子疑惑。就坐時。見桌上擺着許多裹札絨花的器具心裡悟道怪不得他方纔問我是甚麼店裡的夥伴原來他家是做這等手業過活的坐定後。瑪琪拖亞道。我前夜遇了强徒。幸得令孫救助這件事。想令孫已經對你老人家說過了今日我特地來向你老人家告謝。兼且候問候問你老人家。那老婆子道。助摩祖甚麼都沒有說過。多謝費心了。瑪琪拖亞道。如此說。這個孩子更難得了。我昨天晚上。到行裡。見我的舅父也曾求他加些工錢給你令孫。我這裡也有一點兒窮心說着。便從袋裡拿出銀包子來。取了兩個金錢。說道。這是送把令孫。買點東西孝敬你老人家的。伸手把這兩個金錢遞了過來。那老婆子止着道我家裡雖是不大好過活向來不肯受人家恩惠着實請相公收回只當作不輕覷小婦人家就好了。觀他的神氣好像是自己也是甚麼大戶人家不過此時中落了雖然丟了家業仍不曾連那氣節兩字也丟掉了故而一聞人家施他恩惠倒像是人家褻瀆他一般不特不感謝反拿出腔子來令人討個沒趣瑪琪拖亞平生最好以錢財炫人不料今日碰了這個釘。倒弄得十分不好意思連忙把手縮回將銀包子慢慢的打開無精打倸的。將金錢仍舊納進去答道如此說我也不敢強瀆了。但我已出了這點心。怎好意思收囘呢。那老婆子道。是相公自家的物。有甚麼不好意思。我家裡雖窮也能吃得起苦錢財儻來之物我斷不敢受過分的就是助摩祖他年紀亦已漸漸長大論理、應該打發他去當當兵役替國家出出力盡回個人的義務銀行的職役實在非我本意所願的。瑪琪拖亞道。令孫這分銀行的職役。不是丸田夫人特意推薦的麼。那老婆子道。是、不錯。助摩祖的父向來在丸田夫人府上。隨侍他老爺爺。因此夫人念了舊先年夫人遷來巴黎。問及助摩祖就替他荐了到銀行。我當時見他年幾尚小又是夫人一塲好意。故此任他隨意只管暫時謀個棲身罷咧瑪琪拖亞道然則丸田夫人。你便常常會面的了。那老婆子道。丸田夫人我一面也沒會過。不過近來想寫一封信去請他把助摩祖的職役辭了。交回我待自己教導他纔放心呢。掩瑪琪亞見他所答總是一種冷冷淡淡的意思。知到本意來頭與他大不對路。遂不敢多說。便要起身告辭道。我不坐了。那邊尊客太守候久了。對不住了。那老婆子道。那裡有客。屋裡就是我老身一人。瑪琪掩亞道。方纔進門時。不是有人談話聲麼。那老婆子道。那裡是想相公聽錯了。瑪琪掩亞此時也不敢再盤詰。單應道。是、聽錯的麼。哦、請了請了。糊糊塗塗的應了一句。回身彎了彎腰。便大踏步出了宅門。自己訴罵自己道。今天不曉得碰了甚麼祟神。偏偏要搗我的鬼。適纔上布街。既弄得個悶葫蘆。如今這個老婆頭。又碰得一鼻子灰。眞是晦氣。這疑團怎麼破呢。做不得。我找着助摩祖。一定要問個明白。那有貧戶人家。見人把他金錢。倒要拿腔子來對付人的。想他家世必有個來歷。再者。助摩祖既得丸田夫人。我未會過夫人。或者藉他的路子。去會會他。諒也使得。一路沈吟着。是時已是向午時候。肚裡覺得有點子餓。因走到一家酒樓。直奔進樓上。佔了一個座。酒保遞來菜單子。胡亂點了幾樣。遂向桌上拿起一張本日的新聞紙來。慢慢的檢閱。見雜誌上有

一段標目寫的是（愈出愈奇）瑪琪拖亞留神一看。不覺驚異起來。其文曰、

前瀨音川網得之美人手。其後用防腐藥瓶。擺設在解剖會博覽陳列場中。不意昨宵夜半。竟有人將手盜去。刻下警署已派出四路偵探。到處查拿。此案能否破獲。現尚未知。以此公衆往來之地。警察如許嚴密、乃若輩宵小竟敢施其手段。殊屬大膽。然能彀得手。始終不露破綻。亦可謂狡捷之至矣。

瑪琪拖亞讀完。暗道、眞果是愈出愈奇了。這個斷美手人。看來他的爪牙多得很哪。他到銀行做了賊。恐怕留下證據、被人識破。故而暗地把這隻手偷回。然則我這個手釧。他也想設法奪回無疑了。照此看來那氷上的美人。一定是他們的黨羽、這個美人局。一定也是他們的擺佈。要來勾引我這手釧的呢。正尋味看。只見酒保已把所定菜式、端了過來。遂一便吃着。一便慢慢的想。忽見前樓又到了一個客。擧眼看時。認得是烏拉迓華醫生。就是先前在趕氷場會見的那位夫子。瑪琪拖亞忙把刀叉放下。高聲喚道。烏拉迓華君。久違了。久違了。近日我少到俱樂部。總沒會你面。可有甚麼新聞嗎。烏拉迓華道。老沒見呢、新聞倒無甚新聞。只是外間喧傳那隻美人手。咋夜被人盜了。我

今朝。到了兩家貴人的宅眷處診脈。說起來。大家都很詫異這件事呢，瑪琪拖亞道。此刻我纔念過這段新聞。不錯。你是個醫生。貴家宅眷大約都認識的了。請問丸田伯爵夫人。你可認得嗎。烏拉迓華道。何止認得。他每有病。差不多都是叫我替他診視的。瑪琪拖亞道。這麽大名譽的婦人。我很想見他一見。你可能引薦我去會會他嗎。烏拉迓華聽說。低頭想了一會兒。不知烏拉迓華答出甚麽話來。且聽下回分解。

飲冰室詩話

文苑

葉君夢梨。自署江蘇一少年。以近詩數章見寄。讀之穆然想見其人。今錄實詩話。十幅花箋錄楚騷。江天寥濶雁聲高。地經百戰河山壯。心有千秋魂夢勞。銀燭半闌秋臥月。羅衫斜曳夜磨刀。舊遊如夢那堪說。兩度西風感鬢毛。片帆浩蕩入風塵。雲水漫漫魚鳥瞑。斗酒橫脈縱奇氣。萬花得雨傲殘春。自憐年少凋華鬢。更爲情絲作恨人。手縮天龍翔帝闕。五雲深處叩前因。浮生何事說黃農。兵火撩人劍氣濃。青史有靈雄鬼嘯。亂山如故白雲封。曉星斗大明滄海。鐵甕潮寒泣臥龍。欲洩芳懷何處是。涉江遙指最高峯。蓼花吹盡水生紋。漁笛聲淒不耐聞。北望關山空極目。南飛鳥雀自成羣。幾家羅襪濕流露。兩處青天夾斷雲。秋盡海門鯨跋浪。故應夜夜夢終軍。（右四首鎮江晚泊）百尺危城萬尺山。黃流日夜繞其間。丈夫對此壯顏色。上帝無言獨往還。治亂千年助歌哭。風雷一

文苑 二

氣震冥頑夕陽黯淡江雲黑寥落秋心問故關（右一首金陵）陰山鐵騎縱橫入天地無情江自流痛哭千家思故主兵戈三月賦同仇地連東海羞秦帝手執南冠似楚囚合與文山參帝闕兩行血淚話神州（右一首江陰懷閻應元）南望珠崖惟一慟北來胡騎又千重荒魂夜嘯銅標冷大漠秋高古壘空地起崑崙亘河嶽書傳秦漢數英雄情絲萬轉無人識獨上危樓望斷鴻（右一首與客談中國邊事有感）前生渺渺問青史去路茫茫趁晚潮何日風雷慰岑寂即今魂夢也蕭條瑤池夜晏羣仙醉渤海雲飛萬象凋尙記中原全盛日羽旌白道破天驕（右一首黃海舟中）玉皇擧金扇秋風渺然至吹我魂夢飛忽遇赤松子攜手上玉京萬縷暮煙紫天女爵雙眉靈氣吁瑤齒拾得淚痕歸寫作相思字（右一首秋風）秦皇兩勁敵荆卿與子房白虹起天末尺劍寒秋霜博浪飛鐵錐鸞鳳深潛藏處士一震怒天地爲低昂竟碎獨夫魂縞素旋相望白帝泣斷蛇赤幟入咸陽一令止苛政衆生福穰穰懿歟古之人俠氣盤中腸歌哭太無聊隻手迴滄桑遺烈各千古日月同輝煌況聞聖天子從古稱武湯義旗動風雲萬國傾壺漿神器歸有德時謂之小康青史信不誣來日知方長小試得將相大擧爲帝王中國好山河開眼睨八荒手綰兩白龍莫邪與干將大聲呼

九京齒頰餘芬芳。右一首讀「恨良傳」書後北風搖殺氣。暝色滿神州。年少偏多恨。時危獨倚樓。碧雲何處雨。殘日一簾秋。玉笛聲聲喚。悠然望帝邱。右一首倚樓

樂學漸有發達之機。可謂我國教育界前途一慶幸。苟有此學專門。則吾國古詩今詩可以入譜者正自不少。如岳鄂王滿江紅之類。最可譜也。近頃橫濱大同學校為生徒唱歌用。將南海舊作演孔歌九章譜出。其音溫以和。將鄙人舊作愛國歌四章譜出。其音雄以強。能叶律如是。是始願所不及也。推此以譜古詩。何憂國歌之乏絕耶。今錄其譜如下。

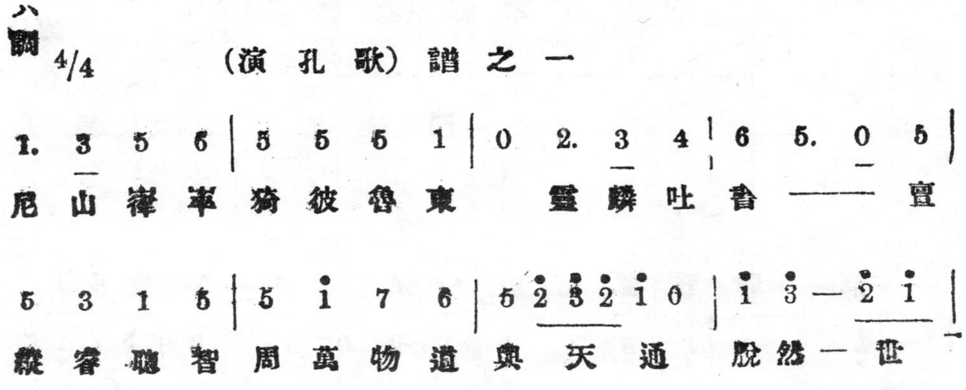

（演孔歌）譜之一

八調 4/4

1. 3 5 6 | 5 5 6 1 | 0 2. 3 4 | 6 5. 0 5 |
尼 山 嶐 峯 猗 彼 魯 東 靈 麟 吐 書 —— 寶

5 3 1 6 | 5 1 7 6 | 5 2 3 2 1 0 | 1 3 — 2 1 |
縱 聖 聰 智 周 萬 物 道 與 天 通 悠 然 — 在

2 1 2 1 6 5 | 5 0 5. 1 | 2 3. 2 3 | 2 1 2—0 |

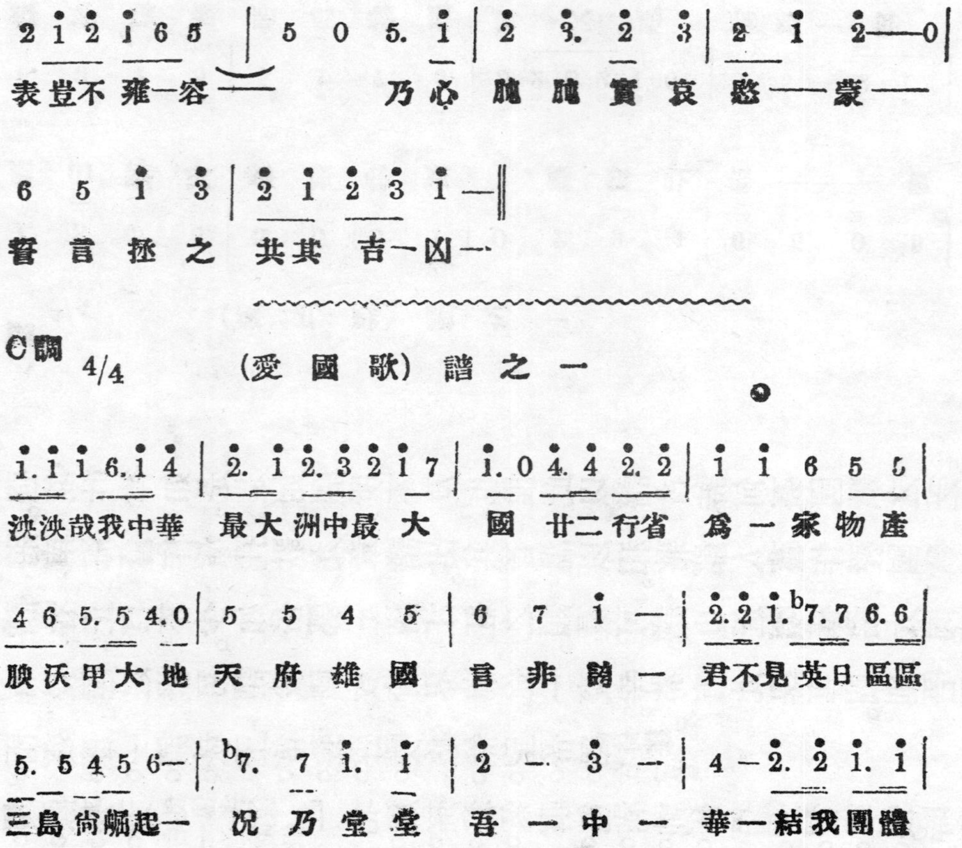

表豈不雍—容— 乃心 䐉䐉 實 哀 慼——蒙——

6 5 1 3 | 2 1 2 3 1— ‖

誓 言 拯 之 共其 吉—凶—

C調 4/4 (愛國歌) 譜之一 ◎

1. 1 1 6. 1 4 | 2. 1 2. 3 2 1 7 | 1. 0 4. 4 2. 2 | 1 1 6 5 5 |

泱泱哉我中華 最大洲中最 大 國 廿二行省 爲 一 家 物 產

4 6 5. 5 4. 0 | 5 5 4 5 | 6 7 1 — | 2. 2 1. ♭7. 7 6. 6 |

腴沃甲大地 天 府 雄 國 言 非 誇 一 君不見英日區區

5. 5 4 5 6— | ♭7. 7 1. 1 | 2 — 3 — | 4 —2. 2 1. 1 |

三島尙崛起— 況 乃 堂 堂 吾 一 中 一 華—結我團體

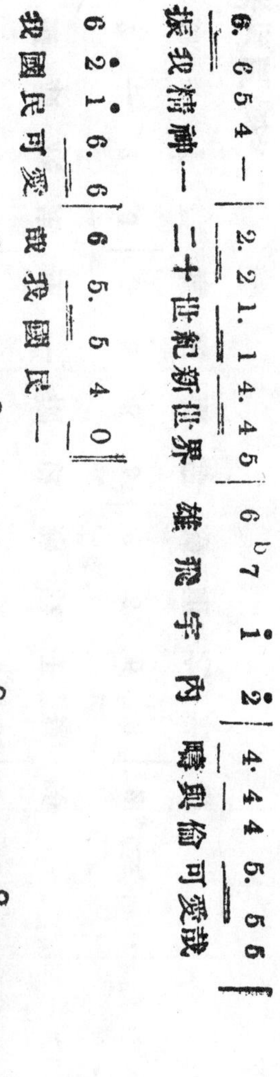

6. 6 5 4 — | 2. 2 1. 1 4. 4 5 | 6 ♭7 1̇ 2̇ | 4· 4 4 5. 5 5 |
振我精神— 二十世紀新世界 雄飛宇內 疇與倫可愛哉

6 2̇ 1̇ 6. 6 | 6 5. 5 4 0 ‖
我國民可愛哉 我國民—

今欲爲新歌。適教科用。大非易易。蓋文太雅則不適。太俗則無味。斟酌兩者之間。使合兒童諷誦之程度。而又不失祖國文學之精粹。眞非易也。楊晳子之黃河揚子江諸作。庶可當之。亞雅音樂會之成立。鄙人嘗應會員諸君之命。撰黃帝四章。該會第一次演奏。即首唱之。和平雄壯。深可聽。但其詞弗能工也。今將譜與文兩錄之。

一　赫赫。我祖。名軒轅。降自崑崙山。北逐獯鬻南苗蠻。驅戎馬。闢攘異族。定主權。以貽我子孫。嗟我子孫。無忘無忘。乃祖之光榮。

二　溫溫。我祖。名軒轅。世界文明先。考文教。算明歷元。還將醫藥傳。科學思想尋厥源。文明吾最先。嗟我子孫。遺傳繼續。乃祖之光榮。

三　巍巍。我祖。名軒轅。明德一何遠。手闢亞洲第一國。布地金盈寸。山河錦繡爛。其

文苑

明處處皆遺念。嗟我子孫。保持勿墜。乃祖之光榮。

四

緜緜我祖名軒轅。血胤多豪俊。秦皇漢武唐太宗。實宇威棱震至今。白人說黃禍。聞者顏爲變。嗟我子孫。發揚蹈厲乃祖之光榮。

（黃帝歌）譜之一

3 2 2 1 | 2 — 3 3 | 5 5 6 5 | 3 —
緜 緜 我 祖 名 — 軒 轅 降 自 崑 崙 山

3 3 5 5 | 6 6 5 3 | 2 2 2 1 | 2 —
北 逐 獯 鬻 南 苗 發 難 暴 戎 馬 開 疆

6 6 7 7 | 5 — 3 5 | 6 6 5 3 | 6 —
攘 異 族 定 主 — 權 以 貽 我 子 孫 嗟

7 — 7 6 | 5 5 3 5 | 6 6 5 3 | 2 —
我 — 子 孫 無 忘 無 忘 乃 祖 之 光 榮

又終業式四章

一 國旗赫赫懸當中華旭照黃龍國歌肅肅諧笙鏞漢聲奏大風借問儀式何其隆。迎我主人翁，於乎。今日一少年。來日主人翁。

二 五千年來文明種神裔君傳統二十世紀大舞臺天驕君承寵國民分子盡人同責任。君惟重於乎。眇眇一少年。中國主人翁。

三 衆生沈痛吾其恫吾將儲藥籠國民奮飛吾其雄吾待毛羽豐不然赤手雙拳空壯語終何用於乎。以何十少年。成就主人翁。

四 前途進步靡有窮。一得甯自封。河伯語海含驕矜。遼豕眞如夢業耶業耶終未終來日君珍重於乎。勉勉一少年。無忝主人翁。

G調 (終業式)譜之一

2 2 1 2 | 3. 3 5 — | 6. 6 6 6 | 5 — 0 —

國 旗 赫 赫 懸 當 中 — 華 旭 照 黃 龍 —

6 6 i 6 | 5. 6 5 3 | 2 2 1 1 | 2 — 0 —

國 歌 肅 肅 諧 笙 鏞 漢 聲 奏 大 風 —

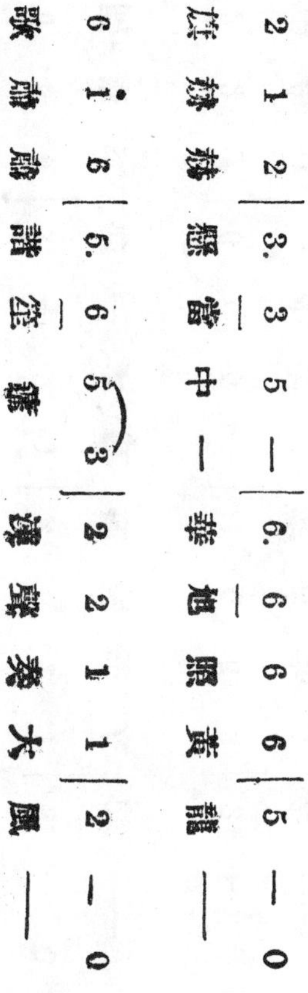

文苑 八

6 6 5 6 | 1 — 2 1 | 2 3 2 1 | 6 — 0 —

借 問 儀 式 何 一 其 隆 迎 我 主 人 翁 ——

2. 3 2 1 | 6 6 5 — | 6 6 5 3 | 2 — 0 —

於 乎 今 日 一 少 年 來 日 主 人 翁 ——

專件

前號登中國學會及假定章程嗣經該會發起人來函稱章程尙擬更改故暫停印俟改定後乃再發布閱者諒之　本社識

留學東京四川學生爲川漢鐵路事上川督錫制軍書

英法坐索川漢鐵路事勢日迫。東中川省留學生三百餘人開同鄉會商議對付之法。又以徒託空言之無力。乃各自度其力量所能及。先認股份。以爲內地倡。即席認得四萬餘金。又各度其親友所能募勸者分担認募勸之義務。約可籌二十萬金。乃擬此情形。電函蜀督。此眞能實事求是。非徒爲無責任之言以責難于當道者也。電文已登上海各報。今承該同鄉會將續上錫制軍一書惠寄。其言皆切實可行。且於官商合辦之方法。言之博深切明。可以爲將來準的。誠經世有用之文也。乃亟錄之。　本社識

制軍大人鈞鑒。竊生等近讀上海及日本各報紙。備載法人强索川漢鐵路權利。我　制軍堅持拒絕。決意自辦等因。逖聽之餘。感極而泣。繼以起舞。數年以來。國中數大幹路已分入列强之手。惟餘巴蜀一隅。天險天府。蠶食未及。而英法耽耽。垂涎相視。安危之機。間不容髮。何幸天心眷顧。以　制軍賜我蜀民。值此難局。乃起全蜀於瀕死而肉其白骨也。伏惟我　制軍自去年以來。已洞觀時局。首倡川漢鐵路之議。奏准施行。睿制機先。算無遺策。全蜀民庶。同深感戴。曠數月以來。事變益急。英吞衛藏。俯瞰三巴。法務

均勢。求索逾急。而自築之議。雖經我制軍苦心提倡。覃精擘畫。徒以吾蜀民未能仰體　憲意。以致資本久未鳩集。工程久未興行。　制軍不負蜀民。蜀民實負　制軍。言念及茲。能無憤愧。生等竊以爲今日乃實事之世界。萬非空言可以搪塞。敷衍可以爲功也。數月以前。日人要索韓國以開墾荒地之特權。韓人拒之。特立一農礦會社。以圖抵制。乃空名雖懸。而資本無著。不及旋踵。遽被解散。而韓之國權。乃益蝕於日。此最近之覆轍。實吾國之前車。今川漢公司之議雖立。而川漢公司之實無聞。倘使遷延蹉跎。更閱歲月。恐威逼日至。將有並此虛名而不容久尸者。夫列强之待中國。各以鐵路政策而定其勢力範圍。路權所及之地。即政權所及之地。中國失一省之路。即失一省之權。此近年來稍有知識者所能明知。而現今東三省之慘禍。更示我以確實之證明。凡此皆我制軍所熟籌洞察。無俟生等之詞費也。今日急務。不在空言。而在實行。而實行之資。必藉實力。有公司而無資本。則等於無公司而已。以　制軍之賢明。用全蜀之腴富。而建議經歲。成立無期。生等實爲吾蜀人痛之。實爲吾蜀人恥之。乃者得茲警聞。驚心動魄。爰集同學。共商籌應。僉謂我儕幸得　賢父母拔之九淵。示以周行。而爲子弟者。猶復泄沓酣嬉。坐視父兄之焦勞。而無毫釐之能贊。非特蔑其責任。抑乃悖於大倫。遂乃廣集芻蕘。思獻芹曝。冀助萬一。猶表血誠。復思此舉最難之題。莫如籌款。苟不自任。何以責人。生等半屬寒畯。且居域外。明知雖竭綿薄。無補涓埃。猶欲援請從隗始之義。爲拔黃先登之行。僉謂茲路若失。則全蜀危。而全國隨之。今當如日本人應國債以供戰費。雖節衣縮食。猶當圖成。乃各充其力所能逮。立認股本六萬餘金。認籌募者三十萬。知此區區。非濟於事。聊效蚊負。以厲邦人。當即將集議情形由電馳稟。並陳三事。俯候鈞裁。徒以電文簡略。不能盡言。復合衆議。擬爲開辦方略十五則。肅具正稟。由驛馳陳。凡所引稱。當久在賢明洞鑒之中。顧遼東獻豕。獨有微誠。倘邇言之見察。或一得之有裨。則非徒生等之榮。抑亦全蜀之福也。所有生等會議公擬川漢鐵路開辦方略緣由。謹具稟瀝陳。伏乞　制軍大人慈鑒。

今將生等公擬開辦方略瀝陳管見。恭候　鈞裁

謹案川漢全路。大約當分三段。漢口至宜昌爲一段。宜昌至重慶爲一段。重慶至成都爲一段。三段勢難同時並舉。不得不分先後。至於孰先孰後。各有其利益之所存。自成都築起。則首善所在。觀聽易聳。可以令全省人愈加踴躍。自漢口築起。則轉運材料較易。節節深入。無復困難。然生等之意。以爲宜昌至重慶一段。水道艱阻。不便交通。較漢宜一段爲尤急。且路成之後。運轉貨物較多。獲利更速。則開辦之始。先修慶宜。似爲最要。但此先後問題。今且勿論。目前最要。莫若籌款。工程既分三段。則籌款亦可分三期。全路估工。約須五千萬。先修一段。則其所需三之一耳。即慶宜一路。工程較難。最多亦不過二千萬。今請先以二千萬爲率。而商榷其籌措之法。備　采擇焉。

今欲舉此大業。必非徒藉商股之所能成。亦非徒仰官款之所可集。故必出於官商合辦。殆事勢之所不能避也。今請先論官款。次論商款。

（甲）官款　今者此事承我　制軍及　諸大憲之提倡。則於籌官款以助商款一事。必經訏謨擘畫。具有成算。無俟生等草茅之獻其芹曝也。而生等猶欲有所陳者。譬諸父兄爲一家籌永遠之計。困難焦勞。日不暇給。爲子弟者雖不克助力。然苟有所見。敢不貢其愚以備采擇乎。生等竊維今日當百廢待興。司農

仰屋之時。欲戶部商部之撥欵開辦。殆非可望。故言官欲不欵不專限於本省。然本省正供歲入有常。雖移巨欵以厲路工。勢多窒礙。此中曲折。生等固亦知之。然猶喋喋以陳者。實以玆事關於全省全國之安危。至重且大。雖他事撙節。猶當爲之也。竊計各項消費物品。如土藥煙膏煙草酒等。量加釐稅。無害民生。鹽務一項。百弊叢生。若改籌辦法。節省糜費。以釐歸竈。以課歸丁。歲得百數十萬。似尚非難。其他銀元各局。若益加整頓。涓滴歸公。每歲籌提數己不菲。以此數項爲基本。若藩庫更可劃撥。則以三年之所入。當可得全路工程所需之半額而有餘。此　制軍當己有權衡。無待生等詞費者也。

(乙)地方公欵　在川省籌地方公欵。其較他省尤便利者有兩端。一則各府州縣多有存儲生息之欵項。此種欵項之性質。一須令能得常息。二須所放置之地安固而爲衆所信。三須用之以謀地方公益。今以公益論。則孰有急于爭路權以保桑梓者乎。以安固及取息論。則利源之雄厚與保證之確實。更孰有逾于鐵路者乎。　制軍誠能以此意宣示紳民。使曉然于輕重緩急之所在。而諭其移購鐵路股債票。歲得利息。仍爲其地方之需。度州縣父老。未有不爭先奉令者。即此一項。當不難集成鉅欵。其二則吾蜀各州縣向遇地方要舉。每有計糧攤集之條。歷久相習。無或窒礙。既不同加征以滋物議。實足以積壤而成邱陵。惜歷年以來。吏胥收繳之所蝕。蠹紳承攬之所侵。大率取于民者十。而入於公家不過六七。耗于各項者恒三四也。今擬請釐去前弊。分別上中下州縣。酌照各糧戶租畝多寡。勸令因糧攤認。由丁糧壹兩以上起。不派小戶。免滋擾累。請由　憲轅核定辦法。暫限三年。即行截止。此項既由奇零小數集合而成。即作爲各州縣公購鐵路股份票。日後所得股息。以備各地方興辦公益事件之用。則民間雖有一時輸將之煩。而地方可享永久無窮之利。事屬兩便。應請決行。在　朝廷撫字深仁。或不欲重斂以叢民怨。然事關重大。似毋庸瞻顧徘徊。況此項性質。又絕非加賦之比。生等頗聞內地風氣漸開。于近日最險之現象。所謂路權亡而國權失者。各州縣父老固已知之。今若奉　憲諭爲陳利害。人人知取地方之財。還以辦地方之事。稍有明大義者。只有感戴。更無抵抗。此生等所敢言者也。以此兩項三年所入。得全路工程所需三分一之額。當亦非難。

(丙)民欵　得官欵及地方公欵以植其大原。然後一面募民欵以足之。以川省地大物博。謂合全省之民力。猶不能舉此區區之鐵路。雖五尺之童。猶知其非也。然於集股之事。猶若重有難者。則以規則不立。經驗尚少。故相與裹足而觀望云爾。今謹擬獎厲集股之方畧數端。備　鈞擇焉。

一請由官認保歲息五釐以昭激勸也。民各安其所習。苟不習者雖大利所在。猶將疑之。故各國政府獎厲大事業。常有官爲保息之例。如日本之於郵船會社、英國之於加拿大太平洋鐵路公司、其最著者也。自餘類此者、不可枚舉。夫日本郵船會社之股份。昔値百元者今値七百餘元。加拿大太平洋鐵道會社。昔値百元者今値五百餘元。其爲巨利孰不知之。而草創之始。附股者猶有戒心焉。彼政府當道能見事於未然。毅然以官力借保之。其實則開辦一二年後。即已獲利。官之所謂保者。實始終無須動帑藏以爲支應也。今川漢鐵路所經者。皆號稱蠶叢天險之地。前此交通不便。行旅苦艱。路工一成。則以六千餘萬人之蜀。與全國四萬萬人驟開交通之道利之必溥更何待言特恐民可以樂成難以慮始耳今誠能由 制軍立案證明凡附股者每歲最少必由公司給還五釐之息若公司虧缺官爲保之由藩庫劃提則民旣有所恃樂輸其資以應當事之急矣夫此鐵路苟辦理得宜其必獲大利此當我 制軍所能明鑒也旣必獲利則藩庫所保之息自可不提而旣有此保證則附股者之踴躍自當倍蓰在 政府實爲不費之惠在民間則爲左券之操一舉兩得孰逾此耶此眞我 制軍力所能及而全蜀民禱祀以求者也

一請釐定股東權利義務以著大公也此公司旣由官款公款民款三合而成則其性質自當如前此所云官督商辦者然近來與辦各事民間附股之所以不踴躍皆由舊式之官督商辦各業弊竇滋多不爲民信今我 制軍雖大公爲懷而小民驚弓之鳥猶或未釋喻也故生等以爲今圖茲舉必當悉遵外國有限公司之格式令股東之權利無稍欠缺然後可與大成外國有限公司之例必設總董七員或九員或十一員十三員以爲議事機關設總司理副司理各一員以爲辦事機關設監查一員或三員以爲監事機關有取於國家三權鼎立之制務令無弊各機關職員任期皆有定而悉以股東會議公舉之蓋必如是而其事乃可長也今請繙譯歐美日本通行公司章程悉遵依之明示大衆以至公之的倡辦之始先當倡辦委員倡辦委紳各若干人以任籌款募股之責款旣籌定則開股東總會以投票法選舉三種機關之職員而任用之官款占若干股則由官派數員以爲代表人地方公款占若干股各由該地方派紳

商爲代表人民欵占若干股則亦各有權投票與官紳之權利平等無異夫公司之投票以股數計。官欵既占强半則官自爲大多數之股東。三種機關之權。必多爲官之所操此一定之理也然則謂股東公舉。恐致官權旁落之患者。實囈言也。然各國有限公司通例猶有限制大股東之一法。案日本商法第一百六十二條云。各股東當會議時。每一股有一箇之議決權。但有十一股以上之股東。其議決權得別以定欵制限之云云。自餘各國商法類皆有此條。此其故何也。蓋若無限制。則有百股者得投百票。有千股者得投千票。如是則大股東全占優勢。其所提議。無論於公司有若何損害。而皆得以多數取決。故小股東之僅持一二股者。其意見不復得伸。是以各國皆定限制之法。凡有十一股以上者。則或合十股而得一箇議決權焉。或合五股而得一箇議決權焉。此實有精意妙用存乎其間。凡立公司者所不可不知也。生等以爲若辦川漢鐵路公司。亦當用此例使民欵之小股東各自信其權利之穩固。然後附股者得以踴躍。假如公司總資本爲五千萬兩。分作一百萬股。便官欵而占二千五百萬也。則代表官欵之委員即代表五十萬股也。此五十萬股而同投一樣之票。則其餘五十萬股散漫而無統屬者。必不能伸其意見。而公司之全權。惟官獨專之。彼小民自覺其權利之有名無實也。則或觀望不前者有焉矣。今莫如依各國通例。每十股有一箇議決權。若官欵五十萬股。則代表之官員得有五萬箇議決權。而彼公欵民欵之五十萬股。又非必皆一人占一股也。必多有以一人而占十股百股以上者。其議決權之制限亦如之。則彼所餘五十萬股。充其極亦不

事件

過得七八萬個之議决權官欵之五萬個常保統一而公欵民欵之七八萬箇勢每散渙則辦事之大權必仍由官操其强半可無疑也然民間既有此相當之權則自能獻可替否匡官力之不逮而防其流弊而附股者亦得安心夫生等之喋喋陳此似涉迂遠驟觀之者爲贅談實則公司成立之精神全在於是此精神既宣示於大衆可以獎厲入股而速茲事之成也夫以我　制軍倡辦斯舉知人善任則雖以全權委託於長官而民間不復過問生等猶知其辦理之必得宜也雖然此鐵路公司之基業將期諸百數十年以至無窮安所得此後長官之賢一一皆如吾　制軍者藉曰能之而非可以繭絲之躬降格以任此事則必委諸屬吏吏之賢否固勿論而遷調頻繁致公司之主腦常失其繼續之性亦非所以善其後也故生等以爲必當將公司之權稍分出以均諸民間股東此非襲尋常浮躁囂之民權論也謂必如是然後其事乃可長也苟我　制軍能垂採此意將所立公司純用泰西通行善美之章程使官民各有其權各得其所而謂民間素封家猶如前此之觀望生等不信也抑此事不徒關於此區區一公司而已吾中國前此所有官督商辦之事業類皆不克全始全終以致授民口實而令後此招股日以難其故皆由無大公嚴正之法律是以及此而一國資本之不能合同生計之不能發達皆坐是矣我　制軍誠能乘此機會定一最良之法以爲天下倡使自今以往凡屬官督商辦之事皆取則焉則資本從此大聯利源從此大闢千數百年後猶將仰　制軍之盛德非獨現時區區蜀民之感戴而已

一曰責成各團體給以股票使其分募也夫既有

官款公款以爲之提倡。復有藩庫承諸以爲之保息。更有善美章程以爲之定權。民之稍明時局稍知大義者。應無不踴躍以從事矣。然後助以官力。責成各團體之有力者使任招募。其一則於各州縣皆立鐵路籌款所。按其貧富大小分別發給股票。令其自認。其二通省西商票號。按其資本厚薄發給股票。令其自認。其三各行商人按其商業大小發給股票。令其自認。其四寄籍四川客官。發給股票。令其自認。其五各處殷富禪院。按其產業發給股票。令其自認。其六川省邊陲土司。頗多富室。如有威信素孚之人。爲之勸募。亦可發給股票。令其自認。其七生等留學東京之一團體。雖人微言輕。然既深知此事關係之重大。焚救拯溺之急。情不能自已。於現在認籌之外。若承發給股票。亦當更竭綿薄。各各自認。凡此者非謂必以威力而強迫之也。但此舉既爲大局之所關。復爲大利之所在。急公趨利。兩者皆人有同情。今更組織完備。以使臂使指之方略。闔省通籌。則一二千萬金之資本。豈謂以膏腴之蜀而不能集也。況章程既善。則各省殷富。皆當趨之若鶩。所集者又不徒三蜀之資本而已。

一曰股額不大。分期徵收。使易於應募也。各國與辦公司。往往有以數金爲一股。而分數次或十數次徵收。使貧民皆得積蓄以入股。既利寒畯。復易集事。意至良法至美也。中國辦事經驗尚少。條理不能十分細密。股太瑣碎。固不相宜。然內地人民。率皆中產。股額太大。則或雖欲附徒緣無力。以致向隅。故生等以爲每股之金額。不可過五十兩以上。而分四次徵收之。此各國通例然也。假如每股五十兩。其第一次所徵收者不過十二兩五錢。雖

專件

鄉農市傭力皆可任。涓壤所積。遂成河嶽。以此集事。諒非甚難也。

今使我　制軍誠能提出官款若干。指籌地方公款若干。而復有良法美意以募集民款。生等及我鄉先輩。其亦孰敢不仰體　憲意。竭力以圖贊襄者乎。必將廣爲演說勸勉。宣布德意。使全蜀人人皆知我制軍此舉。皆爲吾蜀人身家妻子永遠之計。爲吾儕小民坊大患而興大利。風草之感。速於置郵。民款之大集。或將有出乎意料之外者。盛舉之成。指顧間耳。抑生等更統籌全局。所謂需五千萬之資本者。指全路而言耳。若先辦一段。則充其量不過二千萬而已足。而二千萬者又非必全行籌備。乃能動工也。先有其半。或有其四分之一。而即可以作始矣。夫官款及地方公款。無論何項。皆按年徵收。其第一年所得。必不能甚鉅。此易明也。而民款亦分四次徵收。或半年收一次焉。或一年收一次焉。則第一年所收。亦不過其半或其四分之一。但使合此諸端。計第一年所可收到者有四五百萬。則即可放心開辦。綽綽有餘。蓋第二年工程續進。而新款亦續來也。然各國公司通例。所以劑股份之窮者。尤有一善法。曰公司債。日本謂之社債。社債者以公司之主名。發出債券。募民間購買。其性質殆與國債無異。而各國大公司之社債。其信用亦常與國債埒。故往往有以股份充總資本之半額。而以社債充其餘半額者。此其故何由。蓋社債之性質。與股份異。股份者若公司獲利。則大享其贏。若公司虧缺時。或銷歸烏有。社債反是。公司之贏。非彼所與聞。公司雖虧。其常息不能有缺。雖公司罹破產之慘。亦必先儘所有以償社債。故泰西資本家有樂購股份票者。有樂購社債券者。購股票者略含冒險之性。購債券者純取保守之道。故必兼用兩者。

然後舉彼兩種性質之人之資本而悉招徠之。此皆由西人經驗而得。致可師也。今使但籌備五百萬之資本。即可以開辦慶宜一段。若第二次資本不接續。便可發債券以彌補之。吾國人於債券之性質未甚明晰。初或觀望。宜采各國通例。須出詳細妥善之社債章程。使衆了然。每歲付以定息。而用抽籤之法。逐年攤還。或十年或二十年五十年乃掃數還清焉。苟全盤經理得宜。則每歲攤償本息之數甚微。而借其資本以資周轉。爲效甚鉅。此其法理及其條件。至纖至密。今避文冗。不能詳陳。若將來有意實行。生等猶能任象鞮之役。譯出以資采擇也。夫近年來西人之紛紛爭我路權礦權。盡人所同知矣。然其資本乃十八九含社債之性質。如蘆漢粵漢滬甯各鐵路皆是矣。我督辦大臣發出鐵路公債券。定其歲息。以鐵路作抵。復申以政府爲之保證。而售券於倫敦巴黎紐約之市場。彼承辦此鐵路之西人。固非自集有大多數之股份也。所利用者全屬此種債券而已。而外人購者若鶩。則亦可見鐵路債券爲大利之所存也。夫我既假手於人而間接以用此法。乃不能求之於我而直接以用此法。天下可痛惜之事。其孰逾此乎。今使辦川漢鐵路。而出此種債券。且聲明以鐵路作抵。而政府爲之保證。其債主之權利。一如蘆漢粵漢滬甯也。則以川省而售出一千萬兩之鐵路債券。爭購者可立盡也。股份之不難籌也既如彼。社債之可調劑也復如此。然則我 制軍誠決意以辦此路者。其必不憂資本之無著矣。

即萬不得已而或須數百萬金之債券售諸外國。以應工程一時之急。則亦無害也。夫生等所以皇皇縷請者。原因慮外國資本之侵入。而今乃謂分售債券於外國爲無害者何也。蓋今日蘆漢粵漢滬甯諸路

專件

之可危者以彼出資之人即承辦此路事有權利之人兩者合併而我於路權遂不復能過問且使彼諸路者工程由我修築事務由我管理而外人但貸我資本以取其常息則我復何危險之與有今若興辦此路我既有大多數之資本以保其固有之主權而修築與管理者本國人即不然或暫雇之於日本彼歐美各國於此路之內毫不容干涉容之餘地而惟購我債劵以取常息我自信此路所入足以遞年攤償本息而有餘則雖以路之一段作抵以政府爲保證而借彼少數之債以應一時其亦奚傷也蓋與盧漢諸路比較則借債同而所以借者不同也雖然此不過充類至盡而言之耳實則苟能章程完密勸募得宜以全蜀之力固恢恢乎足舉此路而有餘更無或以固有之利權更溢於外也

夫民固難以慮始而可以樂成今所最棘手者初開辦時之籌款耳若一節已成運輸大便贏利佈聞此後續招股份續募社債不須與而承認盡矣故今者驟然而曰集五千萬金以辦此路聞者皆將撟舌焉而慮其難成若先辦一段而籌二千萬二千萬中先備四分之一而爲五百萬則安有以全蜀官款公款民款之力而不克任區區之五百萬者乎庸詎知最費力者乃在第一次集此五百萬耳五百萬既集以開其端緒則集後此之四千五百萬如順風揚帆無復難事矣故生等以爲我　制軍若量官款及地方公款能於第一年籌出二三百萬則民款最少亦必得二三百萬即可以購地估工從容從事矣望我制軍勿以爲童騃之見視事太易詳按大勢而俯賜采擇焉則生等之榮幸何以加之

以上所言籌款開辦之大略也次於籌款者則最要爲用人今者我　制軍千辛萬苦以爭此路恐其權

之外移也。故既自辦。則必宜用本國人辦之。以今日中國之乏才。能勝此任者殆寥寥。此衆所共知也。顧以生等所聞。前此由　督辦鐵路大臣盛宮保所派北洋大學堂學生留學美國學鐵路專門。已經卒業者。尙有其人。川漢一路若決辦。則　奏調咨調。諒無窒礙。我　制軍當有權衡也。但區區一二人。必不足以全任路事。故開辦伊始。勢必須借材異國。資本既自我措。主權既自我操。則用外國工程師。不過雇傭之役。其權限不至相侵也。而最安妥者。尤莫如用日本人。蓋日本資本不充。必不至因用人問題。牽涉以及輸資問題。此其所以爲善也。聞法領事有將來若用外人。先儘法國之約。但既以本國人爲總。其餘分職傭雇於他國者一二。此與全路權利無涉。雖有此約。諒法人亦無能抗爭也。

然此不過初辦時爲然耳。傭雇外人期限萬不容久。一二年後。必須盡解傭而易以本國人。則及今養成此材。尤急務中之急務也。查日本岩倉鐵路學校額定學生一千名。以爲非得卒業生三千人。不足敷全國鐵路之用。夫以區區日本需材尙如此其衆。況中國之大而茲業今始萌芽者耶。生等以爲宜一面在成都設一速成鐵路學堂。按照各國學制。分機械、建築、業務、電信諸科。聘外國教師而佐之以譯員。廣其學額。以爲速成辦事之用。一面仍選派普通學有根柢之青年子弟。分赴歐美日本專學鐵路工程。則二三年後。諸事可以無藉於外人。非徒川漢一路主權確定。而全國鐵路事業皆食其賜矣。

抑尤有請者。辦此路之大利。與不辦此路之大害。稍有識者固已洞若觀火。毫無容疑。然內地巖穴風氣未開。保毋有少數之人。以新法相駭。就令不駭。而贊助之心未能發揚。生等以爲亟宜派遣長於語言之

專件

員。派各州縣演說將此事關係之重大及其永遠鉅利之所存。剴切敷陳廣爲勸導則目前之募股當倍加踴躍而日後之阻撓亦永復無虞此則我　制軍訓令一下而全省稍有知識之士皆願効奔走而不敢告勞瘁者也。

若夫測量購地估工諸事。今當各國要索之方急。宜速爲實行。以杜覬覦此則我　制軍當久有權衡。毋俟後生小子之喋喋者矣生等位卑言高自知其罪。徒以事關大局急迫瀝陳芻蕘之見是否有當伏乞酌裁。生等不勝屏營待命之至。謹附稟。

日俄戰紀

沙河之役（續前號）

其戰況

◎俄兵之出沒　俄皇之遣第二滿洲軍總司令官也。在九月二十五日。（陽曆）閱六日而古魯巴圖堅發軍令號於其衆曰。今後軍力充備。戰機方熟。降敵之期。當不在遠。爾士衆其各自惕勵。務期於勝。此固全局利害之所係。而旅順安危。即在此舉云云。是實西十月二日也。而日軍前鋒所派偵探隊。即以是日擊退俄騎五六十於實相屯。復於附近數與敵遇。迎戰數刻。尋又能歸。是不過哨線之小小衝突耳。至四日而俄兵始出沒於日軍右翼之背。是日也。於靉陽邊門附近。來有俄騎少許。旋爲日軍守兵逐去。又於上柳河子。有步兵一大隊。騎兵十一二中隊。砲五六門來襲。不得志。退竄荒山。至五日。僅留俄騎二三中隊。而監視哨實自廟溝山亘蝌家坟。其前哨步兵。皆穿支那服。撫順道上松樹嘴子。三日前來俄騎約四中隊。至五日猶未去。南部五里街龍王廟附近之俄騎斥候。於四日留步哨。北向柳塘溝而去。其在渾河左岸長灘者。亦僅留一部。餘悉北退頭台子一帶。不見俄兵隻影焉。

四日。俄兵襲擊平台子、奉天道上日軍之監視哨。戰復敗。棄其死體銃械而遁。此爲狙擊第三聯隊之兵。亦穿支那服者。又自大台附近砲擊日本部隊於北烟台渾河左岸之日軍前哨。亦同時爲俄騎所襲。旋擊退之。於是俄軍前線之總前進。以十月五日始。而俄帥以六日至。

日俄戰紀

二

◎兩軍之形勢　十月九日朝。俄軍自威寧營移至太子河左岸。向橋頭前進。橫斷橋頭本溪湖間。其兵力步兵約一師團騎兵二千。砲八門。又本溪湖東太子河右岸一帶增步兵一旅團騎兵千五百。砲八門。大嶺方面亦約一旅團。綿花子、八家堡皆有步兵一聯隊。陸續南進。至下午兩點鐘。俄步兵約二聯隊進至上柳河子。騎兵一聯隊。進至下柳河子。其在燒達勾者。兵力一師團。既與日軍陣地相接近。威寧營約一旅團。土門子嶺亦如之。八日夜俄軍肉薄挑戰。日本右翼軍以橋頭守備隊之援。遣一縱隊。於本溪湖支隊方面亦增援一縱隊。援軍於八日下午兩點鐘。至火連寨。其一部以八日下午九點鐘達本溪湖。一部豫援土門子嶺。於是增援隊與本溪湖支隊之聯絡始通。自九日凌晨與俄軍相持至十二點鐘之久。軍勢未嘗稍動。而本溪湖隊戰尤烈。平山溝及大魚堡一帶。爲俄兵衆點。七日以來屢攻城廠方面。九日夜三點鐘。日本守備隊襲擊之。逐其軍於東北。約步騎千名。砲六門云。

日本中央軍方面之俄兵。約一師團。駐屯前黃花店、坂橋堡、柳塘溝之線。九日下午。以一縱隊自柳塘溝南沿鐵路。至南五里街。其進行長徑綿亘二里。尚有步兵連續前進。其兵力不下三大隊。坂橋堡東方高地。約一聯隊在焉。右翼軍方面之俄兵。無甚活動。其主力疑在柳塘溝及孫家台附近。是役也日軍司令官決計乘敵勢未集。渾河左岸而先發以制之。將於詰朝取攻勢。求敵主力殲焉

◎鏖戰之實況　十月十日。俄軍以步兵占領三家子東方高地。蕖河勾谷地。一步兵縱隊在焉。燒達勾有俄兵約一聯隊。於附近高地從事工程。下午兩點二十分鐘。有砲兵向上下柳河子而進。

本溪湖東方高地。九日爲俄軍所據。又夜襲火連寨與本溪湖通道東側之高地而占領之。以是日軍部隊防守徹夜。至十日淩晨。乘濃霧奪還本溪湖東方高地。上午十一點鐘。本溪湖與火連寨之高地。相繼恢復。俄軍復以騎兵突擊火連寨高地。劇戰逾時。卒敗走。委棄屍體無算。至日暮本溪湖方面俄軍勢益加。日兵與之相持。力不稍絀。堿廠守備隊亦以前日夜襲擊前敵。卻之東北。十一日上午十點鐘。俄軍以砲兵約五中隊。遙擊本溪湖支隊。日軍以右翼一聯隊中央五大隊當之。相持未決。大嶺及本溪湖間。兩軍交砲戰。土門子嶺一帶砲聲亦隆隆不絕。本溪湖支隊以一隊出太子河左岸。擊敵退之。復轉右岸。俄軍於太子河上流大魚堡附近。各列重砲約自土門子嶺至本溪湖本道東側。有八十餘門。其步兵亦不下二師團。自三家子亘八家子之地點。與日軍角峙者。兵力約四師團。日軍右縱隊及左縱隊右翼隊正面。劇戰至暮。左縱隊左翼隊。與中央軍右縱隊併力擊三家子一帶俄軍不克。日本司令官督戰終夜猶不息云。

日本中央軍右縱隊以十日上午奪據玉門子北方高地。左縱隊亦達荒山高地。圍攻五里臺子俄兵。至日暮尚未全克。十一日上午。右縱隊以其右翼隊與右翼軍左縱隊合進擊孤家子附近。亦無所獲。左縱隊方面俄軍兵力約一師團。在范家屯十里河柳塘溝一帶防守甚力。日軍至日暮不得突擊。是夜中央軍始與俄兵接仗。鹵獲大砲二門。彈藥車八輛。安井少將久能中佐負傷。安村大佐死焉。

十日日本左翼軍右縱隊攻奪孤家子。與中央軍左縱隊合併擊五里臺子高地及二里臺子諸敵軍。據雙臺子二臺子之線。中央縱隊至尖臺子康家臺附近。以擊俄軍之在大連山堡者。卒占領之。左縱隊出擊西老山屯之俄兵。進至赫家屯。

十一日日軍軍勢益振。連攻坂橋堡、柳塘溪諸線。右縱隊既占領楊家灣。向劉家三子而進。左縱隊亦達大油虫堡、青堆子諸線。集主力於青堆子、尤家甸附近。以臨敵右背。會日暮。司令官期以明日續行攻擊。此方面之俄兵。至少亦二師團云。

◎日軍之追擊前進　十二日。日本右翼軍中央縱隊。以上午五點鐘占領羅格達山(譯音)及八家子北方高地。而全軍主力亦既達馬耳山蟒家屯之線。圍攻俄軍砲兵部隊、更分遣一隊、向石橋子。扼敵歸路。是日於本溪湖方面。數爲俄軍所襲。皆擊退之。至翌朝取攻勢。猛向俄軍攫擊、是役也。日本載仁親王所率騎兵大集團。抄出敵左背。潰亂其預備隊。以恢復該方面之戰況者。實大有力焉、

十三日。日本右翼軍右縱隊進攻朝鮮嶺之俄軍。中央縱隊占領蓮花山馬耳山一帶。左縱隊之右翼攻餘敵於燒達勾北方高地。當是時。日軍爲地勢所困。進擊數不如意。自晝至夜。右縱隊以他軍之援。勢復振。中央縱隊。亦自蓮花山、馬耳山進據金鐘山東北靠山屯高地。左縱隊右翼隊苦戰經時。卒占燒達勾北方高地而有之。

十四日。朝日軍增援一縱隊至橋頭。載仁親王部下一縱隊亦以是早與俄兵戰於臥龍村附近。左縱隊以七點鐘奪據蓮花山北方一帶高地。其第一線亦於九點鐘奪據西溝山高地。至下午土門子嶺及大嶺附近之俄軍。不能支。勢將敗走。日軍司令官命本溪湖支隊急追之。乃分軍爲二。追北至平台子、下達河。俄軍敗退。邊牛祿堡附近。大修防禦工事。右翼隊亦同時退敵於代家谷。中央及左縱隊。幷力攻敵於

西溝山附近。進至沙河各線。該俄軍約一師團。退走奉集堡。其砲兵則盤據塔山附近。頻向日軍轟擊。

日軍豫備一團隊。以是日朝擊敵占歪頭山。至下午三點鐘見前敵車輛縱隊退。遂追擊之。其一部向松樹嘴子而進。

十日前於城廠附近。爲日本守備隊所擊退之俄軍。至是日尙駐平頂山附近。據俄虜言。則此軍向在六道河子一帶。爲馬德利夫將軍之所屬。馬德利夫者。自開戰前久當鎭撫馬賊之任。於懷仁、城廠、橋頭各處。恩威並行。地勢民情。最所熟悉。亦日軍一勁敵也。

十二日早。日本中央軍自三家子達三塊石山之西北高地線。追擊前敵。三塊石山者。古魯巴圖堅死守之地點。亞歷山大三世名譽聯隊在焉。至是竟爲日軍所有。奪獲野砲及彈藥車十一。擒聯隊長以外兵百五十。至下午欲進取東山口胡家孤家子諸線。日暮俄軍漸北退。旋自黃花甸率大縱隊南進。於前黃家店着手工事。十三日。日本中央軍右縱隊以上午十點鐘攻胡家孤家子北方高地。至下午兩點鐘。俄砲兵先退。遂占領之。十四朝進攻長嶺子、蒲草窪及周家攻一帶俄軍陣地。逐之沙河以北。

日本左翼軍自十一日夜。攻十里河、龍王廟、五里街附近之俄軍。未克。至十二日兵力益加。包抄敵陣右背。而中央縱隊以下午一點半鐘。占領浪子街附近。虜獲俄砲十六門。追北至小東台、劉三家子。更奪砲四門。右縱隊亦大破俄軍於圖多留魯（譯音）北部。追至十里河西。奪其砲五門。彈藥車五輛。更進擊至龍王廟南部五里街。左縱隊亦同時砲擊北烟台。豫備隊與砲兵團皆移陣至孤樹子附近。其一部擊退洪家店之俄軍。與左縱隊之右翼合。

十三日朝。日本右縱隊占領坂橋堡。其先鋒隊達八家子。與豫備隊協力進攻俄軍於黃花甸附近。俄軍於前黃花店列砲兵數中隊以守之。防戰甚力。豫備隊一部肉薄摸之。至下午尚在交綏中。中央縱隊。既以是日上午占領三家子。更向紅樹屯進擊。至下午轉戰沙河堡。左縱隊之右翼。亦同時擊敵於紅綾堡。至日暮轉攻林盛堡。其一部占領萬家園子。左翼隊則占領黑林屯富家庄諸線。而新來援軍。亦以是日陸續至烟台附近。

十四日右縱隊主力。以上午十一點鐘占領黃花甸東北高地。中央縱隊亦於七點鐘占領沙河堡南方高地。俄軍尚據其一區以相抗。至下午悉平之。于是中央縱隊以一部轉攻千家窪。以一部向流木屯前進。於左縱隊方面有俄步兵一聯隊砲兵二中隊在林盛堡達連屯間。又步兵一中隊在麻大人屯。至是日朝。各陣地悉為日軍所有。林盛堡俄軍。下午向四方台退守。其在張良堡附近者。至下午三點三十分鐘。兵勢驟增。屢次來襲。皆却之。其兵力約步兵四聯隊砲兵十中隊云

要之自十月十日至十四日。血戰亙五晝夜。日本諸軍方面皆大捷追亡逐北。威壓渾河左岸。而俄軍南下之謀。乃不得逞。

◎俄軍之敗退 日本右翼軍主力既占領周家坎高地。進至沙河前線。十五日有俄軍一師團據三丈子山極力抵拒。至下午日軍前面沙河右岸唯見俄兵少許。故不至有大戰。駐屯平頂山之俄軍。亦以是日退嬰花尖子及興京方向。而日本支隊自撫廠向橋頭者。亦同時追敵至高力營西南五里外。十六日高官寨之俄軍為日軍追擊。分走花嶺高台嶺各方面。追擊隊遂占領高官寨奉集堡西北約一千米突之地點。有俄兵一旅團在焉。其砲兵屯其東端塔山

東北高地。亦約二中隊。自餘諸軍。皆潛伏無敢動者。

自窯馬集向橋頭之日軍支隊。十四日與騎兵團達牛心台。俄兵躡其後。至該地東二里家阿子而止。

日本中央軍亦既達豫定線。於十五日無大戰鬥。至十六日暮。山田少將所率一部隊。與左翼軍併力攻沙河堡。先拔魏家樓子。奪獲俄砲二門。彈藥車二輛。分兵進攻三道岡子。突有俄軍一師團猛向該隊撲擊。包圍其兩翼。兩軍血肉相薄。劇戰逾時。日軍卒摧其中堅。於是各隊皆潰圍出。復歸本陣地。是役也。日本砲兵士馬斃於俄彈者枕相藉。棄其野砲九門。山砲五門焉。然此時日軍既處優勝。是區區者猶九牛之一毛耳。

日本左翼軍方面之俄軍。至十五日朝。猶據沙河堡北部及拉木屯各處。與日軍對抗。於是日軍以中央縱隊擊沙河堡。以右縱隊之大部。擊拉木屯。俄軍自沙河堡至四方台間。分布砲兵約六中隊。盛向攻擊隊及林盛堡。然其威力不足以及之。自晝至暮。日兵卒占領焉。十六日朝。左縱隊前敵凡六襲。悉却之。至暮。俄軍更以步兵五六大隊。砲兵二三中隊來攻。又却之。

俄敗軍向撫順舊站、奉天、三道潰走。三道中除奉天本道外。大抵皆山道小路。概不適於砲車輜重車之運轉。而逃亡步騎。多走林莽。以是糧秣不供。軍馬斃者。相望於道。戰場所棄屍體。總計達一萬以上。載以去者。當倍之。死傷全數。假定為三倍。約算達六萬以上。亦鉅創矣。

◎大戰後之餘波　十七日。俄軍以步兵約一聯隊。襲擊日軍右翼一部。上午九點鐘頃。日軍反攻之。潰走北方。蓋撫順舊站兩道。皆狹隘。不得歸路。故延一日以為逆襲計。歪頭山方面之俄軍。似尚未去。其在

日俄戰紀

本溪湖方面敗退諸軍。以十八日退嬰高臺嶺。自餘兵數皆漸次減少。惟時有少部隊出沒其間。

日本中央軍主力前面至十七日尚無大變動。其夜俄軍來襲。旋擊退之。至十八日該方面惟時聞砲聲耳。

十七日左翼軍前面之俄軍。尚據其前日陣地。向各縱隊挑戰。至日暮俄兵力驟增。與左側支隊對峙者。約混成一旅團。其夜襲擊右縱隊二次。皆却之。遺棄屍體無算。十八日俄軍以砲擊日軍陣地。又於其陣前千米達處。施工事。左側支隊之俄軍。退屯孟達堡、三家子、行家臺附近。亦極修工事。其後皆潛伏莫敢動者。

◎俄軍南下之實情　是役也。古魯巴圖堅南下之理由。與其兵力之配置。觀於捕虜將校之言。有足窺其一二者。大要謂旅順形勢日益窮蹙。歐洲援軍陸續方面而古魯巴圖堅將軍。於奉天附近擁兵至九、軍團以上。俄帝乃以九日廿七日傳諭將軍。自今不得退奉天以北一步。於是將軍提其全力大舉出奉天。轉取攻勢。謀逐日軍於南滿洲。以救旅順旦夕之急。其全軍分中央及左右三縱隊。中央縱隊。爲第一、第四、第五軍團。塞爾巴夫指揮之。出沒東山口蓮花山等處。別以一軍團繼其後。左縱隊約二軍團以當日軍右翼。利威士所率烏蘇利地方野戰軍自東方迂道迫遼陽東南以阨日軍退路。又密西靜哥指揮騎兵六聯隊。與利威士軍右翼相策應。中央縱隊右爲第一軍團。左爲第四軍團。現由西伯利亞豫備第一至第四師團所編而成。各師團皆備速射砲四中隊。第一軍團內第三十七師團之右翼。有第九師團之兵在焉。此役之損害。以第三十七師團之第一旅團爲最。內四百四十五聯隊第一中隊於三塊石山上全軍覆滅。西伯利亞豫備步兵第三師團各聯隊。初戰時約四千人。遼陽戰後減二千五六百。至是役而僅餘八百。竟有以大尉督聯隊。少尉督大隊。上等兵督中隊者。自餘諸軍雖不得詳。其所損害亦決非淺鮮云。

日本之公報（續前號）

◎公報十一　日本右翼及中央軍之前面全然無所變動。唯左翼軍正面則稍有激烈之砲聲而已。李大人屯方面之敵情極不活潑。又山田少將所指揮之部隊。昨十五日夜。于三道岡子附近高地與俄軍激戰。奪得砲一門。彈藥車二輛云。（十月十六日日本大本營接電）

◎公報十二　其在高官寨附近之俄軍。爲日軍所追擊。退竄於花嶺及高台嶺。于是高官寨直爲日軍所有。

奉集堡及塔山之敵狀　俄兵在於奉集堡西北約一千米突之部落者。其數約一旅團。砲兵則駐于部落東端。又塔山之東北高地。見有俄兵約二中隊。日本中央軍前面情況。至本日（十六日）夕刻。尚無甚變動。

逆襲六回　日本左翼軍左縱隊之前面。今朝俄軍來逆襲者。前後六回。然盡爲日軍擊退。俄軍蒙非常之損害。

再後之逆襲　迄至入夜。俄軍更以步兵五六大隊。中二三隊。直向該縱隊轟擊。現該縱隊正在擊拒之中。

俄軍之遺屍　昨十五日。於日本左翼軍方面。俄兵所遺棄之屍體。更爲增加。至昨日約已達四千。又該軍左縱隊之前面。亦屬頗多。未暇細數。（十月十七日午前日本大本營接電）

日俄戰紀

◎公報十三　擊退俄軍　日本右翼軍之一部在上平台子代家峪者。爲俄步兵一聯隊所襲擊。至九點半鐘頃。日軍奮力破之。俄軍潰亂。退竄於北方。至歪頭山方面之俄軍。仍駐在前時陣地。似無甚移動者。然其情况則未詳。其他右翼軍方面中央軍前面。毫無更變。

鹵獲俄砲　山田少將所率之混成部隊。十六日之夕。欲援助左翼軍之一部。共擊沙河堡北方之俄軍。乃與其右翼連絡。先擊退魏家子附近之俄軍。鹵獲野砲二門。彈藥車二輛。其後支隊渡三道岡子。

日砲之被奪　午後七點鐘頃。俄軍約有一師團。猛烈前進。包圍日軍支隊兩翼。日軍鏖戰甚苦。其正面之敵。雖已擊退。然左右兩側。遂有不能支之勢。于是突圍而出。退回從前陣地。是時砲兵見兵員馬匹。幾全爲砲彈所斃。不得已棄野砲九門山砲五門而退。

各軍前面之敵狀　左翼軍前面之俄兵。依然屯駐于昨日陣地。其各縱隊正面。有緩戰以延時日。迫日薄崦嵫。前面之俄軍。已厚增兵力。以中央軍前面者爲最。其在左翼軍左縱支隊方面者。亦不下混成一旅團也。至本日之戰。我軍損傷約有千名。

俄軍逆襲及擊退　俄軍於十七日酉刻。逆襲日本左翼軍之右縱隊。猛撲二回。又其他中央及右翼軍之方面。亦被俄軍逆襲數回。日軍悉力擊退之。俄軍乃棄多數屍首于路而退。（十月十七日夜日本大本營接電）

◎公報十四　右翼軍前面之敵狀　日本右翼軍前面之敵狀。無甚變動。然自本溪湖方面被日軍擊卻之俄軍。已退于高台嶺附近。至右翼軍方面之俄軍。似漸次減少。惟其分隊之游弋則依然也。

左翼軍前面之敵狀　俄軍於日本左翼軍前面之陣地。時加砲擊。又在日軍陣地前。自六百至一千米突之距離。敷設防禦工程。其在左側支隊之俄軍。則於孟達堡、三家子、行家台附近等線。亦敷設防禦工程。

中央軍前面之敵狀　其在中央前面之敵狀。亦無甚變動。昨十七日夜來襲一次。爲日軍所擊退。至本日(十八)則不過兩相砲戰而已。(十月十八日夜半日本大本營接電)

◎公報十五　昨十八日夜。日本右翼軍中央縱隊。雖已擊退侈家坟之俄騎。然其步兵尚有少數侵入該地也。至於歪頭山之俄軍。猶依然保守其位置。十九日朝。日軍右方面即高關塞附近。有俄軍步兵二大隊。并似有後續部隊。目下正在偵察中。午後兩點鐘。俄步兵二大隊。砲兵一中隊。欲攫日本中央縱隊之右翼。由侈家坟向狄狄山前來。以狄狄山後爲隱身之地。其一步兵旅團則麕集於奉集堡附近。由奉集堡北方高地。時時向日本中央陣地砲擊。其他左縱隊之正面。及中央軍之前面。無甚變動。唯時時交戰而已。左翼軍之前面亦然。俄軍唯向日軍之右翼。徐徐發砲相攻。(十月十九日夜半日本大本營接電)

◎公報十六　各方面之敵情　二十日之夕。日本右翼軍方面。有俄騎二百。似由本溪湖東移于太子河左岸而西進者。又於高關塞附近。其步兵約有二大隊。其後方高台嶺附近。約有二萬衆屯紮云。至中央及左翼軍方面。時受俄兵砲擊。且用十五生的臼砲。又自午後五點鐘。俄軍移於四方臺及沙河停車場附近。日本左翼軍昨夜於張良堡西鹵獲小銃百二十桿。及其他武器裝具等。

日俄戰紀

二十一日各軍方面之狀況。無甚變動。又左翼軍所獲之砲。今得其確數。共四十三門。內二十七門乃左縱隊所獲。十六門右縱隊所獲。其他彈藥車等極多。尚未得其詳。（十月廿一兩日日本大本營接電）

前號戰紀之旁端「日本之公報」即是「沙河之役」之公報合并更正

新民叢報

第參年第拾號

（原第五十八號）

明治三十一年十二月廿七日（第三種郵便物認可）

本號要目

光緒三十一年一月一日　明治三十七年十二月七日

每月二回朔望日發行

新民叢報第參年第拾號目錄（原第五十八號）

目錄

報資及郵費價目表

	全年廿四冊	半年十二冊	零售
報資	五元	二元六角	二角五分
日本來申郵費	二角四分	一角二分	一分
瀛輪已通之地郵費	四角八分	二角四分	二分
內地郵費	一元四角四分	七角二分	六分
四川、雲南、陝西、貴州、山西、甘肅等省郵費	二元八角八分	一元四角四分	一角二分
日本各地每冊郵費	一仙		

廣告價目表

洋裝一頁	洋裝半頁
十元	六元

惠登廣告至少以半頁起算刊資先惠論前加倍欲登長年半年者價當面議從減

編輯者 發行者 馮紫珊
印刷者 陳侶笙
發行所 橫濱山下町百六十番 新民叢報社
上海發行所 四馬路老巡捕房對面 新民叢報支店
印刷所 橫濱山下町百六十番 新民叢報活版部

英國名將訥爾遜

Nelson

七九八一

聖希蠡拿島之景
拿破侖第一流竄處

St. Helena.

論說

共同感情之必要論 續第五十七號

觀雲

論者或謂。關於吾人心理上之作用。知覺實先於感覺。彼世之知覺鈍者。其感覺亦弱。故欲發人之感覺者。必先長其知覺。則知覺實爲感覺之源泉。今日之當首務者。亦在開人之知覺而已。無遽言感覺也。其言若是。夫感覺果源於知覺乎。抑知覺實源於感覺乎。此心理學上未易決之一題。約瑟奚般氏論感情之强弱。關於智力之强弱。凡剛健明慧之人。其感情之發動。常强於萎靡愚闇之人。列引美爾頓拿破侖諸人。爲證。而蕊迷斯左來氏謂凡百之知識。其源實發於感官。如想像推理。凡智力之作用。必先由感官供給其材料。若光輝感於目。而後有光輝之知覺。音聲感於耳。而後有音聲之知覺。此外之事件。亦然。顧細審之。感覺之源於知覺者。固多。如見物不明了者。何從而生其哀樂之情乎然由感覺而喚醒其知覺者其理亦實不可誣例若佛年少時出門。見鳥啄傷蟲。而歎萬物杳滅。悟世界之惡濁。而發其慈悲之心。見病老與死者歎人生之無常。而動其出世之想。是非由感覺而觸發其知覺者乎又以吾人日常之理言之朝夢方夢忽聞鐘聲遽悟天曉是又非由感覺所生之知覺乎推此理也恐吾國今日新學之發生直受感觸於外來勢力之强大器物之新奇而又動魄駴神於甲午之喪師又復痛心疾首於戊戌之政變積是感覺而後乃有今日若干人趨於維新之現象設無是感覺吾恐西人之學術雖自開一新天地未必遽震動吾人耳之目而吸引吾人之嗜好如今日也是則謂今日維新之萌以感情爲原動力可也夫感情之與知覺其所司之職確分爲二而常有密接而相授受之機據日耳曼物理學者之試驗感情傳達之速力雖依人不同大抵在一秒時二十八也爾度三十二也爾度之間然此乃僅於官骸上推算感覺所達到遲速之時間若感覺乍起刹那之間而即授於知覺其相互傳授之際而欲詳細分割其時間恐難確定一精微之標準顧感情與知覺之相承受。及感情與知覺之果當孰爲之先而孰爲之後。吾輩亦不必遽下定論。而但覺感

情之與知識以互相補助而益臻發達而常有一連環相爲因果之妙用此吾人已確認其理然則欲開吾人之知識者又安可不亟鼓吾人之感情也

論者又謂今日之所重者行爲。而行爲之與感情。於心理大異其部分。富於感情者。或往往弱於行爲。而强於行爲者。或未必富於感情以心理兼生理而言則多血質之人。易發感情。而膽液質之人敢於行爲。能兼有此二質之長者或僅能遇之於曠世一出之人傑。若二質既難兼具。則與其取多血質之人。毋寧取膽液質之人。於今日爲有用也。是說也。是徒見感情之與行爲各殊異其官能而不知感情之與行爲尚有聯合之作用也猶蒸汽機關然汽力之與機械夫孰不知爲兩物也而因蒸汽之衝激往往以發動機械之運行夫人亦然當夫感情激越之時其所發之能力往往能超過於其平日所固有之量雖以婦人孺子之弱亦或能辟易萬人其志氣所向至於能動風雨而泣鬼神感情之力之偉大固可於此認之也。或曰感情之爲用也。不過片時之波衝。至於時過境遷。態度既歸於平靜。而其效用亦止。是決不可謂眞知感情之說也夫感情之與作性雖以時限之經過不能繼續其永久同一之態而既一度發生其感情則心性之受其影響者決非頓歸於消滅例若吾人經一大恐慌之事雖閱時既久恐慌之實境已去而一經回憶其印象猶若懸於心目之間而此所受之感情若賡續疊積往往能因感情之所印以模鑄吾人之行爲例若吾人一日讀史見古來之忠臣義士可歌可泣之事而深沁吾人之心脾至於他日又至於他日而幾度發起此同一之感情其久也積受既深而吾人心神之中自有此忠臣義士之印象至於遇時觸事而吾人所顯之行品其規轍亦俱之相同非特此也吾人所受種種之感情或奇零錯雜而心性間又能陶冶鼓鑄成爲一片段而發現於行事之間例若吾人讀新民叢報之意大利三傑傳。而大有所感。又若航長江。出吳淞而見外國兵輪碁布星羅於我門闥之間。而大有所感。又若至日本。見楠正成飛馬。西鄉隆盛牽犬之銅像。而大有所感。如此拉雜諸事不可畫一而其結果無非喚起吾人奮發救時愛國之精神蓋交互錯綜所受之感情而於性行上已成爲一線之作用凡此皆感情之效能也故夫感情雖經時漸消亦若吾人之於飲食然當其消化不過數時而氣體實賴以長成而永留補益於吾人身體之間而收其用夫以吾人所潛有之志氣而感情能發動之已發動之志氣而

感情又能成育之則夫行爲之受益於感情者顧不距耶

論者又謂。凡人感情之發生也。必由於有同一之條件。例若同一位置。同一境遇。同一氣質。而或又以族類相同。鄉里相同。國邑相同之故。否則若貧富之不能相謀。少者與老者之嗜好不相知。凡缺同一之條件者。感情之傳達。即因之而阻。是故感情之境域甚狹。而未可與語平等大公之量者也。是說也。又僅見感情發現之一方。而未可謂能知感情之全體者也。夫以有同一之條件。而感情每易於發現。此固然。例若吾人今日者丁衰世處危邦。則對古今救世之豪傑憂時之志士。易往來於吾人之胸中。而動其歌泣。若吾人之對於文天祥史可法鄭成功及埃及之亞刺飛意大利之瑪志尼加富爾嘉里巴第等。若不勝其甚相切近者。而哀樂之由生。亦發於無端。此固以有同一之條件。而感情易於發現之證也。雖然。此不過舉感情之發現者言耳。而感情之存在於吾人性情中者。決不得謂有限量之可畫。今日觸于甲之事而甲之感情生。明日觸於乙之事而乙之感情又生。而不得謂感情之有甲者或無乙感情之有乙者或無甲。隨事之所遇而吾人無不有感情以應之。是則感情之爲普遍量。而以感情之有隱現。因而疑感情之有存亡不可也且曰有同一之條件而後發生其感情者其故無非以與已有相關耳而理想廣大之人往往其事或不與已相關而已與人勢絕懸殊而亦能代爲其人設想而發生其感情者例若貧富本不相謀。而古之聖人。自處於玉食萬方。富有四海之地者。亦或廑念小民之饑寒。且最易阻礙其感情者莫如相戰爭之敵人。然對敵人之無力抵抗者。不得行殺戮。見敵人之受傷而不能爲我敵者。則救護之近日於戰爭之塲。固有所謂文明之戰爭者。其道亦無非廣推此感情於敵人耳。不然又孰能繩以公法責以人道耶。又若對敵國之將士。亦有行其相當之感情者。若於敵人忠勇將之死亡。敬其人而以禮葬之。古今時有。若今年日俄之戰。俄著名之將馬加羅夫以不得盡其才而遭慘死。日本皆痛惜之是也。而感情程度之高者不僅與已無條件同一之事之相關寧或彼我處於相反之地位而亦有對之而生共同之感情者若太公伐紂伯夷叔齊諫伐紂其事件相反而太公曰此義士也云云是其一例也又在吾人之中有一種最可寶貴之感情全出於公正而一若無所爲而爲者例若英國有伯倫氏者聞古文明國希臘欲反土耳其而樹獨立之旗也大喜。欲奮身而往從之未及達其志而歿著名文學蓋臺氏闘之深感激其義氣於其所著福思度戲曲中大表揚其人物而欲永傳其義俠之行以爲人羣中一大紀念其事兩皆無關於己祗激發於道德感情而已故吾謂以有同一條件之中而求感情僅得見感情發現之一部而感情之應用固有不止於是者夫欲大公平等之實現於世界乎則安得不有賴於共同感情之發展而廣其推行也

論者又謂。人之有感情也。往往能誘起諸多之罪惡。例若男女之戀愛。服物之玩好。又或以順乎其感情者謂之爲善。逆乎其感情者謂之爲惡。而除爲感情驅遣之外。無公是非。無眞好惡。凡此罪惡。罔或非感情爲之源。然則又曷可復助感情之長也。夫是說也其所指者多屬利己之感情或謂之自愛之感情或謂之私情其目的以滿足一己之要求而以己得享其利益幸福爲主而吾所謂共同之感情者或謂之愛他之感情或謂之同情其語原於希臘「共」與「感」之義於道義共同感情之位置蓋高出於主我感情之上夫用主我之感情固每至釀爲罪惡然有可稱爲道德者如報恩之類是也要之主我之感情與夫共同之感情於心理學上區分爲二故於屬主我感情之部分上玆不必論及。而但就共同感情之一部分言之。是則可認爲罪惡者其事至鮮有之。若墨子主兼愛而孟子以爲無父蓋指墨子之言爲罪惡也又若今日有信一宗教而持人類同胞主義或社會主義者皆盛唱非戰論（若俄國某一部基督教人以戰爭爲大罪拒絕從軍至遭官府之殺戮竄逐而不悔以爲如此乃不背上帝之教訓也又若俄國著名之託爾斯泰伯草非戰論長文抉擿日俄二國主戰爭者皆爲一己之利慾而非人道之公義又若日本主社會主義一部之人皆著論論戰爭爲不合於人道）若其國適與他之一國有戰爭之事則有認其言爲淆惑人心有害於國家存立之道而以爲罪惡者。然此二者果爲罪惡與否。學理上之辨論滋多。當陳述之於他題。而玆非所及論。特所謂道德論理者皆當屬於進化上之事（中國儒教以道德綱常爲千古不變者其言大誤）故古之所謂善者其意義常狹隘隨時勢而漸擴充其範圍若所謂持人類同胞主義。及社會主義。而盛唱非戰論者。我國人民尚無此種之影響。今日言之爲早計。若斷孟墨之訟則孟子爲持家族主義之言墨子爲持世界主義之言於家族主義之時代則孟子之言當矣於世界主義之時代則墨子之言當矣今日者家族主義之時代已屬過去而世界主義之時代尚屬未來而我國人則固有偏於用家族主義（中國論家族上之道德言極詳備而對於國家及社會之道德言極疏略故今日最缺乏於公共之道德對於國家及社會之公共道德者今日我國所至急需要之新道德也）而無有偏於用世界主義蓋儒教之教化深入人心而與墨教隔絕極遠者而衡今日時勢之所宜而謀進步雖未能驟言世界主義已不可不改變昔日囿於家族主義狹小之界限中而當廓而爲國家主義若是則共同感情正爲今日發生國家主義之源泉而亟當鼓吹而使之發達者也夫主我感情之罪惡既不能混於共同感情之中。即有豫慮當共同感情發達之後。或不無以世界主義。與國家主義相衝突然此究不過一部分之事。而以國家主義有可以助成世界主義者甚多意大利志士瑪志尼之言曰吾人於世界全體之人類不能驟盡其力而有所貢獻雖然。由國家而可間接以於人類云云是則所謂共同感情者其效普而其可慮者亦僅矣

論者又謂。凡感情者。常發動於苦樂之二境。若所遭遇之事但有苦而無樂。則感情亦必以涉於苦痛之久而消滅、今當此慘闇之朝而欲喚起我國人有共同之感情毋亦惟是携手接踵相將而俱上斷頭臺乎夫此固所謂苦痛之境也處於純一苦痛之境必爲人之所不能堪然則以語言文字鼓舞共同之感情而不足以刀鋸鼎鑊摧散共同之感情而有餘安見獎勵共同感情者之能收其效也曰凡所謂苦樂者蓋有二區

域焉一爲身體上之苦樂一爲精神上之苦樂而凡生人之稍有智識者決不僅有身體上之苦樂而尚有精神上之苦樂若所稱爲一世之賢豪者其所感於精神上之苦樂必重於其身體上之苦樂夫既以精神爲感受苦樂之主體則凡有順其精神者而其情即感爲樂有逆其精神者而其情即感爲苦彼夫爲道而死者往往赴湯火而如飴蹈白刃而晏然人所視爲至苦之境而彼即視爲至樂何也行其精神之所安身體上之苦以精神上之樂消除之而其苦且歸於無何有之鄉也今使爲蹈道而死之士告曰爾果欲免殺身之苦痛也其毋爲爾之所爲吾恐其言之必不足以阻信道至堅者之心何則。彼發動於其精神上之所不容已禁其不爲是即大逆其精神而彼之所感爲至苦痛之境也（近來企謀革命者屢殺屢起而來者繼適此何故蓋迫於精神上之苦痛實一日不能忍受故也此凡有血氣者所皆然尚何暇迴及生死哉）夫殺身之事雖慘然其所謂苦樂者究不過屬於身體上之一時性又安能以欲免一時身體上苦痛之故而受日日精神上之不快於精神上不啻若自殺之苦痛乎夫迫於精神上之苦痛至極眞純之境決非身體上之苦痛所能消阻之而使易其方向而常以身體供其爲精神上犧牲之用此固有可實驗之於心理者例若憤怒之餘則人人有不顧其生命之概。又若人或有欺心之事。至不堪天良之譴責而自殺者。時有之。凡此皆精神不受制於身體之確據也。誠哉民不畏死。奈何以死懼之。然則視死之一字而處其有撲滅共同感情之大魔力也。亦按之於心理上而有以證其說之不然矣。或曰。然則共同感情。其關係於人羣中之效用。及其道德。果有若何之影響乎。曰凡人之行事。每以得他人之贊利而益鼓勵其精神。例若壯士。以得武勇之名。而愈奮其力。演說家以喝采者衆、而辯論之氣愈振是也。若夫憂傷勞苦之事。又以得人之了解撫慰。而悲痛之情。或從而減少。或遂從而消滅者有之。例若兵士冒鋒鏑。凌寒暑。褒賞而獎勵之。有忘其勞而忘其死者矣。且夫一羣中患難危險之來。未必於一時之間盡一羣之全體。而恐遭遇之必有數人焉首當其衝者。而一羣之人。對此首先受禍之人。相與憫惜其遭際。而紀念其功勞。而後人人以有所觀感而自奮。各願挺身爲一羣之犧牲而不辭。如是則一羣中共患同苦之公德。以之養成。而一羣中襲來之禍患。亦以抵禦。有人而從而潛消。若夫遭時之變。一二賢者以奮不顧身而蹈於禍害之中。而一羣之中。視之若無與於已事也者。否則或從而非笑之。詆議之。否則恐與其人爲伍而禍將及已也而從而遠避之否則或遂從而下石殺其人而以圖一已之利便也若此則一羣之中各不相顧各不相救人盡爲私而懷藏嶮巇自相屠戮剿滅而置公共之禍患於不顧則一羣之人心渙散而道德從而掃地其羣亦不久而凌夷澌滅以同歸於盡若我國今日之現象是也若我國今日之現象是也嗚呼僅共同感情一念之薄弱而其禍變之所趨可至如是則夫共同感情其顯效用於一羣之中而於一羣中道德上之價値固何如其鉅也

（未完）

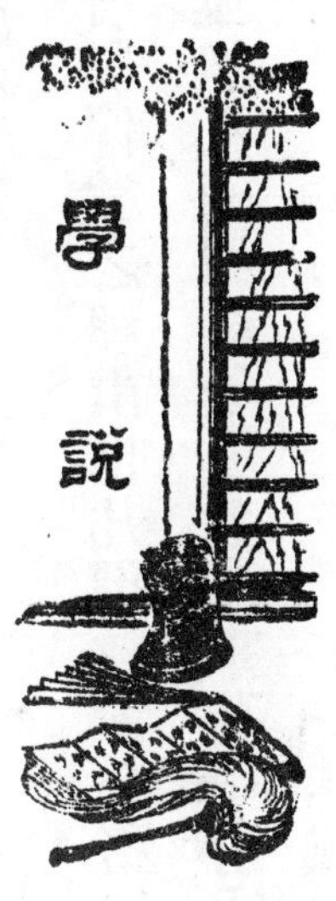

子墨子學說（續第五十七號）

中國之新民

第七章　墨學之傳授

墨子以傳播其學說爲對於社會一最要之義務。故時人爲之語曰。孔席不暇煖。墨突不得黔。墨子及其弟子周游諸侯。凡以傳教也。故莊生評之曰。『周行天下。上說下教。雖天下不取。强聒而不舍者也。故曰上下見厭而强見也』（天下篇論宋鈃語。然宋鈃爲墨徒。既有定論。）其一生大目的。皆在於是。今請先述其意見。次乃敘其流派。

（魯問）吳慮謂子墨子曰。義耳、義耳焉用言之哉。子墨子曰。籍設天下不知耕。教人耕與不教人耕而獨耕者。其功孰多。吳慮曰。教人耕者其功多。子墨子曰。籍設攻不義之國。鼓而使衆進戰。以不鼓而使衆進戰而獨進戰者。其功孰多。吳慮曰。鼓而進衆者其功多。子墨子曰。天下匹夫徒步之士少知義。而教天下以義者其功亦多。何故弗言也。若得鼓而進於義。則吾義豈不益進哉。……翟以爲不若誦先王之道而求其說。通聖人之言而察其辭。上說王公大人。次匹夫徒步之士。王公大人用吾言國必治。匹夫徒步之士用吾言行必脩。故翟以爲雖不耕而食飢。不織而衣寒。功賢於耕而食之織而衣之者也。

(公孟)公孟子謂子墨子曰。君子共己以待。問焉則言。不問焉則止。譬若鐘然。扣則鳴。不扣則不鳴。子墨子曰。(前略)若大人爲政。將因於國家之難。(略)君子之必以諫。(略)若此者。雖不扣必鳴者也。若大人擧不義之行。(略)欲攻伐無罪之國。(略)所攻者不利。而攻者亦不利。是兩不利也。若此者雖不扣必鳴者也。(下略)

(又)公孟子謂子墨子曰。實爲善人孰不知。譬若良玉。處而不出有餘精。譬若美女。處而不出。人爭求之。行而自衒人莫知取也。今子徧從人而說之。何其勞也。子墨子曰。(前略)求善者寡。不强說人。人莫之知也。且有二生于此。善筮。一行爲人筮者。與處而不出者。其精孰多。公孟子曰。行爲人筮者其精多。子墨子曰。仁義鈞。行說人者其功善亦多。何故不行說人也。

(貴義)子墨子自魯即齊。過故人。謂子墨子曰。今天下莫爲義。子獨自苦而爲義。子不若已。子墨子曰。今有人於此。有此十人。一人耕而九人處。則耕者不可以不益急矣。何故。則食者衆而耕者寡也。今天下莫爲義。則子如勸我者也。何故止我。

以上皆墨子所以傳敎之理由也。凡創敎者必務傳之。非惟墨子有然。孔子亦有然。諸敎亦皆有然。雖然。孔子與墨子異者一事。孔子游說王公大人而已。墨子則下逮匹夫。

徒步之士。孔子對於匹夫徒步之士。其有願學者誨之。否則不强也。子曰。自行束修以上。吾未嘗無誨焉。又曰。不憤不啓。不悱不發。即公孟所謂扣則鳴不扣不鳴也。公孟孔子之徒見前墨子則不擇人而强聒之此孔墨之優劣比較也。

今取墨子弟子可考見者列表如左。

- 禽滑釐 墨門之祭酒釐見羣書亦學於子夏
  - 索盧參（見呂氏春秋尊師篇）
  - 許犯……田繫（見呂氏春秋當染篇）
- 耕柱子 有耕柱篇
- 隨巢子 著書六篇見漢書藝文志班固曰墨翟弟子
- 胡非子 著書三篇見漢書藝文志班固曰墨翟弟子
- 高石子 見耕柱篇
- 高何
- 縣子石 俱見呂氏春秋尊師篇高誘注疑爲即高石子未敢斷也
- 公尚過 見貴義篇

墨翟
- ……勝綽
- ……高孫子 俱見魯問篇
- ……程繁 三辯篇有程繁難非樂之說公孟篇程子曰儒者之道足以亡天下者四疑是一人三辯篇則師弟之間難耳
- ……跌鼻 見公孟篇
- ……孟山 同上
- ……曹公子 見魯問篇
- ……彭輕生子 同上
- ……弦唐子 見貴義篇
- ……管黔敖 見耕柱篇

韓非子顯學篇稱墨子卒後。墨離爲三。有相里氏之墨。有相夫氏之墨。有鄧陵氏之墨。

莊子天下篇。稱相里勤之弟子。五侯之徒。南方之墨者。苦獲、已齒、鄧陵子、之屬。俱誦墨經。而倍譎不同。相謂別墨。以堅白同異之辯相訾。以觭偶不仵之辭相應。以鉅子爲聖人皆願爲之尸。冀得爲其後世。至今不決。則戰國之末墨學固已裂矣。凡天下事物必內力充溢然後有分衍其裂也正以著其盛也荀子非十二子篇。以墨翟宋鈃並舉莊子天下篇。則以墨翟禽滑釐與宋鈃尹文對舉各論。然則宋鈃殆一種之別墨也今據諸說、以推究墨派、可分爲四。

(一)相里勤五侯子之徒　得於勤儉力行者多（莊子天下篇。言後世墨者。以裘褐爲衣。以跂蹻爲服。日夜不休。以自苦爲極。指相里一派也。）

(二)苦獲已齒鄧陵子之徒　得於論理學者多（莊子天下篇。言倍譎不同。以堅白同異相訾。云云。指此一派也。此派盛行於南部。）

(三)相夫氏一派　不詳

(四)宋鈃尹文一派　得力於非攻寬恕者多（莊子天下篇。稱宋鈃尹文。以禁攻寢兵爲外。以情欲寡淺爲內。是其學殆墨子之正派矣。宋鈃、孟子作宋牼。所記亦實行非攻之事。又韓非子顯學篇云。宋榮子之議。不設爭鬭。又曰。宋榮之恕。番禺陳氏澧。謂宋榮即宋牼。是也。尹文子著書今存。有大道上下二篇。其言乃間雜儒墨名法。而似歸結於道。故漢志列之於名家。四庫全書總目。列之於雜家。但馬總意林引尹文子。其文不見於今本。則今本爲眞僞。尚難斷定。莊子與彼等同時。稱其學如是。必不謬。未可據今本以難莊也。莊子又稱宋尹一派。以別宥爲始。語心之容。命之曰心之行。以聏合驩。以調海內。案莊子有在宥篇。言自由之理。此所謂別宥殆亦同義。墨子純然爲唯物派。宋尹則研究心之容心之行是兼心物二元者既有禁攻寢兵以爲外復有情欲寡淺以爲內是其學益進輾辟近裏此其所以稍異於墨子也宋尹二子殆墨者而兼有得於老氏歟吾故於顯學篇三墨之外別列此一派。

此其派別之可考者也。其餘見於羣書者。則有

夷之 見孟子

田俅子 見漢書藝文志著書三篇班固云先韓子

我子 見漢書藝文志著書一篇顏師古引劉向別錄云爲墨子之學

孟勝 田襄子 徐弱 俱見呂氏春秋田襄子與田俅子爲一人爲二人今不可考孟勝田襄皆鉅子也

腹䵍 見呂氏春秋鉅子也

謝子 唐姑果 見呂氏春秋及說苑

田鳩 見呂氏春秋魯人與宋之田襄子異人

纏子 見論衡

董無心 見通志藝文略言戰國時有董無心者著董子一卷其說本墨氏云云論衡稱董無心爲儒家與墨者纏子相論辯不知鄭氏何據而斷爲墨家姑仍之

以上十二人。合諸前表四派爲二十人。再合諸墨子直傳弟子十七人。凡見於羣書者

三十七人。墨者之可考見者。盡於此矣。（戰國策尚有墨者師。嘗難司馬喜於中山王前以非攻。但其名今佚。）雖然。戰國時墨學之盛。幾與儒中分天下。故韓非子曰。天下之顯學。儒墨也。孟子曰。墨翟之言。盈天下。呂氏春秋亦曰。舉天下之顯榮者。必稱說此二士。（謂孔墨）二士死。皆久。從屬彌衆。弟子彌豐。充滿天下。（當染篇）此外先秦古籍中。以儒墨對舉之文。殆數百見。今不可悉引。要之。當時兩家。皆有可爲國教之勢。及楚漢之爭。百學俱絕。而叔孫通。獨姤阿取容。緣飾儒術。以媚人主。至孝武。則董仲舒表章六藝。罷黜百家。儒學遂專國教之席。而墨竟中絕。蓋儒墨爲劇烈之競爭者。垂二百年。一蹶一興。間不容髮。錢唐夏氏謂此爲涿鹿戰後第一大事。然哉。然哉。

（未完）

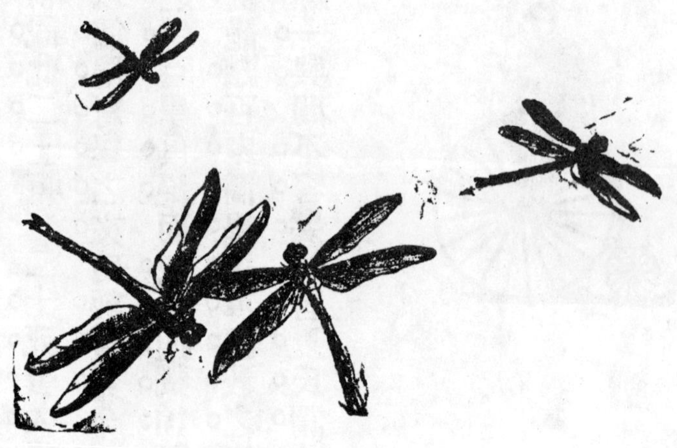

論中國學術思想變遷之大勢（續第五十五號）

中國之新民

第八章之續

第三節　最近世

其最近數十年來。崛起之學術。與惠戴爭席。而駸駸相勝者。曰西漢今文之學。首倡之者爲武進莊方耕存與著春秋正辭。方耕與東原同時。相友善。然其學不相師也。戴學治經訓而博徧羣經。莊學治經義而約取春秋公羊傳。東原弟子孔巽軒廣森雖嘗爲公羊通義。然不達今文家法。膚淺無條理。不足道也。方耕弟子劉申受逢祿始顓主董仲舒李育爲公羊釋例。實爲治今文學者不祧之祖。逮道光間。其學寖盛。最著者曰仁和龔定安自珍曰邵陽魏默深源。定安有文集三卷。續集四卷。定安段茂堂外孫也。其小學多得自段氏而經義則揭自莊劉。又好治史。憙章實齋之學。言六經皆史。又學佛。欲排禪宗衍教下三家。其思想善甚複雜。然其於春秋蓋有心得。能以恢詭淵眇之理想。證衍古誼。其於專制政體。疾之滋甚。集中屢歎恨焉。（集中如古史鉤沈論、乙丙之際箸議、京師樂籍說、尊任、尊隱、撰四等十儀、壬癸之際胎觀。等篇。皆頗明民權之義。其餘東鱗西爪。全集往往見。）又頗明社會主義。能知治本。（龔集平均篇云。至極不祥之氣。鬱於天地之間。鬱之久乃必發。爲兵燹。爲疫癘（中略）其始不過貧富不相齊之爲之爾。小不相齊。漸至大不相齊。大不相齊。則至喪天下。此近世泰西社會學家言根本之觀念也。）當嘉道間。舉國醉夢於承平。而定安憂之。儳然若不可終日。其察微之識。舉世莫能及也。生網密之世。風議隱約不能盡言。其文又瑰瑋連犿。淺學或往往不得其指之所在。雖然。語近世思想自由之嚮導。必數定安。吾見並世諸賢。其能爲現今思想界放光明者。彼最初率崇拜定安。當其始讀定安集。其腦識未有不受其激刺者也。夫以十年以來。歐美學澎湃輸入。雖乳臭之子。其眇思譚說。皆能軼定安。顧定安生百年前而乃有此。未可以少年喜謗前輩也。然定安憔悴牢落。不得志。其道力不足以自勝。故細行多不檢。其惡習影響於新學界者。亦有焉」前此治今文者。則春秋而已。至魏默深乃推及它經。著詩古微、書古微、詩主齊、魯、韓、書主歐陽、大、小夏侯。而排斥毛鄭。不遺餘力。由今日視之。其無謂亦甚矣。然一家之言不可誣也。餘杭章氏謂齊魯韓歐陽大小夏侯各有師法。故不一致。而齊魯大小夏侯。尤相攻如仇。魏氏不知師法畧例。一切汩合。殊無條理云云。是誠中魏氏之失。但今文經說中。雖互有歧異。然其歧異與今古文之歧異相比較。則異中仍從同也。譬之則如景教之新舊教。新教中派別數十。亦各相非。然以之與羅馬舊教相比較。則新舊之異點甚大。而新派中之支派。其異點甚小也。不得以此遽抹煞魏氏學。魏氏又好言經世之術。為海國圖志。奬厲國民對外之觀念。其書在今日不過束閣覆瓿之價值。然日本之平象山吉田松陰西鄉隆盛輩。皆為其書所激刺。間接以演尊攘維新之活劇。不龜手之藥一也。或以霸。或不免於洴澼絖。豈不然哉」

數新思想之萌蘖。其因緣固不得不遠溯龔魏。而二子皆治今文學。然則今文學與新思想之關係。果如是密切乎。曰、是又不然。二子固非能純治今文者。即今文學亦安得有爾許魔力。欲明其理。請徵泰西。夫泰西古學復興。遂開近世之治。謂希臘古學果與近世科學哲學。有不可離之關係乎。殆未必然。然銅山崩而洛鐘應者。其機固若是也。凡社會思想束縛於一途者既久。驟有人焉衝其藩籬而陷之。其所發明者。不必其遂有當於眞理也。但使持之有故。言之成理。則自能震聳一般之耳目。而導以一線光明。此懷疑派所以與學界革命常相緣也。今文家言。一種之懷疑派也。二百年間支配全學界最有力之一舊說。舉凡學子所孳孳焉以不得列宗門為恥者。而忽別樹一幟以與之抗。此幾一動。前之人所莫敢疑者。後之人乃競起而疑之。疑之不已。而僞詭之論起焉。僞詭之論。多優勝劣敗。眞理斯出。故懷疑派之後。恒繼以詭辯派。詭辯派之後。而學界革命遂成立。此徵諸古今中外而皆然者也。今文之學。對於有淸一代學術之中堅而懷疑者也。龔魏及祖述龔魏之徒。則近於詭辯者也。而我思想界。亦自茲一變矣。今勿具論」與龔魏相先後而其學統有因緣者。則有若陽湖李申耆兆洛長洲宋于庭翔鳳仁和邵位西懿辰宋氏傅會太過。支離太甚。不足以爲鉅子。李氏明祈。長於地理。其治經則排斥周官特甚。邵氏則卓然一經師也。蓋申受始治今文春秋。默深始治今文詩今文書。而位西則言今文禮。著禮經通論。以逸禮三十九篇爲歆歆矯造。自是羣經今文說皆出。而湘潭王壬秋闓運壬秋弟子井研廖季平平集其大成。王氏徧注羣經。不斷斷於攻古文。而不得不推爲今學大師。蓋王氏以公羊說六經。公羊實今學中堅也。廖氏受師說而附益之。著書乃及百種。可謂不憚煩。其門人某著有廖氏經學叢書百種解題又廖所著書其目皆見於光緒井研志而其說亦屢變。初言古文爲周公。今文爲孔子。次言今文爲孔之眞。古文爲劉之僞。最後乃言今文爲小說。古文爲大統。其最後說。則戊戌以後。懼禍而支離之也。蚤歲實有所心得儼然有開拓千古推倒一時之概晚節則幾於自賣其學進退失據矣至乃牽合附會。摭拾六經字面上碎文隻義以比附泰西之譯語。至不足道。雖然。固集數十年來今學之大成者。好學深思之譽。不能沒也。蓋自今古之訟既興。於是朱右曾有尙書歐陽夏侯遺說考。陳喬樅有今文尙書經說考。三家詩遺說考。齊詩翼氏學疏證。陳立有公羊義疏。專憑西漢博士說以釋經義者間出。逮廖氏而波瀾壯闊極矣。」吾師南海康先生少從學於同縣朱子襄先生。次琦朱先生講陸王學於舉世不講之日。而尤好言歷史法制得失。其治經則綜糅漢宋今古不言家法。康先生之治公羊治今文也其淵源頗出自井研不可誣也然所治同而所以治之者不同疇昔治公羊者皆言例南海則言義惟牽於例故還珠而買櫝惟究於義故藏往而知來以改制言春秋以三世言春秋者自南海也改制之義立則以爲春秋者絀君威而申人權夷貴族而尙平等去內競而歸統一革習慣而尊法治此南海之言也疇昔吾國學子對於法制之觀念有補苴無更革其對於政府之觀念有服從有勸諫無反抗雖由霸者之積威抑亦誤學孔子謂教義固如是也南海則對於此種觀念施根本的療治也三世之義立則以進化之理釋經世之志徧讀羣書而無所於閡而導人以向後之希望現在之義務夫三世之義自何邵公以來久闇忽焉南海之倡此在達爾文主義未輸入中國以前不可謂非一大發明也南海以其所懷抱思以易天下而知國人之思想束縛既久不可以猝易則以其所尊信之人爲鵠就其所能解者而導之此南海說經之微意也而其影響波動則既若此近十年來我思想界之發達雖由時勢所造成由歐美科學所簸動然謂南海學說無絲毫之功雖極惡南海者猶不能違心而爲斯言也南海之功安在則亦解二千年來人心之縛使之敢於懷疑而導之以入思想自由之塗徑而已自茲以還瀏陽譚壯飛嗣同著仁學。乃舉其冥想所得實驗所得聽受所得者盡發之而無餘而思想界遂起一大革命。

輓近學界對於孔子而試挑戰者頗不乏人若孔子之爲敎主與非敎主也孔子在三千年來學界之功罪也孔子與六家九流之優劣比較也孔子與泰西今古尊哲之優劣比較也莽然並起爲學界一大問題顧無論或推尊之或謗議之要之其對於孔子之觀念以視十年前劃若鴻溝矣何也自董仲舒定一尊以來以至康南海孔子改制

考出世之日，學者之對於孔子，未有敢下評論者也。恰如人民對於神聖不可侵犯之君權，視爲與我異位，無所容其思議。而及今乃始有研究君權之性質，擬議其長短得失者。夫至於取其性質而研究之，則不惟反對焉者之識想一變，即贊成焉者之識想亦一變矣。所謂脫羈軛而得自由者，其幾即在此而已。

綜舉有淸一代之學術，大抵述而無作，學而不思，故可謂之爲思想最衰時代。雖然，剝與復相倚，其更化之機，章章然次第進行。通二百六十年間觀察之，有不可思議之一理趣出焉，非人力所能爲也。順治、康熙間，承前明之遺，夏峯、梨洲、二曲諸賢，尙以王學敎後輩，門生弟子徧天下，則明學實占學界第一之位置。然晚明僞王學猖狂之習，已爲社會所厭斁，雖極力提倡，終不可以久存。故康熙中葉遂絕跡。時則考據家言雖始萌芽，顧未能盛，而時主所好尙，學子所崇拜者，皆言程朱學者流也，則宋學占學界上第一之位置。顧亭林日勸學者讀注疏，爲漢學之先河。其時學者漸厭宋學之空疏武斷，而未能悉折衷於遠古，於是借陸德明、孔沖遠爲嚮導，故六朝、三唐學實占學界上第一之位置。惠、戴學行，謂漢儒去古最近，適於爲聖言通鞮象，一時靡其風，家稱賈、馬。

人說許鄭。則東漢學古學界上第一之位置莊劉別興。魏邵繼踵。謂晚出學說非眞。而必溯源於西京博士之所傳於是標今文以自別於古與乾嘉極盛之學派挑戰抑不徒今文家然也陳碩甫作詩疏亦甲毛黜鄭。同爲古學而必右遠古鄭學日見掊擊而治文字者亦往往據鼎彝遺文以糺叔重則西漢學古學界第一之位置乾嘉以還。學者多讐正先秦古籍漸可得讀二十年來。南海言孔子改制創新教且言周秦諸子皆改制創新教（見南海所著孔子改制考卷二卷三）。於是於孔教宗門以內有游夏孟荀異同優劣之比較。

南海尊禮運大同義謂傳自子游其衍爲子思孟子荀子非十二子篇其非思孟之言曰以爲仲尼子游爲茲厚於後世是其證也子夏傳經其與荀卿之淵源見於漢書藝文志故南海謂子游受微言以傳諸孟子子夏受大義以傳諸荀子微言爲大平世大同教大義爲升平世小康教因此導入政治問題美孟而劇荀發明當由專制進爲立憲共和之理其言有倫脊先排古文以追孔子之大義次排荀學以追孔子之微言此南海所以與井研異也井研爲無意識之排古南海則有所爲而排之以求達一高尚之目的也謗者或以爲是康教非孔教顧禮運孟子公羊傳之言不可得削也就令非孔教而爲康所託其託之也則亦於社會上有絕大關係明矣夫在今日雖以小學校之學僮固莫不口英美之政體手盧孟之著書矣二十年前昌言之者誰耶知之者或多昌之者惟一或又曰南海欲言則自言之耳何必託於孔子夫南海之於孔子固心悅誠服者謂彼爲託彼不任受也抑亦思今日國中鬨立憲共和之論而卻走者尙占大多數二十年前不引徵先聖最有力之學說以爲奥援安能樹一壁壘與二千年之勍敵抗耶孟子曰知人論世烏可以今而例昔也鄙人非阿其所好顧以爲今後

之學界對於南海總當表謝意此公言也今之青年能譯讀南海所未讀之新書能受習南海所未受之學說固也顧其所發明所心得吾猶未知視南海何如以吾所見南海所著之大同學其淵眇繁賾之理想恐尚非今之青年所能幾也（南海在印度始寫定之吾今春在香港始見之其通於世間出世間而斟酌不二法門實有不可思議者存吾未能多讀西書就所已見者則南海之書猶爲創說也以太駭俗且當今日政界學界無秩序之時發布之必更滋流弊故只得秘之其手寫本今在順德麥孟華所）藉曰過之也亦地位所宜然二十年後後輩之視我等亦猶我等視二十年之前輩也不然今日日本之學生任舉一人其所稗販之學說豈不多於福澤諭吉耶非吾敬南海而欲强國人以敬南海即吾於南海之說其不肯苟同者因往往有焉矣願其惠我以思想界之感化者則烏可忘也吾以爲吾輩對於前輩之學說其有粗略者則補助之其有不同意者則駁正之皆應盡之義務也若囂囂然挾其一得相率以輕薄之言橫相諷刺甚乃毛舉細故爲人身之攻擊適見其敖而澆耳孔子曰民德歸厚矣以不厚爲學風夫豈學界之吉祥善事耶又近世新學者流動輒以排孔爲能夫以支配二千年人心之一巨體一旦開其思想自由之路則其對之也有矯枉過直之評論是誠所難免即鄙人於數年前保教之迷信固亦棄擲之矣雖然日日掊擊孔子試問於學界前途果有益乎夫今後國人之思想其必不能復以二千年之古籍束縛之也洞若觀火矣然則孔子學說無論如何斷不能爲今後進步之障而攻之者豈復有所不得已者存也彼狂妄少年肆口嫚罵者無傷於日月不足道也而一二魁儒之必與孔子爲難者則於舊倫理有所不滿意謂孔教以家族爲單位使我國久困宗法社會不能入國民社會者孔子也謂孔子假君主以威權使二千年民賊得利用之以爲護符者孔子也斯固然也曾亦思天下爲公選賢與能不獨親其親不獨子其子非孔子之言耶在排孔者曷嘗忘諸顧隱而不言而惟舉其可難者以相難則或有所爲而亢世子法於伯禽或侈其辯以爲名高耳夫二千年來之倫理固一出於孔子小康教範圍之內而孔子著述言論其屬於小康範

國者。十有八九。此無容諱者也。然謂此爲孔子獨一無二之教指。甯可謂平。春秋必立三世。則何以故也。禮運豈不明言丘未之逮而有志也。試思孔子當日之社會。羣雄角立。同族相競。非希望得一强大之中央政府。何以爲治。而社會結合力薄弱之時。家族制度。又安可闕也。孔子不欲導民以進化則已耳。苟其欲之。則安能躐小康之一階級故大同之教。只能微言之虛懸以俟後聖。是得爲孔子罪矣乎。我輩今日若以爲小康之統既積久而敝不適於今也。則發其微言可耳。計不出此。而以國人最信仰之人物。資敵使民賊得盾焉以號召中立黨而弱我吾未見其利而先覩其害耳。且一民族之心理。必有所繫。然後能結合而爲有秩序之進步。今當青黃不接之交。學者方俍俍無適從。而先取一最有價值之人物而踣之。在立言者之意。曷嘗不欲補偏救弊。棄短取長。其奈和之者必變本加厲。一嘑而百應。一趨而百奔。乃將曰彼號爲聖人百世師者。其學識乃尚不及我。其訓言安足信。其所謂道德之責任。安足守。聖人百世師且然。他更何論矣。嗚呼。是豈不舉天下而洪水猛獸之也。今者其機。已大動矣。仁人君子。可無懼耶。美總統盧斯福演說。嘗有言。謂業報館者。作煽動之文字。最受一般之歡迎。而於國家無益。作忠實之文字。最受一般之冷視。而國家終收良結果焉。（盧氏業報館二十年。自道其經驗。）吾以爲排孔論與夫與排孔論同性質者。皆煽動之類也。鄙人昔者固嘗好爲之矣。今則甯受多數之冷視。不願受無益之歡迎。亦欲與國中有言責者共商榷之。偶有所觸。言之曼衍。與標標題之旨幾爲馬牛風。讀者諒其爲忠實之言。不苛責焉。固所望也。

於孔教宗門以外。有孔老墨及其他九流異同優劣之比較。凡所謂辨悉從其朔。故先秦學占學界第一之位置。今更表列其變遷之狀。

上表不過勉分時代。其實各期銜接摻雜。有相互之關係。非能劃若鴻溝。讀者勿刻舟求之。

第一期	第二期	第三期	第四期
順康間	雍乾嘉間	道咸同間	光緒間
程朱陸王問題	漢宋問題	今古文問題	孟荀問題 孔老墨問題

由此觀之。本朝二百年之學術。實取前此二千年之學術。倒影而繅演之。如剝春筍。愈剝而愈近裏。如啖甘蔗。愈啖而愈有味。不可謂非一奇異之現象也。此現象誰造之。曰社會周遭種種因緣造之。凡一社會之秀異者。其聰明才力。必有所用。用之於一方。既久則精華既竭。後起者無復自樹立之餘地。故思別闢新殖民地。以騁其腦識。宋學極盛數百年。故受以漢學。漢學極盛數百年。故受以先秦。循茲例也。此通諸時代而皆同者也。其在前兩期。則霸者之所以監民也至嚴。學者用其聰明才力於他途。或將以自焚。故不得不自錮於無用之用。此惠戴所以代朱王也。其在第三期。天下漸多事。監者稍稍弛。而國中方以治經爲最高之名譽。學者猶以不附名經師爲恥。故別出一途。以自重。吾欲名惠戴一派爲純正經學。名龔魏一派爲應用經學。雖似戲言。實確論也。其

在第四期則世變日亟。而與域外之交通大開。世變亟則將窮思其所以致此之由。而對於現今社會根本的組織起懷疑焉。交通開則有他社會之思想輸入。以爲比較而激刺之淬厲之。康譚一派所由起也。要而論之。此二百餘年間。總可命爲古學復興時代。特其興也漸而非頓耳。然固儼然若一有機體之發達。至今日而蔥蔥鬱鬱有方春之氣焉。吾於我思想界之前途。抱無窮希望也。

道咸同間。今文學雖興。而古文學尚不衰。往往有名其家者。說詳前節。治經之外。則金石一學。幾以附庸蔚爲大國。郡國往往於山川得鼎彝。雖眞贋間雜。然搜討之勤。亦足多也。西人治史者皆以此爲一重要之補助學科。前輩致力於此。爲將來撰國史者儲材。致可感謝矣。如最近發見龜甲文字。可爲我民族與巴比倫同祖之一證。孰謂其玩物喪志也耶。咸同間好之者徧天下。而福山王蓮生懿榮吳縣潘伯寅祖蔭。滿洲盛伯熙昱。最名其家。又古佚書亦史學補助學科所必需。輓近以來。輯佚學大盛。亦爲後史造資料。最博備者。則烏程嚴景文可均之全上古三代漢魏文。歷城馬竹吾國翰之玉函山房輯佚書。自龔定安好言佛。而近今學界代表之數君子。大率與定安有淵源。故亦皆治佛學。如南海壯飛、及錢塘夏穗卿佑曾其人也。雖由其根器深厚。或其所證過於定安。要之、定安爲其導師。吾能知之。定安與學界之關係。誠複雜哉。

天算之學。自王寅旭梅定九大啓其緒。爾後經師殆莫不明祘。故諸賢用科學中此爲獨盛。阮氏元疇人傳。羅氏士琳疇人傳補。備載之。咸同間則海甯李壬叔善蘭金匱華若汀蘅芳最名家。壬叔續譯成幾何原本。若汀譯奈端數理。未卒業。若汀先生。於丁酉冬。以其所譯奈端數理。屬鄙人使校印之。未印而戊戌之難作。行篋書物悉散佚。玆編與焉。七年來。耿耿負疚。不能去懷。微聞此編未遭浩刧。爲識寶者所得。未知今歸誰氏。海內君子。有藏之者。幸付梓人。公之於世。旣以惠我學界。亦使鄙人對於譯者。得贖重咎也。

海禁旣開。譯事萌蘖。游學歐美者。亦以百數。然無分毫影響於學界。惟侯官嚴幾道復譯赫胥黎天演論斯密亞丹原富等書。大蘇潤思想界。十年來思想之丕變。嚴氏大有力焉。顧日本慶應至明治初元。僅數年間。而泰西新學披靡全國。我國閱四五十年。而僅得獨一無二之嚴氏。雖曰政府不良。有以窒之。而士之學於海外者。毋亦太負祖國耶。戊戌庚子以還。日本江戶爲懋遷新思想之一孔道。踰海負笈。月以百計。學生闐贊。塾譯本如鯽魚。言論驚老宿。聲勢懾政府。自今以往。思想界之革命。沛乎莫之能禦矣。

今始萌芽。雖厖雜不可方物。莫能成一家言。顧吾儕今日只能對於後輩而盡播種之義務。耘之穫之。自有人焉。但使國不亡。則新政府建立後二十年。必將有放大光明持大名譽於全世界學界者。吾誦諸我先民。吾能信之。雖然。吾更欲有一言。近頃悲觀者流。見新學小生之吐棄國學。懼國學之從此而消滅。吾不此之懼也。但使外學之輸入者果昌。則其間接之影響。必使吾國學別添活氣。吾敢斷言也。但今日欲使外學之眞精神。普及於祖國。則當轉輸之任者。必邃於國學。然後能收其效。以嚴氏與其他留學歐美之學僮相比較。其明效大驗矣。此吾所以汲汲欲以國學爲我青年勸也。

（此章已完）

歷史

中國人種攷（續第五十七號）

觀雲

中國古代之諸民族（是篇以文長綿亘期數全篇難以告完故另自爲篇）

崑崙山

崑崙山之與我人種相關係也不啻於歷史曉雲之裏而留一至高之標識然其區域則漫無一定或疑爲荒誕而非實或指目一處而亦不得多數確切之證以其所在之差異而攷求人種之準的或因之而多歧今試檢覈古書而定爲數攷案以求崑崙之所在。其所定之攷案如左。

一河原所出

一數水分出而統歸於河

一產。玉。之。地。

一其。抜。近。有。火。山。

一有。障。亘。東。西。之。高。峰。

一其。山。以。數。成。而。成。居。地。中。而。爲。一。大。分。水。嶺。

一爲。往。來。之。孔。道。

一山。上。有。大。湖。

則試依諸攷案而證求之。漢使。窮。河。源。天。子。案。古。圖。書。名。河。所。出。山。曰。崑。崙。此。爲。後。世。定。崑。崙。之。始。古。圖。書。未。知。所。指。或。云。即。禹。本。紀。禹。本。紀。今。不。可。見。而。見。於。史。記。大。宛。列。傳。所。引。或。謂。三。禮。義。宗。引。禹。受。地。記。王。逸。注。離。騷。引。禹。大。傳。又。鄭。君。注。尙。書。引。禹。所。受。地。說。書。其。與。所。謂。禹。本。紀。爲。同。一。書。歟。而。禹。本。紀。言。河。出。崑。崙。河。圖。黃。河。出。崑。崙。東。北。山海經。崑。崙。之。邱。河。水。出。焉。又。云。出。於。崑。崙。之。東。北。隅。實。惟。河。源。爾。雅。河。出。崑。崙。虛。雖。然。古。書。所。記。渾。言。河。源。而。河。源。又。自。有。別。蓋。即。有。所。謂。潛。源。之。說。焉。山。海。經。崑。崙。之。虛。河水出東北隅。以行其北。西南又入渤海。又出海外。入禹所導積石山。淮南子墬形訓。

河水出崑崙東北陬。貫渤海。入禹所導積石山。水經，河水出崑崙東北陬，屈從其東南。流入於勃海。又出海外。南至積石山下。後人識水經以爲號稱精詳地理之書而有此不經之談按水經之說蓋本於山海經與淮南子山海經與淮南子自不誤後人勃海失解遂以爲不經耳高誘注淮南子勃海大海也非是勃海即泑澤塞外多以大水之停居者爲海故泑澤亦稱蒲昌海近人畢沅亦解勃海爲蒲昌海惟畢沅解海內崑崙以海內爲在肅州非是海內言泑澤以內之山即指于闐帕米爾諸山而言海外則泑澤以外耳觀出海外入禹所導積石山自明勃海即泑澤山海經。泑澤。河水所潛也。其原渾渾泡泡泑澤一名鹽澤蓋水至此爲沙所束無流出之水口從山地流來之水其中含有鹽分而獨水氣蒸發其鹽分滲下沈澱故次第增鹹遂成爲鹽水湖而其位置形狀古今時變以湖畔砂磧四圍暴風起砂砂漲壓水湖勢因而遷改。故今之地理探檢發見有舊羅布泊新羅布泊北羅布泊南羅布泊或爲東西長形之湖或爲南北長形之湖或在北緯四十度半或在北緯四十一度而又分爲數湖其水源自塔里木河來此即所謂河之潛源也然試進而求之所謂泑澤之潛源其上流之水果發自何地乎漢使窮河源河源出于闐是以于闐爲最上之河源而于闐崑崙之說出焉然是後言河源者較詳知河源不僅于闐於是有葱嶺于闐兩河源之說焉此實漢時言西域地理之一大進步史記僅言于闐河而漢書西域傳云。河有兩源。一出葱嶺山。一出于闐。于闐河北流。與葱嶺河合。東注蒲昌海。其所言條流明晰與今地理悉合其所謂葱嶺河言其着者即今之喀什噶爾葉爾羌等諸河是也其所謂于闐河于闐河蓋總名其上流之河言其着者玉瓏哈什噶拉哈什等諸河是也其云于闐河與葱嶺河合流即今之塔里木河是也而山海經云。邊春之山多葱。杠水出焉。注於泑澤。邊春之山即穆傳之春山師古漢書注云。西河舊事。葱嶺。其山高大。上悉生葱。故以名焉。然則山海經所云邊春之山多葱者當爲葱嶺所謂杠水出焉注於泑澤其當今之塔里木河乎否則必爲葱嶺河中之或一河固可知也此泑澤上流所謂于闐葱嶺之兩河源也今乃欲進求此兩河源發脈之山之所在其一葱嶺河言葱嶺河則又不得不舉佛教書中所指中國之河源是即所謂徙多河是也徙多或作私陀或作冷河佛教述四大河以徙多河發源爲中國河今試一攷徙多河之所在。宋雲紀行。漢盤陀國。在葱嶺山頂城東有孟津河。東北流。向沙勒。孟津河即徙多河沙勒當爲疏勒之誤玄奘西域記。朅盤陀國周二千餘里。國大都。基大石嶺。背徙多河。周二十餘里。山嶺連屬。魏書。渴盤陀國在葱嶺。朱駒波西。河經其國東北流。有高山。夏積霜雪。唐書西域傳。喝盤陀。或曰漢盤陀。渴館檀。渴羅陀。由疏勒西南。入劍末谷不忍嶺。六百里。其國也。直朱俱波西南。距縣度山。北抵疏勒。治葱嶺中。都城負徙多河。西南即頭痛山也。葱嶺俗號極疑山。環其國。今按漢盤陀即漢書之無雷於今爲賽里克勒 Sariq-qol 其都會今爲塔什霍爾罕 Tashkurgan 塔什霍爾罕。石城之義玄奘西域記謂其國大都基大石嶺者指此賽里克勒之北方山脈圍繞即玄奘所謂周二十餘里山嶺連屬而其北方山脈中則粕米爾之最高峰在焉（參觀下文） 其都城西南隅發源之一河即徙多河又從粕米爾最高峰之西麓有哈拉蘇河南流與徙多河合溯哈拉蘇溪谷隔一嶺有哈拉庫爾布隆庫爾等湖改子河由此發源漢書渾言葱嶺河而不言葱嶺河發源之地今合以釋典之徙多河而以今之地理攷之是則所謂葱嶺之河源者居葱嶺高原而直發於其最高峰之下固可謂最初之河源也矣又其一于闐河于闐河合數河而成而據今人之探檢玉瓏哈什河Yurung-kash.之水源地發於崑崙之一山脈其山脈至今尚無測量於一八六五年載於容戎氏紀行之圖於一八九八年葉希氏於海拔約一萬六千尺之高地發見水源而斯泰因氏以爲源在主山脈與崑崙第五峯之間是則所謂于闐河之高源當在是矣（以上言河源所出）雖然舉兩大河源則曰葱嶺曰于闐若其分源此崑崙一大山彙所盤旋所謂兩山之間必有川千溪萬谷出水可參宋雲紀行葱嶺人民決水而種。今地理學家謂葱嶺山間之人皆注水於田野而耕播穜聞中國待雨施種大奇之以爲天如何爲衆人而降水乎此諸水所出或停於山間而爲湖或出合諸水而爲河故其流派蓋多而古書言水之出崑崙者亦多河圖崑崙有五色水。山海經。言崑崙所出之水。有赤水、河水、洋水、黑水、弱水、青水。然是等諸水無獨流歸海之理會合于塔里木河之盆地羅布泊潛行地下再出爲中國河故謂葱嶺于闐間之諸水雖涓滴皆所以助成中國之河源可也（以上言數水分由而統歸于河）中昔古書言河源之地多連言產玉而產玉莫着於于闐。漢時漢使窮河源。河源出于闐其山多玉石。采來李時珍本草注。琅玕生於西北山中陶宏景云。琅玕在崑崙山上。玄奘西域記。瞿薩旦那國。產白玉䃜玉。唐之瞿薩旦那國即漢于闐（一統志漢于闐國後漢時併有諸國地自疏勒十三國皆服屬焉唐爲瞿薩旦那國貞觀中內附以其地爲毗沙都督府明爲于闐）又今人地理學家旅行家之書亦累記和闐產玉即所謂崑崙之玉土人以作箱瓶碗煙管腕飾等用抑古書所謂崑崙有五色水者幾疑其言之誕妄而不可解然在今日思之則固有可得確解者在據近今地理家所探檢玉瓏哈什者白乾璙 White Jade 之義乾璙者玉之名以其產於河邊遂取以爲其河之名噶拉哈什 Karkash 者黑乾璙 Black Jade 之義。然則古人之所謂白水者產白玉之河黑水者產黑玉之河赤水者產赤玉之石玉有五色故水亦分五色毫無怪誕之意於其間于闐產玉而尤以玉瓏哈什噶拉哈什兩河爲尤多玉瓏哈什河猶云白玉河而中國古書謂河出崑崙虛色白。離騷朝吾濟於白水戴氏注。白水即河源。然則中國古時之所謂白水河源者或即指出于崑崙第五峰之玉瓏哈什河歟（以上言產玉之地）山海經。崑崙之邱其外有炎山。今按葱嶺與天山相屬通例以阿賴山谷間爲界天山。一名白山。一名阿羯山。隋西域圖。白山一名阿羯山。常有火及燁。即是出硇砂之處。唐書西域傳。龜茲下。北倚阿羯田山。亦曰白山。常有火。古糓伯陀氏從語言上攷究解阿羯爲火之義阿羯山即火山學者稱爲十九世紀一大發見又襲柴天山南北路考。天山別名騰格里。中有火山一座。高約三百二十丈。南界崑崙云云。又今天山山脉最高峯博克達山附近。尚有辟展 Pishan 之休息火山。是則所謂炎山者。指爲天山中之火山。固理之當然歟。（以上言其接近有火山）史記引禹本紀云。崑崙其高二千五百餘里。日月所相避隱爲光明也。史遷疑禹本紀說爲妄。後世附和史遷之說。至駁之以爲如禹本紀言。則日東循山而天下曉。當以地理之遠近漸次而曉。日西轉山而天下昏。當以地里之遠近漸次而昏。營之東日出以寅。則幽之西當以午。幽之西日沒以酉。則營之東當在晝。今地里不問遠近。出沒皆以寅酉何也云云。其說之是非至今日不待再辨。夫所謂日月所相避隱爲光明者。不過狀言其山之高若杜甫詠岱宗詩所謂陰陽隔昏曉者。理至尋常。惟吾人於此得一解焉。曰日月所相避隱。意其山高峻之峯巒。必走南北向而障隔東西。如是則不能不當以今之粕米爾。粕米爾之山脉蓋南北走而障隔東西。至于闐始東西走。今試攷粕米爾之高峯於賽里克勒（即漢盤陀）之北方。有名達格爾瑪及瑪斯泰達之兩大山。達格爾瑪爲粕米爾山系之最高峯。於一千八百九十六年粕米爾境界決定委員報告。達格爾瑪峯高二萬五千三百英尺此兩高峯即在賽里克勒與隔賽里克勒溪谷之克西卡陀一羣山脈中據今地理學者之言此兩大山脉皆走南北向夫以如此之高峯矗列障蔽於其間則日在山東在山之西者不可得見日在山西在山之東者亦不可得見所謂日月相避隱者正謂此耳淮南子天文訓曰至虞淵是謂高春至于連石是謂下春春者當指葱嶺虞淵或指哈庫爾拉等湖而言連石當爲葱嶺一高峯之名又山海經有鍾山燭龍視晝瞑夜之說高誘注淮南子以鐘山爲崑崙穆天子傳之春山即鐘山穆王北升此山以望四野曰春山是惟天下之高山也當即今賽里克勒北方之最高山脉歟又淮南子有不周風閶闔風閶闔即崑崙之一峯古以不周當西北位閶闔當兌體西位是亦言崑崙有亘西方之高峯也（以上言有障隔東西之高峯）

爾雅三成爲崑崙丘郭璞注崑崙山三重故以名淮南子崑崙虛增城九重縣圃凉風樊桐在崑崙閶闔之中崑崙之丘或上倍之是謂凉風之山或上倍之是謂懸圃或上倍之乃維上天是謂太帝之居水經注崑崙之山三級下曰樊桐一名板桐二曰玄圃一名閬風上曰層城一名天庭又水經崑崙墟地之中也又山海經淮南子俱言崑崙之陬出河水赤水洋水等今按粕米爾高原稱世界之屋極

然其山峰從谷間拔出或不過三四千尺而以地勢積累成高山上有山宋雲紀行。所謂自發葱嶺。步步漸高。乃得至嶺。實半天矣。世人云。是天地之中。蓋紀其實也。古時猶太人區畫世界分爲粕米爾以東之人粕米爾以西之人與現在以烏拉嶺分歐亞之界線同蓋以此爲居地中而劈分東西也。漢時張騫使西域還。具爲天子言自于闐之西。則水皆西流。其東水東流。今舉其著名之大河若西耳河阿母河皆所謂葱嶺以西西流之水也若喀什噶爾于闐諸河即所謂葱嶺以東東流之水也近時或謂西方挪亞之洪水當日蓋越粕米爾高原氾濫中國即爲中國堯時之洪水按粕米爾高原出海最早當堯時必無復爲洪水沈沒之理淮南子。禹乃以息土塡洪水。掘崑崙虛以下地虛者山下基掘崑崙上下之基則崑崙固未爲洪水所沒而禹之治水於古書無有至崑崙以西者然則亦崑崙爲之障隔歟（以上言山以數成而成居地中而爲一大分水嶺）淮南子。昔者馮夷大丙之御也。蹈騰崑崙。排閶闔。淪天門。離騷。邅吾道於崑崙兮。路修遠以周流。又吾與重華游於瑤之圃。登崑崙而食玉英。又登崑崙兮四望。心飛揚兮浩蕩。又馳騖於杳冥之中。休息乎崑崙之虛。又忽吾行此流沙兮。遵赤水而容與。又朝吾濟於白水兮。登閬風而緤馬。又鄉吾路兮葱嶺。屈原雖非親至崑崙。然其所據多古書。古書必多言游歷崑崙之事。故屈詞及之。而紀行之最詳者。莫如穆天子傳。云天子宿崑崙之阿赤水之陽。(中略)吉日辛酉。天子升於崑崙之丘。以觀黃帝之宮。(中略)季夏辛卯。天子升於舂山之上。以望四野。(中略)天子五日觀于舂山之上。乃爲銘迹於縣圃之上。以詔後世。(中略)辛卯。天子北征東還。乃循黑水。癸巳。至於羣玉之山。其云升舂山東還循黑水至於羣玉之山。即由粕米爾取道于闐而還。其行程甚明。漢書西域傳自玉門陽關出西域有兩道。從鄯善傍南山。北波河。(師古曰波河循河也)西行至莎車。爲南道。南道踰葱嶺。則出大月氏安息。自車師前王庭。隨北山。波河。西行至疏勒。爲北道。北道西踰葱嶺。則出大宛康居奄蔡焉耆。月氏爲烏孫所敗。南越縣度。徙大夏。即由粕米爾往者。漢時張騫至大月氏。還竝南山。雖不明言踰粕米爾。然是時大月氏居大夏地。在粕米爾西而南山。即于闐。漢書于闐在南山下。由大月氏出于闐。以越粕米爾來。爲最順。然則騫歸時。或由此道歟。而法顯之行。則從子合南入葱嶺山。到於摩國。尚可攷見。又古來經由此道。其最留有名之著述。爲今學者所珍貴。則北魏時僧宋雲。唐時僧玄奘。元時意大利人馬可保羅。宋雲由朱駒波入粕米爾其時爲八月初共行十六日至葱嶺漢盤陀玄奘往時由北道越淩山而歸時則由此道意大利人馬可保羅于千二百八十年至元朝其紀行中所謂遂達世界第一之高嶺者即此道也夫以岃崱峻嶒若崑崙苟非爲通道所在則雖古人好奇必不能時逞其游觀之志而觀古書於荒古時代已見足迹之頻繁一若於此山有特別之關係者其必爲交通之要道可知而徵之後代之地理其事迹適合蓋欲由西之東由東之西多不能不取由此道而於長途行旅之中登此最高之山呼嘯倚天心神晃朗曠觀東西俱在足下印奇感於腦中而欲記載其形勢此固人情所同抑古人亦何獨不然乎由是故崑崙之事早爛熟於中國之古書蓋有由也（以上言爲往來之孔道）史記引禹本紀崑崙上有醴泉瑤池。山海經。崑崙南淵深三百仞、穆天子春山之澤清水出泉。溫和無風。飛鳥百獸之所食。先生所謂縣圃。淮南子墜形訓。崑崙疏圃之池。浸之黃水。黃水三周復其原。是謂丹水。夫縣圃在崑崙之上以高山之巓而有若此奇異之池是則當爲今之何地乎曰此則更爲指今之粕米爾無疑粕米爾山上有數湖在北方者爲哈拉庫爾湖在東方者爲倫古庫爾湖及小哈拉庫爾湖在南方者爲薩雷庫爾湖在東西者爲額斯庫爾湖而哈拉庫爾湖爲最著此湖大顯名於古時而流傳種種之異說即在佛教書中所謂阿耨達水是也亦云無熱惱阿耨達者蓋從梵語阿那婆答多而出暗黑無熱之義於佛教書中稱此池水流出天下爲四大河即池東面銀牛口流出殑伽河南面金象口流出信度河西面琉璃口流出縛芻河北面頗胝獅子口流出徙多河爲中國河源僧惠生玄奘及馬可保羅之紀行中皆記載此湖魏神龜元年（西曆五百十八年）十一月冬太后遣崇立寺比邱惠生與敦煌人宋雲向西域取經其紀行中有云登葱嶺山復西行三日至鉢盂城（即粕米爾）三日至毒龍池西域記商彌國東北踰山至波謎羅川（即粕米爾）中有大龍池東西三百餘里南北五十餘里據大葱嶺內當贍部洲中其地最高也水乃澄清皎鏡莫測其深色帶青黑味甚甘美潛居則鮫螭魚龍黿鼉龜鼈浮游乃鴛鴦鴻雁駕鵞鸘鳿諸鳥大卵遺殼荒野或草澤間或沙渚上池西派一大流西至達摩悉帝國東界與縛芻河合而西流故此已右水皆西流池東派一大流東北至佉沙國西界與徙多河合而東流故此已左水皆東流今人誌地理者云馬可保羅在元時過粕米爾之高原謂此原爲天下最高之區揆其形勢據兩山之間有一

河水甚清冽。其源出於大湖。其地生草肥美。甲於他處。瘦畜食之。十日體即豐腴。此水。阿母河也。大湖即今西利格湖也。厥後一千八百三十八年。英國將士烏德氏歷險至此。遂證馬可保羅所言。謂帕米爾之原。高於海面一千五百六十丈。土人呼之爲地頂。前有大湖。在西方發流。爲阿母河。土人呼之爲草肥澤。此草食瘦馬不至二十日。即膘壯力健云云。西利格湖龍池毒龍池皆同一湖。據傳說古時於湖中住有毒龍。有商賈數人過此。張幕湖邊。龍怒盡殺其人。漢盤陀之國主憂之。乃遣其子於北印度學婆羅門咒。經四年。得其術以歸。國主使往湖中治龍。龍則化人出而乞罪。王乃放之於距二十里許葱嶺之奧。故有龍池毒龍池之名。今據地理家所考究。此湖居嶺頭一萬三千百九十尺之高。雪山四繞。周圍凡二十七八里。中有大島。島長二里半。幅二里。從北岸有狹帶之一土可通。然水漲則狹帶土沒。與陸地斷絕。水含鹽氣。然少苦味。畜類好之。湖畔諸溪多草。爲土人之好牧地。水中有魚。又禽鳥衆多。環集湖邊。年中大概無雨。而多雪霰。惟古來謂此湖水四出。分爲世界之四大河。流於千八百七十六年所測量。此湖實無一出口。四山冰雪融化之水。成大小十數之溪河。入於湖中。有稍大之均斯烏河從南方之谷間來然近湖又轉而西南流而舊時則稱均斯烏河會與湖出入又或有謂改子河曾由此湖所出是則古今異勢其湖有無出水不能確斷而以今人所考湖水爲畜類所喜飲諸溪多草適爲牧地禽鳥衆多環集湖邊與馬可保羅所謂瘦馬食此澤草而肥西域記所謂鴛鴦鴻雁諸鳥遺卵渚澤其言悉合而最奇者穆天子傳所謂舂山之澤清水出泉飛鳥百獸之所食其言又悉合又以今人所考湖水含鹽氣而少苦味又西域記謂味甚甘美而呂氏春秋本味篇。伊尹曰。水之美者。崑崙之井。其言又悉合。是豈得遽號古書說崑崙之池其言贋造而概無徵耶而其水即佛典中所謂阿耨達池而今之所謂哈拉庫爾湖是也（以上言山上有大湖）由此數考案求之。而崑崙之地略可定。當漢時以河原與玉俱出于闐遂以于闐爲崑崙此由武帝所名以今語言之所謂漢時欽定之崑崙也其較他人之言崑崙爲較得要領今地圖亦以于闐山爲崑崙然崑崙爲古時所著稱之高山不應專指于闐山脉而於近接于闐之葱嶺粕米爾反非所指今據古書所言崑崙之諸要點旁證以釋典及今世之地理而定爲葱嶺粕米爾起喀喇崑崙東出起于闐山此一大山彙盤踞中亞洲之中即古人之所謂崑崙是也

（未完）

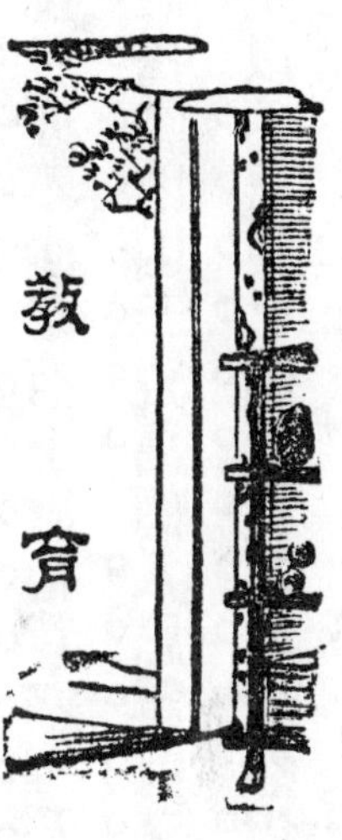

教育學汎論（湖南師範學校講義）

江口辰太郎講演

是篇爲湖南中路師範學校教育學科第一學期講義前速成師範畢業生十人歸而謀興學校振起教育思想師範爲教育之先導遂于湘省設五校中路爲長沙府所建之師範學校日人江口氏敎育學之講師也其講義言言皆有來歷句句皆可動人皆就中國利害而言議論確實非空論可比茲由該校生徒某某君等聽講時筆記者文字之工拙非所計也因無刻本故寄登諸貴報以供衆覽焉　寄者附語

第一章　發端

國家之強盛全在教育而教育之目的全在精神所謂精神者何教以國民之智識勵其排外之能力是也今中國之興敎育原欲爲強國計也然使專重外部之形式而不激發其愛國之精神則個人之學問雖可造成恐亦終爲外人之奴隸於國家毫無裨益也特述德、意、志、精、神、之、敎、育、以、爲、中、國、借、鑑現世界國勢最強盛而教育最完備者首推德意志考德意志百年前之歷史國甚貧弱初未出現于世界而內部分爲三十餘小國（統稱日耳曼族）勢成割據絕無團體故外人乘隙相攻非欺侮其人民即吞併其土地加以政治極其腐敗國民全無知識德之存亡幾不絕如縷矣于是憂世憤時之士睹國是之艱危圖振興之方法知非統一日耳曼民族組織社會增其勢力斷不能爲功遂不惜立說著書破昔日之沈迷以激發其志氣由此漸進而國人始有一種革命之思想焉然外患日多一日內憂日甚一日時勢之危迫較之今日中國之現象初無差殊且其時法蘭西有一大英傑名拿破崙者起蹂躪全歐而德之受禍尤酷故日耳曼民族中之普魯士國已成爲法之藩屬任其奴隸牛馬而莫敢誰何于是維廉第三世及諸王子思發憤爲雄自強其國常對國民曰吾國欲強國非講求教育不可斯時國人感動皆以振興教育爲目的然事經創始熱心者固多而反抗者亦不少幸有王后魯意寨羅及左右賢相之贊助而教育乃駸駸有起色矣迨拿破崙戰敗囚于荒島德人思雪前恥皆有奮起動機故其時菲喜帖遊說各國聯絡志士以爲振興一國教育之地步然尚未得其方法繼瑞西國教育之制

度甚完備遂紛紛派人遊學遊學歸國皆熱心教育有國家之觀念統一之思想遂考已往之歷史凡現在之程度開辦師範學校以養成將來教育之材而教育乃大興矣不久與法戰于綏丹遂擒其國王索償兵費而攘奪二州（一曰亞爾沙士 一曰洛林司）於時舉國皆歸功于宰相畢士馬克將軍毛奇二人辭之曰非我二人之功實各小學校教育之力由此可知教育之得力爲大而收效尤甚速有心世局者顧可忽乎哉

然德之所以能興教育而復國仇者以國民皆有理想理想者教育之原因即事業之結果德人常抱復仇强國之理想故持之堅永而自能達其目的查現在德之大學校二十五有教員二千餘人學生三萬餘人今日地球各國欲研究教育學之蘊奧者舍此別無他求然求其强盛之根原無一非胎息于教育教育之價値不誠至重而至美乎

今中國土地之大十三倍于德欲求教育之普及必較德而更加熱力而後有濟學生身居師範擔當教育中國之前途之所關係所希望所責備于學生者誠非淺鮮也爲學生者烏能不闡明理論研究方法以求教育之進步爲國家造無窮之幸福哉

第二章　教育之關係

教育學分體育、智育、德育、三種。體育善而後身體强。智育善而後思想高。德育善而後品性正。三者俱備。教育全矣。然而難言也。言體育必知身體之構造組織及養息之方法。則生理學與衛生學宜講焉。智育必引導其欲望。開通其思想。則心理學宜講焉。德育必培植其本根而涵濡其性命。則倫理學宜講焉。

一　理學的。

理學的者。究其所以然之謂也。昔日本之儒家。亦能言道德。然皆由感情而動。未能知其所以然。支那孔孟之所言。均爲哲學。迄今世變日甚。亦不盡然。故凡現今之講心理倫理生理衛生各學。非依理學的以爲研究。于教育未必能實得影響也。

二　教育史。

古今之教育。各有不同。非考求從前教育之陳迹（原因結果）以定後來教育之方針。而教育斷難發達。故宜考教育史。非參考各國之現情。與已國之程度。而教育亦難收効。故尤宜考內教育史及外教育史。

三　教授學

教授學者講求教育之方法者也欲考各科教授法必考各科沿革史教授非有次序不行宜講論理學既得教授之方法尤不可無學校制度欲知學校制度宜合內外而參考之

四　管理法

管理得法然後能訓練學生管理不善雖得教授方法亦難收效現在日本之管理法純用專制不足取法西洋各國從前亦然近來則經各大教育家研究知管理不可用專制必以愛情相感格故教育亦日臻完備蓋專制則學生有畏懼之心而學問焉能進步教育焉能發達

五　學校衛生學

學生專一用功學問始有進步凡寢宇服御等類均宜留心考察有妨衛生者皆得隨時改良

六　各大教育家意義

羅洛塞利蘭夫之言曰。「人之所以爲人因有教育長生聚于人類故也」昔印度有一山豺狼甚多常噬人。亦有不噬而喜之者。一日有哲士至山探偵見三動物首一種皮膚稍硬見人跳躍此人因不在人類與獸生長故適成爲獸類

教育是以已之意識輸入于人故必有一定方向然非有意識之影響意識之勢力不能俾人感化

意識的　意識是先料一事之結果必如何經營方有影響此謂之意識的無意識是意識的之反對

孩童傚父母之語言行動此乃天然之靈性非教育之意識的所謂教育之意識的者必順一定之秩序執一定之方法黑耳特曰『教育之道使成熟者以育未成熟者也』即以有經驗有學問之人育成不能自立無經驗無學問之人也

性善性惡之說中國儒者紛紛聚訟不下數十家然兩說相持莫衷一是以今日經驗之理論之則有教育者性善無教育者性惡必然之理也教育與保育不同保育者衣服飲食撫養鞠育以遂孩提之生長教育者以有意識的方法一定之秩序使孩提循

次漸進以底于成

法國大教育家克倫曰。「教育者有一定之方法一定之目的教員按次以施而後被教育者得一定之感化即成爲社會上善良有用之材」

林德拉特曰」「教育維何在以獨立的教師（德智體俱全者）按着方法目的以教育未獨立的兒童使之感化于身心上各種智能一一發育得盡其普通應有之職分且漸以涵養其高尚之品性」

教育之本旨在使社會上各盡其能力爲普通適當之人物故必有普通的陶冶以造就國民普通的智識如文學士之重心輕身勞働家之重身輕心皆一偏之作用非所謂陶冶非所謂普通的陶冶

普通的教育在使一般之國民智慧平等故一切特殊教育（如實業陸軍等）專門教育（如理科文科）皆不能普及全國小兒之性質如白紙無一點染其成何顏色皆視教師之所以染之者如何故爲教師者直按普通的智識以造成小兒完全之人格

教師普通的智識必先明普通的學問今中國甫興教育亟宜研究普通之學問造就

國民不可專執一偏之智識自囿其進步也

比冷之言曰「使各種智力發達均勻方爲切當之教育」康德曰「人心之初含有無窮之萌芽教育者卽所以引導之也」故教育所貴者在于兒童萌芽未達之時加以外部之啓發使其萌芽發達成長也

亞利士妥洛特曰「教育者非變更人性質不過能使性質完善以日進于優勝也」

日本人教育二字之意義皆非變更其性質不過引導之使發達而已

兒童萌芽之發達由于感受外部之激刺受此激刺者謂之陶冶性小兒易感受外部之激刺者以有此陶冶性故人幼時最易服從長則主我獨立之慨教育難矣故兒童之時宜急施其教育

教育之時期不能中絕且必有繼續之法使之複習練習于教育上自大有效驗

教育者非徒使受教人獨有進步爲個人之學問必使人人有國家思想則教育于國家乃有關係

休拉黑爾馬黑耳曰「教育者原以一時代人將經驗學問傳與後時代人」其主義

有二(A)使受教育者將經驗學問運用于世(B)使受教育者漸次傳下使學問日有進步

金士基亞妥米爾曰。「教育者以各時代已達之進步更求今日之進步保存今日之進步更求將來之進步者也」如登高然拾級而上終有造極之日一有退步則愈趨愈下矣故保存進步亦一要義

教育之目的在使兒童將來于社會與國家上有大益有進步所以爲教師者必具先見之明與觀察現世之識然後按切時勢事會以施教育方有效驗今擇取大教育家最精學說以爲教育者研究之資

教育主義既各不同然大概可分爲二種一個人的教育主義一社會的教育主義

個人教育　社會者由各個人之集合而成個人之教育善則社會必有進步昔時教育家多主此說然一人不能孤立社會者所以保人羣之幸福者也社會有進步個人幸福愈增此可見社會教育更要于個人教育也

比爾克曼曰。「教育先要使兒童知社會上一切之關係于我爲密切樂爲公共的事

業不徒講個人主義致乖社會之幸福」此學說已爲歐西各國所公認而以爲教育之方針者也

社會教育　社會的教育能使兒童于社會上一切知覺感情練習的道德日進於良善而造公共的幸福若有個人而無社會則營營自私于團體大有妨碍中國之弱多坐是弊故今日言教育尤須注意社會的主義

教育隨時代而各異然在今日則必注重社會的教育無疑也哲學家之言教育憑于理想不衷于一是理學家之言教育得於經驗有確當不易之理故言教育當取則于理學家

國家教育　國家的教育其主義在保國家之强盛不受他國之侵陵不爲外人的奴隷而表表然爲世界的强國其倡此主義者爲德意志當德欲復法仇亟倡國家教育振國民之精神而發其國家觀念此德之所以爲世界强國也

有日本人谷本者游于德歸亦亟主張國家的教育雖然國家者社會行政之機關也國家的與社會的究無大異未有社會的教育完善而國家不强者也

日俄不兩立。雖在婦孺。亦切同仇。往者日有兒童數輩。戲作日俄交戰狀。戲畢。已教繼爲日兵者。謂與俄人戰。不殺其人。何以爲國。竟斃一兒。此雖野蠻的手段。然亦可見日本國民愛國之特性也。

現日俄交戰。有日本軍人在北京。不能歸國效力。痛殺俄人。竟自剖腹而死。此又一事也。觀此可見日本民族之國家思想。其于國家教育上。有絕大之影響。

國家的教育。其效果既如此。然或養成一種自尊欺人之習慣。則于國家進步。亦有妨碍。

教育兒童者。宜生其油然愛鄉之心。然教之不善。則如湖南人祇知有湖南。而不知有江西湖北他省。亦然。則一國之內。自分畛域。此尤大不可者也。故教育不可有偏一之見。宜使被教育者。結大團體。以求國家之安寧。將來之幸福。故社會的主義。較完備

專就國家教育言。則日俄現正交戰。爲教師。雖非軍人。然亦國民之一分子。固宜爲國效力。以盡對于爲國家之責任。而顧來此講學者。則以去歲曾遊滿洲。考察情形。知中俄萬難兩立。而保全東亞大局。又非日本一國所能獨任。故來此講學。以期造就人材

同心協力以維持東亞和平之局此亦社會的教育主義所推及者也

個人社會國家三者教育之主者究不可缺一如欲完全人格使一般國民皆善良則非個人的不可欲謀公共的事業求團體的幸福則非社會的不可欲國家與世界競爭常得優勝的地位則非國家的不可故言教育當兼三者而言以隨時隨地而各異也

教育本不能隨時更改但各國自有最優之國粹亦必保存否則流于崇拜外人之習大有妨碍國家之進步也

七　教育史之研究

希臘爲歐西文明祖國其中劃爲無數小邦而爲希臘代表者曰雅典曰斯巴達雅典尙文專講音樂美術斯巴達尙武專講武士一國之間教育互易

羅馬崛起之先亦重武士教育及滅希臘一變而爲雅典教育學分六科爲天文、學、論理、學、數學、文法、修辭、雄辯家此則尙文之教育也

羅馬以後則爲歐洲黑暗時代北歐强盛蹂躪南歐文學掃地而武士教育爲當時獨

一無二之方法

宗教改革時代則寺院爲教育地僧侶掌教育權而平民不得受教育

文藝復興時代始講普通學識而求教育之普及歐洲從前教育有學科階級之限制

今則教育進步爲普徧的陶冶此其所以日進于文明也

從前言教育者以爲外界之智識注入兒童之內界黑士達洛基則謂『教育不過啓發兒童固有之智識非有他智識注入之也』若中國教授字課法以死字强兒童苦記否則加以鞭朴此絕不知教授法烏得云教育

八　教育六要件

黑里氏曰『教育者就少年時代立各種基礎以爲將來之預備』各家解釋教育之意義各有不同然有爲各教育家所不可缺少之六要件

(一)被教育者之存在

(二)教育者之存在

(三)一定之目的及方法

(四)普偏的陶冶

(五)時期與繼續

(六)國家社會之貢獻

總之敎育之定義總以啓發獨立的智識養成高尙的品性爲社會必需之人格以助社會之進步爲斷。

九　敎育效力

七十年。德國尼由倫比喜市有一十五六歲癡兒。言語運動。皆所不曉。手持一信。爲帕帕利亞農夫所言。略言此兒爲私產。而市上觀者如堵。有市長引至其家。與之言言。不能荅。惟時作「卡帕爾烏塞爾」聲。蓋即其名也。後考知此兒自幼即地牢有人暗與以飯食。稍長。故放出。經大敎育家達烏利耳氏敎育之。一經啓發智識頓開。居然爲大有作用之人。

法國王路易第十四世孫布爾由苦洛摩。當十一歲時。能通古希臘羅馬詩文。惟剛愎不仁。多肆殘暴。其父母憂之。托菲內倫氏使之敎育。一變其剛戾之性。而成爲溫柔善

良之人。由此觀之教育之改良能力最大故可寶貴也

大哲學家柏拉圖氏曰「人于動物中爲最野蠻然有教育則化爲良善設性質本良善更加以教育當可爲神」

塞內加氏曰。「人到成年時性質不易改變」如拳曲之木難望其梗植也故教育時期不可失

教育效力之大小以教育與被教育者定之二者均良則效力大否則能得教育之方法則效力亦不少

教育之所以有效果因人有陶冶性與他動物不同他動物初生即能行走人之初生則多無告可憐之狀態呱呱而泣必得他人之扶助乃能生活

林德拉哈爾氏曰。「教育爲人類專有之事件非別種動物之所能混能受教育之能力者以其有天稟之陶冶性爲根基」羅洛尖利希芝氏曰。「心神者自由也能使心神自由者謂之完全之人格能成完全之人格者教育之功能」據二說觀之(一)則以教育者爲人類特別之性質(一)則以爲無教育不能成人哲學家謂人爲萬物之最靈

者教育之原因而結出此靈于萬物之果也或曰動物有可教之飛走豎者何以謂惟人獨靈曰此可謂之馴致不可謂之教育之功即億萬年後動物進化如宇宙初生動物之時以競爭之故久之有進而爲人者然以猿猴與人同祖將人與猿猴之進化作一比例則動物即有能受教育之時而後來人類教育之程度與動物之區別又如今日有教育之人與無教育之動物作一比例也

十　人類與動物不同之區別

(甲)人身之構造經解剖學經驗出來骨節細緻皆有切密之關係一部妨害影響及於全部不同生牛割肉猶無大傷損（西人有割吸生牛之俗）然人耳不及鼠力不及牛目不及貓與各動物聚處一處終不爲動物所經畧反能經畧動物者則以人處生存競爭之世界能自盡其保護之功能保護之功能根于智慧保護之智慧根于教育故教育爲成人格第一着

(乙)人身之長成極其遲緩動物之長成極其迅速二者反對之處即所以成人成動物之原因然人當幼稚時代最易牽引逸居無教近于禽獸則亦人類中之動物未必長

成遲緩者即是完備人格也

(丙)人身之發達志意與之俱增自兒童以及成年身體日强一日即知識日開一日動物則自生至死始終如一動物並無晚成之說然人因言語傳播教育因教育開通智慧動物無語言固不能發達其志意即志意或與身體同其發達亦限于無言語無從得而知之

(丁)人類之感情不出道德範圍與各動物不同動物之感情無意識人類則以教育而成高尚之位置

(戊)人類之意力擅抑制欲望之特別性他動物衝突便衝突人則衝突而有節制其所以養成此節制性者非教育不爲功

(己)人類之智力具抽象推理之力量愈研究愈進步皇初現今人物進化之比例其速率雖以道里計不同宇宙間之動物皇初與現今無大區別雖終古不能必動物無此進化智力而到動物進化之時代則以人類進化之速率推之不知其高于人類何等矣此人與他動物相異之特點也

(庚)人類由感情而成思想由語言而表思想思想隨語言為之發達巧用言語者人類勝于動物之處動物有語言而不能成教育現攷究美洲猿語不及人類之巧用所以人與猿同祖而人猿開化之程度各不同然猿因不善言語不能教育故不如人而人之能巧用言語以勝于猿者則教育之影響也

由是觀之人類于動物有長處亦有短處欲成一完全人物須使短者日長長者愈發達絕無缺點而後可

人之有身必使强健人之有心必使精明强健精明者人生之幸福也故古今大教育家莫不以教人以長尙此幸福為主義

人欲得幸福必使身體安寧欲身體安寧必使社會安寧然欲使社會安寧有時于個人安寧有損如兵士之死實為安寧社會起見究之犧牲個人者安全社會社會之幸福亦即個人之幸福也

社會不外生存競爭生出優勝劣敗勝者其中必有超羣之國民智識發達身體强健然所以優勝之處尤在發憤自雄熱心教育雖人生禀不齊發憤者少不發憤者多使

之蠢熱中教養則視教育家之教育何如耳

教育必乘時機以償飢渴之望然後如植物受太陽熱度生發萌芽則教育之果乃結』

小兒不盡神童天才有能受教育者有不能受教育者且有一種惰性最難抑制施教育者此時不能不各按其性質施以强迫教育也

十一　教育自動與受動之區別

教育分自動與受動兩種自動者效力最大受動者效力較小效力大者因資質過人加以教育而心思之發達自然勃勃效力較小者天稟不高其心思之發達必全賴教者以引其機

斯賓挪沙氏曰『教育者使吾等之天性智識進于完全乃吾等自由之事及他人爲我所爲之事』故無論自動與受動之效力小大而教育宜歸一律

康洛特氏曰『人之所以爲人因有教育然教育亦有界限並非具萬能力』故人不可專恃教育人間萬事塞翁馬教育者不過盡人事亦塞翁馬之比例也

教育雖人事然天稟之善惡遺傳之特性家庭之習慣社會之風潮以及人種之特性

國家之特性皆足爲教育之妨害教育如孤軍四面皆敵此最難措手者亦不可因此而際心教育教育必先具堅忍不拔之心注意社會先理想而後實行乃能達其目的非可欲速求成也

來帕尼芝曰「授我教育權我必使教育之制度整齊造國民以左右國家之命運」然教育効力之大小視教育者與被教育者爲轉移教育者善被教育者不善則効力小被教育者善而教育者不善則効力仍小兩兩相需不可缺一是在教育者注意焉」

方今文明各國教育之進步方法多端從前廢棄之人今皆設法教育如白痴、聾啞、盲目、均有學。（啞盲十年卒業後可講淺話以手代目口）在白痴者進步稍緩而聾啞盲目諸人則進步甚速聾啞學繪畫盲目學工藝能熟記（西國有一種特字使盲目摹識）白痴學工藝無用之人皆有用是則教育界漲已推到極處後來進步並不知如何不獨此也小兒天稟雖惡使之目不視惡色耳不聽惡聲性自傾入善良一路是則教育雖妨害而進步一日則妨害可少一日

十二　教育之効力

（甲）教育之效力直接少（或數年或數十年）速效則斷乎不能

（乙）一樣之教育不生一樣之效果如人學習字帖同而習者各異其字迹遂不同教員當攷定學生性質因勢利導不可面叱鞭責強不聽明者使聽明也

（丙）教育之補助自然界社會家庭補助教育之效力可見效力不盡出教育

（丁）效力與年齡成反比例年大效力小年小效力大故教育不可失時期

（未完）

國聞雜評

俄國立憲政治之動機（飲冰）

二十世紀之國家終無容專制政體存立之餘地以頑强之俄羅斯遂不能與自由神之威力抗嗚呼舉天下之惡魔遂不能與自由神之威力抗

陽歷十一月十九日俄國新內務大臣以皇帝之命召集全國三十四省地方議會之議長於聖彼得堡將對於地方行政問題有所諮决各議會遂利用此時機開一聯合會議十九日第一次集議列席者凡各地方議長三十二人及各地方代表者六十四人第二次集議總員九十八人第三次百零四人卒以同月二十三日爲第一次之結議以全會一致决定十二條法案建議於政府且謀以自力實行之其大略則

朝廷命吏所有過舉當使之負民事上及刑事上之責任

平民之身體及家宅有神聖不可侵犯之權政府當認之不能任意闖入逮捕

信仰自由結社自由出版自由集會自由政府當認許之且爲實際的保障

凡俄國全國人民其所享公權私權悉皆平等

改革地方議會擴張其權限且立一堅定遠大之基礎

此其大略也。又以此決議。當得保證。以期實行。於是乃要求開設國會其決議文曰。

本會竊惟現今內治外交之時局。事關重大且極困難。故述其希望如左。以請於政府本會願一國之主權者（案即指皇帝）以國民代表者之翼贊決定國是而革新之務使主權者與國民相互協力以共圖國家之發達。以此之故故切望主權者予國民以自由選舉之權使出代表者而每年召集之以確定立法之基礎

此決議案聞已由內務大臣代奏。其贊成此決議之議員。多屬貴族及富豪之大地主。云。此奏議既達俄廷。大臣中之保守黨。出全力以相抵抗。就中宗教總監坡鑑那士德夫持之尤力。謂若采此議。必爲革命之導線云。今廷臣中贊成此案最有力者爲新內務大臣米爾士奇。而皇帝實陰袒之。反對此案最有力者即宗教總監坡氏而皇太后實陰袒之。俄國立憲政治之勝敗。其揭曉當不遠。而一視帝黨后黨之權力消長爲斷。

以上直譯陽歷十二月六日日本時事新報其標題曰露國革新之大風潮

評曰。俄國自千八百六十四年。始布自治政於各地方。於是所謂地方議會者起焉。其

制由各地之貴族富豪及農民等各選出代表人。凡關於各地方上教育之普及道路橋梁之修築。衛生機關之設備等。其權利義務皆歸此議會。實俄國民權之一大基礎也。聞亞歷山大第二嘗刻意欲擴張其權限。忽遇暗刺、賫志以終。自茲以還。政府之方針一變。謂地方議會實流播自由之毒於民間。爲中央政府施政之一大棘刺也。乃更汲汲思裁抑之。凡地方議會議決之事件。非經總督之認可不能實行。且不能上達於政府。其各地選出之議員。若所轄總督認爲不利於國家者。得任意罷黜之。於是地方議會、徒擁虛名。無有實力。千九百年以來。政府所布不動產課税案及酒精專賣案與地方議會起大衝突。而卒歸政府之全勝。蓋中央與地方不相容久矣。今者當日俄戰役屢敗之餘。又値芬蘭總督及前內務大臣恐怖之後。故米爾士奇氏毅然爲召集地方議會於中央之舉。而皇帝亦毅然采之。一月以前。俄國各黨機關報皆相率歌頌其新內務大臣。若重有希望者然。今若此其可謂不負輿望者也。其實行與否。雖未決定。若其幾則千載一時哉。

重評曰。各國民權之歷史。其所挾持以易得之者。罔不由租税問題。即俄羅斯亦何獨不然租稅問題實對付專制政府之不二法門也今俄之地方議會其所挾持者實在此點今次之成否不可知若其將來最後之戰勝則各國前此繰演之歷史固明以告我矣以租稅問題爲正軍以暗殺主義爲游擊隊俄民之復見天日其遂不遠乎

俄皇尼古剌士二世（續第五十五號）　（觀雲）

附坡鼈那士德夫略傳

於俄國有極力反對民權自由之說擁護君主專政之制束縛人民之思想防遏社會之進步唱國教萬能說以大賢託爾斯泰伯宗教之解釋與俄國國教不一致宣告破門者彼也於輕溪內輔演全世界悲慘殘酷虐殺之張本人者彼也熒惑俄皇尼古剌士二世而妨其文明主義之實行者彼也彼於宗教上握無限之大權其居於俄國國教希臘教之地位也不啻若羅馬加特力教之有羅馬法皇然彼又非獨於宗教上有大權又於政治上有左右俄國之勢爲俄皇之師傅輔佐與顧問官歷仕俄帝殆二十年人稱爲俄國宮廷之大怪物此赫赫之權奸家誰乎則坡鼈那士德夫是也

彼實生於俄國小作人之家俄國之小作人者居俄國專制之下最屈辱之窮民彼其

得免於剎弗多之一種奴隸制度僅五十年。而自廢止剎弗多奴隸制度以來。彼等依然在飢餓貧寒之境。困於過重之租稅。而多不識字之人。與未脫奴隸制度以前。殆無所異。孰謂此愚陋窮賤之小作人家而生一酷烈鷙悍之大權雄於其間曾有若是奇異之現象乎而可稱爲俄國之羅馬法皇俄國宮廷中之一大怪物坡鼈那士德夫者實此一小作人家之子也

彼者哈爾加甫一小作人之子。而自幼抱大志。不肯嗣父之職業而爲農夫。以勤勉力行貯其所得而入蓋府之大學。學問拔羣。嶄然顯頭角。蓋府大學卒業後。入舍讀別泰拔科之大學。專研究法律數年。而任爲莫斯科大學之法律教授。彼以下等出身之人。而得昇若是榮高之地位者。一由其學業之超羣。一由希臘教會教士之力。蓋希臘教士其勢力及於俄國之社會及政府甚大。彼固早窺此旨於入蓋府大學也。常與希臘教士訂親交預爲後日之地步而於此果大得教士之助而收其效彼者遂由泥塗一躍而爲大學教授再躍而爲俄國皇族之侍講三躍而爲皇帝之輔佐終列席樞府而握俄國之大權隱然若九鼎之重其視機敏而操術巧以得遂其攀龍附鳳之願者不

亦可見乎。

於俄皇亞歷山大二世被暗殺於虛無黨人之手。同時亞歷山大三世即位。是實坡鼈那士德夫乘以行以多年野心之好機會也。方新帝在東宮時。既受坡鼈那士德夫之薰陶浸染。及即位。遂登用之而爲俄國國教議會之主宰。且於政治上事無大小。無不諮詢。而聽納其言。於是坡鼈那士德夫。其宿論之宗教畫一。君主擅制之主義。欲試實行。從是先亞歷山大二世被動於國民之輿論。欲採用立憲政治。命樂思美利可夫定憲法之草案。尚未發布。而斃於虛無黨之爆裂彈。坡鼈那士德夫。乃乘先帝被殺之機。說新帝以民權自由之危險。免憲法起草者樂思美利可夫之官。而以全然擁護君主擅制者。充用於宮中府中。彼者視民權自由之思想。不啻蛇蝎。以是甚嫌美國之行共和政治。而又深惡英國之用自由主義。遂竭力主俄國與英美二國遠之之計。彼之言曰。使俄國若與自由主義之國民接近者。其危險之政治思想。漸次傳播。而遂至流無窮之禍水於俄國。蓋力主君主萬能論。而反對代議制度者。固其宗旨之所在也。坡鼈那士德夫者。又大空想家也。彼欲使俄國爲跨有歐亞兩大陸最大之帝國。恰如英之舍西樂只欲以英爲世界最大之帝國。彼之說曰。斯拉夫民族者。神之所攝理而有主宰世界之運命者也。希臘教者。諸派基督教中之最正統。外此而無眞正之宗教者也。是故彼者。欲從印度逐英國。廢波斯。滅支那。以亞細亞大陸。全隸轄於俄帝之治下。更於歐洲、兼并希臘土耳其。統一巴爾幹之半島、而以斯拉夫民族占多數之奧大利亞。亦歸俄帝之掌握。而以亞細亞之全部。與以歐羅巴之大半部成。建設一大帝國而統用希臘教、於政治宗教。咸奉一尊。而不容有歧出之事者。是實彼之一大夢想也。與中國秦之李斯思想略同

由來懷抱大空想家者。必有絕大之度量。而坡鼈那士德夫反之。其襟懷狹隘。而不能容人。頑固而多猜忌之心。於政治宗教上。有與己持異議者。直以爲社會之危害。而排擊不遺餘力。彼者爲國教議會之主宰。而其後忽迫害普洛思泰陀派之基督教徒。彼欲鏟除其教派異己之人。嘗下令於希臘教徒曰。新教徒者。爲神所罰殛之徒也。我希臘教徒。必不可與之交。若希臘教徒而與新教徒往來。及有商業上之交際者。不僅可蒙神罰。而先當執用教會上之嚴刑。雖然彼若是其制裁森嚴。而欲絕滅新宗教也。終

不獲收其效。乃奏請於皇帝。而濫用其政治上之威權。拿捕新教徒。逼其改宗。苟不從者。直流竄於西伯利亞使服鑛山鐵道上之苦工。彼者尤疾視羅馬加特力教。竭力試撲滅之。奏於皇帝。閉鎖波蘭加特力教徒之學校。禁波蘭語之使用。禁遏加特力教徒之土地所有權。捕其教士而下於獄。迫害虐待無不至。波蘭之加特力教徒八百萬人。因是不能一日安其生。而惴惴焉惟恐觸坡鼈那士德夫之忌。彼又不獨壓迫希臘教以外之信徒也。與己同教會之中。其意見稍有與己不合者。直目之爲異端邪說。不排除而追放之不已。曾以刺齊莫爾之一寺院斯塔爾爲囚禁異端邪說之徒之牢獄。凡希臘教徒中有異己者。直送致斯塔爾獄中。今也爲斯塔爾之囚徒者。二百餘人。其中教士百八十人。官吏五十二人。教正四人。皇族二人。男爵二人。伯爵一人。陸軍士官一人。皆關係於宗教上之意見而招坡鼈那士德夫之怒者。聞一投入於斯塔爾之獄中也。不能再見天日。而於幽囚之裏。埋其一生。坡鼈那士德夫憑藉君權。而其所用之峻法嚴刑蓋如此。而又若猶太人之慘殺。芬蘭人之虐待。亦皆由坡鼈那士德夫主張其事者也。

於二年前日本翻譯俄國政治家之回想錄。題爲代議政體之弊害而出版也。輿論喧傳曰是非立憲內閣首腦頑冥之某政治家特使人翻譯此書。以政府之機密費出版者。物議洶洶。評難政府之聲頗高。而此俄國政治家之回想錄著者。即坡鼈那士德夫其人也。坡鼈那士德夫。於文章學今世界著名文豪之英國嘉頼伊爾。其著回想錄也。書不出三百頁。識見多偏而其造語之奇拔。修辭之警鍊。讀之每能動人。以撰著論之。固文章家之雄也。惜乎其所言者覩代議政治之偏而未覩其全見自由主義之短而不見其長爬剔抉擿近世伴文明俱來之缺點而抹煞其善美之所是以其議論之桀特適足示彼之偏狹而已矣其詞翰之雋秀適足寫彼之頑陋而已矣

彼者經營慘澹用其嚴峻酷烈之手段所贏得者何物乎徒使皇帝之仁心爲之掩蔽而殺戮囚禁以腥風淚雨污俄國之現代史而波蘭芬蘭猶太人啣俄國暴厲之恨而視之不啻仇敵而彼所夢想之宗教畫一終不能見於事實而大學之生徒蜂起而與彼爲敵彼者行年已過五十而衆怨集一身爲當世之所疾憤而後世之所唾罵焉權雄之末路亦可憐笑也矣

方新民叢報揭坡鼈那士德夫與梅特涅之兩肖像。而題爲專制政界兩魔王。一時閱報之人。多曰梅特涅之行事。世多知之。而坡鼈那士德夫不詳。新民叢報既合揭其象。盍亦傳其爲人以聞於世乎。雖然新民叢報固無暇特爲一人作傳。茲以關涉俄皇之事。略附述之亦聊爲見坡鼈那士德夫肖像之人而并欲一攷其行實者完此一段想望而已

論曰專制之國。可以取富貴之道者。孰有逾於尊君權者哉。彼以主張君權博人主之歡心而已。得假君之權以張其威福。其言尊君或依託以宗教或坿會以學說。言之成理持之有故。彼豈眞有見於此哉。以此神其術焉而已。吾觀俄國之坡鼈那士德夫。何其與清國之張之洞多相肖也。坡鼈那士德夫以俄國希臘教之正宗自居。而張之洞亦以中國孔教之正宗自居。坡鼈那士德夫欲統一己說。而目新教徒及異己者。以爲異端邪說而排斥之。張之洞欲統一己說。亦目新黨及異己者。以爲異端邪說而排斥之。坡鼈那士德夫荼毒士夫。荼砧囹圄慘號之聲不絕。張之洞亦贊成戊戌之獄。而假漢皋之事。恣行殺戮。瓜蔓株連。致無寧日。坡鼈那士德夫稱文章家。而著小冊之書有

若俄國政治家之回想錄張之洞亦稱文章家而著小冊之書有若勸學編勸戒上海國會及出洋學生文（張於世博能文名而文實不工看似雄渾而實則辭氣短促意思於不能緻密氣體亦不高深以文論恐非坡鼈那士德夫之敵）坡鼈那士德夫下詔令於教會執俄國教界之牛耳張之洞亦干預各處學堂執中國學界之牛耳坡鼈那士德夫利用虛無黨暗殺之時機張之洞亦利用戊戌政變之時機坡鼈那士德夫以斯拉夫民族有主宰世界之運命而欲混一亞細亞幷呑東歐建一俄羅斯大帝國而爲一大空想家張之洞興辦洋務規模闊大而事無終效擲金錢於流水所至之處積虧巨帑而爲一大空想家而尤奇者以坡鼈那士德夫在俄國之權力而卒至大學之徒與之反對者蜂起以張之洞在中國之權力而卒至新黨與學生之中與之反對者亦蜂起岂眞如語所謂物固無獨必有耦耶何其相類似也抑夫二子之學問文藝與夫手腕魄力未知其孰優而揣摩以取人主之金玉錦繡祿利功名其心術固同出於一師今全地球專制之大國惟俄羅斯與淸國而兩大專制之下又有此憑假專制以窃取權勢者之兩大惡魔焉世有作今世史者乎挈兩人而合傳之其亦相得益彰者哉（完）

美人手

紅葉閣鳳仙女史譯述

第二十回　品評俠氣初進侯門　賣弄雄心兩番試劍

却說烏拉迓華。聽得瑪琪拖亞要見丸田夫人。求他做個引薦。遂低頭想了想。笑說道。像你老兄這樣的應酧家。竟然不曾會過丸田夫人。也很算奇怪了。不但是奇怪。就於老兄的面目上。也太覺減色了。也罷。待我替你做個介紹人罷。瑪琪拖亞初時見烏拉迓華不答。以爲有甚麼爲難之處。今忽聽他一口應承。不覺喜動顏色。答道。果眞的嗎。照此說。幾時同我去呢。烏拉迓華道。可巧今日丸田夫人請我去診脈。此刻完了午餐。就同着一塊兒去何如。瑪琪拖亞道。丸田夫人不是去了外國麼。我前天聞得他要兩禮拜纔回。此話可眞嗎。烏拉迓華道。夫人的脾氣。那裡說得定的。他說出門。高興起來便立刻要起程有時到了中途忽然興盡便又立刻轉身也不知試過幾次了今回出遊本來是定兩個禮拜的。不意起程後他的風溼舊病復發、因此那天午後就轉回來了現時雖在府中但也說不定若他忽然有事想起或者此時又動了身不知又那裡去了也不可定的呢瑪琪拖亞道。這種奇特的性質眞眞可謂神龍變化了。烏拉迓華道是呀此等性質、只怕夫人以外也再沒有別個了。瑪琪拖亞帶笑道有這麼豪爽飄逸的人。他的容貌想定是個絕世的了。烏拉迓華道這也難說。以我看來自然是比尋常脂粉俗態超越不同但俗語說得好各花入各眼也有的評論說他比毛嬙西施還强幾分也有的品評說巴黎的美人也沒有來數到他我也不敢定個高下待你見了面自家下個批語便是了這是論他容貌的話。至於論他家勢他的豪富這一種濶綽氣象進到他府第沒有一個不把舌頭伸出來再說他的技能琴棋詩畫是婦人家的本分自不必說了更愛遊山打獵耍刀擊劍都是他平生最好的現時仍養着劍法專門的教師呢瑪琪拖亞道。如此說來。這位夫人純然是個鬚眉的巾幗了。烏拉迓華道。他更有一事奇特呢、他生平與男子們往來結識之數可也計不出許多但從來不曾見過他有一個是私情鍾愛的亦不曾聞過他有對人露過半點兒女情態我與他相識最久。自從在士耳其居住時更無日不到他府上也不待人通傳一直便進到內室總未碰過有一點可疑的痕迹你說奇特不奇特呢。瑪琪拖亞笑道。這倒無甚奇特直可上他一個徽號叫做太上忘情罷咧。輦轂之下。我竟不曾見過這個人。也算憾事。聞說我所識之友。與夫人交遊的也不少呢。說着不覺午餐都已用完。瑪琪拖亞遂同烏拉迓華起來。會了賬。下了酒樓。出到街上。行不到兩箭多路。當時前面來了一乘馬車。這馬車就是美治阿士被騙同假辦武喇伊之軍曹友夫。前往荷理別夫府署所坐的。瑪琪拖亞一眼認得那邊坐着這個是美治阿士。不禁愕然。啊喲了一聲。停住脚步。只見美治阿士。驀地把臉掉轉背着。怕人看見一般。那輪蹄飛也似的便去了。瑪琪拖亞心裡疑怪着道。他說去外國。誰想仍在巴黎熱鬧場中鬧哪。看他那麼排場的馬車。一定是偷了這五千元贓欵的受用了。怪不得無顏見我。要把臉躲着。這樣行爲。他還想見靄那。眞可謂不自諒。做不得。我要先一步去禁止靄那。趁此時尚未到三打鐘。免令他跑到布倫公園胡亂把臉來丢。凡盡情告誡他一番。聽他絕望。快些撒開手罷。想定了主意。遂回頭對烏拉迓華道。我今天有點兒事。午後兩打半鐘。不能不要到一到布倫公園。去見丸田夫人。還能彀趕得及嗎。烏拉迓華道。管保儘趕得及。丸田夫人、每日也很愛到布倫公園散散步呢。你去見了夫人。或者他同你一齊去逛逛也未定呢。琪瑪拖亞道。雖然是。但我今日與別人有約。陪着夫人同行。是不便的。兼且夫人既說有病。怎能彀又出去遊玩麽。烏拉迓華道。是的。今天他打發人來請我。或者他的風溼病。又有點不舒服也未定。我時常戒他。叫他要靜養，不可過勞。又勸他不宜感受寒冷的空氣。他那裡肯聽，若是他肯聽，此刻不知痊癒多時了。一路談着。不覺已到了丸田夫人的府第。只見兩扇獸環的大門。分兩便打開。當中一條極大的擁道。擁道兩旁的餘地。樹着兩本參天閉日的鳳尾葵。環着石欄花砌。擺設許多時式的盤景。進了儀門。是一所來客候侍的外堂。過了外堂。內便無數庭院。俱繞着卐字迴廊。曲折不盡。眞是連雲甲第。來客迷蹤。幸而烏拉醫生。是天天走熟的。又是個格外的稔交。故無須候人引導。遂一直向後堂跑進來。及至到了後堂。隱隱聞得砰砰訇訇。不斷竹木相觸之聲。雜着又有人吆喝聲。瑪琪拖亞疑怪道。這是怎麽事呢。烏拉迓華道。想必是夫人又擊劍了。這個病還未痊。又勳起這點好勝心。儘着把氣力來耗。眞是沒他的法了。我同你照這邊來罷。夫人最不喜人拘拘束束講客氣的。不如直到擊劍場上會他罷。瑪琪拖亞想道。初來進見。便跑到人家頑耍的場上來。難到不怕唐突麼。但心裡雖如此想。口裡却不則聲。糊糊塗塗的跟着烏拉迓華。繞過迴廊。一直向一間屋裡進去。這屋裡就是擊劍的場所。只見夫人果然與一個教師。對立着相角勝負。滿身披了甲冑。頭上也帶了頭盔面具。姿容却看不淸楚。只見他窈窕身材。是一種消瘦的體格。是時烏拉迓華。跑近夫人旁邊。也不見禮。蹙着眉頭說道。夫人偏偏愛把精神氣力來遭蹋。總不把身體顧顧。這病怎麼好呢。只見夫人並不回顧。蓄着氣勢。瞷着教師隙處。喝了兩聲。連連左一劍。右一劍。刺來。方開口答道。烏拉醫生。我要擊擊劍。纔能把骨節腠痛忘了。麼我已經鬥過四次了。如何到第五次。你看我這回第五次決定要贏他呢。說着。便更奮起氣勢賣個虛綻。教師一劍刺來。却乘勢連消帶打的劍尖早已到了教師的胸前甲嗆的一聲。着了一下。聽得夫人說道。哪、可不是我贏呢。一共鬥了五次。被我贏了三次。我倒比嘉芝教師還強些呢。一面說。一面把面具脫了下來。那教師也把面具除了。帶笑答道青勝於藍。再也沒有師傅了。說罷。便舉手爲禮。作別去了。於是烏拉醫生。踏上一步。帶着瑪琪拖亞。向夫人前介紹道。夫人。這位是敝友名瑪琪拖亞。夫人道。是麽。哦他就是圖理舍轡行主的令甥嗎。我也聞得許久了。說着便回過頭來。瞧着瑪琪拖亞。瑪琪拖亞細看夫人的面貌。只見他純白沒有一點血色。好像是死人一般。凜凜然絕無嬌媚情態。瑪琪拖亞施禮道。倉猝進見。唐突無禮。望夫人見諒見諒。夫人道。瑪琪君。你說來得唐突麽。如此我要罰你。罰你同我比比手段。當作個初見禮罷。我大凡同男子結交。不曾演過手段。決過勝負。不算朋友。不如就此也不必結束。隨意試試。定個輸贏的頑意兒罷。直捷不客氣的。一手取起一根木劍。向着瑪琪拖亞遞過來。瑪琪拖亞是時。早被夫人的氣概攝住。一聲兒也答不上來。不自由自主的忙伸手把劍接了。要知二人劍術勝負如何。且看下回分解。

文苑

飲冰室詩話

嘉應楊傭子惟徽人境廬詩弟子也。其理想風格。皆茹今而孕古。人境有傳人矣。錄其秋感四章。昂藏七尺軀。農夫寡所異。自從覽圖史。冥想際天地。欲放一隙光。微燭造物祕。理窟洞元素。機體究形器。上循已往情。下測未來事。縱橫空時間。神經爲激刺。二百萬年後。懸知滅人類。汲汲鞭影心。憂患紛摠至。誰能挈長繩。繫住羲和轡。噫吁人間世。如何有文字」扶桑之新國。旭光曜華胥。歐花與美果。移植俱扶疏。嶺南大癡子。渴慕五載餘。一朝出門去。忍絕高堂裾。江流送遊子。片刻容躊躇。明日滄海上。白沫吹大魚。飛鳥天際沒。竟使雙輪如。到此望鄉國。魂夢猶遼遼。東京五月中。寒雨振林於。俯鏡江戶流。仰攀駿河墟。不見紅櫻爛。惟見黃塵噓。行行大道旁。羣兒皆軒渠。睨余便爾汝。譏笑互吐茹。歐洲視猶太。亦是同文書。信彼類族誼。嗟我兄弟與。輾轉上學去。淹留逮秋初。學語慚小兒聽講充鈔胥。但令珠混魚胡乃芋賦狙。仰天涕淚橫懷抱不可攄。糞丸轉蜣蜋甘帶嗜蝍蛆。勿怨黏網苦却恨兩翼舒。噫吁人間世如何有舟車」莽莽五大洲歐亞共非墨。蠕蠕億千形黃白暨棕黑。十八世紀中西土忽轉側。强大六七分各事闢疆域。沙島爭一粒氷洋探兩極。縱橫地球圖妄自占顏色。天賦羣民族遠征騁帝力。怒潮撼東方洶湧不可塞。咄咄扶桑夷感覺富腦識。蜻蜓冲霄飛勢搏九萬翼。朔風吹血腥一擊天鵝殪。名實此舉秉仗義宣詔敕。德色慮穫鋤陰謀寔鬼蜮。而我黑甜鄉竟滋他族逼。雷池不敢越中立若劃洫。保全與瓜分旦暮誰能測。革命與保皇攻擊令人惑。專制戰立憲大勢已敗北。萬流旋一渦性命在頃刻。山河痛神隩臣妾悼兆億。土崩無拓都瓦全有么匿。劣根成痿痺久矣負天職。九頓訴閶闔竊恐不得直。眼看此種人終古受壓抑。念此勿重陳重陳淚交臆。噫吁人間世如何有家國」泰初有人類誰能究厥始。猿猴祧遠祖之說未敢是。動物之一部或想當然爾。混沌未鑿時茫昧富元理。惜哉陳死人一眠不復起。至今萬刼後攷索到石史。地殼辨影形種源溯遷徙。適者能生存人羣蛻化耳。茲論已出世一切俱披靡。法輪轉世界釋典殆枝指。靈魂同主宰耶約亦詼詭。知死不知生。孔雖有微旨。余今獨棄置。胸中塡塊壘。濁酒不能澆。放言且掌抵。盜蹠爲柳弟丹朱冏堯子草間微箕活粟食夷齊恥宏範與世傑同胞異函矢三柱與定國末路共蘅芷況乃號咷生驚心憂患裏及其還大虛瞑目含笑矣地獄勿恐怖。天堂勿歡喜。賢愚一蓬蒿。侯王殉螻蟻。逆旅天地中過客竟若此所以古今人苦樂不自止夜長怨美人日短惜志士容顏頻看鏡功業輒拊髀噫吁人間世如何有生死

友人悔餘生。九江先生再傳弟子也。不欲以文章顯、故吾爲隱其名、吾於十二年前。聞其爲人。偕亡友陳通父兩度訪之。不遇。近兩年來。彼此三度過從。皆相左。至今未得見顏色也。顧相慕日益饑渴。頃得其近詩數章拉雜錄入詩話。以志因緣。題三十小像云。

食肉何曾盡虎頭。卅年書劍海天秋。文章幸未逢黃祖。襆被今猶簭馬周。自是汝才難世用。豈眞吾相不當侯。須知少日拏雲志曾許人間第一流」井蛙穴鼠豈稱豪。會向天門跳擲高。牛背讀書齊越國車中奏笛識秦曹金臺駿骨誰爲賻海上虬髯未易遭壯志無成人欲老。怕看明鏡有霜毛」當年曾說阿龍驕。中歲功名尙寂寥。長劍斫蛟徒有願。短衣射虎故無聊。江東人物誰爲比海外名流頗見招挽住狂瀾要身手。不曾

瘦損沈郎腰。」幾曾彈鋏去依人。骯髒平生認此身。鳳泊鸞飄徒自恨。箕張牛憤太能伸。爛羊作尉何堪說。徙犢奔車故絕塵。不學王郎悲斫地。倚天狂笑萬花春」一意氣猶堪憾百城。目星舌電幾縱橫。臥龍自昔勞三顧。大鳥他年會一鳴。何用升天與成佛。且當結客更論兵。關河異日無窮事。待看書生赤手擎」一春感云。高冠長劍不言歸。又見天涯燕子飛。太史文章牛馬走。杜陵詩卷鳳凰饑。山雖可買身難隱。海到能填力已微。斗酒欲沽沽未得。江頭準擬典春衣。」一垂柳朱樓大道邊。怕看春氣入謌筵。人間此日知何世。客裏新愁似去年。絕塞寄書情婉轉。廣陵留曲恨纏綿。桃花點點枝頭淚。細雨空山泣杜鵑」一秋感云。薄寒天氣雨瀟瀟。酒淺愁深未可澆。倚枕但工諸競病。書空常自詫無聊。難迴日馭黃塵遠。會泛星槎碧海遙。孤館秋燈頭易白。五更心事湧如潮」春明舊夢認糢糊。搖落時芳客思孤。珠箔飄燈歸獨夜。玉釵沽酒泥當壚。人間絕少埋憂地。海上應多逐臭夫。種豆南山亦何恨。不須擊缶唱烏烏」一贈何易一先生。鳳泊鸞飄已幾年。牢愁難訴與哀絃。滄桑變後還成世。文字刪餘別悟禪。弔影江潭人欲老。棲身瘴海客如還。恩仇未了心猶熱。雄劍摩挲向枕邊。

專件

東京留學四川學生爲川漢鐵路事敬告全蜀父老

嗚呼。今者列强之滅國新法實行於中國各省。而駸駸遂及我蜀。我父老其知之否耶。何謂滅國新法。昔之滅人國者。墟其社焉。豬其宮焉。廢置其君相焉。係累其子弟焉。今也不然。握其政府財政之權。奪其人民生計之路。剝膚吸血。使之奄奄以盡。而國非其國矣。英之滅印度也。僅以區區十二萬金之公司。取全印置之商團政治之下者數十年。然後舉名實以入於英政府。此稍諳歷史者所能知也。德人之經營小亞細亞及南美洲也。皆握其鐵道權礦權而制之死命也。美人之縣夏威夷也。以糖業也。英人之鑿杜蘭斯哇也。以鑽石礦及金礦也。美人之制巴拿馬也。以運河也。英人之軛埃及也。先以外交敏捷之手段。僅一夕話。乃舉其王室所有之蘇彝士河股份而攫取之。而埃及遂永沈九淵而不能自拔也。日人之併朝鮮也。先與俄羅斯戰於樽俎間。取京釜鐵路權而扼之。夫乃有今日也。由此觀之。百年以來亡國之跡。歷歷可數。何一非先由生計界實業界得寸進尺。然後以政治權隨其後者乎。嗚呼。我父老。十年以來列强所以處分中國之政策。惟玆一事而已。惟玆一事而已。

列强之以鐵路政策謀我。始於俄羅斯之東三省鐵路。而德國膠濟鐵路繼之。俄法比同盟之盧漢鐵路繼之。英德聯合之津鎮鐵路繼之。俄國之正太鐵路。

專件

纜之。英國之滇緬鐵路法國之滇越滇桂鐵路纜之。美國之粵漢萍醴等鐵路纜之。英國之滬甯蘇滬淞滬粵港等鐵路纜之。最近則葡國之粵澳鐵路纜之。以中國十八行省而入於各國鐵路勢力範圍內者。十四省其最完全最磅礴而有可爲我黃帝子孫立足地者。惟有一四川。四川之關係於一國以此思量重可知也。

去年以來。我 制軍錫清帥。深鑒時局。乃首倡自辦川漢鐵路之議。此徵特吾蜀人所歡抃禱祀。即海內外四萬萬同胞。莫不額手稱慶。跂足以竢其成。而日本各大報館。亦錄其 奏議。登其章程。競著論說。謂中國人最有血性而能任事者莫如蜀。外人之重視斯舉概可見也。乃遷延蹉跎。倏易年載。而至今猶未有眉目。內外論者。漸以失望。而今夏以來。遂有英法爭索此路之事。據各報所記。則法領事之強橫無狀。

威逼不一端。我 制軍辭以疾。而一面厲精以求此事之速成。嗚呼。此眞我全蜀六千萬人全國四萬萬人生死肉骨之一大關鍵。而某等今日所以奔走呼號痛哭流涕以稟訴於我父老者。即爲此舉。謹貢其愚。惟垂聽焉。

我父老勿以爲區區一鐵路無關大局輕重也。今者日俄之役。以滿洲爲戰場。 本朝所稱 祖宗發祥之地。今乃在中立區域以外。非復吾國人所得過問。將來戰爭結局。無論兩交戰國誰勝誰敗。而東三省之主權。斷不能再返於我國。此識者所同知矣。推原禍始。實自一鐵路啓之。蓋我方借地以修路。彼旋戍兵以守路。是以庚子一役。俄人借鎮亂爲名。久假不歸。以致有今次之變。當光緒二十二年。我政府初與俄人訂定東方鐵路公司條約時。舉國淺識者流。豈嘗料六七年後其惡果。乃至此極也。不徒東三省爲然耳。光緒二十四年。俄人欲握榆營鐵路（山海關至營口）之權。英國竭全力以反對之。交涉亘四五月。兩國國交。幾爲破裂。其事始末。見於英國藍皮書。及中國各報章譯出者。班班可稽也。夫英俄所以傾舉國之力以爭此鐵路者何也。以俄人既得東三省。路權。俄法比三同盟國復得盧漢路權。若更益以榆營一路。則俄法勢力遂貫注於黃河以北。故英國不得不篡取榆營以中斷之也。又不徒榆營爲然也。津鎮鐵路。與盧漢鐵路。爲兩平行線。英德所以斷斷爭此權者。以抵制俄法比之盧漢鐵路也。而此路之支配權。英德中分之。德人自天津以迄山東南境。英人續之以迄鎮江。其界限之區劃。所以必爾爾者。以北端爲德國勢力範圍。南端爲英國勢力範圍也。又不徒津鎮爲然也。粵漢鐵路。吾政府與美國立約。借美款興辦。既動工矣。而俄法以比利時爲傀儡。在紐約陰收股份三分之二。至今該鐵路全權在俄法比三國之手。我當道及湘粵愛國之士。設法力爭。迄不得要領。此最近之事實。稍留心時局者所能知也。試思鐵路苟非與國權有絕大之關係。彼俄法比三同盟國。何必處心積慮。運無量詭謀辣手以爭粵漢之一。幹綫也。彼將以北接盧漢鐵路。南接越南龍州鐵路。而使俄法勢力貫於我全國也。吾儕今臚舉此等故實。以强聒於我父老之前。我父老勿以爲支蔓而厭聞之也。蓋觀此可以知某國鐵路所至之地。即某國國權所及之地。路一成而國權即隨而轉移。東方鐵路之在東三省。其已事也。其他盧漢粵漢津鎮諸大幹路。今猶未成。及其成。則恐十年以後。凡彼路所經諸地。皆東三省之續也。故列强謀所以瓜分中國之政策不一端。其最堅牢而最慘烈者。莫鐵路政策。若此數年來。仁人志士。所日日焦慮呼籲。當亦我父老所餘闕矣。我蜀僻處西陲。距離海岸最遠。以交通之不便。故開化稍後於中原。而外力之侵入。受其影響者亦較遲。今日沿江沿海各要區。已亡之羊。不可追矣。惟全蜀一片乾淨土。其地力之豐。民族之繁。天險之固。皆非他省可逮。識者謂若我族終有蜀。則中國雖亡。猶可以圖存。非過言也。雖然。蜀之地位。固易於自圉。而外人所以謀蜀者。亦迭出而未有窮。法人自光緒二十三年。要求我國政府獲滇越鐵路之權利。由安南之海防起點。經河內老開以達於雲南府。而其預定線路。則更由雲南府起點。延長接續之。經昭通府入吾 之敘州以達成都。此線路經四年前由里昂市（法國之第二大都會）之調查委員測量已畢。歸而報告於政府。其報告書載在各報可覆按也。英人亦以同年要求我國政府獲滇緬鐵路之權利。由緬甸之門達黎起點。經大理楚雄以達雲南府。而其預定線路。別由楚雄分歧。經甯遠入蜀之雅州。以達成都。更由成都以出重慶。以通揚子江。此英國駐華前公使麥端奴氏報告政府之公文所昌言也。故英法之爭蜀。不自今日始。其處心積慮。皆昭揭於五六年以前。而今次之競以敷設權要求於我外部我制軍者。不過於其預定之政策而今茲謀實行也。夫英法人則何故汲汲爭此路。此甯俟吾儕之曉曉耶。我父老但以丙申年俄人爭東三省鐵路之事。與今日之事。兩兩比照。其利害可以立喻於言外矣。吾儕不忍復爲文飾忌諱之言。敢痛哭流涕以敬報我父老曰。四川鐵路入他國手之日。即四川全省土地人民永服屬於他國之日也。嗟我父老。能無念之。能無惘之。抑我父老更勿以爲此乃 政府之憂。 國家之患。而於吾儕小民一私人之生計無與也。今勿徵諸遠。

即以現在東三省人民論之。據各報所載。其蹂躪狠藉之情形。有耳不忍聞。目不忍視者。我父老或僻居山谷。未能遍讀諸報。但以情理想度之。兩大國交戰。而以我土地爲戰塲。人民之處其地者。旣受鋒鏑徵發之苛。復蒙硝烟彈雨之慘。其苦況豈待目擊而後能見也。詩曰。知我如此。不如無生。今者東三省之人民嘗之矣。而推原所以致此之由。則實以俄國區區一鐵路爲之祟。使當八年前俄人要求東方鐵路之時。有走告東三省人民者曰。「公等宜早自爲計。不爾則八年以後。公等彌天之大難其至矣」彼時東三省人民。或聞此言。其不掩耳而唾其面者殆稀也。而曾幾何時。遂有今日。今日之東三省人民。雖或悔之。謂早知有此。吾甯盡傾吾身家財産以爲贖。其奈已無及也。今者吾儕痛哭流涕以告我父老曰。「英法爭四川鐵路。我輩宜早自爲計。不爾則數年或十數年以後。吾全蜀將爲東三省之續。東三省人民今日所受之苦難。吾蜀人皆將受之」在我父老聞此言。或有以爲不祥之言。掩耳而唾吾面者乎。雖然。吾不敢不言。吾不忍不言。我父老即辱詈我。夏楚我。我輩義當受之。斷不忍使我父老悔於十年以後。而莫能追也。且吾所謂東三省戰塲苦況者。猶不過一時現狀而已。使一時受其苦痛。而永久蒙其利益。猶曰得失足以相償也。抑我父老其亦聞近日泰西生計界之大勢乎。泰西昔多小康之家。自百年來。産業組織制度一變。於是有極富之人。極貧之人。而無所謂小康之人。何也。彼旣聯合大資本。組織大公司。以經營大事業。彼小資本小商店。勢不能與之敵。相率倒閉。疇昔擁中人之産者。乃不得不漸降而傭工。以求自給。而資本家有全力以制勞力者之死命。以故泰西中下等社會之人民。永沈九淵而不能自拔此近日社會問題所由起也。其理甚長。今不能一一爲我父老縷述。要其事實固不誣也。吾儕不及今謀以自力聯合大資本。組織大公司。經營大事業。而一任外國人以資本壟斷我利源。迨其基礎已定。而我欲以區區之中產丐餘瀝以謀生計。其猶能與之敵耶。其猶足以自存耶。極其敝勢必舉全國人皆爲勞力者。而仰衣食於外國之資本家。一失彼族歡心。則饔飧且無術自給。今者印度人之境遇。蓋如是矣。我父老聞此。其或謂吾儕故爲危詞以聳聽耶。平心論之。此等景象。非閱數十年後。未必遽見。而月暈知風。礎潤知雨。苟不早謀抵制之法。則數十年後。固亦萬難逃避也。而尚有抵制之可言者。惟在今日。失今不圖。過此以往。雖有大力。無所補救。夫利源之最大者。莫如礦務鐵路。今吾蜀礦務落於他人手者已過半矣。今若並鐵路權而失之。則如全身之脈絡血管悉被制于人。此後欲脫羈軛而圖自立也。更何望矣。嗚呼。我父老各有田園廬墓。各有子孫宗族。竟聽其近之步東三省之後塵。遠之蹈印度之覆轍也。

吾儕千言萬語。危詞苦口。以嘵嘵於我父老之前者。惟有一事。曰求吾父老速謀以蜀人之力辦蜀中之路而已。吾欲極陳此路之利害。吾更不厭絮聒。先進一解蔽之言。吾儕今極言鐵路之當辦。而內地老輩或者猶抱十年前之迷見。曰侵害風水也。曰奪小民生計也。曰用夷變夏也。藉口於種種。而以爲鐵路不當辦者。容或有其人也。然今世界各國鐵路如織。徧布國中。未聞以侵風水奪生計爲慮者。日本區區三島。傚法泰西。今乃挫強俄。赫然爲世界一等國。故前此諸謬見。殆更無一辯之價值。以我父老之明。當必有察於是。無取吾儕之詞費也。顧吾儕今日更有一語。不可不常目在之者。曰吾蜀之鐵路。辦亦辦。不辦。

亦辦辦而辦者其權在我而我蒙大利於無窮不辦而辦者其權在人而我受大害至不可思議且使我蜀人皆喁喁讒慝曰吾以某事某事之故不欲辦鐵路且反對彼之言辦鐵路者雖復人人如是日日如是一旦或英或法索得辦路權於我政府旋即硬派人來測量焉興築焉不數年而車聲轔轔奔軼於我原野焉試問我蜀人能有力以抗之者乎彼時則噤若寒蟬俯首聽命而已而嗷嗷空論之未終已忽舉全蜀而東三省之西印度之則彼持反對論以造此孽者雖日自撾其背其亦安能贖也嗚呼我父老 公等而或猶有持鐵路不可修之論者吾儕亦諒公等之心同爲愛國同爲愛民顧請公等詳按時勢平心以一思鄙言勿自貽悔於數年以後也

雖然吾度我父老中其謂鐵路不可修者殆無一人焉其猶有懷疑者則曰修固宜矣然何必若是其急也此義也吾儕亦知之使非有英法兩國攘臂坐索則即從容俟諸數年十數年以後或亦未爲晚也無如現今主客所爭間不容髮我不投袂而起彼即乘隙而來我父老寧不聞今者錫制軍之所以應付英法乎曰無煩代庖而我自辦也今所能藉以搪抵者惟茲一事而已惟茲一事而已然茲事非可以空言了也今年四月日本人要求朝鮮政府代墾其全國之荒蕪地朝鮮人不許而自立一農礦會社聲言自辦乃社會雖立而資本無著不旋踵而日人謂其空言相率會社旋即解散此最近之龜鑑我父老所宜同兢兢也故吾儕更爲一直捷之言以稟我父老曰

（一）使蜀路入於英則全蜀入於英使蜀路入於法則全蜀入於法使蜀路分入於英法則全蜀分隸於英法

（二）今日除蜀人自辦外則蜀路不入於英必入於

法不入於法必入於英

（三）蜀人徒空言自辦而無自辦之實力（即資本）則鐵路終不免或入於英或入於法

（四）蜀人即有能自辦之實力而不及今速辦更閱一年數月以後則蜀路已或入於英或入於法雖欲自辦而無從

我父老請降心壹聽之平心諦察之吾儕所言其有詩非之可採耶審如是也則拯吾蜀六千八百萬子弟於瀕死而肉其白骨非我父老誰與望也幸哉我蜀之有　賢有司也使當彼二國之干涉要挾而當道者已貿然許之則吾儕小民雖愴地呼天其安能救也而我　制軍錫清帥洞觀時局愛民如子愛國如家首倡自辦川漢鐵路之議讀其奏議凡蜀民稍有血氣者皆當感激涕零踊躍三百也蜀人得此賢有司而蜀路猶不能成則非有司之負我而我之負有司也夫所謂我之負有司者何也　制軍爲我立案奏辦以抵拒外人其所以爲蜀人謀者旣云周矣至按諸實際行其所言則或由北京　政府指撥巨欵或由本省歲入別籌財源在　制軍當自有計議爲德必卒雖然吾儕生於蜀長於蜀凡蜀中之利害皆與吾有直接之關係際此大事惟賢父母之是賴而不復稍竭綿薄以助其焦勞撫心自問其能安耶今約計川漢鐵路之成需欵約在五千萬以外吾儕望　政府之指撥而今者司農仰屋之苦況我小民能無諒之於蘆漢粤漢之幹線尙不能以自力舉辦而望其能有欵以濟吾蜀此非智者之言也無已則望諸大省官項而歲入固有限歲出亦有常驟然以籌備此巨欵責望於有司毋乃不恕即使有之而亦斷不能任其全即使官項能任一半而其餘一半吾蜀民不任而更誰任也夫使蜀民而無可以任辦此

路之資格也。則吾儕亦無疑焉。蜀之幅員。與日本三島埒。人民六千八百餘萬。且半倍於日本。日本今年人口統計四千三百餘萬耳。以日本至約之民。至瘠之國。而能修五千七百餘英里之鐵路。（約當中國二萬里）而我蜀半倍於彼之人民。欲築五分彼之一之鐵路。而猶曰不能。吾不得不爲吾蜀人深恥之。且今日在中國十八行省中。數天府膏腴之地。奢必曰蜀。蜀中特別大富家。雖不甚多。而中人之產。所在皆有。苟能合羣力。豈惟區區之川漢鐵路。雖以蜀中物力。全握一國之路權。殆非難也。今以蜀人辦蜀路。而猶相諉曰。不能不能。則其他諸省。更復何望。是沮國之利權。終必拱手讓諸外人。而永此終古也。望我父老爭此一口氣。以爲全國國民倡也。

吾儕有游於日本者。親視日俄戰爭時。其國民之情狀。見其上自貴族薦紳。下及販夫豎卒。咸裁減僕從。節嗇衣食。舉其所有。以應國債。充軍費。問其何以如此。則曰。今茲之役。我日本存亡所由繫也。苟軍費不繼。以至於敗。則吾儕性命財產。更復何存。故不惜罄所有而獻之也。今者吾蜀民與他國爭蜀路。其外形雖與戰爭殊科。而其事關於蜀之存亡。關於全蜀人性命財產之安危。將來咸相讓也。我父老疑此言之太過乎。試思今日東三省人民。性命何在。財產何在。使彼能於十年前自集巨欵。以辦成俄國所有之東清鐵路者。則何至有今日事後而痛惜之。則奚及也。故吾望我父老。督率我子弟。以敵愾決死之氣概。以對付此問題。誠如是也。則各出其所積蓄。以救眉急。雖明知此金錢擲之而無可復。猶且不惜。而況於實爲大利所在者乎。

吾儕謂川漢鐵路爲大利所在者何也。現今各國之鐵路公司。殆無一焉而不獲倍蓰什伯之利者。日本之「日本鐵道」股份每股五十圓。今乃值至七百五十餘圓。山陽鐵道股份每股五十圓。今乃值至六百圓。其餘各路。雖極微者。亦皆倍其原價。若英美各國。爲利更深。今欲悉臚舉之。雖列表十紙、不能盡也。若虧本之鐵路。則千百中不聞一二焉。苟有之。則其管理之非人。以侵蝕或失察之所致耳。即如美洲橫貫大陸之路。所謂「加拿大太平洋鐵路公司」者。其線路越落機大山而過。最稱艱險。所經半皆未闢之土。人烟寥落。初辦時。附股者咸有戒心。乃路成後。迄今不過十餘年。而百圓之股份。亦值至六百圓矣。此何以故。蓋今日交通大盛之世界。百物運輸。流轉萬國。路愈通則出產愈盛。出產愈盛則路利愈厚。如是相引。以至無窮。故他業有虧本。而鐵道斷無虧本。此在他國而皆有然。況我中國者民數之富物產之饒。甲於大地者乎。況我四川者民數之富物產之饒。甲於中國者乎。試思我全蜀六千八百餘萬人。其每日來往於省內者。當得幾何。其每月來往於省外者。當得幾何。以六千八百餘萬人之生產。其貨物之輸出於省外者幾何。以六千八百餘萬人之銷費。其貨物之由省外輸入者幾何。又省內之府府州州縣縣。其貨物之互相挹注轉輸者幾何。而吾蜀道之難。著稱於全國。其與他省交通也。陸則蠶叢鳥跡。水則驚流激湍。舉國以畏途目之也。數千年矣。今若一旦安軌飛行。瞬息千里。凡我邦人。有不趨之若鶩者耶。數年以後。蘆漢粵漢兩幹線既成。而我川漢鐵路與之銜接。則北通燕齊。南撫閩廣。東連吳越。吾蜀六千八百餘萬人之生產力。以全國爲其尾閭。而我川漢鐵道。實握其脈絡之權。迨第二期之擴充。則川藏川陝川滇之路。亦次第成立矣。十年以後。吾儕爲川漢鐵路之主人翁者。其得意當何如哉。故今日我輩不欲謀。

利益。則已苟欲謀利。則投資本於他事業。不如投之於鐵路投資本於他鐵路。不如投之於川漢鐵路鐵路者生利事業之大王。而川漢鐵路者。又鐵路事業之大王也彼英法兩國之竭全力以爭此路者。固緣其政府欲藉此以擴其勢力範圍於吾蜀抑亦人民。各涎此路深悉爲大利所在。而慮他人之捷足先得。也。今我蜀人以固有之利權天之所以畀我者乃拱手以奉他族，不得不爲吾蜀人痛惜之。

以全蜀人之力。而謂不能辦區區之川漢鐵路。雖五尺之童。猶知其妄也。而竟至今未能者。則以有資本而不知聯合也近日泰西所謂產業組織之變更者。其最要莫如聯合資本蓋以一二人之力。無論如何。斷不能獨舉大事業。然事業愈大則獲利愈多故資本聯合。則一國之總殖增而各人之富率亦驟加不聯合者。雖其事業之大利。爲衆所共覩。則亦過屠門而嚼耳。故國之利源永不能闢。而强有力者從而篡之。既篡以後。欲其還於原主。永無望矣。中國之所以不競於他國者不一端。而人民公共心之缺乏不能。聯合資本以求雄飛於生計界此實其最重要之一原因矣。推原其資本所以不能合同之故。亦有多端。其一由風氣未開。不知其辦理法之何若也。其二由法律不善。懼官吏之擇肥訛索也。其三由不敢信人。恐當事者之舞弊也。此其最要者也。故才敏者。挾其小小資本。營小小製造販賣之業。樸愿者則以之置田廬。食租稅而已。其甚愚者。乃至窖藏焉。以遺子孫。投一國有用之母財於死地而不肯以之自利而利人。此亦無怪其然也。雖然。自今以往。此等思想習慣。終不可不改。不改則國隨之而亡矣。今者與海外交通之漸盛。外國之公司管理法。習見習聞而親歷之者。既不乏人。苟資本誠充。殆無憂管理者之乏才

專件

也。是第一事不必慮也。官吏之爲商人。盡誠過去現在所不能免。但此次倡辦川漢鐵路。由大吏提倡主持。而大吏所以熱心此舉者。亦由深察乎全蜀生死之所由係。故宵衣旰食以期其成。而近者 朝廷亦發布商法。謀所以擴張商民之權利者。苟吾蜀人。誠能肩此大舉。竊計賢有司必無或困苦之。而惟有保護之。公司應有之權利。必不吾靳也。是第二事不必慮也。公司資本既由衆鳩。則公司章程。自必由衆定。凡我與股之人。皆得有權以議定公司之法律。監查公司之事務。是在吾人之善於其始耳。是第三事不必慮也。利害比較。所得如是。我父老其更奚疑哉。其更奚疑哉。

嗚呼。我父老。今日事急矣。以吾儕所聞英法坐索。制軍無以拒之。乃至辭以疾。夫 制軍之出於此也。蓋不得已也。皆所以爲吾蜀也。其苦心至可憐而至可敬也。夫孰使 制軍而至於是。則以吾蜀人莫或助。 制軍致 制軍雖有辦川漢鐵路之決心而不能徵諸實事。無以執英法之口也。夫 制軍不過爲蜀人計耳。爲大局計耳。使其自爲計也。則一旦榮遷之後。蜀之安危。非彼之責任。蜀人將來之苦難。非彼所親受也。而 制軍顧乃苦心焦慮以期爲蜀之保障。而蜀人直接受其利害者。乃反漠然視之若身外事也。吾有以知我父老之必不然矣。

今請更爲簡單淺明之條理。以結此論之大意。

(一)現在 制軍 奏辦川漢鐵路。凡我蜀六千八百餘萬人。宜全體以助其成。

(一)興辦鐵路。所需資本。不論多少。我蜀紳商民庶。總宜設法認其股份之過半。而以小半歸官股。若能全用商股。不以此重勞長官之擘畫。尤善也。吾蜀實有此力量。在各人之勉力而已。

（一）川漢鐵路公司招股章程。既頒發以後。我全蜀紳商民。庶各宜自量其力。盡之於至無可盡。以認買股票。

（一）公司若於股票之外。更發出社債券時。各人亦宜。盡力放心購買。蓋西人辦公司。常有借社債之事。如一事業需本千萬乃能辦者。往往集至五百萬。或二百五十萬。即行開辦。而其餘即借債以充之。購買股份者。公司獲利則大得其贏。購買社債券者。即公司虧本亦不憂無著。此是外國通行之例。其規矩甚嚴明。今不能一一詳述也。以此之故。故人有樂於購股票者。有樂於購債券者。兩法並行。然後資本聯合之効用。乃益大。此西人閱歷有得之辦法也。將來川漢公司。行此法與否。非吾儕所能知。若其行之。望鄉人皆贊助之。

（一）此舉或非徒特商股所能辦到。則必借助於官股。現在 大吏悉心提倡。當必能有以慰吾鄉人之望。惟是公欵歲出歲入。皆有常額。未必能遽提出此巨欵。倘或 大吏通盤籌畫。或興辦某項稅則。及計租攤集者。望鄉人顧全大局。切勿反對鼓譟。惟須請明降 諭旨。及 制軍親批明。所增徵各項。專爲辦鐵路用。永不得移作他用耳。若官股之來源。出於此途。則將來鐵路所獲贏利。凡屬於官股一部份所應得者。永以之爲辦本省公益事業之用。此必 大吏之所樂許也。

（一）凡將來持有川漢鐵路公司之股份票及社債券者。可以展轉售賣。惟不得售之於本國人以外。

（一）既知鐵路爲全省命脈。則自今宜速設法開一鐵路學堂於省中。各有力之家。宜速遣子弟往歐美日本學習鐵路。此又本文附屬之一要着也。

今將川漢鐵路附股利益。詳列於后

專件

(一)如各州縣有地方公款。存商生息者。最宜以附鐵路股。因地方公益之大者。莫如鐵路。而存放最穩獲利最豐者。又莫如鐵路也。

(一)素封之家。欲以所蓄資本置田產者。不如以之附鐵路股。因置田得利甚微。且往往有水旱偏災之患。鐵路則歲收常息。永遠有盈無虧也。

(一)素封之家。欲以所蓄資本營運商業者。不如以之附鐵路股。蓋尋常商業。銖積寸累。所得有限。苟非躬親。尤易虧蝕。鐵路則利源既大。而事經衆舉。委託得人。可以不勞而坐收其利。貽謀子孫也。

(一)西商票號錢業等。最宜附股。以速助鐵路之成。蓋有鐵路。則全省交通。驟開生計。驟旺資本之流通。益頻繁。首食其大利者。在票莊錢業也。

(一)各行商。最宜附股。以速助鐵路之成。蓋川省出產饒沃。甲於大地。徒以道路不通。轉運艱澀。故大宗貨物。不能出省。常有在外省外國。值價百金之貨。而在本省。僅以二三十金為常值。又外貨入省。運費奇昂。購售甚難。銷場斯隘。鐵路一通。則情形全變。通省商場。大添活力。食其利者。莫若行商也。

(一)開販賣小商店者。宜舉其所積。以附鐵路股。蓋鐵路開。則全省驟加繁盛。民間購買力頓增。小商店最獲利益也。

(一)凡農民。宜舉其所積。以附鐵路股。蓋鐵路開。則四川所出之土產。皆可轉銷於外省。而價必驟騰也。又鐵路開。則雖有一地方之偏災。而轉粟甚易。彼此挹注。無致甲地患紅朽。乙地饜糟粕也。

(一)有錢放息以取利者。不如移以附鐵路股。蓋放息取利。常患漂帳。鐵路則永無是患也。

(一)工人。宜舉攢積所入。以附鐵路股。蓋鐵路一開。即以本路工程而論。已添需數十萬工人。而別種工

十四

作相緣而起者尤不可以數計工人永不患無謀食之路也

（一）居於大道附近或有地業在大道附近者尤宜附股以速鐵路之成蓋一成後則地價大漲而鐵路所經左右數十里內皆加倍繁盛人人易於謀生也

（一）寺觀菴院如有公產者莫如以之附鐵路股不徒爲公產居積致盈而現在風氣旣開朝廷屢頒改寺院爲學堂之議苟不知機攖此風潮將來必有充公之慘莫如以之辦鐵路佐新政爲大吏所嘉許爲全省所贊尙日後決可相安永爲保全也

（一）婦女宜舉其私蓄以附鐵路股蓋最穩固而能生利雖或遇人不淑有子不賢擁股票數張亦可以自存而好合和順者佐家業之盛興又無論也

（一）兒童亦宜積貯父兄戚友所賞犒以附鐵路股將來讀書成業可以爲助也

（一）外省來蜀經商之人尤宜合大力以附川漢鐵路股蓋川漢路開商務驟盛公等尤先受其賜也

（一）將來鐵路股份大約分數期徵收稍有力者勉認一股以數十金之資分數年交出人人能辦也

（一）工人婦女兒童等若不能每人獨認一股不妨合數人共認一股利益均沾也

紀事

中國大事月表

甲辰八月(補錄)

●一日 四川苗匪蠢動擾及雲貴兩省邊境

美使照請承辦陝西榆林延安兩府煤礦

法使要求承辦福州自來水

定議將太常太僕光祿鴻臚四寺歸併禮部改添四司

戶部議奏川省開捐應照練兵處新定章程辦理

軍機處電催各省督撫速解廣西協餉

練兵處議設武備學堂

甘肅黃河決口爲數百年來未有之災

盛京士人擬設保衛公所以自治凡立法外交財政軍務等權皆自掌之

●三日 許慶邸起立奏事

西匪函求某營統領代懇岑督給發護照川資俾得前赴南非作工

●四日 得廣西確報前月十三四日湘粵各軍擊敗匪徒於懷遠十八九日又敗之於四十八峒

英藏和約已於廿八日簽字之報至

駐滬法領事向浙撫要索自上海至紹興之航路

外務部與日英公使會議威海衛問題

美國新派領事於杭州

紀事

日本報言中國已自西六月廿九號入萬國紅十字會

五日　順天府擬練巡警軍四千

英商向商部稟請承築山西省自太原至浦州府鐵路未經批准

廣西懷集土匪作亂殺傷官兵頗衆

岑督電催善後局速解餉械往西

浙省開辦契據印花稅

京旂練兵處訂購軍火

山東巡撫因黃河水災電請開捐

京師各行業議設商會

六日　內務府奏裁七十二缺奉旨依議

日本軍政大臣以軍務吃緊暫時不肯將營口交還

增祺電告政府俄兵大擾奉天

直隸裁道府以下至訓導共一百九十七缺

雲貴總督電請戶部撥欵興辦滇越鐵路。

江西亂民竄入安徽婺源縣

鄂督籌議收回合興公司抵股六十萬。鐵頁擬提製造局存欵八十萬又滬道所存應解武衛軍協餉七八十萬。

英將幼夫預定退兵西藏之期

七日　潮汕鐵路興工

戶部允撥直隸各營協餉銀六十萬兩已於前月廿七日如數發放

八日　法國越南鐵路已逾蒙自達雲南昆明省城

九日　七月十五六日廣東歸善大水淹斃百

餘人倒屋千餘家
河南永寧因抽土膏過苛土行罷市拆毀稅局
江西議辦米穀統捐

●十日 七月廿七日廣東惠州府忽然戒嚴之報至
岑督電催解餉四十萬往西省
廣東商人創設出口洋莊商會
七月十八十九二十日廣東崖州山水暴漲民房多被冲塌漂流人物以千計溺斃畜類以萬計
周榮曜呈請承辦北京電燈

●十一日 日本眞宗大谷派在福建安平鎮開設
外務部因東三省事宜與駐日楊星使頻通密電
皇太后擬在八旗新練軍內挑選若干爲禁衛軍着與姜軍分駐頤和園三海等處
日人在牛莊改訂稅則將洋藥稅加重而將食鹽等稅減輕
戶部主事李某向商部稟請承築太原蒲州鐵路
浙撫電稟外部紳商請辦衢溫嚴處各府礦業
學務處奏定進士館之部員仍回各衙門學習部務另訂聽講新章作爲分班

●十二日 英政府聲稱旅順幷非俄人退讓則英國所租借之威海衛不能與之事同一律
安徽裁缺八十一員

紀事

新定骨董收稅例

外務部咨調各省熟習交涉人員

袁督派常備軍一營駐紮遼河以西

江西常備前軍購辦軍用品雨衣背囊飯匣等各三千件

●十三日 安徽頒發烟酒業門牌以便稽查徵稅

南京創設運水公司

安徽重開因利局給發貧民資本

●十四日 前月上旬官軍攻西匪于靈山縣

駐京日使不允撤去戰地民政局

特派趙爾巽與俄使開議東三省墾務

擬派仕學進士兩館學員留學日本

俄使因英藏新約警告外部謂侵俄國利權必不承認

●十五日 外部拒絕某公使借天壇駐兵之議

●十七日 德國哈林好司教士定于西十月三十日升授山東主教

美兵艦擬往寧波象山灣演砲

開議葡萄牙商約

江西藩司暫借二百萬充實諸庫以備鐵良來查

政府擬以落地捐補救裁撤釐金之短額

●十八日 上諭直隸津海關道唐紹儀著開缺以三品京堂候補賞給副都統銜前往西藏查辦事件欽此

去月湖南永州府因派捐罷市之報至

議自明年將各省摺差一律改歸郵政局呈遞

陝撫奏裁陝西糧道歸併藩司兼管

袁督奏保日本留學生金邦平富士英高淑琦張奎張鉄緒沈琨王宰善七人均賜出身有差

某請承辦京師自來水公司

美商要求陝西延安府屬煤礦

總兵處電咨各省速將水陸各軍營弁開具清單來京以便咨商北洋大臣酌量裁奪

●十九日 政府催川督從速興辦川漢鐵路免外人覬覦

●二十日 法艦爲保護教堂駛抵鄱陽湖

政府電飭各省籌商廣西軍餉

●廿二日 某侍御奏請査辦河北大刀會

政府答應以後如因粵漢鐵路需欵須向英美兩國籌商

●廿三日 戶部擬在上海開一匯兌銀行

戶部咨行各省採辦銅片以鑄當十大錢

商部派員考査南洋各島商務

高爾嘉與法商合股四百萬在天津設華興銀行

馬賊不得志於張家口因竄入陝西境界

●廿四日 某侍御奏請裁撤內閣侍讀中書各員

政府决議規復海軍

河南各防營改習日本操法

●廿五日 馬軍改習日操

南寧衡軍兵變

陘太鐵路開工

喀拉沁王請辦蒙古金礦

紀事

意國派領事駐劄雲南蒙自

張季直擬自開通州作商埠

俄人擬毀瀋陽城以便退軍

俄國獻賄四百萬盧比於蒙古王

●廿六日 河南懷慶府白蓮教匪勾結大名府團元會匪滋事敎士均逃入省城

岑督奏請駐劄潯州

孫詒讓開辦浙江溫溪礦業

●廿七日 劉春霖調補湖南布政使廣西布政使命張廷燎調補張紹華調補雲南布政使

梁敦彥調補津海關道

上諭著商部遴選妥員前往會同盛宣懷將該大臣所辦路礦歷年出入欵項確實查明詳晰具奏欽此

●廿八日 河南官錢局印行銀洋鈔票

俄國擅入蒙古招募兵士

廣西右江鎮黃殿臣統熙字五營幷有楚軍相助在柳州與叛匪大戰三晝夜各軍死傷甚衆

商部派王清穆楊士琦兩參議會査路礦事宜

日俄戰紀

日俄戰役大事日記表

記載者用陽歷

七月（補錄）

◎一日 午後七時頃俄艦三艘又現於九州對島附近

◎四日 天未黎明俄兵約兩大隊逆襲摩天嶺日軍突擊之遂竄於樣子嶺方面

◎五日 日本上村第二艦隊搜索對馬島附近發現之俄艦因薄暮所致遂不知所在日本海門艦在大連灣外自觸水雷爆沈

◎六日 俄國於第一軍團下動員令日本滿洲總司令官大山岩參謀長兒玉源於午前十一時由新橋同赴戰地第一次日俄兩軍戰於蓋平一帶日軍一部占領崔家屯高地又第一軍之一枝隊占領堿廠

◎七日 日本第二軍驅逐砂岡嶺附近之俄兵占領塔子澤至大望海寨東方高地之線

◎八日 日本第六艇隊夜襲旅順港外之俄國哨艦又第五十八艇隊砲擊黃金山下之俄艦

◎九日 第二次日俄兩軍戰于蓋平一帶日軍占領蓋平一帶由太平屯峯家屯至海山塞高家塞

日俄戰紀

午前七時旅順俄艦數隻出港與日本第二艦隊戰于小平島未幾俄艦逃入港內

俄國黑海義勇艦隊三隻通過達達尼爾海峽又巡洋艦四隻在波羅的海之里巴港準備拔錨

◎十日 俄國大臣委員會議長域堤氏於九日來德京伯林與德相票羅氏相見

日本大孤山上陸軍占領秀才溝

◎十一日 日本第六水雷艇隊駛進旅順口防材附近襲擊俄艦

英國與土耳其抗議關於俄艦駛過達達尼爾事件

德皇電祝俄國威波克聯隊

俄艦現于北海

◎十二日 俄艦二隻現於天鹽海面

◎十三日 俄國在德京伯林銀行借公債五千萬馬克

英德締結仲裁條約

◎十四日 日本捕獲中國流船西平號

俄義勇艦隊在紅海抑留英船二隻

◎十五日 俄國虛報用地雷火殺日兵三萬

◎十六日 日軍在摩天嶺捕虜俄兵士九十八名已到松山

◎十七日 午前三點鐘俄兵再逆襲于摩天嶺被日軍擊退

俄艦捕德國商船一隻將寄往日本之郵件搜去

日軍占領細河沿

◎二十日 海參威俄艦通過津輕峽擊沈日船高

島丸號

◎廿一日 日軍再占堿廠

◎廿二日 俄軍第三次逆襲摩天嶺

駐韓日軍司令官原口氏在京城各處施行軍事警察

◎廿三日 日本憲兵在韓國京城臨檢保安會塲

日本第二軍自是日始大戰于大石橋附近占太平嶺營口大石橋

◎廿四日 俄艦在伊豆海面擊沈英商船一隻

日本第十四號水雷艇隊及附 砲艦第十第十一號夜襲旅順港口

◎廿五日 俄義勇艦隊在紅海捕英商船亞爾多華號及德商船士根棄號

韓皇爲召聘伊藤侯之事致書日皇

俄將古魯巴圖堅於大石橋之戰跌馬受傷

◎廿六日 韓廷向日本人借銀一千萬元爲開設銀行之資本已有成約

土耳其禁義勇艦隊之出峽

俄國釋放德商船士根棄號

◎廿七日 英美兩國輿論極憤怒海參威俄艦之行動

韓廷拒絕日本要求荒蕪地之開墾

俄艦現于東京灣南約六十海里捕英船一隻

◎廿八日 俄義勇艦隊又在紅海捕英船一隻

俄國內務大臣爲虛無黨所殺

俄國在紅海捕商船二隻一爲馬拉加號和爾摩沙號及德船下爾沙治也號經已釋放

日俄戰役大事日記表

日俄戰紀

◎廿九日　日本第十一次大本營會議又開閣議

俄德通商條約調印

◎三十日　俄艦通過津輕海峽而去其在太平洋者凡十日

明治三十七年十二月廿七日（第三種郵便物認可）

新民叢報

第參年第拾壹號

（原第五十九號）

本號要目

光緒三十年十一月十五日（明治三十七年十二月廿一日）

每月二回朔望日發行

新民叢報第叄年第拾壹號目錄（原第五十九號）

目錄

報資及郵費價目表

	全年廿四冊	半年十二冊	零售
報資	五元	二元六角	二角五分
日本來申郵費	二角四分	一角二分	一分
瀛輪已通之地郵費	四角八分	二角四分	二分
內地郵費	一元四角四分	七角二分	六分
四川、雲南、陜西、貴州、山西、甘肅等省郵費	二元八角八分	一元四角四分	一角二分

日本各地每冊郵費一仙

廣告價目表

洋裝一頁	洋裝半頁
十元	六元

惠登廣告至少以半頁起算刊資先惠論前加倍欲登長年半年者價當面議從減

編輯兼發行者　馮紫珊

印刷者　陳侶笙

發行所　橫濱山下町百六十番　新民叢報社

上海發行所　四馬路老巡捕房對面　新民叢報支店

印刷所　橫濱山下町百六十番　新民叢報活版部

英國大詩家索士比亞

Shakespeare.

英國大文豪彌兒頓

John Milton.

余之死生觀

中國之新民

我可以毋死耶君可以毋死耶嘻前我而生者億兆京垓無量數不可思議之人則既死並我而生者一歲之中全世界數十兆以上之人則既死我國內數兆以上之人則既死我與君其終不能免矣死既終不能免一死之後我與君將澌然以俱盡耶果爾爾則我將惟楊朱之言是宗曰死則一矣毋甯樂生雖然。我見我國若全世界過去之聖哲皆有其不死者存我見我國若全世界過去之豪傑皆有其不死者存我見我國若全世界過去億兆京垓無量數不可思議之人類無論智愚賢不肖皆有其不死者存故知我與君皆有其不死者存今願與君研究「死學」

自昔野蠻時代之宗教。皆言靈魂。即號稱文明宗教在今世諸文明國中最有勢力如景教者。亦言靈魂。孔教則不甚言靈魂。佛教則反對外道六大論師之言靈魂。近世歐美哲學家。就中如進化論一派。亦反對景教之言靈魂。靈魂之果有果無。若有之。則其狀態當何若。是數千年來學界一最大問題。辯爭至劇烈。而至今未嘗已者也。雖然。無論爲宗教家。爲哲理家。爲實行教育家。其持論無論若何差異。而其究竟必有一相同之點。曰人死而有不死者存是已。此不死之物。或名之爲靈魂。或不名之爲靈魂。或語其一局部。或語其全體。實則所指同。而所名不同。或所證同。而所修不同。此辨爭之所由起也。吾今欲假名此物。不舉其局義。而舉其偏義。故不名曰靈魂。而名曰精神。精神之界說明。然後死學可得而講也。

佛教之反對印度舊教言靈魂者何也。舊教言輪迴。言解脫。佛教亦言輪迴。言解脫。獨輪迴解脫之主體。舊教惟屬諸么匿。佛則么匿與拓都並言之。而所重全在其拓都。此其最異之點也。故此主體者。佛教不名之曰靈魂。而名之曰羯磨。舊教言靈魂。雖各各不同。然皆言有一「神我」。我爲所輪迴體。神我爲能輪迴體。佛教以爲若此。沾滯於小我。是求解脫而反繫縛也。故排之而立羯磨義。（佛之排舊教說。此不能具徵。余近別著「死不死」一書。當詳言之。）佛說以爲一切衆生。自無始來。有「眞如」「無明」之二種性。在於識藏。而此無明相熏相習。其業力總體演爲器世間是卽世界也其箇體演爲有情世間卽人類及其他六道衆生也以今義釋之則今世界者全世界人類心理所造成（佛說不限人類今舉狹義耳）一社會者一社會人之心理所造成箇人者又箇人之心理所造成也（今之箇人由有生以前之心理所造今之心理又造成死後之箇人全世界乃至一社會亦復如是）佛說一切萬象悉皆無常剎那生滅去而不留獨於其中有一物焉因果連續一能生他他復生一前波後波相續不斷而此一物名曰羯磨（佛說經汗牛充棟語其指歸不外發明此義今舉其最淺顯者一段示證）首楞嚴經云佛告大王汝身現在今復問汝汝此肉身爲同金剛常住不朽爲復變壞」世尊我今此身終從變滅」佛言大王汝未曾滅云何知滅」世尊我此無常變壞之身雖未曾滅我觀現前念念遷謝新新不住如火成灰漸漸銷殞殞亡不息決知此身當從滅盡」（中略）佛告大王汝見變化遷改不停悟知汝滅亦於滅時知汝身中有不滅耶」波斯匿王合掌白佛我實不知」佛言我今示汝不生滅性汝年幾時見恒河水」王言我生之歲慈母携我謁耆婆天經過此流爾時卽知是恒河水」佛言大王如汝所說二十之時衰於十歲乃至六十日月歲時念念變遷則汝三歲見此河時至年十三其水云何」王言如三歲時宛然無異乃至於今六十有二亦無有異」佛言汝今自傷髮白面皺其面必定皺於童年則汝今時觀此恒河與昔童時觀河之見有童耄不」王言不也世尊」佛言大王汝面雖皺而此見精未曾皺皺者爲變不皺非變變者受滅彼不變者原無生滅云何於中受汝生滅而猶引彼末伽梨等都言此身死後全滅」

羯磨之爲物殆如然電燈者電能消去而其遺漬緣表筒

中銖黍不爽（今各國然電燈煤氣燈者。燈局皆置表於然者之室。每月視其表而量其所然之多寡。因以取價。）又如人食物品品中土性鹽質除穢洩外而其餘精徧灌血管（以上設譬。粗而不類。特舉淺近以示證耳。）於是乎有因果之律謂凡造一業必食其報無所逃避（法句一二七偈云。汝雖復至大洋中央。乃至深山洞窟之下。舉此世間。終無能逃汝所造業結果之處。）人之肉身所含原質一死之後還歸四大固無論已（四大者。謂地水火風也。中國言五行。而印度言四行。圓覺經言。死後骨肉歸土。血唾歸水。動力歸火。氣息歸風。今此肉身。更在何處。）就其生前亦既刻刻變易如川逝水今日之我已非故吾方見爲新交臂已故（首楞嚴復云。若輕令我。微細思維。其變甯惟。一紀二紀。實爲年變。豈惟年變。亦兼月化。何直月化。兼亦日遷。沈思諦觀。刹那刹那。念念之間。不得停住。）此其爲說證諸今日科學所言血輪肌體循環代謝之理既已確然無所容駁故夫一生數十年間至幻無常無可留戀無可寶貴其事甚明而我現在有所行爲此行爲者語其現象雖復乍起即滅若無所留而其性格常住不滅因果相續爲我一身及我同類將來生活一切基礎世界之中有人有畜乃至更有其他一切衆生人類之中有彼此國有彼此家有彼此族彼此社會所以者何皆緣羯磨相集相熏組織而成是故今日我輩一舉一動一言一話一感一想而其影象直刻入此羯磨總體之中永不消滅將來我身及我同類其受影響而食其報此佛說之大概也。

吾受其義而歎其與今日進化論者流之說。若合符契也。侯官嚴氏括引晚近生學家言。謂官品一體之中有其死者焉有其不死者焉而不死者又非精靈魂魄之謂也可死者甲不可死者乙判然兩物如一草木根荄支干果實花葉甲之事也而乙則離母而轉附於子緜緜延延代可微變而不可死或分其少分以死而不可盡死動植皆然故一人之身常有物焉乃祖父之所有而託生於其身蓋自受生得形以來遞嬗迤轉以至於今未嘗死也（天演論下一案語）此所謂乙者何物乎其名曰 Charcter 譯言性格進化論家之說遺傳也謂一切衆生當其生命存立之間所受境遇乃至所造行爲習性悉皆遺傳於其子孫今日衆生其類種種其族種種各族類中各各有其特形特性千差萬別殺然不齊所以者何即其族類自無始來以迄今日生存競爭之總結果質而言之是即既往無量歲月種種境遇種種行爲累積結集全量所構也夫所謂遺傳者固非徒無形之性格即有形之肢體其種種畸異之點亦皆稟傳焉而有遞變顧前體已滅而後體仍相襲者故知於粗幻之現體外必更有其精實之別體存也夫形骸則精中之粗實中之幻者耳而遺傳之跡顯然不誣也則既若是更有其精中精實中實者其遺傳力之鉅益可知矣故至今日而所謂國民心理社會心理之一科學日以發明國民心理者何社會心理者何即前此全國全社會既死之人以不死者貽諸子孫也

遺傳既可識矣但其傳焉而必遞變者何也我祖我父之業力我既受之而我自受胎而出胎而童弱而壯强而耄老數十年間其所受現世社會之種種熏習者我祖父未嘗受也我兼秉二者於是乎我復有我之一特性我數十年間日日自擧其特性而發揮之以造出或善或惡或有意識或無意識之種種事業還復以熏習現社會及吾之死也則擧吾所受諸吾祖父者一吾所受諸現社會者二及吾所自具之特性三和合之以傳諸我子我子之所以傳諸其子我孫之所以傳諸其孫者亦復如是乃至前世現世來世之人所以傳諸其子孫者亦復如是此所以雖不滅而有變也前引首楞嚴經佛說。謂變者受滅。彼不變者。原無生滅。此指能緣之本體也。若所緣之作用。則雖不滅而有變也。彼聖賢豪傑乃至大罪惡之人其所以於一國一社會之歷史皆有大影響歷千百年而食其果未艾者皆以此又不徒彼等爲然也即全社會多數之庸人其微細羯磨亦相結而浸潤社會之空氣能以自力屢屢變易之

吾所謂過去億兆京垓無量數不可思議之人類無論智愚賢不肖皆有其不死者存蓋謂是也

夫佛說主解脫將厭離此世間而滅度之故其致義在不造諸業進化論主爭存將緣飾此世間而莊嚴之故其致義在善造諸業其結論之相反亦甚矣若其說一切衆生皆死而有不死者存則其揆若一而絲毫無所容其疑難也佛說之羯磨進化論之遺傳性吾皆欲名之曰精神今吾將據此以溝合羣哲微言以縱論死義

（未完）

共同感情之必要論（續第五十八號）

觀雲

今欲進而攷之此共同感情者其本原果何自而始乎夫古今學術一最大之分界曰神造之與人演大抵古之學說多主神造而今之學說多主人演其論感情也亦然古之學者論共同感情之原以爲受之於神之所賦與性者（儒教所謂天命之謂性者亦即神造之意）而今之學說不然其一主社會傳染之說法國學者特斯賓氏言人心理之相感通也猶連置兩個之發音體然鳴其一而其一亦鳴夫欠伸相傳染者此人之所知而人見人之悲泣也每不覺而已亦現其慘意見人之笑樂也每不覺而已亦動其歡容者此即彼此之相傳染而傳染說者之所主也（據特斯賓氏所證引云凡爲新奇之騙術及以新毒殺人之事一見於新聞襍誌之中不日即有同犯罪者出其中最著者爲自殺之傳染一千七百九十三年馬塞耳一人自殺數日間傳染至千三百人自殺之多其所證据甚多玆不具引）按傳染說中以心理之相傳取譬於連置兩個發音器之相傳此即眞以人之發音試之而亦有相傳之理今若鄕試塲中謄錄所每傳有號嘯之事其故所中以數十百人同居一室中夜一人發聲他人於睡夢之中亦發同一之聲遂至數十百人同時發爲一大聲閧然奔逃不知何事而查之一無他故又今時

雜錄 二

於鑛山中工人衆多之棲宿處。亦有此事。人多以爲怪。而生種種之臆測。如鑛山工人以爲其宿處有人怪。或以鑛山中壓死之鬼。而謄錄房則以爲本科有大貴人。皆臆說也。實則人人之發音器。於夜睡神經不能自主之時。感觸外來之聲浪。發無意識之應聲已耳。此即音器互相感傳之理也。若夫欠呻傳染之說。今時攷衆人雜居之處。有疲勞傳染性。原夫人之所以感疲勞者。以體內積有無用之廢料。而此廢料時時排洩於外。經氣浪而入他人之呼吸中。則他人亦感疲勞。雖然。於此有一大疑問。則夜囈與疲勞之傳染也。一以聲浪衝激之故。一以空氣中傳送廢料之故。皆有一實質爲彼此遞達之媒介。而此心理感傳之事。心外尚有實質乎。抑心外別無實質乎。夫以今日科學方盛。萬事皆有趨重於維物之勢。如佛教之無明。有人發明以爲脊髓內一種之液質。由此液質。生種種之妄想。而爲惑病之根。以禪定之力使此液體枯槁脫落。則轉迷開悟。菩提涅槃之覺境現前。云有實驗之可證。然反對此說者甚多。其果可得爲定論否乎。要之傳染之說。心外有一實質。與心外無一實質者。今日難下斷案。不能不姑置之。而於傳染說中。竊以爲尚當分別其部分。一以爲相對之傳染性。一以爲引換之傳染性。相對之傳染性。即上所云見人之悲而已亦悲。見人之喜而已亦喜等事是也引換之傳染性例若我在窮困之境他人見之發動其感情而援手以救我也則他日我見他人亦在窮困之境往往能復呈其昔日我在窮困之景況而我亦生救濟他人之心若我當窮困之時一世之人無稍動其念而無一救濟之人則以爲人類相救之事本非宇宙間之所有而此共同之感情以不得觸發而漸歸消滅至于消滅既久則雖見他人在窮困之中亦若不相顧問爲例之當然其故以甲之感情傳於乙而乙復傳之於丙若甲之感情不傳於乙則無以發乙之感情而丙亦無從得感情之傳來夫社會之中以有此引換傳染性而遂成爲道德以無此引換傳染性而遂至無道德者甚多是則引換傳染性之關係於人羣者決非淺鮮而當取以補其說於共同感情之歷史中者也

其一則爲進化之說斯賓塞爾以爲共同之感情者人類行於進化之中途而優勝劣敗之產物也在動物之中有以數多聚合不利於得食而從而離散者然已有若干動物以多數聚合利於得食且或有危難之將起也得早發見之而協同防守以得共底於安全由是而動物之中遂演出優勝劣敗之理而聚合者繁榮離散者衰滅人類盖

其一也夫既有此聚合之習慣而趨嚮於聚合之情益深遂至遺傳而爲天性於是有所以發動此天性之事而生愉快無則感其痛苦者此交親之情之所由始也云云是以共同感情由進化而後發達者也顧或論者謂人類祇有利已心而無利他心其有利他心而發爲共同感情者由其利已心之所轉化而已是說也其所謂已者果何指乎夫非指我之個體而言乎然萬物之始維持其個體生命及維持其種類生命之兩性已兼有之蓋生物之相繼續也有有性及無性二種之法有性者以有雌雄之兩性而後生殖者也而無性之生殖能自其一個體分而爲二個或數個而延其種類植物中此例不少最下等之動物如伊福索利亞一種之小虫或放離其體中之一部即或全體縱橫分割而能各自生殖成爲數個之伊福索利亞若蝸牛蠑螈等亦然然則將指何者爲已之個體乎又若動物之節足類常有爲生殖其種類而自耗棄其生命者果如是也則利他心謂萬物之所固有可也斯賓塞爾曰母體之乳哺者非爲利已而然縱持利已之說者駁之謂母體之乳哺雖耗滅其已之或部分然其實不得謂之耗滅而全爲已種增殖之用故仍當謂之利已而不得謂之利他云云今欲判解此問題

可假設一事例今試設有母子不能兩全之時存母則不能存其子存子則不能存其母當斯時也孰爲已孰爲他則必母以其已體爲已而以其子體爲他矣而此一類事例中發見其母不惜自殺其身而求存其子者甚多是豈得下萬物但知愛已之斷語耶彼動物中有若干種類當羣出之時若有一個先見人之獵捕者常發一種相招呼之記號使其同羣者咸得免於危難若僅有利已之心則當危難之時求已身之先得脫免竄逃之不暇而忘發其一種招呼之記號當時有之而果如是則其聚合亦不能久然則萬物之中得扱以利他心稍發達者易於聚合易於聚合故能繁昌而利他心之過薄弱者難於聚合難於聚合故至衰滅而所謂僅有利已心而無利他心者其種類早已淘汰而去而今日繁昌之種類多食其有利他心之福而不得以利他心爲物類之所本無者理也且夫所謂利者又何解也謂人類之所以生活者僅有求利之心而已耶是決不然畧計之如有所謂求智之心事物之不明了者以得明了而後快於心者是也又有所謂求美之心以完全愜適（道德性亦多本於此）而後快於心者是也故余之於言利也持稑度說者也若飲食然當其饑渴則飲食之慾張及其量足則其慾已消而其覦

飲食也淡然故苟爲程度之所不足即有起而爭利者不得謂之罪惡而寧謂爲自衞道德上之所應有蓋非此則於生理上將無以自存故也然苟一旦及其程度則當淡然於利而於利之外固有所謂生人高尙之生活者在雖所謂程度之界限至難畫一多緣於時與地及其人稟性淸濁智識高下之不同而要必有一程度之所在猶之定物價然貴賤消長變化萬千然亦有一公正價値之可言未聞有以價値之不可定而欲廢價値之說者則亦安能以程度之不可定而謂程度之說之不可用也故夫如古時所唱之非利說以利爲人心之一大害欲以消極法而除去之若孟子所謂亦有仁義而已何必曰利董仲舒所謂正其誼不謀其利此未敢認其說爲用之爲有效也然若反之以非利說爲必不可行而用積極法以最大多數之利爲利此亦以爲未足槪人類心理上之一部夫利究不過生人一部分之事而已且夫利之與共同感情其間尤有不相蒙之事理在例若見人之入於水火也不論何人皆有引而救之之心當其時祇觸於我之一種感覺而已豈有預計其有利於我而後從而救之抑豫計其無利於我而遂不救之孟子以孺子入井事證明人有惻隱之心夫當感覺之來不過一刹那間已不容有計較利已不

利已之時間況乎救人於水火之中已亦或不免而有傷於水火之憂果爲利已計此事必不當爲而救人於水火之事當絕迹於天壤而何以證之人心中不然此尙能謂利他心之必由利已心來耶又若今日之動物虐待防止會亦由愛物之念而出不能謂其於已有何利益之事也夫既徵之人心有單獨愛他之條則夫謂利他心之必本於利已者其立論之根本亦已動搖而猶沾沾焉必以利已爲立論之點者毋亦汚視人心而同於以黃金論菊花者其見解之卑俗適相等耶（余嘗論欲謀詩學之進步則詩人之見解先不可不進步例若今古詩人之詠菊花者多取黃金之字相比若所謂莫言菊是貧家物鋪作黃金滿地秋者其類不一夫菊花本爲一種天然之美物凡物之至美者非有價值之可得而言今必欲擧似黃金以明其貴則雖使菊一瓣皆成眞金亦不過一金花而已不已失菊花之美而低其價格耶如此作詩必無佳詩）顧於此不能不補以一言者余之非利已說也非謂利他之事與夫利已之事一無相關又非謂利他者之必不利於已也利他之與利已相爲因果循環其間複雜錯綜之故實非巧算之可得而推而小智之人一聞利已之說以爲世固無利他者所爲利他不過仍爲利已而已於是比較人已利害之見起而共同之感情或因之而衰退遂不免處於進化論中所謂劣敗之地位不肯爲利他之事而其終亦不利於已焉是所爲欲一糾正利已一元之說而欲世人之無誤於所向也

（未完）

中國人種攷（續第五十八號）

觀雲

崑崙山

古人多以河源定崑崙然言河源者其說不一而崑崙之所在亦因之而異試略徵諸家之說言之。或曰黃河發源於青海之西南北緯三十五度東經九十六度之巴顏喀喇山其東麓流出諸泉。爲哈屯河。阿爾坦河匯之。而注於星宿海。星宿海者百泓錯列。望之如列星故有此名。蒙古稱鄂屯塔喇其泉流一道。注查靈海又入鄂靈海。查靈海周圍凡五十里匯上流諸泉。從其湖口東南流出合查克喇峨山發源之水。行數里而爲鄂靈海鄂靈海成瓠瓜狀西南廣。東北狹其大與查靈伯仲。元史所謂阿剌腦兒是。也。湖水再從其東北角流出。抵甘肅而爲黃河。巴顏喀喇山者從喀喇崑崙山起。山勢高峻。其最高處盛夏積雪不消。蜿蜒奔騰。爲一大山。其東幹起大雪山。四時戴雪。青海以南諸山此爲最高。其山勢從西向東走黃河之北岸。其東南之一幹。沿黃河之南岸。爲西傾山。綿亘甘肅省河洮岷諸州、與四川松潘界諸山連接。由是言之河始發源爲巴顏喀喇山而古書言河出崑崙然則巴顏喀喇山即古之所謂崑崙歟是以巴顏喀喇山爲崑崙之一說也。或云。河源在吐蕃之大積石。唐太宗時。侯君集等追吐谷渾王伏允。至星宿川。又達於柏海。北望積石。觀河源之所出、是指吐蕃之大積石也。而唐時以爲崑崙在吐蕃。即紫山、穆宗時。劉元鼎使吐蕃會盟使。踰湟水。由洪濟梁、西南行二千里。水益狹。春可涉。夏乃勝舟。其南三百里。三山中高而四下曰紫山。直大羊同國。古所謂崑崙者也。虜曰悶摩黎山。元時以朶甘思東北之大雪山爲崑崙。元志。朶甘思東北有大雪山。名亦耳麻不莫剌。其山最高。譯言騰乞里塔。即崑崙也。山腹至頂皆雪。冬夏不消。其東山益高。地亦漸下。岸狹隘。有狐可一躍而越之處。按此處山即與其東之西傾山相對峙而繞流之河即從查靈鄂靈海所出者以其水狹觀之當非禹貢所謂浮於積石之積石元初窮吐蕃河源定積石於此而以湟水之積石爲小積石而此則稱爲大積石是以吐蕃之大積石爲崑崙之一說也或云。河州有小積石山。即禹貢浮於積石。至於龍門者。括地志。積石山今名小積石山。在河州枹罕縣西七里。漢書地理志。師古曰。積石山在河關西羌中。又地理志金城郡河關下。積石山在西南羌中。河水行塞外。東北入塞內。後漢志。河關故屬金城。積石山在西南。河水所出。唐高宗儀鳳二年。於澆河故城置積石郡。澆河者。元和志所謂積石軍西臨大澗。北據黃河。即漢之金城郡枹罕縣也。今有積石關。此處兩山如削。河流其中而西。至蘭州與湟水會。山海經。積石之山。其下有石門。河水冒以西南流者。當指此。畢沅以石門爲在今甘肅河州西南。積石山之南麓、山海經禹所導積石之山。在鄧林東。河水所入。當亦指小積石。近人閻百詩胡渭、以大積石爲夏書之山。小積石爲唐述窟。元和志有唐述山。當即爲唐述窟、又漢書地理志臨羌下。西北至塞、外有西王母石室僊海鹽池。北則湟水所出。東至允吾入河、有弱水崑崙祠。師古曰。西有卑和羌。以此數語證之今之地理、僊海即青海一名卑和羌海亦曰西海又曰鮮水今之庫庫諾爾是也鹽池當爲今之達布遜淖爾湖無疑攷達布遜淖爾者蒙古語鹽湖之義地在青海之西南湖畔積數寸乃至一尺餘之鹽層土人多事製鹽業青海蒙古西寧府等竝各種番族之食鹽皆仰給於此湟水元和郡縣志。湟水亦謂之樂都水。出青海東北亂山中。漢書地理志金城郡浩亹下。浩亹水東至允吾入湟水浩亹即今之大通河允吾即今蘭州又有不以河源定崑崙者。地理志敦煌廣至縣有崑崙障。又十六國春秋。酒泉守馬岌上言。酒泉南山即崑崙之體。周穆王見西王母即此山。又一統志崑崙山在肅州衛城西南二百五十里。南與甘州山連其巔峻極。經夏積雪不消。世呼雪山。括地志崑崙山在肅州酒泉縣南八十里。張守節云。肅州即小崑崙。非河源出者。是以禹所導之小積石山及與小積石山連屬之南山為崑崙之又一說也。綜是三說。一以巴顏喀喇山為崑崙一以吐蕃之大積石為崑崙一以小積石及連屬之南山為崑崙此數說中惟除以南山為崑崙者不言河源外其餘皆以河源為定崑崙之要點按黃河會塞外諸水而成其源本不止葱嶺于闐兩河於查靈鄂靈之先追溯其所自來之哈屯河而歸本於巴顏喀喇山之東麓為最初之源此固為言河源者所不可不備之說使古書之記崑崙者除言河源所自出外而其餘一無事迹之可證則以巴顏喀喇山為崑崙之說亦誰得議其非然試以前數攷案求之於河源一事之外餘皆無可印證則專舉巴顏喀喇山爲崑崙者其證據究不免單簡雖然。謂古人所言崑崙其包賅之地域必廣此巴顏喀喇山實自喀喇崑崙而來而與于闐之崑崙山脈連屬不過南向分一支而出當並在古人所言崑崙圈界之中固未始不可然如是也必稍加別白謂巴顏喀喇山爲葱嶺于闐崑崙山彙中附屬之一山則可謂有獨立之資格而以古人所稱之崑崙限爲是山之專名也則未免失之僭專者也至所謂積石崑崙者蓋以河出積石而古書有河出崑崙之說於是合兩說爲一說遂定爲積石即崑崙崑崙即積石而積石之說不定有大積石小積石而崑崙之說亦不一定有小崑崙大崑崙海內崑崙海外崑崙河水所出之崑崙非河水所出之崑崙敦煌崑崙酒泉崑崙肅州崑崙實則積石非河源所出所謂禹導河積石者以積石爲施功之處非以積石爲發源之處如是則積石之無與於崑崙明甚彼大積石之河其源既自喀喇崑崙山來而小積石之河又自大積石之河來而與浩亹諸水會耳欲於其間求古書崑崙之所在其相去亦遠矣若鄧展云。（其語見史記大宛列傳注又見漢書張騫傳注）漢以窮河原。於何見崑崙乎。尚書曰。導河積石。是爲河源出於積石。積石在金城河關。不言出於崑崙也云云。其謬可謂已甚古書言河出崑崙其語具在鄧豈一朱之見乎而遽下不言出於崑崙之斷詞也是可謂庸而妄者也或者不脫儒家拘虛之習見言古事必以尙書爲斷尙書之所不載則古書皆疑其譌而以爲不足取是又蔽於一偏之見者也然於此紕說之中而亦可攷見 理即於積石所在之區而無崑崙之可尋是也然則河源自出於崑崙而非積石而積石不當名爲崑崙而言兩積石爲崑崙者其說可決其皆非也至外此有以敦煌酒泉肅州諸說而認南山爲崑崙者夫但渾言南山爲崑崙亦自不得議其非何則漢時言南山自葱嶺之山南出起于闐山迄於終南山者皆謂之南山漢書西域傳。于闐在南山下又史記大宛傳漢書張騫傳張騫自月氏還。竝南山。其所謂南山即于闐之崑崙是也漢書西域傳葱嶺。其南山東出金城。與漢南山屬焉。史記大宛傳正義云。南山即連終南山從京南連接至葱嶺萬餘里雖然此僅以其山脉橫走連接京南之終南故統號之爲南山耳若析言之于闐之南山漢時已定爲崑崙今從之肅州南之南山漢時謂之祁連山而終南等山又各自有名然則崑崙所在不得以同屬南山山系而爲汎廣無界限之稱除于闐之南山以河與玉所出可謂之崑崙若肅州南之南山其得稱爲崑崙者當由後世附益之名而古書所言之崑崙殆不在此而又有極廣汎性而無着落之說鄭玄注禹貢別有崑崙之山。非河所出蓋不知其所指或曰鄭玄蓋以河出崑崙爲疑許愼說文河出敦煌塞外崑崙山。發源注海。既言河出崑崙。而其所指渾言敦煌塞外。無界段段玉裁因此至云塞外之山至高大者。皆可謂之崑崙。則更可謂茫漠之至夫古人云崑崙之墟方八百里此一大山彙所盤踞其範圍决非狹小雖然其地域雖廣大而决不得謂之無界劃若曰塞外高大之山皆可謂之崑崙幾若古書之凡言崑崙者不過言高大之山云爾而無所專指之地則何得以出河產玉其高幾里其廣幾里而有某水出其何陬某水出其何陬且有凉風縣圃層城等之分名耶古人之必有所指而非渾言高大之山彰彰明甚彼段氏之定崑崙界說也其不當於論理固甚易見而近人且有稱許其說者其所見殆非吾人之所知也夫指崑崙爲巴顏喀喇山爲大積石爲小積石爲南山諸處亦皆各有其依據之點但其所依據者似不免寡薄若夫汎廣性而無段畫之言則直不足置存於學界者也古來言崑崙諸說其中握莫大之勢力而其所關係者不僅崑崙大造影響於歷史上人心之觀念則太史公之說是也太史公蓋持無崑崙說者也史記大宛列傳太史公贊曰禹本紀言河出崑崙（中略）今自張騫使大夏之後也窮河源惡睹本紀所謂崑崙者乎董份曰觀此云惡覩所謂崑崙則前云案古圖書名河所出曰崑崙蓋譏之也此就其事實以觀不過疑崑崙爲虛妄已耳然因此而世人所聯起之理想因崑崙之虛妄而遂責武帝爲好大喜功徒事遠畧而又斥張騫貪一身之利逢君之惡徼漢之財力以事四夷觀趙昉黃震茅坤丘濬等所論其言不若是哉夫武帝雖多可議然通西域結漢爲同盟斷匈奴之右臂匈奴由是遂衰而不爲漢族患於民種史上厥功甚偉而其事能告成則以當日有天才上一大冒險家之張騫在以功論張騫固當在銅像記念之列雖近世赫赫在人耳目間之哥倫布亦何以遠過之然而哥倫布之名芬芳於世人齒頰間而張騫鑿空冒萬險不顧一死乃不免爲足不出閭閻掉弄筆鋒一二儒者所呵寃哉寃哉不奬勵挺特之士而務壓抑之此固我國數千年來之所以無進步也然如趙昉黃震等所論實自史公啓其端史公不快於武帝故於武帝通西域之事多含

諷刺隱約於字句之間所謂一篇之中三致意焉觀史記雖述西域事然取漢書比較之則史記所載多疏漏且史記漢書皆述張騫言然史記所載略於漢書向嘗竊怪以爲史遷時代近張騫而騫言有爲史遷所略者班固反詳述之此何耶繼而通觀史記全體之用意乃知其撰作之主義不在敘述而在諷戒此其所以疏略而不爲意也史記之成當時以爲謗書然一般人心之間大傾倒於史公之論即以崑崙言武帝明詔定于闐山爲崑崙而史公反對之以爲無崑崙故鄭玄注尙書已示疑崑崙之意許愼說文亦但泛言崑崙段玉裁云。馬班皆不信禹本紀山海經之言。而許言出崑崙者。許從漢武帝所詔也。夫事關學術不論帝王帝王之所勅學者拒之無不可然亦不無有學者之言爲非而帝王之言爲是者要當論其理不論其位耳許懷疑意而姑從武帝所詔是漢代儒者之陋耳然表面從武帝所詔而隱實然史遷之言以是見史公所論已大占勢力於漢代學者間夫古書言河出崑崙而其所狀寫崑崙係一高大之山嶽今追溯河源固有若于闐遠接葱嶺之大山在是豈得譏古人之言爲揑造學者不務求地理之實而信其經見者爲有不經見者爲無此其理與今之腹地人不見輪船鐵路以爲怪而不可信者等耳然此等論說最易見重於我國之人心間是何也則以我國數千年社會間之教化以經常中庸爲美德而新奇刱闢爲褻說故也噫吾獨不解號稱好奇之史公耕牧龍門河山之陽會南游江淮上會稽探禹穴窺九疑浮沅湘又嘗西過空峒北過涿鹿東涉汶泗漸於海奉使巴蜀略邛筰昆明足迹幾遍中國而至涉筆域外其眼界之拘墟若此抑夫後之文章家賞其烏睹所謂乎等搖曳數虛字以爲有神因尊信其文從而尊信其說而不敢一加之討論者是亦爲文字之所魔焉而已吾輩今日亦毋爲此烏睹所謂乎數字之神光所眩仍返而實攷崑崙之所在以斷其有無可也

今人則有以喜馬拉亞山爲崑崙之一說焉南昌沈氏於書目提要云喜馬拉亞山爲大地第一高峰積雪皚皚今爲世望近日我國學者謂即古之崑崙此說一傳幾爲定論又云世界地理志之謬者如謂長江黃河皆出於崑崙而以崑崙與喜馬拉亞山分而二之按崑崙祖山載籍所重然峰巒何屬指實爲難羣書所稱世俗所目皆未必爲典要惟近日新化鄒氏始以喜馬拉亞當崑崙以高度準之差爲近似故人多從其說

云云。鄒氏之書未見。未知其證據若何。無從懸論。惟如沈氏所謂以高度準之差爲近似。吾不知何所據以爲準也。按禹本紀言崑崙其高二千五百餘里。淮南子崑崙墟有增城九重。其高萬一千里百一十四步二尺六寸。水經崑崙高萬一千里。廣雅崑崙高萬一千一百一十里一十四步二尺六寸。水經廣雅與淮南子說略同。爲本於淮南子無疑。山海經崑崙之虛方八百里高萬仞。或謂此言其虛基廣輪之高卑耳。自此以上二千五百餘里。有醴泉瑤池。見禹本紀。要之其所言高度尺寸里步。必不能持與今合。惟可知其爲高山之一義耳。且以此而必推爲世界第一之高山。謂足以相當。是猶不免擅斷。蓋古人雖狀言崑崙之高。固未嘗明言全地球之山無有過於是者。然則擧一全地球至高之山。而欲以之定崑崙也。其論之危險亦甚矣。且以喜馬拉亞山當崑崙者。即採用古人以阿耨達山爲崑崙之義。阿耨達山。今學者間有解爲喜馬拉亞山者。然則謂以喜馬拉亞山當崑崙。爲古人已有之義可也。史記大宛列傳正義引括地志云。天竺在崑崙山南。大國也。又云阿耨達山亦名建末達山。亦名崑崙山。水出一名拔扈利水。一名恒伽河。自崑崙山以南。多是平地而下溼。土肥良。多種稻。歲四熟。米粒極大是其所言明係今印度之喜馬拉亞山今人或言阿耨達建末達與喜馬拉音同故阿耨達山當爲今之喜馬拉亞山使是說而果可據也則阿耨達山可定爲喜馬拉亞山而不得與中國所言之崑崙混寧有舍出河產玉居亞洲地中爲東西往來足迹所經及其他事亦多可與古書相印證之帕米爾于闐之山而反認偏處印度於古書無可符合之一山耶又有論者謂阿耨達山即印度人之所謂喀拉斯 Kailas 山西藏人之所謂乞射 Tise 山而即載於中國書之岡底斯山郝懿行據一統志云西藏有岡底斯山在阿里之達克喇城東北三百十里乃西域記水經注所謂阿耨達山也又有論者謂阿耨達水與夫阿耨達山理自不能分爲兩地於阿耨達水之所在即可定阿耨達山而阿耨達水即今帕米爾之哈拉庫爾湖則阿耨達山亦必當爲帕米爾之山而佛典中言阿耨達水在雪山之北雪山即喜馬拉亞山在喜馬拉亞山之北則非喜馬拉亞山自明而帕米爾之地實即在喜馬拉亞之北是二說者俱不以阿耨達山爲喜馬拉亞山其以阿耨達水與夫阿耨達山理必同在一地爲立論之要點以視謂阿耨達音近喜馬拉而古昔有言阿耨達山即崑崙者於是合幷牽混而立崑崙即喜馬拉

亞山之論者固遠過之矣且夫爲一人種所稱道之山必與其人種有關係之故或盤踞於其人種居住之地而高大峻嶒時觸動其觀念或據形勢扼要之區而巍峩雄峻拔起於一方若喜馬拉亞山矗立印度自照著於印度人種之心目間而中國人種與之無何等之相涉而帕米爾之山居黃河發源之高極處障隔中外而爲東西交通惟一之孔道爲古時中國人種進入中國必由之路漢時分其道爲二北沿天山南沿于闐即所謂南北道而古人往來多從南道循于闐登帕米爾古書所記崑崙之事迹蓋多在此若欲至印度登喜馬拉亞山由取道西域而往必先踰葱嶺觀後世入印度之人若宋雲玄奘等行蹤自明斷無古人踰葱嶺帕米爾睹此高拔巍特之山而不記而反於喜馬拉亞山記載獨詳之理且喜馬拉亞山僅爲印藏交通之一隘道即由西域至印度果以何事而必登喜馬拉亞山耶若果登喜馬拉亞山不能不以其歸途將取道西藏進巴蜀出中國之南方爲假定而古人豈有是行蹤之可證耶又若往時不踰葱嶺而得直登喜馬拉亞山則亦必由中國南方取巴蜀而進之一道而此道者非他即漢時張騫所欲通而不得通者也史記漢書。竝載張騫言曰。臣在大夏時。見邛竹杖蜀布。問安得此。大夏國人曰。吾賈人往市之身毒國。身毒國在大夏東南可數千里。以騫度之。大夏去漢萬二千里。居漢西南。今身毒國又居大夏東南數千里。有蜀物。此其去蜀不遠矣。今使大夏。從羌中險。羌人惡之。少北。則爲匈奴所得。從蜀宜徑。（師古曰徑直也宜猶當也從蜀向大夏其道當直）天子以騫言爲然。廼令騫因蜀犍爲發間使四道竝出。出駹。出莋。出徙。邛出僰。皆各行一二千里。其北方閉氐莋。南方閉嶲昆明。終莫得通云云。是蜀道之難艱阻。梗塞。在漢時猶如是。況古代乎。其間兩處毗連之土。着或相交接。以流通貫市之物。而非爲往來交衢之大道。故雖以漢之國力。終莫得達。又非獨漢時然。自佛教宏通中國人至印度求經。及天竺僧之來中國者。皆取道西域。其後或有改從南方之海道者。而從藏蜀間往來者絕少。蓋西藏雖至今日。尚爲世界之秘密國。而進入甚不易。易中國古人取何道線。而得屢登臨喜馬拉亞山耶。況攷之古史。而求古帝王有取道南方。由巴蜀而上崑崙。直無一蹤影之可認。然則指崑崙爲喜馬拉亞山。而中國古時於偏居印度之一高山。獨屢言之不一言。其理由直無從解釋。沈氏又駁中國民族從亞西移來之說。其言曰。果出自巴比崙等處。則漸被之跡。首在南方。何以滇粵諸邦。教化之遲。

文物之細。乃反後於各地。此其未必可據者矣云云。夫謂中國民族自亞西來固不足爲不易之論學者有懷疑於其間自當抒其所見而辨正之然如所謂自巴比崙來漸被必首在南方此其理果何所據豈以爲巴比崙與中國南方於輿地上畫一平行線之差度近而於中國之北方遠耶不知從亞西至中國其通道皆越亞細亞中央之高嶺而進入中國之西北方觀後代羅馬販絲之隊商猶取此道夫自來道途皆依山川之脉絡故多曲而不直又豈能指畫紙上之輿圖而較遠近而强人之足迹爲亦必如此耶若如沈氏所言從巴比崙至中國必當濵粤則其間所登臨之崑崙自必爲喜馬拉亞山而無如中國之開化不先濵粤在沈氏已疑之矣然則古人所登臨又豈必爲喜馬拉亞山耶而云自定崑崙爲喜馬拉亞山學者多從其說吾未知其可從之理固何在也

（未完）

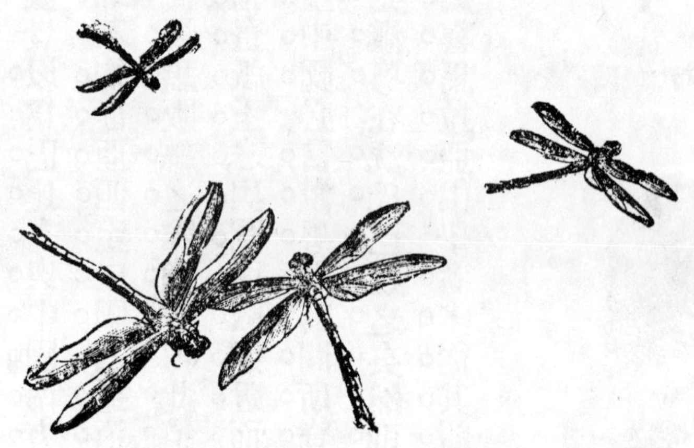

論地理學之効用

定一

吾人所居之處何處耶丘嶺起伏田畝參差之間一支淸流潺湲而走河之岸丘之麓此所彼所構數間之茅屋以居之沿流南下陸盡之處即海踵回而北上山來谷去林送森迎攀峠越嶺又有一村落焉更行而前山窮水盡然則吾村實陸之一小部分而不知爲陸之幾百萬倍也大陸雖遠而無止境前程渺茫復有幾萬里之大海白浪蒼波繼以日夜更巡航焉而又有一陸地也故地也者海陸實相毘連山野雖有多少高低然概皆扁平此想像印入于普通人之腦内胸中者固久矣然而昔時意大利天文學者卡利里(Galilei)發明有望遠鏡以供天文研究之用1564——1642唱道地爲圓球爲行星之一人皆以爲惑人之說繫之于獄舍之中其不見容于當世蓋可知也更有超絕非凡之識見與剛毅不

屈之膽力之哥崙布（Columbs "Colombs, Coion" Christopher.）意國之航海者千四百九十二年發明新大陸千四百九十八年至奥利洛由河(1445—1506) 排斥流俗之妄想誠前代未聞之冒險以發見新世界以實際之證據證明地形解釋學理上之羣疑者皆氏之功也

太空之中有一大球塊焉知其形橢圓而顏曰地球記載此地球之形狀搆造等之事實研究地上各種之現象論述土地與人生之關係是爲地理學地理學者一科學也

抑大地者與人類之生活有最密接之關係人類之生活謂爲大地之恩惠非過言也然而利用此大地以成幸福之世界圓滿之社會則非人類之經營何能致此故研究係於土地之關係之地理學其爲吾人之必要者是不待論矣

地理學之裨益于吾人也如斯而世尙不能認地理學之眞價不能確定其爲一獨立之科學甚至以地理學隸屬于地質學或史學誠謬論也審是則吾又烏能不爲地理學而歎惜哉

是故地者爲網羅萬種之現象也地理學者與他科學關鍵最多者也與他科學混淆者固多概論之實就排列集聚其資料之目的之方法具一獨立科學之資格者也例

如雨水之降也沈浸于地下伏流出而成泉源細流合而成大河而說其所以灌漑之利航通之便者則爲地理學論河海水蒸發而成雲成雨之細密理由則屬于物理學或氣象學之範圍矣更進而言之地理學若論地味之腴磽與耕牧之適否之關係則論地下層堆之地質究內部之構造爲地質學之所司者也地理學者言動植物之分布者爲人類生存上必要不可缺之故而彼之博物學者探究生物之特性推定其分類法皆各異其趣者也

其他之地理學雖或求材料于社會學政治學或仰援助于歷史學經濟學要之其爲一科學之價值仍不少減（地理學分天文地文人文其他者蓋指人文言）

地理學爲一科學既得聞命矣然其加此科學于普通教育學科中之理由及其効用之大要今請更縷述之

地理學之効用固多大別爲二即(1)精神的發達(2)物質的實益是也維持人生一身保全一國獨立無形心性智識之發達與有形之物質實益兩者相須相助而相因者也在普通教育上必養成此兩者之適度而自然感化之間養成此思想者他學科罔

有之要不及地理學之居多數由是以談地理學爲中等教育學科之緊要不可缺者益明矣

(1)地理學及于精神上之効用

第一思想之擴張　學地理學擴張思想智識之範圍是著明之事實也試住于山間僻邑考樵夫野人之境遇日常觸于眼簾者無非欝葱之連岸與潺湲之溪流聞于耳鼓者無非牛馬之喧與燕雀之囀只知有吾村而不知有他地彼等之世界雖留于近傍數十里亦冥然罔覺也其足跡視綫均限于一小區寰內若問以世界之形勢社會之狀態更莫諳也故生于如斯山野之邑養于如斯父兄之家而欲兒童之觀念無爲井中之蛙管中之天其可得乎吾決其思想之狹隘也必矣雖然以如斯之蒙童一朝入于小學耳教師之地理講話一旦豁然貫通今而後知吾村之小地球之大各自生息地僅其一小局部耳而地球之大較諸宇宙之大則實不啻大海之一滴九牛之一毛也智識既進思想之範圍隨之並張自必有有爲之氣象矣繼而程度愈進又知邦制、區域、人種、風俗、農商業、工藝、學術、之盛。況又悟文學、宗教、之趣味。而明人類生活之

程度文明野蠻之區別心志高尚志向優雅斯可謂得矣

第二愛國心之興起　學地理學不啻思想氣力之發達亦可以富愛國心抑愛情也者由親近相知而生也即吾人之交際上友愛亦由于互深相知親之慕子子之孝親亦因于互最深相知者也而吾人所以愛慕故鄉者亦生禀此世以來其最能知者爲故山之事此山彼水皆深銘記于吾之幼心（此二字係新名詞猶言幼年時代之心思之意）雖欲忘而不能忘樹蔭之岩根道傍之野菊經幾多之年月而時顯于吾之眼簾前然則故鄉之山河草木誠吾之永年之知友矣（知友即相知之友）由是而吾愛故鄉之情念益熾吾之故鄉之念發達而舒暢之則吾之愛國土之情亦踵生抑愛國心者亦由于住其國土而能最知其國情而起也地理學即爲知各國形勢之學科與他國相比然後知吾國內之形勢故愛己國之情愈切競爭心亦隨之自然而生劣者補之優者長之至是儼有欲吾國統一宇內之情益旺盛矣噫！吾支那帝國固老大帝國也其國力又烏能望其與歐美諸國而相頡頏也哉雖然吾國果如是而已矣乎故吾猶望我有軍艦兵器淩駕彼國之準備以振起敵愾心也故吾猶望我有文明學術淩駕泰西之資格以奮起中國魂也雖

然此等之愛國敵愾之氣象何自耶曰自地理學是故地理學者發育此氣象間接而有力之學術也若夫一國之人民而無愛國之精神者其國不自然衰滅（魚爛而亡即自然之衰滅）未之聞也故愛國心者爲一國成立之骨髓養成之道非一日所能致故普通教育授地理學上之智識爲將來一國之精神鍛兒童之心性以固定其愛國之觀念者也

(2) 地理學及于物質上之効用

第一 衣食住之發達 學地理學知各國人民衣食住之狀態時相互補其長短以高尙其生活之程度

衣服者因氣候而製作者也寒烈之地故哀斯幾莫（Eskimo）（住北極帶人種之總稱）剝獸皮以爲衣炎熱之地故黑奴（內格爾人）全然裸體或有僅纏以草木之葉稍溫暖之地剪獸毛以織毛布寒暖調和之國土以絹布綿布製爲衣服衣服不啻關于氣候且因其國風習慣或生業等各國各異其趣調査風俗及服裝可以發明其便否巧拙例如職工農夫從事于勞働者則必捨無用之長袍而採輕便之短服是地理學上之智識間接媒介而促人類生活要具之被服改良使然也

食物與衣服同由風土而有多少之差違或主獸肉而以野菜輔之或主魚肉而以穀類輔之熱國之住民好淡泊之食物寒地之居民愛濃厚之食物。故俄人有嗜氷魚羹之癖氷魚羹即類吾湘所謂魚凍子如斯之情況亦靡不關于地理學蓋此科學（指地理學）有裨益于食物之改善進步故也

室屋亦自國土之情態生計之程度而異其構造有輕便之木造者有堅固之石造者。蘆舍茅房高樓大廈各國之建築各種之構造相比較供給其判斷優劣適否之材料實地理學之任也

與衣食住相關而爲日常生計上必要之器具者爲陶器漆器金器石器等有精製粗製之分故地理學者實研究人類生計之要素關係于衣食住最親近之事件而高尚吾人生活之程度者也

第二生業之振興　由地理學而知各地之氣候地味且知其生產物于農業上尤有裨益也土地或養蠶適宜或植茶便利因土宜而更換其耕作耘植之種品使無荒廢不毛之地地理學之研究土地可適宜植物又可移植產物于各地或牧畜或漁獵皆

與地理學有密接之關係。山野富牧草。足以飼養牛馬。海多鮭之出產。洋有鯨之游泳。寒帶北海。則有獵虎膃肭臍（海獸名）多數海獸之生存。此亦地理學之所應研究者。彼山爲銀山。此地爲金坑。彼處產石炭。此所出銅鑛。是則皆有大關係于鑛山之事業者也。

產物疊出。工藝蹱起。紡績織物等之器械塲。砂糖食鹽等之製造塲。皆與地利有密切之關係。或直接或間接于地理學。

河海之深淺。山川之趨勢。港灣都市之位置及其繁昌。交通運輸之道。知地理學則斯學與通商貿易大有關係。無論營何業。宜知悉運輸之便否。道路鐵道航海。皆文明之利器。苟欲知之。則請學地理學。

因土地之形勢。定彼都爲貿易之中心。定此市爲地方通商之焦點。何種物產。爲彼地所需。皆可按地圖而考之。東洋貿易之中心。不在香港。即在上海。抑吾帝國之要港。今後美國與英國商戰之傾向若何。此皆論世界之大勢之所當知。而亦即地理學中之要項也。

今更進而廣論之地理學與政治學社會學相關是即政治地理學人種之競爭人口之增殖因而生移民之感某部分某邦國吾同胞最移住之人跡未至之國土遣探險隊遠征隊往之此等之事業皆依賴于地理學

由是觀之地理學之實益非僅衣食住及國民之生業而已且關于一國之盛衰也若不知地理學之實益効用則亦曷讀斯文也可既讀之而尚謂地理學爲無味乾燥之科學則吾必叱斯人曰爾等勿居地球則可以無用視地理學也勿居地球安耶否耶汝安則爲之

案地理學分三類一數理地理學(Mathematical Geography)即天文地理二自然地理學(Natural Geography.)即地文地理三政治地理學(Political Geography.)即人文地理此科與人類最有關係著有專書茲不細贅可取日人法學士山本信博之「政治地理學」參觀之。

教育學汎論（續第五十八號）

第三章 教育之時期及必要

江口辰太郎講演

教育者向兒童所施行者也必先攷兒童之性質及發育之秩序此專名兒童學或兒童心理學不知此者不足言教育

兒童期亦謂之教育期可分期如左

（歲）　　（歲）

(1) 嬰兒期　一……………七

(2) 兒童期　七……………十四

(3) 青年期　十四……………二十一

古語云「人生七十古來稀」教育期已佔去三分之一可見人之教育時間最長爲他

動物所莫能及如馬之年齡大約三十幼時四歲兒期僅占七分之一馬猶爲動物之靈則人之教育期佔年齡三分之一者不更可大收効力乎人所以易教育者因生理組織上爲細胞集合而成其質最軟易外部之激刺如眼皮銳敏此人之特別易感化之證也

小兒腦血循環天使活潑易受外部刺激故易受教育當小孩戲動束縛端正之反以苦之于衛生有礙此教育家所最忌故小孩不可動加鞭扑苦其腦筋敎員之于學生當如慈母之對小兒也

人之成熟期雖遲而衰退期亦遲所以人之教育期最長

三時期自未獨立至獨立及身心之發達

嬰兒期　此時心意與身體俱發達然心意不能作身體之主宰祇可謂爲身體之奴隸全憑他人之保護受外界刺激生出許多智識如船行大湖雲霧中身體所在心意無主迨漸近岸則恍然大悟故教小孩當以實物試驗使印于腦中得眞觀之作用然實驗之物又必時時更換按游戲道理多列玩好物一面發達其心意一面活潑其身

體故此時謂之直觀期又謂之遊戲期

兒童期 此時身體爲心意之奴隸攷究現在能招引外界激刺生出活動知識有支配感情如破涕爲笑含羞不言之類。此時經驗全憑記憶得來爲記憶發達最盛之時代富于想像力喜聞驚世駭俗之事爲想像發達最盛之時代

青年期 智識漸有秩序不如兒童之無頭緒擅判斷是非之力量易于開化因經驗教授二種明因果之力不入迷信一邊名曰理性發達時代能利外界不爲外界所用孟子所謂「萬物皆備」釋家之所謂「豁然大悟」「上天下地惟我獨尊」之類是也。人至此有獨立性質不受外人壓制故又名獨立期男女界亦分于此時知情意三者調和此兒童期之結果也

以上三期。嬰兒期爲知覺感覺之發達兒童期爲記憶想像之發達青年期爲思考推理之發達三期爲教育之必要

三期教育分兩種一家庭教育一學校教育兩者比較長短分別言之。

家庭教育之特質

(子)親愛之情本家庭樂事然愛之既深父母生回護子弟生恃心遂爲所欲爲釀一種利己主義語云「知子莫若父」此時父溺于愛並有莫知其子之惡者此乃家庭教育之累耳

(丑)兒童之特性　古云「知子莫若父」順其性而教育之洵善矣然天下類多不識不知之親反兒童特性之善惡或溺于愛知兒之過失反順之或父母知識參差父戒之母縱之因此兒童視父母之順己與否分輕重從此皆足以遺害後人故人子定婚時宜擇其智識相等而配之以爲家庭教育之助

(寅)團結力之鞏固　一家之人同心協力共事有一種感化作用兒童愛其感格自然輸入腦筋于教育大有影響然而家庭之間亦有相視若仇人者此期于兒童大有妨礙

(卯)模倣性　小兒有一種摸放性質在不知不覺之中常模倣家人之行爲爲家長者宜親身作則實踐實行爲後人標準若牝雞司晨則不足爲弟子之表率也

(辰)服從性　家庭中最好養服從性在社會上亦宜有服從性蓋社會不能人人皆賢

首必有服從方能組織社會然服從宜講公理不可如中國之家庭教育多以規矩束縛子弟致小兒見人不能發一言則非教育之法

學校教育之特質第二期第三期受學校教育者居多

(子)共同生活　必先表同情使之協力同心減殺個人思想而爲將來社會上生活之準備

(丑)公私之別　家庭教育純是私心至學校始講公理故學校最多之國公私最明現今西洋各國最重公德小兒入學校絕未有損公物者如樹枝窗壁之細不見有折壞之事中國則自幼時其父母即有一種損人利己話輸入腦筋故後來不講公德中國辦事人動輒云「據我見」據我見三字實私見也世界之公德世界共之豈有據我一人之見之事此則學校最少教育未興之故

(寅)守法之精神　學校有一定之規則則守學校之規則養出後日辦事守法律之性質中國古稱以德王天下後來即以從古爲王者皆是有德以德字爲帝王一家私產是絕不明公理者也蓋中國墨守宗教重私德而不重公德如女不再醮夫不再娶

人皆稱為節義。究之于個人無大益于社會尤有損此皆數千年學說之所誤以致謬種流傳若西洋之憲法則上下同守父子均不能出公德公理之外故西國父子常至爭訟是非不同中國之有父無不是子無一是之講上下而不講是非也

（卯）公平之精神　學校可養公平之精神然必先以教育作標準若教習教法不均因學生之貧富勢力而差異其教育則私見傳染學生大非學界之幸德有一公爵之兒子在學堂欺壓同類。鬧出爭端某教習將公爵之兒子頓加鞭扑。且說我本公德辨理何畏公爵。某公爵反替稱此教習之公以為德國有如此教習甚為可望此德教習之盛所以冠地球也

（辰）好勞動之習慣　學校按一定之時刻用功斷無閑居懶惰之習慣養成勞動性質貧寒之人可因而減少聖人云「小人閑居為不善」勞動則不善之閑居可無慮而人類進于文明加以身體常動腦筋發達體格因之活潑自非飽食而無所用心者比此學校之勞動性于富強衛生上大有關係之點也

（巳）規律的習慣　學校有一定規律不失之過勞亦不失之過逸如用物然。不至用壞。

亦不至不用以任其腐朽運動有常身體自然靈活今西洋人六七十歲其精神不減少年亦規律之習慣養成不老之精神也

(午)智情意　學校為智情意發達之地英國之小兒入學則託之寄宿舍以學校尚公德足以養成憲法之性質所以英國人之憲法較勝于地球各國也

以上皆學校之特質然學校亦有缺點

(子)少視子之愛情

(丑)惡習慣之傳染最易

(寅)兒童之特性難覺察

家庭學校兩兩比較互有長短然家庭之短處即伏于所長之處最易壞事兼以父母未必全知教育絕少普徧的陶冶性是家庭教育斷不及學校教育之定點也然日本從前興學時亦有父兄不肯將子弟送入學堂者一嫌其功課不應講西學一嫌其學堂有習氣後因讀四書五經者之結果不及學堂個人之結果遂改從學校之教育此開化時之現象也教育非學校總名詞學問雖深而無教育之法不得謂為教育家東

洋教育主多念書此實誤也

學校之効力

今日學堂不知經許多名家研究始有此完備無缺之模範即偶有設備之不完善教習之不十分鬧出風潮亦不過偶然之缺點矯正則完備矣夫國莫不欲文明欲開化欲文明則不外擴張共同生活之範圍非有學校以講公德不可欲開化則社會上之維持及發達不可不知其國愈開化其事愈繁難尤非智識技能不可雖然智識技能乃學術之進步學術浩繁非有專門分業不可日本之有今日即學校之効力也

盧梭有言「家庭少完備教育即社會亦多陋習非獨立一教育所不可」此言雖過然于今日之學界則對症下藥也

凡人有革命希望不如將此希望以辦教育教育普及即革命亦不至大殘刻現出野蠻手段蓋人有野蠻性有時發現有時不發現觀之歷史有文明黑暗時代之別即因鬪歇性發現與否法國大革命論者謂爲鬪歇性之勃起也故必普教育以化人人之惡性

（未完）

軍事

兵制說

鐵公

友人忍公囑予作兵制說。小子不敏。觀德國軍隊編成學校教科書中關于軍制者。輯而條錄之。以應友命。以獻諸國民。以爲欲作軍國民之一助耳。幸勿以小子不才。而等閑視也。則更幸甚矣。 譯者志

其一 國力

一、國之所以存者。其實勢關于國力。國力者。所以自保其國也。仰他國之保護。應援危險之事。終不免于割土隸屬。觀一千八百〇六七年之歐洲史。以邦土一統之國與封建分據之國相比。其所以能勝者。皆國力使然。更以意國及德國之近世史證之。可愈見其不誣耳。

二、人民之總數。男女之均分。人口之粗密。年齡之等差。并體格堪于兵事者之增否。

政府之實體作用官廳之勢力組織官務之弛張或政憲人種言語風俗及習慣之差異

人民戰爭之能力嗜好生活之方法戰爭之條件兵事教育地形氣候一般思想之程度社會與經濟之情形都府與田舍之交涉

三、乘馬馱馬其他之運送獸類食品(麵穀肉秣)木材礦山(炭及鐵)鎔鑛業武器器械之製造技術製作業之程度(火藥武服武具軍用器物造船等)現金及有價券之融通(銀行等)水陸交通(道路鐵道航路運送器郵便電信等)

右揭之事物皆由國力所生之原質器關也

其二　兵力

一、國力之原質器關雖堆積充備而素不講應于使用者則臨其場決不能生其機能也質而言之徒占有無意之材料終不得効果故其目的常應組成慮應變之策必其計數不誤順序斯始可謂全得其機能矣

陸海軍者爲凡應戰人物團體之稱也其强弱在于其體各部之健脆與其相互之

動作若何各軍皆有各自之命令以達其最終之目的兩者相和相待以唯一之意思而運動者也

二、戰鬪力與戰鬪之材料不可過之不可不及必常相等若不能連結搆成則善良之戰體不可獲善良之戰體者始必能供其目的其訓練以戰鬪力爲主其維持以出征之準備爲主

完全之戰體者非徒組成所謂軍隊以人之員數年齡教育兵科或一定之模型而別類編成而足也且以平時戰時間皆有適當之編成嚴正之司令訓練秩序之行政司法及教諭爲必要之條件而人馬之補充被服武裝武器之簡便給與技術之應用金錢及物件之不足以及正確之支給士卒質素之生活屯營之良否衛生及病兵之取携義務者之正規或任意之賠償充分之糧食供求蓄藏武庫及工場之充實其他精堅之船艦城塞壘廓或迅速之出征準備又爲戰體之要件兵力之基礎以其好惡適否爲兵之强弱之標準

三、既有戰體必不可無精神將校團之堪能即其精神也蓋將校普通不欠軍事教

育執務則占社會之上位且指揮者必有高尙人之品位然後可教育與軍隊之紀律相因起其感能者也然而兵卒軍馬軍隊及其組合順練教養之若何亦堪能之現象是賴

軍隊之精神將校之精神也忠于元首人民與軍人間之好情由軍隊之國家而信任者皆此將校當然之義務也故將校團者爲軍國之柱石其國崛强將校團誰能敵之

其三　士官

一　戰爭必先望軍隊之指揮者即將校之銳敏知識判斷熱心及分疎之責事之決行力兵事者活動之技術非他之技術若其至難固不待論矣必宜常得補充而計行戰時之人物希望敵勢及彼此特色時地變數等類臨機應變至難之事業證其技術之點實在于玆故將校者不可因分疎之責身心之勞不自由而危險而躕躇不盡其職唯須以禀性擧全力從事其職者則可

將校者既服膺自勉以上之必要而後從勸誘其他之責何也夫一人之身體精神

及德義者于其部下同朋及長上之間生一種之關係有上下將校全體之價値之力又其人之所望者從其位置而殊異可屬其滿足之望之將校罕有也雖然若汲汲自勵而無大過則今將校可常服膺簡約其原則不過名譽義務勉勵或正直而已

二、名譽者將校團之寶玉也欲保持此純潔之寶玉非將校盡其本分之義務不可重名譽之義務又非盡諸般之義務不可故欲保眞正之名譽則畢生不可不守忠信之觀念不拔之勇氣堅固之決心及服從上位者之義務且須加誠實與沈默之二要點若夫將校有以名譽犧牲其身之覺悟其細行微事遂完行其義務且在將校外生活及舉動無不體裁常正威儀內則高尙思慮以敬愛國家則愈思過半矣

三、士官者必宜選風俗上正善之交際在社會之上位負至重之名譽與義務不可出入于卑猥羣集之地凡士官全體或各個體不可作之行爲如遊嬉過飲賭博或不利當于目的之業者皆須避之不然則名譽即生汚點而塗地矣

四、士官之平生滿足生活者以其身樹從義務由國家社會酬其義務而決不可保

有有形之財產若爲柔軟驕奢之生活是不僅傷害戰爭之能力即士官全體之占坐地盤蕩盡矣夫如是故士官之蓄財與驕奢者豈危險二字而已耶不甯唯是將校團中涵養朋友之信義與正直之精神使之益熾悖戾者防乎未然迷路者導之正道勿作不必要之行勿爲非分限之爭也

五、士官者其名譽固貴其精神決不可流生自負輕他之其弊忠職益厚其志行益高其身分對于社會之信用愈益加于是始可望達兵之最終目的

六、聯隊長者有以將校之名譽心于團體內生存活育之義務立于紹述老成先輩之美德而薰育監查少壯後生之位置者也

七、軍隊者不誓于憲法而誓于軍旗之下也質而言之爲宣誓于國君與元帥即皇帝陛下者也士官者直接附隨于國君然不能干預政事問題故黨派之舉動軍人不得倡政事之思想唯有忠節于國家一義而已矣（忍公謂此論太偏激）將校之職務在平時爲人民之教導者在戰時爲其指揮者故無論戰時與平時于一般之人民保同一軌之感想之日爲均一之運動之外無他職務也（完）

國聞雜評

嗚呼俄國之立憲問題（飲冰）

前記俄國地方議會要求立憲一事。爾後日有所聞。至陽歷十二月十九日遂揭曉。而終歸專制黨之勝利。嗚呼俄國之前途黯澹。嗚呼俄國之前途黯澹。

今最錄半月來之消息如下。記載皆用陽歷

（十二月十二日路透電）前日聖彼得堡有小暴動起。其主動者非自由主義之維新黨。而社會主義之革命黨也。昨日審問行刺前內務大臣布黎威之人。革命黨復爲示威運動。

同日日本外務省所得電）十二月十一日有學生千五百名以上集於尼布士奇街。（原注云。俄京最繁華之處）爲示威運動。標革命之題詞於紅旗上。高呼自由萬歲。緣此學生與警察起大衝突。負傷四十二名。就縛者百八十名。其夜學生團體。又標社會主義。爲示威運動。宣言反對貴族政治及目下之戰爭。率由警察官以武力干涉。學生負傷者百名內外

國聞雜評 二

(同日日本外務省所得電)法國阿羅爾報告。(原注主張社會主義之報館)十二月三日。俄京各自由派會集。其代表人決議三條。署名者凡六百人由墨斯科辯護士聯合會之代表人七名提出於司法大臣其決議條件如下。

(一)信仰自由言論自由出版自由結社自由

(二)凡前此因階級差別國籍差別而租稅額因以不平等者悉廢之

(三)立國民代議會政府大臣對於此議會而負責任

法國巴黎新報云。(原注溫和派之報館)司法大臣現已奉表辭職其表文云臣向來主持專制主義者。今也司法部之大小官吏全反對臣之主義臣實不能晏然復尸此職云云。

據各報所述。則新內務大臣米爾士奇之勢力駸駸日進將來政府部內重要之地位。將大有變動。即墨斯科府尹西爾士大公將辭職。阿力寨夫大公。止于海軍省長官海軍中將亞威倫將任海軍大臣。又華爾梭府尹。玖福府尹。墨斯科警察長官等。一切頑固派皆將辭職。 新內務大臣一派。果能得終局之勝利乎。現方在危疑之交。聞此問題將以十二月十九日頒詔決定之云

(十二月十五日路透電)墨斯科市會本日以全會一致提出改革案四條。

(一)政府當盡其力所能逮以保護臣民

(二)凡前此「除外例」之法律一切廢之(按除外例者即指階級制度也)

(三)信仰自由出版自由集會自由當以法律規定之
(四)與人民以參政權

(十二月十六日路透電)俄國自由運動之發展日見顯著。全國新聞紙皆昌言極端之改革毫無忌憚學生及凡受教育之人士到處運動日日集會。

(十二月十七日日本外務省報告)據各方面來電俄國要求立憲已爲公然之運動。其事態極重大主動者不徒學生及浮浪社會而已。凡有識者及上流社會之人皆傳播此主義官吏附和之者亦不少全國人民皆狂奔於此問題。戰事反視爲第二著矣　立憲黨機關新聞波志的尼報云。前此地方議會之代表人開秘密會議於墨斯科實由新內務大臣默許之旋以秘密會議恐益招頑固黨之忌。萬一墨斯科府尹西爾士大公下嚴辣之處置。將益助其激昂。故米氏特公然許可之使在政府監督之下爲光明磊落之會議俄皇亦竟許之。新內務大臣此舉大受全國輿論之歡迎。而守舊派驚愕萬狀。西爾士大公及宗教總監坡鼈那士的夫急奏於皇太后云皇帝及內務大臣之政策不過欲造成革命而已。於是俄皇奉太后懿旨收回前日成命然局勢既已澎湃進步。不可收拾地方議會之百有四名代表者竟明抗懿旨開會議三日爲激烈之演說者數次最後卒以自由主義之決議。提出於政府。同時各地方爲此等之集會此等之決議者殆無日無之無地無之。而官吏之附和者亦居大多數現在宮廷中自由派與保守派之軋轢。正達極點云。　內務大臣米爾士奇有辭職之意俄皇溫旨慰留之后黨亦恐米氏辭職。益招國民憤激。或生意外之變。故亦傳懿旨慰留云。　與

嗚呼俄國之立憲問題　三

京新聞云有一俄國名士至維也納論俄國現在政局謂立憲主義之勝敗一視戰局之前途如何以爲定云

（十二月十九日路透電）據聖彼得堡電報俄國之頑固黨已大獲全勝凡新聞紙之鼓吹立憲政體者皆被禁止俄皇更宣言謂將代皇太子維持今日之專制政治云

評曰吾自二十日來每晨起讀報紙所最關心注目者惟此一事吾與俄國人民無絲毫之關涉不知此事之激刺吾腦筋何以如是其甚也及讀至十九日電報乃不禁廢書而歎也雖然以此爲立憲黨遂失敗乎吾有以知其不然矣考俄國自十九世紀下半紀以來其歷史殆純爲陰謀肅殺之氣所充滿國中虛無黨員乃至芬蘭人波蘭人等霹靂舉動屢見不一見雖然或出於單獨運動或出於極少數人之通謀從未有合全國之力爲共同一致之舉與政府相抗者即偶有結合亦皆地位低微勢力薄弱之人故政府以軍隊警察之力足鎭壓之而有餘且其手段惟以戕殺主權者及當道者純用恐怖主義其所得結果若何固未暇計及故數十年來建堂堂旗鼓爲秩序的行動以對於政府者未嘗有也此前此國民程度則然不足爲怪也雖然數十年來自由平等之理論已瀰漫於全俄之思想界遠溯俄國文學之先達其最有力者曰羅壓那

梭夫曰碎梭志哥夫。一則亞爾士里克之漁父。一則僻陬之農夫也。爾後文豪蠭興。其出身大率與彼二子相彷彿。故俄國文學全屬於田舍的平民的也。寖假而此種理想。風靡一世。現代之文宗托爾斯泰伯實代表之。而影響遂及於貴族大吏。即今皇尼古拉第二亦汲其流者之一人也。英國占士摩里博士評俄皇。謂其腦中含有兩種反對之性質。其一則專制神聖也。其一則平民主義也。可謂知言。夫此種思想之磅礴鬱積既已若此。將必有若決江河沛乎莫禦之一日。所爭者蚤暮耳。史家記拿破侖在聖希㳽拿島最後之遺言云。「吾死後百年。全國世界將爲俄羅斯所統一。否則全世界皆變爲共和政體。二者必居一。於是眞正之共和政體。將自俄羅斯創之」云云。其言似奇。然滋可味也。

新內務大臣米爾士奇。現政府中自由主義之代表也。雖然。當其初就任時。俄廷兼命里烏士奇爲內務大臣之貳。此兩人者。其資望閱歷。殆相頡頏。故同時若有兩內務大臣者然。里氏之主義。則與米氏全立於反對之地位者也。蓋自始而兩派之衝突。政府內情之不統一。可以想見矣。今則米氏殆如伴食。然而里氏汲汲於嚴飭警察。爲內亂之預防。據最近倫敦泰晤士報。記俄國之增遣滿洲軍也。俄皇親送之於格辣那。自聖彼得至格辣那不過十餘里而鐵路沿途之守備隊凡步兵二萬人其他波蘭南部之警衛線步兵數千人乃至各橋梁下皆以小艇載步兵云其憂危窘迫之狀可見一斑矣嗚呼日皇之閱兵也則乘四馬列百數十人之儀從耳而沿途萬歲之聲不絕於耳日皇何樂俄皇何苦願主權者一鑑之

今者就表面上觀之。俄之頑固黨。雖似獲勝利。而實際決不爾爾。今也全俄之懷抱自由思想者已組織成一秩序發達之有機體即軍隊警察中表同情者亦大多數焉終非彼硜硜者所能抗也日本人評之曰。『今後俄國對於此內亂之方略。(一)必留多數之常備軍於內地以防有變因此不能多派遣陸軍於極東即所派遣者亦皆老弱之豫備兵給與窳陳之武器(二)國帑空乏雖欲增徵租稅募集公債而國民皆反對戰爭益有所挾以持政府之急(三)政府務欲樹威於外以眩惑國民復恢其崇拜專制君主之心故不量國力出種種自殺之拙劣手段如近者派遣波羅的艦隊派遣第二東洋艦隊更欲組織第三東洋艦隊乃至陸軍下全國徵集之令其命意皆在此實則全

不可用而徒糜莫大之經費結局適以自戕』云云。此雖敵國輕蔑之言。然去實際亦不遠也。要之俄羅斯政治之革新不於戰爭中見之必於戰爭後見之吾爲俄國民黨前途抱如潮之希望也

雜評二則（飲冰）

十九世紀末一大偉人前杜蘭斯哇爾大統領古魯家氏薨逝已三月本報對於此可崇拜之人物。甯能無一言乎。初古魯家之薨。故國人民。請其遺骸歸葬於波亞英人許之。陽歷十二月十七日。全波亞公民大集會舉行莊嚴盛大之葬儀主禮牧師某。以極悲壯之音演說云。『我彼亞國民對於此標題自由平等之新國旗（案指英國）宜忠實服從者也雖然此老偉人所示我輩以國民發展之方針我國民又當步趨進行不可一日忘諸』嗚呼。讀者聞此言當生若何之感慨乎。宋人詩云。今日何遷次新官對舊官。笑啼俱不敢始信做人難以此思哀哀可知耳雖然亡國民而能如波亞者又亡國中之獨一無二者也波亞惟有古魯家故雖亡而猶維持比較的名譽也

陽歷十二月廿二日。朝鮮電報云。韓廷得日本公使照會。謂咸鏡道一帶地方官。皆須以能通日語之人任之。韓廷現已照行云。嗚呼俄人之滅波蘭也禁波蘭人操其國語。今朝鮮又將見之矣吾甯暇爲朝鮮人歎息夫不見庚子辛丑間略通A、B、C、イ、ロ、ハ者已揮無上威力於北方政界耶

又三則（錄上海時報）

頃讀上海十一月時報批評門論當世之務字字沈痛語語中綮故轉錄三則如下

（其一）

中國現政府之政策。我無以名之。名曰。飄篷。飄篷者東風則篷西西風則篷東風無定向篷亦無定向篷依風爲轉移故所飄之體雖在篷而其所以飄之故則不在篷而在風

試以中國近時之外交證之日俄之戰一飄篷政策之結果也。俄欲我滿洲。則與之日欲我爭還滿洲。則爭之與之不得爭之不得而我乃守中立是猶東西風之力

相敵而逢至欲飄而不可得也。此一事。商標之瓜葛亦一飄逢政策之結果也。對日公使則許如期施行。對德公使則許展期商量。終而至於讒謫交至而其咎悉歸於我。此又一事。西藏之條約又一飄逢政策之結果也。英之嚼藏也。不早爲之計。藏之敵英也。不早爲之計。英藏之立約也。不早爲之計。至於其約既定。其事既成。中外羣譁。以爲不可不爭。乃始遣使與之爭。此又一事。金磅之爭執又一飄逢政策之結果也。各國欲用金磅。則許允之。各省不能籌付金磅之欵。則磋磨之。磋磨之不得則許允。許允之不得則磋磨。終至外人之力大而以不能不許允。終是猶東風之力大西風之力小。大小不敵。而所飄之逢乃至於西向也。此又一事。

試更以近時之內政證之。其用飄逢政策亦猶此。見國勢之浸弱則練兵。練兵必搜財。搜財必病民。病民民必亂。見民亂則又不願搜財。此亦飄逢政策之一端也。見財政之困難則思節省。節省則必去閒費裁冗員。閒費去。冗員裁。則舊員無由位置。新政無由舉行。(如免裁各省冗員以位置卒業學生等)則必又旋去而旋用。旋裁而旋復。此又飄逢政策之一端也。見外國之强盛則欣羨。欣羨必有所法。則法人陳之則效法。英人咻之則效英。日人咻之則效日。美人咻之則效美。法仆而英起。日代而美謝。法不憚萬變令不憚千更此又飄蓬政策之一端也夫飄蓬政策者非政策也偷惰也畏怯也敷衍也無所事事也只知有今日而不知有明日也只知有一時一事而未爲我中國計萬世也茲聞又有裁滇鄂兩撫及西藏專使出發事有感書此。

（其二）

異哉。我國民於世界之地位也

甲國之人。有甲國之土地。乙國之人。有乙國之土地。此世界萬國之公例也。甲國之人。不能干涉乙國之土地。乙國之人不能干涉甲國之土地。此又世界萬國之公共法也。甲國之人。不能自私甲國之土地而不與乙國人往來。乙國之人亦不能自私乙國之土地而不與甲國人往來。此又世界萬國所謂文明之新法律也。

然而我竊於我國之民我國之土地而不能無疑者。如謂甲乙國各自有其土地。甲乙國各不能干涉人之土地。則外人何爲以兵力。迫我通商開我海禁來我土地貿易。如謂甲乙國各不得自私其土地。甲乙國各不得禁他國之往來其國之土地，則我華工何以至美洲而被禁至澳洲而被禁此其事不亦大可異耶。

更有進者。如謂各國之人。均當往來。獨我中國人種。賤之極。野蠻之極。至其地則地壞。入其國則國亂。獨不得與他國同其例則我華工何以始招之來終麾之去既逐之於美又招之於非更有進者。我國之人而至他國之土地。其或納或否。彼可自便。我何得過問。然有其地本爲我國之土地。其人又爲我國之人民。我以人之欲來。我土地而許與之彼反不欲我入彼地即我與彼之土地而又禁制之此其事不更可異耶。

今試聚其諸異而比觀之。則我有土地。而人處之。一異也。人得處於我之土地。我不得處於人之土地。二異也。我欲處於人之土地而不得。我欲不處於人之土地而又不得（如有華工既經招募後不得中止）三異也。我欲處於人之土地而不得。我欲自處於我之土地而又不得。四異也。有此四異而我國之土地可至。無有我國之人可絕跡於天壤。

今者。美洲禁制華工之約又將續定矣。澳洲滅絕華人之策又復競起矣。各國之來我中國。而反禁制我中國人於其地興利者又萌芽矣。各國之來我中國。欲於我中國興利。而我中國人欲禁制之而不得者又數數聞也。然則我國有何民我國民於世界尙有何地位

（其三）

粵漢鐵路一事。緜歷數月餘。鬨動數行省。要言之。主張以美繼美者盛宣懷伍廷芳張振勳之說也主張華美合辦者王之春之說也主張收回自辦者南皮張制軍與三省紳商之說也。就三說而論。孰爲利。孰爲害。前既已有明言。就三說而論。孰爲勝。孰爲負。今尙不得而知。然而主張以美繼美者則已遣倍次入京運動矣主張華美合辦者則又欲遣人往美運動矣獨主張收回自辦者絕無所運動然則吾民何所恃乎恃有此赤血而已黑鐵而已鐵路者非政府一二人之鐵路。而吾民全體之鐵路也。吾民既有直接之利害。吾民自然有承認之權利。其不由吾民承認。而私立契約者。皆賣國之賊也。賣國者上不容於君。下不容於民。人人得而誅之。

難者曰。今日之鐵路。誠宜收回自辦矣。其如財政困難何。曰是有說焉。外國鐵路。分

國有鐵路民有鐵路此鐵路如歸國有也。勢必借外債。今日之外債。已足亡國而有餘。記者何敢與言及此。縱從前之外債爲不生產的外債。今日興業之外債爲生產的外債似亦無妨然借外債必要抵押之保證又必定償還之期限是與前者無異也吾謂借外債不如募國債外債則限於外人國債則內外人皆可投貲且國債無保證無還期非無還期也謂定爲有期國債與無期國債皆權自我操也雖然今日政府失信用倘定爲無期國債則外人鮮有投貲者勢不得不出於有期然而有期之中猶可以定爲隨時與定時一時之三方法要在善爲斟酌而已如曰此法不可行也。則莫如歸民有定期專利若干年後始撥歸國家。今日國庫雖貧而民生私產尚不至如歐洲貧富之界判如天壤弊在政府失信用無以吸集之而已倘歸民有。則民自爲籌貲。自爲建築。自爲雇用工人。政府絕不干預之。如慮吾民組織能力薄弱。則莫如派張南皮爲之督辦以總其成而政府立於無責任之地位如不然則兼用國有民有之法。政府總宜堅信用爲主今日政府所以財政致如此之困難者實由信用不堅。不能吸集民間貲財。以致借種種之外債。遺種種之後患。此記者斷

雜評二則 十三

痛心疾首者。倘不改圖。而但藉口於無欵。以致鬻售其權利於外人。則記者筆枯墨涸。終不能盡書其罪矣。

本文方付印。今日（十二月十九日）讀日本時事新報電報欄。有一條題曰「露都之憲法請願」者。文曰。

（十二月二十三日伯林電報）據聖彼得堡消息云。聖彼得堡可尊敬之市民凡六千人聯名上書俄皇要求立憲。

嗚呼。吾固信此風潮之未有已也。急記此以俟其後。

談叢

飲冰室自由書

記日本一政黨領袖之言

某日某與吾友某某會日本某政黨領袖某君於某所。叩以政黨初立時之情形。所言有深足令我輩感動者。歸而記之。

某君曰。我日本之有政黨。本起於維新時代。薩長土肥四藩及東北人士咸有功於王室。而薩長二藩。憑藉尤厚。遂據要津。行藩閥專制政治。蓋武門秉政。實我日本八百年來歷史之遺傳性。旦夕未能驟革也。於是土佐及東北人士。咸懷不平。思起而抗之。此政黨所由起也。

某君曰。時則福澤諭吉先生。其德性最與平民主義相近。雖一度受幕府命游歷歐美。及歸則不復宦達。而惟設一慶應義塾於三田。專鼓吹英國學風。國中不平之民。咸就學焉。慶應義塾者。實政黨之製造場也。

某君曰。政黨與藩閥戰。已卅餘年。至今未休。而初期之戰。尤烈。當時藩閥握政府之全權。政黨無絲豪勢力。無一寸立足之地。而政府之所以對我者。其嚴辣之手段。至今言之。猶有餘痛也。政府之偵探。至密且嚴。凡民黨中有力之人。一舉一動。一言一話。皆纖悉偵之。而一一報告於當道。若起居注焉。數人密室之會談。被偵得者。十而七八也。茶亭飯店。無所容議論之地。無論矣。乃至私宅賃舟。一無所逃。嘗有政府所派偵探。自匿於某家疊數（日本席地坐其室中之席名曰疊）之下七日。夜持辨當（日本有以小薄木匣盛冷飯宿饌以備旅行及工人用者名曰辨當）以充飢。探聽隱事。洪纖不遺者。我輩又嘗蕩舟中流。密議大計。自謂天神之外莫余覺也。乃壯語方酣。忽有突起水中。而捕縛余者。則政府警吏。早以相隨。其伏我舷側。詷我於水中者。蓋已半日也。其他手段。大率類是。

某君曰。某嘗與黨員某某至橫濱。同購炸藥。已購得。歸而密庋之待用。乃笑相語曰。警吏手段精矣密矣。而猶未也。使我輩為政府。必將置一攝影器於販賣炸藥者之室。使往購者無術以逃其影。則我輩今日不已殆乎。方睥睨自鳴得意。乃翌日而政府逮捕之命下引至法廷法吏笑語曰吾儕不如公等能為攝影器顧吾之攝影器亦足以代耶其他手段大率類是。

某君曰。當時政府及民黨皆各務蓄養壯士狹路相逢動輒決鬬故吾儕出入必以劍自隨

某君曰。政府務絕我輩經濟之來源欲使我坐困凡我輩或以團體之資格或以私人之資格欲營一實業者政府必多方以破壞之使不能自存不寧惟是凡地方實業家稍與我輩往來形跡嫌疑者政府亦必對付吾黨之手段對付之故有力者避我輩惟恐不遠懼其浼已也我輩亦不欲累人茹荼嚼雪期以自力貫徹之而已內之既須蓄養壯士外之復為運動之費而全黨皆若涸轍之鮒焉其苦況豈復能以言語形容者勿論他人即如鄙人者當時同志寄居舍下以十數往往欲寄一信而主客十餘人欲共湊兩錢購一郵政票而不可得一人出門則其他不得不居守何也主客十餘人而帽惟一帶惟一裙惟一履惟一也明治二十三年國會開鄙人被舉為議員而出席時所被之一禮服猶十餘人共醵之也

某君曰。政府之陽惡既若是矣。其陰謀之可畏則更甚焉。吾黨既在直接間接壓制之下。無以謀生。逼於飢寒。政府瞷其至窘之頃。則陰遣人貸以金錢。訂期償還。及期而拶逼之。不稍假借。瞷其益窘也。又陰遣人別貸之。及期拶逼。又如之。而其目的要在有所誘脅。以迫之使改節。或初貸時誘脅焉。或再貸三貸時誘脅焉。雖有鐵漢。不墮其彀者鮮矣。嗚呼。此吾黨最吃虧之一端也

某君曰。計當時政府專爲對付民黨。其警察偵探壯士。乃至種種陰謀。所費蓋歲六百金云。浪擲國民膏血。其罪猶小。而其摧壞國民志氣。墮落國民名節。至使今日政黨中猶帶腐敗之氣。其影響及於全國民之道德。則吾至今言之。猶有餘痛也

某君曰。今者吾黨之對於藩閥政府。以三十年血戰之結果。雖未可云已獲全勝。顧吾黨之目的。其已達者則什八九矣。終局之全勝。在我不在彼。又國人所同信也

某君語竟。某乃退而與吾友相語曰。嗚呼。我國民黨志節之委靡。能力之脆薄。有以夫。有以夫。孟子曰。其操心也危。其慮患也深。故達。今之志士。燕居談笑。而道革命。酒食徵逐。而言破壞。無惑乎其心不細。機不警。志不卓。行不堅。運動不進。而條理不立也。以右

斯脆弱之政府。吾黨猶不能動其毫髮。吾黨尙何顏以語國事耶。使吾黨處於日本政黨初立時之地位。將若何也。雖然能力以相搏而後鍊成。使吾黨處於日本政黨初立時之地位。則吾黨之能力或將有進乎。吾未能決之。

中國之武士道自敘

頃編國史至春秋戰國間。接先民謦欬。深有所感動。爲史裁所限。不能悉著錄也。乃別著「中國之武士道」一編。冀爲學校敎科發揚武德之助。錄自敘以附自由書。

新史氏旣述春秋戰國以迄漢初。我先民之以武德著聞於太史者。爲中國之武士道一卷。乃敘其端曰。泰西日本人常言。中國之歷史不武之歷史也。中國之民族。不武之民族也。嗚呼。吾恥其言。吾憤其言。吾未能卒服也。我神祖黃帝。降自崑崙。四征八討。削平異族。以武德貽我子孫。自玆三千餘年間。東方大陸聚族而居者。蓋亦百數。而莫武於我族。以故循優勝劣敗之公理。我族遂爲大陸主人。三代而往。書闕有間矣。即初有正史以來。四五百年間。而其人物之卓犖有價値者。旣得此數。於戲。何其盛也。新史氏乃穆然以思。矍然以悲。曰中國民族之武。其最初之天性也。中國民族之不武。則第二之天性也。此第二之天性。誰造之。曰時勢造之。地勢造之。人力造之。司馬遷良史也。其論列五方民俗。曰種代石北也。地邊胡。數被寇。人民矜懻忮。好氣任俠。中山地薄人衆。民俗懁急。丈夫相聚游戲。慷慨悲歌。鄭衛俗與趙相類。然近梁魯。微重而矜節。濮上之邑徙野王。野王好氣任俠。衛之風也。夫燕亦勃碣之間一都會也。人民希。數被寇。大與趙代俗相類。而民雕捍。臨菑亦海岱之間一都會也。其俗怯於衆鬥。勇於持刺。故多刼人者。大國之風也。由此觀之。環大河南北所謂我族之根據地。安所往而非右武之天性所磅礴乎。夫形成社會之性質者箇人也。而鑄造箇人之性質者又社會也。故人性恒緣夫社會周遭之種種普通現象特別現象而隨以轉移。中國自昔非統一也。由萬國（夏禹時。）而三千（殷時。）而八百（周初。）而百二十（周東遷時。史記稱孔子適周。見百二十國寶書。）而十二（春秋時。史記有十二諸侯年表。）而七（戰國時。）

而歸於一。其間競爭劇烈。非右武無以自存。蓋一強與衆弱遇。弱者固弱。強者亦不甚強。數強相持。互淬互厲。而強進矣。其相持者非必箇人也。強羣與強羣相持。其強之影響。徧浸漬於羣中之分子。而箇人乃不得不強。此春秋戰國間我民族所以以武聞於天下也。抑推原所自始。則由外族間接以磨厲而造成之者功最多焉。我族之有霸國。始於春秋。尋常稱五霸。謂霸主也。吾謂霸者以國不以主。故易稱霸國。霸國者。强權所由表徵也。其在春秋。曰齊曰晉曰秦曰楚曰吳曰越。其在戰國。則晉分爲韓趙魏。吳越合併於楚。而更益以燕。此諸國者。皆數百年間我民族之代表也。而推其致霸之由。其始皆緣與他族雜處。日相壓迫。相侵略。非刻刻振厲。無以圖存。自不得不取軍國主義。以尙武爲精神。其始不過自保之謀。其後乃養成進取之力。諸霸國之起原。皆賴是也。請言齊。環齊左右者。徐、萊、淮、夷綦强。故太公初封營丘。萊夷卽與之爭國。見史記齊世家。其後徐偃王朝三十二諸侯焉。見韓非子。故太公以悍急數政。而筦子作內政寄軍令。齊富强至於威宣。蓋以此也。請言晉。晉故狄地也。故晉人曰。狄之廣莫。於晉爲都。晉之啓土。不亦宜乎。左傳莊公廿八年。又曰。晉居深山之中。戎狄之與鄰。而遠於王室。同昭十五年。又曰。吾先君之亟戰也有故。秦狄齊楚皆强。不盡力。子孫將弱。同成十六年。故春秋之世。晉與狄相終始。而猶未能相志於鮮虞。鮮虞白狄別種。而戰國之中山也。三卿分晉。而趙當其衝。故武靈王曰。中山侵掠吾地。係累吾民。先王忿之。其怨未能報也。戰國策趙策。故以胡服騎射敎民。舉國皆執兵焉。全晉之時。其民既以仁悍稱。至趙益甚。蓋以此也。請言秦。秦最初以討戎功得封。秦仲以來五世與戎爲仇。死戎難者三焉。(見史記秦本紀)。秦繆修政。乃伐西戎。滅國十二。辟地千里。秦之建國以血肉與諸戎相搏而易之也。其後商鞅厲農戰。司馬錯伐蜀。而秦即用是以并天下。請言楚。楚之封。與古三苗遺裔爭地。若敖蚡冒。篳路藍縷。以啓山林。其君無日不討軍實而申警之。曰禍至之無日。戒懼之不可以怠。(見左傳宣十二年)。楚之能强。皆以此也。請言吳越。吳越通上國較晚。其初代與他族競爭之烈。不深可考。要之亦我族沐甚風櫛甚雨而撫其地也。闔閭句踐時代。所以厲其民者至矣。請言燕。燕僻處東北。自春秋初即有山戎之禍。其後北戎日益暴。而燕亦日益强。是以得并六爲七。以顯於戰國也。太史公曰。天下冠帶戰國七。而三國邊於匈奴。(史記匈奴列傳)。謂秦與趙與燕也。夫使武靈不以幽弒。樂毅不以間亡。蒙恬不以讒殺。三子者有一焉。能終其業。則黃帝以來獯鬻之患。或至是而竟消滅。而後此白登之圍。困甘泉之烽火。乃至劉石金元之恥辱。或竟不至以汚衊我國史焉。未可知也。夫其對於外族之競爭。既若是矣。其在本族。亦地醜德齊。莫能相尚。兢兢於均勢。汲汲於自完。故尚武之一觀念。上非此無以率其民。民非此無以事其上。蓋社會之大勢所以鼓吹而摩盪之者如是也。六國之末。懸崖轉石之机。愈急愈劇。有勢位者益不得廣結材俠之民以自固故其風扇而彌盛名譽譽此者也爵賞賞此者也權利利此者也全社會以此爲教育故全民族以此爲生涯轟轟烈烈眞千古之奇觀哉。夷考當時武士信仰之條件。可得十數端。一曰。常以國家之名譽爲重有損於國家名譽者刻不能忍如先縠、欒書、郤至、雍門子狄、之徒是也。一曰。國際交涉有損於國家權利者以死生爭之不畏强禦如曹沬、藺相如、毛遂、之徒是也。一曰。苟殺其身而有益於國家者必趨死無吝無畏如鄭叔詹、安陵縮高、侯嬴、樊於期、之徒是也。一曰。己身之名譽或爲他人所侵損輕蔑則刻不能忍然不肯爲短見之自裁不肯爲懷忿之報復務死於國事以恢復武士之譽如狼瞫、卞莊子、華周杞梁、之徒是也。一曰。對於所尊長常忠實服從雖然。苟其舉動有損於國家大計或名譽者雖出自所尊長亦常抗責之不肯假借事定之後亦不肯自寬其犯上之罪而常以身殉之如鬻拳、先軫、魏絳、之徒是也一曰。有罪不逃刑如慶鄭、奮揚、之徒是也。一曰。居是職也必忠其職常犧牲其身乃至犧牲其一切所愛以殉職如齊太史兄弟。及李離、申鳴、孟勝、之徒是也。一曰。受人之恩者以死報之如北郭騷、豫讓、聶政、荆軻、之徒是也。一曰。朋友有急難以相托者常犧

談叢　十

牲其身命及一切利益以救之。如信陵君虞卿之徒是也。一曰他人之急難雖或無與於我無求於我然認爲大義所在大局所關者則亦鋭身自任之而事成不居其功。如墨子、魯仲連之徒是也。一曰與人共事而一死可以保秘密助其事之成立者必趨死無吝無畏。如田光、江上漁父、溧陽女子之徒是也。一曰死不累他人。如聶政之於其姊、貫高之於其王是也。一曰死以成人之名。如聶嫈之於其弟是也。一曰戰敗寧死不爲俘。如項羽、田横之徒是也。一曰其所尊親者死則與俱死。如孟勝之門人田横之客是也。一曰其所遇之地位若進退維谷不能兩全者則擇其尤合於義者爲之然事過之後必以身殉以明其不得已。如鉏麑、奮揚子蘭子、之徒是也。一曰其初志在必死以圖一事者至事過境遷以後無論其事或成或不成而必殉之以無負其志。如程嬰、成公趙之徒是也。一曰一舉一動務使可以爲萬世法則毋令後人誤學我以滋流弊。如子襄、成公趙、之徒是也。其餘諸懿德。尚不可悉數要而論之。則國家重於生命朋友重於生命職守重於生命然諾重於生命恩仇重於生命名譽重於生命道義重於生命是即我先民腦識中最高尚純粹之理想而當時社會上普通之習性也。嗚呼横絕四海結風雷以爲魂壁立萬仞鬱河嶽而生色以視彼日本人所自侈許曰武士道武士道者何遽不逮耶何遽不逮耶嗚呼我民族武德之斲喪則自統一專制政體之行始矣統一專制政體務在使天下皆弱惟一人獨強然後志乃得逞故曰一人爲剛萬夫爲柔此必至之符也作俑者爲秦始皇始皇既一天下鋤群強而獨擅之賈生記之曰隳名城殺豪俊收天下之兵聚諸咸陽銷鋒鑄鐻以弱天下之民又曰士不敢彎弓而報怨民氣之摧殘自茲時矣幸其凶燄不久即被決潰而前此遺風餘烈且尚未沬故楚漢之間前躅彌劭張良等萬乘於褐夫田橫死絕島而不悔貫高糜膚以白主竇嬰擲侯以拯友猶先民之遺志也次摧之者則漢高祖叔孫通定朝儀尊揚主威功臣武士皆戢戢慴伏汗下不敢仰噫蓋稍稍憊矣然鄉曲豪舉游俠之雄若朱家劇孟王孟濟南瞷氏陳周庸郭解等聲氣尚動天下次則景武之間復大摧之徙諸侯強宗豪傑及富人於諸陵班固所謂三選七遷充奉陵邑蓋以強幹弱枝隆上都而觀萬國（見文選西都賦）此殆猶始皇殺豪俊弱天下之意特其操術巧拙殊異耳群天下血氣之士於輦轂下使其心志佚於淫冶其體魄脆於奢靡晉狐偃有言吾且柔之矣（近儒龔自珍定庵文集有京師

樂籍說一篇。最能發明此義。而復選嚴酷之吏。爲司隸。爲尹。以次第鋤之。蓋景帝大誅游俠。史記游俠列傳。景帝聞之。使使盡誅此屬。孝武承流。法網逾密。郅都、甯成、周陽由、趙禹、張湯、義縱、王溫舒、尹齊、楊僕、減宣、杜周輩。希指承寵。草薙而禽獮之。而公孫弘主父偃之徒。復假儒術文姦言以助其燄。史記游俠列傳云。吏奏郭解無罪。御史大夫公孫弘議曰。解布衣。爲任俠。行權以睚眦殺人。解雖弗知。此罪甚於解殺之。當大逆無道。遂族郭解翁伯。又徙豪傑實陵邑之議。實發自主父偃。史記平津侯主父偃列傳云。偃說上曰。天下豪傑。皆可徙茂陵。內實京師。外銷姦猾。此所謂不誅而害除者也。云云。至是而尙武精神。澌滅以盡矣。太史公傳之曰。自是之後。爲俠者極衆。敖而無足數者。如樊仲子趙王孫輩。雖爲俠而逡逡有退讓君子之風。至若北姚西杜南仇東趙之徒。此盜蹠居民間者耳。又鄉者朱家之所羞也。史記游俠列傳。嗚呼。千百年養之而不足。數十歲鋤之而有餘。不亦重可悲耶。蓋季布以武俠聞一世。而討伐匈奴之議。猶且以含垢忍辱勸人主。則黃帝以來遺傳之武德。既已銷磨。而我族之對外。始不競矣。要而論之。則中國之武士道。與霸國政治相終始。春秋時代。霸國初起。始形成武士道之一種風氣。戰國時代。霸國極盛。武士道亦極盛。楚漢之交。時日雖短。猶然爭霸也。故亦盛。漢初天下統於一矣。而猶有封建。則霸國之餘霞成綺也。而武士道雖存。亦幾於强弩之末。不穿魯縞。逮孝景定吳楚七國之亂。封建絕跡。而此後亦無復以武俠聞於世者矣。嗚呼。時勢造人。豈不然哉。夫歷九州而相君四海以爲家。其進也既厲於競爭。有以爲功名之地。其退也復得所保護。有爲逋逃之藪。故士之能以武自見者。非獨天性。亦形勢使然也。及天下定於一尊。爲人上者。無復敵國之足以勞其狠顧。前此强强相持之勢。忽變爲一强遇衆弱。而其所最患弱者之復起而爲强耳。故前之獎之者。今則賤之。前之翼之者。今則摧之。事所必至。理所固然也。而天下一家。山谷海噬。悉受成於天子之命吏。法網所觸。欲飛靡翼。束手待斃而已。倔强者死焉。次焉者易其操。前輩死焉。後起者無以爲繼。夫社會之勢力。必有所承襲而始得永續性。後起者雖欲自建樹。則困於其始萌蘖之頃而牧之矣。以故强武之民。反歸於劣敗淘汰之數。而惟餘弱種以傳子孫。昔人詩曰。何意百鍊鋼。化爲繞指柔。君子觀此。未嘗不仰天而長慟也。然則我國苟長爲戰國時代。互均勢終不相下。是果爲國之利乎。曰利害未可知。然大勢固不許爾爾。中國之地勢。爲天然統一之地勢。而幅員如此其遼廓。戶口如此其衆多。其在幼稚時代。非厚集權力於中央。無以爲治。故專制又與統一爲緣。不得不以一强馭羣弱。勢使然也。夫使竟外無復他强以與我相遇。則長此終古保守秩序。甯不足以致小康。其奈全世界物競之大勢。又不許爾爾。夫是以情見勢絀。而二千年來遂以屈辱之歷史播醜於天壤。他勿具論。即如漢孝武者。豈非一世之雄主耶。其對外思想。雄健沈鬱。白登之耻。繒幣之辱。刻未嘗去懷也。厥欲之志。終身以之。而成功遂不逮趙武靈王者。武靈時代。全趙皆强。孝武時代。則强者僅孝武一人。而其餘皆弱也。以全體積弱之民。而從事外競。未有能幸者矣。孝武欲揚本族之威於域外。而又鋤本族之氣於域中。此所謂卻行而求前也。自玆以還。經一度梟桀之主。則武德之銷磨愈增一度。前此所謂專制者。則一人剛而萬夫柔也。後此所謂專制者。則客族剛而主族柔也。以萬夫之柔者。與一人之剛者抗。彼雖武甚。然固極少數。蹈之猶易也。至於以主族之柔者。與客族之剛者抗。則彼固亦有多數焉。以爲爪牙始焉以我弱故。彼乃得以强加諸我。繼焉以彼强故。而我之弱益不可復瘳。遞相爲因。遞相爲果。引而無窮。每下愈況。以三千年前最武之民族。而奄奄極於今日。皆此之由。故曰時勢造之。地勢造之。而又不得不終致憾於人事也。今者民智程度。漸脫離天造草昧之域。而時勢蓋一變矣。合五大洲爲一大戰國。而地勢蓋又一變矣。所未變者。人事而已。西哲有言。凡可以以人力破壞之物。必還可以以人力恢復之。夫我族之不武。其第二之天性耳。若夫最初之天性。則舉今存諸族。度未有能出吾右者。此歷史所明以告吾儕也。今者愛國之士。莫不知獎勵尚武精神之爲急務。雖然。孔子不云乎。我欲見諸空言。不如徵之行事之博深切明。又曰。無徵弗信。弗信民弗從。又曰。吾舍魯奚適矣。今之君子。大聲疾呼以告其同胞曰。君其尚武。君其尚武。未之或聽也。乃襍引五洲史乘。摭偉人言行。曰。某氏武。故顯其國。某族武。故長其鄰。豈不使萬里之外。聞而奮興耶。而彼久束溼薪之大多數人。猶或曰。吾秦人。而子語我以越之肥瘠也。甚者或曰。天實厚彼。賦之武德。終非吾族所能幾也。吾故今蒐集我祖宗經歷之事實。貽最名譽之模範於我子孫者。敍述始末。而加以論評。取日本輸入通行之名詞。名之曰中國之武士道。以補精神教育之一缺點云爾。嗚呼。我同胞興！興!! 興!!! 汝祖宗之神力將式憑焉。以起汝於死人而肉汝白骨。而不然者。汝祖宗所造名譽之歷史。逮汝躬而斬也。其將何面目以相見於九原也。

美人手

第二十一回　施手段軟刼黃金釧　破題兒締交伯爵府

紅葉閣鳳仙女史譯述

却說丸田夫人。遞過木劍來。瑪琪拖亞接了。看看又將要動手比試。烏拉醫生急了。向着夫人道。夫人。我常常勸你不宜太勞。你總不肯聽。叫我怎麼着手呢。不如把這點好勝心。節戒了罷。丸田夫人那裡肯聽。答道。怕甚麼。我今日手脚都不疼了。正好活動活動筋絡。纔舒服呢。烏拉醫生道。正要趁他不疼時。加意攝養。纔是要緊呢。若又要弄到疼起來。這病就延纏呢。夫人只是不聽。拿着木劍。向瑪琪拖亞作起勢來。瑪琪拖亞暗忖道。一個弱女子有甚麼氣力。就算學過一兩路。也不濟事。適纔那個劍師不過故意讓他兩點。討他歡喜罷咧。我不如留點神。挫挫他的風頭。顯顯我的手段。與他看想罷。也不結束。提起木劍。便交起手來。初時還想步步逼進來。只見夫人的劍法。猶如龍蛇一般。不特擣不倒隙。那劍尖如雨點一般。反着着乘隙打過來。弄得琪瑪拖亞招架不迭那還能殼還手心裡不禁一忙手腕上早已重重着了一吓瑪琪拖亞急收了劍說。道。是我輸了夫人的劍法。如此神妙。漫說巾幗中獨一無二。就是鬚眉的男子。我也不曾見過呢。說着。便把劍放下。欲按過一邊。夫人止着道。這那裡算得輸贏。算不得。請再試過一次。你的劍法很有步驟。不過猝然間器具不大適手。今個再試試。自然就不同了。來啊、哪看劍啊。說着又交起手來。瑪琪拖亞已經吃過了虧。這回自然格外的留神步步爲營。關顧得十分周密。相持了兩打多鐘的時候。尚未分勝負。忽見丸田夫人一劍照準胸前刺過來。瑪琪拖亞見來勢兇猛。儘力迎架過去。孰料夫人乃是聲東擊西之法。趁他迎架之勢。便乘機一劍。不端不正。剛剛插在瑪琪拖亞的袖子裏。只聽得丸田夫人道。哎喲。得罪得罪。連忙把劍拔轉來。不意這劍尖恰好被瑪琪拖亞手上所帶的金釧縮住。一時拔得劍尖下來。連那金釧也隨着脫落在地上。瑪琪拖亞不覺嚇得呆了。丸田夫人見他變了面色。驚道、錯手把你傷着了麼。瑪琪拖亞道。不是、沒有傷着。是時烏拉逊華在傍。一眼瞧着脫落的金釧。忙走近前。把金釧拾起。對夫人道。夫人。瑪琪君手上沒着傷。心上倒着了一吓。傷了你。請看看這隻金釧。說着。把條脫遞過夫人。

夫人一手接着瞧道。啊喲、很精工細緻的東西。可惜被劍尖弄歪了圈子。我眞是太鹵莽了。是那位貴家小姐送給你的呀。瑪琪拖亞含糊答應着。夫人又道。這麼珍巧的東西。那個女人家不賞心呢。你隨意帶着不十分寶貴。他們別人家見着强要了你的。你怎麼樣呢。一面說。一面拿着手釧反來覆去看個不厭。總不見有交還的意思。瑪琪拖亞。斯時心又着急。又不好意思開口討。呆呆的站着。盤地想不出拆法來。沒奈何拚着答道。這個條脫倒被夫人猜着。是我心上人贈給我的。我雖然不是寶貴這件物事。但因人重物。做不得轉送別人。如果有人想要我的。我不說那人是愛這件東西。我竟說那人是嫉妒我心上人了。夫人不意他說出這段絕情的話兒。不覺呆了半晌。用一雙威稜可憚的眼睛釘了瑪琪拖亞一吓。說道。哦、我曉得了。我平生與男子交遊不少。最鄙與男子言愛情。既是你心上人的珍物。快些交還你罷。若遇別個婦人。只怕已箍在腕上去了。說着便將手釧遞還。瑪琪拖亞接着。心裡上的水吊子。好像忽然擱了下來。急忙拿出一條小巾子包好。放入裏衣的袋子裡。是時烏拉迓華站在旁邊。先頭見他兩人說說笑笑。後來覺得心裡上有些不大愉悅。恐怕他兩人存了芥蒂。因把話來拌開道。夫人。你白。把手。釧。交。還。他。論。理。他。應。該。要。酧。謝。你。我。替。他。想。個。法。子。替。夫人。派。他。個。差。事。夫人。此。時。養。病。在。家。太。過。寂。寞。不。如。瑪。琪。君。每。日。到。府。上。來。替。夫人。解。解。悶。兒。罷。瑪琪拖亞笑道。這樣的差事。無論幾時派到、我都很願意去當的。夫人道。烏拉醫生出的主意甚好。我自從害了這個病。總不許我出外遊玩、屋裡困着悶得很。瑪琪君如果肯來破個悶兒、是極好的。瑪琪拖亞接着道。夫人若不見嫌。我定當日日到來奉望。夫人道。我今日極想吸點子清淨空氣。是時湖上結冰。趁冰場上很熱鬧。不如一徑到那裡散散步何如。瑪琪拖亞平生性質。本來是個觀音菩薩的侍兒。大凡婦人家使令他。沒有敢違拗過一次。可巧今天爲着布倫公園之事。准着三打鐘。便要去會晤舊那、因此不得不推辭道。今日有些子事。已先與別人有約。不能奉陪了。夫人微笑道。要會送金釧的那位心上人麼。瑪琪拖亞道。那不是的。烏拉逊華從旁插嘴道。果是不錯。他纔說過三打鐘要到布倫公園有事呢。夫人道。布倫公園離此不過點子路。此刻還早去了湖邊。回頭還有時候。我准三打鐘送你到布倫公園就是了。一齊去罷。瑪琪拖亞此時。再不好意思多說。只見夫人對烏拉醫生說道。請你同瑪琪君先到書房裡坐坐。我換了衣服就來。說着便高高興興的轉入內堂去了。欲知下文如何。且聽後回分解。

飲冰室詩話

太平洋客自美洲寄筆記一則至。有唐瀏陽遺詩數章。余所未見也。錄之『余戊戌年入長沙。與佛塵同爲時務學堂敎習。至相得也。佛塵曾贈余一詩云。沉沉苦海二千載。疊疊疑峯一萬重。舊衲何因困蟣蝨。中原無地走蛇龍。東山寥落人間世。南海慈悲夜半鐘。用九冥心湘學會。行看鐵軌踏長空。湘撫陳公寶箴建議湘粵鐵路。由湘粵兩省人合辦。故末句及之。及戊戌六月。余與韓孔广葉仲遠出上海。佛塵與學堂諸生祖餞于左文襄祠。席間佛塵執筆成五古一篇五絕一首。五古名曰俠客篇。辭氣慨慷。讀之怒髮上衝。其全篇已忘之。惟記有「不爲鄉愿死。誓斬仇人頭」二語。漢上勤王之志。肇于斯時矣。政變後。余與佛塵各竄一方。已亥年冬。乃相見于香港。適余將有加拿大之行。佛塵贈我七絕。爲書諸箑。以勵吾志。詩云。咄咄天心不可常。茫茫塵世幾滄桑。燈

花劍愁深深綠海國自多南面王(下略)

門人長沙田均一。邦瑶丁戊間湖南時務學堂同學也。已亥東來游學。共講席者又數閱月。庚子八月。隨唐瀏陽倡義湖湘。不克。死之。其行誼別有傳。見清議報。今得其遺詩數章。讀之猶凜凜有生氣也。和湯仙洲閒居雜感四首云。吾友湯生今健者。狂歌痛飲氣無前。尺書斷句勞相贈。幽憤牢愁不可捐。獨立乾坤成嘯傲。暫時離索亦纏綿。不須太息儒冠誤。假鼠鷄鶉且自賢。「頻年戈馬滿邊城。海上鯨鯢事可驚。欵敵黃金人笑汝。守官赤芾我憐卿。倒阿授柄知非策。揖盜開門太不平。倉葛一呼究何補。斜陽孤島哭田橫。」中興文運盛湘沅。歌舞承平里俗敦。誰使養癰成痼疾。坐令伏莽動囂喧。沈憂妄冀補媧石。小隱無從謀庾園。觸目時艱殄餓莩。茫茫天意總難論。」少年歲月去堂堂。貧女生涯暗自傷。筴兔廟犧隨命分。行尸走肉太羸尫。好山好水時相遇。爲我爲人有底忙。寒鳥無聲天釀雪。風遒日短意傍徨。古劍一首云。秦耶漢耶不可識。寶氣騰騰躍龍泉。荆軻豫讓幾知己。周鼎殷球同大年。腥血多時生古駁。髑髏無數泣秋烟。何人更問王喬墓。出手寒芒正凜然。右詩爲均一從弟均卜所寄。均卜亦健者。庚子之難。

瀕於九死云。

均一復有寶劍篇云。雄芒燭霄氣懍懍。朝橫在腰暮作枕。聽雞祖生眠不得。拔鞘起舞寡顏色。荊軻豫讓嗟已矣。千古萬古無知已。不屠仇人腹。風雨鬼夜哭。不斫仇人頭。長虹亘天愁。安得貢入上方任人請。一掃天下魑魅白日昞。蓋戊戌之作。其時湘中頑紳反對汚衊。均一憤之作以見志。今日大局事固茫茫。即前此之與時務學堂反對諸頑物猶依然張氣燄於社會。吾知均一其未瞑矣。

上海伶隱汪笑儂以戲劇改良自任。吾未識其人。大約一種之實行家也。頃上海發刊戲報一種。曰二十世紀大舞臺。其目的即專主改良戲劇。第一號篇首有笑儂題詞二絕云。「歷史四千年。成敗如日覩。同是戲中人。跳上舞臺舞」「隱操教化權。借作興亡表。世界一戲場。猶嫌舞臺小」又揭笑儂小照自題二絕云。「銅琶鐵板當生涯。爭識梨園著作家。此是廬山眞面目。淋漓粉墨漫相加」「手挽頹風大改良。靡音曼[illegible]變洋洋。化身千萬億如願。一處歌臺一老汪」儼然詩人之詩。不徒以技名耳。

文苑

無告之民

本館屢接南非洲中華會館來函。報告彼中華僑受虐情形。讀之淚如綆縻。不能終篇。嗚呼。當道者。袞袞如充耳耶。膺募者猶自鬻如飴耶。今復得數函。擇其最詳者錄之。並英文苛例原章譯附焉。杜詩云。莫自使眼枯。收汝淚縱橫。眼枯即見骨。天地終無情。何草未黃。此其一耳。　本社識

新民叢報列位主筆先生閣下。華商等敬告為南非洲章爾士卜埠華工之苦楚。聞者心酸。見者淚流。商等不忍坐視同胞受此無辜慘遭毒殺之苦。故特通函奉告。望念同胞之情。登於報端。廣傳內地。俾得既往不諫。來者可追。以免將來數十萬之同胞。受外人之魚肉也。華商等幸甚。國民幸甚。今將慘狀實情列下。為我國民告焉。

嗚呼、天既生我之民。何無安我之區。天地之大。俯仰何窮。幾無立足之地乎。我民之生於中國。常受官紳之苛制。祇聞有稅斂抽捐之法。未嘗為我民防害患。謀治安。滿朝朽木尸位素餐之輩。既無教民之道。復無養民之方。祇知日吸我民之脂膏。至使我同胞生計日拙。覓食維艱。一人一日之獲。難供一家數口之用。嗷嗷待哺。有甚于荒年饑饉。幾至鬻妻賣子。不能自存。乃不得已再走外國。寄食於洋人。而又招彼之妒。苛刻異常。飲食受人節制。跼促不能自如。今我僑寓非洲之民。苛虐異常。殆無人理。名雖與我國互相通商。惟公法上未守萬分之一。常欲絕我民之生活。收回埠中之店鋪。雖年來提倡此議。未有實行。恐終

不免於是我等日操是業者。一月數驚。何能悉心於貿易爭競之場。逐蠅頭之利哉。夫泰西立國。無不以保商爲基礎。故能富强天下。惟我國不然。我民雖富踰巨萬。而居於此地者。未嘗得一日之自由也。何也。即善于營謀者。亦祇可做些零碎生意。而不能置買田業。且街車不得坐。酒水不得飲。劇園不得坐其上位。餐館不得就其飲食。（西人常論我華人獨寄銀返國並無別費。然彼如此苛刻專制。又何處花費雖然埠上華人俱穿西裝。食物各等俱向洋人購買何以謂我華人獨寄銀返國乎）來埠者。復要來埠之票。稅人頭紙三磅。註錄年歲之多少。身材之大細。有無癧痣。俱幷錄入。復打手指印。以爲獨一無二之記號。試問我民來此。謀叛乎。抑姦淫邪盜乎。皆爲貿易而來也。乃將此待囚徒之手段。加諸我民。如此慘酷。直不以我爲人類。視爲未入教化之黑奴不如矣。

然我民有苦難訴。亦惟有低首下心忍受之而已。今又海禁高懸。以絕新客之至。即舊客雖有路票。既已抵步。而且多方阻抑。若無孔方之助。其能登岸者鮮矣。此土昔屬卒治未仗之前。雖云苛刻。尙可藉西人之名。（華人舖俱借西人名開張）而博微利。無海禁之條。無來埠之票。上落自由。一歸英屬。種種苛刻。有非筆墨之所能罄者。且猶太人居於本埠。殆千累萬。尙能行遊自在。大小生意。必有其人。議院選擧。不乏其輩。噫嘻異矣。彼等久亡之遺族。尙得平權高等之優待。我民於此。亦不過千餘人而已。何反招西人之忌。苛刻如此。豈不相越之甚耶。嗚呼、以堂堂中華之國民。竟不如久亡之遺族。思之思之。能不痛心疾首。仰天泣訴耶。不寧唯是。英人之狡。有不可思議者。彼用我則招之使來。不用則揮之使去。則此次之招工是也。以言乎此等礦工。則其慘遭虐待。比我商等猶甚十倍。我所不忍言也。本山之礦。約百餘之譜。每礦工人約用千餘貳千之多。其礦工往時常用本洲之黑人。即今日尚許多。惟待華工陸續而至。則此等黑奴亦陸續而棄矣。今日之礦主捨近而圖遠。棄本洲之黑奴。履重洋之華工。抑又何也。彼有所利用故也。此土屬卒治未仗之前。黑人不知死活。不知勞苦。爲之操作者。祇利彼之財耳。斯時黑人除食之外。月俸尚有四磅(一磅二十司令仲華銀十元有餘)惟礦工之險。則有令人駭聞者。以最深之礦而論。其深者六千餘英尺。廣百十方英里。即平常亦深二千餘英尺。廣數十方英里。且盡是石礦。礦底之穴。斜斜而下。怪石突兀。道路崎嶇。黑暗不能視物。當操作時。只有一蠟燭相隨。平常則打石鑽石。未爲奇也。其最險者則爆石也。凡石之大。鑿不能開。力不能移者。必用炸藥以爆之。此等炸藥。利害非常。苟有不愼。必遭其害。(炸藥之煙最毒大有碍於衛生)以故于數千尺黑暗地獄之下。每有爲大石所壓。爆藥所傷。因而斃命者。月必數見。

又或支礦之木不愼于火。(橫孔用大木所支)彼燒煙所困死者亦動百數十計。(前月一礦失火燒死黑人數十白人數名) 至于工價則自歸英屬之後。苛例百出。弊端叢生。尅減其値。比常少一磅焉。於是黑人不能受其苛制。又嫌工價微賤。遂紛紛辭去非大半。寧家居坐食而不屑爲。斯時礦主亦無加工之意。相繼停工者過半。乃改轍而東來招工也。初欲招印度人。印人不受其籠絡。復招于日本。日政府即命一委員以查其事。該委員名曰渡邊勘十郎。乃臺灣總督特派而來者。檢查欵待之規條。不堪入目。兼以工賤價微。不允招募。終乃改弦而招于我國。斯時商等會有電歸以阻之。信以止之矣。詎料大吏不審虛實。不顧民苦。忍心害理。中飽私囊。(招一人有三元之利)胡亂簽押。貽害非輕。西六月招到廣東人共一千〇五十五名。船未抵埠遂死去五名矣。暴染脚症者百餘名。原船撥回症重者數十名。船抵拿他埠。于該埠之荒地建一大屋。以爲工人抵埠駐足之所。登岸至該屋時。巡警數大隊。手持洋鎗以押送之。抵此地後。四面圍困。直與監押囚徒無異。翌日遂附車直抵金礦。抵礦之後。翌日即迫之做工矣。夫自香港動輪月餘而至此。在船無一日之安舒。到後無一時之休息。故不半月而相繼病亡者數人焉。于是在埠商民。每日必有數人探望情形。彼等初見我等。多有垂淚而言曰。我等于此苦不勝言。每受工頭之苛待。日操鐵鎚。打石鑽石。操作稍慢。鞭鎚交下。如此苦工。合同未有言明。一日兩餐。千餘人肉食只五百磅。不足果腹。合同所云肉食每占半磅。又非(若除骨計淨肉不足四兩)種種多與合同相反者。倘望公等憐救云云。該礦工并有一訴詞。皆言來時受船員之刻薄。今受工頭之虐待等語。我等睹此情形。自知無力。又不忍傍視。遂盡同胞之情。求于礦主。後始得俯允加肉二百五十磅。午食麵包一餐。而苛待情形未嘗小減也。未幾復出苛制。勒令工人日鑿礦石一尺二寸。始有工金一司令。(若做足工夫亦不過一司令僅足零用而已何有錢寄回養妻子乎)不及者不給工金。而又多至三十四五日始作一月計。以禮拜日停工。彼亦除出不計在內也。(名雖每月工金三十司令實二十六司令)工人以如此苛制。不能忍受。而又敢怒而不敢言。於是兩禮拜私逃者數十人。惟彼等未有改裝。易于辨認。故不數日間。終亦盡行緝獲。告諸府官。判謂私自遠逃。罪有應得。監禁一月。否則罰金三十司令。以償其罪。又一日工頭遇石不慎爆斃華工二人。傷者數人。是夕輪班者不願做工。遂與監督工頭等齟齬。繼之用武。打傷監督。于是以電話密傳洋差。不數分鐘。百十巡警。手持洋鎗。到來救援。幸斯時工人退去。否則無辜被害者不知幾許矣。翌日某華工被工頭捉獲。驅之僻處。緊其手足。吊于空中。酷刑毒打。體無完膚。以報其仇。復出洋差捉獲廿餘名。送諸縣令。謂彼等毆打監督。判禁苦監。或兩月三月五月不等。（合同違例犯罪者監禁不過二月）此後虐待情形。更不堪言矣。于礦底操作時。彼此言語不通。稍不滿工頭之意。必致拳打足踢。頭面皆傷。其最慘者。或于礦穴之中。層推之下級。以致慘死。或離金礦稍遠。若遇洋差搜無路票。必被拿獲。捏其私逃。或出外遲歸。必誣以懶惰。稍忤工頭。必飽以老拳。送官究治。不曰監禁。必曰罰金。今又將肉減去三百磅。比前猶少五十磅。復出新令。謂工人所鑽之石。日不能鑽二尺以上者。無工金。工人若病。除飲食不能。動履不得者。始準昇往醫房調養。若患微恙。則迫之操作如常。不準安息。若工人雖病。能自行而至醫房者。醫生必謂其非病。不肯收容。若再回時。則必受監督呵斥。謂醫生不收。必係詐病。勒令做工。病人雖調養于醫房者。或終日不得醫生診視。或六七日不理。病者所患何症。常食舊方。一藥不換。該礦雖有唐醫二名。實無尺寸之權。干涉醫理之事。故患病者罕得醫愈。自到埠以來。不過三月餘。因病而亡者不下半百。而工人之病于醫房者。亦動以百數。此醫房乃專爲該工人而設。苛刻異常。非他醫房可比也。唐醫兩名中。有一高民宛者。曾在香港某藥店傭工。數年習識多少藥性。居然自認西醫。不但不識醫理。且藉外人之勢。威嚇同種。魚肉同胞。嗚呼。斯人雖殺其皮。食其肉。不足以償其辜。又上月西報云。不曰

專件

有中國上等官員到來查察礦工等語。我等引領翹望。謂得以從容告訴華工苦況。庶幾可以伸寃矣。至本月四號晚。抵步。共七名。(三寧波四潮洲)礦主命高民宛迎接于停車場。復設一室以爲駐足。惟下車之時。一見便令人可笑可怒者。其鵠形猴面。蓋吞雲吐霧之輩。背負白袋。手挽茶壺。衣服破壞。污穢不潔。醜態異常。辱民辱國。多見笑於西人。皆謂好觀瞻之特派員也。抵埠之後。常入煙館坐談。或問彼來此之由。答以太古洋行之差使。查察礦工。并認係岑督特派而來者。某日到礦。名爲闊查。實到一遊。少頃又低聲問于工人曰。我有某物。爾欲買乎。工人乃悉彼之來。不懷好意。遂逐之出礦外。嗚呼。斯人之來。舉動紕謬。不外爲他族之傀儡。以搏噬同胞。謀絲毫之小利而已。又七月有貳船到。約載華工三千餘名。至本月又有一船到。約載貳千名。皆北五省之人。以南北

言語不通。無從探悉其如何。惟所知者。亦皆謂工頭剋薄。犯罪每要罰令跪于監督工頭之前云。又上月尅扣工人薪金八元。因前船未開時。代買衣服。所以今日于人工上扣除云。但此事未有言明。工人遂不服。互相停工。致被捉獲四十餘人。交諸府官。謂彼擅意扣除。監禁一禮拜。嗚呼。此事未有言明在先。至於因工人不服。既扣之而又禁之。寃之甚矣。又合同上爆斃者補回英金十磅。(病死不補)以爲安家。以一馬而論。被人轟斃。酬補亦不祇十磅。而吾民之値。不及一禽獸哉。嗚呼。同胞何辜。遭此慘毒。忍饑受餓。終日操作。工金不及黑人之半。(現尚有黑人做工每月三磅)身命繫于他人之手。實誰使而至此。我同胞之自取耶。抑欺我船不堅炮不利耶。抑欺我愛財如命之大吏。藐視民間之政府。故得爲所欲爲耶。嗚呼慘矣。自今以往。來日方長。苛例若不少除。則三年

六

之。生還者必不得其半。此又我等所敢預言也。今者工人有苦自知無從泣訴。所以我等雖不能拯彼于水火之中。亦不忍坐視後來者之復蹈故轍。故盡同胞之義務。將其情形備錄郵寄。希爲登諸報端以爲後來者之戒。不至異日數十萬之同胞。受其魚肉也　再者尙有許多華工之苦況。未能盡錄。容俟查實再告　旅南非洲杜蘭士哇省章爾士卜埠華商陳佐興潘國臣潘叔謙江澧泉劉少疇梁炳國何炳霍財津何義軒梁瑞軒潘季衡廖節生霍汝添潘華藻　仝頓

甲辰八月初十日西九月十八日

南非洲擬禁華人禁例擇譯

(三)凡華人不有該地總督發給之執照者。概不得擠入此地。

(四)該地總督發出之執照。必載明一定年限。若年限一滿。即作爲廢紙。不得復持之以入該地。至欲再得一新執照。可請總督再爲發出。惟期限則必不得逾前期執照所載明者。如前期執照內載明五年爲限。則再發出之執照。亦只得五年爲限是也。

(五)總督發出之執照。總督有隨時廢止之之權。

(六)既得執照者。必須于七日內持往地方官注册。使地方官知其定居某處。

(七)此約既認准爲法律後。則華人之既在該地者。必須往殖民長處注册。且請殖民長再發出一執照。以爲准居此地之證。

(八)此約既認准而成爲法律後。即登之于諸報紙中一月。以佈告華人。使知早來注册。如盡此一月內。尙不來注册者。及有特別緣由未能注册。而不先來聲明者。必嚴究不貸。

(十)凡華人在此地之小童。既滿十八歲。即須往地

專件

方官報名注冊且請執照。若滿十八歲以後。三月內而不注冊者。亦即加嚴罰。

(十一)凡華人小童查知已滿十八歲者。地方官即須給與一執照。

(十二)凡爲華人。即有隨時應警察之命令而受其檢查執照之義務如檢查而無有執照者必即加究罰

(十六)凡欲自某地移居別地者。必須先稟知兩處之地方官。方可轉移。

(十七)如華人以事故。自某地而至別地者。該地警察有檢查其執照之權。查明該執照之果爲該人者。乃許暫留此地。惟一經事畢。即須離去。

(十八)如無總督之允許。則華人無論直接或間接。概不得營一切之商業。

(十九)凡華人有犯已上之約束者。即廢止其現有之執照。且臨時酌罰、或監禁、或罰金。監禁則一年以上。罰金則一百鎊以上。至被罰金或被監禁之後。其或斥逐出境。或仍允居留。則聽殖民長之意以定

(二十二)無論何人。凡有直接或間接而私庇華人者。一經查出後。必從嚴究治重者罰金約百鎊監禁約二年

(二十八)該地總督有隨時增加禁例之權

(三十)總督有究罰犯法者之權。

(三十三)該禁例一經發布即爲實行之日。

八

雜爼

紀二十世紀之新發明物

高陽駿一郎輯

電氣郵便　意國技士披希鳩利發明電氣郵便。在羅馬遞信省試驗。將書信入「阿耳米」製之郵便箱。用以電綫。一時間有四百基羅適當之速力成功時。則羅馬巴黎間之郵便往來。僅五時間耳。

陸上巡洋艦　俄國陸軍大演習在亞耳司弋舉行。試驗一種新發明之軍器。名曰甲鐵陸上巡洋艦。在陸上驅走甚速。與海中最大巡洋艦等。能衝入敵隊。扑倒人馬。係俄國陸軍省所造。其組織之方法甚秘密而不傳。

自動化粧機械　近頃在柏林市。仿自動電話之意匠。製一自動化粧機械。設于舞蹈室珈琲店鐵道停車場等地。以便婦人臨時化粧之用。以銅貨一錢入其細穴。則白粉眉墨胭脂等品逐次由口內出。其傍且置一鏡。化粧甚自由。

扇兼帶之洋傘　近英國新發明自轉車乘手用之扇兼帶洋傘。其形全同普通洋傘。所異者唯團扇式葉之附屬點。伴自轉車進行。其葉受風自然旋轉其車之周圍。清風徐來。雖酷夏與嚴冬無異。

電氣玉突　美國電氣學者哇爾利央士在巴黎發明電氣玉突。(玉突即打彈打球)其臺較普通者小。如針箱狀。搆造亦無異。但中央置易受電氣之金屬板。玉皆用堅木所製。有抵抗力。「基由」如筆軸。其前附「可克」。遊戲方法與普通者同。中央板易受電流。是不可不注意者也。

雜俎

無軌之機關車　英國道鐵道技師基布洛克發明無軌條之機關車。回轉與他有軌者無異。幷可行凸凹之路。

自働機之帽　帽子中置一機械。途中遇友時。以手觸之。頭少傾。前面帽子復上。每晚須如鐘表捲彈機一次。

衣囊電話器　美國英基那亞州之拉菲特。設立衣囊電話器製造會社。此器械裝置受話器與送話兼諸地之電話綫柱。以亞米尼箱連絡之。迴箱鍵時。即呼出交換局。可得通話。巡查市街通行之應援。或報出火時必携之。

防火用之器械塔　美國之披巴格。造有「紐馬克、菲亞菲金格達」防火用一種之梯子也。圓柱形。有鋼鐵製之筒。其中充以空氣。能高能低。消防夫立其上。毫無危險。

自燃葉捲烟草　美國製出自燃葉捲烟草。不用洋火。于烟草前端。塗以藥品。其上附有擦洋火用物。以此物引導。即發火。其藥品係混碎硝子、硝石、圤化波達休摩、及亞剌伯護謨而成。烟草不變味。且無害于衛生也。

狀袋封緘器械　美國康沙士市之人所發明。以書信置此器上。器械自動。其封口遂濕。一時間能封八千通乃至一萬五千通。誠事務所必要之物也。

用紙包物之器械　美國披巴格之商人某發明用紙包物之機。得專賣特許。設立製造會社。此器與狀袋製造機相似。其搆造。切斷卷紙。順次由上落下。包物品始送出。有四十種之運動。一時間可包百七十五件云。

新規之救命器　美國海軍近採用救命用之浮標。投于海中或不投。有二火光赫赫燃出。其高二尺。能

二

耐久。暗夜用之最便利。

新爆裂藥　墺國政府近在卡拉齊特。實驗新爆裂藥。係住該地之一羅馬尼亞人所發明。實驗時。爆裂於酒樽中。有二十呎之高。又有埋地深數呎之古木。用此藥。遂粉碎。跳飛于地上。而成大穴。又易破之鐵器。恐害海陸之防禦。以此運搬之。毫無危險。製造費亦極廉。

無聲無煙銃　法國發射銃砲時。發明裝置無聲無煙者。銃口之直徑。以稍大之鋼鐵製之管通之。彈丸自由通過其孔。由銃口所出之瓦斯。在管中不妨礙。而外出。不發音。不生煙。瓦斯不觸目而消散矣。

豫知敵艦來襲之器械　美國海軍。于五十哩距離。探知有戰鬬艦巡洋艦等。近來可供實用。其構造固秘密。不得其詳。要之必用易感磁氣之針。依其上下之度。而知敵艦之距離。商船如張鐵板。則更易曉也。

電氣取蠅器械　以鐵條垂直。其下吊水平之柵。其鐵條係由鐵綫而成。與電池聯結。其鐵綫順次通于積極及消極電氣。蠅食其鐵條上。電流循環。即死。于柵可時取去其死蠅。

見透水中之眼鏡　意人比羅在哈德洛士可布。發明此鏡。德國海軍省近在基魯試驗其効力。水中之物。無論若干深之海底。皆可見也。

艶書用之紙　艶書所用之最妙紙。係法國所發明。其製造法不甚詳。大抵用少許硫酸而成。此硫酸不啻消滅紙面之文字。尙可免紙體自然破壞之作用。保存文字及紙質。硫酸之分量不拘定。

以上所錄。皆近世新發明之物。心思愈用愈發達。物理愈闡愈精奇。即此亦可窺歐美文明進步之速也。故亟錄之。以供衆覽。　輯者識

雜俎

紀事

中國大事月表

甲辰九月（補錄）

●一日 淞滬鐵路歸併寗滬鐵路

德國所設膠州總督奉本國政府電召回國決定東方事定後處置中國之法

政府命西寗庫倫大臣密查達賴喇嘛行踪

中國電報局自設京津間電話線

●二日 廣西官軍克復羅城

有泰電請派令副喇嘛署理藏事

外務部與英使會商收回威海衛事

●三日 西匪竄入欽廉十萬大山中

俄使屢向外部要索庫倫新疆以抵制英藏新約

政府電令駐英公使與英政府磋商藏事

練兵處奏請調姜軍移駐山海關

八月初四日官軍敗廣西匪於同仁岡之報至

●四日 滿洲義軍自六月廿二日發布檄文以來與俄軍交綏者凡二十餘次

匪徒攻陷貴州獨山州城

馬玉崑調毅軍十營赴朝陽

准設福建全省礦務總局

商部行文浙撫催續杭州鐵路

紀事

口人創設殖民洋行於福建廈門

八月廿九日牛莊法領事將牛莊一切事宜歸日人管理

俄軍闖入奉天將軍衙門大肆掠奪

開平礦務局富平船因裝運戰時禁品被日艦捕去

●五日

日軍在遼陽設巡督總局一所分局二所

新疆回匪又有蠢動之勢

法使要求自安南至廣西內河行船之權利

趙次珊尚書請裁去各衙門公費

政府電飭江鄂兩督嚴查梟匪

馬玉崑奏請照榮祿所加武衛軍各軍餉項賞加現在駐防關外各軍

湘省官紳集議收回粵漢鐵路

●六日

政府電訓出使各國大臣查探各國對於東三省之善後問題意見何如

黃昌年參劾張之洞不勝封疆之任

江漢關道現委桑寶觀察署理

俄軍侵入蒙古庫里地方大肆掠奪

前月廿五有 廷寄命崧蕃錫良有奏

鳳全延祉會同經理西藏事宜

政府電飭駐英欽差向英政府提議改訂藏約

●七日

戴鴻慈電告廣東巡撫請速籌防以防內亂

部議准開廣西實官捐

俄人在新疆勾通土人

江督飭屬開報文武各員履歷及營兵

額數
鄂督聘日本大佐二人爲軍事顧問官
英人勒索擬開採四川打箭爐金礦

●八日

廣東紳商集議爭回粵漢鐵路主權
皇太后命在中海設一毓坤總學會
練兵處決議設兵學館
商部擬奏請派礦務大臣調查各省礦產
皇上面諭外務部大臣由戶部撥銀七萬二千兩發交江督在上海購辦各國書籍交毓慶宮上書房收存
伍廷芳條陳銀行事宜主借美款開辦

●九日

外務部與英使爭西藏條約英使言締十條恐難作廢
政府囑上諭處大臣嗣後有封奏摺本發抄等件不准提明以防報紙傳洩
駐藏大臣電告英兵已於去月二十二日退出春丕
毓朗奏請飭各省駐防八旗兵丁一律舉辦警察奉旨依議
袁督定議派姜軍移紮關外

●十日

廣西學政因匪亂未平奏准緩考柳慶思三屬俟來秋再行補考
張之洞電達政府擬在漢口設立源豐銀行

●十一日

廣東粵漢鐵路工程業已停辦
上諭十月初十日萬壽在頤和園排雲殿受賀

●十三日

唐紹儀請飭川督架設電線自成都以達拉薩

紀事

在日本之湖南留學生電請鄂督撥還米捐興辦學堂

江西三點會匪竄擾龍南縣

江西景德鎮磁工滋事聚衆千餘人與官兵格鬥

德人欲在萊州地方擴張其領事管轄地方之權

鐵良到南京

●十四日

法人在廣東遂溪縣太平墟屠殺鄉民

張之洞批准在鎗礮廠內開鑄銅元

鐵良電陳長江一帶情形

由法國巴黎匯正太鐵路借欵五十萬佛郎至滬

●十五日

錫良請將川省賑捐再展限一年

馬玉崑命方有田率所部扼守小庫倫

四

法國調戰艦五艘到廉海欲逕行調兵入廣西代平西亂

許洋商某在四川巴縣萬縣開辦煤油

商標註冊實行之期因德使出而阻撓遂暫從緩辦

直督再請將電話材料免稅許之

●十六日

湘粵代表人王之春鄧華熙兩中丞宴福開森於江南邮聚議粵漢鐵路事約亘四點鐘之久

●十七日

廣東之粵漢鐵路洋工程師已由弁勇護送回省

馬賊襲擊駐紮新民屯之華軍殺五十餘人擄二百餘人奪洋槍三百餘桿

法人擬索雷州城東門外至徐聞縣海岸之地

●十八日

張之洞奏請鑄銀幣當照原議重一兩

奉。旨依議。

太古公司嘉興船在山東角誤觸水雷死四人

寧滬鐵路開工

●十九日　外務部已允葡萄牙合辦廣東澳門間。之鐵路。

●二十日　倍次到京持粵漢鐵路以美繼美之說竭力運動政府及張太僕振勳爲其所動

欽派張振勳爲考查外埠商務大臣並督辦閩廣農工路礦事宜

名省認解練兵處經費江南八十萬兩浙江九十萬兩四川四十萬兩江西四十萬兩廣東三十萬兩湖北三十萬兩

政府籌議處置東三省事一開作商埠一籌改制度一改設督撫

某給諫奏請電飭各省酌量停捐

●廿一日　廣西匪勢蔓延隣省岑督奏請撥兵

各公使堅持賠款用金

德人要求開放萊州爲通商埠

政府擬欲規復海軍

張之洞奏劾赫德三大款並電致政府不准其干預西藏事

●廿二日　英使欲俟旅順事定後乃開議收回威海衛問題

皇太后催擬貴族武學校貴族章程

英使催辦九龍廣州鐵路

京師刑律館交涉新律告成

赫總稅司力請改賦

那尚書阻設國家銀行

●廿三日　比國派領事駐紮雲南

陳慶桂侍御奏參粵督

紀事　六

江督李勉帥薨逝

粵督定購九響毛瑟槍二千桿彈子二十萬

●廿四日　周馥署理兩江總督胡廷幹署理山東巡撫

擬派宗室八旗子弟往歐美學陸軍

鐵侍郎議加土藥捐

政務處議奏暫行[illegible]訓導[illegible]

岑雲帥奏請督飭貴撫嚴加防備西匪竄亂事

擬簡派大臣查辦廣西軍務

外務部電飭烟臺道將俄國逃艦船主一員弁一員兵四十二名派員護送上海

李仲帥電陳桂省糜爛不堪情形

●廿五日　趙次珊尚書奏請開辦國家彩票

軍機處電致湘撫推翻前任趙次帥所行一切新政

寧滬鐵路在無錫開工

●廿六日　戶部擬鑄二文五文十文二十文四種銅元

日本德國兩公使因商標註冊事各執一說英使出而調停

端午帥請電諭鐵侍郎不得徙[illegible]

●廿七日　商部擬派陶大鈞陳容桂等六人赴海外各埠考查商工事務

福建人擬爭回法商泰東公司開採福州泉州建寧三府礦山之利權

●廿八日　皇太后又大興中海工程

法人向月隆擬與戶部共籌資本五百萬兩合辦中國國家銀行

●廿九日　廣東奉到　廷寄不准創辦簽捐

日俄戰紀

日軍圍攻旅順戰記

旅順之圍。已七八閱月。陷落之期。計不在遠。顧其消息久沈。歟日人以軍事秘密之故。非已見公報。例不刊行。今就所發表者。叙述其作戰經過之歷史。按日月編次。又標識其重要事件。俾讀者醒目焉。

鞍子山及台子山之占領

自南山一役至鞍子山、台子山、之占領中間。有青泥窪之役。柳樹屯之役。某軍之部署。某師團之上陸。其間兩軍對峙角逐。互行偵察。前哨之衝突。日夜不絕。

◎五月二十六日　日軍血戰竟日。卒奪據南山陣地。俄軍敗逃旅順。

二十七日　中村少將所率一支隊。進據南關嶺。其主力分屯南山諸部落。準備進攻。是日上午十點鐘頃。三十里堡附近之俄軍。燒其停車場。遁回旅順。

二十八日　中村支隊以一部奪據柳樹屯所有砲台及諸建築物。悉爲俄軍所壞。棧橋亦毀其一部。是役日軍虜獲俄砲四門。彈藥無算。鐵路用有蓋貨車五。無蓋貨車四十一。

二十九日　日軍諸隊並進。達三十里堡西方約一里之高地線。

三十日　日軍進占領鞍子山、台子山、諸線。俄軍據雙台溝鞍子嶺而陣。是日所得各地情報。於青泥窪有倉庫兵營百餘座。電信局停車場皆完。無蓋貨車三百。有蓋貨車百三十。棧橋用船五十。煤二千噸。枕木二萬木。其大棧橋一部沒入海中。船渠口有小輪船數艘沈焉。柳樹屯棧橋壞處。得以本地木料應急修理。自金州至柳樹屯之鐵路。尚無毀壞。

◎六月一日 俄軍尚據陣雙台溝分水嶺子附近。其斥候往來遊弋。時向日軍哨兵狙擊。兩軍監視部隊。相距僅一千米突。而俄兵往往穿支那服以疑敵。及近則突出武器相向。觀其舉動。常若與南下援軍相策應者。

六日 俄軍於石山溝東側標高一七八高地之東北麓。盛修防禦工事。

十三日 俄軍以偵察隊襲擊日軍陣地。至暮始退。

十四日 俄砲艦二隻戰艦一隻。至黑石礁附近。砲擊日軍陣地。約四十分鐘後西航。是日日軍偵知鞍子嶺及其南方高地。皆有工事。而黃泥川大上(下)屯西方高地無之。又岔溝附近之俄軍。爲狙擊步兵第五聯隊。其在猪圈子溝者。爲第二十八聯隊。

十八日 下午四點五十分鐘。俄軍艦三隻驅逐艦八隻至小平島附近。向日軍左翼發一砲。旋與日艦砲戰。約三十分鐘後。退入旅順港。又於双台溝附近增修工事。置探海燈焉。

歪頭山雙頂山劍山及小平島之占領

前此諸役。日軍占領各地。凡以清進軍之道。爲攻擊要塞之準備戰耳。至是而圍攻軍乃進一步。

二十六日 日軍右縱隊之左翼。攻俄軍於盤道西南高地。遂占領之。左縱隊分軍爲三。其右翼奪據亂泥橋東方高地。所向披靡。其中堅向劍山及黃泥川大上屯北方高地而進。上午一點鐘。俄軍（步兵約一大隊機關砲若干）據劍山極力抵抗。至五點鐘卒被占領。其左翼同時奪取雙頂山。於是日軍第一線展布自鞍子山盤道西方約一啓羅米突高地經亂泥橋東南高地至雙頂山。又自劍山、歪頭山、小平島各處歸日軍占領後。而大連灣之保障益固。又彼我易勢而俄陣背後軍情盡爲日軍燭照。是役虜獲六生的米突速射砲二門砲彈二百枚。

三十日　雙台溝之俄軍無甚變動。而鞍子嶺方面。自南方一帶稜線。至東南約三啓羅米突之山巔。又老坐山亙王家店南北高地皆有防禦工事。

俄軍之逆襲

俄軍自失劍山後。計無復之。乃傾其精銳向日軍襲擊。勢極兇猛。殆不可當。日人以客軍陷絕地。苦戰三晝夜。僅乃克之。此攻擊準備戰中之最劇最烈者也。

◎七月三日　俄軍自盤道及黃泥川大上屯方面。大舉來襲。日軍左縱隊中央方面　自上午一點至兩點鐘。俄軍以砲八門據王家店前面。以步兵二中隊襲擊劍山。日軍守備步隊應戰。四點三十分鐘。俄軍增兵銳進。日守兵與第一線之機關砲隊併力却之。五點二十分鐘。有俄砲四門分布大石洞西方高地附近。進擊中央隊之第一線。至七點鐘。正面俄兵漸退。其砲兵猶留。八點三十分鐘。俄大軍奏軍樂自大白山進攻日軍第一線。以兩翼守陣地。出其餘應敵。喊聲震天。俄軍爲之驚却。該方面之俄軍。約步兵二大隊。砲十二門。機關砲二三門。其夜退屯大白山東方一帶高地亙王家店東北高地之線。　左縱隊左翼方面　上午五點三十分鐘。日軍前哨偵知敵情。至六點鐘。果有俄兵約二小隊至一九五高地。又一中隊至一二七高地。與日兵接仗。自下午一點至兩點鐘。俄兵漸增。日軍前哨亦能歸本陣。三點五十分。鐘俄軍以二中隊爲密集隊。形沿老坐山北方鞍部而下。旋爲三一二高地之日砲中隊所却。六點半鐘。俄軍復以一大隊分布老坐山南方高地。又以重砲四門。登北方鞍部。夾擊日軍。日砲應之。尋能。是夜俄軍皆固守陣地不動。

四日 右縱隊全部方面 上午五點鐘。俄步兵一中隊。在岔溝北約千米突高地。逸擊日軍監視哨於五岔營子。同時復以二中隊出岔溝村。進據其南約二千米突之高地。以臨日軍左翼。又於其北高地。遣一中隊。猛擊盤道西方之日軍。至九點四十分鐘。日軍右翼砲擊岔溝南方高地。俄兵悉匿稜線後。至日暮不敢出。是夜十一點半鐘。有俄兵一小部隊。自牧城驛南溝方向。襲擊盤道西高地。卒却之。左縱隊右翼方面 上午七點半鐘。俄步兵一中隊在南岔溝東方高地。又一中隊於東南千五百米突高地與工事。日軍砲兵大隊急擊之。俄兵走匿稜線後。又同時於鞍子嶺附近。兩軍砲戰。日砲兵擇蔽身處。轉勢轟其步兵。該步兵約一大隊。俄砲新式者四門。舊式者六門。 左縱隊中央方面 前夜一點至兩點鐘。有俄兵二中隊向劍山突擊二次。皆爲日軍所却。至凌晨六點鐘。復以步兵一大隊向劍山及日陣左翼前進。阻於日砲不得達。已而王家店西方鞍部。俄砲八門相繼應戰。七點鐘頃。俄兵增至三大隊。相距在八百乃至千米突之地點。旋以步兵二中隊出大石洞方面。而日軍豫備隊。亦以八點鐘向西部猪圈子溝前進。至正午該方面之俄軍。約七大隊。劍山西方約一聯隊。下午一點二十分鐘。劍山東麓之日砲兵。移陣於西部猪圈子溝西南約千五百米突之高地。三點五十分鐘。俄砲再擊劍山。其步兵亦屢試前進。格於守禦之嚴厲。卒不得達。然王家店西南方毛道溝東方高地。鞍子嶺南側諸俄砲。相距在六千米突之近。勢極猛。日軍苦之。高地上諸散兵。亦漸不支。而俄軍方續增至十大隊。俄艦又爲之往來游擊。以相牽制。當是時日軍瀕危矣。而豫備步兵適以六點鐘至鏈家屯附近。又重砲三中隊至盤道。二中隊至黄泥川臺上屯東方。海陸軍重砲隊亦分占南沙河口。各爲犄角以援之。於是軍勢復振。是夜俄軍防戰達旦。銃聲終夜不絶。　左縱隊左翼方面　上午六點鐘。日砲兵擊俄砲陣於老坐山北方鞍部。俄砲三四發而默。其步兵則分布北方一帶高地。以與日軍第一線相持。十一點半鐘。俄步兵約一大隊。自西方進至老坐山。日軍亦以豫備隊爲援。至三點鐘俄兵漸增。勢稍振。五點鐘頃。老坐山北麓之俄砲。亦相繼發射。兩軍酣戰逾時。旋有俄艦數隻。出沒近海。日軍數爲所困。然俄步兵卒不敢逾高地而下。其兵力約三大隊云。

五日　右縱隊全部方面　前夜兩點半鐘。俄步兵自本陣地前進至盤道西高地。日軍陣前五十米突之地點而止。日守兵擊走之。天明再襲。又不克。至九點鐘逐漸退去。出沒於偏石棚子及溝口東北高地。至午後不見隻影焉。　左縱隊中央方面　前夜兩點半鐘。俄步兵一部隊向劍山守備二中隊突擊。日兵力戰却之。是早自六點至十點鐘。俄軍陸續退去。其一部退嬰大白山一帶高地。盛修工事。一部走西方。同時日軍以一小隊謀復劍山西南角之舊陣。卒不能克。小隊長傷焉。俄砲兵在王家店南方高地。射擊至一點鐘之久。　左縱隊左翼方面　是日晨老坐山之俄軍亦退。其附近一帶高地僅留監視兵。而於大白山東方高地盛修工事。自上午十一點至六點鐘。有俄艦五六隻在龍王塘海面。砲擊双頂山及黃泥川大上屯附近。

俄軍敗退後之形勢

七日。鞍子嶺方面之俄軍盛修防禦工事。其夜以一小部隊襲擊日軍前哨。旋爲所却。

八日。俄砲兵於鞍子嶺方面砲擊日軍左縱隊之右翼。

十日。日軍以南山所虜俄砲十二門。置亂泥橋東方高地。又以海軍重砲六分配西部猪圈子淸西方千五百米突之地點。

十二日。俄兵約一中隊（內有機關砲若干）抄出日陣左翼。日軍迎戰却之。

十七日。俄步兵約一中隊出現於日軍左縱隊之小哨前四百米突。旋敗去。其後以赤十字旗來收屍體。日人許之。

十八日。俄軍砲擊日軍右縱隊之左翼及左縱隊之右翼。

二十二日。日軍傳令定部署。準備進攻。是夜俄步兵約一中隊。襲擊其前哨於黃泥川大下屯附近。旋敗去。

二十三日。日軍於左右兩縱隊間。以一兵團出駐前陣。

日軍之總攻擊

俄軍敗退後。死守不敢復出。日軍乘勝進攻。連戰數日。所占領各地。北自雙台溝、鞍子嶺、兜山、凹字形山。南至老坐山、大白山一帶。又追北至土城子、大孤山等處。壓逼其防禦線內。是攻擊要塞之一大段落也。

二十六日。上午七點半鐘。日軍大舉進攻。俄砲極力拒戰。日砲兵爲地形所制。數不利。乃以步兵前進遏敵勢。至暮占領營城子、偏石棚子。及大白山附近。

其夜防戰達旦。

二十七日 日軍以上午六點鐘續擊砲兵先發右縱隊及中央縱隊之大部向溝口北二千米突之高地而進。俄砲不應戰。及見步兵至突出擊之。日軍攀登數四。不得達。殊死戰。至下午三點鐘。以砲隊之援。卒拔其高地嶺頂之一部。然俄守兵尙據餘部力拒。至暮猶未下。又左縱隊進擊大白山東方一九五高地。至下午二點半鐘。突有俄艦數隻。出現龍王塘附近砲擊其左翼。日軍大苦之。旋罷去。乃決計夜襲。於是夜一點鐘。三面合擊。至凌晨五點鐘遂陷之。

二十八日 是早俄軍勢稍衰。九點鐘漸退去。至午陣地全陷。日軍縱兵追之。進據長嶺子英各石之線。雙台溝鞍子嶺及大白山一帶俄陣地勢最險峻。竭兩月之力築設堡壘。舉全旅順兵力以守之。至是遂全陷。死傷千餘名。日軍虜獲重砲二門。速射砲三門。機關砲三門。他物稱是。

二十九日 日軍於占領地線重整隊伍。補充彈藥。又四出游騎偵察前敵。

三十日 昧爽。日軍乘天黑薄俄陣。以右縱隊向旅順街道以西之地點。中央縱隊向干大山方面。左縱隊向王家甸以南一帶分道進攻。上午十一點鐘占領土城子南方一帶高地亘大孤山東方高地之線。俄軍敗逃旅順。其時日軍距旅順僅一二里。

三十一日 俄軍以重砲時向日陣轟擊。

（未完）

明治三十一年十二月廿七日（第三種郵便物認可）

新民叢報

第參年第拾貳號

（原第六十號）

本號要目

光緒三十年十二月初一日　明治三十八年正月六日

每月二回朔望日發行

飲冰室主人新著

中國之武士道

高等小學及中學教科用

現已出書定價每本大洋三角半

今日欲起中國之衰不可不取軍國民主義稍有識者皆能言之矣然欲養成全國風氣其基礎必在學校教育而此種精神一非徒理論所能感發也故莫如取歷史上之人物為之模範以鼓舞之而他社會之偉人又不如本社會之偉人其感化力尤大此又史學之通義也飲冰主人以編纂國史之暇先成一編以傳記體敘述先民八十餘人之武德而加以贊評以發揮其精神自敘一篇發明古代武士信仰之條件一二十事復有蔣氏智由敘言一大勇之義楊氏一敘言生死之理皆有關係之文字也此編以作學校教科不徒適於精神教育而已其優美高尚之文學亦可補現在各校國文一科之缺點也即學校以外之人亦宜各手一編常置座右以資策勵

總發行所上海廣智書局　發賣所內地各書坊橫濱新民社

新民叢報第參年第拾貳號目錄（原第六十號）

目錄

報資及郵費價目表

報資及郵費價目表	全年廿四冊	半年十二冊	零售
報資	五元	二元六角	二角五分
日本來申郵費	二角四分	一角二分	一分
滊輪已通之地郵費	四角八分	二角四分	二分
內地郵費	一元四角四分	七角二分	六分
四川、雲南、陝西、貴州、山西、甘肅等省郵費	二元八角八分	一元四角四分	一角二分
日本各地每冊郵費	一仙		

廣告價目表

洋裝一頁	洋裝半頁
十元	六元

惠登廣告至少以半頁起算刊資先惠論前加倍欲登長年半年者價當面議從減

編輯兼發行者　馮紫珊

印刷者　陳侶笙

發行所　橫濱山下町百六十番　新民叢報社

上海發行所　四馬路老巡捕房對面　新民叢報支店

印刷所　橫濱山下町百六十番　新民叢報活版部

廣東之偉人

陳白沙先生獻章

廣東之偉人

袁督師崇煥

余之死生觀（續第五十九號）

中國之新民

景教言靈魂。以視佛及進化論者之說。其義似稍局矣。雖然。景教有最精最要之一言焉。曰三位一體。三位者。此譯聖父聖子聖靈。聖父謂上帝。聖子謂景尊。聖靈卽精神通於帝與尊與一切人類之間者也。以拓都體言之。則曰聖靈。以幺匿體言之。則曰靈魂。靈魂何以能不死。以其通於帝也。故景教言人類之軀殼爲第二生命。其上更有第一生命者存。雖進化論家極謗景尊者。或未能難也。美國博士占士李者。現代著名之哲學家也。著「人生哲學」一書。爲景教訟直。原書於一八九三年出版。現已重版四十餘次云。今撮譯其數段。李氏曰。『輓近物質的文明。日以進化。質力不滅之說。旣有定論。而其蔽也。視精神與物質爲同體。乃謂物質之外。更無復有精神者存。此大誤也。如赫胥黎在我邦演說（案指美國）嘗云。「言語者。變形之牛肉耳。」一時以爲名言。實則其陋甚矣。夫就物質一方面論之。凡物之質與力。其在此世界者。皆不生不滅。不增不減。例如吾輩所用燃料。自千萬年前。爰有大木。繁蔭徧地。歷若干歲。委埋土中。化爲石炭。其內更含煤油瓦斯（煤氣之譯音）諸質。遞歷年歲。迄於今日。人智發達。能利用之。運機轉輪。輓車駕舟。或炊食物。或照暗室。實則我輩所用。非薪非煤。非油非氣。不過間接以用太陽發熱之力。何以故。彼諸物者。其力受自太陽故。今試取一五十年之老松。斲而投諸汽機爐中。其所發運機力之總量。即此松五十年間所吸受太陽熱力之總量也。故吾輩燃煤。其所燃與五十年之松發力相等者。則知其煤在千萬年前所受於太陽之熱。亦正相等。而既燒之後。所損失者。並非消滅。還在空間。則成他力。以故日光也。松樹也。煤及煤油煤氣也。蒸汽也。皆同物而異形者也。推諸百物。莫不皆然。吾輩軀殼之生命。特日光空氣乃至各動植物以爲養。而空氣及動植物。其源皆自日光。故謂地球上只有一物。名曰日光。日光以外。更無他物。可也。而日光之形。息息變動。息息循環。今日於彼。明日於此。方爲動物。旋變植物。方爲植物。旋變土石。方爲土石。旋變空氣。以此推之。豈徒即煤即松即蒸汽而已。雖謂即松即牛。即牛即犬。即犬即石。即石即梅。即梅即氣可也。故我之一身。謂之我之身也可。謂之並時某甲某乙之身也可。謂之過去或將來某甲某乙之身。例如謂之釋迦之身孔子之身基督之身堯之身桀之身華盛頓拿破侖之身也可。不甯惟是。謂之松也可。煤也可。蒸汽也可。牛也可。犬也可。石也可。空氣也可。日光也可。何以故。息息變遷故。變遷而未嘗滅故。此赫胥黎「言語即牛肉」之喻所由來也。雖然。此物質界之公例耳。若以應用諸精神界。則大不可。質而言之。則形而上的與形而下的。截然不同物。未可糅雜以自亂其例也。夫使此例而可以適用於精神界也。則精神雖云不滅。而其所謂不滅者。不過如煤之然盡而復散爲氣。松之老朽。而更轉爲煤。純然爲自然力之所支遣。如機器然。則人類者。百歲汲汲。爲無意識之循環。塊然與土石奚擇哉。而其實相實不爾爾。凡人類皆有客觀之我。有主觀之我。質而言之。則主觀者眞我也。客觀者物也。原質也。而非我也。非我之我。雖不滅而常遷。眞我之我。則不滅而並不遷者也。眞我之我。於何見之。於其自覺自決自動者見之。自覺自決自動之情志。常住者也。故吾人一生數十寒暑。其客觀的非我之我。刹那刹那。變遷以去。至七八十歲時身上所含之原質迥非復童稚時之遺蛻矣。而其間能常保持一物焉曰「同一之我」此「我」者。其知識與經驗日以進其希望與愛情日以富八十老翁圍爐與其子孫談幼時之經歷了然無異此即其最顯著者也此物也無以名之名之曰靈魂若夫非我之我則靈魂暫憩之逆旅而已逆旅雖易而主人未嘗易。（案此語與前所引首楞嚴經佛告波斯匿王觀河之見若合符契矣。）昔博士占士馬爾治挪嘗言「一串之瀛車。驀止於驛場。彼其前此綠軌疾行之勢力。未嘗滅也。變相而已。一株之樹斫而擢之。彼其根幹枝葉之勢力非頓無也。變形而已。一匹之馬殪焉。彼其負重千里之勢力。未嘗亡也。變質而已。彼樹與馬辭生物界以入於無機界之時。乃變為與活樹活馬有同量勢力之他體。惟人亦然。人之去活而就死也。化為塵土及空氣等。其總額適與死骸之筋肉肌骨等總額同量。其運動力乃至種種。亦復同量。質而言之。則生前一身之總財產移而之他云爾」「信如是也。則天文學上三大公例歇白尼總財產之一部分也。歇白尼死而此物還歸於何原質也。重學擇理。奈端總財產之一部分也。奈端死而此物還歸於何原質也。故以物質界與精神界同一視者。吾見其不可通矣。一言蔽之。則彼證認物為我。而於與帝尊合體之我反蔑之而不有焉。其壞社會之道德損人類之資格亦甚矣」此李博士學說之大概也。　惟其為尋常鈍根眾生說法。則專表其么匿體不表其拓都體。故不能如佛說之奧達焉。至其精義則一而已。佛說之羯磨。通於眾生。景教之靈魂。限於人類。此其大異之點。

孔教不甚言靈魂。易繫言精氣為物。游魂為變。禮記言焄蒿悽愴。非不言之。特不雅言耳。顧亦言死後而有不死者存。不死者何。

一曰家族之食報二曰名譽之遺傳所謂積善之家必有餘慶積不善之家必有餘殃。

又曰君子疾沒世而名不稱焉。是也。此二義者。似彼此渺不相屬。其與佛敎景敎及近世泰西哲學家言之論死生問題者。更渺不相屬。雖然。吾以爲此所謂不死者。究無二物也。物何名。亦曰精神而已。綜諸尊諸哲之異說。不外將生命分爲兩界。一曰物質界。二曰非物質界。物質界屬於幺匿體。箇人自私之。幺匿體又非徒有物質界而已。亦有屬於非物質界者存。非物質界屬於拓都體。人人公有之。而拓都體復有大小焉。大拓都通於無量數大千世界。小拓都則家家而有之。族族而有之。國國而有之。社會社會而有之。拓都不死。故吾人之生命。其隸屬於最大拓都者。固不死。即隸屬於次大又次大乃至最小之拓都者。皆不死。

今請以佛說之名詞釋之。佛之言羯磨也。箇人有箇人之羯磨。何以能集數人至十數人以爲家。則以有其家特別同一之羯磨。乃至何以能集千萬人以爲族。集億兆人以爲國集京垓人以爲世界。則以有其族其國其世界特別同一之羯磨。箇人之羯磨。則箇人食其報。一家之羯磨。則全家食其報。一族一國乃至一世界之羯磨。則全族全國全世界食其報。由此言之。則言家族之餘慶餘殃者。於佛說豈有違異乎。特佛說就其大者言之。極之全世界乃至他世界。就其小者言之。則專論箇人。而孔敎則偏言家族之一方面而已。

證以進化論之遺傳說則孔教更明確而無所容駁夫以形體畸異之點不過精神之粗末耳而猶能遺傳諸其子孫則祖宗所積善惡諸業於其子孫必有密切之關係抑何待言吾中國因果報應之發表於後代者。撰稗乘所載及鄉愚父老之所傳說。往往有之。近世科學新智識漸輸入。淺嘗者流。訝其與學理不相應也。從而排斥之，其鑿有據不能排斥者。則推之不可思議之數而已。其實何奇之與有祖宗雖死而以其不死之善業惡業遺傳於子孫子孫受之而已今爲淺譬。人之造善業。及身不得善報。而子孫得之者。譬猶有資本以營商業。有資本則可以得利常理也。雖然營業非必遂無失敗者故不獲利亦有焉但其資本既傳諸子孫。則子孫有可以利用之而獲利之資格矣。造惡業及身不得惡報而子孫得之者譬有人於此常爲盜以終身。盜之術巧。或終身逃法網者。有焉矣。但其祖盜之惡質傳諸其子孫其子孫終必有以盜覆其宗者。即子孫不爲盜。然其祖父爲盜時必有與盜相緣之他種惡質子孫或受之而以他道取亡者亦有焉矣。又如淫暴之人。子孫每或多天然之夭折。必其人生時。皓齒蛾眉伐性太甚。以脆弱之點。貽諸子孫也。諸如此者。若悉數之。累千萬言而不能盡。但一人之造業太複雜不能一一調查旁人觀之僅知其一。不知其他故往往覺其不相應實則造一因必有一果殆如機器然驟視之其動作之相。雖樊然殽亂。而實有一定之秩序。銖黍無所差忒。人自不能察耳。此種之應報。或言有主之者。此自宗教迷信之言。其信否姑雖遽斷。藉曰有主者。然主者固無以人人而簿之日日而稽之也。如彼紡績者然。置一機器。

而圂圂之緜根根之綿。自能入其中而循其自然之軌以自組成之。此則無論持造物說持天演說而皆可通者也。又進化論家言人物之畸異形體性質。亦有其子之代伏而不現。及其孫或再隔數代而後現者。亦有由舅而傳甥由姑而傳姪者。（中國常言外甥似舅姪女類姑即同此理）善業惡業之或隔數代而始見應報亦由此而已

一家之善業惡業餘慶殃於其家一羣之善業惡業餘慶殃於其羣理無二也故我族數千年來相傳之家族報應說非直不能以今世之科學破之乃正得今世之科學而其壁壘愈堅也問者曰。孔教言報之身後。佛教言報之後身。實將云無異，應之曰。不然。佛固言有么匿之羯磨有拓都之羯磨則受報者必不僅死後輪迴之么匿體明矣然則佛之不廢家族報應說與家族報應說之不戾於眞理。其可以類推也故謂孔不如佛之備也可謂孔佛殊別也不可問者曰。既報之身後。又報之後身。毋乃重乎。應之曰。詗諸遺傳之說則吾之本體固有傳焉者有不傳焉者其傳焉者則報之於其拓都（拓都與么匿並報。蓋雖傳去。而我身固尚有此業存也。）其不傳者則報之於其么匿報諸么匿之義此則孔教與進化學家所不言而佛說逾密者也若夫名譽之之說其理亦同一源夫一羣羯磨（即遺傳性之總）體亦集其羣中箇人羯磨之別體而成耳合無量數人同印此羯磨於其羣中而其間

業力較大者則其印象必較顯此即所謂名譽也顯著之印象以視尋常普通之印象其影響於總體之變化者能力必倍蓰焉故名譽能鑄社會一聖賢一豪傑出而千百年後猶受其感化而社會之幸福賴之由斯道也以比例之語說明之則亦可謂積名之羣必有餘慶也孔子以名爲教所以勸人爲一羣造善業也

其他諸哲之所以研究此問題者。不一端今不能具徵。要之與前所論列。無甚差別。吾今乃欲爲下一結論曰。

吾輩皆死吾輩皆不死死者吾輩之箇體也不死者吾輩之羣體也

夫使以箇體爲我也則豈必死之時而乃爲死誠有如波斯匿王所言歲月日時刹那刹那全非故我以今日生理學之大明。知我血輪運輸瞬息不停。一來復間身中所含原質全易。如執爲我也庸詎知今日之我七日以後則已變爲松爲煤爲牛爲犬爲石爲氣也是故當知彼彼也而非我楊朱所謂十年亦死百年亦死仁聖亦死兇愚亦死者彼也而非我也抑彼之死又豈俟十年百年歲歲死月月死日日死刻刻死息息死若夫至今巋然不死者我也歷千百年乃至千百刼而終不死者我也何以故我有羣體故我之家不死故我不死我之國不死故我不死我之羣不死故我不死我之世界不死故我不死乃至我之大圓性海不死故我不死我不死而彼必死者何也彼之死非徒生理之公例應然即道德之責任亦應然也我有大我有小我彼亦有大彼有小彼何謂大我我之羣體是也何謂小我我之箇體是也何謂大彼我箇體所含物質的全部是也（即軀殼）何謂小彼我箇體所含物質之各分子是也（即五臟血輪乃至一身中所含諸質）小彼不死無以全小我大彼不死無以全大我我體中所含各原質使其凝滯而不變遷常住而不蟬脫則不瞬息而吾無以爲生矣夫彼血輪等之在我身爲組成我身之分子也我軀殼之在我羣又爲組成我羣之分子也血輪等對於我身而有以死利我之責任故我軀殼之對於我羣亦有以死利羣之責任其理同也頡德曰死也者人類進化之一原素也可謂名言。

抑死（以下之死字皆指恒言所謂死）之責任非猶夫尋常之責任也他責任容或可逃惟此一責任則斷

無可逃常情莫不貪生而避死然生終未聞以貪而能常死終未聞以避而能免夫亦盡人而知之矣明知其不能常不能免而猶貪焉避焉者則人類志力薄弱之表徵也要之於「死後而有不死者存」之一義見之未瑩也吾之汲汲言此義也非欲勸人祈速死以爲責任也。蓋惟懵於死而不死之理故以爲吾之事業之幸福限於此眇小之七尺與區區之數十寒暑而已此外更無有也坐是之故而社會的觀念與將來的觀念兩不發達夫社會的觀念與將來的觀念正人之所以異於禽獸者也苟其無之則與禽獸無擇也同爲人類而此兩觀念之或深或淺或廣或狹則野蠻文明之級視此焉優劣勝敗之數視此焉今且勿論一國勿論一族即以一家校之使其家之先輩漠然不爲子孫將來之計則家之索可立而待也雖然。既已謂之人類則此兩種觀念者則已自無始以來之羯磨而熏之受之雖有深淺廣狹而其本性中無此根器者未或聞也故雖有愚不肖之夫要能知節制其現在快樂之一部分以求衰老時之快樂犧牲其本身利益之一部分以求家族若後代之利益此種習性我國人之視他國尤深厚焉此即我國將來可以競勝於世界之原質也孟子曰善推其所爲而已矣將來之界不限於本身社會之界不限於家族推之推之則國之存焉可立而待也楊度曰「古之仁者其身雖死而其精神已宏被於當世與後來之社會故孔子死矣而世界儒教徒之精神皆其精神也釋迦死矣而世界佛教徒之精神皆其精神也於中國言孔子則孔子死於日本言孔子則孔子生於印度言釋迦則釋迦死於日本言釋迦則釋迦生死者其體魄而生者其精神故耳由此推之今世界之言共和者無一而非華盛頓言武功者無一而非拿破侖言天賦人權者無一而非盧梭言人羣進化者無一而非達爾文蓋自世有孔子釋迦華盛頓拿破侖盧梭達爾文諸傑以來由古及今其精神所遞禪所傳播者已不知有幾萬億兆之孔子釋迦華盛頓拿破侖盧梭達爾文矣而遂以成今日燦爛瑰奇之世界其餘聖賢豪傑之士皆無不如此者其道何由則惟有借來人之體魄以載去我之精神而已去我之體魄有盡而來人之體魄無盡斯去我之精神與來人之精神相貫相襲相發明相推衍而亦長此無盡非至地球末日人類絕種則精神無死去之一日盛矣哉人之精神之果可以不死也」（楊氏序拙著「中國之武士道」）斯言諒矣顧以吾所綜合諸尊諸哲之說則微特聖賢不死豪傑不死即至

愚極不肖之人亦不死語其可死者則俱死也語其不可死者則俱不死也但同爲不死而一則以善業之不死者遺傳諸方來而使大我食其幸福一則以惡業之不死者遺傳諸方來而使大我受其苦痛夫人亦孰樂使方來之大我受苦痛然明知之而故蹈之者必其於此數計量之法有所未瑩以爲是可以謀現在小我之快樂毋甯舍其遠而取其近也吾今且與之言小我言現在彼所謂快樂者豈不曰鮮衣耳美食耳富室妻妾之奉耳游宴歡娛之聚耳。今即此數者以中國人所享之程度與歐美人所享之程度比較。不待智者而羣知其不如也。推其所以不如之由。則亦彼國强而我弱。彼國富而我貧爾。而況乎民窮財盡之今日將來茹荼嚼蘖之苦。且迫眉睫也。故處貧弱國而欲謀箇人之快樂其終無望矣是謂小我之樂必與大我之樂相緣此一說也小說家言。昔有富翁日夕持籌。夜分不得息。其鄰有製豆腐者。鷄鳴而起磨聲隆隆焉翁甫交睫。輙聒之不能成寐。翁乃遣人貸以百金。使改他業，鄰喜受之。則復持籌汲汲。患所以處分此百金者。竟三夕夜分不能成寐。如翁也乃急返其金曰吾得金之樂。與不寐之苦。不能相消。請辭。若是乎眞苦眞樂必不在唯物的而在唯心的至易明也雖復縱耳目口體之欲而其精神界有無量壓制無量束縛無量憂疑無量慚愧無量恐怖是安足云樂也是謂有形之樂與無形之樂相除此又一說也夫即持現在小我之主義者其所以自擇不可不審也既若此而況乎現在小我者實彼也而非我也我不惜犧牲我以爲彼之奴隸天下之不智孰過此也

然則吾人於生死之間。所以自處者。其可知矣。亡友康幼博（廣仁）嘗語余。「吾輩不得不一死又不得再死死之途萬也若造物主令我自擇者吾將何從吾且勿論公益先計私利則爲國民而戰死於鎗林彈雨者最上也何也。突然而死毫不感其苦痛也爲國事而罹刑以流血者次也。何也。如電之刀一揮苦痛者僅刹那頃也展轉牀蓐呻病以死下也。若乃如勞瘵之病去死期數年醫者已宣告其死刑而彌留之際猶能絮絮處分家人婦子事者最下也何也。知必死而不能避求速死而不能得苦痛無極也」此雖似滑稽之言乎。而眞理寓焉矣。今吾請檃括前言而繹演之曰。我之軀殼其知必死且歲月日時刹那刹那夫既已死而我乃從而寶貴之罄吾心力以爲彼謀愚之愚也譬之罄吾財產之總額以莊嚴輪奐一宿之逆旅愚之愚也我所莊嚴者當在吾本家逆旅者何軀殼是已本家者何精神是已吾精神何在其一在幺匿體將來經無量刼緣以爲輪迴乃至入無餘涅槃皆此物焉苟有可以爲彼之利益者雖糜其軀殼不敢辭也其一在拓都體此羣焉此國焉此世界焉我遺傳性所長與以爲緣而靡盡者也苟有可以爲彼之利益者雖糜其軀殼不敢辭也夫使在精神與軀殼可以兩全之時也則無取夫戕之因也而所以養之者其輕重大小既當嚴辨焉若夫不能兩全之時則甯死其可死者而毋死其不可死者死其不可死者名曰心死君子曰哀莫大於心死

（完）

前號本篇正誤

第二葉第六行　偏誤徧

第三葉第二行　全誤今

第二葉第十行夾注　三歲誤之歲

第三葉末行　雖誤能

第四葉第十二行　受其誤其受

第五葉第十一行　在無形之性格誤無形之在性格

共同感情之必要論（續第五十九號）

觀雲

於前二說之外。而更有一說。則以共同感情爲固有性是也。所謂固有性者。雖存於人心之始。然與古之所謂神造天命者。其義異。但認此性爲非後天之所能加益而爲先天之所本存耳。其持論。蓋適與利己功利說相反。彼持利己功利說者。以人爲欲求之一動物。故其所願望者。惟在滿足其欲求。雖然。欲滿足其欲求。而於彼此相互之間。或致衝突。或相矛盾。於是但知利己者。或反至大有所不利於己。而終不能達其利己之目的。乃一變而制約其利己之心。以爲利他之行爲。（猶行路然。兩人不讓。則彼此均不得行。是兩失也。讓則彼此皆得通行。是兩利也）而所謂道德之意識。遂從此而發生。顧是說也。其可受駁擊者曰。若是。則所謂道德者。非欲用之以達其所欲求者之一器具乎。所謂道德者。非即利己之變相乎。所謂道德者。非即以欲求爲根本乎。所謂道德者。非入心所本無。而從中途所產出之一物乎。所謂人者。於欲求之外。而果無他心之存立乎。若人心之初。本無道德性也。而從其進化之中途。忽從而產出。則道德性之。遂能發達。此吾輩之所不能信也。且以完美高尚之物能於其性之所無而忽成爲有此又吾輩之所不能信也而反對此說主持固有論者則以爲人各有自覺之本體以裁制萬事故當欲求之發生我自覺之本性即從而加判斷考量於其間以認識其是非而撰擇其行止此即所謂道德之一本源故所謂道德者自律的而非他律的主動的而非受動的本有的而非外來的離乎欲求而高出乎欲求之上自立獨存而康德學派之所謂雷梭臺里克而能嚮往於阿菩沙里由者也（雷梭者神智之義雷梭臺里克者能認識形而上者之神智之名阿菩沙里由者至大至善至美無量不可思議之物）是派之受非難者曰萬物中固有一性存在否乎吾人果能明了認識此一性否乎假令有之則是非善惡有若黑白何以若是其大不同也且道德者與欲求分離而專爲禁欲的則吾人可皆趨於寂滅否乎此二派中今學者以前者爲道德後天論以後者爲道德先天論前者屬惟物的後者屬惟心的前者屬性惡的後者屬性善的前者系統中古時若阿里地士與伊壁鳩魯近世若霍布士與日本加藤弘之（加藤弘之之說見其所著之道德法律進化之理及天則百話強者之權利等諸書）等之持利己說者屬之又邊沁彌爾氏之功利說又斯賓塞爾之進化倫理說雖多少補足損益以完全其義而亦當屬此範圍之內者也後者系統中古時若孟子柏拉圖近世若王陽明笛

卡兒康德孚希台諸人又倫理學中之直覺說者屬之又古林氏之自我實現說雖誠和兩家之論而其主要亦當屬此者也於此二派、而欲下先天論派之判斷乎。不能不入宗教哲學之界限中。若近世之後天論派、其源盖本於生物學。故從生理之一方面而論人則通、而從心理之一方面而論人則窒。夫果如後天論之說、吾人人類究竟之一目的仍不外乎欲求而道德不過爲欲、達其欲求之目的之一手段、如是則道德之於人心中遂無自王之疆土自立之主權而徒爲欲求之一奴隷而已夫謂人類之必無道德性也已驗之於事理之間而不能認其說斯賓塞爾知其然也故於此補之曰人類之進化也從其外部之境遇及生存競爭必然之制約既不能不爲利他之行而由此習慣遺傳遂成爲人類之天性於是人類之有道德性確認而持人類不能無道德性之說以相難者可以晃然以此而第二之攻擊又來即所謂若先天中無道德性之存在此道德性果從何而生乎之說是也雖然。斯賓塞爾則又可以自圓其義並斯氏之學分爲可知與不可知之兩境若先天之道德性盖可歸於不可知之一境今學者以爲凡理境之根本困難者斯氏則投之不可知之域中然此不可知之境果不能爲之解釋則哲學實已失敗云云雖然此不可知之境在吾人亦祇能從種種之方面施其攷察而於究竟之地認有此一境之存在而固非能確知而明示之則窮理者至此已不能不解甲束兵而退而但留以爲吾人永久可攻究之一論點而已於是而取其明了之一部分而討究之則以進化論道德者固不能不有取焉何則。假令道德性果爲先天所有而自受形分氣之後已不能不受生理上之牽制而必待之進化而後始有發動其道德性之一機會故如進化論之說未始非道德後天的歷史之注脚也又有學者謂吾人人類之有愛他性者決不得謂之從變性的愛已性而出而自獨立於愛已性以外從非社會動物之心神中而早已胚胎者也雖。然當未進於爲社會動物之時無用愛他心之必要故此時之所謂愛他性者不過爲大心中之伏能而其萌芽尙未發生其迹象亦不可得而徵求至爲社會高等動物若吾人之人類應其必要而後利他之道德性乃從此而顯現也云云是其言亦含進化之理而可取以解道德之發達史者也然則吾人對此紛難之問題而欲折衷其間則論道德之先天者不能不認固有之說而論道德之後天者又不能不採進化之言夫欲攷祠有說爲何如。

必與所謂後天論者。對勘而始明。故於前已陳進化論之說矣。而復於此連類而並舉之也。

抑夫兩家之論道德也其發原點雖多有不同而必以人類爲當遵從道德者此到着點又未嘗不同彼主先天論者固以道德爲善而善即宇宙全體之目的人之有此善性而嘗向於善之標的而行蓋以此善性於未入吾人肉體之前而常住於宇宙之實在即理想界中而吾人時時廻向記憶其前所固有之物（本柏拉圖之意）故吾人之爲道德者常若奉有命令初非有所要求而自有所不能已蓋以此爲得吾心之滿足（滿足與快樂不同義見下）而自達於天理上之生活（柏拉圖推闡此理以爲如此故生之生活無異於死之生活而生死之理可通）是固視道德爲高尚純潔者之言也即後天論派中亦以爲吾人既進化而爲吾人故今日而欲圖幸福快樂之圓滿不可不以社會的利他的爲標準若專務利己將復返於野蠻禽獸而人與己之快樂幸福兩皆不可得斯賓塞爾云人者社交之動物也故若無關係於他而僅爲一個人者則必不能進步蓋一個人之進步者必伴全社會之進步而非兩者相伴決不得其進步云云是又以道德爲造成人類快樂幸福者之言也然則吾人欲發達吾人內

界之靈智與欲增殖吾人外界之福祉均不能不有取乎道德而實行之而乃能趨於吾人所欲達之一目的（此二界之目的一即善一即快樂善與快樂不同義見下）夫以竪而古今橫而全球明哲之士磬其思慮盡其論辨而歸於道德之一結論無有乎或背無有乎弗同則吾儕小子思短學淺更何敢自作聰明張其肥已之餧（近來張極端之尊已說者惟尼幾愛一人而已）薄於愛他之情而自陷爲世道人心之罪人耶

東西學者各從其所見之一方面立言其說每多相異我中國古哲之言羣也見其分而歐西古哲之言羣也見其合請兩舉其代表者荀子云（見富國篇）人之生不能無羣羣而無分則爭爭則亂亂則窮矣故無分者人之大害也有分者天下之本利也而人君者所以管分之樞要也古者先王分割而等異之也故使或美或惡或厚或薄或佚或樂或劬或勞故爲之雕琢刻鏤黼黻文章使足以辨貴賤爲之鐘鼓管磬琴瑟竽笙使足以辨吉凶爲之宮室臺榭使足以辨輕重又曰離居不相待則窮羣而無分則爭窮者患也爭者禍也救患除禍則莫若明分使羣矣而希臘柏拉圖之言即所謂理想之共和國其主義在廢私有之制度蓋柏拉圖之意以爲有私有之制度則一切罪惡皆從

之而起。故財產不可私有。以財產爲私有者。此所以有竊盜之罪惡也。妻子不可私有。以妻子爲私有者。此所以有姦通之罪惡也。（荀子明分政云男女之合夫婦之分與柏拉圖之言適相反）凡生子者。非兩親之子。而國家之子也。以國家養之。以國家設立之學校教之。如是則以國爲家。人人去其愛家室之心而愛國。共和國之大畧如此。夫合個人而爲羣於一羣之中不完其個人之界限則有以羣而滅個人者政治上之罪惡借羣之一字而行之者何限然個人之界限過明則又各自便其私圖而無公共之道德性無公共之法律性如是則合羣之能不備而合羣之力亦不大一旦羣與羣遇則此羣必爲他羣之所弱而我中國之弊則屬後者而非屬前者何則中國之人心風俗無一非儒教所養成儒教固以存等衰名而荀子之言即可謂爲儒教精神之代表者（錢唐夏氏論中國秦後之政治悉本自秦而秦之政治本於荀子荀子爲儒教之一大宗）（中國數千年來所用之儒教即爲荀氏一家之言此可謂近時一大發見之眞理也）此其結果已可實驗曰凡中國無論何事獨爲者多成共爲者多敗此知分而不知合之所由然也夫言亦取其各有當而已柏拉圖之言。其得失非茲所論及。然可謂爲具絕特之大理想。蓋分之理易見而合之理難明分之事易爲而合之事難成故人智日益進步必日趨於合而不趨於分吸柏氏之言之流派者今之國有制度及社會主義皆向此合之一方面而行者也夫知合而不知分者在使知有個人之權利其藥之也曰自由主義知分而不知合者在使知有團體之觀念其藥之也曰犧牲主義我中國而欲合今日之羣乎必棄自由主義而採犧牲主義夫欲用犧牲主義則固有賴於共同之感情矣

由是而進言之則發達此共同感情之事是也夫人之一生自幼穉至於壯盛其間感情之程度每因之而大異例若幼穉之時其感情之範圍狹隘而壯盛之時廣遠幼穉之時其感情之經歷蒙昧而壯盛之時明瞭是也而社會亦然當草昧時代其感情或不出乎身家宗族之外至漸進於文明而有國家之感情也（我中國今日尚僅有家族之感情而無國家之感情其文明之程度即可以是準之）有人類之感情也有宇宙一本萬物一體之感情也夫以人情言之往往於其關係之最密切圈界之最接近者其衝激感情也強而發生感情也易然而人品高下之間即於此而分其界限即感情之愈小而愈窄者人格愈鄙感情之愈廣而愈遠者人格愈大是也試取古今仁聖賢哲與夫愚夫愚婦相比較其感情之距離爲何如故吾人爲學之要即在廓吾人之目的能至於遠大之一域而已且夫從人類進化之

歷史以觀雖發達至今日其效驗僅能爲一家一國之團結而於其外之能力蓋微此則由人類知有家族國家之結合者僅不過數千年而其前之沈沒於蠻野殘殺之境界中不知幾時代其有親睦之智識既淺而其所帶來之惡習性累代淘汰而尚未能盡然演而愈進必有日底大同之勢但苟非其時則言之亦徒無益而吾人要不可不知其理以懸爲前途嚮往之一標準蓋我而爲個體之我固有對於個體之事我而爲國家社會之我又有對於國家社會之事我而爲天地萬物之我又有對於天地萬物之事倫理之界不擴之於此而固有所不盡此當務外境之發達者也（以今日中國之時勢言之僅能由家族主義擴張至國家主義然但知有國家主義則挾其國家之威力以强凌弱智欺愚如今日歐西各國之待吾人多有不可言道德者而此狀態行之日久必至兩有所不利於是人心一轉不能不於國家主義之外兼休世界人類主義此亦進化自然之階級也）而未已也夫外境既增拓矣尤不可不致力於其內容例若行道之人過有死喪或不過動其黯然之容發爲太息之聲而若孝子仁人之對於其尊親之死喪者則有痛哭之情焉躃踊之節焉甚則有毀身滅性之事焉而愛國者之爲國死守道者之爲道死亦然蓋感情之發生能見之於行爲而踐之於事實者一視其內容之眞切爲何如此又當務內容之發達者也且夫社會交際之間必有賴乎感情之作用

者今學者孜凡遇危險患難之事若感情之衝動戟刺不達其極度則不能捨生蹈死而以感情之或稍失於弛緩則險難終不可得而救故人之有感情即所以爲救濟險難之一要件也又柏拉圖云吾人雖有精神智慧之明然若無情以鼓之則精神智慧亦倦怠而無由自奮是則感情之大有益於吾人而吾人又安可不養育之濯磨之而使得顯其效用於世間也

自來道德之事無件時勢而發生時勢之所需則道德起而應之故當慘淡黯闇之世正道德性所最易嵯峨勃鬱之時也今學者孜人日壓於大氣之中而以恒久均勻之故遂毫不足僱吾人之感覺反之而若遇外境之有凹凸性者則吾人每爲所衝激而情自發於不容已若自極盛之時而至極衰極煊之勢而至極冷以前後兩境之不同遂不勝其俯仰慷慨之悲若登山臨水易動懷思亦以處於不平之境故也又學者孜人當憂患之時其感情每深於歡樂之時一若感情之物每隨憂患而生此其故當憂患之時人每苦於一人之力之有所不足不能不有待於他人之援助而後能消此危難之局而以彼此共同扶持積久經歷遂以相助爲必要而彼此均不言而視爲當行

至歡樂則一身已足保持而彼此無相須要之事則感情亦返於平靜故也由此二說推之則今日者其最足試驗吾國人共同感情之時期矣對此茫茫百感交集吾人他事尚可解除而獨此憂時感事之懷悱惻纏綿而終有不能自已之勢昔龔定盦每聞斜日簫聲輒至發病以爲莫喻其故龔子誠篤於情者而吾人對此大陸之河山斜陽一片（夕陽爲最易增人感慨之物國家衰頹古人往往比之夕照今人夏碎佛已亥天津感事詩云起看天地斜陽裏余於庚子即事感劉張二總督云莫飲建業水休食武昌魚太息中原事斜陽畫不如）其病也更當何如此焦吾神而頹吾性者其將以爲魔乎抑將以爲帝乎其將殺之乎抑將宥之乎吾聞德國洛吉之言曰宇宙間有二種世界一法則之世界一價值之世界法則之世界例若地球依法則而運轉人類依法則而生育是也使宇宙僅有法則之世界實爲枯淡無味於是萬物間以發生感情而後世界乃有價值價值之世界即感情之世界也又聞柏拉圖之言曰感情者人之神明幽閉於形質中之動作也然則感情者其固爲吾人性靈中可貴之物乎由此推也恐古人之所謂飢溺天下濟度衆生者問何苦而必爲此度亦發於情而自有所不能已者故夫我國今日無聖賢則已有則必其厚於感情者也無英雄則已有則必其富於感情者也何也時勢之所感使然也

夫人而有不爲時勢所感者乎則已土木其身金石其性形生而其心已死矣夫曰心死哀孰大焉

附識　共同感情即爲愛他。愛他之與道德義不盡同。篇中於愛他之處。往往取行文辭氣之所便。以道德二字代用之。作者之意。以爲道德之一大圈界中固不止愛他之事而愛他之一圈界中殆可謂全屬道德其不得稱爲道德者蓋寡此義亦本於鉢噴胥爾氏。鉢噴胥爾氏以爲行爲之動機。非關於自身之幸不幸即關於他人之幸不幸其僅關於自身之幸不幸者不能盡謂之道德必有關於他人之幸不幸而後有道德之可言蓋可謂之道德者即有利於人之事是也若害人而利己則謂之惡而已矣鉢氏之言。蓋亦以利他者即爲道德也

篇中以吾心滿足爲與快樂不同。又以善爲與快樂不同。按此爲倫理學上一大區別吾心滿足之義本於希臘之柏拉圖及阿里士多德二氏皆以善爲一種道理的滿足與智性的滿足而伊壁鳩魯派反之伊壁鳩魯之說。其源起于阿里地士。阿里地士以爲人者性樂的動物也。所謂人類之至高善者快樂而已。伊壁鳩魯演其說。

以爲道德與非道德。其標準。快樂與苦痛而已。能予人以快樂者。謂之善。能予人以苦痛者。謂之惡云云。後世功利幸福主義。其源蓋與此通。然快樂派之言。究不免傾於物質。而不能使人生終極之目的。達於高尙之境。又足以滋聽聞之誤。而生流弊。近時古林氏之倫理說出。遂壓倒快樂派。而於倫理說上占大勢力。古林氏之學。近承康德。而遠亦從柏拉圖阿里士多德流出。惟自組織而爲一家之說。其論吾心滿足。及道德善與快樂之不同曰。所謂吾心之滿足 Self-satisfaction 者。雖其中或含有快樂之意。但不可謂其目的爲求快樂。蓋此吾心滿足之一境。者由吾人達到此願望之目的而生。而不得謂以此爲目的而生願望。例若有人懷殺身成仁之願望當其得見於實行。必感有吾心滿足一種之快樂。然此可謂由殺身成仁願望之已達。而後生此吾心滿足一種之快樂。而不得謂欲求有此一種快樂。而後乃爲殺身成仁之事。即快樂之原因。本於殺身成仁。而不得謂殺身成仁之原因。在求快樂也。又曰。吾人之所爲善者。非必在快樂也。所謂道德的善者。在能使吾人道德的能性 Moral capabilities 滿足而已。古林氏之言如此。按吾心滿足與快樂不同。而善之根本不在快樂。雖明此理。於倫理上關係甚鉅。而其義確自有別。今請引申其義而畧言之。例若今有人居高位享厚祿出夾旄旄入饜粱肉廣廈隩室粉黛羅列珍寶充溢不能不謂之快樂雖然。所謂感有道德善一種吾心滿足之境不可得而言也非特此也又或有人功名蓋一世事業炳千古文則經緯天地武則叱咤風雲而又加之以父母俱存兄弟無故妻子和樂此其快樂已高於前所有之快樂然所謂感有道德善一種吾心滿足之境亦不可得而言也又所謂快樂者常以相對而生例若運動久則以休息爲樂休息久又以運動爲樂晝起久則以夜眠爲樂夜眠久又以晝起爲樂而所謂道德善之吾心滿足者其境純久而無變異之可言且此道德善吾心滿足之一境有時或適有與快樂相反之時例若爲道流血蹈白刃赴湯火此不能不謂之不快樂之事雖吾人於此以能達到吾心滿足之一境仍於心理上現有一種快樂之意味然已不能不與快樂分爲二境何則以吾心滿足與夫快樂相衝突而不能兩全吾人不能不犧牲此快樂而求吾心之滿足故使以快樂爲完全終極之目的則且以有求快樂之故而爲吾心不滿足之事者是尙得謂之爲善乎且所謂吾心滿足之快樂者誠如古林氏所言不得謂爲目的不過道德善成就時一種之副產物而已例若吾人爲養生而求飲食而飲食之時固感有一種之快樂然不得謂吾人飲食之目的在求飲食之快樂而不在養生也或曰人之爲飲食也安知其不爲飲食之快樂乎曰是決不然使不飲不食而仍可以養生則吾首願犧牲此山珍海錯朶頤染指之快樂何勞僕僕日三飧爲恐天下之與某同心者必多不久而飲食之事可絕迹於天壤今之所以不能廢飲食者以廢飲食不能養吾之生故知養生爲吾人求飲食之一目的而所謂飲食之快樂者非吾人求飲食之目的不過爲養生求飲食之一種副產物耳由是言之吾人之所爲爲道德者不得謂其目的在求快樂特於道德到達之時常伴此吾心滿足一種之快樂以俱來而於吾心滿足之中能含有快樂於快樂之中或不能求吾心之滿足即所謂善者自高出乎快樂之上而善或未必無快樂快樂固未必皆善也此主客因果之辨明於是吾人道德之論理更進一境以視功利幸福主義於快樂上築道德之基礎者快樂之說以進步而益臻高尚大抵由軀體之快樂變爲精神之快樂無限之快樂變爲有限之快樂個人之快樂變爲公衆之快樂故其學說已漸不同然其根據之地皆屬快樂則一也　且壁埃奈

（完）

論說

旅順陷落與威海衛收還問題

力人

陽歷正月一日旅順守將乞降於日越二日而約定。俄軍走。日軍入。前虎退。後狼進。嗚呼。天險不守。他人入室。六年之間。數易其主。傷心慘目。寧過是耶。昔孟敏負甑墮而不顧。人問焉。曰。甑已墮矣。顧之何益。居今日而思旅順威海衛。亦顧墮甑之類耳。雖然。忘情云者。斷念云者。亡國之根原也。奥斯鹿林二州屬德已三十餘年。法人涎之夢之。至今不衰。嗚呼。是法之所以為法也。若今日之中國。而遂忘旅順威海衛也。則吾中國其眞無望也。

且猶有一言者。昔拿破崙敗後。列國會議於維也納。法蘭西以敗餘之國。亦列會焉。夫法國既居敗者之地位。則凡會議中之事件。宜一任戰勝者之主張。而帖耳以受命。乃其事乃與此相反。會議中諸問題。無一不由法國全權之議以處斷。是何也。列國互相猜忌，而法國全權達里蘭氏。Talleyrand 其手腕又足以驅使之而有餘也。今夫外交上之要件有二。一曰强武之軍勢。二曰奇敏之手段。由前之說。苟國勢小弱。雖以奇能之外交。猶無所用其材。則以立於其後之海陸軍。不足以爲援也。由後之說。如一千八百七十八年俄羅斯之柏林條約。一千八百九十五年日本之歸還遼東。以戰勝之餘威而反爲旁觀袖手者之所乘。則外交之手段。不足以繼軍事之聲威所致也。由此言之外交家之手段。豈不要哉。豈不要哉。以歐洲諸小國。其力曾不足以當强鄰之一咤。然藉二三外交家。操奇以致勝者。猶比比然也。是可以鑑也。嗚呼。哥畢偉男不誕育于禹域。曾惠敏李文忠名臣。復齎志於泉下。以今日之中國而欲藉諸屍居者之外交伎倆。以挽落日於虞淵。吾知其無望矣。雖然，因外交家之無人。而謂今日之威海衛。不足以爲中國外交上之問題。吾不信也。因成事之不可期。而謂其事遂無吾輩今日研究之價值。吾尤不信也。

欲研究旅順威海衛之問題。可分二方面以觀察之。一法律上之問題。二政治上之問題是也。法律上云者。條約文之解釋。即國際法上之問題也。政治上云者。一研究其於中國利害之關係政治家之認識也一研究其對付此問題之方法。是外交上之操縱也。今分三節以明之。

一　旅順威海衞之價值

法將古拔曾有言曰。旅順之爲軍港。非有萬噸之軍艦二十隻。益以艇隊。輔以陸軍。攻圍六月之久。不能云破也、旅順後負崇山。敵軍雖强。無由飛越。前面港口復窄。巨大軍艦。不能並行而入。扼老鐵山嘴上之砲臺。內可以掩護翼下之軍艦。外可以扼敵軍之前進。誠有一夫當關。萬夫莫開之勢。以日軍之强猛。而斯將軍扼守至七月之久。外攻內困。力盡乃降。則旅順之眞價。可立見也。威海衞亦然。其後之險。不下旅順。其前有劉公島。拱護中央。其右水道淺擱。輪舶不能出入。惟其左可以通航。而兩岸砲台層層守抱。亦足令攻者無完膚也。加之兩港相距不及百海里。扼渤海門戶。則堂奧以外。更無可危。是天與中國之天險。若西班牙之既布羅達海峽。更不足以比論也。

數十年前。中國之旅順威海衞。一荒村耳。歐力旣東。海權之思想浸甚。李文忠銳意振興北洋海軍。光緒八年。令德人漢納根經營旅順。築砲臺。修船塢。同時又經營威海。不遺餘力。遂爲北洋水師之根據地。數年之間。左顧右盼。一時稱雄于東洋海面焉。然而國政不修。其地雖險。其人不足以守之。日軍入遼以後。一鼓而破旅順。繼陷威海。自此以來。北洋鎖鑰中國更無扼守之機。戊戌膠州事起。俄人不煩一兵不費一矢而占旅順。英人藉口均勢。亦以與旅順同時之約租借威海衛。此前事之失。今不忍復云也。

夫渤海者中國之領海也。據旅順扼威海。門戶既鍵。則敵軍雖强。更誰能飛越此峽以制渤海之權。故旅順威海之有無。中國之死活所由決也。自兩港既屬他人。而北京政府遂若日處虎狼嗥嘯之中。內顧自危。不得不輾轉呻吟於外國保護之下矣。而今也大沽之藩籬既撤。保護使館之兵直長駐我京都。則又甚焉者耳。

是故中國而滅亡則已。萬一幸存而欲自立於世界也。則旅順威海衛實舉支那帝國全力所必爭之地也。以利益言之。則我國寧不有數百萬方里之西藏。而不可不有數十百方里之旅順與威海衛。今日欲重建北洋海軍。而根據無地。遂不得不乞憐于英人。則吾國人當亦知二港之眞値矣。昔也置政治教育諸要政於不顧。而唯事末務之海軍。今也並此末務而亦忘之。吾見吾政府中有不知旅順威海之在何方者矣。吾又見吾國民有不知旅順威海之名詞者矣。嗚呼。有機而不乘。有險而不守。如此江山拱手讓人。陰平失而蜀亡。咸陽破而秦滅。二港之關係于中國何其大耶。

二　條約文之論據

租借者近時發生之新例也。古者滅人之國。奪人之土地。皆並其主權而有之。無有用民法上之交際。美其名曰租借。取得其使用權而不得其主權者有之。蓋自膠州灣始。而旅順。而威海衛。皆於此美名之下。見奪于英與俄者也。

夫租借者何也。甲國對乙國一定之地面上享有其使用權而不有其主權也。故亦稱有條件之割讓。雖然。租借與割讓究有大異。主權尚在乙國而不讓于甲國一也。第三國對其地仍視爲乙國之所有。其與乙國所訂之條約皆於其地有効力二也。乙國保有收回此使用權之權三也。

是故自政治上觀之。租借之與割讓固無利害榮辱之大殊。而自法理上觀之。則租借之地實不能視爲割讓之地。膠州廣州於九十九年以後。旅順威海於二十五年以後。據條約言之。皆中國物也。今述俄租旅大條約及英租威海衛條約之性質於左。以備參考。

租借旅大條約之要點。

一俄國於約定地面及海面內享有完全租主權利。唯主權仍在中國。（第一款錄二款）

二租期自畫押日起。控算二十五年。唯俄國仍可續租。（第三款）

三租地居住人民。仍爲中國人。辦理罪犯情形。照中俄原有之約。（第四款）

四旅順爲水師屯集之地。只許中俄兩國之船停泊。以外諸國兵輪商船。一律不許駛入。大連灣亦指定一地。如是辦理。（第六款）

此條約中有最宜注意之一點。則其中帶排外之性質是也。約文第六款明定云。「只準中俄兩國之船停泊。他國不論兵船商船。一律不許駛入」而今日本軍艦方入而據爲根據也據最近消息且聞日本政府已設定爲鎭守府也是故據條約文言之則中俄兩國政府皆不能辭其責者也

夫日軍之入據旅順。亦如其占領滿洲諸城。原於國際法上。開自古無有之新例。所謂

軍事上之占領云云者。人亦於無可解說之中。爲之解說而已。雖然。軍事的占領也者。暫時的也。由軍事上之必要而來者也。今使日俄戰役已終、軍事之必要。既已消滅。則當何如。然則日俄戰爭而告終則滿洲諸城之處分必待中國政府之畫諾而旅順之永據亦必須與中國政府爲形式之交涉皆無可避者也而其時或租或割或承繼俄人原有之權利或新自中國爲形式之贈與或繼約爲二十五年或另訂爲若干年皆亦法理應有之問題也此論之範圍已寬今不具述。

今更列威海衛條約之要點如左。

一約定區域內英國全有其管轄權。中國之主權。不能於其地行使。唯有二除外例。(一)威海衛城、於不防英國軍事上必要限內歸中國管轄。(二)中國兵輪不論中立與否可使用此區域內之水面。

二英國之租借權與俄國占領旅順之期間同一期間。

三此區域以外。英國尚於約定之別一區域中、有設兵備及取得地方以供用水、交通、及病院之用、之權此區域除中英二國兵隊不許出入。

當訂約之際。其於租借之期限。不繼九龍膠州而立爲九十九年。亦不齊旅順大連而定爲二十五年。其間英人之用心。蓋亦有故。而孰知六年以後。旅順乃竟由俄人之手。而轉入於日人也。夫既明租借在俄國占領旅順之期間。則俄人實力去旅順之日。即租借條約消滅之期。雖聚世界公法學家公判之。無有二言者也。

近日日本某新聞爲說曰。威海衛之問題。中國人即欲提起之。亦宜在中俄之旅大條約全消滅之後。今旅順歸於日人之手。不過日人占領俄國之租借地。以供軍事上之目的。非中俄之旅大條約已消滅也。故旅順易主之事實。不能爲威海衛問題之原因。云云。旅大之條約。因旅順歸於日人而能消滅與否。是別一問題。茲不贅論。即使不消滅。而威海之條約明言俄國占領旅順口云云。非指俄人租借旅順條約所存之期間。謂俄人占領旅順實力所在之期間也。某新聞蓋未深究其約文耳。

以上所論。據約文解釋。則如此矣。雖然。條約者據實力以實行者也。實力之不存。雖有條約上正當之權利。無如何也。今更自外交上局勢論之。

三 外交界之大勢

旅順與遼東一帶之地。當乙未議和之際。原約割與日本。已畫押矣。俄與法德出而干涉。始以三千萬兩。還諸中國。日人夢寐思之。心未死也。十載臥薪。遂有斯戰。攻圍六月。死傷八萬。僅復得之。日人之於旅順。誠所謂以重價購得者。中國而圖回復。非國勢足以抗衡。而所費之力。又與相等。未易言也。故旅順之回復。則誠難矣。至威海衛則不然。英人之據威海衛也。初非有大野心於其間也。英人之勢力。原在揚子江一帶。其通商之利。亦南較北爲大。其於南則扼香港矣。即令不厭而南方良港任奪一區可也。何必威海。其所以然者。誠如當時藉口之言。欲以抵制俄國而已。夫爲抵制俄國則其擧已立於被動者之地位。其於山東直隸遼東。又不有附屬之重大利益。以繼威海衛之後。故英人之視之也。淡然漠然。數年以來。俄人之經營旅順。德人之經營膠州。如火如荼。聞者色變。而英人之於威海衛。寂無聞焉。辛丑之際。且將其管轄權。由海軍省而移于殖民省。去年日軍競力攻圍旅順之時。乃竟停止威海衛海軍病院之工事。其外務於議院之宣言。亦謂威海衛之租借期間。與俄國之於旅順同。然則論者。多謂英人之無心於威海衛。非無故也。

時局

（附錄一）千九百二年。英國以威海衛之管轄權。由海軍省移于殖民省。說明其理由云。「於此地修防禦工事。其經費甚巨。唯練習小武器與試驗大砲。實爲海軍有用之地。且地氣極好。宜於香港上海及支那沿岸之轉地療養。并於海陸軍之調養亦甚適。」云云。其對於威海衛之政策。於此可見一斑。

（附錄二）支那現勢論曰。威海衛在山東省之東北。居膠州與旅順之間。距芝罘亦近。且與朝鮮之仁川。同一緯度。其爲一大策源地。固不待論。然其港口太廣。須守之以優勢之海軍。與無數之要塞。而能與俄國之保其均勢與否。尚未定也。且英國果肯派遣陸兵一萬五千至一萬八千。以賚威海衛之防禦乎。即肯派。又從何處調出乎。英國陸師之有限。是盡人所知也。然則英果能藉其極東艦隊之力以保此要塞否也。且能支出五千萬佛郎以造成此要塞否也。故英國之於威海衛。實不能倚之爲良軍港云。」此言誠切中事勢。英國之政治家。即欲不由其言。亦不可得也。

夫使旅順而尙據於俄人。則雞肋無味。尙未遽棄之也。而今已在彼同盟國之手矣。言利益。則無大利。言抵制。而又無可制者。此間英人之措置。吾固無從臆測。然使中國而自提出揚子江或他項利益要求威海衛以與交換吾輩試自思其爲彼一問題無可言也。

且德意志之態度。尤有可利用者。彼其視山東一省已爲囊中之物。在中國在自國彼固無所輕重而唯歐洲一强國插一足於其地則彼誠如眼中刺日夜圖所以拔之者也況以最近之消息謂英德協商英讓山東以完德之利益德讓長江以定英之範圍其言。固亦未始無因要在能善用之而已。

此問題而果提出於中國外交界也。其必生梗議者。日本是也。彼欲得英人對於滿洲問題之同情。遂餌之以西藏以威海衛而不惜聞北京外交上。日本公使之主張威海衛反較英人而更熱。旅順陷落以來。中國人英人之身當其境者。反無所聞。而東京諸新聞。論威海衛之事已屢見矣。彼蓋以日本得一旅順。而英國失一威海衛。則於同盟國之歡心。有所未洽其用心亦不謂不苦然寄同情求歡心非有切膚之利害則其主張之也必不出身受者之以上而況滿洲問題之着落我國勢雖弱尚有操縱之餘地耶（此事他日尙作論言之）

時局

結論

據以上觀之。則威海衛之收回。不得謂無機之可乘也。夫以今日之國勢而欲收回舊物。其事之難自非言斷然及此不圖則後日之難當有十百倍於此者我國人其知之矣。

中國人種攷（續第五九十號）

觀雲

崑崙山

中國古書言崑崙而印度經典則言須彌於是有須彌崑崙之說出焉。拾遺記。崑崙山者四方曰須彌山。道經崑崙之山。乃天之中嶽也。在八海之間。興起行經。崑崙者則閻浮提地之中心也、云云。其以崑崙爲在八海之間。又以崑崙爲閻浮提之中心。蓋皆以佛敎之須彌言崑崙也。而又有反對其說者。如黃震之論曰。太史公云烏睹所謂崑崙、嗚呼。太公之論善矣。然後世展轉沿襲之妄。又豈止太史公所闕而已哉。蓋自是有譯西域書爲中國語者。又因崑崙之說。附會之爲須彌山。而更加張大。謂周須彌之山爲世界者凡四。然天下安有是理者哉。又曰。彼爲崑崙須彌之說者。雖從西域來。實皆譯之表。附會中國非聖之書。以張大之。而不復計其事之實也。余故因太史公斥崑崙之說而并及之云云。今按諸說。以須彌爲崑崙。省固失之。牽混而反對其說。直視中國之言崑崙皆爲非聖之書。而以爲印度須彌之說由中國崑崙之舊說。而張大之者。此其見解。直與今日譯西人之言民權平等。皆視爲非聖之言。而以爲由新黨之所捏造。其持論正復相等。要之皆未究兩者之說。其所指之山果當何屬。與夫兩者所指之山果爲同一與否。然則崑崙須彌之說。究其實果當若何乎。崑崙出我國之書。而須彌之說。傳自佛經。是不可不就佛教之言須彌者。而一攷之。夫佛教之言須彌也。其在尊信佛教者。以爲此佛之天眼通能觀徹小中大三千世界。故其爲宇宙論也。以須彌爲中心。日月星晨皆繞之而行。以今科學言之。天體諸恒星各依一總樞紐而旋轉。而此樞紐之所在爲昴宿六。然則佛之所謂須彌。即宇宙之總樞紐。而即今天文學之所謂昴宿者歟。此一說也。而在菲薄佛教者。以爲佛教之說須彌九山八海四寶合成。不脫古時代幻想之宇宙論。在宗教家或有迷信其說。要不過牽强附會。而不足當科學者之一噱。此又一說也。是二說者。各得其理之一端。而吾人欲攷求須彌者。先不能不一探其須彌之說之原[illegible]。故當先立此攷案曰須彌之說始於佛教乎抑非始於佛教乎今攷佛教之言須彌有華嚴經佛昇須彌山頂品金光明最勝王經四天王護國品妙法蓮華經。序品第廿五普門品維摩詰經。不思議品大乘大方等日藏經。昇須彌山頂品大寶積經。六界差別品轉輪王品起世因本經閻浮提洲品四天王品三十三天品住劫品長阿含經。閻浮提洲品正法念處經。觀天品畜生品佛說阿毘曇論。地動品大三災品等瑜伽師地論。本地分中意地阿毘達摩大毗婆娑論。大師蘊定蘊阿毘達摩俱舍論。分別世間品顯揚聖教論。攝事品大智度論。初品中現普身諸書。然試進而攷之此須彌說不僅見於佛典而實爲印度婆羅門之古說須彌或作須彌樓或作蘇迷盧出定後語須彌樓山之說皆古來梵志所傳迦文特依以說其道。又云須彌世界者是梵志初說佛國曆象辨妄序須彌樓山外道舊說迦文因之以論心地。印度藏志大地之中央處稱蘇迷盧其高頂云忉利天上其北方云俱盧國元在四韋陀論中婆羅門相傳之古語也蘇迷盧即須彌音譯偶異耳智度論外書所說須彌純一金色佛所說爲四寶所成是言外道亦說須彌其所異者惟外道言爲純一金色佛言爲四寶所成而已釋教正謬如須彌山如來菩薩六通羅漢皆由無漏定正慧眼所觀視也得定外道婆羅門仙亦各髣髴視之說之。故印度諸外道。雖疑佛智。不敢疑須彌。盖外道以佛說與己說異。故疑佛智。而須彌爲古說。佛與外道同所稱述。故不必疑也。又須彌山頂之帝釋天及其上下諸天之說。皆見於毘陀神典中。又據西人之研求。印度學者亦均以須彌說爲印度古代所有。多孫氏入須彌之說於印度神話字典中。卡拉陀氏印度古典字林以須彌附近爲印度阿利安人種之原住地。至占領印度後。其名尙留於人種之古傳記中。富蘭那所記位七山中心之金山者。即此。達多氏印度古代文明史論印度古代地理引婆羅門神話中所說七大海七大陸與佛教中須彌說大同小異。然則合而攷之。佛所說之須彌與古代傳記諸外道所說不過稍有參差。而其說之不始於佛。固甚確也。盖佛之說教也。意在開悟愚衆。故不能不假其所記憶之事以爲指點。而衆人所最印于腦中而不忘者。爲一種社會上相傳之神話古說。借此以引誘其興。則吾之言易入而足動聽。而又不苦於理境之艱深。佛當日深悉此理。故其說教之中。引舊日之神話甚多。不僅須彌。而須彌亦爲其中之一事。夫須彌之說。既非始之自佛。則尊佛說以爲佛以天眼得見宇宙之全體者。非以爲佛說幼穉不合於今科學之言。亦非也。由是而欲一進攷須彌之所指爲果當何地乎。卡拉陀以須彌當喜馬拉亞山之北方韃靼之一高地而或者以爲指粨米爾是則合印度諸說觀之頗多齟齬何則。印度人傳說之俱盧洲以爲在喜馬拉亞山之北而佛典中亦以俱盧洲爲在須彌之北俱盧洲當粨米爾正合長阿含經云須彌山北有天下。名鬱單越有阿耨達池。出四大河。今粨米爾之哈拉庫爾湖古說出四大河當阿耨達池無疑而云在須彌之北又云在喜馬拉亞山之北是則須彌之與喜馬拉亞當爲同一之地以印度人所見之高山莫近於喜馬拉亞山以喜馬拉亞山爲一定點而分畫四方以記認世界之大勢爲順便此須彌之說所由生須彌蓋即指喜馬拉亞山也今日本井上圓了。亦以須彌爲喜馬拉亞山。其所攷證。一閻浮洲在須彌之南今印度在喜馬拉亞山之南閻浮洲爲我人住處正印度人自指其住處二閻浮洲之地形與印度之地形同閻浮洲北廣南狹三邊同量各二千由旬南邊三百由旬半今印度地形北面負山脈地廣南方張出海中地狹三閻浮洲之縱廣與印度之面積均閻浮洲蓋共六千三百由旬半（一由旬當三十里）以是合之閻浮洲者印度之異名而須彌者喜馬拉亞山之異名也又雷克刺士 Reclus 說喜馬拉亞山之地理曰須彌山之理想殆離人寰而從此高

山嶺之中起者是亦以須彌山爲即喜馬拉亞山然則印度之所謂須彌與夫中國之所謂崑崙固各異指而非屬同一之山矣

由是而崑崙之地域可定然則古代居住於崑崙者當屬何民族乎。荒古邈漠無可詳攷今可見者惟古史所載之西王母時與崑崙山有相關係之故西王母今爲東西各國研究支那學者熱心攷察之一問題蓋以西王母爲窺測中國古史與外域交通之一要件其解說西王母之言頗多自一八八九年愛台爾氏英譯穆天子傳。或據波斯詩人富爾達伊詩史。引波斯古傳。襄西陀 Jamshid 王與摩訶晉王穆罕 Mahang 婚。而以摩訶晉爲大秦。即支那。穆罕王爲穆王。襄西陀王爲西王母。或以阿剌伯之西亞婆 Shebaor Sala 女王爲西王母。而拉克伯里以爲即烏孫民族稱其君爲昆莫之古譯。引中國古音王音近昆爲證。西王母者。蓋即烏孫之君。而最近學者之說。以爲西王母即圖伯特語乂濃坡 Tso-ngonbo 之音譯而蒙古語之庫庫諾爾 Kokonor 即青海之義也顧以吾人所見則寧謂古時一人種之名爲當而若以崑崙爲粕米爾于闐間一大山爲假定則西王母即居住於其間之民族然進而攷之果當屬何之種族乎是亦邈難

八二八八

臆斷。章太炎馗書云。穆天子傳言西膜者。塞米的族。舊曰西膜。亞述及前後巴比崙皆其種人。前巴比崙即迦勒底。按此說稍誤迦勒底諸國不僅塞米的人尙有[illegible]丟那尼安種之阿加逖思米爾人種已見本文上論亞西種族篇又云。西王母者。西母與西膜。同音王。聞音也。西膜民族。始見猶太舊約本挪亞子名。其後以稱種族云云。按是說也。是以西王母爲即塞米的種也。而其所論別無證據。徒以西王母之與西膜。西膜之與塞米的音相近似。而斷然西王母之與西膜古書兩列其名。不應以同一之詞。一書互異。而欲別定爲屬何種族。則古史實少事實之可證。不得已據漢時住於粕米爾附近種族言之。則天山南北麓及粒米爾西多塞種。而粕米爾山中當爲氐種。漢書言烏孫本塞地。蓋塞種人所居住之地。又今熱海於天氣晴明時。水底見有家屋之迹。且時時有人骨破瓦古器之類。漂於灘際。土人相傳上古有一都府。其中有井。一日井水溢出。沈都府於水中。又云。相傳古時住於此湖旁者。爲一種綠眼之人民。故今攷熱海古爲烏孫領地無疑。又今之哈薩克人即黠戛斯。今人所攷爲黃白之合種人也。而於古即爲堅昆。酉陽雜俎云。堅昆人民。髮黃目綠。赤髭髯。其髭髯黑者。爲雜胤。此數語今大顯其價值。蓋與今人所攷爲黃白之雜種者悉合。其所謂目綠髮黃赤髭髯者。蓋即塞種。又漢書以休循捐毒之屬爲皆塞種。又言罽賓塞種。而大夏原住之人亦爲塞種然住於帕米爾山中者與此異漢書西域傳。蒲犁及依耐無雷國。皆西夜類也。西夜與胡異。其種類羌氏。是皆指住帕米爾山中者。無雷即前述之渴盤陀在葱嶺頂上。西夜爲其間著名之一族。故曰。皆西夜類也而漢書明言與諸胡異其種類羌氏胡者即指碧眼諸胡羌氏種者黃種也若以漢之西夜子合當古之西王母而西王母之名尚見於周代周距西漢時代不遠若周漢之間果無人種之大變遷爲假定則漢書之所謂西夜類者即西王母人種而其種類羌氏則非屬塞米的種而寧屬爲黃種於大種族上言之固言我種族爲同種者也雖然。此必以西夜子合爲即西王母又必周漢之間西夜子合無人種之大變遷此二案假定而後西王母之爲氏種即屬大種族上之黃種可以推定若此二攷案未能遽斷則西王母之果爲氏種與否亦未能決姑略其說以待攷求可也

結論

迄約而附以一言曰。以今日我國地質之尙未發見而研求人類學事材之乏人不能得幾多實迹之徵驗而徒憑藉古書與近時各國學者研究之說而欲剖晰此一大問

題殆不自量而所謂如蚍蜉撼大樹者其間所說之不當或不能證明其訛誤與否或不免陷于幼稚之見而爲後世學術大明之後所廢棄而補正者不知凡幾然使果有此一日也雖大遭呵斥幸甚何也吾人所欲究明者此一事之眞相若何而已苟得見眞相則說之出於己與人又何擇焉且因得見眞相而棄己之說以從之又何靳乎非特此也即尚不獲見此大發明之一日而學問以攷而日進他日者人或有進於己之說固將舍己而從之即在己而後日之所見有異於今日者亦當自棄其前說而改定之然不自度其今說之膚淺而或轉人說或標己見而先開述其區區者蓋以蒸民之性莫不思念其祖水源木本之所自來而安於昧昧然而不之求也則夫所貴乎人智者又奚爲耶況乎自地球大通以來種與種相見因種族異同之間而於一方交際之情大開於一方競爭之念又起交際者所以盡待人之道競爭者所以樹自立之基也兩者交相爲用然則當種族並列之日而講明吾種之淵源以團結吾同胞之氣誼使不致自慚其祖宗而陷其種族於劣敗之列焉其於種族保存與夫種族進化有取於是焉必鉅矣抑昔人有言前輩不生吾輩老恐令遺憾又千年以是不敢辭謭陋而姑任其一蚊一蝱之勞又語有之曰疑團者研究之母也今之掇拾固此志爾

抑猶有一言於此。則我人種定名之難是也。於標識上最易區別者莫如名漢族。雖然。漢者一朝之名。以一朝之名而爲我全體種族之名。於分固不當。爾或曰。其支那種乎。夫如世之以支那字爲禁品者。其言曰。支那者外人稱我之名。以外人稱我之名而我亦從而自名之。其爲我無名乎。是大不可禁之便是固失之過當。雖然。支那者我固未嘗定爲我國之正名也。既未嘗定爲國之正名。又何能定爲種族之正名乎。夫曰支那種也。毋寧曰中國種。居中國者。雖不僅吾人之種族。然數千年來於中國土地之歷史上。其爲主人翁者。固我種人也。則名爲中國種者。從其主者言之。固無不可。雖然。中國固國名也。以國名爲種族之名。雖有時可用。而有時仍不能不用種族之專名。蓋至於必當別白之處。勢不能不捨統詞而用專詞。（例若文中有云上古居中國者有苗人種而其下之一語則指我種族而言其時勢不能云上古居中國者有苗人種有中國種於此擇一易區別之名用之如云上古居中國者有苗人種有漢人種則詞方明晰然至是則已不能不捨棄中國種族之名而不用矣）而無適當之專名者。復於此而感其大不便也。或曰。我種皆黃帝之子孫。可名黃種。然黃種白種爲大種族上之名。其詞易混。且嘗思之矣。黃帝之子孫。莫如名曰姬種。雖然。中國全體人種中。蓋尚有神農炎帝之子孫在。（神農炎帝屬何種族於中國古代諸民族篇論之）固不當僅以姬姓限之。近錢唐夏氏主左傳戎子支駒之言曰。我諸戎飲食衣服。不與華同。以華爲我族之眞名。雖然。此亦他人對我而爲區別之詞之名而非我種之自名且若遽云華種華族於見聞上尚未洽熟即用之於文字間亦尚有杌棿未安之處而較之諸名詞中已不能不謂之稍、愜夫既不能以己意定一新名而舊名之諸未足當意者又若是是知欲定我國之國名固難而欲定我種族之名亦復不易固知蒙愚。思淺見險。大雅諸士。亦幸審酌而有以匡其不逮也。

玆以本篇結論諸點略揭於左

一挪亞時之洪水與堯時之洪水不同。

一設令中國種族果由巴比崙來當屬迦勒底之阿加逖人種而非塞米的種。

一以上古中外隔塞由農業大定之故

一以上古漢人種先居黃河之南。而後居黃河之北

一以戰版泉涿鹿皆爲黃帝與蚩尤之事

一以西王母地當漢之西夜子合

一以西王母爲種族之名。

一以塞種爲白種以氐種爲黃種。

一以白狄等屬白種。

一以匈奴老上單于攻月氐事。爲即烏孫借匈奴兵復仇事

歷史

一以黃帝爲最古之敎主。

一以老子爲老聃。非有他人。

一以老莊爲同鄉。

一以人皇出谷口。爲卽塞門之谷口。

一以崑崙爲粕米爾兼于闐之山。

一以葱嶺河源爲徙多河。

一以于闐河源爲玉瓏哈什河。

一以崑崙之五色水由玉色分。

一以山海經之杠水爲葱嶺河之一水。

一以山海經之炎山。爲古時天山中之一火山。

一以漢書地理志之鹽池。爲今之逵布遜淖爾湖。

一以密爾岱山。爲山海經之峚山。

一假若西夜子合卽爲古西王母。而周漢間種族不變。則西王母當爲氐種而屬黃種。

一仲漢書而抑史記。

一顏師古段成式皇甫謐等之言復活。

（完）

教育學汎論（續第五十九號）

江口辰太郎講演

第四章　教育之實行與理論

教育之實行必與理論相表裏

古人有一技一能其教育小兒則專憑己心之是非無一定方法按之理論則詿謬殊甚

理論者聖賢之格言處世之規則從此辦法而得教育之方法之定論然理論必憑經驗經驗必由比較比較後則經驗確經驗確則理論當理論當則事實不誤如甲乙丙三師之教法各不同觀其効果如何擇善而從則教育始有進步故教育不衷諸理論則教育必不善理論不衷諸教育家之實行則理論必不善所謂教育家即實行家也教育之理論即航海之羅盤也教習不知理論則個人雖熱心終無濟于事猶航海者

之無羅盤不免覆溺之虞也

理論有與實行不同處理論雖從實行得來而實行究有不能全遵理論之事故理論當活用萬不可墨守

歸納法集衆事而生假設假設以推闡其是非擇善而從爲歸納法歸納法與演繹法反對演繹法者積合而分解歸納法者先分解而後積合也二者之作用而皆爲研究教育必要之方法

有實行而理論乃進步有理論而實行愈進步教育忙于實行理論所以缺點至醫學亦忙于實行醫而爲現今世界最發達之學問者則以有間接之生理學之理論助成醫學之發達故也

中西從前所講之道德皆個人之道德世界月更動一月則旣爲社會一分子不可不求社會之道德道德爲倫理學之範圍倫理學不發達教育所以無進步

十八世紀始研究教育理論世界各種學問皆可幇助理論各種學問進步教育因之進步

個人之經驗有偏古代之理論大都個人之經驗現在世界交通經驗之範圍日擴張則理論必憑世界之經驗乃能發達

有實行而無理論雖偶于學生之性格相合然終于學界必入迷途猶之醫生不講生理學忙然于身體之構造組織偶能愈病終有妨害生理之處（中國醫生大抵皆此類）教育之必憑理論猶醫學之必憑生理也

第五章　教育學之意義及必要

將普通知識普通理論組織普通科學秩序井然者謂之學問

自然科學（又名說明的科學）就各種自然之事實一一研究之足以改變思想爲自然科學

規範科學　科學合目的學方法學而一之所謂學問必有一定之目的目的必有一定之方向然教育之目的非生理不可生理爲自然科學之一種教育之方法非倫理不可倫理爲規範科學之一種可見教育合自然規範而成

從前謂教育不爲學問者有二說（一）因古今教育不同有時間之限制（一）因中外教育不同有空間之限制非若科學之化合一律如酸素水素二者之成水無古今中外之

異、也然現在萬國交通空間不能限制將弄成世界普徧的學問至時間之限制則研究哲學不同者亦天演進化之公例然据從前元素止有六十四種今則七十餘種並非教育之特別處乃教育爲學問之一大佐證也

教育爲學問最新之發明也教育必憑諸科學之原則識得諸科學之理想乃能研究教育學之理論現在諸科學發達不久故教育不甚完全後來諸科學不知如何發達教育即不知如何進步然教育與各科學微有不同各科學均重理論而教育則理論實踐均要

教育之見解各異有個人教育有國家教育有世界教育看教育皆必先攷究其人之宗旨乃能收教育之效驗

心理倫理發達教育所以進步現在倫理心理學發達極盛時代教育學進步時代西洋有謂祖述哲學者語及教育家之格言便是理論其實時代不同理論即當變更而活用之中國崇拜古人太甚爲進化之大阻力古人之學說良者不如今日之良加以良者少不良者多仍古人之不良而不肯改拘古以阻塞後來之進步實于天演之

進化例不合泰西從前崇拜希臘哲學家言至十八世紀可美牛甫乃將科學的爲教育學作教授論（自然方法）一洗從前學說之誤遂有今日教育之發達可美牛甫謂「教育必假外界之自然方法」是客觀的陸克謂「教育乃陳列物品啓發小孩智識」是主觀的哈索康妥謂「教育是道德的　西洋教育進步是用最新的道德法可見教育崇古則必不能進化也

教育必有一種豫備乃能完全無缺攷究理論者即豫知豫知者即豫備也

教育必按本國之歷史與時勢及其人情風俗教育乃于國家社會有密切之作用中國現興教育亦不能全憑西洋教育必造一種中國之教育始可保守本國之國粹切中本國之情形不然不但教育爲外界奴隸且無切當之作用矣

第六章　教育學與諸科學之關係

有謂教育學者應用心理學也此言本誤然亦可謂爲心理學與教育之關係

倫理學使人作完全人物教育學亦使人作完全人物教育者即應用倫理也

教育學者社會學之一部分無教育學則社會不能完全無社會學則教育不能發達

社會主義固現今各國教育最高之目的

以上皆與教育有直接之關係

(1) 眞——智育　啓發人固有之聰明以完其天眞之謂也

(2) 善——德育

(3) 美——情育　天下無不愛美之人美者自然界上之現象與人之情意適相合不愛美者必爲矯情否則于自然界上之學問無得其思想猶不文明也

按西洋費百年來科學之研究始造出此種美麗之世界現今科學界上競爭不過于物質之美麗上求進步則謂世界之學問爲美學可也

(4) 體育——健 振刷精神强健骨格製造國民之一大原因也

宗教學者安心立命之學問也其餘政治法律經濟學皆與教育有間接之關係不研究不足担教育之任

犯罪學 西洋教育日進步犯罪人反日多有人謂教育無效驗者故現另設犯罪學以致究犯罪之原因蓋世界愈文明則競爭愈烈利益愈難普及生計維艱遂有不顧公理以謀之者日本現有大工藝廠其旁犯罪之人最多此世界日文明犯罪日多之定律也

（完）

教育

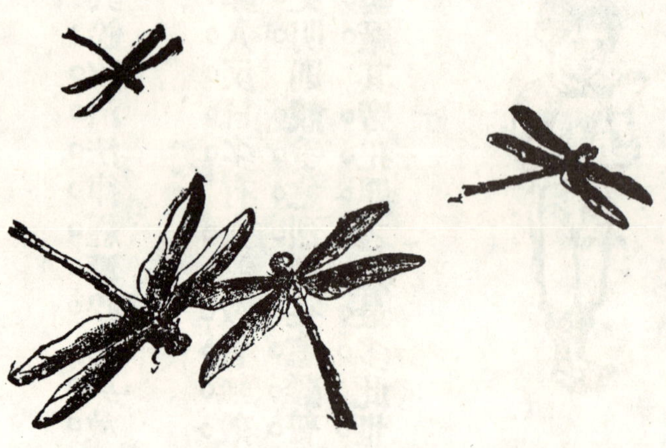

科學

論國家醫學之性質

我我生

醫爲司命之職此普通之釋義也然古今醫學之程度兩兩而較之則現今之醫師司命之職與昔日之醫師相去霄壤即其方法區域亦未可同日而語也（此語乃汎指世界醫非專指漢醫宜辨別）近世醫學固長足進步矣雖然不知其所以較往昔之醫學之貴要目的者存又何也應之曰是唯知古今醫學皆爲司命之職同視古今之醫學故而不知醫學爲講究治療已發之疾病之方法外更有其他之目的非啻非醫者不知即以醫爲業之輩尙不能脫此陋見然則是篇之作又烏可以已

往昔之醫學以爲僅究病理而講治療既發疾病之方法醫學與國政之間有親密之關係未夢及也然而醫學之進步日盛一日新其面目擴其範圍增其効用更其目的昔日之死病今日可以活之且又生有二大目的一防未發病疾之方法即講衛生之

道是已一解明法律上醫事之疑問應用醫學之學理原則即謂裁判之醫事是已慨論之。近世。醫學與往昔醫學既有異同昔日之醫學僅有治療之一大目的而今日之醫學。有治療衞生及裁判醫事之三大目的保持國家之安寧秩序有莫大之關係苟欲知其關係安在則編製近世醫學全體之統系圖世之未睹其眞面目者披圖瀏覽。其諸亦有樂乎此也。

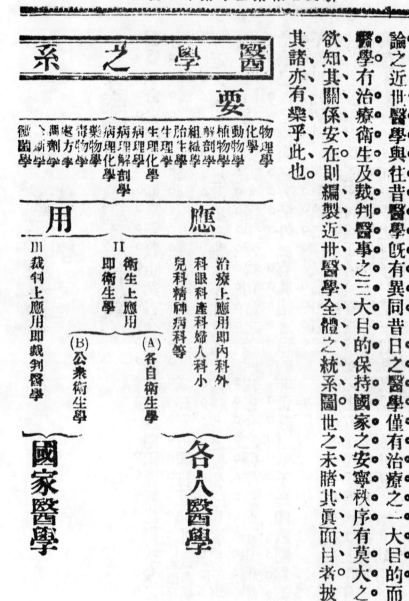

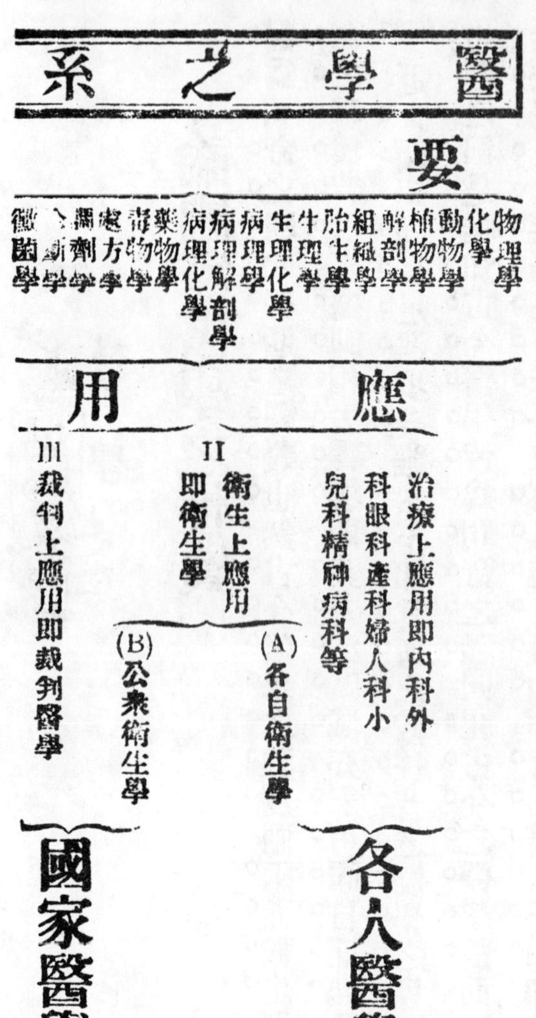

統圖

素 ─ 治療學 手術學 器械學 繃帶學 醫史 醫事統計等

準上以談。所謂要素者即構成醫學基礎之諸學科之謂也集各種專門之諸學科而醫學之基礎始立而醫學之學理原則始成應用者集各種之要素而組成醫學之用方近世醫學之應用有三一為治療上應用應用醫學之學理原則以治療既發之病痾二為衛生上應用應用醫學之學理原則防制未發之疾病增進民衆之健康又別之為二各自衛生學專論個人之衛生公衆衛生學汎論公衆之衛生（旅行運動食養生等關于個人上水下水衛生學校衛生關于公衆）三為法律上應用以醫學之學理原則應用于法律上一以助新法律之制定一以解明法律執行上即裁判上之醫事問題是之謂法醫學又云裁判醫學三大應用其體一其用三又因治療上應用與衛生上應用之各自衛生學為對于私人之醫學故合稱之而顏曰各人醫學 Individual medicine 又因衛生上應用之公衆衛生學與法醫學為對于國家之醫學故合稱之而顏曰國家醫學 State medicine 于是醫學之中有公私之別焉各人醫學曰私醫學國家醫學曰公醫學又曰國政醫學公衆醫學社會醫學近世醫學之實相如斯國家醫學之性質亦如斯是故今醫古醫雖俱爲司命之職同出一轍。然司命之方法及其區域全差異諸君既解玆理則幸勿以今日之醫學待昔日之醫學

我我生曰。立國之大本在于國民之健康西哲曰。健康者幸福之母也旨哉斯言蓋以一人之健康由一人之幸福所生一家之健康由一家之幸福所生一村一市之健康由一村一市之幸福所組成人民總體之健康則由一國之幸福所生而以一國人民之健康爲母而產出不然安有享幸福之一日也世之憂國慨世之士莫不曰富國強兵就其策百方計畫千思萬慮發言盈庭莫衷一是棄其本而持其末是未知國民之健康必于大政府中央設衞生局于地方置衞生課究衞生之事業以促其進步以護其幸福然後可何也蓋富國強兵之原基實存于國民之健康國民健康則可期其成不然則雖有上等良策吾恐其終不得獲効也世有恆言。國家之富源歸于人民之勤勉節儉勤勉則兵強節儉則國富故苟欲望國富兵強者須先考究保衞國民之健康

之道可也

難者曰。國家醫學者審查鑑定裁判上醫事之疑件也裁判公正至當則國家光榮則國家威嚴反是則汚國家之面目矣雖然。今之漢醫于各人醫學 Individual medicine 尙未了解而子即欲言國家醫學 State medicine 豈非越等耶曰唯唯否否是不然謂吾國已知國家醫學則是篇宜作也何也。以闡揚其眞理以爲其一助耳謂吾國未知國家醫學則是篇尤宜作也何也。以先覺覺後覺予天民之先覺非予覺之而誰覺是亦吾等之義務是亦吾等之天職應如是而已嗚呼。吾哀吾國無幸福吾哀吾國無幸福之母吾更哀吾國不講國家醫學吾尤哀吾國不明各人醫學吾欲以眞面目鼓吹于四億有餘醫師之腦裏故不得不述是篇若云著作則吾豈敢

鄂督與粵漢鐵路之關係（飲冰）

最初一秘密歷史

孟子曰。古之君子其過也如日月之食焉人皆見之及其更也人皆仰之其南皮張宮保之謂乎中俄密約之議。始倡之者實惟宮保乙未春間。馬關和約將成。宮保時攝兩江篆電奏力爭。有懇請總署及出使大臣急與俄國商訂密約助我攻倭之語。（電奏全文見中東戰紀本末）未及一年。政府即采是議。與俄訂密約。然則推原禍本。謂今日時局糜爛。由宮保一言之誤可也。乃自己亥庚子以還。宮保力主拒俄。其言論亦為政府所憚。今民間猶有一線清議者。又宮保主持調護之功也。粵漢鐵路之事亦然。丁酉秋冬間。盧漢鐵路既定局。始議南幹線之地域。盛宮保意本欲取道江西以達廣東。便萍鄉煤之轉運。時則義寧陳中丞撫湘。謂湖南廣東兩省之地勢與其人物。皆將來中國之中堅也。謀所以溝通之。乃力持湘粵之議。即今粵漢鐵路之濫觴也。陳中丞之倡是議也。本欲以黃公度京卿遵憲董其事。時京卿陳臬湘中也。以京卿文理密察之才。又籍於粵。南洋及美洲諸富商。敬之如神明。若以任路事。則資本鳩集指顧間耳。陳中丞之獨推之也以此。將具摺奏薦。乞聯銜於張宮保。而宮保尼之。中丞力爭再三。幾失懽焉。宮保不恤而卒以屬諸今督辦盛大臣。宮保之必右盛而左黃也。其眞意所在。局外蓋難懸斷。顧微聞宮保之攝兩江也。其時王夔石中堂實攝北洋。而盛大臣方卸津海關道任。甲午之役。軍械窳敗。叢獘曖昧。言者爭歸咎於盛。盛之去任。實緣此。去任後。交南北洋查辦。朝旨嚴厲。咎且不測。盛乞緩頰於王。王既許之矣。乃更乞援於宮保。宮保擬爲兩摺。甲摺爲洗刷。乙摺嚴參之。遣客袖以眎盛。盛愕然不知所爲。戰慄叩憲意。客曰。公能爲張公接辦湖北鐵廠者。則以甲摺進。否則以乙摺進。蓋宮保時辦鐵廠。縻六百萬而無成效。部旨切責。綦急。故責難於盛。以圖彌縫也。盛良久乃曰。大人栽培。敢不如命。惟鐵廠虧累已甚。力實不任。無已。其惟保我辦鐵路。庶鐵之用途廣。可以補苴。蓋宮保持盛之急以要盛。盛亦還持宮保之急以相要也。客以復於宮保。宮保無已許焉。遂進甲摺。并保路才。時論謂之六百萬金之奏摺未幾。遂有盛宣懷以四品京堂候補授爲督辦鐵路總公司大臣之命盛氏與全國鐵路之關係自玆始然則其必又以粵漢路畀盛者何也。盛以爲蘆漢鐵路所經皆瘠地。未必能獲利也。刻意欲得南路，而宮保既以六百萬售一摺則其所索報酬雖奢亦無以拒之故宮保誠非有惡於黃有愛於盛而騎虎之勢不得不爾爾也而豈料以此一念之私遂將湘粵鄂三省置諸俄法比同盟國勢力範圍之下而亡國之禍根即種於是也諺曰。知有今日悔不當初吾張宮保其應悔之矣雖然。宮保固勇於改過者。今日力爭廢約之事。非宮保莫能主之也湘粵紳士。意見屢有衝突。非宮保莫能調和之也湘粵紳士前後意旨。不免互歧非宮保莫能堅執之也贖路之欵至鉅。非宮保莫能籌措之也宮保若能始終左右廢約之事以底於成。則今日之功其亦可以贖七年前之罪矣抑吾更欲爲宮保進一言。與合興訂約者盛大臣也知比人篡奪全路而不肯抗議者盛大臣也代合興樹援於美政府而使廢約之議更加棘手者盛大臣也而保薦盛大臣辦鐵路者宮保也奪湘粵鐵路於湘粵人之手而以畀盛大臣者宮保也今玆之事廢約必興訟。盡人知之。興訟我必無可負之理而訟費不貲且賠欵或不能免亦盡人知之此訟費與賠欵當何自出乎以此責湘粵人湘粵人不任受也且今籌贖路及接工之費已不勝其痒更安有餘力以代人受過也即使有力則應接之路應辦之事正多而豈可以血汗之母財投諸不可復之地也故將來訟費及賠欵之所出勢不可不如楊孝廉之言謂一切無名欵項皆應盛出不合代彼費錢費力楊孝廉度代表留美留日學生致各當道電文語見十月初九日上海時報蓋前此之利盛自享之則今茲之難盛自當之非故爲是以苦盛公實則天理人情應如是也雖然其有完全之資格可以督責盛公使不得不踐行此義務者誰乎則非張宮保無與望也非直以宮保現今之地位爲然耳盛之舉主實惟宮保宮保於七年以前旣以百口保盛公之堪膺此任而今乃若此天下萬世不宮保之責而誰責哉吾儕小民不宮保之望而誰望哉夫宮保公忠體國之心老而彌劭沈幾觀變之識與年俱進此舉國所同仰也近一年來宮保所以爲我湘粵人計者心力俱瘁吾儕惟有感激涕零而已七年前之事寧忍復毛舉以相責備但以事機急迫恐虧一簣之功不得不爲宮保一言不得不爲湘粵紳士一言嗚呼我儕既認定出訟費出賠償費爲盛大臣不可逃卸之義務

然則督責盛大臣以出訟費出賠償費者其亦爲盛大臣之舉主即張宮保其人者不可逃之義務也夫嗚呼宮保自有千秋其忍使天下後世追原禍始大書特書曰亡中國者張盛同罪也

續紀俄國立憲問題（飲冰）

吾日讀報紙摭其關於俄國內政問題者彙觀之不禁聯想及一千七百八十六七年間法國之情狀也今續紀近報再系以論（記載皆用陽曆）

（十二月二十三日柏林電）據聖彼得堡消息云聖彼得堡可尊敬之市民凡六千人聯名上書俄皇要求立憲

（十二月二十五日柏林電）墨斯科之農業協會有反對政府之示威運動現討論正極激烈

（十二月二十七日倫敦電）波蘭之拉德謨地方於本月二十五日爲革命的示威運動官兵彈壓之兩造各小有損傷

（十二月廿七日路透電）俄皇於本月廿六日下詔於參議院題曰「國家行政改良案」其大畧云

「帝國國體之根本固當永遠維持萬世不易雖然因時代之變遷而行政務與之相應亦政府之義務也今將一新百度與民更始茲布綱領咸使聞知」（第一）藉法律爲保障使公人私人同受保護以得安固今

國聞雜評　六

當由何途使法律能完全施行是朕所甚念也自今以往一切官憲無論對於何人皆當行公平且嚴正之法律此爲官吏第一義務苟有違法之事則不能逃法律之責任若人民有因官吏違法而致受其損害者則被損害之人可訴諸法律以求回復其權利（第二）地方及各都市之團體自辦其地方公益事業其權限今更當擴大之且於法律之範圍內許各團體以獨立之餘地凡各地方公務許該地人民有利害關係者各出代表員以參預之又每縣之下鄉市鎮等小區域皆得設公共團體以辦理本地公事（第三）各人皆平等以受治於法律之下故訴訟法當平等無差別且司法權之獨立更當確定之（第四）朕甚愍職工小民欲加保護故擬立一法案採用國家保險之制（譯者案國家保險之制者現代社會黨所持之政策也瑞士已全國實行之此原理及方法甚詳茲不能具述）（第五）前因犯罪者多每每頒行「非常法」以約束之今將前此一切非常法悉加改正且謹愼之不濫用（譯者案此專指從前待國事犯之法所謂第三局之法令是也）（第六）現行法中對於人民之不奉國教者其權利義務有種種差別之點今加改正（第七）現行法中對於外人及土著人其權利義務有差別之點今加改正（第八）現行法中對於出版法其無謂之制限今撤廢之別訂定明確之出版法苟不悖於新法者不羈束其自由　以上綱領之大概也其末段更宜言云朕以誠意欲行全國之大革新其實施當不遠今先示朕心所在凡以適應時勢力保國家凡爾大臣當迅速開一會議調查法案迅速具奏

（十二月二十八日路透電）俄國南部埃加的里那地方之警察長官哥加希耶被刺死哥氏者現任陸軍大

臣之姻戚也。

（一九〇五年一月五日路透電）俄國墨斯科地方議會議長布鹽士。上書於內務大臣云俄國今日之現狀殆陷於無政府的之革命抑此不徒青年輩之騷擾而已實全社會之情勢使然也。及今不圖則全社會乃至皇帝陛下之玉體其前途之危險皆不可思議今欲免革命惟有一途曰求我皇信賴國民而已臣等對於我皇一片熱誠敢私於執事代達之。

（一月八日路透電）聖彼得堡。公然開一反對政府之演說會昨日聚集至者極盛。

（同日倫敦電）俄國某處某處之警察長官二人同日被刺

（又）坡籚那士德夫之勢力依然。

（一月十二日柏林電）俄國內務大臣米爾士奇辭職域提氏代之（譯者案域提氏前戶部大臣主持非戰說者也其政見與米爾士奇亦相近）。

此問題之結果果將如何。據十二月廿七日路透電。其頒俄皇實心改革之舉。謂此詔勅實由政府與國民交讓之結果實亞歷山大第二解放隸農以後之最善政也。且全俄人民到處皆歡欣滿足云云。而法國諸新聞。大率以冷嘲熱諷評之謂此詔勅之價值全視其實行力之如何謂俄皇欲以空言塞民望未見其能有功也俄國新聞自十二月十九日被禁後。其言論殆不能自由。然觀於警官被刺之事。地方暴動之舉。屢接於耳目。則其人心之激昂。有加無已。可概見也。嗚呼。吾有以信其來日之方大難也。雖然。吾望俄國而猶睪然神往也。俄猶有地方議會。所缺者中央參政之權利耳。俄猶有法律。所缺者法律之制定權及監督權耳。若吾中國則何如。

俄皇之詔勅。其能實行有價值與否。吾無從斷言。要之但有此詔。勅已不可不謂政府與人民交讓之結果也。交讓者。各國憲法所以成立之大根原。匪直俄人也。政府與人民何以能交讓。交讓必先以交爭。譬之兩國戰爭。其結局必出於和。顧未有不能戰而言和者也。戰極劇。不相下。而和生焉。然則欲和者。不可不預備戰事。欲與政府交讓者。不可不預備交爭。甲辰十二月十一日陽歷正月十六日稿

日本之朝鮮（飲冰）

我國辦警察之當局看者

本報前刊朝鮮亡國史略。蓋哀之也。自爾以來。日人之所以加於朝鮮者。日出而未有窮。東報多諱之。我輩無實地調查。不能悉舉也。最近有朝鮮全國警察權入於日本之

事

陽歷十二月三十日。距草此文時半月前朝鮮之一新會會員。齊集於某處。要求政府以改革。韓廷命警察彈壓之。不可得。已而警吏拔劍發鎗。傷其會員數十人日本駐韓之憲兵亦集以備非常。俄而韓兵中有拋石者。傷日本步兵一。日兵乃急傳令捕縛韓兵中之大隊長以下將校六名士卒七名蓋屬於鎮衛隊第二大隊者也。此第一日事

翌三十一日。日本公使林氏及駐韓戍軍司令官長谷川氏。與韓廷爲嚴重之談判。卒將參政官申箕善宮內大臣兼內務大臣李容泰革職而軍部大臣李允用法部大臣金嘉鎮亦以嫌疑辭職日軍所捕縛之十餘人。亦交與韓廷。使嚴行懲治云。此第二日事

新歲正月三日。長谷川氏遂要求韓廷。謂貴國警察力。非惟不足以維持治安。反足以擾亂治安。自今以往宜將全國警衛之權一受成於日本軍吏之手。翌日公使林氏遂以正式之文牒。布告韓廷及駐韓各國公使。謂今後韓國境內無論韓人及外國人皆當服從日本軍事警察之命令云此第四第五日事

正月六日。長谷川氏遂頒軍事警察條例十九條於全韓境內。凡犯此條例者。皆經日本司令官之手直接爲刑事上之處分云今摘記其數條。

（第四條）結黨欲反抗日本或對於日軍而有抗敵之行爲者

（第十五條）以集會結社或以新聞雜誌廣告或以其他之手段紊亂公安秩序者。

（第十七條）違軍司令官之命令者

此其一二也。其他亦大率類是。嗚呼朝鮮。尚得爲朝鮮人之朝鮮耶尚得爲朝鮮人之朝鮮耶

此役也。朝鮮人對於日本所犯者擲石耳所傷者一步兵耳抑傷也而未死也輕傷也而未重傷也而所獲之報酬則軍隊六將校之捕縛處刑也政府兩大臣之褫職也全國私法權之轉移也傳曰。蹊牛於田而奪之牛嗚呼。吾觀此而有以識强權之眞相矣抑以此轟天震地之舉動而一來復了之安然若行所無事焉嗚呼。吾觀此而益有以識强權之眞相矣

雖然。韓廷則無罪乎夫孰使汝有警察不用以衛民而惟用以監民不用以糾詰奸慝

而惟用以凌壓新黨也據東報載此事發現之第三日。長谷川謁韓皇。皇詢以對付民黨之策。長谷川云人民在法律之下。以平和手段要求改革者。則政府不宜以威暴手段待之。嗚呼。日人猶能爲此言而韓廷乃至今猶夢夢也今者一新會員固放逐矣而韓廷警吏之威風則亦何在也是謂兄弟爭室開門揖寇

數年來中國百事蔑進步而惟辦警察辦警察之聲徧於國中焉吾見其將來之結果一朝鮮警察類也誠如是也則辦警察一事其已足以亡國也已矣

日本之朝鮮

十一

國聞雜評

小說

美人手

紅葉閣鳳仙史譯述

第廿二回　施御法同輩問根由　値遊蹤當塲逢彼美

話說伯爵夫人進內堂更衣去後。烏拉迓華帶領瑪琪拖亞出了擊劍塲。慢慢的繞着迴廊踱來。一路所見廳堂陳設皆異常華麗。想英國女王域多利的宮殿也不過如是。正行間。不覺到了一所內廳。就是夫人的書齋了。只見門外站着兩條大漢。見了烏拉醫生。便排起班來。用手向帽邊上一遞。行了個加額禮。復垂手鵠立。默然含着一種嚴肅的氣象。入了齋內。只見琳瑯滿架。雜陳着幾行絲絨彈機椅子。於是兩家隨意坐着。候了片刻。是時夫人經已裝束停當。出到齋門。瑪琪拖亞留神一看。只見夫人容色。比前大不相同。先前擊劍塲上夫人的面貌。純然是死白無一點血色。如今臉上泛溢紅霞薄暈腮際雅裝麗服居然是個稀世的美人瑪琪拖亞等、起立迎將出來送隨同夫人，踱往外廂。是時馬車久已預備、只見那乘精漆雙輪德乞車。駕着一匹阿剌伯駿馬。兩個馬夫牽着。在丹墀上俟候。於是夫人上了車。坐了左便。招呼琪瑪拖亞坐了右便。烏拉醫生在車旁。恭了恭腰。說了聲有慢欠陪。便告辭去了。兩人並肩兒坐着也不要馬夫控御夫人自己便拉着皮韁輕輕把扯手一動只見那輪蹄的轆的轆的發動起來一到了大街上加上了點縱送力那輪蹄便風馳電掣一般欲左之左欲右之右他的御法幾乎比王良造父還要強得幾分瑪琪拖亞心裡暗暗的讚歎。因想道。這位夫人。比不同尋常婦人家。我與他同車。默地對着。豈不惹他笑話說我連應酧也不曉得點兒做不得。待我想些說話來與他周旋周旋纔是。想罷。便開口對着夫人問道。請問夫人我們敝行裡有個小夥名喚助摩祖、他說曾見過夫人。夫人可認得他嗎。夫人道。他的父從前在我家裡雇用過、因爲先年在獵場上。他於我有救命之恩。是以我要報報他的恩。故此他父身故後。我把他薦到貴行裡去。如今他的祖母見他年長要他隸入兵籍替國家盡盡義務因此我近來又想將他到某間士官學校聽他鍊習鍊習叱瑪琪拖亞道。我今朝也見着了他的祖母。他也曾把這事告訴我呢。但是他的祖母。這脾氣是了不得的。好像是個甚麼大家人出身的呢。夫人道。我尙未有會過他。祇時常聽見助摩祖說。他祖母的脾性。是忒嚴的。惟是助摩祖在令親處當差。聞得令親極肯體貼下情。所以薦他的孫兒在貴行。他是極喜歡的呢。瑪琪拖亞道。大凡世人的脾氣不論甚麼樣的嚴憚甚麼樣的孤介也好。一對了自親的本犂沒有個不心軟的。況且助摩祖是個孩子們。老年人疼愛孫兒。自應更不必說了。夫人道。是不錯的。剛說着。忽然心裡好像觸記起一事來。對着瑪琪拖亞問道。啊、我近日聞得助摩祖說。令表霞那小姐所鍾愛的那位美治阿士。被令親趕了出去。可是的嗎。瑪琪拖亞詫異道。助摩祖甚的事都到外間搖舌哪。夫人道。不是他搖舌。這是我多嘴之過。昨天我在家裡悶得荒。剛巧助摩祖到來。我就拉他說說話。解解悶兒。把外間近日新聞問問他。因此他不覺把這事說起來。并不是他多嘴。你不要錯怪了他。我聞說霞那小姐的品貌極好。我很仰慕他。意欲下一次夜宴。請他來會會呢。瑪琪拖亞道。舍表妹的脾氣。是個怕見生的。熱鬧場中。他總不大肯出。雖是夫人盛情。我諒邀他。未必肯來。夫人道。倘若他不來。我親身到他家裡。請令親介紹我會會他。我懇願同令表結個知交呢。再且請問。美治阿士。他不是貴行的書記麼。因甚麼事把他趕了去呀。瑪琪拖亞道。不是行裡趕他。是他自已辭職的。敝親不過不願意他同霞那一處住。因此設法。要派他到埃及支店去呢。夫人道。他兩人這麼要好。强自令他分離。他兩人心裡怎麼好過。我聽見助摩祖說。我很替他兩人可憐呢。如果可以為他設法。我很願意代他着力找尋着美治阿士。率他到令親圖理君處。勸導勸導令親的心意。成全了這一對可憐虫。這是我的心事呢。這個女俠不覺吐露出本色來。看官。你道這個俠字的名義。豈專為周全一二兒女子的私情的麼。婚姻未到完全進化的地步。世間的男女不知幾多是可憐虫。試看世界上人道最重的造端。一倫有幾多個不是敗羣苦惱的家族。就是令這等女俠再現出百千萬億化身。也救不了。除非是各人的本羣自已醒悟。替後人扶正自由擇婚的道德。勿强對後人行臨時干涉的主義。如此方能立為羣造福的根基。今日這位女俠動了這點念頭。其一就是為愛此自由擇婚的公理。其一的緣故。乃是為本傳全書的伏脈。此時不便說明。且先念幾句小偈與看官們聽聽。

是因非果災梨棗　同士無名君有名
我愛光明勝軀殼　忍留沙影負着生

這幾句偈語，就是下文的影子了。如今且把閑文擱過，再說瑪琪拖亞。聞夫人說要替霞那兩人成全婚事。因歎口氣道，夫人的盛心。如此關切。漫說霞那要感激，我想起越發替他怪可憐兒，只可惜美治阿士不是個好栽培的東西，倘使美治阿士適當果合招贅霞那，就是夫人不題及，我也應該勸勸舅舅把他成全，無奈美治阿士此人是我初意料想不到的，我平日無事不坦懷待他，如今我覺得坦懷待了他，殊屬不值。照我的意思。他與霞那，實是不當對的。夫人道，怎麼解呢，莫非美治阿士有甚麼不正當的所爲麼。瑪琪拖亞道。這也難說。夫人道。我聞得助摩祖。也是說他有甚麼可疑之處。究竟他可疑的憑據。是怎麼樣的呢，瑪琪拖亞道。可疑的實據，現時也未尋出。惟是推測他的所爲。究竟我總不能信心得過。何故呢，頭一件他雖說是辭職，與行上仍是舊賓主，就令與行主不合，我與他交情本無干碍，不應面也不見一見，話也不說一句，決絕到這等田地，既是大丈夫做事，自應明來明去，不應該連蹤跡也躲過，這不是分明心裡不乾淨顯出個破綻來麼丸田夫人聽了這話。心裡不知何所感觸。好像着驚一般。身上不覺抖戰起來。連手上扯着的轡繩也震動了。這震動力傳到馬籠頭上。那馬撕了撕頭。便向左側一轉。夫人急把馬頭約束着調還原路。當時瑪琪拖亞沒有留意只見夫人默然如有所思。不覺那馬車已到湖邊路。正從堤上穿過去。不圖迎面來了一個美人。剛剛從瑪琪拖亞所坐這一邊的車旁擦過。恰好與瑪琪拖亞打了個照面。瑪琪拖亞一眼認得。就是前日在湖上趕冰的那個澤瀨娘不覺心裡一跳幾乎不曾把魂魄掉下車來因礙着在貴婦人前。不能不強制着心裡默商量道。這個美人他說到別處遊玩兩禮拜原來是撒謊的哪累我今朝空跑一趟碰了那個贊鍾道吃了他一頓晦氣這也奇怪那廝不肯說也罷怎麼連鄰近的也不知個風兒難道他是個甚麼神出鬼沒的麼再回頭望前去只見那美人已離馬車隔有一箭多路差不多將近到那丁字兒街口瑪琪拖亞打量着他背後不住的忖想道這婆娘果眞是兩手齊全的麼抑或是單手的呢欲待回車趕上去。又礙着是伯爵夫人拉轡。不能啓齒。心裡很覺失望。轉眼間。那美人到了街口。已自轉灣兒去了。欲知後事如何。且看下回分解。

飲冰室詩話

客有自署袖東者。以五詩惠寄。且媵數語。謂以此爲將來相見第一句之資料云。讀其詩則宋人風格中之最高尙者。俊偉激越。芳馨悱惻。三復之不忍去也。錄實詩話。東京除夕感事贈叔杳云。「鳴鳳不聞龍戰野。夕陽如夢鳥啼煙。將軍自古稱橫海。世變無端欲問天。黃禍聲中諸白帝。紅羊刦後兩靑年。人生別有相思處。說向天涯各惘然」旅居何事最關情。一角紅旗萬喙鳴。燈下談兵掩長涕。樓頭望月怨今生。豈因我輩多癡骨。無奈他家有笑聲。夜半黃龍作人語。年年風雨太縱橫」「白雲渺渺風千里。翠袖蕭蕭筆一枝。縱酒可能銷舊恨。多愁雅不合時宜。近來閱世無他法。解得憐儂是可兒。手執菱花感遲暮。半庭黃葉故吟詩」「陰晴天氣兩蹉跎。遙憶神州喚奈何。忍見河山葬荆棘。祇憑雷雨話風波。年華如水霜侵鬢。海島飄蓬夜枕戈。從古文章名最小。漫將歲月換狂歌。」青山閱日兵慶賀天長節感賦云。甲辰歲云秋。斷髮走扶桑。劍氣拂青雲。海波叨空霜。旅居甫十日。枯坐殊徬徨。呼聲忽雷動。萬喙祝天長。言造青山巔。一覽無盡藏。烈日上大旗。巨霆出道旁。耳目相告語。氣象何發皇。偶遇白髮翁。爲我道其詳。此是有阪炮。彼乃村田鎗。鎗炮尚餘事。幸哉國民强。精神與道德。相續而發揚。故能懲暴露。凱歌奏沙場。西風渺然來。感此懷故鄉。興廢無定數。天意終渺茫。欲使國運昌。實恃人謀臧。藐玆一島國。孤峙太平洋。在昔閉關時。慘慘來羣狼。磨牙復磨牙。血肉瀕于亡。一令下新政。辨晰及微芒。于今四十年。撥亂爲小康。嗟余文明國。聲譽冠東方。五嶽峙其蒼。大江流其黃。尙文亦尙武。歷史有榮光。狂瀾忽傾倒。百川齊橫行。客星掩紫微。巨刧悲紅羊。我皇本仁孝。着念自非常。抱策開明堂。揮戈覽斜陽。鼠兒故無狀。穿穴崩長城。刀下六鳳凰。哀鳴聲鏘鏘。中更黃巾亂。戰氛動八荒。紅海灌神州。血流更湯湯。近史紀波蘭。讀之魂悽愴。百病已纏身。不醫毋乃傷。紫氣吐神京。登高遠相望。願起舊風雲。赫赫振朝綱。華胄滿中原。覆車勿健忘。勉爲大英雄。瑰然留清芳。庶幾吾國威。一飛莫可當。大風表東海。萬古此泱泱。

龔定广有已亥襍詩三百六十首。言近世文學者喜誦之。近頃見人境廬主人亦有己亥雜詩數十首。蓋主人一生歷史之小影也。從其哲弟由甫處得見之。不能全錄。錄關於道心者數章。「亦曾忍死須臾坐正川此時持事來今午垂簾春睡起擁爐拈箸撥寒灰」「夢回小坐淚潸然已誤流光五十年但有去年無現在無窮生滅看香烟」「日光野馬息相吹夜氣沈沈萬籟微便到無聞無見地衆蟲仍著鼻端飛」「亂草刪除綠幾叢舊花能換日新紅去留一一歸天擇爭自物存我自公」

日本圍攻旅順軍司令長官乃木希典將軍。自今茲奏捷後。其勇名漸震吾邦人耳目。將軍之長子名勝典。死於金州之役。未幾將軍統師至金州。嘗有詩云。征馬不前人不語。金州城外立斜陽。日人傳誦之。聞將軍得其長子凶耗時。命勿舉葬。典待父子三人之喪皆至。乃合葬云。蓋彼與其次子保典並從軍也。既而旅順之役。保典亦殉焉。而將軍乃得以戰勝之名譽至今歸然尚存。日人某爲三典歌以頌之。文曰。阿兄勝典勇援羣。阿弟保典武棄文。乃父將軍名希典。一家三典悉從軍。將軍發日告遺志。武夫捨命尋常事。一人戰死勿出棺。留一且待兩個至。果然南山激戰時。冒險奮鬭失長兒。歔彈無情旅順役。又爲乃木折一枝。接報將軍色不動。將軍不痛聞者痛。棺守夫人感如何。夫人不慟國民慟。君不見。嗚呼忠臣三楠公。殉難報國闔門空。壯烈古今堪相比。三典獻身取遼東」詩雖平平。然能寫出日本武士道之氣慨。讀此而知日人所以享戰勝之名譽者非偶然也。故錄入詩話。

中國原始民族之現狀

筑西SCY生

頃編國史觀上古漢苗劇爭之遺跡深悲彼劣敗之族其歷史之片鱗隻甲不獲傳於後乃至並其性格習慣亦不復爲世界所聞知致慇惜焉有郵自北京來則此文也發讀狂喜亟以入報夫文運愈進化則前古殭跡復活者愈多或者苗族之歷史性格習慣其將緣附我漢族進化之運以復活乎蚩尤有靈宜左右之　飲冰識

欲研究古代社會之狀況。民族優劣相遭勝敗之實情。則貴州苗族。實一絕好資料。僕生長黔中。愧未深究。近讀貴報關於貴州苗族情形一則。深欽佩。然總此事者。願方著手于一隅。則成功當假以歲月。用不揣淺陋。憑舊日調察所得之資料。立統合研究之法門。以貢獻于我社會者。亦應盡之責任也。茲先表其種族住所如下

苗族
- 正苗族
  - 苗
    - 白苗（多住上游）
    - 赤苗（多住下游）
    - 青苗（中央黃平一帶最多）
    - 黑苗（中央黃平一帶最多）
    - 花苗（亦雜居各地）
  - 獞
  - 狫（住上游）
  - 猓玀（多住上游）
  - 白兒子（住花山一帶）
- 漢苗混合族
  - 農家、仲家（雜住）
  - 蔡家（各地）
  - 縣民、里民（上游）
  - 穿青（較多）

專件

各種苗多寡比較圖

(全苗族人數約百萬)

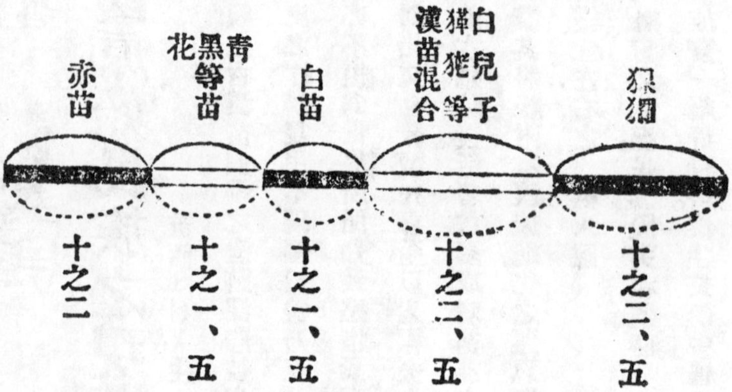

猓玀	白兒子猈猍等漢苗混合	白苗	青黑花等苗	赤苗
十之二、五	十之二、五	十之一、五	十之一、五	十之二

正苗族

積多調察假定此圖非有詳細報告也

苗○五種言語風俗各異。亦多同處。白青花三種以衣色得名。黑以身色得名。赤未究。以外尚有糾糾歪剪等諸多種名。不過就小異處細分之。大別則此五種而已。

△白苗○低眉黃睛。軀格短小。性情柔馴而勤儉。農牧之外。不能爲他職業。惟養馬巧于他種人。多以此致富。所耕之地。多租于漢人。名田者鮮。又有昔年不堪租稅。自奉其地主權于漢人。而退居租戶者。則納租較輕。此種地名曰投莊地方。俗以十月爲歲首。家無偶像。重九日搗糯米爲粑。陳室隅。家主面壁端坐。以一箸輕擊陳粑之器。默唸其祖先之名而祝之。近之惟聞肺葉激蕩之聲而已。是爲一歲之最大祭。如漢人之除夕端節則殺犬祭先。人死必屠數牛以祭。多由親戚餽送。故貧家亦與舉此禮。謂之[illegible]。墓祭亦同此稱。凡有疾病災害。則禱于先之墓。[illegible]

其屠牛之法。先縶之。廼使大力者以斧背擊其腦。務必一擊即倒，再剖割之。倒之方向。苗民謂有關禍福。如向不祥之方而倒。則羣扶之。務使轉其向。此法青黑花等苗犵狫猓玀仲家蔡家諸族皆同。然祗屠祭先之牛如此耳。又聚族以祭其祖。則族長代衆致祝辭。若族長不能。則族中之智者代之。蓋致祝辭必數歷代祖先之名。苗民無文字。鮮能記其遠祖之名故也。此能致祝辭者衰老。乃擇族中一二聰睿者。傳以已業。倘未及傳而死。則此族遂無能致祝辭者。他族相率非笑之。故能致祝辭者。恆得一族人之尊敬。dä gäi亦曰做鬼。一苗語。一漢語也。有時不用牛而以彘為牲。則謂之做母豬鬼。廼擇一長高而瘠之彘。先刺斃。以泥遍塗其身。掘地為竈。燔多柴。投塗泥之彘于其中。二三時取出撥泥。皮毛隨脫。諸苗即分啖之。務必立竈。又指某地為昔年曾做大鬼。殺牲數萬之地。相率不敢居。其語言就鄙人所能記者。呼父曰巴。母曰賴。祖曰阿包。一至十之數。呼法如下表。

	一	二	三	四	五	六	七	八	九	十
貴陽音	伊羅	拗羅	包羅	褒羅	別羅	兜羅	香羅	易羅	甲羅	故羅
英音	ilo	oulo	boulo	bolo	balo	dolo	kainylo	éro	jerlo	golo

附注：赤青黑花等苗呼法亦略同。

其衣自績麻為線以織之。多不染色。短狹如西式。婦人著裙。無褲。飾衣用繪。不知繡。繪法先施蠟于衣上。再染色。染後去蠟。則花紋出。苗婦互以此技誇指巧。故頗有細緻可觀者。又其俗有名無姓。其完全之名。男為某巳某。女為某賴某。通常稱呼。但曰某巳某賴。若本名則惟尊者得呼之。呼小產曰損。故又有損巳損賴之稱。譯言即小產之父或母也。蓋苗民以成年不獲巳賴之稱為羞。其思延種之心。更熱于無後為不孝之名言。然竟不能救其種之滅亡也。

赤苗○形狀無異漢人。且喜與漢人通婚。（白苗決不與漢人通婚。即醜婦亦決不通漢人。蓋淫蕩本彼所不禁。惟一通漢人。則必不見容于社會云）故漢人貧者多贅苗女。苗人富者不惜巨資以致漢婦。作工商讀書作宦者頗多。祭先必用一白牡。（缺乏時居奇者多獲重價）餘用數黃牛。屠法與他苗不同。黃牛同常殺。白牡則繫之極固花柱上。用矛橫刺之。牛鳴躍不已。常數十刺乃死。豈白苗曾受秦之羈縻。（以十月為歲首）而赤苗有殷民之遺風歟。

青黑花苗○三種俱體力勁強。性情獷猂。咸同間之苗匪。即此等人。蓋不如白之服漢。又不如赤之親漢。故至今不通漢語。（白赤二種。雖婦人孺子。鮮不解漢語者）、不願與漢人交通。據數十百里之地。自為社團者尚不少。波公所言之香爐山。亦一區也。

⿰犭華狫○自為一種。風俗言語。與他苗族大異。敏慧不如赤苗。平和勤勉不如白苗。嗜酒吸煙。（白苗亦嗜酒。吸鴉片者百千之一而已）蓬頭垢面。（白苗婦女以梳綰髮。行路遇清流。則散髮梳洗。即濯足浴身。日至數次不厭）體力不如青黑等苗。而橫暴過之。

有披袍打牙等小異種。今所存者極少。僕探訪多處。僅得見一廿餘家之村為最多數。蓋將澌滅矣。

猓玀。文明程度。較他苗族爲高。未被漢人征服時。已能組織政府。有文字。其文字自上而下。行自左而右。一字一音。有千數百不同樣之字。書以左手從右不知印刷。書籍皆牛皮謄寫。今亦用紙。所載者則婚嫁喪祭之禮儀及占吉凶之法。（想當有歷史等書特未逢彼中博學之士、未得見耳）能讀此書者稱鬼師。人叩以禍福。彼披書三四。卽爲決之。土酋各事雖多倣漢風。惟葬祭深恐得罪先人。不敢不鬼師用。婚姻亦有重用鬼師之一事。新婦既至。設兩高座于夫家之庭。下各繫一馬。上各陳銀十數兩。或數十兩。（銀馬兩家各備一份）兩家各聘一鬼師。登座互答問。或至數時不止。交語極敏捷。語畢。各取銀馬一份而去。若一鬼師中途語澁。則潛遁。銀馬二份皆歸勝者。聘負鬼師之家以爲辱云。用鬼師處漸少。故讀書者亦漸減。鬼師每對人曰。昔年讀書者多被國王寵用。今無所用。雖肯爲此。蓋彼謂讀書遺造物怒。必致絕嗣。實一種冒險事業也。發語頗類日本之先名詞次動詞。如呼門曰「銀古」n goo　掩曰「比杜」bi doo　掩門則曰「銀古比杜」In goo bi doo　呼盜曰「婁樹逋」No soo poo　打曰「蒂」do　打盜則曰「婁樹逋蒂」No soo poo do　語雖湊合單音而成。然亦似有變化。如呼雞曰 a。卵曰 do。雞卵則曰 ündo

其人分三階級。白種歷代土酋之血統也。如日本之皇族。黑種如士族。乾猓玀如庶族。另有所謂上馬奴下馬奴者。古昔蔡家等種人充之。今皆脫離而自主矣。（謂之上馬奴下馬奴者。土酋上下馬時。此奴伏地以背充足踏也）土酋爲盧、隴、安、楊四姓。（此冒漢姓。其眞姓則安曰納子波、楊曰側波）今之巨者。尚擁數十百里之地。人民數萬。田租萬千石。羊豕萬頭。如起祖、雄所等。起祖最大。曾與巴布（在川滇黔之間。大河環繞。森林重疊。外人除種痘師外。不得入。其人常出侵略鄰近州縣。驅格極強大）、大木干

叢作

（酋長之稱）通婚。前十數年。與威寧管姓因墓起爭。派其七十二小支。各率五百人來助。一、、而集者三萬六千人。又其徵田租之外。有徵羊豕之例。故土酋家羊豕極多。徵法論短長不論肥瘠。土酋有子若干。皆裂土地人民而均分之。品位亦齊等。其勢日分日微矣。禮儀非常繁雜。新婦初見舅姑所著之巨裙。不知用若干布造成。必用十二婢力提裙邊。乃能步。著後永藏之。至死乃以葬。人民見酋長無坐禮。惟八九十歲之老。土酋有事必顧問之。或賜坐草橙。（以草辮成圓形、高三四寸、）則以為大榮。土酋相見。亦有不得高座只准坐草橙者。則從其古昔之品位而別也。男子效漢人現服。女子盤頂長裙或著裙、體力頗強。色多黎。（白苗婦女間有花如桃花者、此種不見、）故有黑猓玀蠻猓玀之呼。酋長（即土目或土司餘做此）、亦有讀漢書。發科第者。人民惟知務農而已。然極忠于其酋。雖拋棄身命財產以為其酋效力。亦以為分內事。如此者。彼中人時稱道之。酋長所住之屋。雖頗華美。然祭其祖先之地。必另取一矮小頹敗之茅屋。無論如何倒塌、不敢修葺。家置婢僕極多。人有以婢僕稱之者。彼輒怒。蓋彼自以為身係平民。若奴隸則有他種人也。（即上下馬奴、）

●●●白兒子　即猓子。屬附詞。白兒則猓之轉音也。喜衣白。極好潔。女子顏色甚都。習通漢人。漢人行商者至其家。款待異常殷勤。婦女或即通之。然行人每憚其藥毒不之近。傳聞與猓女通者。備享其親愛。他猓亦無異言。視如正式之婚。然惟欲還鄉。則必與女約日定返。若至期不返。彼焚藥則違約者必死。漢人愛鄉念重、習聞此言。雖一與結婚。行商之便最大。（猓多種棉花、小商往販之、）不敢圖也、（猓之住處、地味膏腴、無貧困者、故得遊心淫蕩、漢人則憚其地之瘴、不敢移住、（有藥毒者不獨猓、他苗族。人亦謂其有藥毒。白苗婦有有蠱者。其形為蛇鵲等動物。婦善飼之。時放以嗡人于無形之中。如無人可嗡。即其夫亦放嗡之。又或嗡其本身。故眼紅。(其實苗婦分娩後、即出入隴畝間故也、)又謂苗婦舉一女則蠱亦舉一子。女長則苗婦以此蠱子授之、亦苗有草鬼略同蟲說。仲家之藥毒。謂更較他族爲巧妙。豈漢人之誣之歟。抑苗民之果屬鬼蜮也。

漢苗混合族

諸族中保有漢語者。縣民里民穿青(抑稱鳳頭雞、以其頭發高髻也、)等是也。諸族每自稱江南人。玫其語音。亦頗相似。以發音不類貴州人之故。貴州人終鄙爲賤種。不與通婚。其智識營業。幾無異貴州人。餘三族亦較白黑等苗猓狫等爲優。三族各有語言。然半與猓玀語通漢語痕跡。亦有一二留存者。蓋昔年立于猓玀權力之下。强效其語。舊習之漢語漸失。又復互通婚嫁。于是新人種出。新言語出。再以地理及他之關係。自更分爲諸小異種。就中農家蔡家富于平和之經營。仲家軀格偉大。體力堅强。多發暴舉動、今安順有大河十三寨一區。實盤據此種萬有餘家。時出投迹綠林。事犯則遁歸。兵差不敢入寨搜索。咸同間苗匪亂時。彼曾四出作亂。今雖伏處寨中。野心蓋猶躍躍也。而婦女色美而好淫。以天中爲一年最大之節。實仲家之特俗云。其婦女色美亦有故。彼喜居近水。故貴州有高山苗水仲家之諺。至諸種名所由得。據彼中人云。居縣者曰縣民。居里者曰里民。穿青則以衣色得名。農家則以務農得名。仲家蔡家則昔年巨族之姓。小族與之連絡保衛。故漸共冒其姓以爲全部之稱。又有謂仲家即重甲之轉音。仲家實屯田兵之裔也。吾謂仲家雖帶有漢人之血統。實係唐之流民。非明清之戍卒也。戍卒遺裔雜苗人之血統尚少。今安順一帶之鱉舖人是也。故吾猶不忍列之入于苗族云。

附注。所謂立統合研究之法門。則合諸苗族而析其類。以備研究者得逐類求之之謂也。若右所記無統系無條理之甚。不過略備一二研究之資料而已。

SCY曰羅施鬼國之間。苗人實最古族。以不武故。蠻暴之狆狫。迺征服之。洎三苗被逐于中原。西南向而逃入此山谷之間。抱其文明以壓倒諸土著。（傳聞狆狫征服苗子後。嗜酒無度、故爲猓玀征服、）是爲猓玀。于是建政府。別階級。修文字。文物燦然。黃帝子孫。有追厥蹤而至者。不勝其同化力。盡失種性。吁、亦盛哉。然自今以往。百年或數百年。將索此諸種人于博物之院而難得矣。嗟我同胞。今爲諸種人哀。曷亦自計。

大禹力平洪水。功高天下。而受命征苗。則臨邊而返。高宗伐鬼方。三年克之。據此可見昔年苗族之强盛。漢孰如我、非夜郎自大語也。

思南府沿河司之西岸。鐘山之半。有一寺焉。曰玄天宮。山環水曲。林木葱葱。令節良辰。遊人如蟻。其客堂懸鐘一、磬一。鐘爲銅。高七寸。寬一尺一寸。有柄作椭圓形。分兩面。面各有乳三十六。分六行。行各六個。小於牛乳四分之一。以鐵箸擊之。乳各一音。俱清越非常。細視其凹凸之處。其厚應有八九分。今之薄如紙者。已及全部十分之九矣。圖如下。

磬爲石。長一尺五寸。最狹處最五寸。最廣處一尺四寸。不廣不狹處六寸有奇。中有一圈。周約三寸。其色如淡墨。磬分二面。面各有一圈。以物擊之。鏗然作金聲。詢之山僧。則曰古苗王之樂器也。質之父老。亦曰古苗王之樂器也。據此可見苗族之音樂。又有花瓶二。高三尺。周一尺。內瓦而外銅。其色黯然。其一有破壞處。盛水則漏。其一雖有缺處。荷能盛水。數年後出之。猶若新汲於井者、但試驗人衆。不能遲之數十百年耳。圖如下。

又石磬之頂上有一孔。可以貫小繩。圖如下。

又農人有掘地而得金船者。重三十兩

餘。狀如今日全沿所駛之船。又有農婦夜出拾金人一。重十百餘。其所以能夜拾之者因有光故。（西人謂燐火難以別質。夜便有光。而苗人已先能爲之。是可異已。不特是也。沿河司東岸有月崖。苗人古於是漆一月。夜有光而日黯然。周三丈餘。苗人既恐。則拜爲神。漢人既據有是地。則相聚而謀曰。是苗人之以術餇我也。圻之。今惟白色一圈而已。）據此可以見貴族之玩物

貴州山國也。而萬山之祖。則推梵凈山。（在思南銅仁二府間）其山斜上三百里始到其頂。直上六十里始登其頂。頂劈爲二。一洞中橫。俯而窺之。蒼莽無際。曾不知深幾許。兩面皆石巖對峙。如切如磋。距離約十丈。而石橋通焉。橋皆方石萃成。（俗名拱洞）據此地勢。即以泰西名工師爲之。諒亦無下手處。且其地風雹雷霆。日數十至。當其至也。屋瓦皆飛。庭柱皆折。山頂繫鐵練。二人以死力挽之。始免飛去。山僧分供二僧於其上。建屋極低小。以石爲柱。以鐵板爲瓦。其遭之險惡爲何如。而此橋獨屹然數百年。無絲毫損。漢人足跡甫至。即見此橋。以爲天之心。欲通二山四也。命之曰天心橋。試問漢人未到貴州。曾有何人。據此可見苗族之建築。

上遊大家有藏苗族之花絨毯者。皆以羽毛織成。細膩非凡。據此可見苗族之製造。

苗人操練鳥鎗。多能於夜色黑暗時。燃枝香於百步外。發鎗滅之。而香柱無恙。據此可見苗族之猶可爲。

苗族之弱。由於專制政體。達於完全美滿。而驕他不可致。其居室之卑狹。可見一班。四川酉陽州（介於思南銅仁之間）當未歸流前。其土司之令曰。平民之屋。高不得過丈二。門高不得至四尺。蓋苗法也。現在苗族之屋。相尚以卑狹。人皆謂其節儉使然。而不知實由於習慣。至其文字之亡。技藝之失。胆識之小。飲食之穢。以恐攜之。皆由其政治。然而不可致也。

專件

永寧州有紅巖。千仞壁立。上有字數十。人命之曰紅
巖之碑。近人謂爲殷高宗克鬼方時勒石以紀功者。
於是强爲之音義而成一銘。然而博古家以爲古無
是字。（其文似蝌蚪文而非）蓋苗字也。

開闢貴州者漢族之流民也。（近世所謂改土歸流
者不過奪諸漢人手而私有之）中國多故民膨脹
於外而至貴州。當其初至。意亦受苗族之範圍而入
其籍。（今黔人頌土司之功曰趕苗脫籍其明驗也）
後有秀傑者出。始相率而起與之爭。浸假既盛。乃據
有其地。招漢人居之。而自爲之長。於是乃有土司。此
處如此。彼處效之。而此復援彼。彼復援彼。互相提挈。
風動全黔。苗勢日殺。漢勢日張。而貴州乃悉爲漢人
有。苗民即有存者。亦不過爲漢人之奴隸而已矣。苗
既大定。乃起內爭。干戈相尋。弱肉强食。近由民賊利
其土地。借弭亂之名而悉勒令納其圖籍。於是成今
日之貴州。然則何因而知開闢貴州者爲流民也。沿

十

河司之土司姓張。其始祖名輝。以隋時入黔。即所謂
趕苗脫籍者也。其原籍陝西人。近今往查其族譜。上
有八字曰次子張輝流黔未歸。

苗族尙鬼。其祭鬼處蠶置一木於其中。凡田土之當
賣。不用契約。但兩家共持一刀往祭鬼處。將木橫劃
一線。謂之打木口（口字去聲）若有一家後有翻悔之
言。則其一家將木捧出。無賴者即面作死灰色。赧然
曰。恕我恕我。不敢復爾矣。不敢復爾矣。故貴州人語
執一不通者之諺。曰汝亦苗子之打木口者乎。

以上所載。拉雜不淸。然而皆事實也。雖然。是亦不過
其大略。若夫其詳。則非嫻其語言。精於稽覈。遍走其
地。廣交其人。不可得也。屈指計之。當費五六年歲月。
請俟異日。今非其時。

雜俎

一語千金

蔚庵

英國格言

慮事須緩行事須速。

汝所欲隱之事。汝勿爲之。

願欲愈多。缺乏愈多。

人唯由勤儉而得攀于榮名之地。

大起業者。必要大思慮。

公正之事。必當學之。

人物器具。不可一見即判可否。

藏惡于心者。不能發善言。

福運者。好從勇剛之人。

勞工者生歡樂。怠惰者生愁痛。

大器晚成。

智識者保險料之金箱也。

業難成。人易老。

黃金者。置于火中。始知其質硬。友誼者。當于厄困之際。始知其不可缺也。

放猫于魚肉之前。望其無事者可謂至愚。

寧爲雞口。無爲牛後。

惜一文則智識塞。

塵積成山。

經難苦然後知幸福之眞味。

石與妄言。人不可妄投。

能殺吾身。不能奪吾志。

學猶飲食。食者得其利。而旁觀者不與焉。

驕傲人决不能開店。

不苦則無樂。

雜俎

智識者。心之寶庫也。

報親切者。

宜學公平。

懸念者。命之毒也。

病氣者。快樂之稅金也。

貧者健全之母。

事無有成于偶然。

善結果由善源因而。

十八十色。

搖動之石。不生苔。

弘法係筆之誤。

多言無言。

歲月不待人。

美貌者。無須白粉。

人之家屋。其城廓也。

信任者。成效之友。

災難者。膽略之試金石。

行爲菓實言爲枝葉。

智識即權力也。

勿謂有明日。

節制爲最良之藥。

英雄之寢言。適用于名言。

空囊不能直立。

英雄不必須經驗。

天助自助者。

創愈忘痛。

同時謀多事。必無一成功者。

虛榮者。則不結實。

學問者。善人習之益善。惡人習之益惡。

大麥一粒。較善于家雞在金剛石。

此葡萄酸。

（昔有一故事。一狐欲食葡萄。架高不克上。遂云此酸。）

過多則囊破。

不幸中之幸。

深淵其流靜。淺溪其流響。

眞酒無須笹。

（昔時酒家懸笹。蓋恐人無知之者。）

鳥以其巢爲樂土。

絕技者不顯其妙。（大賢若愚）

救急者。其惠有二倍之力。

不敗挫則能制勝。

人陳之。天定之。

一知十。（舉一反三）

昇高者則有墮落之憂。

一語千金

終日勞働。反有快樂。

吠狗之用勝于睡獅。

紀事

中國大事月表

甲辰十月（補錄）

●一日　戶部計學館開學

四川總督飭各屬提撥廟產興學

外務部以三事要求各國一每年鎊虧之數不再算利一交銀行收存之款按月扣還利息一按月折中算鎊價謂如答應即付補足賠款鎊價銀千餘萬兩

●二日　政務處奏准免裁各省員缺以為畢業生升途

●四日　豫撫奏詳符縣因清畝激變百姓罷市毀壞電桿

胡星使報告俄國將調兵駐紮庫倫伊犁新疆等處

命財政處酌籌京師女學堂經費

練兵處奏請在北京天津湖北陝西江蘇等處設武備學堂

●五日　九月初十日重慶因釐金局苛索致全城罷市將釐局委員陳必畊大令撤差十三日始復開市

裕德授體仁閣大學士

山西喬部郎奉商部諭回省招股開辦山西礦務

鐵路大臣盛宣懷與葡公使將廣澳鐵路合同畫押

商約大臣呂海寰盛宣懷與葡萄牙公

紀事

使在上海將中葡商約二十條畫押

●六日　俄軍徵發庫倫恰克圖之土人為兵

軍機處電飭馬玉崑查覆俄國敗兵有無竄擾蒙古地方

英公使照會外務部不認長沙租界章程

戶部條陳籌款三事一官捐一商捐一婦女首飾捐

閩人力爭建邵汀礦权擬將華法公司合同作廢

庫倫辦事大臣電請改易恰克圖收稅章程

●七日　梁星使電告政府美國斷不干預日俄戰事

政府特派貽穀及延祉前赴西藏調查情形

電飭增祺查辦東三省保衛民政局

端午帥電飭各屬密防同仇會票匪起事

●八日　政府擬將全國土稅歸外國人包辦每年認繳一千萬金以為興辦海軍

擬仿屯田法駐新軍二萬於新疆伊犁等處以固西北邊防

江西實行改釐為稅之制將各釐卡改為稅局十五處稅口三十八處子口兩處

商部侍郎陳璧擬請通飭各省先於通商口岸創設勸工局陸續推廣

●九日　諭飭各省興辦礦務

●十日　湖北因聞亂黨將乘萬壽日起事下令

戒嚴

袁世凱單銜陳奏賠欵補足鎊價事不與各省督撫聯銜

各省督撫如張之洞陳夔龍周馥等均有摺條陳東三省事宜留中

●十一日 鐵良電奏力主賠欵用銀以蘇民困

政府擬增設將軍於西藏

政府照會駐京美使決意廢合興公司鐵路合同

北京天津間之電話線已落成

駐英使臣張德彝電稱英廷謂洋藥加捐須與土藥一律因請調查全國土藥釐稅總數

●十二日 粵省預認自光緒三十一年起每年認解練兵餉銀十五萬兩

戶部奉旨電催各省速解廣西欠餉

練兵處擬定一式槍樣咨照南北洋製造局及湖北鎗砲廠一律仿造

滬道電詢津粵川鄂閩浙贛晉各督撫及津粵漢口蕪湖各關匯解賠欵鎊虧日期

●十三日 豫撫奏祥符縣民變現已平定

張翼賞戴三品頂戴派赴英國對質開平煤礦局訟事

法使至外務部聲言出兵出費代平西亂

廣東督撫電請將葡人運米往澳門之照會作廢以維大局

萬福華以鎗擬王之春於上海金谷香西菜館被捕

記事

新疆巡撫請開辦新疆礦務以廣利源

●十四日 商部奏派李有棻總辦江西鐵路

浙撫新設湖防水陸全軍統領

●十六日 戶部銀行商股現已集成定在天津開設

吏部新訂簡明則例計選缺章程十二條保舉六條

鐵良電告政府擬將南洋陸軍改作四鎮八協十二標

財政處通飭各洋關准其試用湖北奏准試鑄一兩重銀幣納稅照鄂省之公庫平計算收用

崇善電覆外戶部謂閩關支絀萬分所攤鎊虧請先借洋款濟急隨後復由各關照攤歸還

西山煤窰商董稟請開辦京西運煤鐵路

●十七日 岑督電稱已破四十八嗣匪巢

電飭陝甘總督設教養工藝局等收養無業游民

湘紳反對王之春學漢鐵路華美合辦之說

●十八日 練兵處向德國定購軍火値銀二百萬兩

●十九日 政府電飭江督在上海設立銀銅元分局

政府允與此次海牙所開萬國平和會議

廣東粵澳鐵路購地局定於本月二十四日裁撤

德國二等水師提督何賛德進謁江督議德兵艦駛入鄱陽湖濱磁之事

練兵處再電催各省速將水陸綠營各軍兵弁淸查具報

外戶部電告增祺謂防護奉天陵寢不許兩國兵士侵犯之保約已在北京畫押

唐京卿紹儀得有英政府接待之信又已得有全權字樣政府不爲遙制

●二十日　海容兵船從煙臺護送練斯拖魯納俄艦弁員至滬

俄國哥薩克兵一隊在土耳其斯坦中國界內刼掠華商財貨殺傷二十餘人外部已照會俄使請撫卹被害商人及懲辦兵士

●廿一日　湘撫電奏大學堂學生謀亂拿獲十三名牽涉日本留學生奉旨爲首二名正法餘勿追究

伊犁馬將軍電稱回漢民人搆釁滋事請飭由新疆巡撫派兵助防

袁督特設稽查戰地禁貨局於山海關派譚駿謀任其事幷飭往來營口新民屯嚴密防查

粵海關監督因岑雲帥一時不能回東奉旨所有該關稅務即著張人駿暫行接收

皇太后萬壽一切費用共耗銀一千二百萬兩

●廿二日　練兵處欲設一北洋總機械所以供給山東山西河南陝西直隸五省軍械

紀事

浙紳捐建農工小學堂擬敕臣民懇恩除籍奉旨着照所請

上諭所有各省捐派等欵除有大宗收數者姑准照辦其餘巧立名目及苛細私捐著即行停止

上諭鐵良著即速赴灣沚萍鄉兩處審定局廠應否移建地勢何處合宜即行回京覆命仍將經過地方營務留心查看至各省司庫局所一切欵目毋庸調查著即責成該省督撫認眞整頓

滬道再電催浙贛皖桂粵等省迅將鎊虧匯滬

政府通咨各省督撫議覆裁撤驛站事宜

●廿三日 法商大東公司堅執前與許應騤所訂合同不肯歸還汀州邵武建寧三府礦山權利更謀敷設福建全省鐵路又擬與華人合股開採南口及十三陵左近之金礦

●廿四日 廣東善後局擬詳請咨部展辦粵省賑捐

外部咨行工巡總局禁止各國人在京師開設小押

口使照請外部請許日政府派大員調查理藩院一切

粵省京官奏請減捐禁賭

●廿五日 湖北銅幣局擬自開竹山縣銅鑛以供鑄幣之用

德國伯爵璞斯瑪奉其政府命令進謁江督面論鄱陽湖巡艦演炮事

●廿六日 貽穀報稱俄人在山西以北收買荒地約占四分之一

張之洞派員至上海向某銀行借銀二百萬以銀銅元局作抵

皇太后發內庫金條約值銀一百五十萬兩以作戶部銀行資本

駐京比使擬出而關停賠款用金用銀問題

張振勳擬設美澳南洋各航路輪船公司

電召林維源等至京籌商集股築一鐵路從福州起經海港漳州漳浦平和雲霄詔安各地而接潮汕鐵路

●廿七日 電諭各省停議開辦印花稅

●廿八日 岑督奏准分辦兩廣寔官捐

●廿九日 四川總督決議籌款自辦川漢鐵路

政府通飭各省將警務學堂認眞整頓並選學生數名派赴日本學習警察事務

晉撫與本省衆紳籌設收擣

漢口大火延燒千餘家

中國大月表

日俄戰紀

日軍圍攻旅順戰記（續第五十九號）

大孤山小孤山之占領

◎八月一日及二日　俄軍以大口徑砲遙擊日軍。又時時突圍出擊。皆却之。

六日　下午四點半鐘。俄兵縱火燒水師營。而於千大山附近（水師營西北三千米突）沿水師營東北五千米突高地亘八里庄西北千米突高地。盛修工事。其時大孤山小孤山。尚爲俄有。

七日　俄軍於大孤山置砲七八門。以苦日軍之攻擊作業者。下午四點鐘。日軍以攻城砲一部砲擊。旅調左翼隊併攻。該隊自七點半鐘起。沿途越險阻。冒風雨。潛行進擊。至夜中已有敵陣之大半。

八日　晨俄兵尚死守其陣地。一部又以軍艦數隻。泊鹽廠。縱擊日軍側背。日軍遂退。至下午再用攻城砲擊之。會俄艦已去。步兵繼進、於是大孤山以下午八點半鐘陷。小孤山亦以是夜四點半鐘陷。

九日　下午一點半鐘。俄步兵六中隊襲擊大孤山小孤山。又以前面諸砲台及鹽廠軍艦夾擊日軍。日軍腹背受敵。兵皆殊死戰、至薄暮覓擊退之。

十日　俄軍突自東鷄冠山以有諸砲台挑戰。大砲小銃。一時齊發。良久乃已。

十一日　日本參謀總長山縣元帥。奉日皇旨傳諭滿洲軍總司令官。凡在旅順內婦人、小兒、僧侶、及中立國外交官、觀戰將校等。欲避難者。悉護送至青泥窪。

十二日　上午十點鐘。日軍以海軍砲擊旅順西港內之俄艦。

十三日　俄兵百餘名。縱火燒五家房附近。逃至東鷄冠山。

千大山隋家屯一帶之占領

十四日　右翼隊於夜間部署進擊前敵。占領千大山小東溝北方高地及隋家屯西方高地。是日俄軍於碾盤溝西南及小東溝東方高地。盛修守具。防戰甚力。以是日軍不得徑進。

十五日　右翼隊於是朝壓逼敵陣。與砲兵協力併攻。至十一點鐘。遂占領碾盤溝南方及小東溝東北高地。

十六日　上午八點鐘。日軍以山崗參謀為軍使。傳日皇旨。齎勸降書至俄軍。期以翌朝十點鐘回答。

十七日　俄軍使來。謝絕勸降意。

十九日　凌晨。日軍右翼隊進擊石板橋北方一七四高地之俄軍。至下午兩點半鐘。奪取其大部。俄兵前後二次襲擊皆却之。是夜中央隊與左翼隊合軍。進至八里庄、王家屯、五家房北方高地及小孤山西麓諸線。

二十日　下午。一七四高地之俄陣全陷。日軍繼攻椅子山方面。俄軍於盤龍山東砲台及東鷄冠山北砲台前。徧張鐵條網。貫流電其外。觸者立斃。日軍中央左隊兩隊。肉薄壞之。

二十一日　日軍右翼隊進占領大平溝東南千二百米突之高地。及刺兎溝北方高地。中央隊則於是早突擊盤龍山東台砲。左翼隊亦冒彈雨猛撲東鷄冠山北砲台。下午八鐘點。奪據其中一壘。(距該砲台東南二百米突)以不堪旁壘之襲擊。遂棄去。

盤龍山東西兩砲台之占領

二十二日　上午九點鐘中央隊肉薄盤龍山東砲台。至午。畧其一大部。俄兵據複廓死拒。又自西砲台側擊之。日軍大困。會豫備隊以二中隊來援。遂轉攻西砲台。劇戰逾時。而西砲台陷。東砲台亦相繼全陷。

是夜俄兵數向兩砲台襲擊。皆却之。

二十三日　中央及左翼兩隊合力進擊望台西北高地。及東鷄冠山北砲台。左翼之一部。以是夜至望台西北高地。旋爲俄砲所擊。遂退伏於山麓之死角。

二十四日　中央隊復攻望台西北高地。左翼隊亦向東鷄冠山北砲台。皆不克。

二十七日　俄軍於前夜乘雷雨襲擊各方面。至是早四點鐘而退。

二十八日　俄軍於望臺附近高地。設嚴備。又以重砲向盤龍山兩砲臺轟擊。

二十九日　是夜十一點鐘。有俄兵百餘名襲擊盤龍山西砲臺。日軍誘使近。急擊之。遂敗退。委棄死傷無算。

三十一日　俄軍皆潛伏無敢動。但於望臺西北高地。時修工事而已。

◎九月二日　日軍右翼隊以野砲及海軍砲。集擊旅順市街。約數十發。俄軍亦砲擊盤龍山兩砲臺以報之。

三日　俄軍以大小各砲。襲擊二龍山砲臺。凡二百發。日軍工事壞其大半。

六日　夜半有俄兵四十名襲擊日軍右翼。旋敗走。又以六十名出擾龍眼北方之工程作業者。日軍極力防禦。然工事則全被妨害。

八日　俄砲猛擊盤龍山砲臺。而集中於對濠作業之日軍。又屢出步兵以苦之。

九日　日軍於龍眼北方俄壘格魯巴圖堅砲[illegible]

坑道。既達五十米突之近。又於東鷄冠山砲臺及其北砲臺。亦接近至三四百米突。

十一日　日軍從事對壕益急於水師營南方。距俄壘僅七十米突。而俄軍時發重砲以苦之。

十二日　上午十點鐘。有俄兵三十名於東鷄冠山北砲臺襲擊日軍作業隊。旋敗走。又堀地道至盤龍山東砲臺。

十三日　俄步兵七十餘名。襲擊大平溝附近。日軍力戰却之。

十五日　水師營南格魯巴圖堅砲臺及二龍山東南堡壘之日軍工程。爲俄兵所襲。旋擊退之。是夜兩點三十分鐘。復有俄兵百餘名。要擊日軍於龍眼北方。相持十數分鐘而能。至三點鐘。再來襲。卒擊退之。

十七日　夜三點鐘。有俄兵二三十於水師營攻路。要擊日軍。投炸藥二個而去。

四　格魯巴圖堅砲臺之占領

十九日　日軍自下午一點鐘。以攻城砲及海軍砲。擊格魯巴圖堅砲臺及水師營南方堡壘各高地。

二十日　凌晨。日軍占領格魯巴圖堅砲臺。自上午九點四十五分鐘至十一點四十五分鐘。占領水師營四堡壘。下午六點三十分鐘。於標高一七四之東南高地上(在水師營南)占領二堡壘。旋向二〇三高地各堡壘三面合擊。至八點鐘。以一中隊達其巔頂之西北角。

二十一日　俄軍於二〇三高地砲壘。增遣援兵數百。極力抵拒。日軍尚據其一部以擊之。

二十二日　日軍據二〇三高地一部。與俄軍相持數日。卒不能守。遂棄去。至八點鐘。全隊退歸舊陣地。

二十五日　下午八點三十分鐘。俄軍於二龍山東方堡壘。砲擊日軍。阻其攻路。尋以步兵百數十應戰。

與日兵格鬥三十分鐘。遂敗走。委棄屍體二十具。

二十七日　俄軍復砲擊二龍山東北砲台之日軍攻路。旋中止。而以步兵二十名突出投炸藥去。二十分鐘後。再來攻壓戰一點餘鐘。爲日兵所却。

二十八日　日軍自上午十點鐘至下午五點鐘。以海軍砲遙擊旅順港內之俄艦。凡七八發命中。俄軍以喞筒防火甚急。

三十日　日軍復以海軍砲擊俄艦。播里士域及波鐽打。各受日彈五六發。除伯士波路。於昨夜移泊東港。

◎十月二日　下午兩點三十分鐘。日砲擊中俄旗艦播里士域之砲塔左舷。是夜自七點三十分鐘至四點鐘。俄軍向東鷄冠山攻路。四面合擊。日兵戰却之。又以一大隊襲圍攻線之右翼。壓戰一點鐘而退。

四日　日軍以大口徑及海軍砲。續擊俄艦。波路打華、波鐽打、播里士域等。皆命中。是夜日軍欲毀鹽廠前方高地之俄砲。出奇兵一隊襲之。至一點三十分鐘。果壞其速射砲機關砲各一門。蓋該砲扼日軍背後交通之孔道。其爲害良非淺鮮者。

五日　日軍以大口徑砲擊中波路打華。又以海軍砲炸老虎尾半島。延燒其屋宇三座。

六日　日軍復以大口徑砲擊中波路打華、列德維生各二發。又一發中老虎尾倉庫。炸之。

七日　日軍連日砲擊之結果。命中諸俄艦。如波路打華、播里士域、列德維生。皆失運動力。列德維生于是日朝。以支那船載水兵登陸。波路打華亦於午刻拖入東港。

九日　下午四點鐘。兩軍砲戰中。俄軍以二中隊下二〇三高地。欲向二龍山。爲海鼠山日軍守備所見。要擊之。遂引去。又自椅子山方面。移機關砲七門要二龍山。是夜俄軍大戒嚴。防敵襲也。

十日　下午九點鐘。有俄兵五十名。向盤龍山砲台投炸藥。數出襲擊。皆爲日軍所却。又於東鷄冠山之對壕工事。連夜投炸藥數十以壞之。

十一日　下午三點鐘。有俄驅逐艦九隻。往來鹽廠近海。與日軍艦及砲台應戰。蓋以偵日軍陸上之配備也。

是日日軍中央隊之右翼。襲擊龍眼南方鐵道橋附近。仆殺俄兵十四名。又於二龍山東隙地內鹵獲土工具三十餘。外套二十餘。小銃及他物稱是。下午七點鐘。右翼隊之左翼。以步兵三中隊復攻龍眼南方鐵道橋附近。至八點三十分鐘。遂占領之。據其前二百米突之處。爲第一陣地。

十二日　日軍大口徑砲。擊中俄艦凡九發。是夜俄軍於日軍左翼方面投爆藥五十餘。阻其攻路。又置反射鏡以探之。卒爲日彈所毀。

十三日　日軍於龍眼絕俄水道。於是河渠至見三十尺以上之水量。

十四日　日軍以大口徑砲擊中松樹山砲台凡三十發。

十六日　下午四點鐘。日軍中央隊。突攻鉢卷屯之俄壘。及二龍山腹之溝塹。而占領之。鹵獲野砲一。小口徑砲一。机關砲二。其他小銃炸藥等若干。是夜俄兵來襲。却之。又同時有俄兵五十許。自二〇三高地南方。攜炸藥投擊日軍攻路。旋出短銃接戰。復敗走。

十七日　夜十點鐘。至十二點鐘頃。俄兵凡兩襲二〇三高地之圍攻隊。鉢卷山亦數受俄襲。然盡爲日軍擊退。該高地之咽喉部。尚有俄兵據以修工事。

十八日　得俄降卒語旅順近狀。謂旅順守勢日蹙。長官驅市民服役。無分華俄。晝夜衆行勞働。以是頗聲四起。日下各步兵中隊員數平均僅七八十名。此外有水兵義勇兵二千五百餘。而斯鐵路侧以日軍砲擊之急。方懸重賞。募決死隊四百名。突圍出擊。

十九日 日軍於二龍山及東鷄冠山北砲臺對壕。着着逼近俄壘。然輙爲俄兵所壞。日兵作業猶不輟。

二十二日 日軍對壕工事連日爲俄兵所擾。然進步益速。又自前夜至本日。日軍以大口徑砲向俄艦及机器局轟擊。

二十三日 俄兵出沒松樹溝附近。日兵狙擊之。仆其九人。二龍山之俄兵。以木砲入炸藥發之。以阻日軍之作業運動者。是日日軍於東鷄冠山北砲台攻路。距俄壘僅五十米突。然工事數爲俄兵所壞。

二十四日 旅順市街爲日砲流彈所中。大火。逾時而止。是日日軍於二龍山之圍攻路。接近俄壘至五十米突。俄兵極力阻其工事。又於東鷄冠山北砲台。掘地道。其夜九點鐘爆炸日軍地道。又自二龍山發魚形水雷二。

二十五日 下午兩點鐘。日本海軍砲在白玉山右端。擊沈千餘噸之俄國輪船一艘。

二十六日 自上午八點三十分鐘。日軍以大口徑攻城砲及海軍砲。盛擊松樹山、二龍山、東鷄冠山諸砲台。命中彈丸二百五十發。於是二龍山砲台胸壁上破一穴。其掩蔽部亦大損壞。松樹山砲台咽喉部之掩蓋。壞其兩處。一十五生砲覆焉。東鷄冠山北砲台亦毀其一砲。下午五點鐘。日軍以右翼一部。攻松樹山壕塹。中央隊一部。攻二龍山及鉢卷山南部壕塹。各占領之。俄砲乃自西太陽溝西方高地及饅頭山、黃金山、白玉山、勞律嘴等處。四面集發。然其効力極少。又於二龍山砲台前斜堤爆發地雷。日兵無人罹之者。其夜日軍尙砲擊不綴。而松樹山及二龍山之俄兵。數出襲擊。皆却之。

二十七日。日砲續擊各方面。所向無不殘破。於東鷄冠山砲台。壞其一砲車。二龍山砲台之步兵踏垛。亦傾塌各部掩蓋多破裂。毀砲凡四門。松樹山砲台則於凸角部倒一砲。左翼面中央部一十二生加農砲。亦被重創。是夜東鷄冠山北砲台之日軍作業隊。壞其外岸穹窖之一部。俄軍以砲火炸藥等種種方法以妨之。一面修補破壞。爲苟延計。

二十八日。日軍大口徑攻城砲之命中彈。合計二百八十五發。其他案子山、椅子山、二〇三高地堡壘、白銀山及白玉山各方面。亦多命中者。海軍砲則主擊西太陽溝。椅子山、案子山、東港內俄艦及旅順西市街。二龍山俄壘內諸建築物多被毀壞。東鷄冠山北砲台火藥庫爆發。東鷄冠山砲台咽喉部西側一野砲。松樹山掩蓋內十二生加農砲。及咽喉部一砲。皆爲日彈所中。椅子山則十二生加農一砲車覆焉。二〇三高地堡壘。掩蓋部鐵條網及散兵壕。亦大破壞。旅順舊市街。起火災。黃金山西北鐵製造局。亦相繼爆發。延燒三點鐘。

二十九日。凌晨有俄兵百名。於二龍山襲擊日軍。旋敗去。又百名襲擊松樹山攻路。日兵極力拒戰。終失其一部。至下午兩點鐘。與砲兵協力恢復之。二龍山之圍攻軍。以昨夜達外岸。爆炸其一部。又東鷄冠山北砲台東角之外岸穹窖部。亦爆炸二次。穿一巨穴。於穹窖內殪俄兵十數名。是日日軍大口徑之命中彈。至三百五十發。勞律嘴高砲台及椅子山、白銀山、各中間砲台。皆被重創。海軍砲續擊西太陽溝、椅子山、案子山、白玉山、松樹山、及毅前軍左營。西太陽溝火藥局爆發。又砲擊西港內掃海艇五隻。其二隻起火災。自餘攻城諸砲。自下午一點半鐘。分擊支那圍壁。及堡壘間隔之散兵壕。

旅順頃已陷落。本報因叙述之次第。未能凌躐記載其詳。報俟諸次號。讀者諒焉　本社識